TIMSS/III

Dritte Internationale Mathematik- und
Naturwissenschaftsstudie –
Mathematische und naturwissenschaftliche
Bildung am Ende der Schullaufbahn

Band 2
Mathematische und physikalische Kompetenzen
am Ende der gymnasialen Oberstufe

Jürgen Baumert, Wilfried Bos
Rainer Lehmann (Hrsg.)

TIMSS/III
Dritte Internationale Mathematik-
und Naturwissenschaftsstudie –
Mathematische und
naturwissenschaftliche Bildung
am Ende der Schullaufbahn

Band 2
Mathematische und physikalische Kompetenzen
am Ende der gymnasialen Oberstufe

Leske + Budrich, Opladen 2000

Gedruckt auf säurefreiem und alterungsbeständigem Papier.

Die Deutsche Bibliothek – CIP-Einheitsaufnahme
Ein Titeldatensatz für diese Publikation ist bei Der Deutschen Bibliothek erhältlich

ISBN 3-8100-2075-3

© 2000 Leske + Budrich, Opladen

Das Werk einschließlich aller seiner Teile ist urheberrechtlich geschützt. Jede Verwertung außerhalb der engen Grenzen des Urheberrechtsgesetzes ist ohne Zustimmung des Verlages unzulässig und strafbar. Das gilt insbesondere für Vervielfältigungen, Übersetzungen, Mikroverfilmungen und die Einspeicherung und Verarbeitung in elektronischen Systemen.

Druck: Druck Partner Rübelmann, Hemsbach
Printed in Germany

Inhalt

Vorwort 25

I. Untersuchungsgegenstand, allgemeine Fragestellungen, Entwicklung der Untersuchungsinstrumente und technische Grundlagen der Studie 27

Jürgen Baumert, Olaf Köller, Manfred Lehrke und Jens Brockmann

1. Einleitung 27
2. Untersuchungsgegenstand und Fragestellungen 31
3. Definition der Untersuchungspopulation 35
4. Konzeption und Verfahren der Test- und Fragebogenentwicklung ... 38
5. Entwicklung der Leistungstests zur Erfassung der Fachleistungen im voruniversitären Mathematik- und Physikunterricht 42
6. Entwicklung der Schüler-, Fachleiter- und Schulleiterfragebogen ... 45
7. Grundzüge des Testdesigns und Skalierung der Leistungstests 47
8. Stichprobenziehung und Stichprobenfehler 49
9. Durchführung der Untersuchung und Rückmeldung an die beteiligten Schulen 54
10. Teilnehmende Länder 55

II. Fachleistungen im voruniversitären Mathematik- und Physikunterricht: Theoretische Grundlagen, Kompetenzstufen und Unterrichtsschwerpunkte 57

Eckhard Klieme

1. Konzeption und Aufbau der Fachleistungstests im voruniversitären Bereich 57
2. Zur Dimensionalität der voruniversitären Tests 63
3. Aufgabeninhalte und Kompetenzstufen im Bereich der voruniversitären Mathematik und Physik 67
4. Curriculare Validität von TIMSS-Aufgaben zur voruniversitären Mathematik und Physik für den Unterricht in der gymnasialen Oberstufe ... 112
5. Zur kriterialen Validität der Fachleistungstests 124

III.	Fachleistungen im voruniversitären Mathematik- und Physikunterricht im internationalen Vergleich	129

Jürgen Baumert, Wilfried Bos und Rainer Watermann

1.	Variabilität der Beteiligung an voruniversitären Bildungsprogrammen und Fachleistungen im Mathematik- und Physikunterricht	129
2.	Fachleistungen im voruniversitären Mathematikunterricht im internationalen Vergleich	135
3.	Fachleistungen im voruniversitären Physikunterricht im internationalen Vergleich	161

IV.	Motivation, Fachwahlen, selbstreguliertes Lernen und Fachleistungen im Mathematik- und Physikunterricht der gymnasialen Oberstufe	181

Jürgen Baumert und Olaf Köller

1.	Kurswahlen in Mathematik und Physik im Rahmen der Organisationsstruktur der gymnasialen Oberstufe	181
2.	Entstehung von Interessen- und Wissensgemeinschaften durch Kurswahlen	186
3.	Kurswahlen, Kompetenzniveaus und Wissensprofile	193
4.	Motivation, Kurswahlen und Fachleistungen: Ein multivariates Erklärungsmodell	200
5.	Selbstreguliertes Lernen und Fachleistungen im Kurssystem	206

V.	Soziale Vergleichsprozesse im Kurssystem der gymnasialen Oberstufe	215

Olaf Köller

1.	Entwicklung der Fragestellung	215
2.	Die Theorie der sozialen Vergleichsprozesse	218
3.	Selbstkonzepte der Begabung	219
4.	Individuelles Interesse als Form der intrinsischen Lernmotivation	220
5.	Untersuchungsfragen	221
6.	Ergebnisse	222
7.	Zusammenfassung und Diskussion	226
8.	Praktische Implikationen	227

VI. Epistemologische Überzeugungen und Fachverständnis im Mathematik- und Physikunterricht ... 229
Olaf Köller, Jürgen Baumert und Johanna Neubrand

1. Überzeugungssysteme und intuitive Theorien ... 229
2. Mathematische Weltbilder ... 233
3. Naturwissenschaftliche Weltbilder ... 236
4. Entwicklung der Instrumente zur Erfassung von mathematischen und naturwissenschaftlichen Weltbildern ... 238
5. Epistemologische Überzeugungen in Mathematik und Physik und Kurswahlen ... 247
6. Typologische Analysen zum mathematischen und physikalischen Weltbild von Schülerinnen und Schülern der Mittel- und Oberstufe ... 252
7. Weltbilder, Kurswahl und Fachleistungen im Mathematik- und Physikunterricht der gymnasialen Oberstufe ... 260
8. Zusammenfassung ... 267

VII. Unterrichtsgestaltung, verständnisvolles Lernen und multiple Zielerreichung im Mathematik- und Physikunterricht der gymnasialen Oberstufe ... 271
Jürgen Baumert und Olaf Köller

1. Unterrichtsqualität und verständnisvolles Lernen ... 271
2. Mathematikunterricht aus Schülersicht ... 275
3. Physikunterricht aus Schülersicht ... 283
4. Multikriterialität des Unterrichts: Verträglichkeits- und Balanceprobleme? ... 296
5. Psychosoziale Situation von Schülerinnen und Schülern in der gymnasialen Oberstufe und Zukunftsperspektiven nach Kurswahl ... 312

VIII. Institutionelle und regionale Variabilität und die Sicherung gemeinsamer Standards in der gymnasialen Oberstufe ... 317
Jürgen Baumert und Rainer Watermann

1. Individuelle, institutionelle und regionale Leistungs- und Bewertungsunterschiede ... 317
2. Methodische Probleme des institutionellen und regionalen Vergleichs in Deutschland ... 323
3. Notenvergabe im Rahmen der Gesamtqualifikation der Hochschulreife ... 326

4.	Regionale Variabilität von Bewertungsmaßstäben – Ein Problem distributiver Gerechtigkeit?	334
5.	Standardsicherung durch die Abiturprüfung: Zentralabitur oder dezentrale Prüfungsorganisation?	341
6.	In 12 oder 13 Schuljahren zum Abitur?	351
7.	Fachleistungen im Mathematik- und Physikunterricht des 12. und 13. Jahrgangs der gymnasialen Oberstufe: Additives und kumulatives Lernen	362

IX.	**Geschlechtsdifferenzen in den mathematisch-naturwissenschaftlichen Leistungen**	373
	Olaf Köller und Eckhard Klieme	
1.	Forschungsüberblick und Fragestellungen	373
2.	Geschlechtsunterschiede in der mathematisch-naturwissenschaftlichen Grundbildung	379
3.	Geschlechtsunterschiede im voruniversitäre Mathematikunterricht	383
4.	Geschlechtsunterschiede im voruniversitären Physikunterricht	393
5.	Zusammenfassung und Diskussion	401

X.	**Studienfachwünsche und Berufsorientierungen in der gymnasialen Oberstufe**	405
	Kai Uwe Schnabel und Sabine Gruehn	
1.	Fragestellung	405
2.	Studium nach dem Abitur?	407
3.	Studienneigung in Ost- und Westdeutschland	409
4.	Individuelle Zukunftsplanung	415
5.	Studienneigung und Schulleistung	418
6.	Studienbereitschaft in der multivariaten Betrachtung	423
7.	Leistungskurswahlen und Studienpräferenzen	430
8.	Zusammenfassung und Ausblick	441

Literatur	445

Tabellenverzeichnis

Tabelle I.1:	Ausschöpfungsgrad der Teilpopulationen mit voruniversitärem Mathematik- bzw. Physikunterricht nach Ländern in Prozent des einschlägigen Altersjahrgangs *(Mathematics and Physics TIMSS Coverage Indices* [MTCI, PTCI])	37
Tabelle I.2:	Ausschöpfungsgrad der Teilpopulationen mit differenziertem voruniversitärem Mathematik- bzw. Physikunterricht nach Ländern in Prozent des einschlägigen Altersjahrgangs *(Mathematics and Physics TIMSS Coverage Indices* [MTCI, PTCI])	38
Tabelle I.3:	Testaufgaben für den voruniversitären Mathematikunterricht nach Sachgebiet und Verhaltenserwartung	43
Tabelle I.4:	Testaufgaben für den voruniversitären Mathematikunterricht nach Sachgebiet und Aufgabenformat	43
Tabelle I.5:	Testaufgaben für den voruniversitären Physikunterricht nach Sachgebiet und Verhaltenserwartung	44
Tabelle I.6:	Testaufgaben für den Physikunterricht nach Sachgebiet und Aufgabenformat	44
Tabelle I.7:	Realisierte Stichprobe der Abschlussklassen in der gymnasialen Oberstufe an Gymnasien, integrierten Gesamtschulen und Fachgymnasien nach Kurswahl in Mathematik und Physik in Deutschland (ungewichtet)	52
Tabelle I.8:	Teilnehmende Länder nach Untersuchungsbereichen	56
Tabelle II.1:	Testaufgaben für den voruniversitären Mathematikunterricht nach Sachgebiet und Verhaltenserwartung	60
Tabelle II.2:	Testaufgaben aus dem Bereich voruniversitärer Physik nach Sachgebiet und Verhaltenserwartung	60
Tabelle II.3:	Verteilung der Aufgaben zur voruniversitären Mathematik und zur voruniversitären Physik auf die Anforderungsbereiche im Sinne der „Einheitlichen Prüfungsanforderungen in der Abiturprüfung" (KMK, 1989) nach Einschätzung von Länderexperten	63
Tabelle II.4:	Messfehlerkorrigierte Interkorrelationen der Subtests zu unterschiedlichen Sachgebieten der voruniversitären Mathematik (ConQuest-Schätzungen)	64
Tabelle II.5:	Messfehlerkorrigierte Interkorrelationen der Subtests zu unterschiedlichen *Verhaltenserwartungen* der voruniversitären Mathematik (ConQuest-Schätzungen)	65

Tabelle II.6:	Messfehlerkorrigierte Interkorrelationen der Subtests zu unterschiedlichen *Sachgebieten* der voruniversitären Physik (ConQuest-Schätzungen)	66
Tabelle II.7:	Vergleich zwischen tatsächlichen und von Experten geschätzten mittleren Lösungshäufigkeiten	76
Tabelle II.8:	Vergleich der Einschätzung des Problemlöseniveaus durch drei Expertengruppen: Merkmal „Problemlöseprozesse" bei der Voruntersuchung (1. Rating, $n = 3$ Experten) und bei der Hauptuntersuchung (2. Rating, $n = 9–10$ Experten) sowie Einschätzung anhand der „Einheitlichen Prüfungsanforderungen" für das Abitur durch Vertreter der Landesinstitute (EPA)	78
Tabelle II.9:	Zuverlässigkeit der Expertenurteile: Generalisierbarkeit und Korrelation zwischen den mittleren Einschätzungen in der Vorstudie ($n = 3$ Experten) und der Hauptuntersuchung ($n = 9–10$ Experten)	79
Tabelle II.10:	Expertenurteile zu Anforderungsmerkmalen der voruniversitären Aufgaben	81
Tabelle II.11:	Multiple Regression der TIMSS-Schwierigkeitsparameter auf ausgewählte Aufgabenmerkmale	84
Tabelle II.12:	Charakteristische Aufgaben auf den Kompetenzstufen der voruniversitären Mathematik	85
Tabelle II.13:	Charakteristische Aufgaben auf den Kompetenzstufen der voruniversitären Physik	101
Tabelle II.14:	Einschätzung der charakteristischen Items durch Experten	112
Tabelle II.15:	Behandlung von Lehrinhalten in Lehrplänen für Mathematikgrundkurse (Angaben der Landesinstitute) und im tatsächlichen Unterricht (Angaben der Fachleiter an TIMSS-Schulen)	120
Tabelle II.16:	Wichtigkeit der einzelnen Mathematik-Items nach Fachbereichen	126
Tabelle II.17:	Wichtigkeit der einzelnen Physik-Items nach Fachbereichen	127
Tabelle III.1:	Ausgewählte Kennziffern für die akademischen Bereiche der Sekundarstufe II der Bildungssysteme der TIMSS/III-Länder	130
Tabelle III.2:	Länder nach relativem Besuch voruniversitärer Bildungsgänge in Prozent der durchschnittlichen Alterskohorte der 15- bis 19-Jährigen	131

Tabelle III.3:	Länder nach Modalität des Zugangs zum voruniversitären Mathematik- und Physikunterricht	132
Tabelle III.4:	Korrelationen zwischen Beteiligungsindikatoren und mittleren Fachleistungen der TIMSS-Teilnehmerstaaten im Mathematik- und Physikunterricht	133
Tabelle III.5:	Regression von mittleren Fachleistungen der TIMSS-Teilnehmerstaaten auf Beteiligungsindikatoren	134
Tabelle III.6:	Relativer Besuch akademischer Programme und Ausschöpfungsgrad der Teilpopulationen mit voruniversitärem Mathematik- bzw. Physikunterricht nach Ländern in Prozent des einschlägigen Altersjahrgangs *(Mathematics and Physics TIMSS Coverage Indices* [MTCI, PTCI])	136
Tabelle III.7:	Zielpopulation der voruniversitären Mathematik- und Physikuntersuchung nach institutioneller Definition und Ländern	137
Tabelle III.8:	Mathematikleistungen unterschiedlich selektiver Teilstichproben nach ausgewählten Ländern	138
Tabelle III.9:	Mathematikleistungen von Schülern in Mathematikleistungskursen oder Schulformen mit mathematisch-naturwissenschaftlichem Schwerpunkt nach ausgewählten Ländern	148
Tabelle III.10:	Schüler nach Fähigkeitsniveau im Bereich voruniversitärer Mathematik und ausgewählten Ländern bei normiertem *Mathematics TIMSS Coverage Index* (MTCI = 10 %)	150
Tabelle III.11:	Korrelationen zwischen DIF-Parametern und Anforderungsmerkmalen der TIMSS-Testaufgaben für den voruniversitären Mathematikunterricht	152
Tabelle III.12:	Test-Curriculum *Matching Analysis:* Ergebnisse für voruniversitäre Mathematik – Durchschnitt der relativen Lösungshäufigkeiten der Testaufgaben basierend auf länderspezifischen Subtests	156
Tabelle III.13:	Unterrichtszeit und Mathematikleistung nach Ländern	159
Tabelle III.14:	Fachleistungen im voruniversitären Mathematikunterricht nach Ländern vor und nach Kontrolle der approximierten durchschnittlichen Unterrichtszeit in der Oberstufe (zum Testzeitpunkt) bei normiertem *Mathematics TIMSS Coverage Index* (MTCI = 10 %) (Abweichungen vom deutschen Mittelwert)	161
Tabelle III.15:	Physikleistungen unterschiedlich selektiver Teilstichproben nach ausgewählten Ländern	162

Tabelle III.16:	Physikleistungen ausgewählter Anteile der Alterskohorte in Deutschland, der Schweiz und den USA	169
Tabelle III.17:	Physikleistungen von Schülern in Physikleistungskursen oder Schulformen/Programmen mit naturwissenschaftlichem Schwerpunkt nach ausgewählten Ländern	170
Tabelle III.18:	Schüler nach Fähigkeitsniveau im Bereich voruniversitärer Physik und ausgewählten Ländern bei normiertem *Physics TIMSS Coverage Index* (PTCI = 10 %)	171
Tabelle III.19:	Korrelation zwischen DIF-Parametern (positive Werte = relative Stärken deutscher Schüler, negative Werte = relative Schwächen) und Anforderungsmerkmalen im TIMSS-Test für voruniversitäre Physik	175
Tabelle III.20:	Test-Curriculum *Matching Analysis:* Ergebnisse für Physik – Durchschnitt der relativen Lösungshäufigkeiten der Testaufgaben basierend auf länderspezifischen Subtests	178
Tabelle III.21:	Leistungen im Bereich voruniversitärer Physik nach Ländern vor und nach Kontrolle der durchschnittlichen Unterrichtszeit in Physik (zum Testzeitpunkt) bei normiertem *Physics TIMSS Coverage Index* (PTCI = 8 %) (Abweichungen vom deutschen Mittelwert)	180
Tabelle IV.1:	Leistungskurswahlen nach Fächern, Ländergruppen und Geschlecht	184
Tabelle IV.2:	Kursbesuch in den Fächern Mathematik und Physik	185
Tabelle IV.3:	Motive für Leistungskurswahlen in den Fächern Mathematik und Physik	186
Tabelle IV.4:	Varimax-rotierte Komponentenmatrix der Hauptkomponentenanalysen über Leistungskurswahlmotive insgesamt und in den Fächern Mathematik und Physik	187
Tabelle IV.5:	Zusammensetzung der Mathematik- und Physikleistungskurse und der Physikgrundkurse nach Aufgabenfeld des zweiten Leistungskursfachs bzw. der beiden Leistungskursfächer	188
Tabelle IV.6:	Skalen zur fachspezifischen motivationalen Orientierung	189
Tabelle IV.7:	Korrelationen zwischen diskriminierenden Variablen und standardisierter kanonischer Diskriminanzfunktion für Kurswahlen in den Fächern Mathematik und Physik	192
Tabelle IV.8:	Mathematik- und Physikleistungen nach Kurswahl	194

Tabelle IV.9:	Schüler der gymnasialen Oberstufe nach mathematischem Fähigkeitsniveau und Kursbesuch	196
Tabelle IV.10:	Schüler der gymnasialen Oberstufe nach physikalischem Fähigkeitsniveau und Kursbesuch	196
Tabelle IV.11:	Rahmenmodell selbstregulierten Lernens	207
Tabelle IV.12:	Kieler Lernstrategien-Inventar	209
Tabelle IV.13:	Ergebnisse der Regression von Mathematik- und Physikleistungen auf Lernstrategien und Sachinteresse	212
Tabelle V.1:	Befunde der HLM-Analysen zum BFLPE auf das Begabungsselbstkonzept und das Interesse in Mathematik	224
Tabelle VI.1:	Dimensionen epistemologischer Überzeugungen	233
Tabelle VI.2:	Typische Schülervorstellungen über das Wesen von Mathematik	234
Tabelle VI.3:	Epistemologische Grundlagen des naturwissenschaftlichen Unterrichts	237
Tabelle VI.4:	Typische Schülervorstellungen über das Wesen der Naturwissenschaften	238
Tabelle VI.5:	Dimensionen mathematischer Weltbilder	240
Tabelle VI.6:	Reliabilitäten (auf der Diagonalen) und Interkorrelationen der vier Skalen zu mathematischen Weltbildern	242
Tabelle VI.7:	Dimensionen naturwissenschaftlicher Weltbilder	244
Tabelle VI.8:	Reliabilitäten (auf der Diagonalen) und Interkorrelationen der Skalen zu physikalischen Weltbildern	246
Tabelle VI.9:	Zur Typenbildung ausgewählte Markieritems epistemologischer Überzeugungen im Fach Mathematik	255
Tabelle VI.10:	Zur Typenbildung ausgewählte Markieritems epistemologischer Überzeugungen im Fach Physik	258
Tabelle VI.11:	Korrelationen zwischen epistemologischen Überzeugungen und potentiellen Mediatorvariablen	262
Tabelle VII.1:	Merkmale des Mathematikunterrichts aus Schülersicht	275
Tabelle VII.2:	Varimax-rotierte Ladungsmatrix der Hauptkomponentenanalyse für Unterrichtsmerkmale im Fach Mathematik	276
Tabelle VII.3:	Unterrichtsstrategien in Mathematik	278
Tabelle VII.4:	Interkorrelationen der Unterrichtsstrategien im Fach Mathematik	278

Tabelle VII.5:	Fachleistungen und Unterrichtsmerkmale auf Kursniveauebene innerhalb einer Schule aggregiert (deskriptive Statistiken)	281
Tabelle VII.6:	Ergebnisse der Regression der Mathematikleistungen auf Unterrichtsstrategien auf der Ebene von Kursniveaus innerhalb einer Schule	282
Tabelle VII.7:	Merkmale des Physikunterrichts aus Schülersicht	285
Tabelle VII.8:	Varimax-rotierte Ladungsmatrix der Hauptkomponentenanalyse für Unterrichtsmerkmale im Fach Physik	286
Tabelle VII.9:	Unterrichtsstrategien in Physik	288
Tabelle VII.10:	Interkorrelationen der Unterrichtsstrategien im Fach Physik	288
Tabelle VII.11:	Fachleistungen und Unterrichtsmerkmale auf Kursniveauebene innerhalb einer Schule aggregiert (deskriptive Statistiken)	294
Tabelle VII.12:	Ergebnisse der Regression der Physikleistungen auf Unterrichtsstrategien auf der Ebene von Kursniveaus innerhalb einer Schule	295
Tabelle VII.13:	Ausgewählte Zielkriterien des Unterrichts	302
Tabelle VII.14:	Interkorrelationen zwischen kognitiven und motivationalen Zielkriterien im Mathematikunterricht der gymnasialen Oberstufe (auf der Ebene von Kursniveaus innerhalb einer Schule)	303
Tabelle VII.15:	Ergebnisse der varimax-rotierten Hauptkomponentenanalyse über kognitive und motivationale Zielkriterien des Mathematikunterrichts auf institutioneller Ebene	304
Tabelle VII.16:	Ergebnisse der Regression von kognitiven und motivationalen Zielkriterien des Unterrichts auf Merkmale der Unterrichtsführung im Fach Mathematik	305
Tabelle VII.17:	Interkorrelationen zwischen kognitiven und motivationalen Zielkriterien im Physikunterricht der gymnasialen Oberstufe (auf der Ebene von Kursniveaus innerhalb einer Schule)	306
Tabelle VII.18:	Ergebnisse der varimax-rotierten Hauptkomponentenanalyse über kognitive und motivationale Zielkriterien des Physikunterrichts auf institutioneller Ebene	308
Tabelle VII.19:	Ergebnisse der Regression von kognitiven und motivationalen Zielkriterien des Unterrichts auf Merkmale der Unterrichtsführung im Fach Physik	310
Tabelle VII.20:	Skalen zur allgemeinen psychosozialen Situation von Schülerinnen und Schülern der gymnasialen Oberstufe	314

Tabelle VII.21:	Berufs- und Studiengangsoptionen nach Kurswahl	315
Tabelle VIII.1:	Ausschöpfungsgrad der Alterskohorte *(TIMSS Coverage Index)* im Mathematik- und Physikunterricht der gymnasialen Oberstufe nach Ländergruppen mit unterschiedlichem relativen Schulbesuch und Kursbesuch	324
Tabelle VIII.2:	Ausschöpfungsgrad der Alterskohorte *(TIMSS Coverage Index)* im Mathematik- und Physikunterricht der gymnasialen Oberstufe in Ländern mit 12- und 13-jährigem Schulbesuch und Kursbesuch	325
Tabelle VIII.3:	Ausschöpfungsgrad der Alterskohorte *(TIMSS Coverage Index)* im Mathematik- und Physikunterricht der gymnasialen Oberstufe nach Ländergruppen mit/ohne Zentralabitur und Kursbesuch	325
Tabelle VIII.4:	Notenverteilung nach Fach und Kurswahl	328
Tabelle VIII.5:	Ergebnisse der Regression der Fachnote im letzten Halbjahreszeugnis auf Fachleistungen absolut und in Abweichung vom mittleren Kursniveau in einer Schule	334
Tabelle VIII.6:	Notenverteilung in Mathematik nach Kursniveau und Region	337
Tabelle VIII.7:	Notenverteilung in Physik nach Kursniveau und Region ..	338
Tabelle VIII.8:	Mathematikleistungen nach Notenstufe, Kursniveau und Region (Mittelwerte)	339
Tabelle VIII.9:	Physikleistungen nach Notenstufe, Kursniveau und Region	340
Tabelle VIII.10:	Testleistungen in den Fächern Mathematik und Physik nach Kursniveau und Organisationsform der Abiturprüfung ...	346
Tabelle VIII.11:	Verteilung der Schülerinnen und Schüler auf mathematische Fähigkeitsniveaus nach Organisationsform des Abiturs (in %)	348
Tabelle VIII.12:	Verteilung der Schülerinnen und Schüler auf mathematische Fähigkeitsniveaus nach Schulbesuchsdauer (Abitur nach 12 bzw. 13 Schuljahren) bei nicht normiertem und normiertem MTCI	356
Tabelle VIII.13:	Verteilung der Schülerinnen und Schüler auf physikalische Fähigkeitsniveaus nach Schulbesuchsdauer (Abitur nach 12 bzw. 13 Schuljahren) bei nicht normiertem und normiertem PTCI	357
Tabelle VIII.14:	Fachbezogene Motivationsmerkmale nach Schulbesuchsdauer (Abitur nach 12 bzw. 13 Schuljahren)	360

Tabelle VIII.15:	Fachübergreifende Motivationsmerkmale und selbstbezogene Kognitionen nach Schulbesuchsdauer (Abitur nach 12 bzw. 13 Schuljahren)	361
Tabelle IX.1:	Theorien zur Erklärung von Geschlechtsdifferenzen in den Mathematikleistungen	376
Tabelle IX.2:	Geschlechtsdifferenzen im naturwissenschaftlichen Bereich in der ersten und zweiten internationalen Naturwissenschaftsstudie (FISS und SISS)	378
Tabelle IX.3:	Leistungen im Test zur mathematisch-naturwissenschaftlichen Grundbildung nach Geschlecht und Schulform	382
Tabelle IX.4:	Leistungen in voruniversitärer Mathematik bei verschiedenen Sachgebieten und Verhaltenserwartungen nach Geschlecht und Kursniveau	386
Tabelle IX.5:	Beispielitems und interne Konsistenzen (Cronbachs α) für die Skalen zur Erfassung motivationaler Merkmale	390
Tabelle IX.6:	Mittelwerte und Standardfehler (in Klammern) für die motivationalen Skalen im Fach Mathematik (Sachinteresse, Fähigkeitsselbstkonzept, Angst) nach Geschlecht und Kursniveau	390
Tabelle IX.7:	Ergebnisse von Regressionsanalysen mit dem Kriterium voruniversitäre Mathematikleistung	392
Tabelle IX.8:	Leistungen in verschiedenen Sachgebieten voruniversitärer Physik nach Geschlecht und Kursniveau	396
Tabelle IX.9:	Mittelwertsdifferenzen zwischen Männern und Frauen in angenommenen Mediatorvariablen. Zusätzlich sind Produkt-Moment-Korrelationen der Mediatoren mit der Leistung in voruniversitärer Physik aufgeführt	399
Tabelle IX.10:	Ergebnisse von Regressionsanalysen mit der voruniversitären Physikleistung als Kriterium	400
Tabelle IX.11:	Ergebnisse von Regressionsanalysen mit der voruniversitären Physikleistung als Kriterium	401
Tabelle IX.12:	Leistungsunterschiede zwischen Männern und Frauen nach Bildungsbereichen, Sachgebieten und Verhaltenserwartungen	402
Tabelle X.1:	Ersteinschreibungen an deutschen Hochschulen bis zwei Jahre nach dem Abitur für den Abschlussjahrgang 1994	410
Tabelle X.2:	Weitere Bildungsabsicht am Ende der Jahrgangsstufe 10 (1993)	411

Tabelle X.3:	Weitere Bildungsabsicht am Ende der Jahrgangsstufe 10 (1995)	412
Tabelle X.4:	Sorgen über die Berufsfindung nach Geschlecht, Schulart und Region	413
Tabelle X.5:	Ergebnisse der logistischen Regression von Studienabsicht auf Geschlecht, Schulleistung sowie ökonomische, soziale und personale Merkmale	428
Tabelle X.6:	Leistungskurswahlen nach Geschlecht und Fach	432
Tabelle X.7:	Fächerkombinationen (reihenfolgenunabhängig) in den Leistungskursen nach Geschlecht	433
Tabelle X.8:	Studienwünsche (Erstnennung) nach Geschlecht	435
Tabelle X.9:	Studienfächer und überzufällige Leistungskurswahlen	439

Abbildungsverzeichnis

Abbildung I.1:	Datenquellen von TIMSS/III	39
Abbildung II.1:	Beispielaufgaben zur voruniversitären Mathematik, Teilgebiet Analysis	88
Abbildung II.2:	Beispielaufgaben zur voruniversitären Mathematik, Teilgebiet Analytische Geometrie	89
Abbildung II.3:	Beispielaufgaben zur voruniversitären Mathematik, Teilgebiet Kombinatorik, Wahrscheinlichkeitsrechnung und Statistik	90
Abbildung II.4:	Beispielaufgaben zur voruniversitären Mathematik, Teilgebiet Elementargeometrie	92
Abbildung II.5:	Beispielaufgaben zur voruniversitären Mathematik, Teilgebiet Logarithmen und Exponentialfunktionen	93
Abbildung II.6:	Beispielaufgaben zur voruniversitären Physik, Teilgebiet Mechanik	103
Abbildung II.7:	Beispielaufgaben zur voruniversitären Physik, Teilgebiet Elektrizitätslehre	105
Abbildung II.8:	Beispielaufgaben zur voruniversitären Physik, Teilgebiete Wellen und Schwingungen	106
Abbildung II.9:	Beispielaufgaben zur voruniversitären Physik, Teilgebiete Teilchenphysik und Wärmelehre	108
Abbildung II.10:	Beispielaufgabe zu Fehlvorstellungen in der Mechanik	110
Abbildung II.11:	Befragung der Landesinstitute (Gesamtdeutschland), voruniversitäre Mathematik	115
Abbildung II.12:	Fachleiterbefragung für Gesamtdeutschland: voruniversitäre Mathematik	116
Abbildung II.13:	Befragung der Landesinstitute (Gesamtdeutschland), voruniversitäre Physik	122
Abbildung II.14:	Fachleiterbefragung für Gesamtdeutschland: voruniversitäre Physik	123
Abbildung III.1:	Fachleistungen im voruniversitären Mathematikunterricht nach Ländern, geordnet nach den mittleren Mathematikleistungen der 5-Prozent-Testleistungsstärksten der Altersgruppe	140
Abbildung III.2:	Fachleistungen im voruniversitären Mathematikunterricht nach ausgewählten Ländern (MTCI = 20 %) ...	141

Abbildung III.3:	Fachleistungen der testleistungsstärksten 10 Prozent einer Alterskohorte im voruniversitären Mathematikunterricht nach Ländern	142
Abbildung III.4:	Fachleistungen der testleistungsstärksten 5 Prozent einer Alterskohorte im voruniversitären Mathematikunterricht nach Ländern	143
Abbildung III.5:	Zusammenhang von approximierter nominaler Unterrichtszeit (in Zeitstunden) in Mathematik in der Oberstufe und Testleistungen im Bereich voruniversitärer Mathematik bei normiertem *Mathematics TIMSS Coverage Index* (MTCI = 10 %)	160
Abbildung III.6:	Fachleistungen im voruniversitären Physikunterricht nach Ländern, geordnet nach den mittleren Physikleistungen der 5-Prozent-Testleistungsstärksten der Altersgruppe	164
Abbildung III.7:	Fachleistungen der testleistungsstärksten 10 Prozent einer Alterskohorte im voruniversitären Physikunterricht nach Ländern	165
Abbildung III.8:	Fachleistungen der testleistungsstärksten 5 Prozent einer Alterskohorte im voruniversitären Physikunterricht nach Ländern	166
Abbildung III.9:	Intranationale Leistungsunterschiede zwischen Physik- und Mathematikleistungen der 5-Prozent-Testleistungsstärksten der Altersgruppe	174
Abbildung IV.1:	Motivationsprofile nach Kurswahl im Fach Mathematik	190
Abbildung IV.2:	Motivationsprofile nach Kurswahl im Fach Physik	191
Abbildung IV.3:	Verteilung der Mathematikleistungen nach Kursniveau – Schüler nach Testleistungen	195
Abbildung IV.4:	Verteilung der Physikleistungen nach Kursniveau – Schüler nach Testleistungen	195
Abbildung IV.5:	Relative Leistungen in den mathematischen und physikalischen Untertests (Abweichungen vom deutschen Mittelwert in Mathematik bzw. Physik)	197
Abbildung IV.6:	Pfadmodell zum Zusammenhang von motivationalen Merkmalen, Kurswahl und Fachleistung (Koeffizienten für Mathematik/Physik)	204
Abbildung IV.7:	Lernstrategien in Mathematik nach Kursniveau	210
Abbildung IV.8:	Lernstrategien in Physik nach Kursniveau	210

Abbildung V.1:	Befunde aus Mehrebenen-Analysen zur Vorhersage der Mathematikleistung am Ende der 7. Jahrgangsstufe (Datenbasis: Kohortenlängsschnittstudie „Bildungsverläufe und psychosoziale Entwicklung im Jugendalter [BIJU]")	216
Abbildung V.2:	Graphische Darstellung des *Big-fish-little-pond Effect*	217
Abbildung V.3:	Zusammenfassendes Pfadmodell zur Illustration des BFLPE auf das Fähigkeitsselbstkonzept und Interesse an Mathematik	226
Abbildung VI.1:	Epistemologische Überzeugungen im Fach Mathematik nach Kursniveau	248
Abbildung VI.2:	Epistemologische Überzeugungen im Fach Physik nach Kurswahl	251
Abbildung VI.3:	Erwartungswerte ausgewählter Merkmale epistemologischer Überzeugungen im Fach Mathematik in den interpretierbaren Klassen der WINMIRA-Lösung	256
Abbildung VI.4:	Schüler nach epistemologischer Überzeugung und Alterskohorte bzw. Alterskohorte und Schulform	257
Abbildung VI.5:	Erwartungswerte ausgewählter Merkmale epistemologischer Überzeugungen im Fach Physik in den interpretierbaren Klassen der WINMIRA-Lösung	259
Abbildung VI.6:	Ein Mediatorenmodell zur Erklärung des Einflusses von epistemologischen Überzeugungen auf Fachleistungen	261
Abbildung VI.7:	Angepasstes Pfadmodell (standardisierte LISREL-Lösung) zum Zusammenhang von epistemologischen Überzeugungen und Mathematikleistungen	264
Abbildung VI.8:	Angepasstes Pfadmodell (standardisierte LISREL-Lösung) zum Zusammenhang von epistemologischen Überzeugungen und Physikleistungen	266
Abbildung VII.1:	Unterrichtsstrategien in Mathematik nach Kursniveau	279
Abbildung VII.2:	Unterrichtsstrategien in Physik nach Kursniveau	289
Abbildung VII.3:	Allgemeine psychosoziale Situation von Schülerinnen und Schülern der Oberstufe	313
Abbildung VIII.1:	Zerlegung der Varianz der Mathematik- und Physikleistungen in individuelle, institutionelle und regionale Komponenten	320

Abbildung VIII.2:	Zerlegung der Varianz der Mathematik- und Physiknoten in individuelle, institutionelle und regionale Komponenten	322
Abbildung VIII.3:	Zerlegung der Varianz der Mathematik- und Physikleistungen in der Schweiz in individuelle, schulformspezifische und schul-/klassenspezifische Komponenten	323
Abbildung VIII.4:	Mathematikleistung nach Note und Kursniveau	329
Abbildung VIII.5:	Physikleistung nach Note und Kursniveau	330
Abbildung VIII.6:	Mathematikleistung in Grundkursen nach Schulniveau und Note	332
Abbildung VIII.7:	Mathematikleistung in Leistungskursen nach Schulniveau und Note	333
Abbildung VIII.8:	Mathematikleistungen im Grundkurs nach Note und Prüfungsorganisation	347
Abbildung VIII.9:	Nutzung von verständnisorientierten Lernstrategien im Mathematikunterricht nach Kursniveau und Organisationsform der Abiturprüfung	349
Abbildung VIII.10:	Fachspezifische Prüfungsangst nach Kursniveau und Organisationsform der Abiturprüfung	350
Abbildung VIII.11:	Fachleistungen im Mathematikunterricht der gymnasialen Oberstufe in Ländern mit 12- und 13-jährigem Schulbesuch bei normiertem *Mathematics TIMSS Coverage Index* (MTCI = 20,9 %) für Schüler in Grund- und Leistungskursen zum Testzeitpunkt	354
Abbildung VIII.12:	Fachleistungen im Mathematikunterricht der gymnasialen Oberstufe in Ländern mit 12- und 13-jährigem Schulbesuch nach Kursbesuch bei normiertem *Mathematics TIMSS Coverage Index*	355
Abbildung VIII.13:	Fachleistungen im Physikunterricht der gymnasialen Oberstufe in Ländern mit 12- und 13-jährigem Schulbesuch bei normiertem *Physics TIMSS Coverage Index* (PTCI = 8,6 %) für Schüler in Grund- und Leistungskursen zum Testzeitpunkt (Mittelwerte)	358
Abbildung VIII.14:	Fachleistungen im Physikunterricht der gymnasialen Oberstufe in Ländern mit 12- und 13-jährigem Schulbesuch nach Kursbesuch bei normiertem *Physics TIMSS Coverage Index*	359
Abbildung VIII.15:	Fachleistungen im Mathematikunterricht der gymnasialen Oberstufe nach Kursbesuch und Jahrgangsstufe in Ländern mit 12- und 13-jähriger Schulbesuchsdauer	368

Abbildung VIII.16:	Relative Lösungshäufigkeiten in den Mathematikuntertests der gymnasialen Oberstufe nach Kursbesuch und Jahrgangsstufe in Bundesländern mit 13 Jahrgangsstufen (Abweichungen vom Durchschnitt)	369
Abbildung VIII.17:	Fachleistungen im Physikunterricht der gymnasialen Oberstufe nach Kursbesuch und Jahrgangsstufe in Ländern mit 12- und 13-jähriger Schulbesuchsdauer	371
Abbildung VIII.18:	Relative Lösungshäufigkeiten in den Physikuntertests der gymnasialen Oberstufe nach Kursbesuch und Jahrgangsstufe in Bundesländern mit 13 Jahrgangsstufen (Abweichungen vom Durchschnitt)	372
Abbildung IX.1:	Geschlechterverteilung in der Kohorte zur mathematisch-naturwissenschaftlichen Grundbildung nach Schulform	380
Abbildung IX.2:	Leistungen in der mathematisch-naturwissenschaftlichen Grundbildung nach Geschlecht und Sachgebiet	381
Abbildung IX.3:	Kurswahlen in Mathematik in der gymnasialen Oberstufe nach Geschlecht	384
Abbildung IX.4:	Leistungen in voruniversitärer Mathematik nach Geschlecht und Kursniveau	385
Abbildung IX.5:	Motivation als vermittelnde Variable zwischen Geschlecht und Leistung in Mathematik	389
Abbildung IX.6:	Physik-Kurswahlverhalten in der gymnasialen Oberstufe nach Geschlecht	394
Abbildung IX.7:	Physikleistungen nach Geschlecht und Kursniveau	395
Abbildung IX.8:	Mediatorenmodell zur Erklärung von Geschlechtsdifferenzen in der voruniversitären Physikleistung	398
Abbildung X.1:	Entwicklung der Übergangsquote von der Schule zur Hochschule (1980–1990) insgesamt und getrennt nach Geschlecht	408
Abbildung X.2:	Ausbildungspläne nach Ländergruppen mit unterschiedlichem relativem gymnasialen Schulbesuch	417
Abbildung X.3:	Studienbereitschaft nach Durchschnittsleistung in den Leistungskursen getrennt nach Geschlecht	420
Abbildung X.4:	Die sechs am häufigsten belegten Leistungsfächer getrennt nach Studienfachwunsch	436

Vorwort

Der vorliegende Bericht, der zwei Bände umfasst, gibt in analytischer Perspektive Auskunft über die Ergebnisse jener Teiluntersuchungen der Dritten Internationalen Mathematik- und Naturwissenschaftsstudie (TIMSS), die sich mit der mathematisch-naturwissenschaftlichen Grundbildung der nachwachsenden Generation am Ende der Pflichtschulzeit und dem Mathematik- und Physikunterricht voruniversitärer Bildungsgänge beschäftigen. Diese Analysen verbreitern und vertiefen die deskriptiven Befunde, die bislang nur in knapper Zusammenfassung vorliegen (Baumert, Bos & Watermann, 1998). TIMSS/III ist im Unterschied zur deutschen Mittelstufenstudie, die abweichend vom internationalen Design längsschnittlich angelegt war, auch in Deutschland eine Querschnittuntersuchung. Dies schränkt die Analyse- und Aussagemöglichkeiten je nach Fragestellung in unterschiedlicher Weise ein. Während Struktur und Niveau der erworbenen mathematisch-naturwissenschaftlichen Kompetenzen sehr wohl auch in einer Survey-Studie untersucht werden können, erreichen Zusammenhangsanalysen fast immer nur explorativen Status. Sie bedürfen der Absicherung und Stützung durch Befunde aus Längsschnittstudien und experimentellen Arbeiten. Trotz dieser Einschränkungen, die wir in unseren Analysen immer wieder herausstellen werden, sind Untersuchungen wie TIMSS alles andere als überflüssig: Häufig genug widerlegen sie vermeintliche pädagogische oder bildungspolitische Gewissheiten und erfüllen so bereits eine wichtige diagnostische Aufgabe; darüber hinaus können sie – und TIMSS ist dafür ein gutes Beispiel – sowohl Fragen zuspitzen und auf den Punkt bringen als auch neue Perspektiven, nicht zuletzt für konstruktive pädagogische Phantasien, eröffnen.

Der unseres Erachtens wohl wichtigste bisherige Beitrag von TIMSS liegt in der Neustrukturierung der öffentlichen und professionellen Aufmerksamkeit. Nach TIMSS finden Bildungsthemen größeres Interesse, der Unterricht selbst ist als Kernaufgabe der Schule in das Zentrum gerückt. Dieser Aufmerksamkeitswandel ist nicht folgenlos geblieben. Auf politischer Ebene ist damit begonnen worden, Gräben einzuebnen und sich gemeinsam der Aufgabe der Qualitätsentwicklung und Qualitätssicherung zu widmen. Auf wissenschaftlicher Ebene ist anwendungsbezogene Anschlussforschung mit einem neuen Schwerpunktprogramm der Deutschen Forschungsgemeinschaft (DFG) zur Qualität von Schule und Unterricht auf den Weg gebracht. Sowohl in der Erziehungswissenschaft als auch in den Fachdidaktiken hat TIMSS der empirischen Forschung und der Entwicklung innovativer Lehr- und Lernformen Anregungen gegeben. Auf praktischer Ebene – und hier liegt der entscheidende Prüfstein – sind die Wirkungen am vielfältigsten. In der Aus- und Weiterbildung von Lehrern haben die Fragestellungen und Befunde von TIMSS starken Widerhall gefunden. Prozesse und Inhalte des kumulativen fachlichen Lernens, der intelligente Umgang mit Aufgaben und die Verbindung von motivierenden und kognitiv aktivierenden Unterrichtsformen gehören zu den Themen, die Aufmerksamkeit gefunden haben. In fast allen Ländern und länderübergreifend sind Initiativen begonnen worden, um die Rolle der Einzelschule als Ausgangspunkt und Zentrum der Qualitätsentwicklung zu stärken und die Leistungen der die Schule unterstützenden Einrichtungen zu verbessern. Mit dieser Stoßrichtung gehen die Maßnahmen, auch wenn sie zunächst dem mathematisch-naturwissenschaftlichen Unterricht gewidmet sind, weit über diesen hinaus. In der Konzentration auf den Unterricht in der *einzelnen* Schule versprechen die Initiativen auch Nachhaltigkeit, da ein großes Entwicklungspotential unserer Schulen in der fachlichen Qualifikation der Lehrkörper und der schulinternen Zusammenarbeit liegt.

Dennoch wollen wir nicht übersehen, dass die breite Resonanz von TIMSS auch Kosten hatte. Sie liegen vor allem in einer allzu großen Simplifizierung komplexer Befunde und der interessengeleiteten Interpretation von Ergebnissen, die sich unabhängig von politischen Orientierungen nachweisen lässt und sich keineswegs auf die öffentliche Rezeption beschränkt, sondern auch in der Pädagogik zu finden ist. Nicht selten vermischen sich berechtigte fachliche Fragen und kritische Einwände mit der persönlichen Mission, sodass eine adäquate Behandlung der Argumente nicht einfach ist. Im vorliegenden Bericht werden wir auf kritische Fragen, die in der bisherigen Diskussion über TIMSS aufgeworfen worden sind, sorgfältig eingehen und diese auf ihren fachlichen Gehalt prüfen. Zugleich hoffen wir, dass sich unsere Analysen gegenüber vorschneller Vereinfachung und interessengeleiteter Einvernahme als sperrig erweisen. In der Regel sind die Befunde so vielschichtig, dass sie sich kaum dazu eignen, vorgefasste Meinungen zu bestätigen; eher werden sie Anlass geben, Problemwahrnehmungen neu zu strukturieren. Dazu gehört auch die Überwindung solcher vermeintlichen Alternativen wie „Entwickeln statt Vermessen". Dass dies gelingen könnte, dafür gibt es gute Anzeichen. Denn in der Schulentwicklungsforschung besteht längst Einigkeit darüber, dass sich Qualitätsentwicklung und Qualitätssicherung ergänzen – und zwar auf allen Ebenen des Schulsystems. Studien, die wie TIMSS der Beobachtung systemischer Zusammenhänge und nicht unmittelbar der Steuerung der Einzelschule dienen, können ein Element der Schulentwicklung unter anderen sein, indem sie Orientierungswissen für Bildungsplanung, Lehrplanarbeit, Lehrerfortbildung, aber auch für die didaktische Arbeit am und im Unterricht selbst liefern.

Für die Forschungsgruppe
Jürgen Baumert, Wilfried Bos, Rainer Lehmann

I. Untersuchungsgegenstand, allgemeine Fragestellungen, Entwicklung der Untersuchungsinstrumente und technische Grundlagen der Studie

Jürgen Baumert, Olaf Köller, Manfred Lehrke und Jens Brockmann

1. Einleitung

Entstehungszusammenhang und Anliegen von TIMSS

Die dritte internationale Mathematik- und Naturwissenschaftsstudie – *Third International Mathematics and Science Study* (TIMSS) – setzt die Reihe der international vergleichenden Schulleistungsuntersuchungen fort, die seit 1959 von der *International Association for the Evaluation of Educational Achievement* (IEA) durchgeführt werden. Die erste und zweite Mathematikstudie – *First and Second International Mathematics Study* (FIMS, SIMS) – wurden 1964 bzw. 1980 bis 1982 durchgeführt. Die beiden internationalen Naturwissenschaftsstudien der IEA – *First and Second International Science Study* (FISS, SISS) – fanden in den Jahren 1970 bis 1971 und 1983 bis 1984 statt. Mit TIMSS werden die Mathematik- und Naturwissenschaftsleistungen von Schlüsseljahrgängen in der Grundschule und den Sekundarstufen I und II zum ersten Mal gleichzeitig untersucht. Deutschland beteiligte sich an den Untersuchungen zur Sekundarstufe I und II (TIMSS Populationen II und III). Der vorliegende Bericht, der in zwei Bänden erscheint, ist Analysen zur Sekundarstufe II (TIMSS/III) gewidmet. Der erste Band behandelt die mathematisch-naturwissenschaftliche Grundbildung am Ende der Pflichtschulzeit. Der zweite vorliegende Band untersucht mathematische und physikalische Kompetenzen am Ende der gymnasialen Oberstufe.

Die Bundesrepublik Deutschland gehört zu den wenigen Industrienationen, die zwar ein komplexes System der Steuerung und Abstimmung des – im deutschen Fall föderalen – Bildungssystems entwickelt haben, aber lange Zeit auf nationale Qualitätskontrollen der Ergebnisse von Bildungsprozessen und deren Justierung im internationalen Vergleich praktisch verzichtet haben. Mit der Beteiligung an TIMSS wurden in Deutschland im Grunde zum ersten Mal verlässliche Daten verfügbar, die Auskunft über den Ausbildungsstand ausgewählter Schülerjahrgänge in den mathematisch-naturwissenschaftlichen Fächern geben. Denn an der ersten Mathematikstudie der IEA (Husén, 1967) beteiligten sich in Deutschland nur die Länder Hessen und Schleswig-Holstein (Schultze & Riemenschneider, 1967). An der ersten internationalen Naturwissenschaftsstudie der IEA (Comber & Keeves, 1973) nahmen zwar eine größere Anzahl von Ländern teil, aber es gab außer einer kurzen Zusammenfassung in einer grauen Reihe des Deutschen Instituts für Internationale Pädagogische Forschung (DIPF) keinen publizierten Bericht über die deutschen Ergebnisse (Schultze, 1974). Die Informationen, die TIMSS bereitstellt, erlauben eine Beurteilung des Ausbildungsstands der Referenzjahrgänge nicht nur im internationalen Vergleich, sondern auch im Vergleich zur selbstangelegten Messlatte der Lehrpläne oder der Standards für einen mittleren Schulabschluss. Es versteht sich von selbst, dass TIMSS in der Beschränkung auf ausgewählte Fachgebiete und Jahrgangsstufen weder Auskunft über das Niveau der Allgemeinbildung insgesamt gibt, noch eine Evaluation des Schulsystems in Deutschland darstellt.

Die Organisation für wirtschaftliche Zusammenarbeit und Entwicklung nutzt die TIMSS-Befunde der Mittelstufe als *Performance Indicators* für die vergleichende Darstellung der Bildungssysteme ihrer Mitgliedsstaaten. Die mathematisch-naturwissenschaftlichen Leistungsdaten sind feste Bestandteile des periodischen Indikatorenbandes „Education at a Glance" (OECD, 2000). Mittlerweile hat die OECD ein eigenes System der Dauerbeobachtung für wichtige Qualifikationsleistungen von Bildungssystemen aufgebaut, das auf periodischer Basis Indikatoren für zentrale Funktionsbereiche des Bildungssystems bereitstellen soll. An diesem *Programme for International Student Assessment* (PISA), das auf den Erfahrungen von TIMSS aufbaut, aber in vielen Punkten eine qualitative Weiterentwicklung anstrebt, beteiligen sich alle Länder der Bundesrepublik (PISA-Konsortium, 1999). Dies ist ein sichtbarer Beleg für ein durch TIMSS vorbereitetes Umdenken.

TIMSS ist nicht oder nur zu einem kleineren Teil eine internationale Schulleistungsolympiade. Dies gilt im besonderen Maße für die Untersuchung der Sekundarstufe II, wo sich jeder direkte Ländervergleich verbietet. Aber auch abgesehen von Vergleichseinschränkungen, die sich aus der Differenziertheit der unterschiedlichen Oberstufensysteme ergeben, wird jeder unbefangene Leser unseres Berichts sehr schnell erkennen, dass der internationale Vergleich nur ein Element in dem Versuch darstellt, die Struktur von mathematischen und naturwissenschaftlichen Kompetenzen, die in der Schule erworben werden, zu explizieren und das komplexe Bedingungsgefüge des Kompetenzerwerbs systematisch zu ordnen und verstehbar zu machen. Wir hoffen, dass unsere Analysen auch verdeutlichen, dass die in Deutschland beliebte Diskussion über Vor- und Nachteile eines so genannten *Rankings* weitgehend in einem virtuellen Raum stattfindet, der mit den substantiellen Ergebnissen von TIMSS wenig zu tun hat.

Eine internationale Vergleichsstudie, an der sich so viele Staaten beteiligt haben wie an TIMSS, muss notwendigerweise Kompromisse eingehen. Nachteile dieser Kompromisse auszugleichen ist Sache der nationalen Projektgruppen. In Deutschland wurde das Untersuchungsprogramm durch nationale Optionen erweitert, zu denen die curriculare und unterrichtliche Validierung der Oberstufentests, die Untersuchung epistemologischer Überzeugungen in Mathematik und Physik sowie die Rekonstruktion des Unterrichtsgeschehens aus Schülersicht gehören. Darüber hinaus wurde eine Reihe von Zusatzuntersuchungen durchgeführt, die von Expertenbeurteilungen bis hin zu Abnehmerbefragungen reichen. Die Ergebnisse dieser Zusatzstudien sind in diesen Bericht integriert.

Die Forschungsgruppen

TIMSS ist eine Studie der *International Association for the Evaluation of Educational Achievement* (IEA). Die IEA ist eine internationale Forschungsorganisation mit Sitz in Amsterdam, Niederlande, der Bildungsministerien und Forschungsorganisationen der Mitgliedsländer angehören. Die IEA hat die Gesamtverantwortung für die internationale Organisation von TIMSS für den Zeitraum 1991 bis 1993 an die University of British Columbia, Vancouver, Kanada (David F. Robitaille) und ab 1993 an das Boston College, Chestnut Hill, MA, USA (Albert E. Beaton) delegiert. Die Aufbereitung der internationalen Datensätze erfolgte am Data Processing Center (DPC) in Hamburg. Für die Überwachung der Stichprobenziehung und die Berechnung der Stichprobengewichte waren Statistics Canada, Ottawa, und Westat Inc., Washington, DC (Pierre Foy und Keith Rust) verantwortlich. Die Skalierung des internationalen Datensatzes wurde vom Australian Council for Educational Research, Camberwell, Australien (Raymond F. Adams) durchgeführt.

Für die Vorbereitung, Durchführung und Auswertung der Studien sind in den einzelnen Teilnehmerstaaten nationale Projektgruppen verantwortlich. In Deutschland ist die TIMSS-Oberstufenuntersuchung ein kooperatives Forschungsvorhaben des Max-Planck-Instituts für Bildungsforschung, Berlin, des Instituts für die Pädagogik der Naturwissenschaften an der Universität Kiel (IPN) und der Humboldt-Universität zu Berlin. Projektleiter und nationale Koordinatoren waren Jürgen Baumert (Max-Planck-Institut für Bildungsforschung, Berlin) und Rainer Lehmann (Humboldt-Universität zu Berlin). Leiter der mit der Auswertung der Oberstufenuntersuchung betrauten Projektgruppe am Max-Planck-Institut für Bildungsforschung war Wilfried Bos (Institut für Schulentwicklungsforschung an der Universität Dortmund). Die Untersuchungsinstrumente der deutschen Studie wurden am IPN in Kiel entwickelt oder adaptiert. Dort lag auch die Verantwortung für die Feldarbeit. Die Stichprobenziehung wurde in Hamburg vorgenommen. Datenaufbereitung und -auswertung einschließlich der Testskalierung erfolgten am Max-Planck-Institut für Bildungsforschung.

Eine Studie der Größe und Komplexität von TIMSS ist auf ein Team engagierter Mitarbeiter und Mitarbeiterinnen angewiesen. Zur Mitarbeiterschaft von TIMSS/III gehörten in Deutschland folgende Personen in alphabetischer Reihenfolge:

Jürgen Baumert	Max-Planck-Institut für Bildungsforschung, Berlin
Wilfried Bos	Institut für Vergleichende Erziehungswissenschaft an der Universität Hamburg
Jens Brockmann	Data Processing Center der IEA, Hamburg
Sabine Gruehn	Humboldt-Universität zu Berlin
Wolfram Günther	Institut für die Pädagogik der Naturwissenschaften an der Universität Kiel
Eckhard Klieme	Max-Planck-Institut für Bildungsforschung, Berlin
Olaf Köller	Max-Planck-Institut für Bildungsforschung, Berlin
Rainer Lehmann	Humboldt-Universität zu Berlin
Manfred Lehrke	Institut für die Pädagogik der Naturwissenschaften an der Universität Kiel
Johanna Neubrand	Universität Lüneburg
Sigrid Patjens	Universität Hamburg
Kai Uwe Schnabel	University of Michigan, Ann Arbor
Knut Schwippert	Data Processing Center der IEA, Hamburg
Rainer Watermann	Max-Planck-Institut für Bildungsforschung, Berlin

Finanzierung

Die internationale Vorbereitung, Koordination und Datenaufbereitung der TIMSS-Hauptstudie wurden durch Mittel des *National Center for Educational Statistics* des U.S. Department of Education in Washington, DC (NCES), der *National Science Foundation,* USA (NSF) und der kanadischen Regierung gefördert. Das Bundesministerium für Bildung und Forschung (BMBF) förderte die Durchführung der TIMSS-Hauptstudie in Deutschland (Förderungskennzeichen: G 52 35.00 und TIMSS 97).

Danksagung

In einem föderal verfassten Staat wie in der Bundesrepublik Deutschland, in dem die Kulturhoheit und Schulaufsicht bei den Länderregierungen liegen, ist es nicht einfach, eine nationale Schulleistungsstudie durchzuführen, da alle Kultusministerien die Untersuchungen in den Schulen genehmigen müssen. Der Untersuchung der 7.

und 8. Jahrgangsstufen haben alle Bundesländer mit Ausnahme Baden-Württembergs freundlicherweise zugestimmt. Für die ein Jahr später durchgeführte Untersuchung der Abschlussjahrgänge der Sekundarstufe II erteilte auch Baden-Württemberg die Genehmigung. Für die freundliche Unterstützung von TIMSS möchten wir allen Kultusministerien ausdrücklich Dank sagen. Danken möchten wir auch den Statistischen Landesämtern, die bei der Stichprobenziehung unschätzbare Hilfe leisteten, und den Mitarbeitern von Landesinstituten, die die Lehrplangültigkeit der Testaufgaben geprüft haben. Ebenso gilt unser Dank den Hochschullehrerinnen und Hochschullehrern, die uns bei fachdidaktischen Fragen mit Rat zur Seite standen oder TIMSS-Testaufgaben unter Abnehmergesichtspunkten beurteilt haben. Der gleiche Dank geht auch an die Ausbilder und Prüfer der Handwerks-, Industrie- und Handelskammern, die unter beruflichen Qualifikationsgesichtspunkten Aufgaben des TIMSS-Grundbildungstests unter die Lupe genommen haben.

Die deutsche TIMS-Studie wurde durch Mittel des Bundesministeriums für Bildung und Forschung gefördert. Die Förderung dieses internationalen Forschungsvorhabens erforderte ein hohes Maß an Abstimmung innerhalb des Ministeriums. Für die große Flexibilität danken wir dem Zuwendungsgeber.

Größten Dank schulden wir den Schulleiterinnen und Schulleitern, Lehrerinnen und Lehrern sowie Schülerinnen und Schülern, die in großer Offenheit und Hilfsbereitschaft diese internationale Vergleichsstudie unterstützt haben. Die Schülerinnen und Schüler haben an der Untersuchung aufgeschlossen und intensiv mitgearbeitet. Allein die hohen Beteiligungsraten sind ein sichtbarer Beleg für ihre Bereitschaft, sich in Leistungssituationen zu bewähren. Ihnen sei ganz besonders gedankt. Schließlich möchten wir allen beteiligten Lehrerinnen und Lehrern Dank sagen für die professionelle Selbstverständlichkeit, mit der sie ihre Klassenzimmer für die Administration von Tests und Fragebögen geöffnet und die TIMSS-Tests unter den Gesichtspunkten der unterrichtlichen Validität einer Überprüfung unterzogen haben. Auf ihrer Hilfe und der Mitarbeit ihrer Schülerinnen und Schüler beruht der vorliegende Bericht.

2. Untersuchungsgegenstand und Fragestellungen

TIMSS/III befasst sich mit der mathematisch-naturwissenschaftlichen Bildung in der Sekundarstufe II. Der erste Band unseres Berichts war der mathematisch-naturwissenschaftlichen Grundbildung am Ende der Pflichtschulzeit gewidmet. Gegenstand dieses Bandes ist der Mathematik- und Physikunterricht der gymnasialen

Oberstufe, seine institutionelle Einbettung, didaktische Gestaltung und seine Ergebnisse. Dabei ist der Bogen weit gespannt. Eingeschlossen in die Analysen sind:
– Kurswahlverhalten und Kurswahlmotive,
– Kursniveaus als differentielle Motivations- und Lernmilieus,
– der Zusammenhang zwischen Motivation, Lernstrategien und Fachverständnis als ein zentraler Aspekt des selbstregulierten Lernens,
– Struktur und Niveau der in der Schule erworbenen mathematischen und physikalischen Kompetenzen,
– epistemologische Vorstellungen von Mathematik und Physik,
– Unterrichtsstrategien im Mathematik- und Physikunterricht und ihre Bedeutung für Leistung und Fachverständnis sowie
– der Zusammenhang zwischen Kurswahlen und Fachleistungen einerseits sowie Berufsperspektiven und Studienfachwahlen andererseits.

Der internationale Vergleich dient in diesem analytischen Kontext der Relativierung einer nationalen Perspektive. Im Zentrum dieses Bandes stehen die Analysen der Struktur mathematischer und physikalischer Kompetenzen, wie sie im voruniversitären Mathematik- und Physikunterricht erworben werden. Sie bilden Basis und Bezugspunkt der meisten anschließenden Untersuchungen. Durch die Definition von Fähigkeitsniveaus *(Proficiency Levels)* und die Explikation jener Merkmale, die für die Schwierigkeit von Testaufgaben verantwortlich sind, werden abstrakte Testwerte, die in der Regel nur durch den sozialen Vergleich Aussagekraft erhalten, inhaltlich zum Sprechen gebracht. Dies ist eine wichtige Voraussetzung, um im internationalen Vergleich auftretende Unterschiede qualitativ, in Begriffen des jeweiligen Fachs interpretieren zu können. Dieses qualitative Verständnis von Kompetenzen ist auch die Grundlage, auf der relative Stärken und Schwächen des voruniversitären Mathematik- und Physikunterrichts in Deutschland identifiziert werden können. Ins Zentrum der Fachdidaktik führen unsere Analysen, wenn versucht wird, schwierigkeitsgenerierende Merkmale von Mathematik- und Physikaufgaben theoretisch und empirisch zu bestimmen. Diese Analysen eröffnen – vermittelt über die curriculare und kognitive Struktur von Aufgaben und deren mehr oder minder erfolgreiche Bearbeitung – einen Blick auf das fachliche Lernen im Unterricht. In diesem Zusammenhang erhalten auch die verschiedenen Zusatzstudien, die wir zur curricularen Validierung von Testaufgaben durchgeführt haben und über deren Ergebnisse ausführlich berichtet wird, eine weit über das Technische hinausgehende Bedeutung. Sie geben Auskünfte über die inhaltliche Struktur der Grund- und Leistungskurse und erlauben die Prüfung, inwieweit die Grundkurse der gymnasialen Oberstufe als zentrale Bausteine einer vertieften Allgemeinbildung ihre eigene, dem Bildungszweck angemessene Gestalt gefunden haben. Schließlich wird in diesem Band der Begriff des Fachverständnisses oder der fachlichen Kompetenz über den Bereich der Fachleistung im engeren Sinne hinaus erweitert, indem eine systematische Analyse der epistemologischen Vorstellungen von Mathematik und Physik vorgelegt wird.

Einen zweiten analytischen Schwerpunkt dieses Bandes bildet die Untersuchung der institutionellen Einbettung des Motivations- und Lerngeschehens im Mathematik- und Physikunterricht. Im Mittelpunkt der Analysen steht das Kurssystem der gymnasialen Oberstufe in seiner Bedeutung für motiviertes und selbstreguliertes Lernen. Im Anschluss an die Erwartungs-×-Wert-Modelle der Motivationspsychologie (vgl. z.B. Eccles, 1983; Heckhausen, 1989) wird ein komplexes theoretisches Modell entwickelt und – soweit dies unter den Einschränkungen einer Querschnittuntersuchung möglich ist – empirisch geprüft, indem Fachinteressen, Nützlichkeitsüberzeugungen und subjektive Normen einerseits, das Kurswahlverhalten und die Nutzung von differenzierten Lernstrategien als Mediatoren sowie Aspekte des Fachverständnisses andererseits simultan berücksichtigt werden. Schließlich wird das Spektrum der Schulziele über den kognitiven Bereich hinaus erweitert, wenn potentielle Auswirkungen der Leistungsdifferenzierung im Kurssystem auf selbstbezogene Kognitionen – hier das Selbstkonzept der akademischen Befähigung – in einem mehrebenenanalytischen Ansatz untersucht werden. Im Rahmen dieses Untersuchungsschwerpunkts wird schließlich die Perspektive über die Schule hinaus geöffnet, indem Berufs- und Studienfachwahlen im Zusammenhang der institutionellen Struktur der gymnasialen Oberstufe thematisiert werden. In einem logistischen Regressionsmodell wird versucht, das Zusammenspiel zwischen askriptiven, motivationalen und leistungsbezogenen Merkmalen der Person und den institutionellen Gelegenheitsstrukturen der gymnasialen Oberstufe in seiner Bedeutung für die Berufsfindung abzubilden.

Der dritte Analyseschwerpunkt dieses Bandes ist die Rekonstruktion des Mathematik- und Physikunterrichts aus kollektiver Schülersicht. Aus vergleichenden Untersuchungen (Clausen, 2000) wissen wir, dass Schüler, Lehrer und unabhängige Beobachter Unterricht unterschiedlich rekonstruieren, ohne dass eine Sichtweise generelle Validität beanspruchen könnte. Die Sichtweise von Schülern ist eine Perspektive eigenen Rechts, die auf der subjektiven Wahrnehmung des Unterrichts beruht, gleichzeitig aber auch sozial geteilte Erlebensanteile enthält. Die kollektive Wahrnehmung des Unterrichts kann pragmatische Validität beanspruchen, insofern sie ein relativ guter Prädiktor für Leistungsergebnisse einer Lerngruppe darstellt. Auf der Basis von auf Kursniveau aggregierten Schülerangaben wird der Mathematik- und Physikunterricht in seiner kursspezifischen Ausprägung beschrieben. Der daran anschließende Analyseschritt ist die Modellierung des Zusammenhangs zwischen Unterrichtsgestaltung und Fachkompetenz, die mit den beiden Komponenten von Fachwissen und epistemologischen Überzeugungen erfasst wird. In einem weiteren

Analyseschritt wird das Spektrum der Unterrichtsziele systematisch erweitert und der Mathematik- und Physikunterricht unter dem Gesichtspunkt multipler Zielerreichung in den Blick genommen. Neben den genannten Aspekten der (a) Fachkompetenz werden (b) fachbezogene Motivation und Selbstkonzepte der fachlichen Befähigung, (c) Aspekte des generalisierten Erlebens der Schule sowie (d) bereichsunspezifische Persönlichkeitsmerkmale als Kriterien des erfolgreichen Unterrichts berücksichtigt und auf ihre Verträglichkeit im Rahmen der Zielstruktur von Unterricht überprüft.

Ein vierter Untersuchungsschwerpunkt, der sich systematisch mit Geschlechtsdifferenzen beschäftigt, übergreift die drei beschriebenen Analyseperspektiven. In Kapitel X dieses Bandes wird die geschlechtsspezifische Nutzung des institutionellen Angebots der gymnasialen Oberstufe differenziert beschrieben und analysiert. Es wird herausgearbeitet, welche Rolle Selbstbewertungen der eigenen Kompetenz, fachspezifische Interessen, die spezifische Wahrnehmung der Geschlechterrollen sowie Vorwissen und erbrachte Fachleistungen für Kurs- und Berufswahlen spielen. In Kapitel IX werden die geschlechtsspezifischen Verteilungen der Mathematik- und Physikleistungen mit besonderem Augenmerk auf relative Leistungsstärken und Leistungsschwächen von Frauen und Männern untersucht. Vor dem Hintergrund der breiten Forschungsliteratur werden potentielle individuelle und institutionelle Ursachen für die bemerkenswerten Disparitäten diskutiert und geprüft.

Einen fünften Untersuchungsschwerpunkt bilden Analysen mit eindeutig institutionellem Fokus, die sowohl auf internationalen als auch auf nationalen Vergleichen beruhen. Der gemeinsame Fluchtpunkt dieser Analysen ist die Frage nach der institutionellen Sicherung verständnisorientierter Lernprozesse und vergleichbarer Leistungsstandards. Uns liegt sehr daran, die Integration der Gesichtspunkte des verständnisvollen Lernens und der Standardsicherung nachdrücklich zu betonen. Wir werden deshalb Leistungsstandards auch immer mit den qualitativen Begriffen unserer inhaltlich definierten Fähigkeitsniveaus *(Proficiency Levels)* beschreiben. Auf dieser theoretischen Grundlage werden Fragestellungen zum Zusammenhang von erreichten Leistungsniveaus und institutionellen Merkmalen, wie sie etwa die Bildungsbeteiligung an voruniversitären Programmen, die Dauer von Bildungsgängen, die Prüfungsstruktur oder die Vorgabe von Bewertungsstandards darstellen, entwickelt. Diese Analysen sollen den Blick für die Komplexität institutioneller Bedingungen im Schulwesen schärfen – eine Komplexität, die allen simplifizierenden Gestaltungsvorstellungen, welcher politischen oder ideologischen Richtung auch immer, die rationale Grundlage entzieht.

3. Definition der Untersuchungspopulation

Die Dritte Internationale Mathematik- und Naturwissenschaftsstudie untersucht Schülerinnen und Schüler aus drei Altersgruppen, die sich in jeweils unterschiedlichen Phasen ihrer Schul- und Bildungslaufbahn befinden. *Population I* repräsentiert die Grundschule, *Population II* die Sekundarstufe I und *Population III* die Sekundarstufe II.

Während in der Grund- und Mittelstufe aufgrund des international standardisierten Aufbaus der Schulsysteme nach Jahrgangsstufen genaue Populationsdefinitionen gefunden werden konnten, mussten für die Population III breitere Rahmendefinitionen festgelegt werden, die jeweils national angemessene Präzisierungen erlaubten. Die Schulsysteme der an TIMSS teilnehmenden Staaten sind in der Sekundarstufe II zu unterschiedlich organisiert, als dass sich eine enge Definition hätte finden lassen. Nach internationaler Übereinkunft gehören zur Population III, deren *mathematisch-naturwissenschaftliche Grundbildung* untersucht werden soll, alle Personen, die sich zum Zeitpunkt der Erhebung im letzten Segment der Sekundarstufe in vollzeitlicher Ausbildung befinden *(Last Segment of Fulltime Secondary Education)*. Für Deutschland wurde diese Rahmenfestlegung folgendermaßen interpretiert: Für den Untersuchungsbereich der mathematisch-naturwissenschaftlichen Grundbildung *(Mathematics and Science Literacy)* bilden die Population III alle Personen, die sich zum Zeitpunkt der Erhebung im letzten Jahr der vollzeitlichen Ausbildung in der Sekundarstufe II im allgemeinbildenden oder beruflichen Schulwesen befinden und die Sekundarstufe II zum ersten Mal durchlaufen. Auszubildende im dualen System absolvieren nach dieser Definition eine vollzeitliche Ausbildung, da schulische und betriebliche Ausbildung als Teile einer einheitlichen Konzeption betrachtet werden. Mit der Einbeziehung des beruflichen Schulwesens betritt TIMSS Neuland.

Besondere Bedeutung misst TIMSS der Untersuchung jener Teilpopulation von Schülerinnen und Schülern bei, die im TIMSS-Sprachgebrauch als *Mathematik- bzw. Physikspezialisten* bezeichnet werden. Als Spezialisten gelten nach internationaler Übereinkunft jene Personen, die im Schuljahr der Erhebung einen *voruniversitären Mathematik- bzw. Physikkurs* besuchen bzw. im Schuljahr vor der Erhebung besucht haben *(Advanced Mathematics, Advanced Physics)*. In Deutschland rechnen wir zu den Mathematikspezialisten alle Schüler einer gymnasialen Oberstufe, da der durchgehende Besuch des Mathematikunterrichts – zumindest bis zum Ende der 12. Jahrgangsstufe – zur Erlangung der allgemeinen Hochschulreife obligatorisch ist. Zur Gruppe der Personen mit voruniversitärem Mathematikunterricht zählen also auch jene Schülerinnen und Schüler, die – sofern die bundesländerspezifischen Oberstufenregelungen dies zum Zeitpunkt der Erhebung noch zuließen – Mathematik im 13. Schuljahr abgegeben hatten. Zu den Physikspezialisten zählen wir in Deutschland alle Schülerinnen und Schüler einer gymnasialen Oberstufe, die zum Erhebungszeitpunkt einen Grund- und/oder Leistungskurs im Fach Physik belegt hatten.

Im Schuljahr 1995/96 betrug der Anteil der Mathematikspezialisten, die eine Abschlussklasse an der Oberstufe eines Gymnasiums oder einer Gesamtschule besuchten, 25,3 Prozent der einschlägigen Alterskohorte, die wiederum nach internationaler Absprache durch die durchschnittliche Jahrgangsstärke der 15- bis 19-Jährigen definiert ist. Dies entspricht dem Anteil der Oberstufenschüler an Gymnasien und Gesamtschulen am Altersjahrgang. Der Anteil der Physikspezialisten am Altersjahrgang fällt infolge der Wahlmöglichkeit mit 9,3 Prozent erheblich niedriger aus. Nur 33 Prozent der Gymnasiasten bzw. Oberstufenschüler an Gesamtschulen erfüllen ihre naturwissenschaftlichen Belegverpflichtungen mit einem durchgehaltenen Physikkurs. (Diese Quote unterscheidet sich deutlich von der im Fach Biologie, die 78 % beträgt.)

Die internationale Vergleichbarkeit der Befunde hängt maßgeblich davon ab, dass der voruniversitäre Mathematik- und Physikunterricht über die Länder hinweg ähnliche Anteile am Altersjahrgang erfasst, der Ausschöpfungsgrad *(Coverage Efficiency)* also ähnlich ist (vgl. dazu ausführlicher Kap. II des ersten Bandes). Je geringer der Anteil des einschlägigen Altersjahrgangs ist, der einen voruniversitären Mathematik- oder Physikunterricht besucht, desto positiver dürfte die jeweilige Teilpopulation ausgelesen sein. Der *Mathematics TIMSS Coverage Index* (MTCI) bzw. der *Physics TIMSS Coverage Index* (PTCI) gibt den jeweiligen nationalen Anteil derjenigen Schüler und Schülerinnen mit voruniversitärem Mathematik- bzw. Physikunterricht am durchschnittlichen Altersjahrgang der 15- bis 19-Jährigen an. Tabelle I.1 veranschaulicht die von Land zu Land sehr unterschiedliche Reichweite des erweiterten Mathematik- und Physikunterrichts.

Der Tabelle I.1 ist zu entnehmen, dass der gymnasiale Mathematikunterricht in Deutschland im internationalen Vergleich einen relativ breiten Jahrgangsanteil erreicht, während der Physikunterricht nur von einem auch international relativ schmalen Prozentsatz des Altersjahrgangs besucht wird. Für die Beurteilung der Vergleichbarkeit von Leistungsergebnissen aus dem voruniversitären Mathematik- und Physikunterricht ist zu beachten, dass auf diesem Leistungsniveau schon relativ kleine Veränderungen der *Coverage Indices* substantielle Auswirkungen auf durchschnittliche Leistungsergebnisse haben können.

Im Rahmen von TIMSS/III findet ferner ein besonderer Sechs-Länder-Vergleich statt, in dem die Mathematik- und Physikleistungen einer nochmals reduzierten

Tabelle I.1: Ausschöpfungsgrad der Teilpopulationen mit voruniversitärem Mathematik- bzw. Physikunterricht nach Ländern in Prozent des einschlägigen Altersjahrgangs[1] *(Mathematics and Physics TIMSS Coverage Indices* [MTCI, PTCI])

Land	Ausschöpfungsgrad *(Coverage Efficiency)*	
	Personen in voruniversitären Mathematikprogrammen (MTCI)	Personen in voruniversitären Physikprogrammen (PTCI)
Australien	15,7	12,6
Dänemark	20,6	3,2
Deutschland[2]	25,3	9,3
Frankreich	19,9	19,9
Griechenland	10,0	10,0
Italien	14,1	–
Kanada	15,6	13,7
Lettland	–	3,0
Litauen	2,6	–
Norwegen	–	8,4
Österreich	33,3	33,1
Russland	2,1	1,8
Schweden	16,2	16,3
Schweiz	14,3	14,2
Slowenien	75,4	38,6
Tschechien	11,0	11,0
USA	13,7	14,5
Zypern	8,8	8,8

[1] Durchschnittlicher Jahrgang der 15- bis 19-Jährigen 1995.
[2] Abweichungen vom internationalen Report (Mullis u.a., 1998) aufgrund der Verwendung von Populationsanstelle von Stichprobendaten in diesem Bericht.

IEA. Third International Mathematics and Science Study. © TIMSS/III-Germany

Spezialistengruppe betrachtet werden. In Deutschland, Frankreich, Russland, der Schweiz, Tschechien und den USA werden im voruniversitären Ausbildungsbereich Mathematik und Physik in der einen oder anderen Weise leistungsdifferenziert unterrichtet. Zur Teilpopulation der Schülerinnen und Schüler mit erweitertem voruniversitären Mathematik- oder Physikunterricht – im TIMSS-Jargon die „Superspezialisten" – gehören in Deutschland die Teilnehmer an Fachleistungskursen in Mathematik oder Physik. Tabelle I.2 zeigt für die sechs ausgewählten Länder die jeweils spezifischen *Coverage Indices*.

Tabelle I.2: Ausschöpfungsgrad der Teilpopulationen mit differenziertem voruniversitärem Mathematik- bzw. Physikunterricht nach Ländern in Prozent des einschlägigen Altersjahrgangs[1] *(Mathematics and Physics TIMSS Coverage Indices* [MTCI, PTCI])

Land	Ausschöpfungsgrad *(Coverage Efficiency)*					
	Mathematik			Physik		
	Grundkurs oder Äquivalent	Leistungskurs oder Äquivalent	Insgesamt (MTCI)	Grundkurs oder Äquivalent	Leistungskurs oder Äquivalent	Insgesamt (PTCI)
Deutschland	17	8	25	7	3	9
Frankreich	18	2	20	18	2	20
Russland	1	1	2	1	1	2
Schweiz	10	4	14	10	4	14
Tschechien	7	4	11	10	1	11
USA	9	5	14	13	1	15

[1] Durchschnittlicher Jahrgang der 15- bis 19-Jährigen 1995.
IEA. Third International Mathematics and Science Study. © TIMSS/III-Germany

4. Konzeption und Verfahren der Test- und Fragebogenentwicklung

TIMSS folgt generell einer Rahmenkonzeption, nach der Schülerleistungen im jeweils spezifischen curricularen Kontext interpretiert werden. Das Curriculum eines Landes wird vierstufig als *intendiertes Curriculum, potentielles Curriculum, implementiertes Curriculum* und *erreichtes Curriculum* dargestellt (Abb. I.1). In Deutschland ist das intendierte Curriculum aus den Lehrplänen und Prüfungsvorschriften der Länder zu rekonstruieren. Die zugelassenen Lehrbücher dokumentieren das potentielle Curriculum. Als implementiertes Curriculum gilt der in einer Schule tatsächlich behandelte Stoff, der über Fachlehrer- oder Fachleiterbefragungen erfasst wird. Das erreichte Curriculum schließlich wird durch die Schülerleistungen selbst angezeigt. Damit verbindet TIMSS Datenquellen unterschiedlicher Ebenen:
– Analysen von Lehrplänen und Prüfungsvorschriften sowie Befragung von Lehrplanexperten,
– Lehrbuchanalysen,
– Befragung von Fachlehrern und Fachleitern und
– Testung und Befragung von Schülern.
Die Leistungstests von TIMSS streben in der Mittelstufe und im voruniversitären Mathematik- und Physikunterricht transnationale curriculare Validität an. Im Test

Abbildung I.1: Datenquellen von TIMSS/III

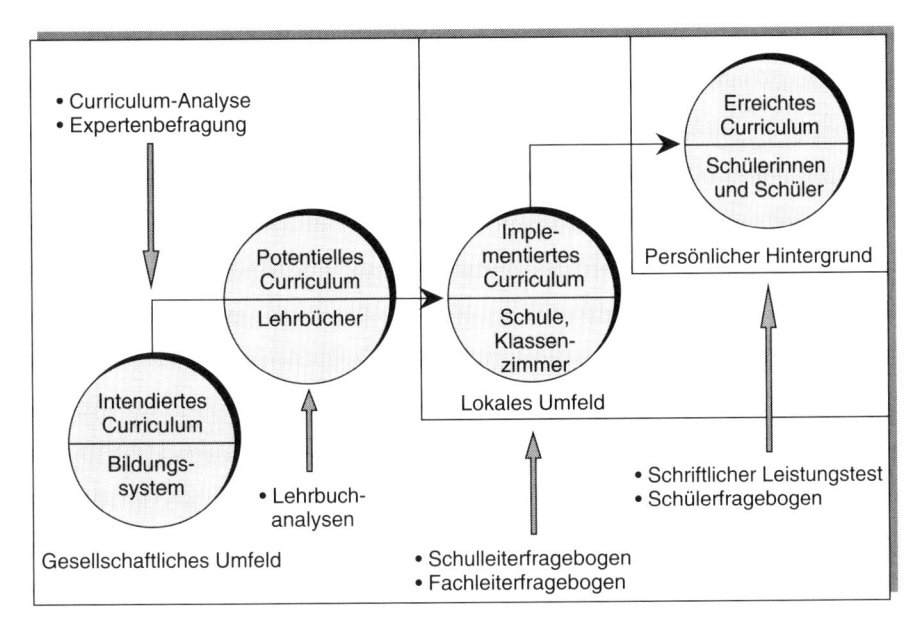

- Curriculum-Analyse
- Expertenbefragung

Intendiertes Curriculum
Bildungssystem

Potentielles Curriculum
Lehrbücher

Implementiertes Curriculum
Schule, Klassenzimmer

Erreichtes Curriculum
Schülerinnen und Schüler

Persönlicher Hintergrund

Lokales Umfeld

Gesellschaftliches Umfeld

- Lehrbuchanalysen
- Schulleiterfragebogen
- Fachleiterfragebogen
- Schriftlicher Leistungstest
- Schülerfragebogen

IEA. Third International Mathematics and Science Study.　　© TIMSS/III-Germany

zur mathematisch-naturwissenschaftlichen Grundbildung wird die curriculare Bindung gelockert, insofern nicht die spezifischen Mathematik- und Naturwissenschaftscurricula des letzten Pflichtschuljahres ein Validitätskriterium der Testaufgaben darstellen. Die curriculare Bindung des Grundbildungstests bleibt jedoch mit der Orientierung an den zentralen mathematisch-naturwissenschaftlichen Stoffen der Sekundarstufe I erhalten (Robitaille & Garden, 1996; Orpwood & Garden, 1998).

Die theoretische Grundkonzeption der Testentwicklung von TIMSS lehnt sich an Vorarbeiten der *International Association for the Evaluation of Educational Achievement* (IEA) an, die im Rahmen der Zweiten Internationalen Mathematikstudie (*Second International Mathematics Study* [SIMS]) geleistet worden waren, entwickelt diese jedoch weiter. Heuristisches Werkzeug der Testentwicklung für SIMS war eine Ordnungsmatrix, bei der die Zeilen durch die zentralen mathematischen Stoffgebiete und die Kolumnen durch hierarchisch angeordnete Stufen kognitiver Operationen bestimmt wurden (Inhalt × kognitiver Anspruch-Matrix). Die kognitiven Operationen wurden im Anschluss an die Taxonomien Blooms (1956) und Wilsons

(1971) konzeptualisiert (Robitaille & Garden, 1989; Travers & Westbury, 1989). Diese Matrix wurde für TIMSS um eine Dimension „Perspektiven" erweitert, in der allgemeine Bildungsziele der mathematisch-naturwissenschaftlichen Fächer zusammengefasst wurden – zum Beispiel Wertschätzung von Mathematik und Naturwissenschaften oder eine rationale Einstellung zur Technik. Gleichzeitig wurde die Vorstellung hierarchisch geordneter kognitiver Operationen zu Gunsten eines kategorialen Rasters typischer Verhaltenserwartungen bei der Lösung von Testaufgaben aufgegeben *(Performance Expectations)* (Robitaille u.a., 1993). Die kategoriale Klassifikation der Testaufgaben nach Verhaltenserwartungen hat theoretische Vorteile, die im internationalen Bericht bislang nicht genutzt wurden (Mullis u.a., 1998). Die empirische Schwierigkeit der Testaufgaben kann nämlich innerhalb der einzelnen Verhaltensklassen variieren, sodass für die einzelnen Verhaltenserwartungen im Prinzip eigene Leistungsskalen konstruiert werden können. Aus länderspezifischen Profilen dieser Dimensionen lassen sich unter Umständen die jeweils besonderen didaktischen Färbungen der Curricula und des Unterrichts erschließen. Wir werden von dieser Möglichkeit systematisch Gebrauch machen, wenn wir die spezifischen Stärken und Schwächen deutscher Schüler und Schülerinnen analysieren (vgl. Kap. IV des ersten und Kap. III des vorliegenden Bandes).

Als erster Schritt zur Konstruktion der Leistungstests für Mathematik und die naturwissenschaftlichen Fächer wurde an der *University of British Columbia* in Vancouver, Kanada, eine internationale Datenbank angelegt, in der potentiell geeignete Testaufgaben gesammelt wurden. In die Datenbank wurden sowohl Aufgaben, die sich in anderen Untersuchungen bewährt hatten, als auch neu entwickelte Aufgaben der teilnehmenden Forschergruppen aufgenommen. Parallel dazu entwickelte eine international besetzte Arbeitsgruppe eine Rahmenkonzeption für den Grundbildungstest, die ein Raster für die Auswahl der endgültigen Testaufgaben bieten sollte. Im Januar 1993 wurde der Aufgabenbestand durch Fachwissenschaftler und Fachdidaktiker aus zehn Ländern des *Subject Matter Advisory Committee* (SMAC) überprüft. Um festgestellte Lücken zu schließen, wurde ein Kooperationsvertrag mit dem *Australian Council for Educational Research* (ACER) über die Entwicklung zusätzlicher Testaufgaben geschlossen. Nach nochmaliger Überprüfung der Aufgabensammlung durch die nationalen Arbeitsgruppen und durch das SMAC wurde Ende 1993 eine Vorversion der Leistungstests für die Erprobungsphase zusammengestellt (Garden & Orpwood, 1996). Die Testaufgaben wurden in der Regel doppelt durch zwei unabhängige Übersetzer in die jeweiligen Landessprachen übertragen und anschließend in das Englische rückübersetzt (Maxwell, 1996). Nach sorgfältiger Überprüfung und Korrektur der Übersetzungen wurden die Pilotversionen der Leistungstests im Frühjahr 1994 in 16 Staaten erprobt. Die internationale Terminierung der Feldphase führte in Deutschland – wie auch in einigen anderen Ländern – zur

Kollision mit den Abiturprüfungen. Deutschland nahm deshalb an dieser Pilotuntersuchung nicht teil.

Im Rahmen der Felderprobung wurde noch einmal die curriculare Validität der ausgewählten Testaufgaben durch nationale Experten überprüft. Jede Aufgabe wurde nach vier Kriterien auf einer vierstufigen Skala beurteilt:
– Lehrplanvalidität des in einer Aufgabe repräsentierten Stoffes,
– Vertrautheit mit der spezifischen Einbettung und Präsentation des Stoffes,
– fachliche Qualität der Aufgabe unabhängig von ihrer curricularen Gültigkeit,
– vermutete Lösungswahrscheinlichkeit der Aufgabe.

Grundlage der Auswahl der Testaufgaben für die Hauptuntersuchung waren die zweidimensionalen Klassifikationsmatrizen der Testaufgaben, die Kennwerte der Validitätsprüfung sowie testtheoretische Aufgabenkennwerte. Auf der Basis der Pilotdaten wurden zunächst auf Grundlage der klassischen Testtheorie Itemanalysen durchgeführt. Für die Hauptuntersuchung wurden Aufgaben ausgewählt, deren Schwierigkeitsindex zwischen $p = .20$ und $p = .90$, und deren Trennschärfe über $r_{bis} = .30$ lag. Alle Distraktoren bei Aufgaben mit Mehrfachwahlantworten sollten negative Trennschärfen aufweisen. Ferner wurde die Modellanpassung der Aufgaben im Rasch-Modell als weiteres Selektionskriterium herangezogen. Aufgaben mit schlechter internationaler oder nationaler Modellanpassung blieben unberücksichtigt.

Die transkulturelle Äquivalenz der Aufgaben wurde durch Testung der *Item-by-Country Interaction* im Rahmen des IRT-Modells überprüft (Adams, Wilson & Wu, 1997; Adams, Wu & Macaskill, 1997). Eine derartige Wechselwirkung, die als differentielle Itemfunktion (DIF) bezeichnet wird, liegt vor, wenn Testaufgaben für Personengruppen gleicher Fähigkeit, aber unterschiedlicher Länderherkunft unterschiedliche Lösungswahrscheinlichkeiten besitzen (vgl. Kap. IV im ersten Band; Camilli & Shepard, 1994). Derartige differentielle Itemfunktionen können eine mangelnde transkulturelle Äquivalenz der jeweiligen Aufgabe anzeigen. Meistens sind diese Mängel jedoch auf Übersetzungsfehler/-probleme oder curriculare Besonderheiten eines Landes zurückzuführen (van de Vijver & Hambleton, 1996; Allalouf & Sireci, 1998; Hong & Roznowski, 1998; Price & Oshima, 1998). Aufgaben mit erheblichen DIF-Werten wurden nicht in die Tests der Hauptuntersuchung aufgenommen. Ausreichende curriculare Validität erreichten Aufgaben, deren mittlerer Beurteilungswert in jeder der vier angeführten Gültigkeitsdimensionen über 2,5 lag.

Für die Hauptuntersuchung der Population III wurden drei unterschiedliche Tests konstruiert:

- Der erste Test misst mit 76 Aufgaben, von denen 75 in die Auswertung eingingen, das am Ende der Sekundarstufe II erreichte Niveau der *mathematisch-naturwissenschaftlichen Grundbildung*.
- Der zweite Test prüft mit 65 Aufgaben die im letzten Schuljahr erreichten *Fachleistungen im voruniversitären Mathematikunterricht*.
- Der dritte Test erfasst mit ebenfalls 65 Aufgaben die im letzten Schuljahr erreichten *Fachleistungen im voruniversitären Physikunterricht*.

Die in TIMSS/III eingesetzten Tests zur Erfassung der mathematisch-naturwissenschaftlichen Grundbildung und des voruniversitären Bereichs unterscheiden sich konzeptionell. Der *Grundbildungstest* stellt einen Kompromiss zwischen Lehrplanbindung und Orientierung am praktischen Alltagshandeln dar. Die Aufgaben greifen auf typische Stoffe und Konzepte der Mittelstufe zurück, betten diese jedoch in der Regel in kurze Alltagsgeschichten ein.

Der *Fachleistungstest für den voruniversitären Mathematikunterricht* strebt in den Hauptstoffgebieten transnationale curriculare Validität an. Die Aufgaben des Mathematiktests greifen teilweise auch auf Stoffe der Mittelstufe zurück, die in schwierigere Problemstellungen eingebettet werden. Die Mathematikaufgaben sind weniger komplex als typische Abituraufgaben in Deutschland; sie prüfen bei knapper Bearbeitungszeit immer nur Teilaspekte. Ein Teil der Aufgaben bezieht sich auf Standardstoffe der gymnasialen Oberstufe, die jedoch in ungewohnten Kontexten präsentiert werden, sodass das Verständnis und die Flexibilität des Gelernten geprüft werden können. Der *Fachleistungstest für den voruniversitären Physikunterricht* folgt ähnlichen Überlegungen wie der Mathematiktest. Bei der Konstruktion der Aufgaben wurde darauf Wert gelegt, primär physikalisches Verständnis zu erfassen und erst in zweiter Linie die Fähigkeit, physikalische Sachverhalte mathematisch auszudrücken.

5. Entwicklung der Leistungstests zur Erfassung der Fachleistungen im voruniversitären Mathematik- und Physikunterricht

Die Fachleistungstests für die Oberstufe erfassen die Hauptstoffgebiete des Mathematik- und Physikunterrichts der gymnasialen Oberstufe. Der *Mathematiktest* deckt etwa zu gleichen Teilen die Gebiete (1) Zahlen, Gleichungen und Funktionen, (2) Analysis und (3) Geometrie/analytische Geometrie ab. Einen geringeren Umfang beanspruchen (4) Wahrscheinlichkeitsrechnung und Statistik sowie (5) Aussagenlogik und Beweise. Die Aufgaben des Physiktests verteilen sich auf die Gebiete (1) Mechanik, (2) Elektrizitätslehre und Magnetismus, (3) Wärmelehre, (4) Wellen und Schwingungen, (5) Teilchen-, Quanten- und Astrophysik sowie Relativitätstheorie/Moderne Physik. In beiden Fächern ist jeweils etwa ein Drittel der Testzeit für die Beantwortung von offenen Fragen vorgesehen. Für die offenen Aufgaben wurden je nach Komplexität der Fragestellung und der möglichen Antworten ein bis drei Punkte vergeben. Die Tabellen I.3 und I.4 geben einen Überblick über die Verteilung der Mathematikaufgaben nach Sachgebieten und Verhaltenserwartungen

Tabelle I.3: Testaufgaben für den voruniversitären Mathematikunterricht nach Sachgebiet und Verhaltenserwartung

Sachgebiet	Verhaltenserwartung				
	Wissen	Beherrschung von Routineverfahren	Beherrschung von komplexen Verfahren	Anwendungsbezogene Aufgaben und innermathematische Probleme	Insgesamt
Zahlen, Gleichungen und Funktionen	1	7	2	7	17
Analysis	2	8	–	5	15
Geometrie, analytische Geometrie	5	6	3	9	23
Wahrscheinlichkeit, Statistik	1	2	1	3	7
Aussagenlogik, Beweise	–	1	–	2	3
Insgesamt	9	24	6	26	65

IEA. Third International Mathematics and Science Study. © TIMSS/III-Germany

Tabelle I.4: Testaufgaben für den voruniversitären Mathematikunterricht nach Sachgebiet und Aufgabenformat

Sachgebiet	Aufgabenformat			
	Mehrfachwahlantworten	Kurze Antworten	Ausführliche Antworten	Insgesamt
Zahlen, Gleichungen und Funktionen	13	2	2	17
Analysis	12	2	1	15
Geometrie, analytische Geometrie	15	4	4	23
Wahrscheinlichkeit, Statistik	5	2	–	7
Aussagenlogik, Beweise	2	–	1	3
Insgesamt	47	10	8	65

IEA. Third International Mathematics and Science Study. © TIMSS/III-Germany

bzw. Aufgabenformaten. Die Tabellen I.5 und I.6 enthalten die analogen Informationen für das Fach Physik.

Tabelle I.5: Testaufgaben für den voruniversitären Physikunterricht nach Sachgebiet und Verhaltenserwartung

Sachgebiet	Verhaltenserwartung				
	Verstehen einfacher Informationen	Verstehen komplexer Informationen	Konzeptualisieren, Anwenden	Experimentieren, Beherrschung von Verfahren	Insgesamt
Mechanik	–	1	10	5	16
Elektrizitätslehre, Magnetismus	1	3	11	1	16
Wärmelehre	1	3	4	1	9
Wellen, Schwingungen	1	3	5	1	10
Moderne Physik	1	3	7	3	14
Insgesamt	4	13	37	11	65

IEA. Third International Mathematics and Science Study. © TIMSS/III-Germany

Tabelle I.6: Testaufgaben für den Physikunterricht nach Sachgebiet und Aufgabenformat

Sachgebiet	Aufgabenformat			
	Mehrfachwahlantworten	Kurze Antworten	Ausführliche Antworten	Insgesamt
Mechanik	11	4	1	16
Elektrizitätslehre, Magnetismus	10	3	3	16
Wärmelehre	6	3	–	9
Wellen, Schwingungen	6	3	1	10
Moderne Physik	9	2	3	14
Insgesamt	42	15	8	65

IEA. Third International Mathematics and Science Study. © TIMSS/III-Germany

6. Entwicklung der Schüler-, Fachleiter- und Schulleiterfragebogen

Entwicklung des Schülerfragebogens

Für TIMSS/III-Germany wurden der differenzierten Organisation der Sekundarstufe II entsprechend vier Versionen eines Schülerfragebogens entwickelt, die jeweils einen internationalen Standardteil und nationale Erweiterungen enthielten.
(1) Fragebogen für Schüler an gymnasialen Oberstufen an Gymnasien und Gesamtschulen (G)
(2) Fragebogen für Schüler an Fachgymnasien (FG)
(3) Fragebogen für Schüler an Berufsfachschulen und Fachoberschulen (BFF)
(4) Fragebogen für Schüler an Berufsschulen (BS)

Alle Fragebogenversionen enthielten einen gemeinsamen internationalen Standardteil, mit dem soziodemographische Basismerkmale der Untersuchungsteilnehmer erhoben wurden. Die Fragen bezogen sich etwa zu gleichen Teilen auf persönliche und familiäre Merkmale.

Der *internationale Standardteil für Oberstufenschüler* war erheblich erweitert. Folgende Komplexe wurden in der Regel mit Einzelitems – in Ausnahmefällen auch mit Skalen – zusätzlich erfasst:
– Zeitbudget von Schülern,
– schulische und außerschulische Interessengebiete,
– fachspezifisches Selbstkonzept,
– Wertorientierungen in der Altersgruppe und Familie,
– Berufswahlpläne sowie Begabung,
– Merkmale der Unterrichtsführung aus Schülersicht für die Fächer Mathematik und Physik.

Der internationale Teil des Schülerfragebogens musste aufgrund der von einigen Teilnehmerstaaten gewünschten engen Zeitlimitierung knapp bleiben. Eine Konsequenz dieser Beschränkung war die Nutzung von Einzelitems an Stelle von Skalen – ein unter methodischen Gesichtspunkten suboptimales Vorgehen. Allerdings konnte der Schülerfragebogen durch nationale Optionen erweitert werden. Von dieser Möglichkeit hat die deutsche Projektgruppe systematisch Gebrauch gemacht. Alle Fragebogenversionen wurden um folgende thematische Bereiche erweitert:
– schulische und außerschulische Interessen,
– motivationale Orientierungen und selbstbezogene Kognitionen,
– Geschlechtsrollendefinition,

– Bewältigung von Entwicklungsaufgaben sowie
– Berufserwartungen.

Die deutschen *Fragebögen für Berufsschüler* erlauben darüber hinaus eine differenzierte Rekonstruktion der individuellen Bildungskarrieren. Ferner wurde die Wahrnehmung der betrieblichen Ausbildungssituation mehrdimensional erfasst und Berufspläne erhoben.

Die *übrigen Fragebogenversionen* enthielten darüber hinaus Skalen zur Erfassung der mathematischen und physikalischen epistemologischen Überzeugungen sowie fachspezifischer Lernstrategien. Die für Gymnasiasten bestimmten Fragebögen schlossen ferner zwei Fragebatterien zum Kurswahlverhalten und zu Kurswahlmotiven sowie zu Studien- und Berufsplänen ein.

Soweit nicht spezifische Einzelinformationen erfragt wurden, wurden die interessierenden Merkmale jeweils durch Skalen gemessen, deren psychometrische Eigenschaften befriedigend bis sehr gut waren. Die einzelnen Instrumente und ihre theoretische Einbettung werden im Rahmen der einschlägigen Kapitel dieses Buches mit Beispielitems vorgestellt. Dort wird auch die relevante Forschungsliteratur diskutiert und die Auswahl der Messinstrumente theoretisch und methodisch begründet. Einen Gesamtüberblick vermittelt das separat vorliegende Skalenhandbuch von TIMSS/III (Baumert, Bos & Watermann, 2000).

Entwicklung des Fachleiter- und Schulleiterfragebogens

Im Unterschied zur Mittelstufenuntersuchung sah die internationale Konzeption von TIMSS für die Sekundarstufe II keinen Lehrer-, sondern ausschließlich einen Schulleiterfragebogen vor. In Deutschland wurde das internationale Programm für die Untersuchung an gymnasialen Oberstufen durch eine Befragung der Fachleiter in den Fächern Mathematik und Physik ergänzt. Diese Fachleiterbefragung hatte das Ziel, Informationen über die schulspezifische Unterrichtsvalidität der Tests für den voruniversitären Mathematik- und Physikunterricht zu gewinnen. In den beiden Fragebögen werden nach Sachgebieten aufgeschlüsselt Beispielaufgaben des Tests mit der Bitte vorgelegt, getrennt für Grund- und Leistungskurse anzugeben, ob und in welchem Jahrgang die durch die Beispiele repräsentierten Stoffgebiete im Unterricht behandelt wurden. In dem für die Fachleitung Mathematik vorgesehenen Fragebogen werden 26 Sachgebiete unterschieden, die durch insgesamt 34 Testaufgaben repräsentiert werden. Die Testaufgaben wurden so ausgewählt, dass sie das jeweilige Sachgebiet möglichst exemplarisch vertreten. Die Antworten lassen eine

Differenzierung von Mittel- und Oberstufenstoffen sowie untypischen Testaufgaben zu. Innerhalb der Oberstufenstoffe kann getrennt für Kursniveaus nach Jahrgangsstufe der Durchnahme unterschieden werden.

Der Fragebogen für die Fachleitung Physik ist analog aufgebaut. Es werden 14 Sachgebiete der Physik unterschieden, die insgesamt durch 35 Aufgaben repräsentiert werden. Der Fragebogen vermittelt analog zum Mathematikfragebogen die Basisinformationen über die Stoffverteilung in der gymnasialen Oberstufe sowie zur Passung von Test- und tatsächlichem Unterrichtspensum.

Zusätzlich zur Prüfung der schulspezifischen Unterrichtsvalidität durch die Fachleiterbefragung wurden weitere Validierungsmaßnahmen getroffen, durch Vergleiche der Testaufgaben mit zugelassenen Oberstufenlehrbüchern, mit den einheitlichen Prüfungsanforderungen für das Abitur (EPA) und mit Abituraufgaben, die in Bundesländern mit zentraler Abiturprüfung gestellt wurden (vgl. Kap. II dieses Bandes).

Der Schulleiterfragebogen ist ein relativ kurzes Instrument, das Grundinformationen zu folgenden Bereichen erfasst:
– Einzugsgebiet der Schule,
– Schulstruktur/Schulorganisation/Kursangebote,
– Personalstruktur,
– Kompetenzverteilung innerhalb der Schule und zwischen Schule, Schulaufsicht und Schulträger,
– Zeitbudget des Schulleiters,
– Ausstattungsmängel sowie
– Verhaltensprobleme von Schülern.

7. Grundzüge des Testdesigns und Skalierung der Leistungstests

Zentrales Anliegen von TIMSS ist es, mit hinreichender Genauigkeit Leistungsmerkmale definierter Schülerpopulationen zu schätzen, die jeweils Schlüsseljahrgänge formaler Bildungskarrieren darstellen. Dabei sollen die Sachgebiete der Mathematik und Naturwissenschaften – gemessen an den Lehrplänen und Curricula – in genügender Breite abgebildet werden. Gleichzeitig gilt die Rahmenbedingung, dass Schüler und Schulen durch die Testadministration nicht über Gebühr belastet werden dürfen.

Aus diesen Vorentscheidungen ergibt sich eine grundsätzliche Spannung zwischen wünschenswerter Breite der Repräsentation von Stoffen und Sachgebieten auf der einen und der bei limitierter Testzeit erreichbaren Schätzgenauigkeit auf der anderen Seite. Dies ist ein Dilemma, mit dem man im Rahmen der klassischen Testtheorie schlecht umgehen kann, auch wenn man der Präzision von Populationskennwerten Vorrang vor der Schätzgenauigkeit von Personenkennwerten einräumt. Eine effiziente, aber statistisch anspruchsvolle Lösung stellt ein Testdesign mit *Multi-Matrix Sampling* dar. Bei diesem Untersuchungsplan werden nicht allen Schülern alle Testaufgaben vorgelegt, sondern zufällig gezogene Substichproben erhalten jeweils zum Teil distinkte, zum Teil gleiche Aufgabenmengen. Da jeder Proband nur einen Teil der verfügbaren Testaufgaben bearbeitet, wird die individuelle Testzeit in einem vertretbaren Rahmen gehalten. Durch die im Gesamttest repräsentierten Sachgebiete kann jedoch zumindest auf Populationsebene ein breiteres Leistungsspektrum beschrieben werden.

Der Grundgedanke des Testdesigns mit *Multi-Matrix Sampling* besteht in der systematischen und selektiven Zuweisung von Itembündeln zu unterschiedlichen Testheften. Die Testhefte werden dann innerhalb der jeweiligen Zielgruppe nach Zufall oder einem festgelegten Rotationsschema Schülern zur Bearbeitung zugewiesen. Die unterschiedlichen Testhefte sowie die Rotationsschemata und die Überprüfung der Implementation des Rotationsplans sind in Kapitel II des ersten Bandes ausführlich beschrieben. Diese Darstellung soll hier nicht wiederholt werden. An dieser Stelle soll nur daran erinnert werden, dass die Aufgaben im Rahmen der Untersuchung der gymnasialen Oberstufe auf drei Physiktesthefte, drei Mathematiktesthefte und ein gemischtes Testheft, das voruniversitäre Mathematik- und Physikaufgaben sowie ausgewählte Items aus dem Grundbildungstest enthielt, verteilt wurden.

Durch das *Multi-Matrix Sampling* wird eine Datenmatrix erzeugt, die in geplanter Weise zufällig verteilte fehlende Werte aufweist *(Missing Completely at Random* [MCAR]). Datensätze dieses Typs kann man grundsätzlich im Rahmen der *Item-Response-Theorie* effizient handhaben (Lord, 1980; Hambleton, Swaminathan & Rogers, 1991). Das in TIMSS zur Testskalierung verwendete multidimensionale *Random-Coefficients-Logit-Modell* wird in Kapitel II des ersten Bandes vorgestellt (vgl. auch Adams, Wilson & Wang, 1997; Wu, Adams & Wilson, 1998). Die Beschreibung soll hier nicht wiederholt werden, sodass der interessierte Leser auf Band 1 verwiesen sei. Adams, Wilson und Wu (1997) haben dieses Modell durch Einschluss eines multiplen Regressionsterms zur Schätzung der Verteilung der latenten Fähigkeit erweitert – sie nennen es Populationsmodell –, in den im Prinzip alle verfügbaren leistungsrelevanten Informationen einer Person eingehen können (Adams, Wu & Macaskill, 1997). Dadurch ist es möglich, die Präzision von Populationsschätzungen in den Fällen zu erhöhen, in denen pro Person Leistungsinformationen aus nur wenigen Testaufgaben zur Verfügung stehen (Beaton, 1987). Darüber hinaus kann aber auch die Messgenauigkeit von Personenparametern durch die Schätzung fehlender Werte verbessert werden. Es ginge an dieser Stelle zu weit, das auf dem Bayesschen Theorem basierende iterative Verfahren näher zu beschreiben (vgl. Kap. II des ersten Bandes). Dieses Verfahren der multiplen Imputation oder *Plausible Value Technology* beruht auf den grundlegenden Arbeiten von Rubin (1987, 1996), Mislevy und Sheehan (1987), Mislevy (1991) und Mislevy, Johnson und Musaki (1992). Auf diesem Gebiet sind in den letzten Jahren große Fortschritte erzielt worden (Schafer, 1997; Arbuckle, 2000; Neale, 2000; Little, Schnabel & Baumert, 2000). Im Rahmen von TIMSS wurden für jede Person und jedes Leistungsmaß fünf *Plausible Values* geschätzt.

Für die Auswertung der Leistungsdaten ist die Verwendung von *Plausible Values* folgenreich. In kleineren Personengruppen können die Mittelwerte der fünf *Plausible Values* nicht unerheblich variieren. Jeder Mittelwert für sich ist zwar ein erwartungstreuer, aber fehlerbehafteter Schätzer des Erwartungswerts in der entsprechenden Subpopulation. Der Standardfehler des Mittelwerts wird umso größer, je kleiner die berücksichtigte Substichprobe ist. Die Testung von Hypothesen – zum Beispiel über Mittelwertsvergleiche – sollte deshalb immer unter Berücksichtigung aller fünf *Plausible Values* durchgeführt werden. Dabei kann es vorkommen, dass etwa bei zwei von fünf Werten ein Gruppenvergleich signifikant wird, bei den anderen aber nicht. Einen Ausweg aus diesem potentiellen Dilemma bietet das von Rubin (1987) beschriebene Vorgehen, bei dem die Ergebnisse der über die fünf *Plausible Values* durchgeführten Analysen zu einem einzigen Ergebnis verbunden und dann auf Signifikanz getestet werden. Sofern Ergebnisse über alle fünf Werte homogen sind, stellt sich dieses Problem nicht. Bei allen Leistungsergebnissen, die im Folgenden in diesem Band berichtet werden, wird grundsätzlich das Ergebnis des ersten *Plausible Values* mitgeteilt. Werden Inhomogenitäten festgestellt, wird das von Rubin (1987) vorgeschlagene Verfahren gewählt.

8. Stichprobenziehung und Stichprobenfehler

In der Schul- und Unterrichtsforschung werden bei Leistungsuntersuchungen häufig aus erhebungstechnischen Gründen, aber auch um Schüler und Lehrer einander zuordnen zu können, intakte Schulklassen als Stichprobeneinheiten gezogen, deren Schüler dann insgesamt in die Untersuchung einbezogen werden. So wurde auch bei der Stichprobenziehung für TIMSS-Population II in Deutschland verfahren. Es wurden Zufallsstichproben von Klassen gezogen, die sich im Untersuchungsjahr auf der 7. bzw. 8. Jahrgangsstufe befanden. Ein analoges Vorgehen wählten wir bei der Stichprobenziehung für TIMSS-Population III. Da jedoch in Deutschland – wie auch in anderen Ländern – in der Sekundarstufe II Klassen oder Kurse aufgrund der amtlichen Statistik nicht identifizierbar sind, wurden statt Schulklassen in einem ersten Arbeitsschritt Schulen als Stichprobeneinheit gewählt, in denen dann in einem zweiten Schritt entweder – wie im Falle der gymnasialen Oberstufen – die letzte Jahrgangsstufe insgesamt untersucht oder – wie im Falle der beruflichen Schulen – eine Klasse per Zufall ausgewählt wurde, deren Schülerschaft dann an der Untersuchung teilnahm.

Stichproben von untereinander möglichst ähnlichen sozialen Einheiten, deren Mitglieder jeweils vollständig oder in einer Stichprobe untersucht werden, bezeichnet man als Cluster- oder Klumpenstichproben. Klumpenstichproben führen im Vergleich zu gleich großen Zufallsstichproben einzelner Personen zu präziseren Schätzungen von Populationsmerkmalen, wenn die einzelnen Klumpen die Grundgesamtheit möglichst gleichmäßig repräsentieren (Kish, 1995; Bortz & Döring, 1995). Dies ist jedoch bei Schulklassen oder Schulen typischerweise *nicht* der Fall. Klassen und Schulen unterscheiden sich leistungsmäßig in Deutschland allein aufgrund der Gliederung des Schulwesens erheblich: Schüler und Schülerinnen innerhalb einer Klasse oder Schule sind sich ähnlicher als Schülerinnen und Schüler unterschiedlicher Klassen und Schulen. Ein Maß für die Homogenität sozialer Einheiten ist die Intraklassen-Korrelation eines Leistungsmaßes. Dieser Koeffizient liegt in Deutschland für die Mathematikleistung in der Mittelstufe bei etwa *rho* = .49 und damit höher als in Ländern, die ein geringer stratifiziertes Schulsystem besitzen. In Schweden oder Japan liegen die entsprechenden Kennwerte bei *rho* = .38 und *rho* = .15. Für die Sekundarstufe II waren uns vor Untersuchungsbeginn keine Referenzmaße zugänglich. Aufgrund der starken Differenzierung von Bildungsgängen war jedoch anzunehmen, dass die Intraklassen-Korrelation keinesfalls niedriger, sondern eher höher lag. (Dies wurde durch unsere Befunde nachträglich bestätigt; die Intraklassen-Korrelation für die Gesamtstichprobe der Population III liegt im Grundbildungstest bei *rho* = .52.) Unter der Bedingung der Abhängigkeit der Stichprobenelemente innerhalb von Stichprobenclustern ist die Ziehung von Klumpenstichproben ein im Vergleich zu einer einfachen Zufallsstichprobe weniger effizientes, häufig aber nicht zu vermeidendes Verfahren. Der Effizienzverlust – der so genannte Cluster- oder Designeffekt – hängt von der Homogenität *(rho)* und der Größe (N_c) der einzelnen Cluster ab. Diese Effizienzverluste von Clusterstichproben können bei Schuluntersuchungen erheblich sein.

Man kann die Nachteile einer solchen Klumpenstichprobe jedoch zumindest teilweise durch Stratifizierungsgewinne ausgleichen. Wenn es gelingt, die Grundgesamtheit in einige – gemessen am Untersuchungskriterium – möglichst homogene, größere Teilgruppen zu zerlegen und innerhalb der definierten Gruppen die

Untersuchungsklumpen per Zufall auszuwählen, wird die Genauigkeit der Schätzung von Populationsparametern wiederum verbessert (Kish, 1995; Bortz & Döring, 1995). In diesem Fall spricht man von geschichteten oder stratifizierten Clusterstichproben. Strata sind in der erziehungswissenschaftlichen Forschung häufig Gebietseinheiten, Bildungsgänge oder Schulformen und deren Kombinationen. Die Strata können in der Stichprobe entsprechend ihrer Verteilung in der Grundgesamtheit repräsentiert sein. Man redet dann von einer proportional geschichteten Stichprobe, die selbstgewichtend ist. Es können aber auch einzelne Strata, die von besonderem Untersuchungsinteresse sind, in der Stichprobe überrepräsentiert werden – etwa wenn Interesse daran besteht, kleinere Gebietseinheiten zu vergleichen. In diesem Fall wird disproportional geschichtet. Bei Analysen über die gesamte Stichprobe hinweg müssen diese Verzerrungen durch entsprechende Gewichte wieder ausgeglichen werden. Bei der Stichprobenziehung für TIMSS/III haben wir in Deutschland von beiden Möglichkeiten mehrfach Gebrauch gemacht. Dies führt zu einem komplizierten Stichprobenplan, der sich folgendermaßen zusammenfassend beschreiben lässt:

Bei der Stichprobe für Population III handelt es sich in Deutschland um eine mehrfach stratifizierte Wahrscheinlichkeitsstichprobe von Schulen, in denen entweder der Abschlussjahrgang insgesamt oder eine zufällig ausgewählte intakte Abschlussklasse untersucht wurde. In der Evaluationsforschung ist dieser Typ des Stichprobenplans – die multipel stratifizierte zweistufige (Schule und Jahrgangsstufe/Klasse) Clusterstichprobe – häufig anzutreffen.

Eine mehrstufige, stratifizierte Klumpenstichprobe erleichtert im Schulbereich die Erhebung beträchtlich, da ganze Klassen untersucht werden können. Unterschiedliche Ziehungswahrscheinlichkeiten von Stichprobenelementen müssen durch komplexe Gewichtungsprozeduren ausgeglichen werden. Der genaue Stichprobenplan sowie Details der Gewichtungsprozeduren sind im Kapitel II des ersten Bandes beschrieben, auf den der interessierte Leser verwiesen sei.

Als Teilpopulation der so genannten Mathematik- bzw. Physikspezialisten, die einen voruniversitären Mathematik- bzw. Physikkurs besuchen, gelten in Deutschland die Schülerinnen und Schüler der gymnasialen Oberstufe, die in diesen Fächern einen Grund- oder Leistungskurs zum Testzeitpunkt besuchen oder zumindest in der vorhergehenden Jahrgangsstufe besucht haben. Diese Teilpopulation hat für TIMSS zentrale Bedeutung, da mit ihr die Gruppe erfasst wird, die anschließend zum überwiegenden Teil ein Studium an einer Hochschule aufnehmen wird. Stichprobenplan und Testdesign waren so angelegt worden, dass auch für das schwächer besetzte Fach Physik eine ausreichende Zahl Probanden mit Grund- oder Leistungskurs an der Untersuchung teilnahm. Tabelle I.7 weist die realisierte Stichprobe des Abschluss-

Tabelle I.7: Realisierte Stichprobe der Abschlussklassen in der gymnasialen Oberstufe an Gymnasien, integrierten Gesamtschulen und Fachgymnasien nach Kurswahl in Mathematik und Physik in Deutschland (ungewichtet)

Fach	Fach nach Einführungsphase oder früher abgegeben	Grundkurs nicht durchgehend belegt	Grundkurs durchgehend belegt	Leistungskurs	Keine Angaben	Insgesamt
Mathematik	–	324	2.049	1.436	119	3.928
Physik	1.966	338	864	518	242	3.928

IEA. Third International Mathematics and Science Study. © TIMSS/III-Germany

jahrgangs in der gymnasialen Oberstufe nach Kurswahl in den Fächern Mathematik und Physik ungewichtet aus.

Die Schätzung von Populationskennwerten aus Stichproben ist immer fehlerbehaftet. Die Größe des Schätzfehlers – die Variabilität der Parameterschätzung – hängt von der Variabilität des jeweiligen Merkmals in der Population und der Größe der Stichprobe ab. Da man die Variabilität eines Merkmals in der Grundgesamtheit in der Regel nicht kennt, schätzt man diese aufgrund der Variabilität des Merkmals in der Stichprobe. So wird etwa die Varianz der Schätzung eines Populationsmittelwertes als Verhältnis der Varianz des Merkmals in der Stichprobe zur Stichprobengröße bestimmt. Die Quadratwurzel aus diesem Wert wird als Standardfehler der Schätzung des Populationskennwertes bezeichnet (SE). Bei der Darstellung unserer Ergebnisse berichten wir als Maß der Zuverlässigkeit unserer Schätzungen immer auch Standardfehler. Als Grundregel gilt, dass der wahre Populationskennwert mit einer 5-prozentigen Irrtumswahrscheinlichkeit im Intervall von +/– zwei Standardfehlern liegt. Um also in einem ersten Zugriff zu prüfen, ob sich zum Beispiel berichtete Mittelwerte zufallskritisch abgesichert unterscheiden, empfiehlt sich die Inspektion der Standardfehler.

Die übliche Berechnung des Standardfehlers führt jedoch nur unter der Voraussetzung einer einfachen Zufallsstichprobe, bei der die Stichprobenelemente voneinander unabhängig sind, zu vertretbar genauen Schätzungen. Bei mehrstufigen Klumpenstichproben führt diese Berechnung in der Regel zu einer systematischen Unterschätzung des Stichprobenfehlers. Das Ausmaß der Unterschätzung hängt von der Homogenität der Cluster – als Kennziffer hatten wir dafür die intraklassliche Korrelation eingeführt – und der Clustergröße ab. Nun gibt es allerdings eine Reihe von Verfahren, Stichprobenfehler zu schätzen, ohne die Annahme einfacher Zufallsstichproben voraussetzen zu müssen. Die bekanntesten Verfahren sind die so genannten *Jackknife*-Methoden. Sie basieren auf dem Grundgedanken, die Variabilität der Schätzung von Populationskennwerten durch das wiederholte Schätzen dieser Kennziffern aus Substichproben zu bestimmen. Dies führt zu konservativen Schätzungen, da so die Anzahl der Freiheitsgrade reduziert wird. In TIMSS werden alle Standardfehler durch *Jackknifing* geschätzt (Wolter, 1985). In der Regel wird die *Jackknife Repeated Replication Technique* (JRR) angewandt (Johnson & Rust, 1992; Gonzalez & Foy, 1998).

Stichproben, wie sie in TIMSS/III gezogen wurden, führen in der Regel zu größeren Stichprobenfehlern als einfache Zufallsstichproben derselben nominellen Größe. Diese Stichproben sind also weniger effektiv; die verfügbare *Testpower* zur Prüfung von Unterschiedshypothesen ist dementsprechend herabgesetzt. Als Maß der Reduktion der Stichprobeneffizienz gegenüber einer einfachen Zufallsstichprobe wurde der so genannte Designeffekt (DEFF) eingeführt, der als Verhältnis der durch *Jackknifing* bestimmten Varianz der Schätzung von Populationskennwerten zu der unter der Annahme einfacher Zufallsstichproben berechneten Varianz zu bestimmen ist (Kish, 1995). Mithilfe des Designeffekts lässt sich die so genannte *effektive Stichprobengröße* bestimmen, die den Stichprobenumfang bezeichnet, der bei einer einfachen Zufallsstichprobe zu gleich präzisen Schätzungen führt.

Nach den internationalen Vorgaben für die Stichprobenziehung sollte eine Stichprobe gezogen werden, die einer effektiven Stichprobengröße von $n = 400$ entspricht. Damit können bei Leistungsuntersuchungen in der Regel Mittelwertunterschiede von 1/10 Standardabweichungen zufallskritisch auf dem 5-Prozent-Niveau abgesichert werden. Da wir zum Zeitpunkt der Stichprobenziehung keine empirischen Anhaltspunkte für die Größe der Clustereffekte im Bereich des mathematisch-naturwissenschaftlichen Unterrichts hatten, wurden als Anhaltspunkte die für Deutschland gefundenen Designeffekte der *Reading Literacy Study* der IEA (Lehmann u.a., 1995) verwendet. Für TIMSS-Population II erwies sich dieser Kennwert als zu klein, aber dennoch als vertretbare Schätzgröße, sodass eine effektive Stichprobengröße von $n = 400$ erreicht werden konnte. Für Population III liegt der tatsächliche Designeffekt nicht nur höher, sondern es musste auch die Gesamtstichprobe nach Untersuchungsbereichen aufgeteilt werden, sodass für die Schätzung zentraler Populationskennwerte im günstigsten Fall nur eine effektive Stichprobengröße von knapp 300 erreicht werden konnte. Die trotz der großen Bruttostichprobe relativ geringe effektive Stichprobengröße führt dazu, dass bei der Prüfung von Unterschiedshypothesen insbesondere innerhalb Deutschlands bei einer korrekten Berücksichtigung der Abhängigkeit der Stichprobenelemente nur relativ große Unterschiede zufallskritisch auf einem 5-Prozent-Niveau abgesichert werden können.

Erstaunlicherweise wird bei fast allen Untersuchungen der Schulforschung, die mit Klassenstichproben arbeiten, das Problem der effektiven Stichprobengröße nicht thematisiert und bei der statistischen Prüfung von Unterschieden oder Zusammenhängen die Unabhängigkeit der Stichprobenelemente vorausgesetzt (vgl. kritisch dazu Baumert, 1992). In diesem Bericht werden wir – soweit dies statistisch möglich und vom rechnerischen Aufwand her vertretbar ist – bei Signifikanztests grundsätzlich durch *Jackknifing* geschätzte Standardfehler zu Grunde legen. Dieses konservative Verfahren wird bei allen Aussagen, die hohe deskriptive Bedeutung haben und entsprechend belastbar sein müssen, ausschließlich benutzt. Alle Vergleiche von Gebietseinheiten oder organisationsstrukturellen Merkmalen werden inferenzstatistisch auf der Basis von *Jackknifing* abgesichert. Bei multivariaten Zusammenhangsanalysen, bei denen nicht Mittelwerte, sondern Konfigurationen interessieren, ist dieses Verfahren nicht ohne weiteres anwendbar, mit unvertretbar großem Aufwand verbunden oder durch die Reduktion von Freiheitsgraden extrem konservativ, sodass die Wahrscheinlichkeit der Entdeckung von Zusammenhängen stark verringert wird. Bei multivariaten Analysen berichten wir deshalb die üblichen Prüfstatistiken, die Unabhängigkeit der Stichprobenelemente voraussetzen. In diesen Fällen wird der α-Fehler systematisch unterschätzt. Bei den meisten multivariaten Analysen ist dieses Vorgehen jedoch unproblematisch, da die Befunde auch auf der Basis der effektiven Stichprobengröße zufallskritisch abgesichert werden können.

9. Durchführung der Untersuchung und Rückmeldung an die beteiligten Schulen

Nach der Stichprobenziehung und Ermittlung der Schuladressen erhielten die Schulleiter der ausgewählten Schulen ein Schreiben, in dem die Ziele der Untersuchung dargelegt und um Kooperation gebeten wurde. In einem nachfolgenden Telefonkontakt wurde die Teilnahmebereitschaft geklärt. Im Falle der Zusage wurden die Durchführungsmodalitäten und in den beruflichen Schulen die Auswahl der Untersuchungsklassen erläutert. Im Falle der Absage wiederholte sich das Vorgehen mit der ersten vorausbestimmten Ersatzschule. Teilnahmebereite Schulen wurden noch einmal schriftlich über den Ablauf der Untersuchung unterrichtet und erhielten Namen und Anschrift des vorgesehenen Testleiters. Der Testleiter vereinbarte dann im Rahmen eines festgelegten Zeitfensters mit der Schulleitung einen

Untersuchungstermin. Die erste Untersuchungswelle fand im Zeitraum April bis Juni 1995 statt. Die aufgrund unbefriedigender Teilnahmeraten notwendig gewordene Nacherhebung in den Abschlussklassen gymnasialer Oberstufen erfolgte im Februar und März 1996. Die Erhebungen dauerten jeweils drei Schulstunden. Sie wurden von trainierten Testleitern ohne Anwesenheit eines Lehrers geleitet. Die Testsitzungen waren in zwei Abschnitte aufgeteilt. Im ersten Teil bearbeitete jeder Schüler in genau 90 Minuten ein Testheft, das die Fachleistungsaufgaben enthielt. Nach einer Pause erhielten die Schüler einen zusätzlichen Fragebogen, für dessen Bearbeitung 45 Minuten zur Verfügung standen. Am Testtag wurde der Schulleitung auch der Schul- und Fachleiterfragebogen ausgehändigt, der postalisch zurückgeschickt werden sollte.

Nach Abschluss der Erhebung erhielt jede teilnehmende Schule eine Rückmeldung zu ihren erreichten Leistungen, aufgeschlüsselt nach Fachgebiet und Kursniveau. Als Referenzinformationen wurden die nationalen Durchschnittswerte der jeweiligen Fach- und Leistungsgruppe hinzugefügt.

10. Teilnehmende Länder

An TIMSS/III haben je nach Untersuchungskomponente zwischen 17 und 22 Staaten teilgenommen. An der Grundbildungsstudie beteiligten sich 22 Staaten, an der Studie zum voruniversitären Mathematikunterricht 17 und an der Studie zum Physikunterricht 18 Länder. Tabelle I.8 gibt einen Überblick über die teilnehmenden Länder.

Diese Länder weisen in der Organisationsstruktur ihrer Bildungssysteme, der Differenzierung von Bildungsgängen und Bildungsprogrammen sowie der Bildungsbeteiligung an voruniversitärem Mathematik- und Physikunterricht eine bemerkenswerte Variabilität auf, die in deutlichem Kontrast zu der relativen Homogenität der Gestaltung der Mittelstufe steht. Die Differenziertheit der Sekundarstufe II erhöht die Komplexität des Vergleichs erheblich. Dies gilt selbst dann, wenn sich die Untersuchung auf den voruniversitären Mathematik- und Physikunterricht beschränkt. Die für das Verständnis der Analysen notwendigen institutionellen Informationen werden im Rahmen der jeweiligen Teiluntersuchungen zur Verfügung gestellt werden. Der Leser, der einen vergleichenden Gesamtüberblick über die Bildungssysteme der TIMSS-Länder erhalten möchte, sei auf den Anhang des ersten Bandes verwiesen. Dort finden sich kurze Beschreibungen der Grundstrukturen der Bildungssysteme der beteiligten Staaten. Dabei liegt ein besonderes Gewicht bei der Darstellung der Sekundarstufe II.

Tabelle I.8: Teilnehmende Länder nach Untersuchungsbereichen

Mathematische und naturwissenschaftliche Grundbildung	Voruniversitärer Mathematikunterricht	Voruniversitärer Physikunterricht
Australien	Australien	Australien
Dänemark	Dänemark	Dänemark
Deutschland	Deutschland	Deutschland
Frankreich	Frankreich	Frankreich
Island	Griechenland	Griechenland
Israel	Israel	Israel
Italien	Italien	Italien
Kanada	Kanada	Kanada
Litauen	Litauen	Lettland
Neuseeland	Österreich	Norwegen
Niederlande	Russland	Österreich
Norwegen	Schweden	Russland
Österreich	Schweiz	Schweden
Russland	Slowenien	Schweiz
Schweden	Tschechien	Slowenien
Schweiz	USA	Tschechien
Slowenien	Zypern	USA
Südafrika		Zypern
Tschechien		
Ungarn		
USA		
Zypern		

IEA. Third International Mathematics and Science Study. © TIMSS/III-Germany

II. Fachleistungen im voruniversitären Mathematik- und Physikunterricht: Theoretische Grundlagen, Kompetenzstufen und Unterrichtsschwerpunkte

Eckhard Klieme

1. Konzeption und Aufbau der Fachleistungstests im voruniversitären Bereich

Parallel zu den Tests zur mathematischen und naturwissenschaftlichen Grundbildung *(Mathematics and Science Literacy),* deren Konzeption und Entwicklung ausführlich in Kapitel II des ersten Bandes dargestellt sind, wurden mathematische und physikalische Testaufgaben entwickelt oder adaptiert, die den Lehrstoff voruniversitärer Fachkurse am Ende der Sekundarstufe II abbilden sollten. Zielpopulation für die TIMSS-Tests im voruniversitären Bereich sind ausschließlich jene Schüler, die bis zum Ende ihrer Sekundarschulausbildung als Teil ihrer Qualifizierung für einen späteren Hochschulbesuch in Mathematik bzw. Physik unterrichtet wurden. In Deutschland sind dies Schüler gymnasialer Oberstufen, die entsprechende Grund- oder Leistungskurse besucht haben. Das Testkonzept für die voruniversitäre Mathematik und Physik zielt daher ausschließlich auf fachliche, „akademische" Kompetenzen und nicht auf die alltagsweltliche Einbettung, die Anwendung in außerfachlichen Kontexten oder das Lösen von Problemen, bei denen mathematisch-naturwissenschaftliche Konzepte und Operationen lediglich als Hilfsmittel eingesetzt werden. Hier stehen die fachimmanenten Konzepte, Operationen und Gesetzmäßigkeiten selbst im Vordergrund. Ziel der Testkonstruktion war es, „that the advanced mathematics and physics tests reflected current thinking and priorities in the fields of mathematics and physics" (Mullis u.a., 1998, S. B-7). Maßstab zur Konstruktvalidierung und inhaltlichen Interpretation dieser Aufgabengruppen ist daher – anders als bei den *Literacy Tests* – nicht eine allgemeine Theorie der mathematischen und naturwissenschaftlichen (Grund-)Bildung, sondern die fachliche Breite und Tiefe sowie die Passung zu den Lerninhalten und Lernzielen in der Sekundarstufe II.

Die Testentwicklung im voruniversitären Bereich stützt sich grundsätzlich auf die *Curriculum Frameworks,* die allen Testentwicklungen im Rahmen der TIMS-Studie zu Grunde lagen (Robitaille u.a., 1993). In Abänderung und Erweiterung der klassischen zweidimensionalen Beschreibung von Lernzielen bzw. Aufgabenanforderungen durch eine Matrix, in der Inhaltsaspekte mit kognitiven Anforderungen kombiniert werden (vgl. etwa Bloom, 1956; Wilson, 1971), wurden Curricula und Aufgabenstellungen in TIMSS unter drei Aspekten eingeordnet: dem Inhaltsaspekt, den kategorialen Verhaltenserwartungen *(Performance Expectations)* sowie zusätzlich dem Aspekt der „Perspektive", der abbilden soll, welche Einstellungen, Interessen und Motive mit dem Erwerb mathematischer und naturwissenschaftlicher Kompetenzen verbunden sind. Der letztgenannte Aspekt spielt jedoch für die Erstellung und Klassifikation von Testaufgaben praktisch keine Rolle. So wurde jede Aufgabe durch Inhaltsaspekte und Verhaltenserwartungen charakterisiert, wobei allerdings vorgesehen war, dass eine Aufgabe mehrere Inhalts- oder Verhaltensaspekte in sich vereinigen kann.

Vor allem im Inhaltsbereich waren die *Frameworks* für Mathematik und die Naturwissenschaften sehr breit angelegt. Für die Konstruktion der voruniversitären Tests mussten eine Eingrenzung, Präzisierung und Schwerpunktsetzung stattfinden.

- Die Testaufgaben aus dem Bereich voruniversitärer Mathematik konzentrieren sich auf die Sachgebiete (I) Zahlen, Gleichungen und Funktionen, (II) Analysis sowie (III) Geometrie. Für diese drei Gebiete, die international den Kern des voruniversitären Mathematikcurriculums ausmachen, werden auch Subskalen gebildet. Zwei weitere Sachgebiete wurden mit wenigen Aufgaben einbezogen: (IV) Wahrscheinlichkeitsrechnung und Statistik sowie (V) Aussagenlogik und Beweise (vgl. Tab. I.3).

- Für die voruniversitäre Physik wurden fünf Sachgebiete berücksichtigt: (I) Mechanik, (II) Elektrizität und Magnetismus, (III) Wärmelehre, (IV) Wellen und Schwingungen sowie (V) Moderne Physik (Teilchen-, Quanten-, Astrophysik und Relativitätstheorie) (vgl. Tab. I.5).

Innerhalb der jeweiligen Sachgebiete wird selbstverständlich auch auf Kenntnisse und Fähigkeiten zurückgegriffen, die bereits in der Mittelstufe vermittelt worden sind, aber typischerweise in der gymnasialen Oberstufe wiederholt oder in schwierigere Problemstellungen eingebettet werden. Dies trifft insbesondere auf den Bereich der Wahrscheinlichkeitsrechnung und Statistik zu. Die entsprechenden TIMSS-Aufgaben erfassen nicht die Inhalte des Stochastikunterrichts in der gymnasialen Oberstufe, sondern bieten Fragen, die durchaus von hohem Schwierigkeitsgrad sein können, aber prinzipiell mit den Mitteln der elementaren Kombinatorik und beschreibenden Statistik beantwortet werden können. Auch im Bereich der Geometrie werden neben Analytischer Geometrie und Vektorrechnung als typischen Inhalten der Oberstufenmathematik elementargeometrische Fragen aufgenommen. Ähnliches gilt in der voruniversitären Physik vor allem für das Sachgebiet Mechanik.

Den Aspekt der Verhaltenserwartungen beschreiben sowohl das *Mathematics Framework* als auch das *Science Framework* mit jeweils vier Kategorien *(Performance Expectations)*, die wiederum in 15 bzw. 11 Aspekte *(Performance Categories)* untergliedert werden. Auch hier setzen die Tests im voruniversitären Bereich besondere Schwerpunkte:

— Passend zu dem Ziel, sich eng an die Curricula der Schulfächer anzulehnen, nehmen Aufgaben, die Wissen und Beherrschung von Standardroutinen beinhalten, in der voruniversitären Mathematik einen breiten Raum ein. Gleichgewichtig wurden Aufgaben eingesetzt, bei denen es um die Anwendung komplexer Verfahren geht und um Problemlöseaufgaben, die sich im Unterschied zu den *Literacy*-Aufgaben jedoch überwiegend auf innermathematische Fragen beziehen.

— Die wichtigste Verhaltenserwartung im Bereich der voruniversitären Physik ist die Anwendung physikalischer Prinzipien zur Lösung quantitativer Probleme, das heißt zur Erstellung und Interpretation von Gleichungen und zur Berechnung von physikalischen Größen. Hierin spiegelt sich der zentrale Stellenwert der Quantifizierung, Formalisierung und mathematischen Modellierung im Physikcurriculum der Oberstufe. Während beim naturwissenschaftlichen Grundbildungstest nur eine derartige Aufgabe gestellt wurde, entfallen in der voruniversitären Physik 42 Prozent aller Aufgaben auf diese *Performance Category*. Daneben werden eine größere Zahl von Aufgaben gestellt, die Schlussfolgerungen, Erklärungen und Problemlösungen auf qualitativer Ebene oder anhand graphisch dargestellter Informationen erfordern. Ein Spezifikum des voruniversitären Physiktests sind Aufgaben, in denen Experimente geplant oder ausgewertet werden müssen. Die Verhaltenskategorien „Verstehen von Einzelinformationen" und „Verstehen komplexer Informationen", die beim Test zur naturwissenschaftlichen Grundbildung zusammen die Hälfte aller Aufgaben ausmachten, decken im Test zur voruniversitären Physik zusammen nur ein Viertel der Aufgabenstellungen ab, wobei sich der Schwerpunkt deutlich von Einzelinformationen auf komplexe Informationen verlagert. Dies zeigt, dass der Test zur voruniversitären Physik fachlich anspruchsvoller ist als der Test zur naturwissenschaftlichen Grundbildung und vermutlich komplexere Bearbeitungsprozesse erfordert.

Ausgehend von diesen *Frameworks* wurden in einem mehrstufigen Prozess, der bereits in Kapitel I beschrieben wurde, Testaufgaben teils adaptiert, teils neu entwickelt, erprobt und ausgewählt. Die endgültige Version der beiden voruniversitären Tests enthielt jeweils 65 Aufgaben. Die Tabellen II.1 und II.2 geben eine Übersicht über die Zusammensetzung dieser Aufgabengruppen im Hinblick auf Sachgebiet und *Performance Expectation*. Aufgrund der Test- und Itemanalysen, die

Tabelle II.1: Testaufgaben für den voruniversitären Mathematikunterricht nach Sachgebiet und Verhaltenserwartung

Sachgebiet	Verhaltenserwartung				
	Wissen	Beherrschung von Routineverfahren	Beherrschung von komplexen Verfahren	Anwendungsbezogene Aufgaben und innermathematische Probleme	Insgesamt
Zahlen, Gleichungen und Funktionen	1	7	2	7	17
Analysis	2	8	–	5	15
Geometrie, analytische Geometrie	5	6	3	9	23
Wahrscheinlichkeit, Statistik	1	2	1	3	7
Aussagenlogik, Beweise	–	1	–	2	3
Insgesamt	9	24	6	26	65

IEA. Third International Mathematics and Science Study.   © TIMSS/III-Germany

Tabelle II.2: Testaufgaben aus dem Bereich voruniversitärer Physik nach Sachgebiet und Verhaltenserwartung

Sachgebiet	Verhaltenserwartung				
	Verstehen von Einzelinformationen und komplexen Informationen	Konzeptualisieren, Anwenden Qualitativ	Quantitativ	Experimentieren, Beherrschung von Verfahren	Insgesamt
Mechanik	1	2 (1)	8	5 (4)	16 (14)
Elektrizität und Magnetismus	4	1	10	1	16
Wärmelehre	4 (3)	2	2	1	9 (8)
Wellen und Schwingungen	4	2	3	1	10
Teilchen-, Quanten-, Astrophysik, Relativitätstheorie	4	3	4	3	14
Insgesamt	17 (16)	10 (9)	27	11 (10)	65 (62)

Die in Klammern stehenden Werte geben die Anzahl der in die Analysen eingehenden Aufgaben wieder.

IEA. Third International Mathematics and Science Study.   © TIMSS/III-Germany

nach den Erhebungen durchgeführt wurden, ergaben sich im Bereich voruniversitärer Physik noch geringfügige Änderungen: Aufgabe H11 wurde international nicht gewertet, und die Aufgaben A14 sowie G16 wurden wegen schlechter Modellanpassung auf nationaler Ebene für die Schätzung der Personenscores im deutschen Datensatz nicht berücksichtigt. (Die meisten Aufgaben der TIMSS-Tests sind veröffentlicht. Die Items von TIMSS/III sind zu finden in Baumert u.a., 1999.) In unseren Anforderungsanalysen, die im Folgenden dargestellt werden, haben wir lediglich die international nicht gewertete Aufgabe H11 unberücksichtigt gelassen, weil unser Ziel die Erklärung des Schwierigkeitsgrades im Sinne der internationalen Skalierung ist. Da bei einigen Testaufgaben jeweils zwei Frageteile unterschieden und auch getrennt ausgewertet worden sind[1], gehen in die nachfolgenden Auswertungen 68 Mathematik- und 66 Physikitems ein, die so skaliert wurden, dass der Mittelwert der internationalen Population 500 und die Standardabweichung 100 beträgt.

Die so entstandenen voruniversitären Tests lassen sich im Hinblick auf Format und Schwierigkeitsniveau sowie im Vergleich zu Aufgaben aus dem Fachunterrricht bzw. aus der Abiturprüfung in Deutschland folgendermaßen charakterisieren:

— *Antwortformat:* Jeweils etwa zwei Drittel der eingesetzten Aufgaben sind *Multiple Choice*-Items (47 Aufgaben im Bereich Mathematik, 42 im Bereich Physik; vgl. Tab. I.4 und I.6). Da jedoch die Aufgabenstellungen, die Kurzantworten oder ein erweitertes Antwortformat vorsehen, häufig mit zwei Punkten gewertet werden oder zwei getrennte Teilaufgaben beinhalten, verschiebt sich in Bezug auf die zu vergebenden Punkte das Verhältnis zu Gunsten offener Antwortformate: Auf sie entfallen fast die Hälfte der maximal erreichbaren Punkte (in der Mathematik 43 %, in der Physik 48 %).

— *Schwierigkeitsgrad der Aufgaben:* In beiden voruniversitären Tests decken die Aufgaben einen sehr breiten Schwierigkeitsbereich ab. Kennzeichnet man als Schwierigkeitsparameter eines Items wiederum jene Stelle auf dem Fähigkeitskontinuum, bei dem es mit 65-prozentiger Wahrscheinlichkeit korrekt gelöst wird (vgl. dazu Kap. II des ersten Bandes), so ergeben sich für die voruniversitäre Mathematik Schwierigkeitskennwerte zwischen 353 und 896 mit einem Mittelwert von 588, während die Kennwerte der Physikitems von 314 bis 919 reichen bei einem Mittelwert von 671. Gemessen am jeweiligen Leistungsvermögen der internationalen Zielpopulationen ist also der Test zur voruniversitären Physik deutlich schwieriger ausgefallen als der Test zur voruniversitären Mathematik. Dies zeigt

---

[1] In der Mathematik J15, J16 und L15, in der Physik F17 und H19 (vgl. Baumert u.a., 1999).

sich auch an der mittleren Lösungshäufigkeit über alle Aufgaben hinweg, die in der Mathematik 45 Prozent beträgt, in der Physik jedoch lediglich 34 Prozent (vgl. Mullis u.a., 1998, S. C-4F.). Der Grund hierfür liegt darin, dass der Physiktest besonders viele Aufgaben mit hohem Schwierigkeitsgrad enthält: Kennwerte, die mehr als 2,5 Standardabweichungen über dem internationalen Mittelwert liegen – also über dem Skalenwert 750 –, weisen ganze zwei Mathematik-, aber 15 Physikaufgaben auf. In Abschnitt 3.5 werden wir zeigen, dass dies eine spezifische inhaltliche Ursache hat: Unter den extrem schweren Physikaufgaben gibt es eine größere Zahl, die Überwindung typischer Schülerfehlvorstellungen erfordert.

– *Oberstufen- versus Mittelstufenstoff:* Folgt man der Einstufung der von uns befragten Didaktiker, so gehen in der voruniversitären Mathematik etwa 40 Prozent und in der voruniversitären Physik etwa 20 Prozent der Aufgaben nicht über den Unterrichtsstoff der Sekundarstufe I hinaus. Besonders stark ist der Anteil von Mittelstufeninhalten in den Bereichen Wahrscheinlichkeitsrechnung und Statistik (5 von 7 Fragen), Aussagenlogik und Beweise (2 von 3), Zahlen, Gleichungen und Funktionen (11 von 17) sowie Geometrie (12 von 23), ähnlich auch in der Wärmelehre (6 von 9), beim Thema Wellen und Schwingungen (5 von 10) sowie in der Mechanik (6 von 16). Die TIMSS-Tests gehen also normativ von einer hohen Kontinuität des Lernens aus.

– *Vergleich zu Anforderungsstufen in Abituraufgaben:* Je ein Experte für Abiturprüfungsaufgaben aus den 16 Landesinstituten beurteilte die TIMSS-Aufgaben danach, welchem der drei „Anforderungsbereiche" der einheitlichen Prüfungsanforderungen in der Abiturprüfung (KMK, 1989) sie entsprechen. Diese drei Anforderungsbereiche beinhalten im Wesentlichen die Stufen des kognitiven Niveaus in klassischen Lernzielhierarchien: (I) Reproduktion von Wissen und Anwenden von Routinen, (II) selbstständiges Auswählen, Verarbeiten, Anwenden und Transferieren sowie (III) Problemlöseleistungen. Die Einstufungen der 16 Prüfungsexperten wurden gemittelt und in vier Klassen eingestuft; Tabelle II.3 zeigt die Verteilung der Mathematik- und Physikaufgaben auf die so entstandenen Anforderungsklassen. Der weit überwiegende Teil der Aufgaben wurde im Durchschnitt mit einem Wert zwischen 1,5 und 2,5 eingeordnet, entspricht also in etwa dem Anforderungsbereich II der einheitlichen Prüfungsanforderungen. Nur sehr wenige Aufgaben – ganze drei Items in der Mathematik und fünf in der Physik – gehen nach Einschätzung der befragten Experten über den Anforderungsbereich II hinaus; immerhin jede fünfte bis jede sechste Aufgabe entspricht eher dem Anforderungsbereich I. Interessanterweise entspricht diese Art der Verteilung durchaus den Empfehlungen, die – gleichlautend für Mathematik und für Physik – in den Dokumenten der Kultusministerkonferenz gegeben werden: „Die

Tabelle II.3: Verteilung der Aufgaben zur voruniversitären Mathematik und zur voruniversitären Physik auf die Anforderungsbereiche im Sinne der „Einheitlichen Prüfungsanforderungen in der Abiturprüfung" (KMK, 1989) nach Einschätzung von Länderexperten

Durchschnittliche Einstufung	Voruniversitäre Mathematik	Voruniversitäre Physik
≥ 2,5	4,4 %	7,5 %
2–2,5	23,5 %	35,8 %
1,5–2	54,5 %	36,3 %
< 1,5	17,6 %	20,1 %

IEA. Third International Mathematics and Science Study. © TIMSS/III-Germany

Prüfungsaufgabe für das Grundkursfach wie für das Leistungsfach erreicht dann ein angemessenes Niveau, wenn das Schwergewicht der zu erbringenden Prüfungsleistungen im Anforderungsbereich II liegt und daneben die Anforderungsbereiche I und III berücksichtigt werden, und zwar Anforderungsbereich I in deutlich höherem Maße als Anforderungsbereich III." (KMK, 1989, S. 20) Die Verteilung der TIMSS-Aufgaben auf unterschiedliche Niveaus entspricht prinzipiell den Anforderungen des schriftlichen Abiturs, wenngleich hohe Anforderungen mit einem Prozentsatz von 7,5 bzw. 4,4 Prozent seltener vertreten sind, als dies üblicherweise in den Abituraufgaben der Fall ist.

2. Zur Dimensionalität der voruniversitären Tests

2.1 Dimensionalität des Tests zur voruniversitären Mathematik

Im internationalen TIMSS-Bericht (Mullis u.a., 1998) werden neben dem Gesamtwert in Mathematik noch Werte zu den Subtests für die drei Sachgebiete *Zahlen, Gleichungen und Funktionen, Analysis* und *Geometrie* berichtet. Hier stellt sich die Frage, inwieweit die Verwendung eines Gesamtwerts plus spezifischer Untertests empirisch zu rechtfertigen ist. Die deutlich komplexere Rotation der Testhefte zur Erfassung voruniversitärer Mathematikleistungen macht allerdings ein Vorgehen, wie es bei der mathematisch-naturwissenschaftlichen Grundbildung mit unterschiedlichen faktorenanalytischen Modellen gewählt wurde, unmöglich, da die Probandenzahlen mit gleichen Items und hinreichend großen Itemzahlen auf den drei Unterdimensionen zu klein sind. Daher wurde hier ein alternatives Vorgehen gewählt, bei dem mithilfe des mehrdimensionalen Rasch-Models (vgl. Wu, Adams &

Wilson, 1998) Itemstatistiken getrennt für die drei (korrelierten) Untertests geschätzt wurden. Der Vergleich der Anpassung des eindimensionalen und des (in diesem Fall) dreidimensionalen Modells geschah über so genannte Informationsindizes. Dabei wird ein Index aus Likelihood und geschätzter Parameterzahl gebildet. Je kleiner der Index, desto besser passt das geschätzte Modell auf die Daten (vgl. Rost, 1996). Da das dreidimensionale Modell eine bessere Anpassung zeigte, wurden anschließend messfehlerkorrigierte Korrelationen zwischen den drei Subskalen berechnet, die sich wie Interkorrelationen zwischen Faktoren interpretieren lassen. Die Tabelle II.4 zeigt die entsprechenden Korrelationskoeffizienten.

Die Koeffizienten erreichen Werte um .80, die gemeinsamen Varianzanteile liegen dementsprechend bei über 60 Prozent. Die Höhe der Korrelationen rechtfertigt die Zusammenfassung der drei Skalen zu einem Gesamttestwert. Auf der anderen Seite legen die Befunde auch untertestspezifische Analysen nahe, da diese Korrelationen substantiell unter 1 liegen. Inwieweit man hier zu differentiellen Befunden gelangt, ist eine empirische Frage.

Aus psychologischer und didaktischer Sicht ist interessanter, inwieweit sich Aufgaben, die unterschiedliche kognitive Anforderungen beim Lösungsprozess erfordern, analytisch trennen lassen. Eine Möglichkeit, eine solche Trennung in unterschiedliche Anforderungsdimensionen zu begründen, bietet die in Kapitel I erwähnte internationale Klassifikation der TIMSS-Aufgaben in so genannte *Performance Expectations* (Verhaltenserwartungen). Die Klassifikation ist nicht als hierarchische Ordnung gemeint, sondern als qualitative Unterscheidung im Lösungsverhalten. Die empirische Valenz dieser Klassifikation könnte zum einen darin liegen, dass sie – neben anderen Merkmalen – einen Teil der Schwierigkeitsvarianz zwischen TIMSS-Aufgaben erklärt (vgl. dazu Abschnitt 3.3); zum anderen wäre es möglich,

Tabelle II.4: Messfehlerkorrigierte Interkorrelationen der Subtests zu unterschiedlichen Sachgebieten der voruniversitären Mathematik (ConQuest-Schätzungen)[1]

Untertests	(1)	(2)	(3)
Zahlen, Gleichungen und Funktionen (1)	1.00		
Analysis (2)	.81	1.00	
Geometrie (3)	.81	.77	1.00

[1] Alle *ps* < .001.
IEA. Third International Mathematics and Science Study. © TIMSS/III-Germany

die drei Klassen als unterscheidbare, wenngleich korrelierte Dimensionen der mathematischen Kompetenz zu verstehen. Letzteres überprüften wir wiederum durch den Vergleich verschiedener Modelle mit variierender Zahl der zu Grunde liegenden Dimensionen. Hinreichend viele Aufgaben, um auf IRT-Basis Untertests bilden zu können, lassen sich den drei Kategorien *Routineverfahren, komplexe Verfahren* und *Lösen angewandter Mathematikaufgaben und innermathematischer Probleme* zuordnen. Auch hier wurde zunächst wieder die Anpassungsgüte des eindimensionalen Modells gegen das dreidimensionale getestet, wobei erneut das Modell mit drei korrelierenden Dimensionen einen besseren Modell-Fit aufwies (χ^2-Differenzentest, $p < .01$). Die Interkorrelationen der drei Dimensionen sind in Tabelle II.5 aufgeführt.

Die Höhe der Korrelationen spricht insgesamt dagegen, die drei *Performance Expectations* als qualitativ unterscheidbare Kompetenzdimensionen anzusehen. Personen, die in einer der Kategorien besonders gut abschneiden, gelingt dies auch in den anderen Aufgabenkategorien. Es handelt sich also um differenzierende Aspekte einer mathematischen Kompetenz, deren Unterscheidung nur in seltenen Fällen (beispielsweise bei der Analyse von Geschlechtsdifferenzen; vgl. Kap. IX) zu Profilaussagen führt.

Fasst man die Befunde zur voruniversitären Mathematik zusammen, so ergeben die Korrelationsanalysen ein Bild, wonach der Gesamtwert in der Regel ein erschöpfendes Maß für die Beurteilung mathematischer Kompetenzen und für die Analyse von Mittelwertdifferenzen sein sollte, aber differentielle Befunde in Untertests möglich sind. Bei der Bestimmung von Anforderungsmerkmalen und Kompetenzstufen (3.3 und 3.4) gehen wir daher von einer eindimensionalen Skala der mathematischen Kompetenz aus.

Tabelle II.5: Messfehlerkorrigierte Interkorrelationen der Subtests zu unterschiedlichen *Verhaltenserwartungen* der voruniversitären Mathematik (ConQuest-Schätzungen)[1]

Verhaltenserwartungen	(1)	(2)	(3)
Routineverfahren (1)	1.00		
Komplexe Verfahren (2)	.87	1.00	
Anwenden/Problemlösen (3)	.82	.82	1.00

[1] Alle $ps < .001$.
IEA. Third International Mathematics and Science Study. © TIMSS/III-Germany

2.2 Dimensionalität des Tests zur voruniversitären Physik

Die Aufgaben des Physiktests decken die Sachgebiete *Elektrizität und Magnetismus, Wärmelehre, Mechanik, Moderne Physik* sowie *Wellen und Schwingungen* ab. Entsprechend wurden in TIMSS neben einem Gesamtwert für Kenntnisse in voruniversitärer Physik auch Untertestwerte für die fünf Gebiete berechnet. Zur Überprüfung der Frage, ob die fünf Sachgebiete im Sinne des Rasch-Modells eigene Dimensionen repräsentieren, wurde ein Modell unter Annahme einer globalen Fähigkeit (Eindimensionalität) gegen ein Modell mit fünf korrelierenden Dimensionen getestet. Der Vergleich der Anpassungsgüte beider Modelle (siehe oben) ergab, dass das mehrdimensionale Modell eine signifikant bessere Anpassung zeigt. Die messfehlerkorrigierten Interkorrelationen der fünf Subskalen zeigt die Tabelle II.6.

Die Korrelationen liegen durchgängig unter denen der mathematischen Untertests; insbesondere die Skala zur Erfassung der Kenntnisse in der Wärmelehre weist vergleichbar niedrige Korrelationen mit den übrigen Skalen auf. Aufgrund der Fachleiterbefragungen zu Lerngelegenheiten in der gymnasialen Oberstufe (vgl. Abschnitt 4 dieses Kapitels) wissen wir, dass gerade in der Wärmelehre eine deutliche Diskrepanz besteht zwischen Anforderungen der deutschen Lehrpläne und tatsächlichem Unterricht, was sich hier offenbar in geringeren Korrelationen mit den übrigen Sachgebieten niederschlägt. Die im Vergleich zur Mathematik etwas geringere Konsistenz der Leistungen in der voruniversitären Physik könnte demnach ein Spezifikum der gymnasialen Oberstufe in Deutschland sein. Als Konsequenz aus diesen Befunden werden wir unsere Analyse von Anforderungsmerkmalen und Kompetenzstufen der internationalen Physik-Skala (Abschnitt 3.3 und 3.5) auf ein eindimensionales Modell

Tabelle II.6: Messfehlerkorrigierte Interkorrelationen der Subtests zu unterschiedlichen *Sachgebieten* der voruniversitären Physik[1]

Untertests	(1)	(2)	(3)	(4)	(5)
Mechanik (1)	1.00				
Elektrizität und Magnetismus (2)	.78	1.00			
Wärmelehre (3)	.55	.52	1.00		
Wellen und Schwingungen (4)	.78	.76	.62	1.00	
Moderne Physik (5)	.71	.71	.59	.74	1.00

[1] Alle *ps* < .001.
IEA. Third International Mathematics and Science Study. © TIMSS/III-Germany

der psysikalischen Kompetenz stützen, bei Vergleichen zwischen Leistungen deutscher Schulen und Ergebnissen anderer Länder hingegen mögliche differentielle Effekte der Subskalen untersuchen.

Auf eine zusätzliche Trennung der Aufgaben nach unterschiedlichen Verhaltenserwartungen wurde hier verzichtet, da sich anders als in der voruniversitären Mathematik nicht hinreichend große Itemzahlen den verschiedenen Dimensionen zuordnen ließen.

3. Aufgabeninhalte und Kompetenzstufen im Bereich der voruniversitären Mathematik und Physik

Im Folgenden soll untersucht werden, welche inhaltliche Interpretation mit bestimmten Testergebnissen im Bereich voruniversitärer Mathematik oder Physik verknüpft werden kann. In Abschnitt 3.1 geben wir einen Überblick über Anforderungsanalysen zu mathematischen und naturwissenschaftlichen Aufgaben und stellen ein eigens entwickeltes Kategoriensystem zur Beschreibung von Anforderungsmerkmalen der TIMSS-Items vor. Abschnitt 3.2 dokumentiert die Zuverlässigkeit und Gültigkeit von Expertenurteilen zu diesen Kategorien. In Abschnitt 3.3 wird das Kategoriensystem zur Konstruktvalidierung eingesetzt, indem versucht wird, Schwierigkeitsunterschiede zwischen TIMSS-Aufgaben auf bestimmte Anforderungsgehalte zurückzuführen. In den Abschnitten 3.4 und 3.5 werden wir entsprechend der von Beaton und Allen (1992) beschriebenen Methodologie Kompetenzstufen auf den voruniversitären Fähigkeitsskalen definieren und so eine kriteriumsorientierte, das heißt auf bestimmte Aufgabeninhalte und Verhaltensweisen bezogene Interpretation von Testergebnissen ermöglichen. Abschnitt 3.6 schließlich verknüpft die beiden Methoden. Wir untersuchen, ob die von uns vorgenommene Abgrenzung und Beschreibung der Kompetenzstufen durch Expertenurteile bestätigt wird.

3.1 Anforderungsmerkmale mathematischer und physikalischer Testaufgaben: Entwicklung eines Kategoriensystems

Einige der im ersten Abschnitt dieses Kapitels referierten Befunde erscheinen auf den ersten Blick widersprüchlich:

(a) Warum wird in der internationalen Klassifikation nahezu jede zweite Mathematikaufgabe dem Bereich „Wissen und Routineprozeduren" zugerechnet, wäh-

rend die deutschen Länderexperten nur jede sechste Aufgabe in die Abituranforderungsstufe I einordnen, die ebenfalls Reproduktion von Wissen und Anwendung von Routinen anzeigt?
(b) Wie ist zu erklären, dass die Verteilung der Aufgaben auf Anforderungsbereiche den Regeln des Abiturs entspricht, während ein nennenswerter Teil der Aufgaben nur Mittelstufenstoff erfasst?
(c) Ist die Aussage, dass 15 Physikaufgaben extrem hohe Schwierigkeitskennwerte haben, mit der Einstufung von lediglich 5 Aufgaben in den Anforderungsbereich III vereinbar?

Diese Beispiele zeigen, dass bei Klassifikationen von Aufgaben sehr genau nach dem Kriterium und dem Beurteilungsmaßstab gefragt werden muss. Der empirische Schwierigkeitsgrad darf nicht mit dem kognitiven Anforderungsniveau verwechselt werden, denn die Lösungswahrscheinlichkeit wird auch von anderen Faktoren beeinflusst – beispielsweise davon, ob der relevante Inhalt schon in der Mittelstufe unterrichtet worden ist und ob er danach durch Wiederholung und Verknüpfung aktualisiert wurde. Auch Mittelstufenstoff kann zu sehr anspruchsvollen Aufgaben führen. Wann anspruchsvolles Problemlösen erforderlich ist und wann Routineprozeduren ausreichen, hängt unter anderem vom Unterricht ab; aus deutscher Perspektive können sich daher andere Einschätzungen ergeben als bei nationenübergreifender Klassifikation.

Christiansen und Walther (1986, S. 275) betonen in ihrem Übersichtsartikel zu Aufgaben im Mathematikunterricht, dass wesentliche Spezifikationen wie die Unterscheidung zwischen Routineaufgaben und Problemstellungen, die Offenheit von Aufgaben und der Schwierigkeitsgrad nicht anhand der „objektiven" Aufgabenstellung allein vorgenommen werden können, weil sie stets relativ und subjektiv sind. Die Erläuterungen zur Einteilung von Aufgaben in unterschiedliche Anforderungsbereiche in den einheitlichen Prüfungsanforderungen (KMK, 1989, S. 12) tragen dem Rechnung: „Diese Zuordnung ist in jedem Fall vom vorangegangenen Unterricht bzw. von im Lehrplan verbindlich vorgeschriebenen Zielen und Inhalten abhängig." Auch der wissenschaftlichen Untersuchung von Anforderungsmerkmalen mathematisch-naturwissenschaftlicher Aufgaben sind daher Grenzen gesetzt. Aufgrund so genannter *rationaler Aufgabenanalysen* (Resnick, 1976) kann nicht entschieden werden, welche Hürden Schüler bei der Lösung zu überwinden haben. „Es gibt offensichtlich, bereits von dem Stoff her gesehen, mehr als eine mögliche Interpretation des Aufgabeninhaltes und damit auch mehr als einen möglichen (zulässigen) Weg zur Aufgabenlösung, und die Schüler realisieren eine Vielzahl unterschiedlicher Aufgabenlösungen, die sich auch nicht mehr in jedem Fall als nur falsch oder nur richtig kennzeichnen lassen." (Bromme, Seeger & Steinbring, 1990, S. 8)

Noch bis Ende der 1970er Jahre fanden sich in der internationalen pädagogischen Literatur – aufbauend auf behavioristischen und neo-behavioristischen Modellen von Lernzielhierarchien (vgl. beispielsweise Gagné & Briggs, 1974) – zahlreiche Studien, die versuchen, die Schwierigkeit von Aufgaben durch Merkmale wie inhaltliche Struktur, sprachliche, das heißt syntaktische und semantische Gestaltung, sowie Merkmale des „erwarteten" Lösungsprozesses zu erklären. Für die Mathematik stellt der 1979 erschienene Band von Goldin und McClintock eine umfassende Bilanz dieser Forschungsrichtung dar. Das Ergebnis war jedoch eher ernüchternd: Den größten Beitrag zur „Erklärung" von Schwierigkeitskennwerten mathematischer Aufgaben leistet die Art und Reihenfolge der erforderlichen mathematischen Operationen (Barnett, 1979, S. 38). Diesem eher trivialen Befund steht die Beobachtung entgegen, dass sprachliche Aufgabenmerkmale sehr uneinheitliche Effekte haben. „No strong results emerge. More studies (...) are needed, making an effort to understand not only if there is an effect but also *why* there is an effect." (Webb, 1979, S. 77)

Bezeichnenderweise finden sich seit Ende der 1970er Jahre in der internationalen Literatur nur noch wenige Arbeiten, die den Anspruch erheben, die Schwierigkeit von mathematisch-naturwissenschaftlichen Aufgaben durch solche „objektiven", personen- und situationsunabhängigen Aufgabenmerkmale zu erklären. In dem 1992 erschienenen Standardwerk „Handbook on mathematics teaching and learning" (Grouws, 1992) findet sich noch nicht einmal das Stichwort *Task Analysis*. Entsprechende Versuche, die sich auf Leistungen deutscher Abiturienten bezogen, hatten nur deshalb (begrenzten) Erfolg, weil sie sich auf bestimmte Aufgabentypen beschränkten und diese in verbindliche Curricula einordneten (vgl. Bruder [1981] für so genannte Bestimmungsaufgaben in der Abiturstufe der Erweiterten Oberschulen und Bauer [1978] für landesweit einheitliche Abiturprüfungsaufgaben in Bayern). Bezogen auf mathematische Sachaufgaben im Test für medizinische Studiengänge vermochte Klieme (1989) lediglich ein Drittel der Schwierigkeitsvarianz durch objektive Aufgabenmerkmale zu erklären; das Aufgabenmaterial und die kognitiven Voraussetzungen der Bearbeiter waren hier vergleichsweise heterogen.

In jüngster Zeit haben Williams und Clarke (1997) einen neuen Versuch zur Systematisierung von „objektiven" Komponenten der Aufgabenkomplexität vorgelegt. Sie gehen davon aus, dass die Komplexität einer mathematischen Aufgabe bedingt ist durch sprachliche Merkmale, durch Kontextmerkmale (wobei unterschieden wird zwischen Kontexten, welche die erforderliche mathematische Operation explizit erwähnen, und impliziten Aufgaben), durch die Art und Variabilität der in der Aufgabenstellung verwendeten Darstellungsformen (Graphen, Formeln usw.), durch die Art und Anzahl der erforderlichen mathematischen Operationen, durch die Art und Verknüpfung von mathematischen Begriffen sowie schließlich durch die „intellektuelle Komplexität" der Aufgabe, die wiederum mittels der Niveaustufen der Bloomschen Lehrzieltaxonomie (Bloom, 1956) beschrieben werden kann. Die Autoren weisen jedoch auch auf die Grenzen eines solchen Analyseschemas hin. Experten stimmten weder in der Einschätzung der Bedeutsamkeit unterschiedlicher Komplexitätsdimensionen noch in der Einstufung konkreter Aufgabenstellungen überein. Zudem darf, so betonen die Autoren, Aufgabenkomplexität im Sinne einer solchen rationalen Aufgabenanalyse nicht mit dem empirischen Schwierigkeitsgrad verwechselt werden, denn die tatsächliche Schwierigkeit ergebe sich erst aus der Interaktion eines Schülers mit der Aufgabe.

Damit kommen die tatsächlichen Bearbeitungsprozesse in den Blick. Seit den 1970er Jahren gewannen bei der Untersuchung mathematisch-naturwissenschaftlicher Aufgaben kognitionspsychologische Prozessanalysen größere Bedeutung (vgl. etwa Resnick & Ford, 1981). Mithilfe solcher Prozessanalysen konnte in zahlreichen Studien nachgewiesen werden, dass Aufgaben in Abhängigkeit von Art und Struktur des individuellen Vorwissens, von Einstellungen und Erwartungen der Bearbeiter und von sozialen Kontextbedingungen sehr unterschiedlich bearbeitet wurden. Wissenspsychologische Untersuchungen im Rahmen des Experten-Novizen-Vergleichs wiesen nach, dass Anfänger in einem bestimmten Wissensgebiet Aufgaben qualitativ anders bearbeiten als Experten. Während Experten *Top-Down*-Strategien unter Verwendung elaborierter Lösungsschemata einsetzen können, sind Anfänger auf „schwache Heuristiken" und komplexe, *Bottom-Up* verlaufende Lösungsfindungsprozesse angewiesen (Reimann & Chi, 1989). Auch diese kognitionspsychologischen Untersuchungen stützen sich auf die detaillierte Analyse von Aufgaben – allerdings nicht im Sinne einer Beschreibung durch „objektive" Merkmale, sondern durch Identifizierung unterschiedlicher, vom jeweiligen Vorwissen abhängender Bearbeitungsstrategien. Solche *Cognitive Task Analysis* (Lesgold u.a., 1990) setzt aufwendige rationale Aufgabenanalysen *und* empirische Studien voraus und ist daher nur für sehr eingeschränkte Aufgabenbereiche möglich, nicht über breite Messbereiche hinweg, wie sie die TIMSS-Tests erfassen.

Auch wenn kognitionspsychologisch fundierte Studien nicht in die empirische Aufklärung der Schwierigkeitsvarianz breiter Aufgabensätze münden, so können sie doch Faktoren benennen, die Komplexität von Aufgaben und damit den Verlauf und das Resultat der Bearbeitung beeinflussen. Entsprechende Hinweise stammen sowohl aus Untersuchungen zum Gebrauch von Aufgaben im Unterrichtsprozess als auch aus psychologischen Laborstudien. Von entscheidender Bedeutung ist demnach, welche Art von Wissen aktiviert bzw. im Lösungsprozess generiert werden muss. So unterscheiden Renkl und Helmke (1992) in der Grundschulmathematik zwischen *performanzorientierten* und *strukturorientierten* Aufgaben: Erstere erfordern den Einsatz von „mechanischem" Fakten- und Prozedurenwissen, Letztere den Einsatz von bedeutungshaltigem (konzeptuellem) Wissen über mathematische Begriffe und Prinzipien. Auch Stein, Grover und Henningsen (1996) beurteilen die *Cognitive Demands* von Aufgabenstellungen des Mathematikunterrichts im Wesentlichen danach, ob sie die Anwendung von Formeln, Algorithmen oder Prozeduren ohne Verbindung zu konzeptuellem Wissen oder mit einer solchen Anknüpfung erfordern. Ein weiteres zentrales Aufgabenmerkmal ist für die Autoren die Offenheit der Lösungswege und Antwortformate: Sind unterschiedliche Strategien möglich? Sollen Begründungen oder Erklärungen gegeben werden? Als höchste Anforderungsstufe beschreiben die Autoren – in Übereinstimmung mit zahlreichen didaktischen Arbeiten – mathematisches Schlussfolgern, Argumentieren (Aufstellen und Prüfung von Behauptungen), Problemlösen und das Entdecken von Mustern; sie verwenden hierfür den Begriff *Doing Mathematics*.

Dieses problemlösende Denken (etwa beim Bearbeiten mathematischer Sachaufgaben) erfordert nicht nur den Einsatz konzeptuellen Vorwissens, sondern auch aktuell das Verstehen der Problemsituation, den Aufbau eines mentalen *Situationsmodells*. Art, Umfang und Vernetztheit des Situationsmodells sind wesentliche Komponenten der Aufgabenkomplexität (vgl. Aebli, 1981, S. 355 ff.; Baumert u.a., 2000). Wie leicht ein Situationsmodell aufgebaut und eine Lösung gefunden werden kann, hängt nicht zuletzt davon ab, in welchen *Repräsentationsformen* (als Text, algebraischer Ausdruck, Diagramm usw.) Informationen vorgegeben sind bzw. dargestellt werden müssen. Repräsentationsformate können die Aufgabenbearbeitung erschweren oder erleichtern (Stern, 1998). Viele der zuvor referierten Autoren sehen daher in der Nutzung von unterschiedlichen Repräsentationsformaten einen wichtigen Faktor der Aufgabenkomplexität.

In der Literatur zum naturwissenschaftlichen, insbesondere physikalischen Denken finden sich Hinweise auf ein weiteres Anforderungsmerkmal. Mithilfe wissenspsychologischer Methoden wurde eine Reihe fundamentaler Vorstellungen identifiziert, die Schüler typischerweise aus ihren Alltagserfahrungen in den Fachunterricht mitbringen. Solche „Fehlvorstellungen", die auch als *Misconceptions* oder *Alternative Conceptions* beschrieben werden, existieren – unabhängig von den im Fachunterricht erworbenen begrifflichen Vorstellungen – im Denken von Schülern weiter und werden trotz langjähriger Beschulung bei der Lösung von alltagsnahen Verständnis- und Anwendungsaufgaben immer wieder virulent (Pfundt & Duit, 1994; Wandersee, Mintzes & Novak, 1994). Testdiagnostisch wurde versucht, diesem Befund Rechnung zu tragen, indem Aufgaben entwickelt wurden, deren Distraktoren jeweils spezifische Fehlvorstellungen indizieren sollten. Das wichtigste und in der physikdidaktischen Forschung besonders weit verbreitete Beispiel hierfür ist das *Force Concept Inventory* (FCI) von Hestenes, Wells und Swackhamer (1992). Wie Schecker und Gerdes (1999) zeigen konnten, wird das FCI jedoch diesem Anspruch nicht gerecht. Mit ausreichender Reliabilität vermag es nur ein Gesamtmaß der Leistungsfähigkeit im Bereich der Mechanik zu indizieren. Profilanalysen, die sich auf eine detaillierte Klassifikation von Aufgaben- und Distraktorenmerkmalen stützen, ließen sich nicht validieren.

Die Befundlage in der pädagogisch-diagnostischen, kognitionspsychologischen und fachdidaktischen Literatur gibt also Anlass zur Skepsis bei dem Versuch, die Schwierigkeit von Testaufgaben durch „objektive" Aufgabenmerkmale zu erklären, liefert aber auch Hinweise auf Faktoren, die den Lösungsprozess und damit den Bearbeitungserfolg wesentlich beeinflussen. Das im Folgenden erläuterte Kategoriensystem bildet – aufbauend auf diesen Hinweisen – einen pragmatischen Versuch, mithilfe von Einschätzungen, die Didaktikexperten vorgenommen haben, beschreibbar zu machen, worin sich schwierige von leichten TIMSS-Aufgaben unterscheiden.

Das Kategoriensystem wurde zunächst in Diskussion mit Hochschullehrern der Fachdidaktik entwickelt und mit je drei Beurteilern pro Fach erprobt[2]. Die Auswertung dieser ersten Runde von Expertenurteilen ergab, dass die Einschätzung eines einzigen Aufgabenmerkmals (in der Mathematik: Kenntnis von Definitionen und Sätzen, in der Physik: qualitatives Begriffsverständnis) etwa 15 Prozent der Schwierigkeitsvarianz zwischen den Aufgaben erklären konnte. Auch die Übereinstimmung zwischen den Experten der ersten Runde war zufriedenstellend. Die Erhebung wurde sodann mit leicht modifizierten Kategorien wiederholt. Beteiligt waren zehn (Mathematik) bzw. neun (Physik) Experten, die in der fachdidaktischen Forschung ausgewiesen sind und gleichzeitig als Lehrer, Fachleiter oder Hochschullehrer mit engem Praxisbezug mit dem Curriculum der gymnasialen Oberstufe wie auch mit Denk- und Arbeitsweisen von Schülern vertraut sind. Den Beurteilern wurden die Kategorien zusammen mit kurzen Erläuterungen vorgelegt, die wir im Folgenden wiedergeben. Sie nahmen ihre Einstufungen unabhängig voneinander vor. Da es sich um Experten aus unterschiedlichen Orten handelt, war ein Training zur Erhöhung der Inter-Rater-Reliabilität nicht möglich.

Das modifizierte Kategoriensystem enthält acht Variablen, die für mathematische und phsyikalische Aufgaben gleichermaßen anwendbar sind, sowie vier bzw. sechs

---

[2] Die Autoren danken besonders Herrn Prof. Dr. H. E. Fischer (Universität Dortmund) für die Mitwirkung an der Entwicklung des Kategoriensystems. Wertvolle Anregungen gaben zudem PD Dr. Horst Schecker (Universität Bremen) und Prof. Dr. W. Schulz (Humboldt-Universität zu Berlin).

zusätzliche fachspezifische Dimensionen. Die Experten wurden gebeten, jede Aufgabe im Hinblick auf jedes der Anforderungsmerkmale einzustufen, wobei wir eine vierstufige Skala zu Grunde legten:

0 = Das Merkmal ist für die Lösung der Aufgabe ohne Bedeutung.
1 = Das Merkmal spielt bei der Lösung der Aufgabe eine Rolle, ist aber von untergeordneter Bedeutung.
2 = Das Merkmal hat bei der Lösung der Aufgabe eine hohe Bedeutung.
3 = Das Merkmal ist entscheidend für den Erfolg oder Misserfolg des Lösungsprozesses.

Die Variablen sind ausdrücklich nicht als Eigenschaften des Aufgabentextes selbst formuliert, sondern als spezifische Anforderungen an Wissen, Verständnis, Denkprozesse und kognitive Grundfähigkeiten. Welche Bedeutung eine solche Anforderung für das Lösen der Aufgabe hat, hängt von der Interaktion zwischen Aufgabenstellung und Bearbeiter ab. Die Einschätzung muss daher von der Vorstellung eines „typischen" Bearbeiters in den Abschlussklassen der Sekundarstufe II ausgehen, der einen Grund- oder Leistungskurs im einschlägigen Fach besucht. Wir baten die Experten, sich jeweils zu fragen: „Wie würde eine solche Schülerin/ein solcher Schüler die Aufgabe angehen? Welche Faktoren bestimmen dann, ob sie/er zur richtigen Lösung gelangt oder nicht?" Eine solche Einstufung ist – wie die Rückmeldungen der Beurteiler bestätigen – schwieriger und subjektiver als eine Klassifikation nach „objektiven" Merkmalen; vielleicht ist sie aber auch valider.

Die acht gemeinsamen Merkmale waren:

G1. *Kenntnis von Definitionen, mathematischen Sätzen bzw. physikalischen Gesetzen*
Müssen solche Wissensinhalte aus dem Gedächtnis abgerufen werden?

G2. *Qualitatives Verständnis mathematischer bzw. physikalischer Begriffe*
Muss man beispielsweise verstanden haben, wie ein Fachbegriff mit anderen Begriffen zusammenhängt, wann er anwendbar ist und wann nicht, und was ihn von verwandten Alltagsbegriffen unterscheidet?

G3. *Rechnen* (Arithmetisches Operieren)

G4. *Operieren mit mathematischen Termen und Kalkülen*

G5. *Interpretation von Diagrammen*
(Gemeint sind hier nicht veranschaulichende Skizzen oder geometrische Konstruktionen, sondern Koordinatendarstellungen oder statistische Diagramme.)

G6. *Textverständnis*
Müssen komplizierte oder ungewöhnliche sprachliche Formulierungen oder ein längerer Text gelesen und verstanden werden?

G7. *Bildliches Vorstellen*

G8. *Problemlöseprozesse*

Hier geht es darum, ob die Bearbeitung mehrschrittiges, zielorientiertes Operieren mit Steuerungs- und Kontrollprozessen beinhaltet. Leitfragen waren: Sind Zielsetzung und/oder Ausgangsbedingungen unscharf und müssen vom Bearbeiter spezifiziert werden? Müssen Lösungsoperationen gefunden bzw. ausgewählt und sequenziert werden? Sind Zwischenresultate zu kombinieren? Müssen alternative Modelle bzw. verzweigte Wege beschritten und analysiert werden?

Für die Aufgaben zur voruniversitären Mathematik wurden folgende vier ergänzende Dimensionen berücksichtigt:

M1. *Formalisierung*
Beschreibung von Zusammenhängen, die in Form von Messreihen, Texten oder Graphen dargestellt sind, in algebraischer Form, das heißt durch Terme, Gleichungen oder Gleichungssysteme.

M2. *Interpretation von Anwendungssituationen*
Ist ein Bezug auf außermathematische Kontexte wesentlich? Muss der Bearbeiter diesen Anwendungskontext verstehen und deuten? Muss er dazu außermathematische Kenntnisse einbringen?

M3. *Umstrukturierung/Flexibilität*
Dieses Anforderungsmerkmal wird als bedeutungsvoll angesehen, wenn die Lösung der Aufgabe davon abhängt, eine verbal beschriebene Situation oder eine Visualisierung in einer bestimmten, nicht offensichtlichen Weise neu zu „sehen".

M4. *Prinzipien mathematischen Denkens*
Hier geht es um quasi „metamathematisches" Denken. Muss der Bearbeiter beispielsweise zwischen Begriffen, Definitionen, formalsprachlichen Benennungen und Interpretationen (Beispielen) unterscheiden? Hat er die Verallgemeinerbarkeit von Aussagen oder die Gültigkeit eines mathematischen Modells zu überprüfen? Muss er verstanden haben, dass und warum mathematische Aussagen bewiesen werden müssen?

Für die Aufgaben zur voruniversitären Physik werden folgende sechs ergänzende Dimensionen berücksichtigt:

P1. *Verständnis formalisierter Gesetze*
Dieses Aufgabenmerkmal erfasst, inwieweit das Umgehen mit und das Interpretieren von physikalischen Größengleichungen bei der Bearbeitung einer Aufgabe von Bedeutung ist.

P2. *Verständnis für funktionale Zusammenhänge*
Wenn dieses Merkmal als bedeutungsvoll codiert ist, so geht es in der Aufgabe unter anderem darum, zu erkennen, wie sich eine Größe ändert, wenn eine oder

mehrere andere Größen variiert werden. Hierbei steht nicht das formale Verständnis von Funktionen oder Gleichungen im Vordergrund, sondern das qualitative oder halbquantitative Erschließen und Abschätzen von Zusammenhängen.

P3. *Verständnis von Alltagssituationen*
Dieses Merkmal soll als relevant gelten, wenn die genaue Kenntnis einer bestimmten, im Text der Aufgabe beschriebenen oder skizzierten Alltagssituation deren physikalische Beschreibung und die Lösung einer sich darauf beziehenden Fragestellung erleichtert.

P4. *Verständnis für experimentelle Situationen*
Enthält die Aufgabe als wesentliche Anforderung die Interpretation oder Beschreibung eines physikalischen Experiments? Dieses Merkmal soll auch codiert werden, wenn sich der Bearbeiter bei der Bearbeitung an eine experimentelle Anordnung erinnern muss, wie sie im Schulunterricht typischerweise vorgeführt wird.

P5. *Verständnis symbolischer Zeichnungen*
Aufgaben mit diesem Anforderungsmerkmal enthalten Skizzen, Schaubilder oder Diagramme, die physikalische „Objekte" wie etwa Massen, Kräfte, Strahlen oder Wellen und deren Veränderung bzw. Bewegung darstellen, sodass ein Verständnis dieser Skizzen zur Bearbeitung der Aufgaben von Bedeutung ist. Ein typisches Beispiel könnten Vektordiagramme zur Kennzeichnung von Überlagerungen verschiedener Kräfte sein; nicht gemeint sind hier jedoch anschauliche Darstellungen von Gegenständen (siehe hierzu: P3 und P4) sowie Darstellungen von Messergebnissen in Koordinatensystemen (vgl. hierzu Anforderungsmerkmal G5: Interpretation von Diagrammen).

P6. *Überwindung von Fehlvorstellungen*
Dieses Merkmal soll markiert werden, wenn die Aufgabe bei den bearbeitenden Schülern eine typische, alltagsbezogene Fehlvorstellung (beispielsweise fehlerhafte Intuitionen über Elektrizität und Wirkung von Kräften, wie sie in der didaktischen Literatur dokumentiert sind) induziert, sodass zur korrekten Lösung eine Überwindung der entsprechenden Fehlvorstellung erforderlich ist.

Schließlich wurden die Beurteiler um eine globale Einschätzung der Aufgaben auf drei Dimensionen gebeten:

1. *Geschätzte Lösungshäufigkeit*
Wie viel Prozent der deutschen Abiturienten, die einen Grundkurs bzw. Leistungskurs im einschlägigen Fach (Mathematik oder Physik) besuchen, können diese Aufgabe konkret lösen? Etwa 0, 10, 20, 30 ... 90 oder 100 Prozent?

2. *Wissensstufe*
0 = ausschließliche Verwendung von Wissensinhalten aus dem Alltag bzw. der Grundschule,

1 = ausschließliche Verwendung von Wissensinhalten der Sekundarstufe I,
2 = Verwendung von Wissensinhalten der Sekundarstufe II.
3. *Aufgabentyp*
Unter diesem Titel legten wir den Experten eine Liste mit den verbalen Beschreibungen der Kompetenzstufen vor, die wir zuvor für den mathematischen und den physikalischen Test definiert hatten (siehe unten, Abschnitte 3.4 und 3.5). Die Experten sollten die TIMSS-Aufgaben diesen „Aufgabentypen" zuordnen. Es sollte dadurch geprüft werden, ob die Abgrenzung und verbale Beschreibung der Kompetenzstufen durch Expertenurteile gestützt werden kann (zu Ergebnissen siehe Abschnitt 3.6).

3.2 Zur Zuverlässigkeit und Gültigkeit der Beurteilung von Aufgaben durch Lehrer

Sowohl in der Mathematik als auch in der Physik überschätzten die von uns befragten Experten das Leistungsniveau deutscher Schüler deutlich. Bemerkenswert ist die Parallelität der Befunde zwischen beiden Fächern: Die Resultate in den Grundkursen wurden, wie Tabelle II.7 zeigt, um etwa 10 Prozentpunkte überschätzt, die Ergebnisse der Leistungskurse hingegen um 26 Prozentpunkte. Während die Experten davon ausgingen, dass hier im Durchschnitt drei von vier Schülern zur richtigen Lösung kommen, vermochte tatsächlich nur jeder zweite die korrekte Lösung anzugeben. Je höher – nach den von den Experten selbst vorgenommenen Beurteilungen – das Anspruchsniveau der Aufgabe und je mehr fachliche Kenntnisse vorausgesetzt wurden, desto unrealistischer fiel die Einschätzung aus. Gerade im oberen Leistungsbereich neigen also die Experten dazu, Kenntnisse und Fähigkeiten von Schülern zu optimistisch einzuschätzen.

Tabelle II.7: Vergleich zwischen tatsächlichen und von Experten geschätzten mittleren Lösungshäufigkeiten[1]

	Mathematik	Physik
Grundkurs		
Geschätzt	42 %	44 %
Beobachtet	33 %	34 %
Leistungskurs		
Geschätzt	76 %	74 %
Beobachtet	50 %	48 %

[1] Alle Unterschiede zwischen geschätzten und beobachteten Lösungshäufigkeiten sind statistisch hochsignifikant (*t*-Test mit Aufgaben als Beobachtungseinheit, $p < .001$).

IEA. Third International Mathematics and Science Study. © TIMSS/III-Germany

Auch wenn das globale Leistungsniveau zu optimistisch beurteilt wurde, waren die Experten doch in der Lage, den Schwierigkeitsgrad der verschiedenen Testaufgaben differenziert zu beurteilen. Dabei gelingt die Schwierigkeitsschätzung in der Mathematik noch etwas besser als in der Physik. Die Korrelation zwischen beobachteter und geschätzter Lösungshäufigkeit[3] betrug – über alle Testaufgaben hinweg – in der Mathematik .52, in der Physik .40 ($ps < .001$). 27 bzw. 16 Prozent der Schwierigkeitsvarianz lassen sich also durch die globale Schätzung der Experten erklären. Diese Aufklärungsquote durch eine einzelne Variable ist beachtlich.

Dass eine globale Einschätzung des Anforderungsniveaus durchaus aussagefähig ist, zeigt auch ein Vergleich der Beurteilungen, die drei unterschiedliche Gruppen von Experten vorgenommen haben. Wir betrachten dazu das Merkmal G8, „Problemlöseprozesse". Die TIMSS-Aufgaben wurden hinsichtlich dieses Merkmals von den zehn bzw. neun Mathematik- und Physikexperten bewertet; daneben liegen die Einschätzungen der jeweils drei Fachdidaktiker vor, die mit der Vorversion unserer Merkmalsliste gearbeitet haben, und schließlich lassen sich diese Einschätzungen in Bezug setzen zu dem Anforderungsniveau im Sinne der „einheitlichen Prüfungsanforderungen" der Kultusministerkonferenz, wie sie von den Mitarbeitern der Landesinstitute vorgenommen wurden. Jede dieser drei Bewertungen stellt eine globale Aussage über das Niveau der Problemlöseprozesse dar. Tabelle II.8 zeigt, dass die Urteile der drei Expertengruppen relativ gut übereinstimmen.

Betrachtet man die gesamte Liste von Aufgabenmerkmalen, so ergibt sich ein differenzierteres Bild. Mithilfe der Generalisierbarkeitstheorie (Shavelson & Webb, 1991) haben wir überprüft, inwieweit die zehn bzw. neun Teilnehmer unserer Expertenrunde untereinander übereinstimmten. Zu diesem Zweck wurde für jedes Aufgabenmerkmal die Varianz aller Ratings in drei Komponenten aufgegliedert: (a) die systematische Varianz zwischen den Aufgaben, (b) die durch unterschiedliche subjektive Bewertungsmaßstäbe verursachte Varianz zwischen den Experten sowie schließlich (c) die Fehlervarianz, die durch Interaktion zwischen Aufgaben und Ratern zu Stande kommt, das heißt durch wechselnde Urteilsverschiebungen zwischen den Experten bei unterschiedlichen Items. Der Anteil der systematischen Varianz an der Summe von systematischer und Fehlervarianz wird als Generalisierbarkeitskoeffizient bezeichnet: Er kennzeichnet die Zuverlässigkeit der Einschätzung durch zufällig ausgewählte Rater und wird ähnlich wie ein Reliabilitätskoeffizient in der Testtheorie beurteilt, das heißt, Werte ab .70 gelten als zufriedenstellend.

---

[3] Beobachtete Lösungshäufigkeit = Anteil richtiger Lösungen in der deutschen TIMSS-Stichprobe; geschätzte Lösungshäufigkeit = Mittelwert der Schätzungen für Grund- und Leistungskurs.

Tabelle II.8: Vergleich der Einschätzung des Problemlöseniveaus durch drei Expertengruppen: Merkmal „Problemlöseprozesse" bei der Voruntersuchung (1. Rating, n = 3 Experten) und bei der Hauptuntersuchung (2. Rating, n = 9–10 Experten) sowie Einschätzung anhand der „Einheitlichen Prüfungsanforderungen" für das Abitur durch Vertreter der Landesinstitute (EPA). Angegeben sind die Korrelationen über alle Items hinweg (oberhalb der Diagonale: Mathematik, unterhalb: Physik)[1]

	EPA	Problemlösen (1. Rating)	Problemlösen (2. Rating)
EPA		.63	.76
Problemlösen (1. Rating)	.74		.63
Problemlösen (2. Rating)	.85	.75	

[1] Alle Koeffizienten sind signifikant ($p < .001$).
IEA. Third International Mathematics and Science Study.   © TIMSS/III-Germany

Befriedigend ist nach diesem Kriterium im Bereich der Mathematik keiner der Befunde, und in der Physik sind lediglich die Merkmale „Rechnen" und „Interpretation von Diagrammen" zuverlässig beurteilbar (vgl. Tab. II.9, 2. und 3. Spalte). Selbst wenn man die Kriterien lockert (Generalisierbarkeitskoeffizient über .40), wird deutlich, dass prozessbezogene Merkmale (z.B. „Bildliches Vorstellen", „Textverständnis", „Problemlösen" oder „Umstrukturieren") uneinheitlich beurteilt werden, während Merkmale, die eher am Aufgabentext selbst ablesbar sind, halbwegs zuverlässig eingeschätzt werden können: „Rechnen", „Operieren mit Termen und Kalkülen", „Interpretation von Diagrammen", „Verständnis formalisierter Gesetze", „Interpretation von Anwendungssituationen" bzw. „Verständnis für Alltagssituationen" sowie schließlich „Wissensstufe", das heißt die Einordnung in das Curriculum der Sekundarstufe I oder der Sekundarstufe II. Erfahrene Lehrer und Didaktiker, so lässt sich aus den Befunden folgern, nehmen das Aufgabenmaterial tendenziell ähnlich wahr; sie können sich dabei an der Art der genutzten Informationen (Zahlen, algebraische Terme, Diagramme, Größengleichungen, Beschreibung von Anwendungssituationen) und am Curriculumbezug orientieren. Ihre Vorstellungen zu Bearbeitungsprozessen divergieren jedoch relativ stark.

Dieses Resultat der Expertenbefragung ist sicherlich auch ohne den TIMSS-Kontext von Bedeutung. Fachdidaktiken und Lehrerbildung sind gefordert, präzisere Modellvorstellungen von Aufgabenbearbeitungsprozessen zu entwickeln, um im Unterricht und in Prüfungssituationen eine differenzierte Aufgabenkultur fördern zu können.

Tabelle II.9: Zuverlässigkeit der Expertenurteile: Generalisierbarkeit und Korrelation zwischen den mittleren Einschätzungen in der Vorstudie ($n = 3$ Experten) und der Hauptuntersuchung ($n = 9\text{–}10$ Experten)

Merkmal		Generalisierbarkeitskoeffizient		Korrelation zwischen Expertengruppen	
		Mathematik	Physik	Mathematik	Physik
G1	Kenntnisse	.37	.21	.70***	.58***
G2	Qualitatives Begriffsverständnis	.27	.16	.14	.58***
G3	Rechnen	.47	.76	.78***	.85***
G4	Operieren mit Termen	.49	.58		
G5	Diagramminterpretation	.62	.85	.89***	.93***
G6	Textverständnis	.40	.30	.69***	.66***
G7	Bildliches Vorstellen	.49	.33	.67***	.45***
G8	Problemlöseprozesse	.25	.34	.63***	.75***
M1	Formalisierung	.16		.38**	
M2	Anwendungssituationen	.49		.80***	
M3	Umstrukturieren	.26		.37**	
M4	Mathematische Prinzipien	.14		.51***	
P1	Formalisierte Gesetze		.50		.71***
P2	Funktionale Zusammenhänge		.28		.37**
P3	Alltagssituationen		.44		.71***
P4	Experimente		.35		.76***
P5	Symbolische Zeichnungen		.37		.85***
P6	Fehlvorstellungen		.39		.75***
Aufgabentyp		.52	.34		
Wissensstufe		.61	.49	.83***	.81***

** $p < .01$, *** $p < .001$.
IEA. Third International Mathematics and Science Study. © TIMSS/III-Germany

Die ungenügende Generalisierbarkeit von Expertenurteilen spricht jedoch nicht grundsätzlich gegen den Versuch, schwierigkeitsbestimmende Merkmale von TIMSS-Items auf der Basis solcher Einschätzungen zu identifizieren. Sie belegt nur, dass man über eine ausreichende Zahl von Experten aggregieren muss, um zuverlässige Werte zu erhalten. Ein Vergleich solcher aggregierter Werte aus unserer Vorstudie ($n = 3$ Experten pro Fach) und der Hauptstudie ($n = 9\text{–}10$) ergibt in der Tat durchweg hochsignifikante Korrelationen (siehe Tab. II.9, 4. und 5. Spalte).

Im Sinne einer *Multitrait-Multirater*-Validierung werden die Merkmale unseres Kategoriensystems dadurch bestätigt, dass die jeweils höchste Korrelation zum Referenzmerkmal der Vorstudie besteht – mit wenigen Ausnahmen, die auf eine Mehrdeutigkeit einzelner Merkmale verweisen. In der Mathematik betrifft dies vor allem die Kategorie „Qualitatives Begriffsverständnis". Die Experten der Hauptstudie beurteilten dieses Merkmal ähnlich wie „Kenntnis von Definitionen und mathematischen Sätzen", während es in der Vorstudie hauptsächlich als Gegensatz zu rechnerischen und algebraischen Anforderungen verstanden wurde. In der Physik wurden die Merkmale „Bildliches Vorstellen" sowie „Verständnis für funktionale Zusammenhänge" in der Hauptstudie deutlich vielschichtiger gesehen als in der Vorstudie. Aufgaben, die hinsichtlich dieser beiden Merkmale in der Hauptstudie als anspruchsvoll bewertet wurden, zeichneten sich in der Voruntersuchung durch relativ starke Anforderungen an Problemlösen, Verständnis experimenteller Situationen, Verständnis symbolischer Zeichnungen und qualitatives Begriffsverständnis aus. Bei der Interpretation muss daher berücksichtigt werden, dass es sich hier um „Querschnittsmerkmale" handelt.

Trotz aller Vorsicht, die bei der Generalisierung von Expertenurteilen geboten ist, sprechen die Resultate des Vergleichs zwischen Einschätzungen verschiedener Expertengruppen (Tab. II.8 und II.9) dafür, eine Erklärung der Aufgabenschwierigkeit mittels dieser Einschätzungen zu versuchen. Hierbei verwenden wir ja nur die relativen Werte – relativ zu anderen Items bzw. anderen Merkmalen –, für die schwächere Generalisierbarkeitsbedingungen gelten als für die Interpretation absoluter Merkmalsausprägungen (Shavelson & Webb, 1991). Eine Replikation mit systematischem Urteilertraining könnte die Zuverlässigkeit sicherlich weiter steigern.

3.3 Schwierigkeitsbestimmende Anforderungsmerkmale von Aufgaben zur voruniversitären Mathematik und Physik

Gemessen an der mittleren Einschätzung unserer Experten ist die Kenntnis mathematischer Definitionen und Sätze von entscheidender Bedeutung für die Bearbeitung mathematischer TIMSS-Aufgaben (vgl. Tab. II.10, 2. Spalte). Es folgen das Qualitative Begriffsverständnis sowie drei grundlegende Formen der mathematischen Tätigkeit: Rechnen, Operieren mit Termen und Formalisieren. Mit deutlich abgestufter Bedeutung folgen weniger fachgebundene Anforderungen wie Bildliches Vorstellen, Textverstehen, Problemlösen und „Umstrukturieren".

Auch in der Physik ist die Kenntnis von Definitionen und Gesetzen diejenige Anforderung, die nach Ansicht der Experten am stärksten in TIMSS-Aufgaben realisiert ist. Noch wichtiger als in der Mathematik ist das Qualitative Begriffsverständnis. Mit deutlich abgestufter Bedeutung (vgl. Tab. II.10, 4. Spalte) folgen Aufgabenmerkmale, die Grundprozesse des physikalischen Denkens betreffen (Verständnis für funktionale Zusammenhänge qualitativer oder halbquantitativer Art, Verständnis für experimentelle Anordnungen, Verständnis formalisierter Gesetze) sowie zwei „Querschnittsmerkmale": Problemlösen und Bildliches Vorstellen.

Tabelle II.10: Expertenurteile zu Anforderungsmerkmalen der voruniversitären Aufgaben

Anforderungsmerkmal		Voruniversitäre Mathematik		Voruniversitäre Physik	
		Mittlere Experteneinschätzung[1]	Korrelation mit Itemschwierigkeit[2]	Mittlere Experteneinschätzung[1]	Korrelation mit Itemschwierigkeit[2]
G1	Kenntnisse	1,9	0,53***	2,0	0,03
G2	Qualitatives Begriffsverständnis	1,2	0,54***	1,8	0,08
G3	Rechnen	1,2	0,00	0,7	–0,05
G4	Operieren mit Termen	1,1	0,51***	0,7	0,07
G5	Diagramminterpretation	0,5	–0,09	0,5	0,05
G6	Textverständnis	0,7	0,08	0,7	0,03
G7	Bildliches Vorstellen	0,8	0,09	1,1	0,32**
G8	Problemlöseprozesse	0,8	0,34**	1,1	0,22*
M1	Formalisierung	1,0	0,35**		
M2	Anwendungssituation	0,3	–0,02		
M3	Umstrukturieren	0,7	0,13		
M4	Mathematische Prinzipien	0,4	0,29**		
P1	Formalisierte Gesetze			1,0	–0,01
P2	Funktionale Zusammenhänge			1,3	0,20
P3	Alltagssituationen			0,5	0,11
P4	Experimente			1,2	0,18
P5	Symbolische Zeichnungen			0,6	0,06
P6	Fehlvorstellungen			0,7	0,15
Aufgabentyp[3]		2,5	0,51***	2,7	0,38**
Wissensstufe[4]		1,5	0,44***	1,7	0,06

[1] Abstufungen: 0 = ohne Bedeutung, 1 = spielt bei der Lösung eine Rolle, 2 = hohe Bedeutung, 3 = entscheidend für Erfolg oder Misserfolg.
[2] * $p < .05$, ** $p < .01$, *** $p < .001$.
[3] 4 (Mathematik) bzw. 5 (Physik) Abstufungen entsprechend den unten definierten Kompetenzstufen.
[4] Abstufungen: 0 = Alltags- bzw. Grundschulwissen, 1 = Wissensinhalte der Sekundarstufe I, 2 = Wissensinhalte der Oberstufe.

IEA. Third International Mathematics and Science Study. © TIMSS/III-Germany

Diese Einschätzungen der Didaktikexperten bestätigen insgesamt die Intention der Testkonstrukteure: Die Aufgaben zur voruniversitären Mathematik und zur voruniversitären Physik erfassen primär fachspezifische Kenntnisse und Fertigkeiten sowie qualitatives Verständnis, wobei inhaltlich eine relativ große Bandbreite von Lerninhalten der Sekundarstufe I bis zu typischen Lerninhalten der Oberstufe umspannt wird. Die Bedeutung fachspezifischer Kompetenzen wird dadurch betont, dass in der Mathematik Rechnen, algebraische Operationen und Formalisieren hohen Stellenwert besitzen, in der Physik hingegen Verständnis für funktionale Zusammenhänge zwischen Größen, für experimentelle Anordnungen und für formalisierte Gesetze[4]. Die vergleichsweise geringe Bedeutung des Alltags- und Anwendungsbezuges, der Interpretation von Diagrammen und des Textverständnisses unterscheidet die voruniversitären Tests deutlich von den Aufgaben zum mathematischen und naturwissenschaftlichen Grundverständnis. Jene orientierten sich an einem allgemeinen *Literacy*-Konzept, diese an fachspezifischen Lernzielen.

Für die Validierung der Konstrukthypothesen ist allerdings die Höhe der Experteneinschätzungen zur Bedeutung verschiedener Anforderungsmerkmale weniger wichtig als deren Korrelation mit der Aufgabenschwierigkeit. Die entsprechenden Kennwerte, die ebenfalls in Tabelle II.10 dargestellt sind, zeigen für Mathematik und Physik sehr unterschiedliche Resultate:

– Mathematikaufgaben aus TIMSS sind dann schwierig, wenn sie Verständnis und Kenntnis mathematischer Begriffe, Definitionen und Sätze voraussetzen, insbesondere aus dem Stoffkanon der Oberstufenmathematik. Daneben wirken sich besondere Anforderungen an problemlösendes Denken, Formalisierung und Verständnis von Prinzipien mathematischen Denkens auf den Schwierigkeitsgrad der Aufgaben aus.
– Schwierige TIMSS-Aufgaben aus dem Bereich der voruniversitären Physik sind – dem Urteil unserer Experten zufolge – eher allgemeiner beschreibbar: Sie erfordern problemlösendes Denken und vor allem „Bildliches Vorstellen", das hier – wie oben erläutert – als „Querschnittsmerkmal" anzusehen ist, das beispielsweise ein Verständnis für experimentelle Anordnungen einschließt.

Wie gut kann nun die Variation der Schwierigkeitsparameter zwischen den TIMSS-Aufgaben durch unterschiedliche Aufgabenmerkmale erklärt werden? Um zu einem solchen Gesamturteil zu gelangen, haben wir für jede der beiden Aufgabengruppen

---

[4] Die vergleichsweise geringe Bedeutung des Merkmals „Überwinden von Fehlvorstellungen" in der Physik ist darauf zurückzuführen, dass dieses Merkmal nur bei wenigen Aufgaben relevant ist; dies sind allerdings in der Tendenz die besonders schwierigen Items.

eine multiple lineare Regression gerechnet, mit dem Schwierigkeitskennwert der Items als abhängiger Variablen und den mittleren Experteneinschätzungen als unabhängiger Variablen. Als weitere unabhängige Variable wurde die Offenheit der Aufgabenstellung einbezogen, hier eingestuft anhand des Aufgabenformats: 1 = *Multiple Choice,* 2 = Kurzantwortaufgabe oder erweitertes Antwortformat.

In der Mathematik ergeben die insgesamt 13 Merkmale eine multiple Korrelation von $R = .78$; sie entspricht einem Anteil erklärter Varianz (adjustierter R^2-Wert) von 50 Prozent. In der Physik ist unter Verwendung von 15 Variablen eine multiple Korrelation von $R = .71$ erreichbar, die einem erklärten Varianzanteil von 34 Prozent entspricht. Der Unterschied zwischen den Fächern erhärtet die These, dass die Schwierigkeit der Mathematikaufgaben von den Experten genauer rekonstruiert werden kann als beim Fach Physik.

Die hierbei verwendeten Sätze von unabhängigen Variablen sind natürlich redundant. Mithilfe einer schrittweisen Prozedur, bei der nacheinander die Variablen mit der höchsten Erklärungskraft berücksichtigt und unterschiedliche Reduktionen getestet werden, erreichen wir eine ökonomischere Erklärung der Aufgabenschwierigkeit durch jeweils vier Variablen. Unabhängig voneinander ergeben die Prozeduren in beiden Fächern einen gemeinsamen Kern von Aufgabenmerkmalen: Offenheit der Aufgabenstellung sowie Kenntnis von Definitionen und Sätzen. Hinzu kommen pro Fach zwei weitere Merkmale:
– in der Mathematik „Problemlöseprozesse" sowie „Wissensstufe" (Sekundarstufe I vs. Sekundarstufe II),
– in der Physik „Verständnis für funktionale Zusammenhänge" sowie „Überwinden von Fehlvorstellungen".

Das so definierte Modell führt in der Mathematik zu einer multiplen Korrelation von .75 und 54 Prozent erklärter Varianz, in der Physik zu einer multiplen Korrelation von .66 und 40 Prozent erklärter Varianz (vgl. Tab. II.11).

Inhaltlich entsprechen diese Resultate den Konstrukterwartungen. Wer in den TIMSS-Tests für den gymnasialen Mathematik- und Physikunterricht gut abschneidet, demonstriert damit umfangreiche fachliche Kenntnisse und die Fähigkeit, offene Problemstellungen zu bearbeiten. Die besonders schwierigen Aufgaben sind in der Mathematik nicht zuletzt durch die curriculare Einordnung gekennzeichnet (sie beziehen sich auf spezifische Lerninhalte der Oberstufe, nicht nur auf Wiederholungen aus der Mittelstufe), in der Physik hingegen durch fundamentale Anforderungen wie das Verständnis für funktionale Zusammenhänge und das Überwinden von Fehlvorstellungen.

Tabelle II.11: Multiple Regression der TIMSS-Schwierigkeitsparameter auf ausgewählte Aufgabenmerkmale (standardisierte Regressionskoeffizienten)

Aufgabenmerkmale	Mathematik		Physik	
	β	t	β	t
Offenheit	.30	3,55***	.64	6,30***
Kenntnisse	.36	3,02**	.23	2,20*
Problemlösen	.40	4,59***		
Wissensstufe	.29	2,45*		
Verständnis funktionaler Zusammenhänge			.26	2,51*
Überwinden von Fehlvorstellungen			.25	2,32*

* $p < .05$, ** $p < .01$, *** $p < .001$.
IEA. Third International Mathematics and Science Study. © TIMSS/III-Germany

Die Hinzunahme der spezifischen Anforderungsmerkmale, die von unseren Experten eingeschätzt wurden, ist in einem Erklärungsmodell für Schwierigkeitsunterschiede, wie es hier entwickelt wurde, von entscheidender Bedeutung. Ersetzt man diese Einschätzungen beispielsweise durch die *Performance Expectations* der TIMSS-Testautoren, so ergeben sich deutlich geringere Aufklärungsquoten für die Schwierigkeitsunterschiede zwischen den einzelnen Aufgaben. Die *Performance Expectations* und die Offenheit der Aufgabenstellung (wie zuvor operationalisiert durch das Aufgabenformat, *Multiple Choice*-Aufgaben vs. offene Formate) erklären gemeinsam in der Mathematik nur 16 Prozent, in der Physik nur 25 Prozent der Schwierigkeitsvarianz (adjustierte R^2-Werte). Der Grund hierfür ist die Tatsache, dass *Performance Expectations* in TIMSS als kategoriales Raster konzipiert wurden, nicht als Schwierigkeitsstufen (vgl. die analogen Befunde zu den Grundbildungstests in Kap. III des ersten Bandes).

3.4 Stufen mathematischer Kompetenz

Mit der gleichen Methodologie, die wir im Kapitel III des ersten Bandes für die mathematische und naturwissenschaftliche Grundbildung angewandt haben, sollen im Folgenden Kompetenzstufen *(Proficiency Levels)* für die voruniversitäre Mathematik beschrieben werden. Auch in diesem Fall wollen wir vier Stufen charakterisieren, die sich um jeweils eine Standardabweichung unterscheiden. Gemäß der von Beaton und Allen (1992) übernommenen Methodologie identifizierten wir insgesamt 21 charakteristische Aufgaben, die in Tabelle II.12 aufgelistet sind. 14 dieser 21 Aufgaben sind zudem in den Abbildungen II.1 bis II.4 wiedergegeben.

Tabelle II.12: Charakteristische Aufgaben auf den Kompetenzstufen der voruniversitären Mathematik

Kompetenzstufe	Aufgabe	Lösung[1]	Schwierigkeitskennwert	Performance Category (international)	Teilbereich	EPA[2] (Länder-Experten)	Experteneinschätzungen Wissensstufe[3] (Didaktikexperten)	Behandelt im Grundkurs (Landesinstitute)	Behandelt im Leistungskurs (Landesinstitute)
1	K01	E	353	Using more complex procedures	I. Zahlen, Gleichungen und Funktionen	1.83	1.00	.93	.79
1	J12	B	383	Performing routine procedures	IV. Wahrscheinlichkeitsrechnung und Statistik	1.42	.90	.93	.71
2	J08	B	483	Representing	III. Geometrie	1.00	1.80	1.00	.86
2	L12	A	486	Solving	III. Geometrie	2.18	1.00	.86	.86
2	K03	C	489	Recognizing equivalents	II. Analysis	1.82	1.70	.64	.64
2	L15B	X	498	Using more complex procedures	IV. Wahrscheinlichkeitsrechnung und Statistik	1.64	1.10	–	–
2	I09	C	499	Using more complex procedures	III. Geometrie	1.92	1.10	.93	.86
3	L08	E	576	Performing routine procedures	III. Geometrie	1.69	1.70	1.00	.86
3	K11	D	578	Performing routine procedures	IV. Wahrscheinlichkeitsrechnung und Statistik	1.38	1.30	.93	.79
3	L04	C	582	Solving	Kombinatorik (I. Zahlen bzw. IV. Wahrscheinlichkeitsrechnung)	1.83	1.67	.86	.71
3	J13	D	582	Solving	IV. Wahrscheinlichkeitsrechnung und Statistik	1.75	1.10	.93	.64
3	J07	E	597	Recalling mathematical objects and properties	III. Geometrie	1.85	1.30	.93	.86
3	L05	B	597	Performing routine procedures	II. Analysis	1.80	1.90	.36	.71

noch Tabelle II.12: Charakteristische Aufgaben auf den Kompetenzstufen der voruniversitären Mathematik

Kompetenzstufe	Aufgabe	Lösung[1]	Schwierigkeitskennwert	Performance Category (international)	Teilbereich	EPA[2] (Länder-Experten)	Experteneinschätzungen Wissensstufe[3] (Didaktikexperten)	Behandelt im Grundkurs (Landesinstitute)	Behandelt im Leistungskurs (Landesinstitute)
3	K05	A	601	Verifying	II. Analysis	2.00	2.00	.79	.71
4	K08	D	691	Recalling mathematical objects and properties	III. Geometrie	1.43	2.00	.29	.36
4	L10	A	691	Solving	IV. Wahrscheinlichkeitsrechnung und Statistik	1.85	1.70	.93	.86
4	K04	B	692	Performing routine procedures	II. Analysis	2.31	2.00	.86	.79
4	K15	X	696	Performing routine procedures	I. Zahlen, Gleichungen u. Funktionen	1.86	2.00	.21	.43
4	L17	X	697	Describing/discussing	III. Geometrie	2.00	1.90	.50	.71
4	J18	X	698	Justifying and proving	V. Aussagenlogik und Beweise	1.50	2.00	.14	.79
4	L13	X	699	Using more complex procedures	III. Geometrie	2.08	2.00	.86	.79

[1] X = offene Frage.
[2] Anforderungsniveau in Anlehnung an die einheitlichen Prüfungsanforderungen für Abiturnoten (KMK, 1989).
[3] Abstufungen: 0 = Alltags- bzw. Grundschulwissen, 1 = Wissensinhalte der Sekundarstufe I, 2 = Wissensinhalte der Sekundarstufe II.

IEA. Third International Mathematics and Science Study.   © TIMSS/III-Germany

Eine erste, grobe Beschreibung der Kompetenzstufen erreichen wir durch Rückgriff auf die Experteneinschätzungen zu Anforderungsmerkmalen, die in den Abschnitten 3.1 bis 3.3 ausführlich dargestellt wurden. Je höher das *Proficiency Level,* das eine charakteristische Aufgabe kennzeichnet, desto eher erfordert sie Wissen aus dem Curriculum der Sekundarstufe II, desto stärker sind ihre Anforderungen an die Kenntnis mathematischer Definitionen und Sätze und desto wichtiger sind Problemlöseprozesse[5]. In der Tendenz spielt bei Aufgaben auf höheren Stufen das Formalisieren eine stärkere Rolle, während die Anforderungen an die Interpretation von Diagrammen sinken. Eine detaillierte Interpretation aller charakteristischen Aufgaben führt zu folgender Beschreibung:

— *Stufe I (Testwert 400):* Die beiden charakteristischen Aufgaben dieser Stufe erscheinen auf den ersten Blick extrem unterschiedlich: Aufgabe J12 (siehe Darstellung in Abb. II.3 unten) ist eine Anwendungsaufgabe. Es gilt, eine einfache graphische Darstellung von Häufigkeiten zu interpretieren und dabei einen Durchschnittswert abzuschätzen. Die zweite charakteristische Aufgabe (hier nicht im Original abgebildet) erfordert eine rein innermathematische formale Schlussfolgerung. Aus der Voraussetzung „XY = 1 und X > 0", also der Antiproportionalität zwischen X und Y, ist die Aussage „wenn X wächst, so nimmt Y ab" abzuleiten. Um diese Alternative unter den fünf vorgegebenen Wenn-dann-Aussagen als einzig Richtige zu erkennen, reicht es jedoch aus, einige wenige Zahlenbeispiele zu betrachten.

Den beiden Aufgaben ist also ein entscheidendes Merkmal gemeinsam: Sie verlangen keinerlei formale mathematische Argumentation, sondern lediglich elementares Schlussfolgern auf der Basis einfachster arithmetischer Operationen. Die Fragestellungen sind verstehbar und korrekt lösbar, ohne dass man einen exakten Begriff des Durchschnitts bzw. der umgekehrten Proportionalität anwendet. Wir interpretieren daher die erste Kompetenzstufe als *„elementares Schlussfolgern".*

— *Stufe II (Testwert 500):* Auf dieser Stufe werden mathematische Fachbegriffe verwendet; die korrekte Lösung ist jedoch hier noch durch einfache Rechnungen und Abschätzungen und intuitive Schlussfolgerungen möglich. Beispielsweise wäre zur formalen Lösung von Aufgabe L12 (vgl. Abb. II.4) neben der Kenntnis der Begriffe „reguläres Sechseck" und „Diagonale" die Anwendung eines mathematischen Satzes aus der Satzgruppe des Pythagoras erforderlich. Tatsächlich reicht es jedoch

---

[5] Kriterium: Signifikanter linearer Trend bei der Untersuchung von *Proficiency Level* in Abhängigkeit von Anforderungsmerkmalen; $p < .05$ bei signifikanten Zusammenhängen und $p < .10$ bei Trends.

Abbildung II.1: Beispielaufgaben zur voruniversitären Mathematik, Teilgebiet Analysis

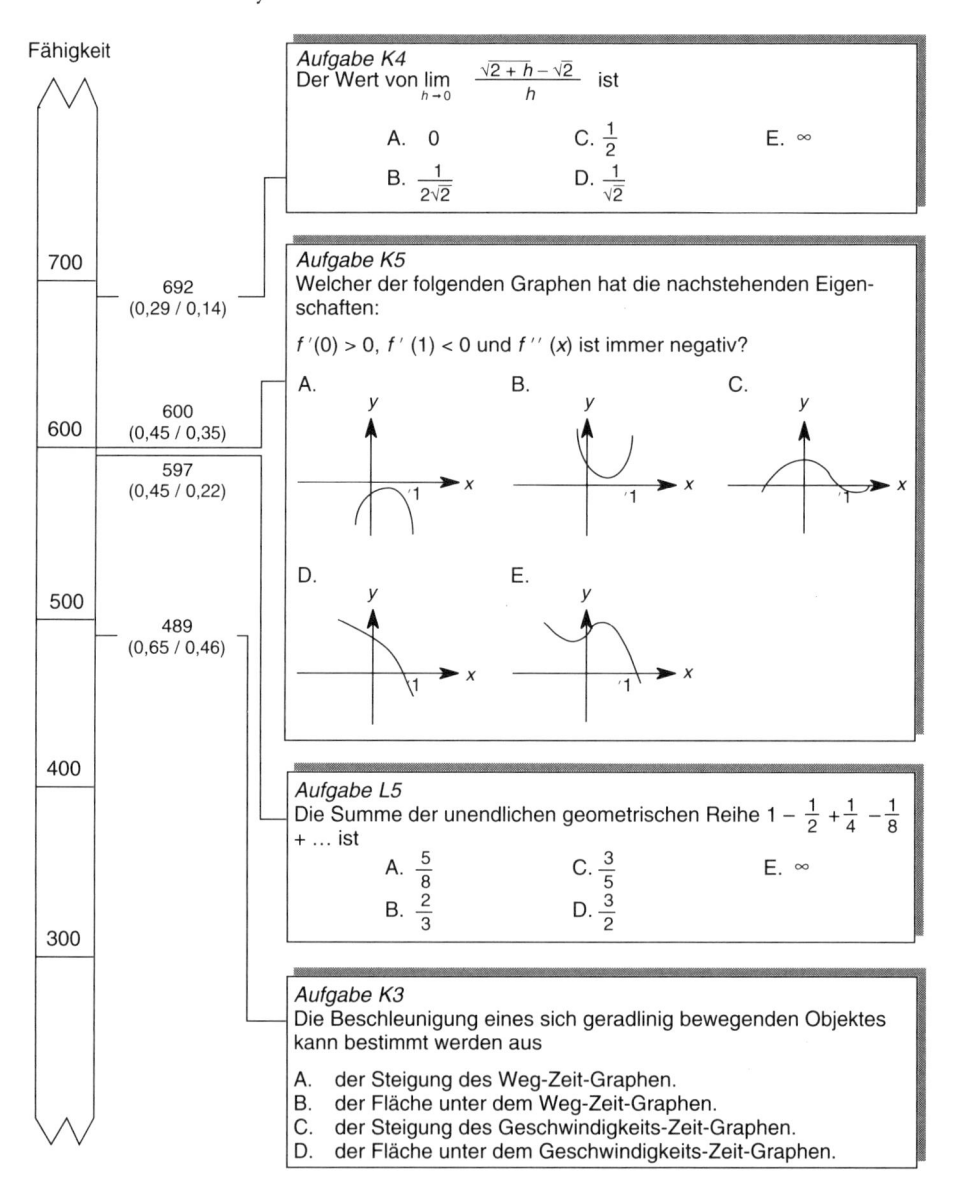

Aufgabe K4
Der Wert von $\lim_{h \to 0} \frac{\sqrt{2+h} - \sqrt{2}}{h}$ ist

A. 0   C. $\frac{1}{2}$ E. ∞

B. $\frac{1}{2\sqrt{2}}$ D. $\frac{1}{\sqrt{2}}$

Fähigkeit:
- 692 (0,29 / 0,14) — 700
- 600 (0,45 / 0,35) — 600
- 597 (0,45 / 0,22)
- 489 (0,65 / 0,46) — 500
- 400
- 300

Aufgabe K5
Welcher der folgenden Graphen hat die nachstehenden Eigenschaften:

$f'(0) > 0$, $f'(1) < 0$ und $f''(x)$ ist immer negativ?

A.   B.   C.

D.   E.

Aufgabe L5
Die Summe der unendlichen geometrischen Reihe $1 - \frac{1}{2} + \frac{1}{4} - \frac{1}{8} + \ldots$ ist

A. $\frac{5}{8}$ C. $\frac{3}{5}$ E. ∞

B. $\frac{2}{3}$ D. $\frac{3}{2}$

Aufgabe K3
Die Beschleunigung eines sich geradlinig bewegenden Objektes kann bestimmt werden aus

A. der Steigung des Weg-Zeit-Graphen.
B. der Fläche unter dem Weg-Zeit-Graphen.
C. der Steigung des Geschwindigkeits-Zeit-Graphen.
D. der Fläche unter dem Geschwindigkeits-Zeit-Graphen.

Die Werte an den Verbindungslinien zwischen den Beispielen und der Fähigkeitssäule geben das für eine 65-prozentige Lösungswahrscheinlichkeit erforderliche Fähigkeitsniveau und die Werte in Klammern die relativen internationalen und deutschen Lösungshäufigkeiten an.

IEA. Third International Mathematics and Science Study.   © TIMSS/III-Germany

Abbildung II.2: Beispielaufgaben zur voruniversitären Mathematik, Teilgebiet Analytische Geometrie

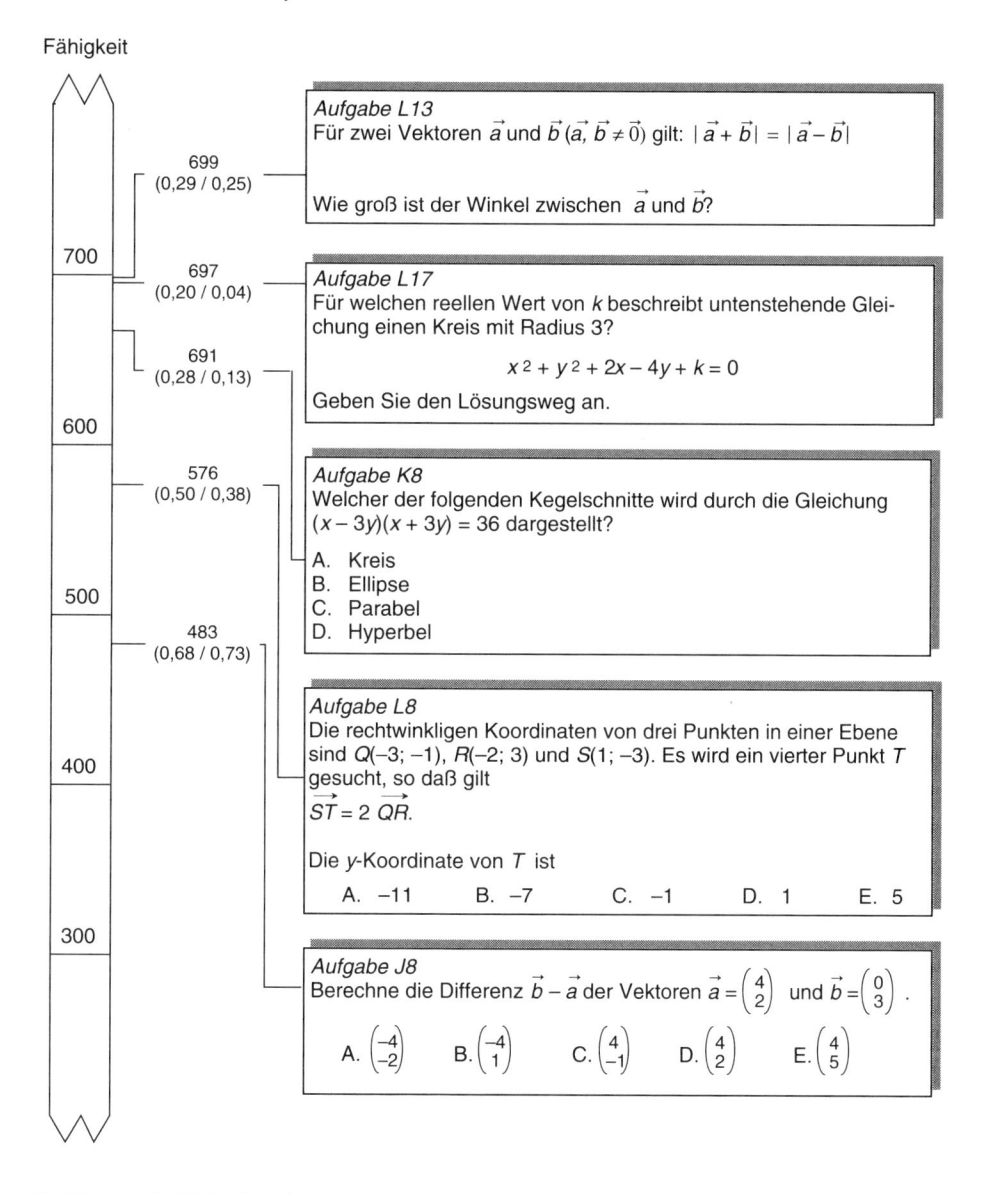

Fähigkeit

699 (0,29 / 0,25)

Aufgabe L13
Für zwei Vektoren $\vec{a}$ und $\vec{b}$ ($\vec{a}, \vec{b} \neq \vec{0}$) gilt: $|\vec{a}+\vec{b}| = |\vec{a}-\vec{b}|$

Wie groß ist der Winkel zwischen $\vec{a}$ und $\vec{b}$?

697 (0,20 / 0,04)

Aufgabe L17
Für welchen reellen Wert von k beschreibt untenstehende Gleichung einen Kreis mit Radius 3?

$$x^2 + y^2 + 2x - 4y + k = 0$$

691 (0,28 / 0,13)

Geben Sie den Lösungsweg an.

576 (0,50 / 0,38)

Aufgabe K8
Welcher der folgenden Kegelschnitte wird durch die Gleichung $(x - 3y)(x + 3y) = 36$ dargestellt?

A. Kreis
B. Ellipse
C. Parabel
D. Hyperbel

483 (0,68 / 0,73)

Aufgabe L8
Die rechtwinkligen Koordinaten von drei Punkten in einer Ebene sind $Q(-3; -1)$, $R(-2; 3)$ und $S(1; -3)$. Es wird ein vierter Punkt T gesucht, so daß gilt
$\vec{ST} = 2\,\vec{QR}$.

Die y-Koordinate von T ist

A. −11   B. −7   C. −1   D. 1   E. 5

Aufgabe J8
Berechne die Differenz $\vec{b} - \vec{a}$ der Vektoren $\vec{a} = \begin{pmatrix} 4 \\ 2 \end{pmatrix}$ und $\vec{b} = \begin{pmatrix} 0 \\ 3 \end{pmatrix}$.

A. $\begin{pmatrix} -4 \\ -2 \end{pmatrix}$ B. $\begin{pmatrix} -4 \\ 1 \end{pmatrix}$ C. $\begin{pmatrix} 4 \\ -1 \end{pmatrix}$ D. $\begin{pmatrix} 4 \\ 2 \end{pmatrix}$ E. $\begin{pmatrix} 4 \\ 5 \end{pmatrix}$

Die Werte an den Verbindungslinien zwischen den Beispielen und der Fähigkeitssäule geben das für eine 65-prozentige Lösungswahrscheinlichkeit erforderliche Fähigkeitsniveau und die Werte in Klammern die relativen internationalen und deutschen Lösungshäufigkeiten an.

IEA. Third International Mathematics and Science Study.   © TIMSS/III-Germany

Abbildung II.3: Beispielaufgaben zur voruniversitären Mathematik, Teilgebiet Kombinatorik, Wahrscheinlichkeitsrechnung und Statistik

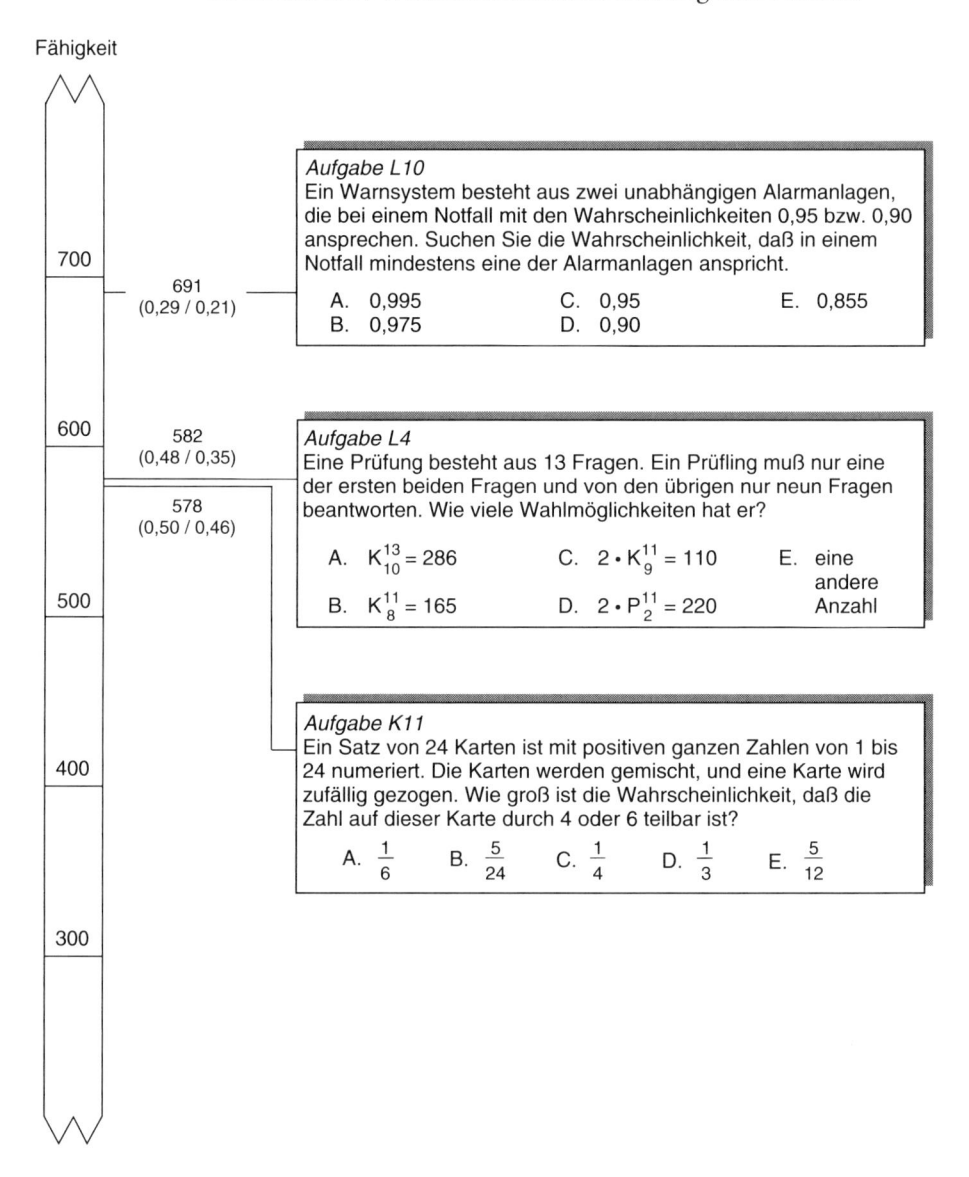

Fähigkeit

700 — 691 (0,29 / 0,21)

Aufgabe L10
Ein Warnsystem besteht aus zwei unabhängigen Alarmanlagen, die bei einem Notfall mit den Wahrscheinlichkeiten 0,95 bzw. 0,90 ansprechen. Suchen Sie die Wahrscheinlichkeit, daß in einem Notfall mindestens eine der Alarmanlagen anspricht.

A. 0,995   C. 0,95   E. 0,855
B. 0,975   D. 0,90

600 — 582 (0,48 / 0,35)
578 (0,50 / 0,46)

Aufgabe L4
Eine Prüfung besteht aus 13 Fragen. Ein Prüfling muß nur eine der ersten beiden Fragen und von den übrigen nur neun Fragen beantworten. Wie viele Wahlmöglichkeiten hat er?

A. $K_{10}^{13} = 286$ C. $2 \cdot K_9^{11} = 110$ E. eine andere Anzahl
B. $K_8^{11} = 165$ D. $2 \cdot P_2^{11} = 220$

500

400

Aufgabe K11
Ein Satz von 24 Karten ist mit positiven ganzen Zahlen von 1 bis 24 numeriert. Die Karten werden gemischt, und eine Karte wird zufällig gezogen. Wie groß ist die Wahrscheinlichkeit, daß die Zahl auf dieser Karte durch 4 oder 6 teilbar ist?

A. $\frac{1}{6}$ B. $\frac{5}{24}$ C. $\frac{1}{4}$ D. $\frac{1}{3}$ E. $\frac{5}{12}$

300

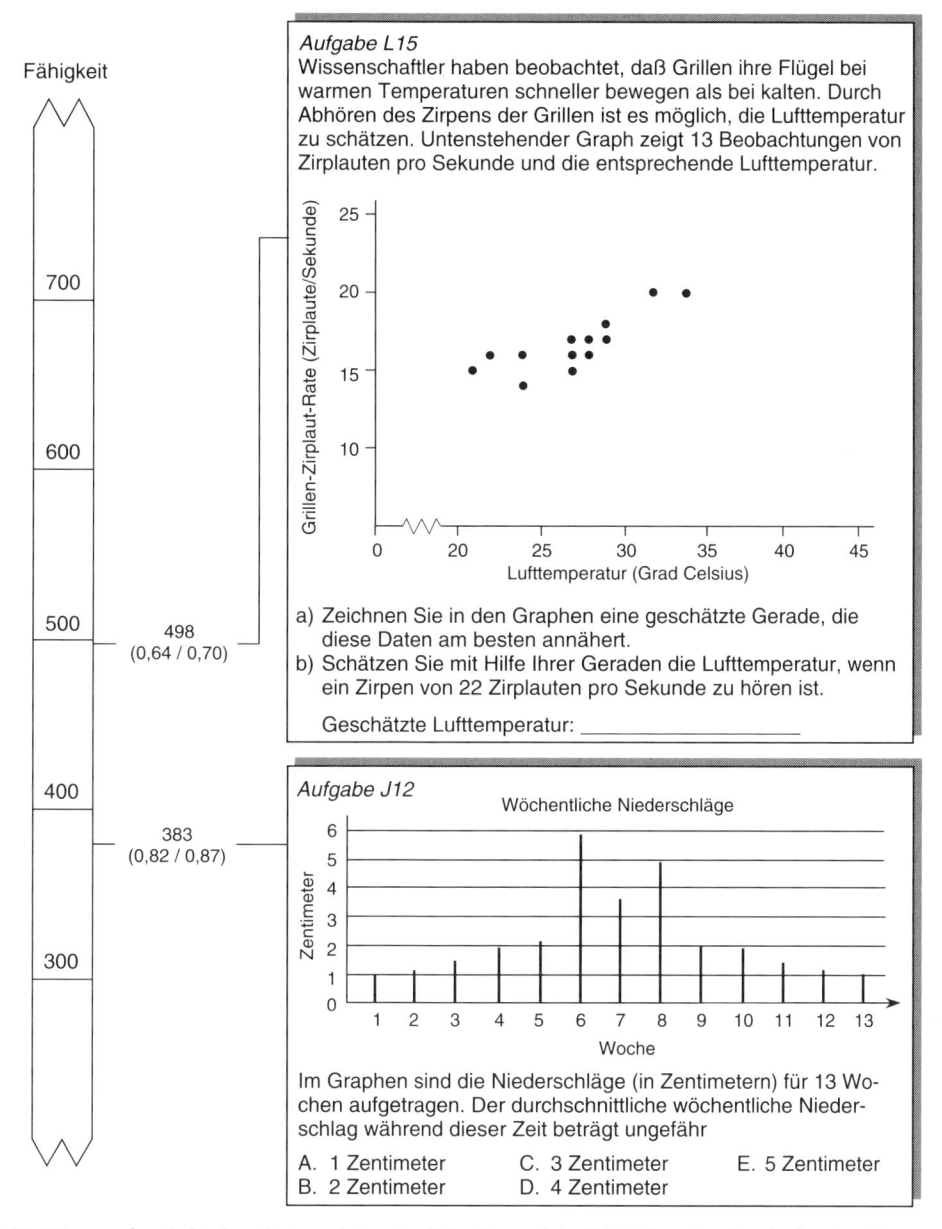

noch Abbildung II.3: Beispielaufgaben zur voruniversitären Mathematik, Teilgebiet Kombinatorik, Wahrscheinlichkeitsrechnung und Statistik

Fähigkeit

700

600

500 — 498 (0,64 / 0,70)

400

383 (0,82 / 0,87)

300

Aufgabe L15
Wissenschaftler haben beobachtet, daß Grillen ihre Flügel bei warmen Temperaturen schneller bewegen als bei kalten. Durch Abhören des Zirpens der Grillen ist es möglich, die Lufttemperatur zu schätzen. Untenstehender Graph zeigt 13 Beobachtungen von Zirplauten pro Sekunde und die entsprechende Lufttemperatur.

a) Zeichnen Sie in den Graphen eine geschätzte Gerade, die diese Daten am besten annähert.
b) Schätzen Sie mit Hilfe Ihrer Geraden die Lufttemperatur, wenn ein Zirpen von 22 Zirplauten pro Sekunde zu hören ist.

Geschätzte Lufttemperatur: _____

Aufgabe J12

Wöchentliche Niederschläge

Im Graphen sind die Niederschläge (in Zentimetern) für 13 Wochen aufgetragen. Der durchschnittliche wöchentliche Niederschlag während dieser Zeit beträgt ungefähr

A. 1 Zentimeter   C. 3 Zentimeter   E. 5 Zentimeter
B. 2 Zentimeter   D. 4 Zentimeter

Die Werte an den Verbindungslinien zwischen den Beispielen und der Fähigkeitssäule geben das für eine 65-prozentige Lösungswahrscheinlichkeit erforderliche Fähigkeitsniveau und die Werte in Klammern die relativen internationalen und deutschen Lösungshäufigkeiten an.

IEA. Third International Mathematics and Science Study. © TIMSS/III-Germany

Abbildung II.4: Beispielaufgaben zur voruniversitären Mathematik, Teilgebiet Elementargeometrie

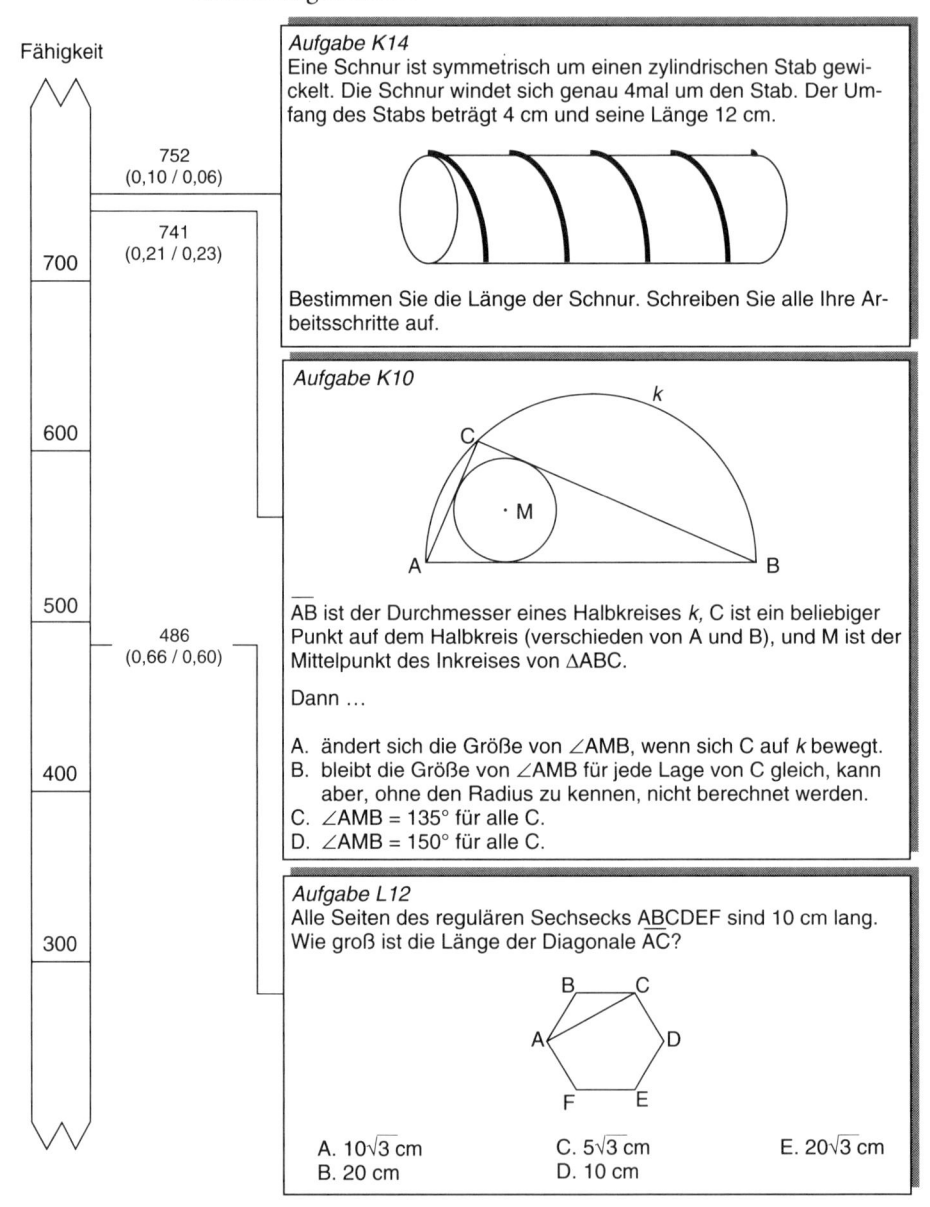

Aufgabe K14
Eine Schnur ist symmetrisch um einen zylindrischen Stab gewickelt. Die Schnur windet sich genau 4mal um den Stab. Der Umfang des Stabs beträgt 4 cm und seine Länge 12 cm.

Bestimmen Sie die Länge der Schnur. Schreiben Sie alle Ihre Arbeitsschritte auf.

752 (0,10 / 0,06)
741 (0,21 / 0,23)

Aufgabe K10

$\overline{AB}$ ist der Durchmesser eines Halbkreises k, C ist ein beliebiger Punkt auf dem Halbkreis (verschieden von A und B), und M ist der Mittelpunkt des Inkreises von $\triangle ABC$.

Dann …

A. ändert sich die Größe von $\angle AMB$, wenn sich C auf k bewegt.
B. bleibt die Größe von $\angle AMB$ für jede Lage von C gleich, kann aber, ohne den Radius zu kennen, nicht berechnet werden.
C. $\angle AMB = 135°$ für alle C.
D. $\angle AMB = 150°$ für alle C.

486 (0,66 / 0,60)

Aufgabe L12
Alle Seiten des regulären Sechsecks $\underline{ABCDEF}$ sind 10 cm lang. Wie groß ist die Länge der Diagonale $\overline{AC}$?

A. $10\sqrt{3}$ cm
B. 20 cm
C. $5\sqrt{3}$ cm
D. 10 cm
E. $20\sqrt{3}$ cm

Die Werte an den Verbindungslinien zwischen den Beispielen und der Fähigkeitssäule geben das für eine 65-prozentige Lösungswahrscheinlichkeit erforderliche Fähigkeitsniveau und die Werte in Klammern die relativen internationalen und deutschen Lösungshäufigkeiten an.

IEA. Third International Mathematics and Science Study. © TIMSS/III-Germany

Abbildung II.5: Beispielaufgaben zur voruniversitären Mathematik, Teilgebiet Logarithmen und Exponentialfunktionen

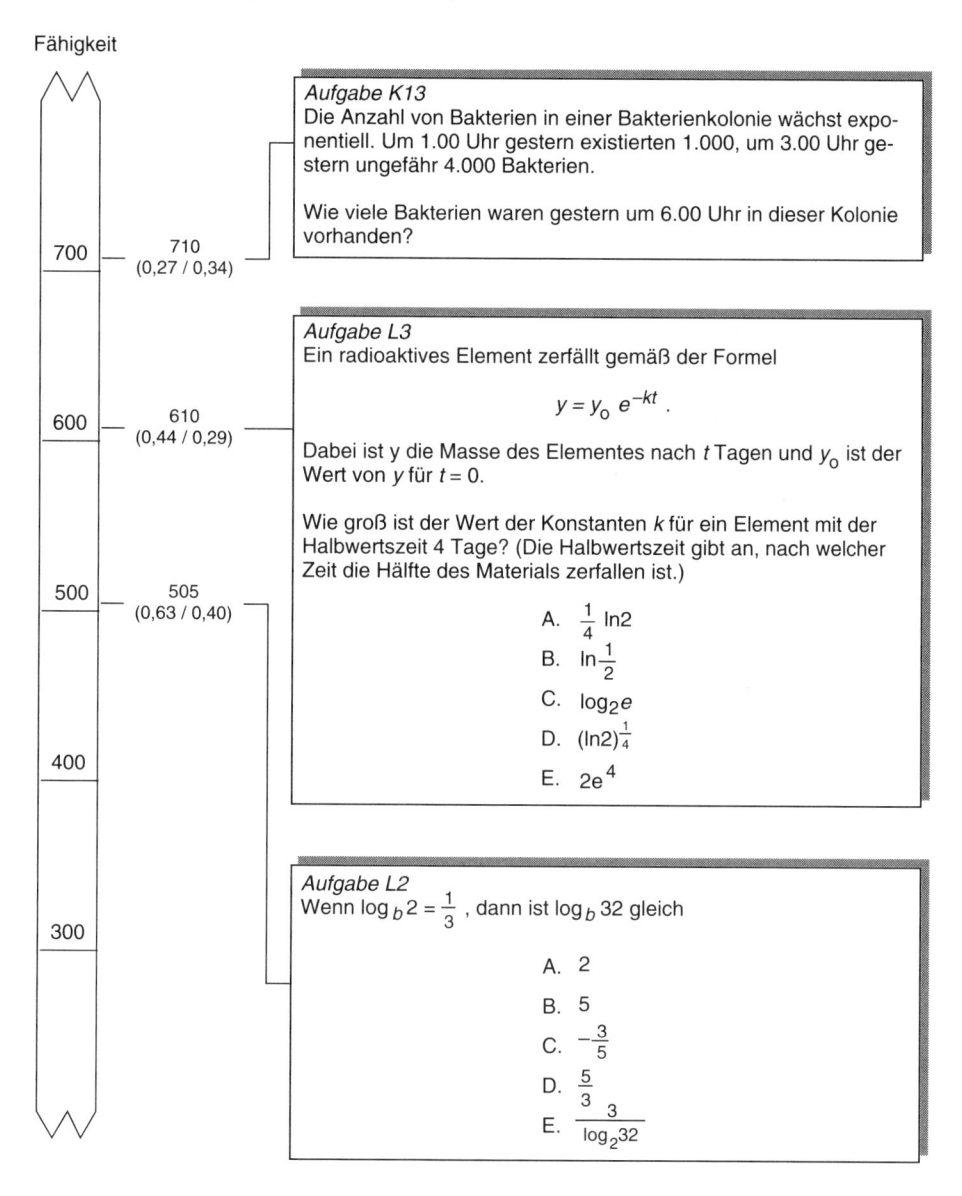

Fähigkeit

700 — 710 (0,27 / 0,34)

Aufgabe K13
Die Anzahl von Bakterien in einer Bakterienkolonie wächst exponentiell. Um 1.00 Uhr gestern existierten 1.000, um 3.00 Uhr gestern ungefähr 4.000 Bakterien.

Wie viele Bakterien waren gestern um 6.00 Uhr in dieser Kolonie vorhanden?

600 — 610 (0,44 / 0,29)

Aufgabe L3
Ein radioaktives Element zerfällt gemäß der Formel

$$y = y_0\, e^{-kt}.$$

Dabei ist y die Masse des Elementes nach t Tagen und y_0 ist der Wert von y für $t = 0$.

Wie groß ist der Wert der Konstanten k für ein Element mit der Halbwertszeit 4 Tage? (Die Halbwertszeit gibt an, nach welcher Zeit die Hälfte des Materials zerfallen ist.)

A. $\frac{1}{4} \ln 2$

B. $\ln \frac{1}{2}$

C. $\log_2 e$

D. $(\ln 2)\frac{1}{4}$

500 — 505 (0,63 / 0,40)

E. $2e^4$

400

300

Aufgabe L2
Wenn $\log_b 2 = \frac{1}{3}$, dann ist $\log_b 32$ gleich

A. 2

B. 5

C. $-\frac{3}{5}$

D. $\frac{5}{3}$

E. $\frac{3}{\log_2 32}$

Die Werte an den Verbindungslinien zwischen den Beispielen und der Fähigkeitssäule geben das für eine 65-prozentige Lösungswahrscheinlichkeit erforderliche Fähigkeitsniveau und die Werte in Klammern die relativen internationalen und deutschen Lösungshäufigkeiten an.

IEA. Third International Mathematics and Science Study. © TIMSS/III-Germany

aus, sich zu überlegen, dass die genannte Strecke von A nach C sicherlich größer ist als die Länge einer der Seiten, aber kleiner als die Summe zweier Seitenlängen. Diese Abschätzung lässt nur noch Alternative A übrig. Auch bei Aufgabe J8 (dargestellt in Abb. II.2) ist keine präzise Kenntnis des Vektorbegriffs oder der Regeln der Vektorrechnung erforderlich: Das Format der vorgegebenen Antwortalternativen legt es nahe, komponentenweise zu subtrahieren. Der einzige gravierende Fehler, der tatsächlich relativ häufig beobachtet wurde, besteht dann noch in der Vertauschung von Subtrahend und Minuend, also in der Wahl von Alternative C statt B. Aufgabe L15B (dargestellt in Abb. II.3) erfordert, mathematisch ausgedrückt, eine lineare Approximation und Interpolation; die korrekte Lösung konnte jedoch auch auf der Basis intuitiver Überlegungen eingetragen werden. Aufgabe K3 schließlich (dargestellt in Abb. II.1), die international dem Bereich der Infinitesimalrechnung zugeordnet wird, erfordert letztlich nur einige Erfahrung im Umgang mit Geschwindigkeits-Zeit-Graphen als Standardbeispielen für Funktionsverläufe sowie die Fähigkeit, den Begriff *Beschleunigung* mit der Steigung dieses Graphen in Beziehung zu setzen. Derartiges Wissen wird häufig im Naturwissenschaftsunterricht der Sekundarstufe I oder spätestens zu Beginn der Oberstufe vermittelt. Die im Vergleich zum internationalen Durchschnitt extrem niedrige Lösungshäufigkeit in Deutschland (national 46 %, international 65 % Richtiglösungen) deutet darauf hin, dass diese Art von Koppelung zwischen Mathematik- und Physikunterricht in Deutschland nicht sehr verbreitet ist.

Auf der Basis der insgesamt fünf charakteristischen Aufgaben interpretieren wir die zweite Kompetenzstufe der voruniversitären Mathematik als *„Anwendung einfacher mathematischer Begriffe und Regeln, die kein Verständnis von Konzepten der Oberstufenmathematik voraussetzt"*.

— *Stufe III (Testwert 600):* Erst auf dieser Stufe überwiegen die Wissensinhalte der Sekundarstufe II. Hierzu gehören die beiden Aufgaben zur Infinitesimalrechnung K5 und L5 (vgl. Abb. II.1): K5 ist die gelungene Umsetzung der klassischen „Kurvendiskussion" in eine *Multiple Choice*-Aufgabe, während L5 eine ebenso klassische Aufgabe zur Bestimmung der Summe einer unendlichen geometrischen Reihe darstellt. Auch die Geometrieaufgaben J7 und L8 (Letztere dargestellt in Abb. II.2) sprechen mit der Koordinatendarstellung geometrischer Punkte sowie mit algebraischen Schlussfolgerungen über Vektoren und Geraden typische Lerninhalte der Analytischen Geometrie und damit des Oberstufenunterrichts an. Alle bisher genannten Aufgaben gehören zum Standardkanon in den Leistungskursen sowie (mit Einschränkungen für die Aufgabe zur geometrischen Reihe) in den Grundkursen.

Anders verhält es sich mit den drei charakteristischen Aufgaben dieser Kompetenzstufe, die Inhalte aus Kombinatorik, Wahrscheinlichkeitstheorie und

Statistik ansprechen. Die Didaktikexperten, die unser Kategoriensystem auf diese Aufgaben anwandten, ordneten sie überwiegend dem Lehrstoff der Sekundarstufe I zu. In der Tat sind alle drei Aufgaben mit elementaren arithmetischen Operationen zur Berechnung von Durchschnitten (im Falle von J13) bzw. mit elementaren kombinatorischen Überlegungen (im Falle von K11 und L4) lösbar. Ein Verständnis der bei Aufgabe L4 verwendeten symbolischen Notation ist zwar hilfreich, aber nicht zur Ermittlung des richtigen Resultats notwendig[6].

Diese drei Beispiele zeigen, dass die Stochastik im Rahmen des Tests zur voruniversitären Mathematik ein besonders problematisches Gebiet darstellt: Zumindest aus deutscher Perspektive enthält sie keine typischen Aufgaben der Sekundarstufe II, sondern stattdessen anspruchsvolle und empirisch schwierige, aber fachlich relativ voraussetzungsarme Aufgabenstellungen. Dass diese Aufgaben auf der Fähigkeitsskala und damit auch bei der Analyse von Kompetenzstufen gleichauf liegen mit typischen Anforderungen der Oberstufenanalysis und der Analytischen Geometrie, liegt vermutlich daran, dass das Operieren mit Häufigkeiten, Wahrscheinlichkeiten, Permutationen und Kombinationen besondere Anforderungen an das schlussfolgernde Denken stellt und dass Fehlvorstellungen in diesem Bereich häufig anzutreffen sind, wie in zahlreichen psychologischen Untersuchungen nachgewiesen worden ist (vgl. Scholz, 1987; Gigerenzer, 1999). Von dem Sonderfall der Stochastik absehend, charakterisieren wir die Kompetenzstufe III als *„Anwendung von Lerninhalten der Oberstufe im Rahmen typischer Standardaufgaben"*.

– *Stufe IV (Testwert 700):* Auf dieser Stufe werden schließlich Aufgaben gestellt, die nicht nur typische Kenntnisse aus der Oberstufenmathematik und die Anwendung entsprechender Routinen erfordern, sondern eigenständiges, zum Teil durchaus kreatives Problemlösen und Argumentieren, wobei häufig auch die Kombination von formal-algebraischer und anschaulich-geometrischer Sichtweise gefordert wird. Diese Aufgaben sollen im Folgenden ausführlicher erläutert werden.

Aufgabe L17 (vgl. Abb. II.2) erfordert die Reparameterisierung der Kreisgleichung, also eine primär algebraische Leistung, und setzt die Kenntnis der Kreisgleichung voraus. Eine typische Fehlvorstellung, die anhand der Codierungen der freien Antworten identifiziert werden konnte, war die Verwechslung der Konstanten k mit dem Radius des Kreises.

---

[6] Die internationale Einstufung unter „Zahlen, Gleichungen und Funktionen" erscheint aus unserer Sicht fragwürdig, da kombinatorische Fragen eng mit Wahrscheinlichkeitsrechnung zusammenhängen.

Bei Aufgabe K8 können sowohl ungenügende Vertrautheit mit analytischen Darstellungen verschiedener Kegelschnitte als auch Fehler im bildlichen Denken verantwortlich sein für eine Falschlösung. Die naheliegendste Falschlösung ist Alternative B, das heißt die Verwechselung der eigentlich gegebenen Hyperbel mit einer Ellipse. Interessanterweise haben gerade die besten der deutschen TIMSS-Bearbeiter überproportional häufig diesen Fehler begangen; daraus erklärt sich die extrem niedrige Lösungshäufigkeit in Deutschland, die noch deutlich unter der Ratewahrscheinlichkeit von 25 Prozent liegt.

Die beiden Aufgaben zu Kegelschnitten stellen demnach für die deutschen Schüler besonders hohe Hürden dar und führen teilweise zu erwartungswidrigen Befunden. Dies hängt vermutlich mit der Tatsache zusammen, dass Kegelschnitte im heutigen Mathematikunterricht nurmehr kursorisch behandelt werden. Auf internationaler Ebene jedoch gelten derartige Aufgaben als typische Bestandteile des Mathematik-Curriculums in den oberen Klassenstufen.

Die dritte charakteristische Aufgabe aus der Geometrie, L13 (vgl. Abb. II.2), verwendet – dem Urteil der Landesinstitute zufolge – Wissensinhalte, die in nahezu allen Grund- und Leistungskursen unterrichtet werden. Die Lösungshäufigkeit ist jedoch in Deutschland wie international mit jeweils unter 30 Prozent recht niedrig. Wie eine Analyse der Richtig- und der Falschantworten zeigt, ist diese Aufgabe nur korrekt lösbar, wenn der Bearbeiter neben Kenntnissen aus der Vektor-Algebra (insbesondere muss das „Betrag"-Zeichen als Zeichen für die Länge eines Vektors verstanden sein) geometrische Intuition einbringt: Die Vektoren $\vec{a}$ und $\vec{b}$ können als Seiten eines Parallelogramms interpretiert werden. Die Beträge der Vektorsumme und der Vektordifferenz entsprechen dann den Längen der beiden Diagonalen des Parallelogramms. Die vorausgesetzte Gleichheit der beiden Beträge bedeutet demnach, dass ein Parallelogramm gegeben ist, dessen beide Diagonalen gleich lang sind. Es muss sich hierbei um ein Rechteck handeln, und der Winkel zwischen den Seiten ist dann notwendigerweise ein rechter Winkel.

Ähnliche kombinierte Anforderungen stellen auch die Aufgaben K4 (dargestellt in Abb. II.1) und L10 (in Abb. II.3), die jeweils Lehrplanelemente ansprechen, die in der überwiegenden Mehrheit der deutschen Mathematikgrund- und -leistungskurse behandelt werden. L10 setzt das Verständnis stochastischer Unabhängigkeit voraus. Außerdem ist es hier nötig, die vier möglichen Kombinationen von Fällen tabellarisch oder graphisch darzustellen, von denen drei (nämlich: „Nur Anlage A gibt Alarm", „Nur Anlage B gibt Alarm" und „Beide Anlagen geben Alarm") unter das gesuchte Ereignis subsumiert werden.

Aufgabe K4 ist auf unterschiedlichen Wegen zu lösen: Man kann – ausgehend von der Definition des Grenzwertes und unter kreativem Einsatz algebraischen Wissens – den Zähler mittels der dritten binomischen Formel erweitern, man kann sich daran erinnern, dass $1/(2\sqrt{x})$ die Ableitung von $\sqrt{x}$ ist, oder man kann (was jedoch den normalen Rahmen des Schulunterrichts übersteigt) eine Reihenentwicklung vornehmen. Alle diese Lösungsansätze erfordern Kenntnis und qualitatives Verständnis von Inhalten der Analysis.

Zwei weitere charakteristische Aufgaben zur Kompetenzstufe IV sind hier nicht im Detail abgebildet. Eine Aufgabe (J18) verlangt die Skizzierung eines Beweises mittels vollständiger Induktion – ein Thema, das zwar in der Mehrheit der Leistungskurse, kaum jedoch in einem Grundkurs behandelt wird. In K15 schließlich soll die Lösungsmenge einer Gleichung in der Grundmenge der komplexen Zahlen bestimmt werden. Auch dies wird im deutschen Mathematikunterricht selten behandelt; die Lösungsrate von gerade einem Promille ist daher verständlich. Aus internationaler Sicht stellen jedoch sowohl das Beweisen mittels vollständiger Induktion als auch das Rechnen mit komplexen Zahlen mathematische Leistungen dar, die charakteristisch sind für eine außergewöhnlich hohe mathematische Kompetenz.

Insgesamt erlauben es unsere Anforderungsanalysen zu den charakteristischen Aufgaben der Stufe IV, dieses höchste Niveau der voruniversitären Mathematikkompetenz als *„selbstständiges Lösen mathematischer Probleme auf Oberstufenniveau"* zu charakterisieren.

Die Methode des *Proficiency Scaling* bestätigt den Kern der Konstruktannahmen zum TIMSS-Test voruniversitäre Mathematik. Es handelt sich um einen fachbezogenen Leistungstest, der zu erfassen vermag, welches Niveau mathematischer Begriffe, Verfahren und Konzepte der Bearbeiter beherrscht. Auf der untersten Kompetenzstufe ist lediglich intuitives Schlussfolgern unter Verwendung elementarer arithmetischer Operationen möglich. Auf der zweiten Kompetenzstufe wird fachliches Wissen und Können demonstriert, das jedoch im Bereich der Lerninhalte der Sekundarstufe I verbleibt. Erst mit der dritten Kompetenzstufe, also deutlich oberhalb des internationalen Mittelwertes, ist die Fähigkeit gegeben, typische Aufgabenstellungen der Oberstufenmathematik zu bewältigen. Stufe III und Stufe IV unterscheiden sich darin, dass auf der dritten Kompetenzstufe lediglich Standardaufgaben der Oberstufenmathematik gelöst werden können, während das oberste Fähigkeitsniveau auch selbstständiges Problemlösen, Argumentieren und das Verknüpfen zwischen formal-algebraischen und anschaulich-geometrischen Repräsentationen beinhaltet.

Diese inhaltliche Interpretation der *Proficiency Scale* für voruniversitäre Mathematik wird keineswegs dadurch in Frage gestellt, dass ein Teil der charakteristischen Aufgaben für Stufe IV nicht zum Kanon des deutschen Mathematikunterrichts gehört. Die Beschreibungen der Kompetenzstufen beziehen sich ja auf die international ausgewiesene Fähigkeitsskala. Die begrenzte curriculare Validität der besonders schwierigen Aufgaben für Deutschland, die in Abschnitt 4 näher analysiert werden wird, kann sich aber dahingehend auswirken, dass Spitzenleistungen im Sinne der internationalen TIMSS-Skala in Deutschland relativ selten sind.

Mit Blick auf die Aufgaben K4, K8 und L10, die für Infinitesimalrechnung, Analytische Geometrie und Stochastik auf höchstem Kompetenzniveau stehen, aber gleichwohl im *Multiple Choice*-Format ausgelegt sind, lässt sich ein Missverständnis ausräumen, das häufig die Interpretation der TIMSS-Resultate begleitet: Die Lösungshäufigkeiten dieses Items liegen in der Größenordnung der jeweiligen Ratewahrscheinlichkeit. Der Schluss, korrekte Lösungen seien „nur" durch Raten zu Stande gekommen, ist aber unzulässig. Im Gegenteil: Die Item-Charakteristik-Kurven auch dieser Aufgaben entsprechen – bei Gültigkeit des Rasch-Modells – dem logistischen Verlauf. Die Wahrscheinlichkeit einer korrekten Lösung steigt monoton mit dem Fähigkeitsscore des Bearbeiters, und die Diskriminationskraft der Aufgaben entspricht derjenigen anderer Aufgaben, denn sonst wären sie bei der Überprüfung nach dem Rasch-Modell aufgefallen und gestrichen worden. Extrem schwierige, aber modellkonforme Aufgaben haben den besonderen Vorteil, klare Unterscheidung auch im obersten Leistungsbereich zu ermöglichen, hier beispielsweise zwischen den Stufen III und IV der *Proficiency Scale* zur voruniversitären Mathematik.

Interessanterweise gibt es einige Ausnahmen von der Regel, wonach schwierige TIMSS-Aufgaben Kenntnisse aus dem Bereich der Oberstufe voraussetzen. Abbildung II.5 zeigt eine solche Ausnahme für das Themengebiet Logarithmen und Exponentialfunktionen. Die einfachste hier abgebildete Aufgabe aus diesem Gebiet (L2) erfordert lediglich die Kenntnis der Definition des Logarithmus zur Basis b und einige elementare algebraische Umformungen; sie gehört eindeutig zum Lerninhalt der Mittelstufe und passt damit zu unserer Definition der Kompetenzstufe II. Die schwierigere Aufgabe L3 hingegen erfordert die Fähigkeit, komplexe Exponentialgleichungen, insbesondere mit negativen Exponenten, aufzulösen; diese Aufgabe stellt eine Anwendung von Standardinhalten der Oberstufenmathematik dar und passt dementsprechend zu Kompetenzstufe III. Noch oberhalb der von uns skizzierten Kompetenzstufe IV (ablesbar an dem Schwierigkeitskennwert von 710) liegt jedoch eine scheinbar einfache, alltagsnahe Aufgabe, in der das exponentielle Wachstum einer Bakterienkolonie rekonstruiert werden muss. Diese Aufgabe ist mit elementaren Kenntnissen lösbar: Aus den Angaben im ersten Absatz des Textes lässt sich schließen, dass die Verdoppelungszeit der Bakterienkolonie eine Stunde beträgt. Zwischen 3.00 Uhr und 6.00 Uhr ist die beschriebene Kolonie daher von 4.000 auf 32.000 Bakterien angewachsen. Trotz ihrer elementaren mathematischen Anforderungen verlangen derartige Aufgaben, wie analoge Erfahrungen im Test für medizinische Studiengänge (Klieme, 1989) und kognitionspsychologische Studien (Dörner, 1989) gezeigt haben, ein besonderes Verständnis exponentieller Wachstumsprozesse, wie es Schüler der gymnasialen Oberstufe und auch Studierende nur selten besitzen. Derartige Vorgänge werden häufig mit der Fehlvorstellung eines linearen Wachstums verknüpft.

Ein analoges Phänomen zeigt sich bei elementargeometrischen Aufgaben, die lediglich Wissensinhalte der Sekundarstufe I voraussetzen, aber extrem hohe Schwierigkeitskennwerte (über 700) aufweisen. Abbildung II.4 dokumentiert zwei solcher Items. Aufgabe K10 verlangt – neben Betrachtungen zur Winkelsumme im Dreieck und der Anwendung des Satzes von Thales, die zum Kanon der euklidischen Geometrie gehören –, zu verstehen, dass eine mathematische Größe – hier die Größe eines Winkels – unverändert bleibt, wenn sich Form und Größenverhältnisse der geometrischen Konstruktion, in die sie eingebettet ist, verändern. Dem liegt eine zentrale mathematische Grundvorstellung zu Grunde, die einer Invarianten. Aufgabe K14 schließlich beruht mathematisch auf der Anwendung des bekannten Satzes von Pythagoras. Dies erschließt sich jedoch erst, wenn man den Mantel des dargestellten Zylinders als in einer Ebene abgewickelt visualisiert, sodass er die Form eines Rechtecks erhält, das wiederum aus vier kleineren Rechtecken zusammengesetzt ist, deren Seitenlängen 4 cm und 3 cm betragen. Die vier Abschnitte der umwickelnden Schnur erscheinen dann als Diagonalen dieser kleineren Rechtecke und lassen sich mit dem Satz des Pythagoras berechnen. Vermutlich widerspricht es der naiven geometrischen Intuition, sich einen Weg, der schräg auf einer gekrümmten Oberfläche verläuft, als gerade Strecke vorzustellen.

Die drei letztgenannten Beispiele legen die Hypothese nahe, dass es auch im Bereich der voruniversitären Mathematik so etwas wie naive Fehlvorstellungen gibt, die aus alltäglichen Intuitionen übernommen werden. Das Verständnis exponentiellen Wachstums, das Erkennen von Größen, die in geometrischen Konstruktionen invariant bleiben, und die Vorstellung eines gradlinigen Kurvenverlaufs auf gekrümmten Oberflächen verlangen die Überwindung derartiger Fehlvorstellungen. Im Gegensatz zur physikdidaktischen Forschung, die alltagsgebundene Fehlvorstellungen in zahlreichen Untersuchungen empirisch belegen konnte (vgl. Wandersee, Mintzes & Novak, 1994), liegen aus der Mathematikdidaktik kaum einschlägige empirische Studien vor. Eine Ausnahme bilden, wie oben erwähnt, Untersuchungen zu wahrscheinlichkeitstheoretischen und statistischen Fehlschlüssen (Scholz, 1987; Gigerenzer, 1999). Ansonsten konzentrieren sich kognitionspsychologische Untersuchungen im Bereich der Mathematik eher auf Verständnisprobleme im Erstrechenunterricht (Stern, 1998) und auf systematisch fehlerhafte Strategien, die aus einer unzulässigen Verallgemeinerung von Lösungsprozeduren resultieren (Schrepp & Korossy, 1998).

Unsere Analyse der TIMSS-*Proficiency Scales* zur voruniversitären Mathematik könnte in Verbindung mit kognitionspsychologischen Detailuntersuchungen (Klieme, Reiss & Heinze, in Vorbereitung) dazu beitragen, alltagsbezogene *Misconceptions* auch in der Oberstufenmathematik zu erkennen.

3.5 Stufen der physikalischen Kompetenz im voruniversitären Bereich

Der TIMSS-Test zur voruniversitären Physik enthält im Vergleich zum Mathematiktest eine größere Zahl schwieriger Aufgaben, und auch der mittlere Kennwert der Item-Schwierigkeit ist höher als im Bereich der Mathematik. Dementsprechend setzen wir die Kompetenzstufen, die anhand charakteristischer Items unterschieden werden sollen, etwas höher an: Wir beginnen bei 450 und betrachten dann im Abstand von jeweils einer Standardabweichung weitere Stufen. Es ist hier sogar möglich, für den Testscore 850 ein fünftes Kompetenzniveau zu bestimmen[7].

Nach Anwendung des von Beaton und Allen beschriebenen Verfahrens resultieren insgesamt 17 charakteristische Aufgaben, unter denen die Teildisziplinen Mechanik, Elektrizitätslehre, Wellen und Schwingungen sowie Moderne Physik gleich stark vertreten sind, ergänzt durch eine Aufgabe zur Wärmelehre.

Im Folgenden sollen die Kompetenzstufen durch Detailanalyse der charakteristischen Aufgaben, die in Tabelle II.13 aufgelistet und überwiegend in den Abbildungen II.6 bis II.9 wiedergegeben sind, näher belegt werden.

- *Stufe I (Testscore 450):* Bei den drei charakteristischen Aufgaben dieser Stufe, die in den Abbildungen II.6 bis II.8 als jeweils leichtestes Beispiel enthalten sind, handelt es sich um Routineaufgaben zur Mittelstufenphysik. Die Mechanikaufgabe E5 verlangt die Erinnerung und Anwendung des für den freien Fall gülti-

---

[7] Die Item-Charakteristik-Kurven der physikalischen Aufgaben verlaufen etwas flacher als diejenigen der mathematischen Aufgaben. Im Bereich der Physik ist es daher etwas schwieriger, trennscharf zwischen aufeinanderfolgenden Kompetenzstufen zu unterscheiden. Wir haben bei diesem Test das Auswahlkriterium für charakteristische Aufgaben abgeschwächt: Es werden auch solche Aufgaben akzeptiert, deren Lösungswahrscheinlichkeit auf der Kompetenzstufe, die sie markieren, um lediglich 15 Prozentpunkte höher ist als die Lösungswahrscheinlichkeit auf der nächst niedrigeren Kompetenzstufe.

Tabelle II.13: Charakteristische Aufgaben auf den Kompetenzstufen der voruniversitären Physik

Kompetenz-stufe	Aufgabe	Lösung[1]	Schwierig-keits-kennwert	Performance Category (international)	Teilbereich	EPA[2] (Länder-Experten)	Experteneinschätzungen Wissensstufe[3] (Didaktik-experten)	Behandelt im Grundkurs (Landes-institute)	Behandelt im Leistungskurs (Landes-institute)
1	E04	D	314	Simple Information	II. Elektrizität und Magnetismus	2.11	1.00	.71	.64
1	E05	C	380	Applying Scientific Principles to Solve Quantitative Problems	I. Mechanik	1.17	1.78	1.00	.79
1	E01	A	416	Complex Information	IV. Wellen und Schwingungen	1.25	1.89	.79	.93
2	G06	D	541	Complex Information	V. Teilchen-, Quanten-, Astrophysik, Relativität	1.00	1.89	.64	.71
2	F07	D	550	Complex Information	V. Teilchen-, Quanten-, Astrophysik, Relativität	1.42	2.00	.93	.93
3	G01	C	644	Applying Scientific Principles to Solve Quantitative Problems	II. Elektrizität und Magnetismus	1.92	2.00	.79	1.00
3	G12	X	647	Applying Scientific Principles to Solve Quantitative Problems	I. Mechanik	2.17	1.89	.57	.93
3	H01	C	650	Applying Scientific Principles to Solve Quantitative Problems	I. Mechanik	2.09	1.83	1.00	.86
3	H07	B	650	Interpreting Data	III. Wärmelehre	1.60	1.56	.79	.79
3	F03	C	652	Designing Investigations	V. Teilchen-, Quanten-, Astrophysik, Relativität	2.00	1.83	.64	.93

noch Tabelle II.13: Charakteristische Aufgaben auf den Kompetenzstufen der voruniversitären Physik

Kompetenzstufe	Aufgabe	Lösung[1]	Schwierigkeitskennwert	Performance Category (international)	Teilbereich	EPA[2] (Länder-Experten)	Experteneinschätzungen Wissensstufe[3] (Didaktikexperten)	Behandelt im Grundkurs (Landesinstitute)	Behandelt im Leistungskurs (Landesinstitute)
3	F03	C	652	Designing Investigations	V. Teilchen-, Quanten-, Astrophysik, Relativität	2.00	1.83	.64	.93
4	H17	X	745	Applying Scientific Principles to Solve Quantitative Problems	II. Elektrizität und Magnetismus	2.09	1.00	.93	.86
4	G14	X	746	Complex Information	V. Teilchen-, Quanten-, Astrophysik, Relativität	1.31	1.78	.93	.93
4	H19A	X	747	Designing Investigations	IV. Wellen und Schwingungen	2.50	1.39	.71	.86
4	H09	B	747	Complex Information	IV. Wellen und Schwingungen	2.42	1.72	.79	.86
4	F14	X	749	Applying Scientific Principles to Solve Quantitative Problems	II. Elektrizität und Magnetismus	1.92	2.00	.93	.93
4	H12	X	752	Applying Scientific Principles to Develop Explanations	IV. Wellen und Schwingungen	2.08	2.00	.86	.79
5	G15	X	840	Complex Information	I. Mechanik	2.25	1.89	.71	.79

X = offene Frage.
[1]
[2] Anforderungsniveau in Anlehnung an die einheitlichen Prüfungsanforderungen für Abiturnoten (KMK, 1989).
[3] Abstufungen: 0 = Alltags- bzw. Grundschulwissen, 1 = Wissensinhalte der Sekundarstufe I, 2 = Wissensinhalte der Sekundarstufe II.

IEA. Third International Mathematics and Science Study.   © TIMSS/III-Germany

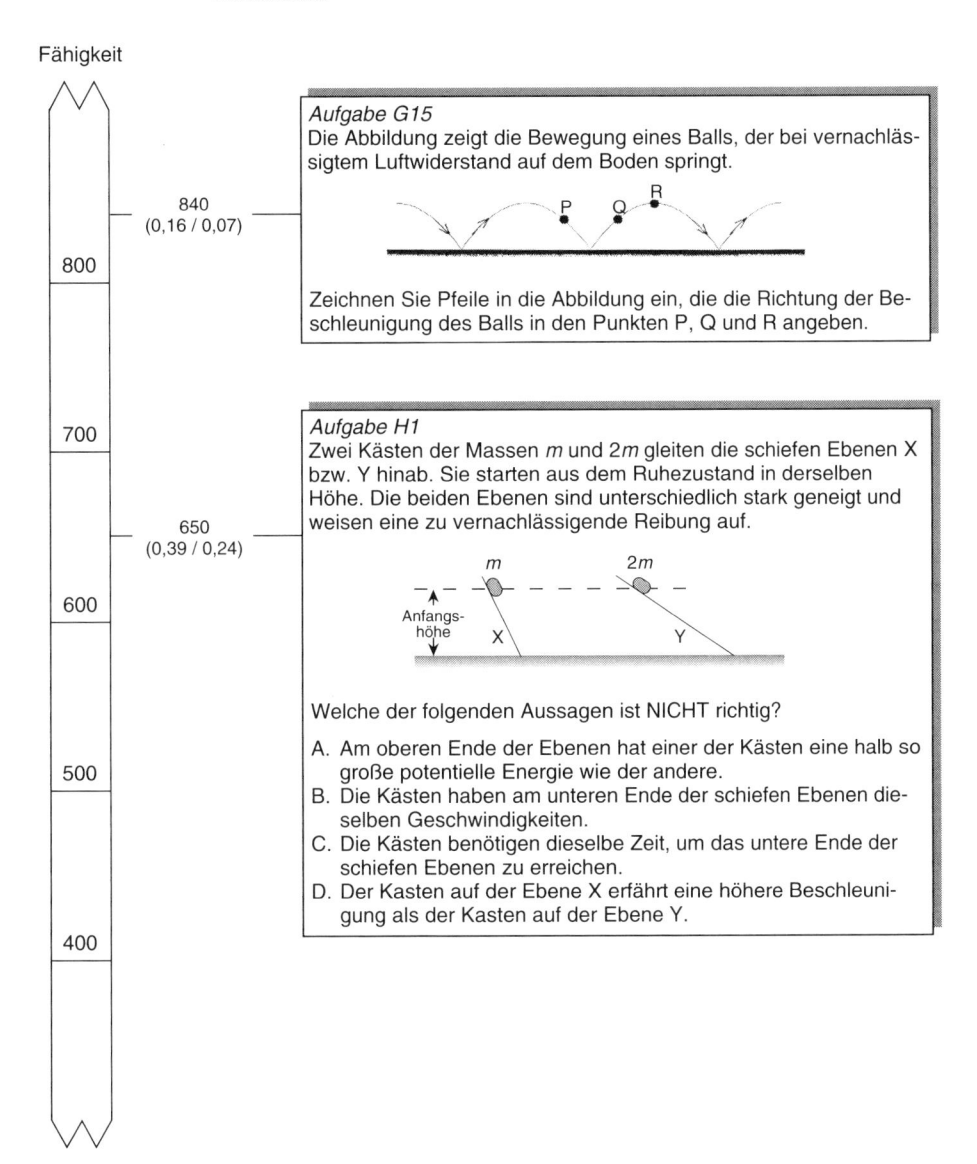

Abbildung II.6: Beispielaufgaben zur voruniversitären Physik, Teilgebiet Mechanik

Aufgabe G15
Die Abbildung zeigt die Bewegung eines Balls, der bei vernachlässigtem Luftwiderstand auf dem Boden springt.

Zeichnen Sie Pfeile in die Abbildung ein, die die Richtung der Beschleunigung des Balls in den Punkten P, Q und R angeben.

Aufgabe H1
Zwei Kästen der Massen m und $2m$ gleiten die schiefen Ebenen X bzw. Y hinab. Sie starten aus dem Ruhezustand in derselben Höhe. Die beiden Ebenen sind unterschiedlich stark geneigt und weisen eine zu vernachlässigende Reibung auf.

Welche der folgenden Aussagen ist NICHT richtig?

A. Am oberen Ende der Ebenen hat einer der Kästen eine halb so große potentielle Energie wie der andere.
B. Die Kästen haben am unteren Ende der schiefen Ebenen dieselben Geschwindigkeiten.
C. Die Kästen benötigen dieselbe Zeit, um das untere Ende der schiefen Ebenen zu erreichen.
D. Der Kasten auf der Ebene X erfährt eine höhere Beschleunigung als der Kasten auf der Ebene Y.

noch Abbildung II.6: Beispielaufgaben zur voruniversitären Physik, Teilgebiet Mechanik

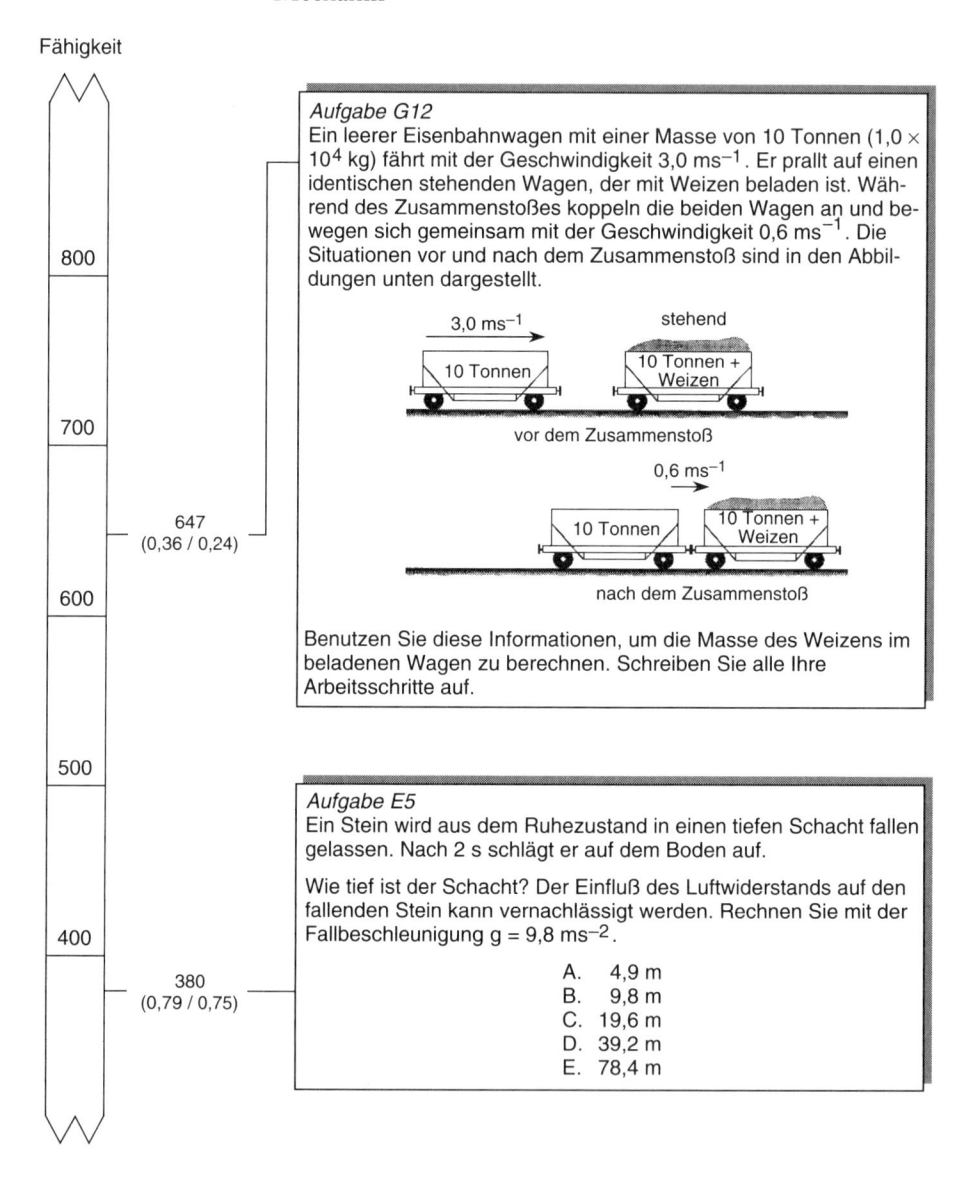

Fähigkeit

800

700

647
(0,36 / 0,24)

600

500

400

380
(0,79 / 0,75)

Aufgabe G12
Ein leerer Eisenbahnwagen mit einer Masse von 10 Tonnen ($1{,}0 \times 10^4$ kg) fährt mit der Geschwindigkeit $3{,}0$ ms^{-1}. Er prallt auf einen identischen stehenden Wagen, der mit Weizen beladen ist. Während des Zusammenstoßes koppeln die beiden Wagen an und bewegen sich gemeinsam mit der Geschwindigkeit $0{,}6$ ms^{-1}. Die Situationen vor und nach dem Zusammenstoß sind in den Abbildungen unten dargestellt.

$3{,}0$ ms^{-1} stehend
10 Tonnen   10 Tonnen + Weizen

vor dem Zusammenstoß

$0{,}6$ ms^{-1}
10 Tonnen   10 Tonnen + Weizen

nach dem Zusammenstoß

Benutzen Sie diese Informationen, um die Masse des Weizens im beladenen Wagen zu berechnen. Schreiben Sie alle Ihre Arbeitsschritte auf.

Aufgabe E5
Ein Stein wird aus dem Ruhezustand in einen tiefen Schacht fallen gelassen. Nach 2 s schlägt er auf dem Boden auf.

Wie tief ist der Schacht? Der Einfluß des Luftwiderstands auf den fallenden Stein kann vernachlässigt werden. Rechnen Sie mit der Fallbeschleunigung g = $9{,}8$ ms^{-2}.

    A. $4{,}9$ m
    B. $9{,}8$ m
    C. $19{,}6$ m
    D. $39{,}2$ m
    E. $78{,}4$ m

Die Werte an den Verbindungslinien zwischen den Beispielen und der Fähigkeitssäule geben das für eine 65-prozentige Lösungswahrscheinlichkeit erforderliche Fähigkeitsniveau und die Werte in Klammern die relativen internationalen und deutschen Lösungshäufigkeiten an.

IEA. Third International Mathematics and Science Study. © TIMSS/III-Germany

Abbildung II.7: Beispielaufgaben zur voruniversitären Physik, Teilgebiet Elektrizitätslehre

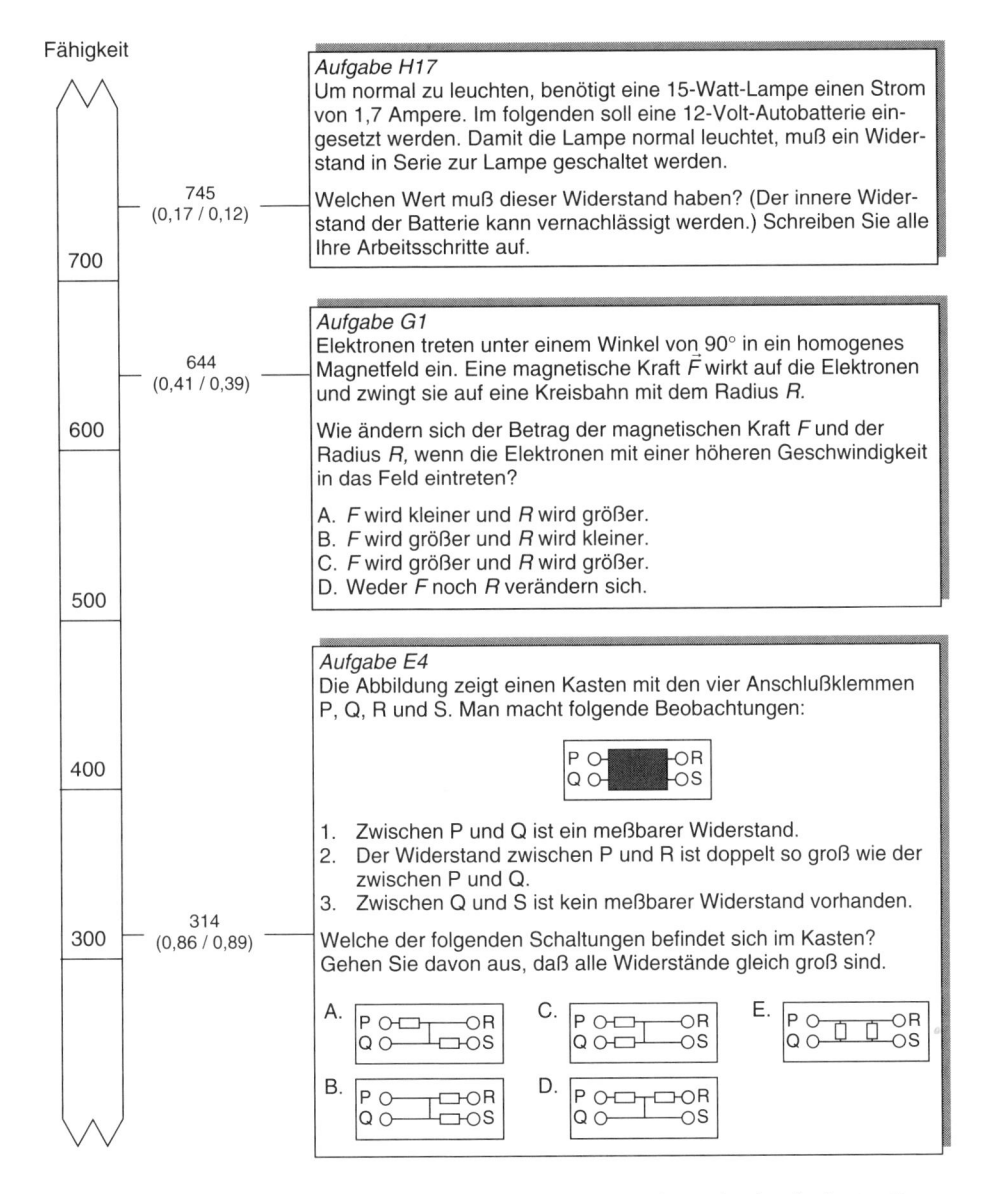

Fähigkeit

745 (0,17 / 0,12)

Aufgabe H17
Um normal zu leuchten, benötigt eine 15-Watt-Lampe einen Strom von 1,7 Ampere. Im folgenden soll eine 12-Volt-Autobatterie eingesetzt werden. Damit die Lampe normal leuchtet, muß ein Widerstand in Serie zur Lampe geschaltet werden.

Welchen Wert muß dieser Widerstand haben? (Der innere Widerstand der Batterie kann vernachlässigt werden.) Schreiben Sie alle Ihre Arbeitsschritte auf.

644 (0,41 / 0,39)

Aufgabe G1
Elektronen treten unter einem Winkel von 90° in ein homogenes Magnetfeld ein. Eine magnetische Kraft $\vec{F}$ wirkt auf die Elektronen und zwingt sie auf eine Kreisbahn mit dem Radius R.

Wie ändern sich der Betrag der magnetischen Kraft F und der Radius R, wenn die Elektronen mit einer höheren Geschwindigkeit in das Feld eintreten?

A. F wird kleiner und R wird größer.
B. F wird größer und R wird kleiner.
C. F wird größer und R wird größer.
D. Weder F noch R verändern sich.

314 (0,86 / 0,89)

Aufgabe E4
Die Abbildung zeigt einen Kasten mit den vier Anschlußklemmen P, Q, R und S. Man macht folgende Beobachtungen:

1. Zwischen P und Q ist ein meßbarer Widerstand.
2. Der Widerstand zwischen P und R ist doppelt so groß wie der zwischen P und Q.
3. Zwischen Q und S ist kein meßbarer Widerstand vorhanden.

Welche der folgenden Schaltungen befindet sich im Kasten? Gehen Sie davon aus, daß alle Widerstände gleich groß sind.

A., B., C., D., E.

Die Werte an den Verbindungslinien zwischen den Beispielen und der Fähigkeitssäule geben das für eine 65-prozentige Lösungswahrscheinlichkeit erforderliche Fähigkeitsniveau und die Werte in Klammern die relativen internationalen und deutschen Lösungshäufigkeiten an.

IEA. Third International Mathematics and Science Study. © TIMSS/III Germany

Abbildung II.8: Beispielaufgaben zur voruniversitären Physik, Teilgebiete Wellen und Schwingungen

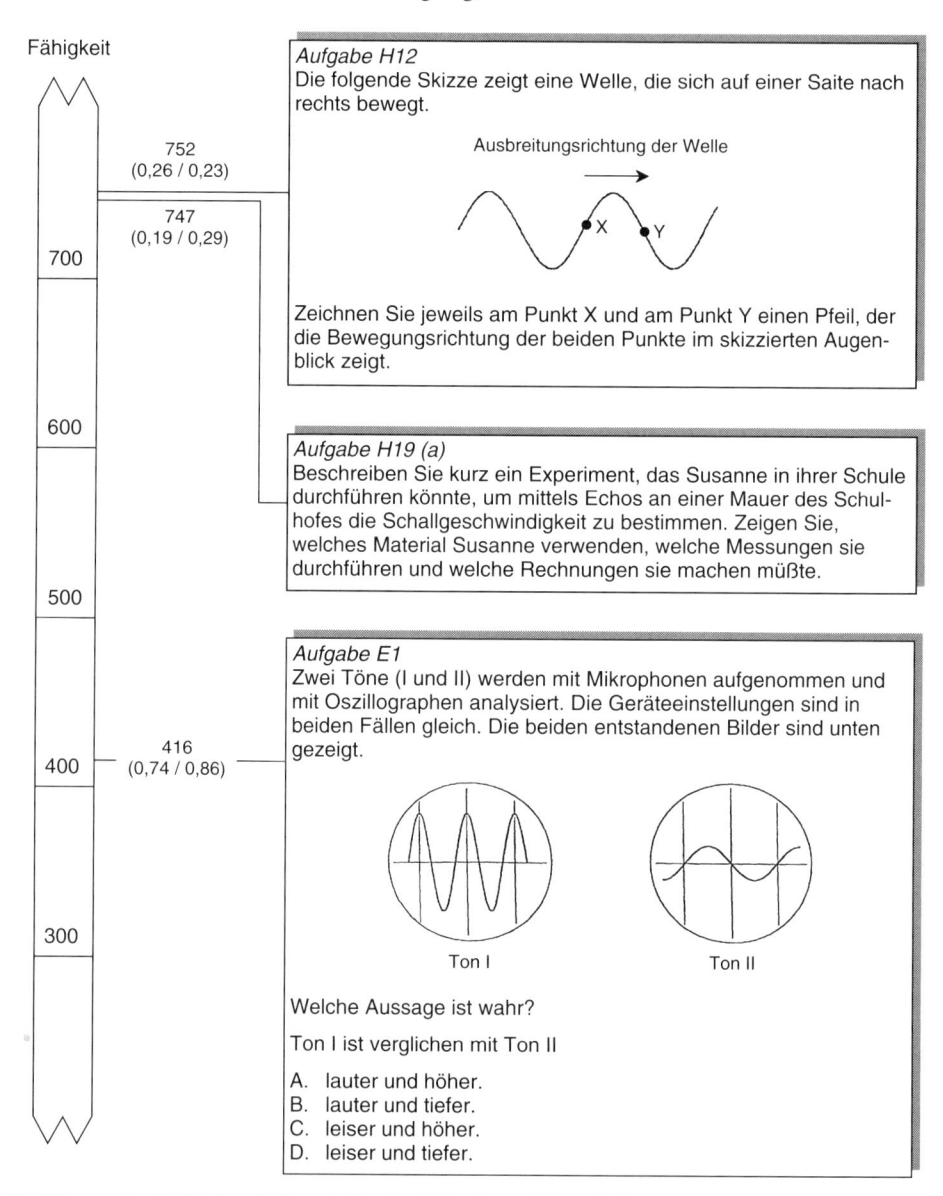

Fähigkeit

752 (0,26 / 0,23)

Aufgabe H12
Die folgende Skizze zeigt eine Welle, die sich auf einer Saite nach rechts bewegt.

Ausbreitungsrichtung der Welle →

Zeichnen Sie jeweils am Punkt X und am Punkt Y einen Pfeil, der die Bewegungsrichtung der beiden Punkte im skizzierten Augenblick zeigt.

747 (0,19 / 0,29)

Aufgabe H19 (a)
Beschreiben Sie kurz ein Experiment, das Susanne in ihrer Schule durchführen könnte, um mittels Echos an einer Mauer des Schulhofes die Schallgeschwindigkeit zu bestimmen. Zeigen Sie, welches Material Susanne verwenden, welche Messungen sie durchführen und welche Rechnungen sie machen müßte.

416 (0,74 / 0,86)

Aufgabe E1
Zwei Töne (I und II) werden mit Mikrophonen aufgenommen und mit Oszillographen analysiert. Die Geräteeinstellungen sind in beiden Fällen gleich. Die beiden entstandenen Bilder sind unten gezeigt.

Ton I   Ton II

Welche Aussage ist wahr?

Ton I ist verglichen mit Ton II

A. lauter und höher.
B. lauter und tiefer.
C. leiser und höher.
D. leiser und tiefer.

Die Werte an den Verbindungslinien zwischen den Beispielen und der Fähigkeitssäule geben das für eine 65-prozentige Lösungswahrscheinlichkeit erforderliche Fähigkeitsniveau und die Werte in Klammern die relativen internationalen und deutschen Lösungshäufigkeiten an.

IEA. Third International Mathematics and Science Study.   © TIMSS/III-Germany

gen Merksatzes $s = \frac{1}{2} g t^2$. Aus der Physik der Wellen und Schwingungen (Aufgabe E1) ist nur verlangt, Amplitude und Frequenz mit Lautstärke bzw. Höhe eines Tones in Verbindung zu bringen. Das Lesen von Schaltdiagrammen aus der einfachen Elektrizitätslehre (Aufgabe E4) gehört ebenfalls zum Standardcurriculum der Sekundarstufe I. Wir bezeichnen daher die unterste Kompetenzstufe der voruniversitären Physik als *„Lösen von Routineaufgaben mit Mittelstufenwissen"*.

– *Stufe II (Testscore 550):* Jede der beiden charakteristischen Aufgaben dieser Stufe erfordert die Anwendung von Faktenwissen zur Erklärung eines knapp beschriebenen Phänomens. Im einen Fall (Aufgabe G6 in Abb. II.9) muss man wissen, dass im Inneren von Sternen Kernfusionen stattfinden, die für die Abgabe von Energie verantwortlich sind. Im anderen Fall (Aufgabe F7; ohne Abb.) wird die Aussage: „Beim Fotoeffekt ist die kinetische Energie des ausgesendeten Elektrons kleiner als diejenige des Photons ..." vorgegeben, und der Bearbeiter hat unter vier möglichen Erklärungen die richtige Begründung zu erkennen: „... da das Elektron beim Verlassen der Oberfläche etwas Energie verliert." Hierzu ist prinzipiell ein Verständnis des Fotoeffekts erforderlich; allerdings erleichtern die gewählten sprachlichen Formulierungen, wie zum Beispiel die verwandten Begriffe „ausgesendet" und „Verlassen der Oberfläche", das Finden der richtigen Lösung. Wir beschreiben die zweite Kompetenzstufe zusammenfassend als *„Anwendung von Faktenwissen zur Erklärung einfacher Phänomene der Oberstufenphysik"*, womit auch ausgedrückt ist, dass keine *vertieften* Kenntnisse von Konzepten oder Gesetzen der Oberstufenphysik erforderlich sind.

– *Stufe III (Testscore 650):* Die beiden für diese Stufe charakteristischen Aufgaben aus der Mechanik (G12 und H1) erfordern Kenntnis und Anwendung von physikalischen Gesetzen, nämlich des Impulserhaltungssatzes bzw. der Zusammenhänge zwischen Masse, Kraft, Beschleunigung, Geschwindigkeit, Zeit und zurückgelegter Strecke sowie potentieller und kinetischer Energie. Teilweise handelt es sich dabei um Wissen aus der Sekundarstufe I. Die Art der Aufgabenstellungen entspricht jedoch eher der Art und Weise, wie mechanische Lerninhalte in der Jahrgangsstufe 11 behandelt werden. Im einen Fall sind Gleichungen aufzustellen und nach einer Unbekannten (der gesuchten Masse) aufzulösen, im anderen Fall müssen Schlussfolgerungen aus der Kombination bekannter physikalischer Gesetze gezogen werden. Auch die Aufgaben zur Wärmelehre (vgl. Aufgabe H7 in Abb. II.9) und zur Elektrizitätslehre (Aufgabe G1 in Abb. II.7) verlangen die Kenntnis physikalischer Gesetze – des Gay-Lussacschen Gesetzes bzw. der Grundgleichungen des Elektromagnetismus –, die auf eine bestimmte experimentelle Situation anzuwenden sind. Aufgabe F3 schließ-

Abbildung II.9: Beispielaufgaben zur voruniversitären Physik, Teilgebiete Teilchenphysik und Wärmelehre

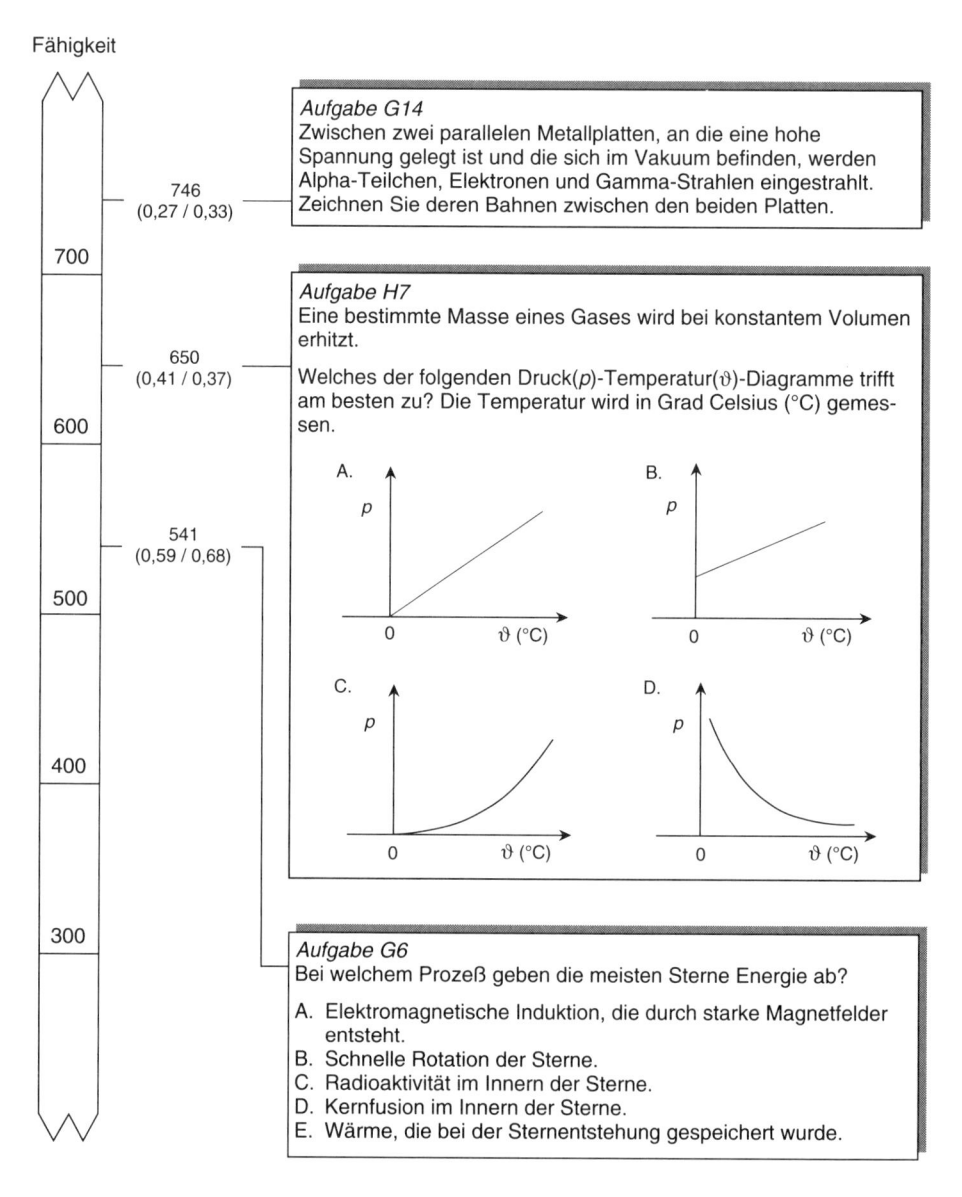

Fähigkeit

746 (0,27 / 0,33)

Aufgabe G14
Zwischen zwei parallelen Metallplatten, an die eine hohe Spannung gelegt ist und die sich im Vakuum befinden, werden Alpha-Teilchen, Elektronen und Gamma-Strahlen eingestrahlt. Zeichnen Sie deren Bahnen zwischen den beiden Platten.

650 (0,41 / 0,37)

Aufgabe H7
Eine bestimmte Masse eines Gases wird bei konstantem Volumen erhitzt.

Welches der folgenden Druck(p)-Temperatur(ϑ)-Diagramme trifft am besten zu? Die Temperatur wird in Grad Celsius (°C) gemessen.

A. [Diagramm: p vs. ϑ (°C), linear steigend durch Ursprung]
B. [Diagramm: p vs. ϑ (°C), linear steigend mit positivem y-Achsenabschnitt]
C. [Diagramm: p vs. ϑ (°C), exponentiell steigend]
D. [Diagramm: p vs. ϑ (°C), exponentiell fallend]

541 (0,59 / 0,68)

Aufgabe G6
Bei welchem Prozeß geben die meisten Sterne Energie ab?

A. Elektromagnetische Induktion, die durch starke Magnetfelder entsteht.
B. Schnelle Rotation der Sterne.
C. Radioaktivität im Innern der Sterne.
D. Kernfusion im Innern der Sterne.
E. Wärme, die bei der Sternentstehung gespeichert wurde.

Die Werte an den Verbindungslinien zwischen den Beispielen und der Fähigkeitssäule geben das für eine 65-prozentige Lösungswahrscheinlichkeit erforderliche Fähigkeitsniveau und die Werte in Klammern die relativen internationalen und deutschen Lösungshäufigkeiten an.

IEA. Third International Mathematics and Science Study. © TIMSS/III-Germany

lich (hier nicht abgebildet) setzt die Kenntnis des Rutherfordschen Experimentes voraus, eines Standardexperiments zur Teilchenphysik aus dem Curriculum der Oberstufe.

Wir beschreiben das dritte Kompetenzniveau daher zusammenfassend als *„Anwendung physikalischer Gesetze (Größengleichungen) zur Erklärung experimenteller Effekte auf Oberstufenniveau"*.

– *Stufe IV (Testscore 750):* Im Kontrast zu den bisher behandelten Aufgaben fällt auf, dass sechs der sieben charakteristischen Items für Stufe IV offene Fragestellungen beinhalten. Sie verlangen eigenständige Lösungsansätze und zum Teil divergente Denkprozesse. Der Bearbeiter muss die Bahn von Teilchen in einem elektrischen Feld oder die Bewegung eines Materiepunktes in einer Welle zeichnerisch skizzieren (G14 bzw. H12), ein Anwendungsproblem durch Aufstellung geeigneter Größengleichungen und mathematischer Operationen lösen (H17 und F14) und mit eigenen Worten den Aufbau eines Experiments beschreiben (H19[a]). Auch bei der einzigen *Multiple Choice*-Aufgabe, die diese Kompetenzstufe markiert (H9), wird verlangt, eine experimentelle Situation (Brechung eines Lichtstrahls an mehreren aufeinander liegenden Schichten) durch Rückgriff auf einschlägige physikalische Gesetze rechnerisch und qualitativ-schlussfolgernd zu bestimmen.

Als fachliche Wissensbasis reicht in zwei Fällen das physikalische Wissen des Mittelstufenunterrichts aus; die gestellten Fragen verlangen jedoch komplexere Prozesse. In der Elektrizitätslehre (Aufgabe H17 in Abb. II.7) geht es darum, die Zusammenhänge von Spannung und Stromstärke mit Widerstand einerseits, Leistung andererseits in Beziehung zu setzen und zu klären, welche Größe gesucht ist. (Diese Art von Fragestellung ist im Unterricht zur Elektrizitätslehre wenig gebräuchlich.) Aus der Physik der Wellen und Schwingungen dürfte zwar das Phänomen des Echos bekannt sein (Aufgabe H19 in Abb. II.8); die Nutzung dieses Phänomens für eine experimentelle Bestimmung der Schallgeschwindigkeit verlangt jedoch eigenständige fachliche Argumentation zur Verbindung von Theorie und Experiment.

Zusammenfassend beschreiben wir die vierte Stufe physikalischer Kompetenz als *„selbstständiges fachliches Argumentieren und Problemlösen"*.

– *Stufe V (Testscore 850):* Das einzige charakteristische Item dieser Stufe (G15 in Abb. II.6) ist ein klassischer Indikator für alltagsgebundene Fehlvorstellungen. Auch Schüler mit relativ hohem physikalischem Fachwissen zeichnen häufig als Richtung der Beschleunigung die Richtung der Bewegung (des Geschwindigkeitsvektors) ein und berücksichtigen nicht, dass Beschleunigung immer die Änderung der Geschwindigkeit darstellt, die hier – aufgrund der Schwerkraft als Ursache der Beschleunigung – immer nach unten gerichtet ist. Etliche andere Aufgaben innerhalb des TIMSS-Tests zur voruniversitären Physik, die sehr hohe Schwierigkeitskennwerte haben, aber nicht als charakteristische Aufgaben identifiziert wurden, induzieren in ähnlicher Weise Fehlvorstellungen, wie sie aus physikdidaktischen Forschungen bekannt sind. Beispielsweise wird auch in Aufgabe G9 (Abb. II.10) häufig nicht berücksichtigt, daß Kräfte Geschwindigkeits*änderungen* bewirken. Entsprechende Fehlvorstellungen werden mitunter sogar durch fehlerhafte Zeichnungen in Schulbüchern unterstützt. (So enthält etwa Höfling [1992], Physik, Bd. 1, auf S. 120 eine Zeichnung analog zu Alternative c in Abb. II.10.) Auch die schwierigste der charakteristischen Aufgaben zu Stufe IV (H12, vgl. Abb. II.8) wird häufig auf der Basis eines bekannten Fehlkonzepts be-

Abbildung II.10: Beispielaufgabe zu Fehlvorstellungen in der Mechanik

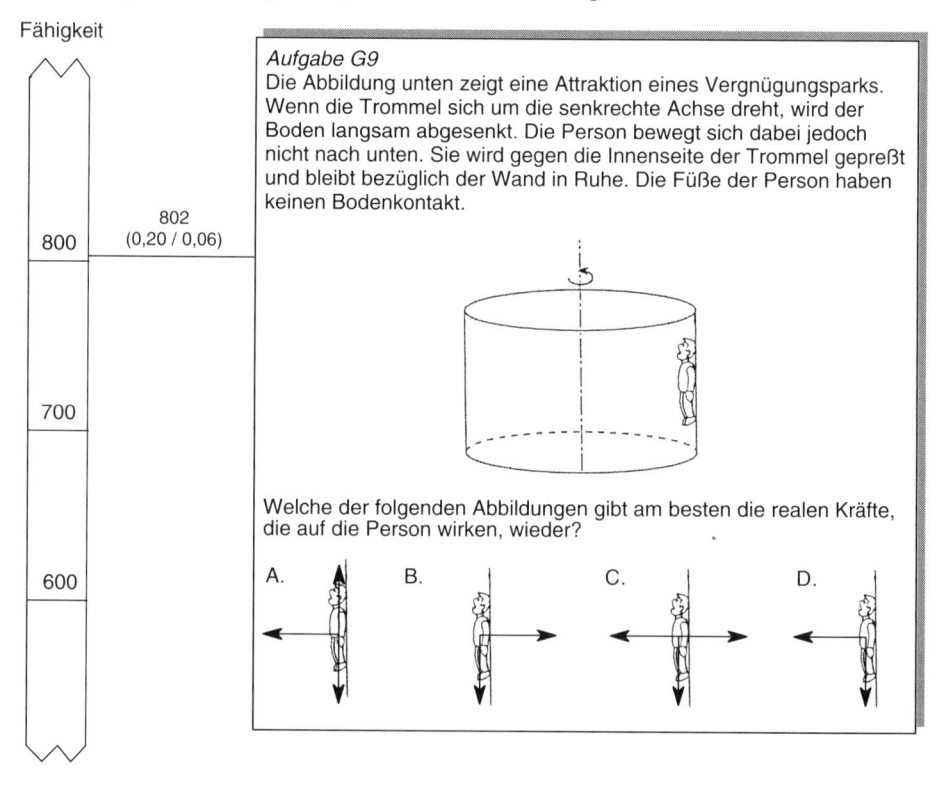

IEA. Third International Mathematics and Science Study. © TIMSS/III-Germany

antwortet, wonach bei einer Welle das Material in Richtung der Ausbreitung der Welle transportiert wird.

Zusammenfassend können wir feststellen, dass die oberste Stufe physikalischer Kompetenz innerhalb des TIMSS-Tests als *„Überwinden von Fehlvorstellungen"* charakterisiert werden kann.

Die Interpretation der charakteristischen Aufgabenmengen, die nach der Methode des *Proficiency Scaling* von Beaton und Allen (1992) gebildet wurden, bestätigt die grundlegenden Konstrukthypothesen der Testautoren: Wer hohe Testresultate erreicht, demonstriert damit die Fähigkeit zur Anwendung physikalischer Gesetze, zur Interpretation experimenteller Phänomene und schließlich zur selbstständigen fachlichen Argumentation. Weniger deutlich als im Bereich der voruniversitären Mathematik ist die Koppelung guter Testresultate an spezifische Wissenselemente des Oberstufenunterrichts. Eine Reihe durchaus schwieriger Physikaufgaben baut auf Lerninhalten der Mittelstufe auf, stellt aber besonders hohe Anforderungen an das problemlösende Denken und an das qualitative Verständnis physikalischer Konzepte. Insbesondere die Identifizierung der Niveaustufe „Überwinden von Fehlvorstellungen" als höchster Stufe der physikalischen Kompetenz ist fachdidaktisch von großem Wert. TIMSS bestätigt damit die hohe Bedeutung, die in der heutigen Physikdidaktik einem „konzeptuellen Wechsel" von Alltagskonzepten zu fachlich korrekten Konzepten beigemessen wird.

3.6 Überprüfung der Stufenbeschreibungen im Expertenurteil

Die in den beiden vorangegangenen Abschnitten definierten Kompetenzstufen haben wir – gekennzeichnet als „Aufgabentyp" – unseren Experten vorgelegt mit der Bitte, jede einzelne TIMSS-Aufgabe einer dieser Abstufungen zuzuordnen. Wie bereits im zweiten Abschnitt erläutert, zeigten sich bei dieser Einstufung zwischen den Experten deutliche Unterschiede. Die Generalisierbarkeitskoeffizienten betrugen lediglich .52 in der Mathematik und .34 in der Physik (vgl. oben Tab. II.9). Dies hängt damit zusammen, dass die Experten eine „Tendenz zur Mitte" zeigten: Sie vermieden überwiegend eine Einstufung in die Extremkategorien 1 und 4 bzw. 5. Daher kann nicht mit einer Bestätigung der Klassifikation charakteristischer Aufgaben durch die Experteneinschätzungen gerechnet werden.

In der Tendenz wird jedoch die Abstufung der Kompetenzstufen für die charakteristischen Items bestätigt, wie Tabelle II.14 dokumentiert. Über die 21 charakteristischen Items im TIMSS-Test zur voruniversitären Mathematik hinweg korrelieren die von uns definierte Kompetenzstufe und die mittlere Einschätzung der Experten

Tabelle II.14: Einschätzung der charakteristischen Items durch Experten

Kompe-tenz-stufe	Expertenurteile zum „Aufgabentyp"			
	Voruniversitäre Mathematik		Voruniversitäre Physik	
	Modalwert	Mittelwert	Modalwert	Mittelwert
1	2	1,7	2	2,1
2	2	2,4	2	2,2
3	3	2,6	3	3,2
4	3	3,1	3	2,8
5	–		4	3,9
Anzahl der Aufgaben	21		17	

IEA. Third International Mathematics and Science Study.   © TIMSS/III-Germany

hinsichtlich des Merkmals „Aufgabentyp" zu $r = .78$ hochsignifikant. In der Physik stimmen Expertenurteil und „objektive" Kompetenzstufe weniger deutlich überein; die Korrelation beträgt hier $r = .58$. Insbesondere scheint es in der Physik schwierig, zwischen der Kompetenzstufe III „Anwendung physikalischer Gesetze zur Klärung experimenteller Effekte auf Oberstufenniveau" und der Kompetenzstufe IV „selbstständiges fachliches Argumentieren und Problemlösen" zu unterscheiden. Einmal mehr wird deutlich, dass die Physikdidaktik sich in geringerem Ausmaß als die Mathematikdidaktik auf ein Grundverständnis von Anforderungsmerkmalen stützen kann.

4. Curriculare Validität von TIMSS-Aufgaben zur voruniversitären Mathematik und Physik für den Unterricht in der gymnasialen Oberstufe

Ziel der Testentwicklung in der voruniversitären Mathematik und Physik war es, wie in Abschnitt 1 erläutert, fachspezifische Lerninhalte der Sekundarstufe II möglichst breit abzubilden. Anders als beim Test zur mathematisch-naturwissenschaftlichen Grundbildung spielte daher die curriculare Validität der Aufgabensätze schon bei den internationalen Erhebungen eine wichtige Rolle. Im Rahmen einer Zusatzstudie, der „Test-Curriculum *Matching Analysis*", haben Curriculumexperten in mehreren Ländern aus der Gesamtmenge der TIMSS-Items diejenigen herausgesucht, die durch das jeweilige nationale Curriculum abgedeckt waren. An der entsprechenden Erhebung im Fach Mathematik nahmen 13 Länder teil. Die nationale Itemauswahl dieser Länder erfasste zwischen 62 und 82 der insgesamt 82 Testpunkte, die im internationalen Aufgabensatz zu vergeben waren. Deutschland gehörte zu den Ländern, die eine relativ niedrige curriculare Deckung aufwiesen: Der für Deutschland curricular abgesicherte Aufgabensatz umfasste lediglich 65 Punkte. Im Fach Physik zeigten sich noch größere Unterschiede zwischen den nationalen Curricula; hier waren zwischen 43 und 81 der insgesamt 81 erreichbaren Testpunkte im jeweiligen nationalen Curriculum abgedeckt. Deutschland gehörte jedoch unter den 12 an der Physik-Curriculumstudie beteiligten Ländern zu denjenigen, deren Curriculum einen besonders hohen Teil der TIMSS-Aufgaben abdeckte; der nationale Auswahltest umfasste 78 Punkte. In Kapitel III dieses Bandes, in dem wir die curriculare Fairness des internationalen Vergleichs behandeln, werden wir zeigen, dass die differentielle curriculare Validität der TIMSS-Tests für die Rangfolge des internationalen Vergleichs kaum eine Rolle spielt. Die Homogenität der beiden Tests und das internationale Kerncurriculum, das offensichtlich für beide Fächer definierbar ist, ermöglichen eine stabile Einstufung der Länderergebnisse, auch wenn die curriculare Validität der Tests von Land zu Land schwankt.

Trotz dieses Befunds, der die Validität von TIMSS-Analysen grundsätzlich bestätigt, wurde für TIMSS-Deutschland eine zusätzliche Untersuchung zur curricularen Validität durchgeführt. Sie bestand aus zwei Teilbefragungen: Zum einen wurden Fachreferenten der 16 Landesinstitute gebeten, die voruniversitären TIMSS-Aufgaben (a) hinsichtlich der „einheitlichen Prüfungsanforderungen (EPA)" des Abiturs einzustufen und (b) zusätzlich zu den zentral durchgeführten Lehrplananalysen zu beurteilen, inwieweit die betreffende Aufgabe durch das landesspezifische Curriculum abgedeckt sei. Die Ergebnisse der EPA-Einschätzungen wurden oben bereits ausführlich diskutiert; die Befunde zur Lehrplanrelevanz werden im Folgenden behandelt. Die zweite Erhebung fand an allen TIMSS-Testschulen statt. Die Mathematik- bzw. Physikfachleiter wurden gebeten einzuschätzen, ob die durch die Aufgaben des Fachleistungstests thematisierten Stoffe tatsächlich im Unterricht ihrer Schule behandelt würden. Diese zweite Erhebung bezog sich auf eine Auswahl von etwa der Hälfte der TIMSS-Aufgaben, um die Fachleiter nicht über Gebühr zu belasten. In beiden Erhebungen wurde differenziert zwischen der curricularen Validität in Grundkursen und in Leistungskursen. Mit einer Zusatzfrage wurde erhoben, ob der jeweilige Lerninhalt im Abschlussjahr der Sekundarstufe II, im davor liegenden Jahr oder noch früher eingeführt wird[8].

Die folgenden Analysen stützen sich auf Prozentwerte, bei deren Berechnung über die Aufgaben eines Sachgebietes und über die Daten aller Befragten hinweg aggre-

---

[8] In einigen Fällen wurde keine Zuordnung zu Jahrgangsstufen vorgenommen; daher kann die Angabe für „insgesamt behandelt" von der Summe der Prozentzahlen für einzelne Jahrgangsstufen abweichen.

giert wurde. Die Abbildungen II.11 bis II.14 dokumentieren die entsprechenden Kennwerte. Ein Ablesebeispiel zu Abbildung II.11: Im Durchschnitt der befragten Landesinstitute entsprachen 75 Prozent der TIMSS-Testaufgaben zur Analysis den Lehrstoffen im Grundkurs, 83 Prozent entsprachen den Lehrinhalten im Leistungskurs. Nur ein geringer Prozentsatz der Analysisaufgaben (im Durchschnitt der Länder 7 % bzw. 8 %) entsprach Lerninhalten, die im Abschlussjahrgang neu eingeführt werden; die übrigen Lehrstoffe werden laut Lehrplan im vorletzten Jahr oder schon in weiter zurückliegenden Jahrgangsstufen erstmals behandelt. (Häufig werden solche Inhalte aber im Abschlussjahr wiederholt, fortgeführt oder integriert bzw. – in Abhängigkeit von Wahlentscheidungen der Schulen – erst dann eingeführt; siehe dazu die Diskussion weiter unten.) Der korrespondierende Befund zur Fachleiterbefragung in Abbildung II.12 lautet: Über alle beteiligten Schulen hinweg entsprachen durchschnittlich 80 Prozent der TIMSS-Analysisaufgaben, die den Fachleitern zur Begutachtung vorgelegt wurden, den vor Ort in Grundkursen unterrichteten Stoffen, während durchschnittlich 89 Prozent der Aufgaben durch Unterrichtsstoff der Leistungskurse abgedeckt waren. Alternativ könnte man folgendermaßen interpretieren: Gemittelt über alle zur Begutachtung vorgelegten Analysisaufgaben hinweg, gaben 80 Prozent der Fachleiter an, der betreffende Stoff werde an ihrer Schule in Grundkursen unterrichtet, während 89 Prozent der befragten Fachleiter angaben, der Lehrinhalt sei in Leistungskursen abgedeckt.

Die Befragungsergebnisse wurden schließlich getrennt ausgewertet für Bundesländer mit 13-jähriger Schulzeit bis zur Abiturprüfung (also im Wesentlichen die westdeutschen Länder) und Länder mit Abitur nach zwölf Schuljahren (also die neuen Länder mit Ausnahme von Brandenburg). Schließlich haben wir die Durchschnittsangaben der Fachleiter in Beziehung gesetzt zu den Anforderungsmerkmalen der Aufgaben, die durch unsere Didaktikexperten eingeschätzt worden waren (vgl. oben Abschnitt 3.2). Diese Auswertungen erlauben insgesamt neben einer Globalabschätzung der curricularen Validität von TIMSS-Aufgaben
– einen Vergleich zwischen intendiertem Curriculum (d.h. den Lehrplänen der einzelnen Bundesländer) und implementiertem Curriculum (d.h. an den Schulen jeweils unterrichteten Lehrstoff),
– einen Vergleich von Grundkurs- und Leistungskurscurricula,
– eine Analyse der Spezifika von Curricula in den neuen Ländern, die das Abitur bereits nach zwölf Schuljahren zulassen, sowie
– eine Aussage darüber, welche mathematischen und physikalischen Anforderungen in Grund- und Leistungskursen unserer Schulen besonders trainiert werden.

Abbildung II.11: Befragung der Landesinstitute (Gesamtdeutschland), voruniversitäre Mathematik (Angaben in %)

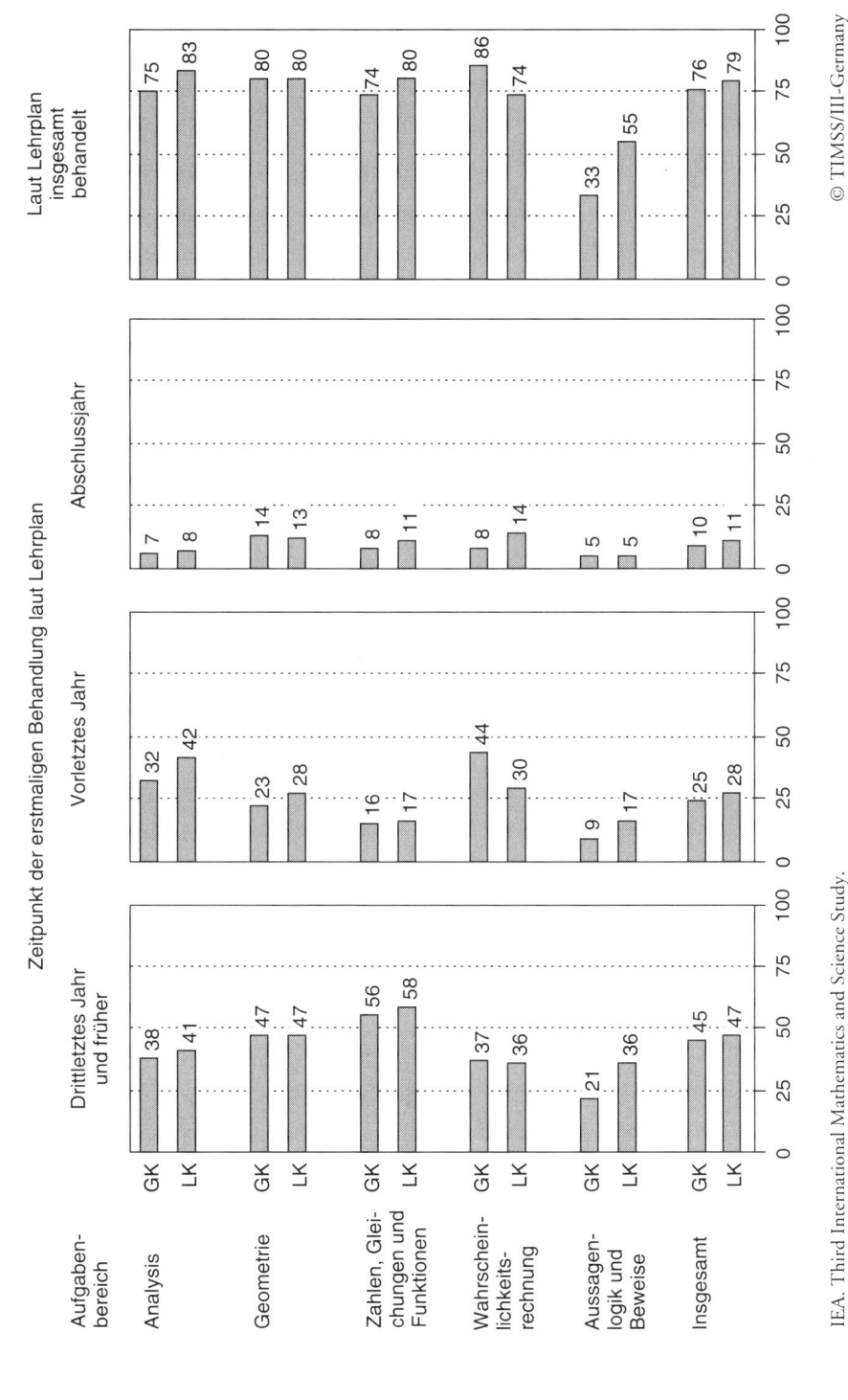

Zeitpunkt der erstmaligen Behandlung laut Lehrplan

Aufgaben-bereich		Drittletztes Jahr und früher	Vorletztes Jahr	Abschlussjahr	Laut Lehrplan insgesamt behandelt
Analysis	GK	38	32	7	75
	LK	41	42	8	83
Geometrie	GK	47	23	14	80
	LK	47	28	13	80
Zahlen, Gleichungen und Funktionen	GK	56	16	8	74
	LK	58	17	11	80
Wahrscheinlichkeitsrechnung	GK	37	44	8	86
	LK	36	30	14	74
Aussagenlogik und Beweise	GK	21	9	5	33
	LK	36	17	5	55
Insgesamt	GK	45	25	10	76
	LK	47	28	11	79

© TIMSS/III-Germany

IEA. Third International Mathematics and Science Study.

Abbildung II.12: Fachleiterbefragung für Gesamtdeutschland: voruniversitäre Mathematik (Angaben in %)

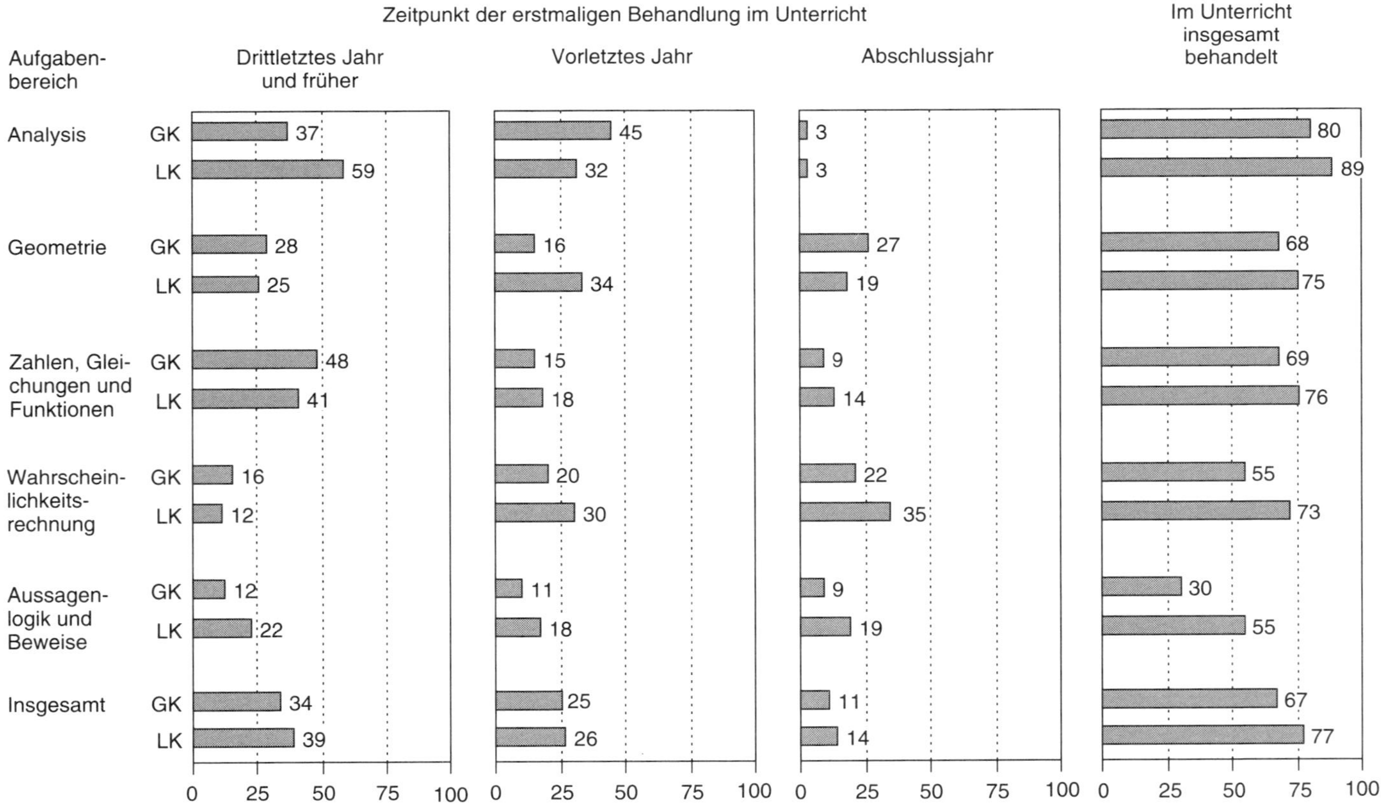

Zeitpunkt der erstmaligen Behandlung im Unterricht

Aufgabenbereich		Drittletztes Jahr und früher	Vorletztes Jahr	Abschlussjahr	Im Unterricht insgesamt behandelt
Analysis	GK	37	45	3	80
	LK	59	32	3	89
Geometrie	GK	28	16	27	68
	LK	25	34	19	75
Zahlen, Gleichungen und Funktionen	GK	48	15	9	69
	LK	41	18	14	76
Wahrscheinlichkeitsrechnung	GK	16	20	22	55
	LK	12	30	35	73
Aussagenlogik und Beweise	GK	12	11	9	30
	LK	22	18	19	55
Insgesamt	GK	34	25	11	67
	LK	39	26	14	77

© TIMSS/III-Germany

IEA. Third International Mathematics and Science Study.

Der Erkenntnisgewinn dieser Untersuchungen geht daher über die Validierung der TIMSS-Tests deutlich hinaus.

Betrachten wir zunächst das Curriculum zur voruniversitären Mathematik. Sowohl die Angaben der Landesinstitute (Abb. II.11) als auch die Ergebnisse der Fachleiterbefragung (Abb. II.12) belegen, dass nur wenige Lerninhalte, die in TIMSS überprüft wurden, ausschließlich im Abschlussjahr der gymnasialen Oberstufe vorkommen. Dies gilt sowohl in Systemen mit 13 Schuljahren als auch in solchen mit 12 Schuljahren. Gut ein Viertel der TIMSS-Aufgaben entspricht hingegen Lerninhalten, die im vorletzten Jahrgang eingeführt werden; dies beinhaltet in der Mehrzahl der ostdeutschen Länder das 11. Schuljahr mit dem Schwerpunkt Analysis, in Westdeutschland das 12. Schuljahr, in dem der überwiegende Teil des Stochastik-Curriculums abgehandelt wird. Mehr als die Hälfte der TIMSS-Aufgaben behandelt schließlich Lehrstoffe, die zwei und mehr Jahre vor dem Abitur erstmals eingeführt werden. Dies betrifft vor allem das Sachgebiet „Zahlen, Gleichungen und Funktionen", bei Systemen mit 13 Schuljahren aber auch die Analysis, die hier ebenfalls schwerpunktmäßig im 11. Schuljahr behandelt wird.

Bedeuten diese Angaben zum Zeitpunkt der Einführung mathematischer Lerninhalte, dass Lehrstoffe des Abschlussjahrgangs, insbesondere der Jahrgangsstufe 13, in TIMSS ausgegrenzt werden? Um diese Frage zu beantworten, baten wir ergänzend zu den Befragungen bei Landesinstituten und Fachleitern einen Lehrplanexperten aus der Mathematikdidaktik, die Curricula aller Bundesländer mit 13. Jahrgangsstufe im Detail zu analysieren und mit dem Aufgabeninventar aus TIMSS abzugleichen[9]. Dabei wurden jeweils Grundkurs- und Leistungskurs-Curricula getrennt betrachtet. Die wichtigsten Befunde lauten:

– In allen Bundesländern haben die Schulen (Fachkonferenzen oder einzelne Lehrer) in der 13. Jahrgangsstufe erhebliche Wahlmöglichkeiten. Zu den angebotenen Themen gehören durchweg verschiedene Teilgebiete der Analysis, der linearen Algebra und analytischen Geometrie sowie der Stochastik – Inhaltsbereiche, die durch eine Vielzahl von TIMSS-Aufgaben angesprochen werden.

– Die Wahlmöglichkeiten schließen häufig ein, dass Lerninhalte alternativ in Klasse 12 oder in Klasse 13 eingeführt werden können. Die Lehrpläne in sieben Bundesländern sehen explizit vor, dass Kurse wahlweise in den Jahrgangsstufen 12

---

[9] Wir danken Herrn Prof. Dr. W. Schulz (Humboldt-Universität zu Berlin) für diese differenzierten Lehrplananalysen.

oder 13 durchgeführt werden. Das Curriculum der beiden Abschlussjahrgänge muss daher als Einheit angesehen werden. Die von uns befragten Fachleiter und Mitarbeiter der Landesinstitute haben solche flexibel einsetzbaren Lerninhalte jedoch zumeist der Kategorie „erstmalige Einführung im *vor* letzten Jahr" zugeordnet – eben weil sie schon in Klasse 12 behandelt werden *können*.

– Eine gewisse Breite erhält der Unterricht der Jahrgangsstufe 13 auch dadurch, dass die Verbindung von zuvor behandelten Sachgebieten als Ziel benannt wird (so explizit in den Lehrplänen von Hamburg und Nordrhein-Westfalen). Besonders variabel wird die Zeit nach den schriftlichen Abiturprüfungen bzw. das zweite Halbjahr der Stufe 13 genutzt. Hier sehen die Lehrpläne in sechs Ländern explizit Vertiefungen, Erweiterungen, Ergänzungen und integrierende Wiederholungen vor. Der Lehrplan in Baden-Württemberg etwa schlägt für die Zeit nach dem schriftlichen Abitur 9 Themen für den Grundkurs und 16 für den Leistungskurs vor, aus denen die Schule auswählen kann. Diese Themen sind zumeist von sehr spezieller Natur, gleichwohl sind auch einige von ihnen (z.B. komplexe Zahlen, Kegelschnitte oder formale Logik) in TIMSS-Aufgaben repräsentiert.

– Berücksichtigt man die unterschiedlichen Varianten, so lassen sich je nach Bundesland zwischen 9 und 20 der 68 TIMSS-Mathematikaufgaben eindeutig auf Lerninhalte beziehen, die *im Lehrplan der Stufe 13 explizit genannt* sind. Im Durchschnitt werden pro Bundesland etwa 14 Aufgaben im Lehrplan identifiziert. Betrachtet man Grundkurse und Leistungskurse getrennt, so liegt die Zahl der innerhalb einer Kursart repräsentierten Aufgaben pro Land zwischen drei und elf, im Durchschnitt bei sieben Aufgaben. Allerdings ergab die differenzierte Lehrplananalyse auch, dass je nach Bundesland und Kursniveau höchst unterschiedliche Aufgabenmengen angesprochen sind. Dies führt dazu, dass *insgesamt* 37 Mathematikaufgaben, also mehr als die Hälfte aller TIMSS-Items, mathematische Inhalte ansprechen, die in dem einen oder anderen Lehrplan der Jahrgangsstufe 13 vertreten sind.

– Schließlich muss man berücksichtigen, dass im Abschlussjahrgang des Gymnasiums die Wiederholung, zum Beispiel als Abiturvorbereitung, einen ebenso großen Stellenwert hat wie die Einführung neuer Inhalte. Die einheitlichen Prüfungsanforderungen für die Abiturprüfung (KMK, 1989), in denen sowohl für Grundkurse als auch für Leistungskurse Themen aus Analysis, linearer Algebra/ analytischer Geometrie und Stochastik genannt sind, erlauben eine Identifikation von abiturrelevanten Themen, die in TIMSS repräsentiert sind. Eine solche Zuordnung zwischen EPA-Anforderungen und TIMSS-Aufgaben ergab, dass – wiederum abhängig von Wahlentscheidungen – beim Grundkurs 14 bis 18, beim Leistungskurs 19 bis 23 TIMSS-Aufgaben prüfungsrelevant sind.

Als Fazit der detaillierten Lehrplananalysen zur Jahrgangsstufe 13 kann festgehalten werden: Die Vielzahl von Wahlmöglichkeiten auf Schulebene und die Verschmelzung der Jahrgangsstufen 12 und 13 zu einer Planungseinheit führen dazu, dass letztlich mehr als die Hälfte aller TIMSS-Mathematikaufgaben einen Lehrplanbezug für die Jahrgangsstufe 13 aufweisen. Mehr als ein Drittel der Aufgaben kann zudem auf die Abiturprüfungsanforderungen bezogen werden, wie sie national in Beschlüssen der Kultusministerkonferenz festgehalten sind. Damit ist belegt, dass TIMSS keineswegs den Lehrstoff der Abschlussjahrgänge ausgrenzt.

Wenn wir zu den Angaben der Landesinstitute und der Fachleiter zurückkehren, so ist als entscheidendes Ergebnis im Hinblick auf die TIMS-Studie festzuhalten, dass im Durchschnitt der Bundesländer in allen Sachgebieten mindestens drei von vier Testaufgaben als curricular valide beurteilt werden können – mit Ausnahme des Bereichs „Aussagenlogik und Beweise".

Bemerkenswert ist ferner, dass der TIMSS-Test zur voruniversitären Mathematik offensichtlich gleich gut an die Unterrichtsinhalte der Grundkurse wie der Leistungskurse angepasst ist. Dies ist jedoch bei differenzierter Betrachtung nur in den Systemen mit 13 Schuljahren, also im Wesentlichen in Westdeutschland der Fall. Für zwei Sachgebiete ist in diesen Bundesländern sogar die curriculare Validität bezüglich der Grundkurse höher als diejenige bezüglich der Leistungskurse: Geometrische Aufgaben werden zu 85 Prozent durch Lehrpläne der Grundkurse abgedeckt, aber nur zu 75 Prozent durch jene der Leistungskurse; bei der Wahrscheinlichkeitsrechnung ist die Diskrepanz mit 87 versus 66 Prozent sogar noch größer. Ganz anders hingegen in den Ländern mit zwölf Schuljahren, also schwerpunktmäßig in Ostdeutschland. Hier deckt der TIMSS-Test deutlich stärker die Lerninhalte der Leistungskurse ab als jene der Grundkurse; der Durchschnittswert für die Behandlung der entsprechenden Lernstoffe liegt bei 92 versus 66 Prozent.

Die Validität von Ost-West-Vergleichen wird durch diese Unterschiede allerdings nicht beeinträchtigt: Summiert man entsprechende Angaben der Landesinstitute über Grund- und Leistungskurse hinweg in dem Sinne, dass ein Stoff als „behandelt" gilt, wenn er für eine der beiden Kursarten im Curriculum vorgesehen ist, so ergeben sich bei allen Sachgebieten (wiederum mit Ausnahme von Aussagenlogik) in beiden Schulsystemen Werte von 90 bis 96 Prozent. Außerdem sei auf das in Kapitel III referierte Resultat der Test-Curriculum *Matching Analysis* verwiesen, wonach Rangordnungen, die auf der Basis von TIMSS-Testresultaten ermittelt wurden, recht robust sind gegenüber Verschiebungen in der Auswahl lehrplangültiger Stoffe.

Der Kennwert für die Behandlung von aufgabenrelevanten Inhalten beträgt über alle Aufgaben, Länder und Kurse hinweg 91 Prozent. Etwas niedriger liegen die Angaben der Fachleiter, die auf demselben Aggregationsniveau einen Wert von 82 Prozent ergeben. Es besteht demnach eine Diskrepanz zwischen dem intendierten Curriculum (Lehrpläne, laut Angaben der Landesinstitute) und dem implementierten Curriculum (Unterricht, laut Angaben der Fachleiter). Diese Diskrepanz ist besonders augenfällig im Bereich der Wahrscheinlichkeitsrechnung, wo die Angaben der Fachleiter zur Behandlung von Lehrstoffen um 18 Prozentpunkte unter den Angaben der Landesinstitute liegen. Hinzu kommt, dass dieses Sachgebiet nach Angaben der Fachleiter (vgl. Abb. II.12) relativ häufig erst im Abschlussjahr der Sekundarstufe II eingeführt wird, was nach den Angaben der Landesinstitute (Abb. II.11) nicht der Fall sein dürfte. Besonders auffallend ist die Diskrepanz zwischen intendiertem und implementiertem Curriculum in den Grundkursen, wie Tabelle II.15 dokumentiert. Sowohl im 13-jährigen als auch im 12-jährigen Schulsystem räumen die Curricula offenbar der Stochastik einen sehr hohen Stellenwert ein – ablesbar an der Tatsache, dass die TIMSS-Aufgaben aus diesem Bereich in höherem Maße abgedeckt sind als die Aufgaben aus anderen Sachgebieten. Bei der Realisierung im Unterricht jedoch rangiert Wahrscheinlichkeitsrechnung deutlich hinter Analysis, Geometrie und dem Gebiet Zahlen, Gleichungen und Funktionen. Die hier formulierten Befunde zum Vergleich zwischen intendiertem und implementiertem Curriculum bleiben gültig, wenn man zum Vergleich nur diejenigen Aufgaben heranzieht, die von den Landesinstituten *und* den Fachleitern beurteilt wurden. Die Neuordnung der Curricula, insbesondere für Grundkurse, ist offenbar an den Schulen noch nicht genügend umgesetzt worden; die traditionelle Oberstufenmathematik mit dem Schwerpunkt auf der Analysis dominiert – den Angaben der Fachleiter zufolge – nach wie vor.

Tabelle II.15: Behandlung von Lehrinhalten in Lehrplänen für Mathematikgrundkurse (Angaben der Landesinstitute) und im tatsächlichen Unterricht (Angaben der Fachleiter an TIMSS-Schulen)

Sachgebiet	13 Schuljahre		12 Schuljahre	
	Lehrplan	Unterricht	Lehrplan	Unterricht
Wahrscheinlichkeitsrechnung	89 %	52 %	79 %	66 %
Analysis	79 %	79 %	65 %	83 %
Geometrie	85 %	62 %	67 %	73 %
Zahlen, Gleichungen und Funktionen	76 %	67 %	68 %	73 %

IEA. Third International Mathematics and Science Study. © TIMSS/III-Germany

Weitere Hinweise auf Schwerpunktsetzungen im deutschen Mathematikunterricht geben die Anforderungsmerkmale, die unsere Didaktikexperten eingeschätzt haben. Je höher die Anforderungen an Problemlösen, Umstrukturieren, Verarbeiten längerer Texte und Verständnis für Prinzipien mathematischen Denkens eingestuft wurden, desto seltener sind die Aufgaben im Curriculum repräsentiert. Die Unterrichtspraxis der Schulen deckt Kenntnisfragen relativ stark ab, anwendungsbezogene Aufgabenstellungen hingegen nicht.

Betrachten wir nun die Ergebnisse der Curriculumanalysen zur voruniversitären Physik (Abb. II.13 und II.14). Im Unterschied zur Mathematik, bei der die Lerninhalte der beiden Abschlussjahrgänge nicht scharf gegeneinander abzugrenzen sind, erfasst der Physiktest mit der „Modernen Physik" einen Themenbereich, der ganz eindeutig erst im letzten Jahr der gymnasialen Oberstufe behandelt wird. In Bundesländern mit 12 Schuljahren bildet auch die Wärmelehre noch einen Schwerpunkt des Abschlussjahres, während dieses Thema in Ländern mit 13 Schuljahren bereits in der 11. Klasse oder noch früher behandelt wird. Die Mechanik zieht sich über die Mittelstufe bis in Klasse 11 und wird dann abgeschlossen; damit reicht sie jedoch bei 12-jähriger Schulzeit wesentlich in das vorletzte Jahr hinein, bei 13-jähriger Schulzeit hingegen nur bis zum drittletzten Jahr. Insgesamt decken die Physiklehrpläne der beiden letzten Jahre vor dem Abitur im 12-jährigen System mehr und unterschiedlichere Sachgebiete ab als im 13-jährigen System; das Curriculum fordert hier also eine höhere Aufnahmekapazität und eine höhere Flexibilität.

Insgesamt liegt die Quote der vom Curriculum abgedeckten Aufgaben in der voruniversitären Physik noch höher als in der Mathematik. Wie Abbildung II.13 zeigt, sind in jedem der Sachgebiete, in Grund- wie in Leistungskursen mindestens vier von fünf Aufgaben als behandelt anzusehen. Kombiniert man Grund- und Leistungskursdaten, so ergeben sich wiederum Kennwerte, die deutlich über 90 Prozent liegen. Der TIMSS-Test zur voruniversitären Physik kann demnach bezogen auf die Lehrpläne der Länder eindeutig als curricular valide angesehen werden.

Auch in der Physik unterscheiden die ostdeutschen Lehrpläne klar zwischen Grund- und Leistungskursstoff, insbesondere in den Gebieten „Moderne Physik" sowie „Wellen und Schwingungen", während in Westdeutschland (13 Schuljahre) – gemessen am Behandlungsgrad der TIMSS-Aufgabeninhalte – keine Differenzierung festzustellen ist.

Wie schon in der Mathematik besteht auch in der Physik ein deutlicher Unterschied zwischen intendiertem und implementiertem Curriculum. Er zeigt sich vor allem in Schulsystemen mit 13 Schuljahren, und hier vor allem bei den Themengebieten

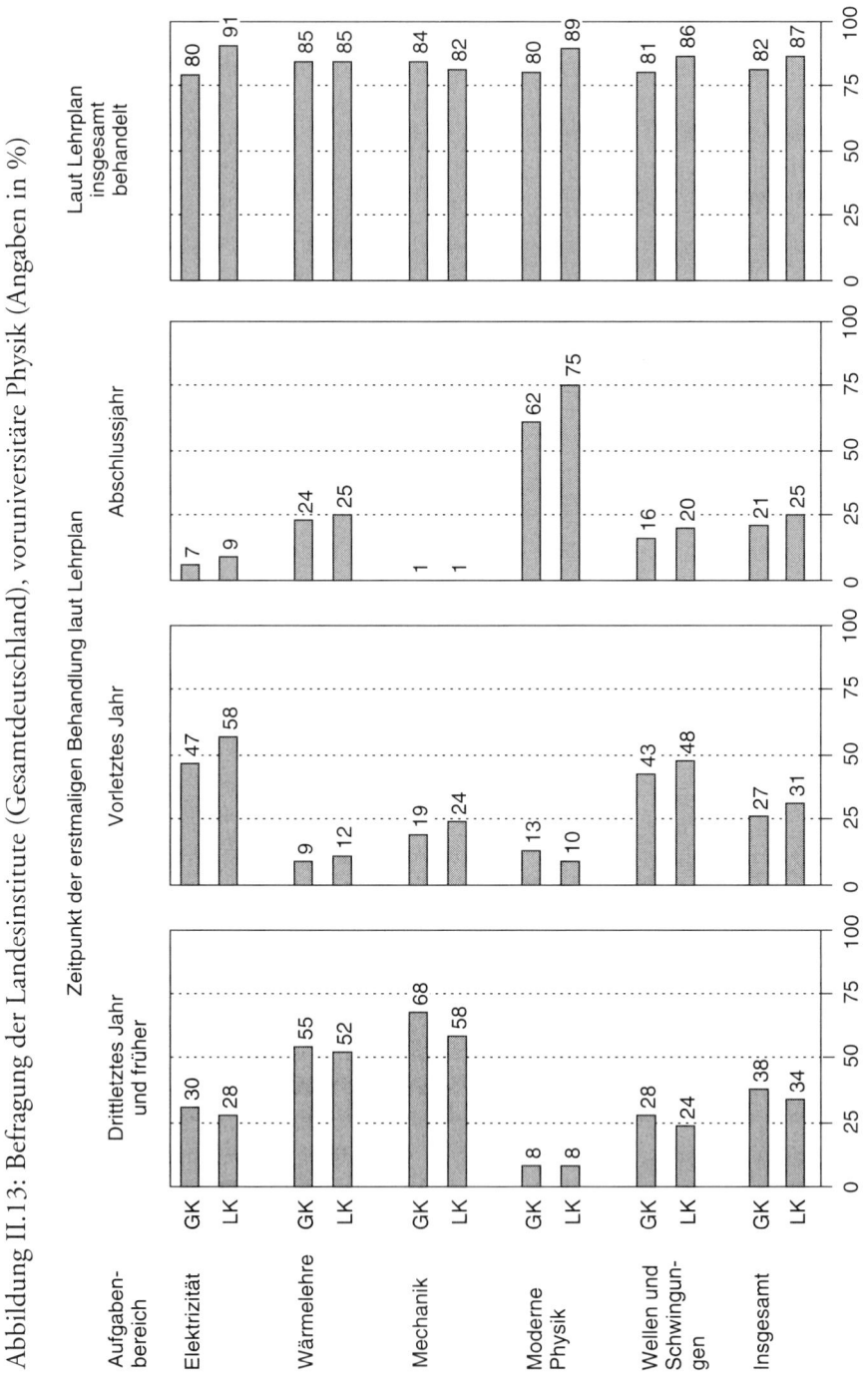

Abbildung II.13: Befragung der Landesinstitute (Gesamtdeutschland), voruniversitäre Physik (Angaben in %)

Zeitpunkt der erstmaligen Behandlung laut Lehrplan

Aufgaben-bereich		Drittletztes Jahr und früher	Vorletztes Jahr	Abschlussjahr	Laut Lehrplan insgesamt behandelt
Elektrizität	GK	30	47	7	80
	LK	28	58	9	91
Wärmelehre	GK	55	9	24	85
	LK	52	12	25	85
Mechanik	GK	68	19	1	84
	LK	58	24	1	82
Moderne Physik	GK	8	13	62	80
	LK	8	10	75	89
Wellen und Schwingungen	GK	28	43	16	81
	LK	24	48	20	86
Insgesamt	GK	38	27	21	82
	LK	34	31	25	87

© TIMSS/III-Germany

IEA. Third International Mathematics and Science Study.

Abbildung II.14: Fachleiterbefragung für Gesamtdeutschland: voruniversitäre Physik (Angaben in %)

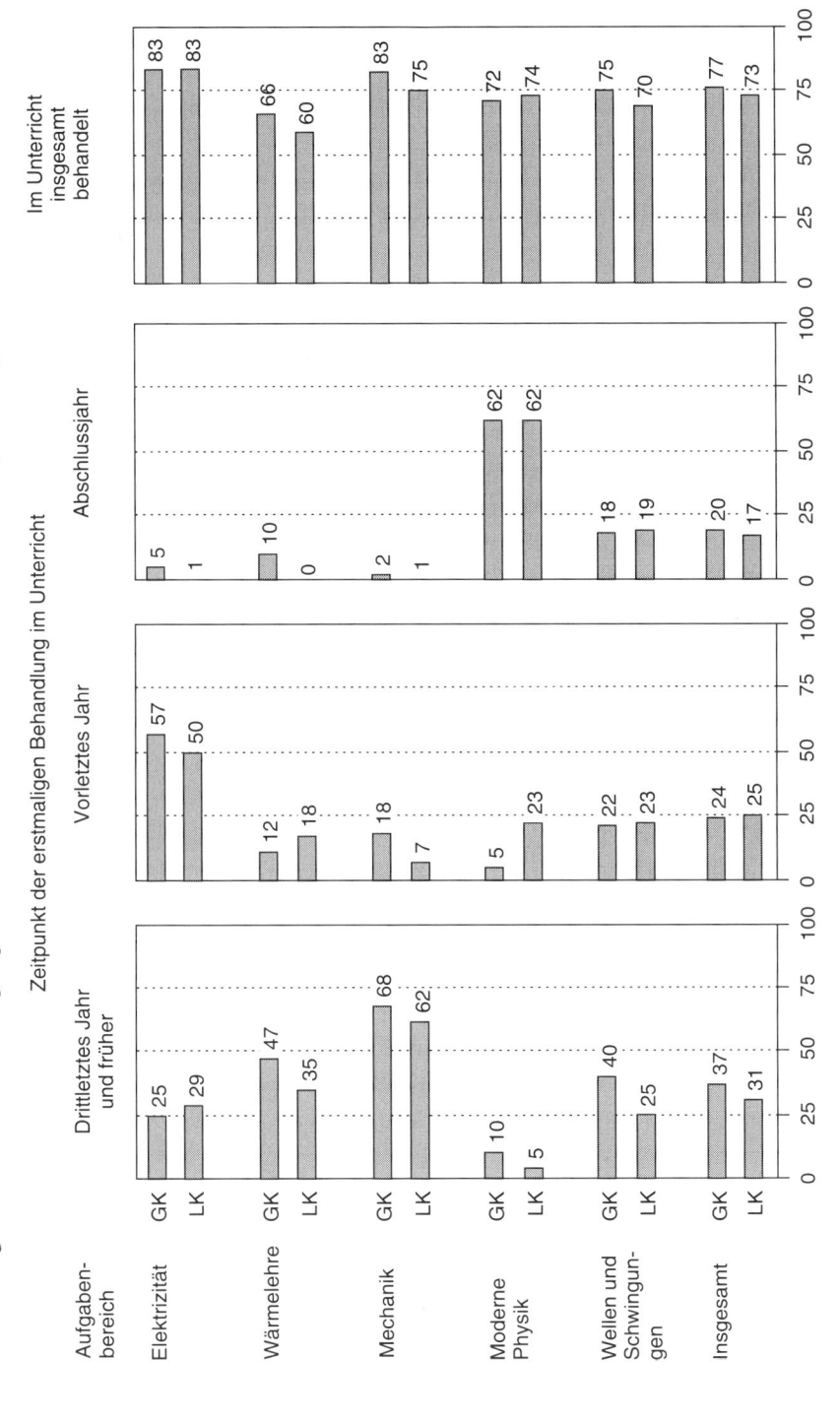

Zeitpunkt der erstmaligen Behandlung im Unterricht

Aufgaben-bereich		Drittletztes Jahr und früher	Vorletztes Jahr	Abschlussjahr	Im Unterricht insgesamt behandelt
Elektrizität	GK	25	57	5	83
	LK	29	50	1	83
Wärmelehre	GK	47	12	10	66
	LK	35	18	0	60
Mechanik	GK	68	18	2	83
	LK	62	7	1	75
Moderne Physik	GK	10	5	62	72
	LK	5	23	62	74
Wellen und Schwingungen	GK	40	22	18	75
	LK	25	23	19	70
Insgesamt	GK	37	24	20	77
	LK	31	25	17	73

© TIMSS/III-Germany

IEA. Third International Mathematics and Science Study.

Wärmelehre (etwa 30 Prozentpunkte Unterschied), Moderne Physik (knapp 15 Prozentpunkte) sowie Wellen und Schwingungen (gut 15 % Diskrepanz). In ostdeutschen Ländern mit 12 Schuljahren berichten die Fachleiter über deutlich höhere Behandlungsquoten als im Westen bzw. bei 13 Schuljahren; einzige Ausnahme ist das Sachgebiet „Moderne Physik" für Grundkurse, das auch in den neuen Ländern nur ungenügend abgedeckt ist.

Die Korrelation zwischen den Angaben zum Umfang der curricularen bzw. unterrichtlichen Behandlung eines Lehrstoffes einerseits und den von Didaktikexperten eingeschätzten Anforderungsmerkmalen andererseits gibt auch im Fall der voruniversitären Physik wichtige Aufschlüsse zu Schwerpunkten des Oberstufenunterrichts. Im Unterrichtsalltag werden erfreulicherweise vor allem jene Aufgaben behandelt, die problemlösendes Denken, bildliches Denken (hier als eine Art „Querschnittsmerkmal" zu betrachten), Verständnis für experimentelle Anordnungen und Verständnis für symbolische Zeichnungen erfordern. All dies sind komplexe, auf fachliches Verstehen ausgerichtete Anforderungsmerkmale. In den Curricula auf Länderebene bilden experimentelle Themen einen Schwerpunkt. Bei anderen Merkmalen lassen sich klare Unterschiede zwischen Grund- und Leistungskursinhalten feststellen: Während die Lehrpläne für Leistungskurse vor allem gehobene fachliche Wissensinhalte und Mathematisierungen abdecken, beziehen sich Grundkurscurricula verstärkt auf alltagsbezogene Anwendungen. Ähnlich wie in der Mathematik spiegeln sich die kursspezifischen Anforderungsprofile jedoch nicht in den Urteilen der Fachleiter. Deren Angaben zufolge behandeln Grundkurse sogar besonders *selten* alltagsbezogene Fragestellungen. Auch in der Physik wird demnach der Anspruch, Grundkurse durch Anwendungsbezüge zu profilieren, im Unterrichtsalltag nicht eingelöst. Sowohl die mathematischen als auch die physikalischen Grundkurse haben offensichtlich weder in curricularer noch in didaktischer Hinsicht ihre eigene Gestalt als substantieller Teil der vertieften Allgemeinbildung gefunden (vgl. KMK, 1995).

5. Zur kriterialen Validität der Fachleistungstests

Das Design der TIMS-Oberstufenstudie sieht leider keine längsschnittlichen Ergänzungen vor. Insbesondere lässt sich nicht empirisch untersuchen, ob die TIMSS-Tests eine prognostische Validität für den Erfolg im Hochschulstudium besitzen. Als Näherung zu einer solchen empirischen Validierung in Bezug auf Studienanforderungen wurden Hochschullehrer aus acht unterschiedlichen Disziplinen gefragt, ob die Bewältigung von Anforderungen, wie sie die TIMSS-Tests beinhalten, im jeweiligen Studienfach von Bedeutung sind. 44 Professoren aus der

Physik, 35 aus der Informatik, 16 aus der Elektrotechnik und 9 aus dem Bauingenieurwesen begutachteten das ihnen vorgelegte Kerncluster von zehn Physikaufgaben, das alle bei TIMSS getesteten Schüler aus Physikgrund- und -leistungskursen bearbeitet haben. Dieselben Hochschullehrer sowie ergänzend je 43 Professoren der Mathematik, 40 der Betriebswirtschaftslehre, 35 der Soziologie und 30 der Psychologie bewerteten die zehn Aufgaben des Kernclusters aus dem Test zur voruniversitären Mathematik. Die Abbildungen II.15 und II.16 stellen die Ergebnisse dieser Einschätzung dar, wobei jeweils pro Item und Fach der Prozentsatz der Hochschullehrer angegeben ist, die die betreffende Aufgabe für studienrelevant erachteten.

Die zehn Mathematik-Items sind für das Studium der Mathematik durchweg als hochrelevant einzustufen; der Mittelwert beträgt 76 Prozent. Eine Ausnahme bildet lediglich Aufgabe I5, bei der elementarstatistische Schlussfolgerungen über Mittelwerte und Streuungen gezogen werden mussten. Gerade diese Aufgabe ist jedoch für das Studium der Betriebswirtschaftslehre, Soziologie und Psychologie als hochrelevant eingeschätzt worden, ebenso wie das Item I10, bei dem es ebenfalls um logisches Schlussfolgern über Häufigkeitsverteilungen geht, sowie – mit Einschränkungen – Aufgabe I3, in der zwei verschiedene Mathematisierungen eines einfachen ökonomischen Sachverhalts verglichen werden müssen. Die beiden Geometrie-Items dieses Clusters (E7 und E8) haben besondere Bedeutung für angehende Bauingenieure, während Kenntnisse zum Inhaltsbereich Funktionen (I1, I2 und I9) hauptsächlich in der Informatik und der Elektrotechnik, in etwas geringerem Ausmaß auch bei Bauingenieuren und Physikern gefragt sind. Die beiden Aufgaben zur Analysis (E4 und E6) zeigen in der Physik und den technischen Studiengängen hohe Relevanz. Dieses sehr differenzierte Muster belegt, dass es gelungen ist, mit den TIMSS-Aufgaben zentrale Anforderungen des Faches Mathematik abzubilden, die mit unterschiedlichen Schwerpunkten in einer Breite von Studienfächern Bedeutung gewinnen. Über alle Aufgaben und Fächer hinweg bestätigten 70 Prozent der Einstufungen, die die befragten Hochschullehrer vorgenommen haben, die Relevanz für das Hochschulstudium.

Im Bereich der Physik (vgl. Tab. II.17) liegt die mittlere Einstufung mit 56 Prozent etwas niedriger. Die Physikaufgaben sind, den Angaben in der Tabelle II.17 zufolge, besonders gut auf die Anforderungen des Physikstudiums (Mittelwert 74 %) und des Elektrotechnikstudiums (71 %) abgestimmt. Auch hier lassen sich jedoch fachspezifische Schwerpunkte nachweisen: Die drei Aufgaben zur Elektrizitätslehre (E4, E6 und E9) werden in der Elektrotechnik als besonders relevant eingestuft, die beiden Aufgaben zur Mechanik (E3 und E5) bei den Bauingenieuren. Die Aufgaben zur so genannten Modernen Physik hingegen (E2, E7, E8 und E10) sind vor allem

Tabelle II.16: Wichtigkeit der einzelnen Mathematik-Items nach Fachbereichen (in %)

Item	Physik	Mathematik	Informatik	BWL	Soziologie	Bauingenieur	Elektrotechnik	Psychologie	Insgesamt
I1	95	89	100	93	54	100	100	45	83
I2	89	93	100	83	51	89	100	65	83
I3	67	67	91	95	57	67	81	65	74
I4	91	74	74	65	23	89	94	26	64
I5	61	42	77	95	91	67	56	94	73
I6	93	84	69	90	34	100	100	35	73
I7	80	77	60	13	20	89	69	32	52
I8	80	80	54	23	20	100	69	35	54
I9	66	68	80	45	37	78	88	48	61
I10	64	89	89	80	77	89	69	81	79

IEA. Third International Mathematics and Science Study.

© TIMSS/III-Germany

Tabelle II.17: Wichtigkeit der einzelnen Physik-Items nach Fachbereichen (in %)

Item	Physik	Informatik	Bauingenieur	Elektrotechnik	Insgesamt
E1	93	47	67	94	75
E2	77	44	22	56	57
E3	88	41	100	87	73
E4	79	41	33	100	65
E5	86	35	100	94	71
E6	65	21	0	75	46
E7	50	24	11	31	34
E8	56	12	11	25	32
E9	72	41	22	87	59
E10	70	32	22	56	50

© TIMSS/III-Germany

IEA. Third International Mathematics and Science Study.

für das Physikstudium selbst von Bedeutung. Die vergleichsweise niedrigen Kennwerte für E7 und E8 könnten darauf zurückzuführen sein, dass es sich hier um relativ spezielle Wissensfragen handelt: Zur Beantwortung muss man das Funktionsprinzip eines Geiger-Müller-Zählers bzw. die Größenordnung der Avogadroschen Konstanten kennen.

Als Fazit der Validitätseinschätzungen verschiedener Expertengruppen lässt sich festhalten, dass die Aufgaben der TIMSS-Tests zur voruniversitären Mathematik und Physik sowohl die Lehrpläne der Grund- und Leistungskurse als auch die unterrichtliche Realität und die Anforderungen verschiedener Studienfächer in hohem Ausmaß widerspiegeln. Aussagen über den Leistungsstand deutscher Abiturienten auf der Basis dieser Tests besitzen daher hohe Gültigkeit. Die Vielzahl differenzierter Befunde zu Lehrplan- und Unterrichtsschwerpunkten und studienfachspezifischen Anforderungen dokumentiert zudem, dass die eingehende Auseinandersetzung mit gut konstruierten Aufgaben, wie sie durch TIMSS vorliegen, auch der Klärung didaktischer und pädagogisch-psychologischer Fragen dienen kann.

III. Fachleistungen im voruniversitären Mathematik- und Physikunterricht im internationalen Vergleich

Jürgen Baumert, Wilfried Bos und Rainer Watermann

1. Variabilität der Beteiligung an voruniversitären Bildungsprogrammen und Fachleistungen im Mathematik- und Physikunterricht

Obwohl die an TIMSS/III teilnehmenden Länder im Wesentlichen Industriestaaten sind, variiert die Bildungsbeteiligung in der Sekundarstufe II erheblich. Wenn man die Haltekraft oder Retentivität eines Systems am Anteil derjenigen Personen einer Alterskohorte misst, die das letzte Ausbildungsjahr erreichen, schwankt die Retentivitätsquote zwischen 50 und 90 Prozent bei einem Mittelwert von 74 Prozent und einer Standardabweichung von 13 Prozent. Die Variabilität der Bildungsbeteiligung lässt sich nicht, wie wir in Kapitel III des ersten Bandes gezeigt haben, auf Strukturmerkmale der Bildungssysteme zurückführen. Die Retentivität ist unabhängig von der Organisationsstruktur der Oberstufe, der Länge der gesetzlich vorgeschriebenen Schulpflicht, aber auch von Wohlstandsmaßen oder der Höhe der Bildungsinvestitionen. Trotz der mit geringerer Retentivität sinkenden Ausschöpfungsquote der Alterskohorte und damit steigenden Selektivität der Stichprobe ließ sich – erwartungswidrig – eine straffe Korrelation von $r = .54$ zwischen Bildungsbeteiligung und mittlerem nationalem Grundbildungsniveau nachweisen. Wir haben deshalb die Haltekraft eines Schulsystems in der Sekundarstufe II als Indikator für die gesellschaftliche und politische Wertschätzung schulischer Bildung und die Bereitschaft, Zeit und Anstrengung in Bildung zu investieren, interpretiert.

Bemerkenswerterweise ist die Haltekraft eines Bildungssystems auch weitgehend unabhängig von der Expansion voruniversitärer „akademischer" Bildungsgänge. Die Korrelation zwischen der Retentivitätsquote und dem relativen Besuch voruniversitärer Bildungswege beträgt $r = .14$ (nicht signifikant) (vgl. Tab. III.1). Der relative Besuch voruniversitärer Bildungswege in den an TIMSS/III teilnehmenden Ländern variiert ebenfalls beträchtlich. Er liegt zwischen 18 und 80 Prozent der einschlägigen Alterskohorte bei einem Mittelwert von 44 Prozent und einer Standardabweichung von 17 Prozent. Deutschland befindet sich mit einer Quote von 25 Prozent ähnlich wie die anderen deutschsprachigen Länder am unteren Rande der Verteilung. Ähnlich wie bei der Analyse der Haltekraft der Sekundarstufe II insgesamt lässt sich auch kein systematischer Zusammenhang zwischen der Expansion

Tabelle III.1: Ausgewählte Kennziffern für die akademischen Bereiche der Sekundarstufe II der Bildungssysteme der TIMSS/III-Länder

Land	Retentivität im Abschlussjahr der Sekundarstufe II (in % der Alterskohorte)	Relativer Besuch voruniversitärer Bildungswege[1]	Mittleres Alter im Abschlussjahr der voruniversitären Programme	Relativer Besuch des voruniversitären Mathematikunterrichts – MTCI[1]	Relativer Besuch des voruniversitären Physikunterrichts – PTCI[1]	Fachleistungen in Mathematik (Mittelwert)	Fachleistungen der 5 %-Testleistungsbesten der Alterskohorte in Mathematik[2]	Fachleistungen in Physik (Mittelwert)	Fachleistungen der 5 %-Testleistungsbesten der Alterskohorte in Physik[2]
Australien	72	37	18	16	13	525	643	518	598
Dänemark	59	33	19	21	3	522	616	534	–
Deutschland	84	25	19	25	9	455	575	520	582
Frankreich	85	75	18	20	20	557	645	466	550
Griechenland	67	–	18	10	10	513	592	486	555
Island	55	45	–	–	–	–	–	–	–
Italien	74	55	19	20	–	474	569	–	–
Kanada	78	54	19	16	14	509	620	485	574
Lettland	61	–	–	–	6	–	–	488	–
Litauen	51	37	18	3	–	516	–	–	–
Neuseeland	71	70	–	–	–	–	–	–	–
Niederlande	92	34	–	–	–	–	–	–	–
Norwegen	85	48	19	–	8	–	–	581	640
Österreich	93	34	19	33	33	436	570	435	572
Russland	84	–	17	2	2	542	–	545	–
Schweden	71	47	19	16	16	512	608	573	678
Schweiz	84	19	20	14	14	533	629	488	582
Slowenien	93	80	19	75	39	475	664	523	689
Tschechien	83	36	18	11	11	469	558	451	520
Ungarn	65	18	–	–	–	–	–	–	–
USA	65	35	18	14	15	442	543	423	485
Zypern	61	44	18	9	9	518	577	494	562

[1] In Prozent der Alterskohorte. [2] Mittelwert.
IEA. Third International Mathematics and Science Study.

© TIMSS/III-Germany

Tabelle III.2: Länder nach relativem Besuch voruniversitärer Bildungsgänge in Prozent der durchschnittlichen Alterskohorte der 15- bis 19-Jährigen

Ausbau der voruniversitären Bildungsgänge in Prozent der Altersgruppe	Länder
18–34	Schweiz, Deutschland, Dänemark, Niederlande, Österreich
35–49	USA, Tschechien, Australien, Litauen, Zypern, Island, Schweden, Norwegen
50–80	Kanada, Italien, Neuseeland, Frankreich, Slowenien

IEA. Third International Mathematics and Science Study. © TIMSS/III-Germany

des akademischen Sektors und Strukturmerkmalen des Schulsystems erkennen. Der Ausbau des voruniversitären Bereichs variiert unabhängig von der Organisationsstruktur der Oberstufe, dem Prüfungssystem oder anderen Strukturmerkmalen. Regulative Mechanismen scheinen einerseits die individuelle Bildungsnachfrage und andererseits bildungspolitische Entscheidungen über die Öffnung von Bildungsgängen zum tertiären Bereich zu sein. In Systemen mit gesamtschulähnlicher Oberstufenorganisation scheint die Nachfrage nach voruniversitären Programmen regulativ zu wirken, während in gegliederten Systemen die Anerkennung technisch orientierter Bildungsgänge als äquivalenter Zugangsweg zur Universität die Breite des voruniversitären Sektors mitbestimmt. Unter Nutzung der in Tabelle III.1 angegebenen Kennwerte lassen sich drei Ländergruppen bilden, die sich hinsichtlich des Ausbaus ihrer voruniversitären Bildungswege relativ klar unterscheiden.

Infolge der internen Differenzierung und Wahlmöglichkeiten auf der voruniversitären Ebene gibt der relative Besuch dieser Bildungsgänge nur eingeschränkt Auskunft über die Teilnahmequoten am voruniversitären Mathematik- oder Physikunterricht, die durch den mathematik- bzw. physikspezifischen *TIMSS Coverage Index* angezeigt werden (MTCI/PTCI). Die Teilnahmequoten am Mathematikunterricht schwanken zwischen 2 und 75 Prozent der Alterskohorte bei einem Mittelwert von 10 Prozent und einer Standardabweichung von 16 Prozent. Die Variabilität der Teilnahme am Physikunterricht ist deutlich geringer. Die Extremwerte liegen bei 2 und 39 Prozent der Altersgruppe bei einem Mittelwert von 14 Prozent und einer Standardabweichung von 10 Prozent. Deutschland hat für den Mathematikunterricht mit einem *TIMSS Coverage Index* von 25 Prozent eine hohe Beteiligungsrate, die nur in Österreich mit 33 Prozent und Slowenien mit 75 Prozent übertroffen wird. Mit einer Teilnahmequote am Physikunterricht von 9 Prozent der Altersgruppe liegt Deutschland dagegen unter dem internationalen Durchschnitt. Die Modalitäten des Zugangs zu dem jeweiligen Mathematik- oder Physikprogramm sind je nach

Tabelle III.3: Länder nach Modalität des Zugangs zum voruniversitären Mathematik- und Physikunterricht

Wahlmodalität	Länder
Kurs	Australien, Deutschland (nur Physik), Lettland, Norwegen, Slowenien (nur Physik), USA (AP-Kurse, Calculus und Pre-Calculus Degrees)
Programm/Schulzweig/ Schulform	Dänemark, Frankreich, Griechenland, Italien, Litauen, Russland, Schweden, Tschechien, Zypern
Pflicht in allen voruniversitären Bildungsgängen	Deutschland (nur Mathematik), Österreich, Schweiz, Slowenien (nur Mathematik)

IEA. Third International Mathematics and Science Study.   © TIMSS/III-Germany

interner Organisation der akademischen Bildungswege von Land zu Land unterschiedlich geregelt. Tabelle III.3 unterscheidet aufgrund der jeweiligen Wahlmodalität drei Ländergruppen.

In den früheren internationalen Leistungsvergleichen (FIMS, SIMS, FISS, SISS), die den akademischen Bereich der Sekundarstufe II einbezogen haben, wurde regelmäßig auch nach dem Zusammenhang zwischen Selektivität der akademischen Programme und dem erreichten Leistungsniveau gefragt. Erwartungsgemäß fand man immer negative Korrelationen zwischen Teilnahmequote und mittlerem Leistungsniveau. Betrachtete man jedoch allein die Leistungsspitze eines Jahrgangs – etwa die 1 oder 5 Prozent testleistungsstärksten Untersuchungsteilnehmer –, war ein Zusammenhang nicht mehr nachweisbar. Dieser Befund wurde als Hinweis darauf interpretiert, dass ein Ausbau der zur Hochschule führenden Bildungswege Spitzenleistungen nicht beeinträchtige (Husén, 1967; Miller & Linn, 1985; Postlethwaite & Wiley, 1992). Ein damit konsistentes Ergebnis haben wir im Kapitel III des ersten Bandes für die mathematisch-naturwissenschaftliche Grundbildung berichtet. Bei der Analyse der Grundbildungsdaten konnten wir zeigen, dass der *TIMSS Coverage Index* intentionsgemäß eine gute Approximation der Retentivitätsquote der Schulsysteme in der Sekundarstufe II darstellt. Die Teilnahmequoten am voruniversitären Mathematik- und Physikunterricht lassen sich jedoch nicht ohne weiteres mit den Beteiligungsquoten an den einzelnen akademischen Programmen gleichsetzen. Es gibt zwar eine nennenswerte Korrelation ($r = .52$), dennoch sind beide Indikatoren, wie aus Tabelle III.1 zu entnehmen ist, hinreichend distinkt. Deshalb sollten die Zusammenhänge zwischen dem Ausbau der voruniversitären Bildungsgänge bzw. der Teilnahmeraten am voruniversitären Mathematik- und Naturwissenschaftsunterricht und den Leistungsergebnissen separat bzw. multivariat untersucht werden.

Entsprechend den vorliegenden Befunden internationaler Vergleichsuntersuchungen erwarten wir, dass mit abnehmender Selektivität der voruniversitären Mathematik- und Physikkurse und entsprechend steigenden *Coverage Indices* (MTCI und PTCI) die mittleren Fachleistungen sinken. Je straffer der erwartete negative Zusammenhang ist, desto weniger sind die mittleren Länderwerte vergleichbar. Für das Fachleistungsniveau der Leistungsspitze sollte die Selektivität der voruniversitären Mathematik- und Physikkurse allerdings keine Rolle spielen. Hinsichtlich der Auswirkungen eines Ausbaus des akademischen Bereichs in der Sekundarstufe II lassen sich zwei alternative Annahmen begründen. Rechnet man bei einer Expansion des voruniversitären Bereichs mit einer generellen Senkung der Leistungsstandards, wird man auch nach Kontrolle der Beteiligungsraten am voruniversitären Mathematik- und Naturwissenschaftsunterricht eine negative Korrelation zwischen der Breite des voruniversitären Bereichs und den Fachleistungswerten erwarten. Wenn man allerdings davon ausgeht, dass bei einer Öffnung der zur Hochschule führenden Bildungsgänge die interne Selektion in die Fachkurse effektiver verlaufen kann, da ein größerer Personenkreis für die Auswahl zur Verfügung steht, wird man eher mit einem positiven Zusammenhang rechnen.

Bei der Analyse der Daten ist daran zu erinnern, dass bei der geringen Fallzahl von maximal 16 Ländern die geschätzten Koeffizienten instabil sein können. Ferner ist die Teststärke so gering, dass es schwierig sein wird, auftretende Zusammenhänge zufallskritisch abzusichern. Die Analysen haben also primär explorative Funktion. Tabelle III.4 zeigt zunächst die Einfachkorrelationen zwischen den Partizipationsindikatoren und den Fachleistungen der gesamten Untersuchungsgruppe und den 5-Prozent-Testleistungsbesten der Altersgruppe. Interpretiert man die Tendenzen, so zeigen sich die erwarteten negativen Zusammenhänge zwischen MTCI bzw. PTCI

Tabelle III.4: Korrelationen zwischen Beteiligungsindikatoren und mittleren Fachleistungen der TIMSS-Teilnehmerstaaten im Mathematik- und Physikunterricht

Prädiktor	Mathematik-leistung	Physik-leistung	Mathematikleistung der 5 %-Test-leistungsbesten	Physikleistung der 5 %-Test-leistungsbesten
Relativer Besuch voruniversitärer Bildungsgänge	.17 ($n = 14$)	.13 ($n = 13$)	.47 ($n = 13$)	.39 ($n = 12$)
Relativer Besuch des voruniversitären Mathematik-/Physikunterrichts	−.39 ($n = 16$)	−.30 ($n = 16$)	.46 ($n = 14$)	.36 ($n = 13$)

IEA. Third International Mathematics and Science Study. © TIMSS/III-Germany

und Fachleistungen für die gesamte Gruppe. Für die 5-Prozent-Testleistungsbesten der Kohorte verkehrt sich jedoch überraschenderweise das Vorzeichen. Bei einer breiteren Beteiligung am Mathematik- und Physikunterricht sinkt das mittlere Leistungsniveau der Gruppen insgesamt, gleichzeitig steigen – vermutlich aufgrund der verbreiterten Selektionsmöglichkeiten – die Spitzenleistungen. Damit sind die Befunde für die Zusammenhänge zwischen relativem Besuch der voruniversitären Bildungsgänge insgesamt und den spezifischen Fachleistungen in der Tendenz konsistent.

Kontrolliert man in Regressionsanalysen wechselseitig die Effekte der beiden Beteiligungsindikatoren, so ergibt sich ein klareres Bild. Mit abnehmender Selektivität der voruniversitären Mathematik- und Physikkurse sinken die mittleren Fachleistungen, ohne dass die Ergebnisse der Leistungsspitze beeinträchtigt würden. Im Gegenteil: Es deuten sich positive Auswirkungen einer verbreiterten Basis für die Erzielung von Spitzenleistungen an. Dieser positive Effekt verbesserter interner Selektion wird ebenfalls für den relativen Besuch der voruniversitären Bildungsgänge insgesamt sichtbar.

Tabelle III.5: Regression von mittleren Fachleistungen der TIMSS-Teilnehmerstaaten auf Beteiligungsindikatoren (standardisierte Regressionskoeffizienten[1])

Prädiktor	Mathematikleistung	Mathematikleistung der 5 %-Testleistungsbesten	Physikleistung	Physikleistung der 5 %-Testleistungsbesten
Relativer Besuch voruniversitärer Bildungsgänge	.54	.31	.39	.28
Relativer Besuch des voruniversitären Mathematik-/ Physikunterrichts	–.68	.29	–.50	.22
R^2	.36	.28	.20	.19

[1] Koeffizienten sind aufgrund der geringen Fallzahlen mit einer Ausnahme nicht zufallskritisch gegen Null absicherbar.

IEA. Third International Mathematics and Science Study. © TIMSS/III-Germany

2. Fachleistungen im voruniversitären Mathematikunterricht im internationalen Vergleich

2.1 Unterschiedliche Definition der Zielpopulation und methodische Folgeprobleme für den internationalen Vergleich

Zielpopulation für die Untersuchung des voruniversitären Mathematikunterrichts sind die Schülerinnen und Schüler, die den letzten Jahrgang der Sekundarstufe II besuchen und zum Zeitpunkt der Erhebung oder im vorangegangenen Unterrichtsjahr einen voruniversitären Mathematikunterricht *(Advanced Mathematics)* besucht haben. Alle diese Schülerinnen und Schüler nehmen an Programmen teil oder besuchen Schulformen, die den Hochschulzugang eröffnen.

An diesem Teil der Untersuchung haben sich 16 Länder beteiligt – überwiegend europäische Staaten. Diese Länder unterscheiden sich nicht nur erheblich – wie wir in Abschnitt 1 gezeigt haben – im Ausbaustand der zur Hochschule führenden Bildungsgänge, sondern auch – und zwar unabhängig von der jeweiligen Breite des Hochschulzugangs – hinsichtlich des relativen Besuchs des voruniversitären Mathematikunterrichts und der Bedeutung, die dieser im jeweiligen Bildungsprogramm erhält. Tabelle III.6 weist den relativen Besuch akademischer Bildungsgänge und den Anteil jener Personen am Altersjahrgang, die einen voruniversitären Mathematik- oder Physikkurs besuchen *(Mathematics and Physics TIMSS Coverage Indices* [MTCI, PTCI]), sowie den in den einzelnen Ländern erreichten Ausschöpfungsgrad der TIMSS-Stichprobe *(Sample Coverage)* aus.

Man würde in der Differenz zwischen dem relativen Besuch akademischer Bildungsgänge und der Teilnahme am voruniversitären Mathematikunterricht – und die Differenzen können, wie ein Blick in Tabelle III.6 ausweist, groß sein – gern einen Indikator für die bildungstheoretische Bedeutung der Mathematik im Rahmen voruniversitärer Bildungsgänge sehen. Leider ist diese Interpretation nicht möglich, da die internationale Rahmendefinition der Zielpopulation den jeweiligen institutionellen Gegebenheiten der Teilnehmerstaaten entsprechend unterschiedlich konkretisiert werden musste. So haben etwa Deutschland, Österreich, die Schweiz und Slowenien praktisch alle Teilnehmer am obligatorischen Mathematikunterricht in Bildungsgängen, die zur allgemeinen Hochschulreife führen, in die Untersuchung einbezogen. Dagegen haben die meisten anderen Länder *Advanced Mathematics* enger definiert und die Zielpopulation auf Besucher von Schulformen oder curricularen Programmen mit spezifisch mathematisch-naturwissenschaftlichem Profil beschränkt. So haben etwa Frankreich und Schweden – in beiden Ländern ist die Teilnahme am Mathematikunterricht in zur Universität führenden Bil-

Tabelle III.6: Relativer Besuch akademischer Programme und Ausschöpfungsgrad der Teilpopulationen mit voruniversitärem Mathematik- bzw. Physikunterricht nach Ländern in Prozent des einschlägigen Altersjahrgangs[1] *(Mathematics and Physics TIMSS Coverage Indices* [MTCI, PTCI])

Land		Ausschöpfungsgrad *(Coverage Efficiency)*			
	Personen in akademischen Programmen	Personen in voruniversitären Mathematikprogrammen (MTCI)	Stichprobenausschöpfung Mathematik *(Sample Coverage)*	Personen in voruniversitären Physikprogrammen (PTCI)	Stichprobenausschöpfung Physik *(Sample Coverage)*
Australien	37	16	55	13	54
Dänemark	33	21	49	3	47
Deutschland[2]	25	25	78	9	82
Frankreich	75	20	77	20	77
Griechenland	–	10	87	10	87
Italien	55	14	68	–	–
Kanada	54	16	77	14	73
Lettland	–	–	–	3	77
Litauen	37	3	92	–	–
Norwegen	48	–	–	8	83
Österreich	34	33	81	33	81
Russland	–	2	96	2	95
Schweden	47	16	89	16	89
Schweiz	19	14	87	14	87
Slowenien	80	75	42	39	43
Tschechien	36	11	92	11	92
USA	35	14	67	15	68
Zypern	44	9	96	9	96

[1] Durchschnittlicher Jahrgang der 15- bis 19-Jährigen 1995.
[2] Abweichungen vom internationalen Report (Mullis u.a., 1998) aufgrund der Verwendung von Populations- anstelle von Stichprobendaten in diesem Bericht.

IEA. Third International Mathematics and Science Study. © TIMSS/III-Germany

dungsgängen Pflicht – spezialisierte Subgruppen als Zielpopulation ausgewählt: Frankreich die Besucher des *Lycée d'Enseignement Général Scientifique* und Schweden die Schülerinnen und Schüler, die entweder den naturwissenschaftlichen oder technologischen Zug der Sekundarstufe II gewählt hatten. Die nationale Definition der Zielpopulation hängt also von den Modalitäten des jeweiligen institutionellen Zugangs zum voruniversitären Mathematikunterricht ab. In Tabelle III.7 haben wir versucht, Ländergruppen nach der Art der institutionellen Definition der Ziel-

Tabelle III.7: Zielpopulation der voruniversitären Mathematik- und Physikuntersuchung nach institutioneller Definition und Ländern

Institutionell definierte Zielpopulation	Länder
Schulformen/Programme mit mathematisch-naturwissenschaftlichem Schwerpunkt	Frankreich, Italien, Litauen, Kanada (nur Provinz Quebec), Schweden, Zypern
Spezialisierte Kurse innerhalb von voruniversitären Bildungsgängen	Dänemark, Deutschland (nur Physik), Griechenland, Lettland, Norwegen, Russland, Slowenien (nur Physik)
Spezialkurse innerhalb der Sekundarstufe II	Australien, Kanada (ohne Provinz Quebec), USA
Voruniversitäre Bildungsgänge (Schulformen/Programme) mit obligatorischem Mathematik- bzw. Physikunterricht	Deutschland (nur Mathematik), Österreich, Schweiz, Slowenien (nur Mathematik), Tschechien

IEA. Third International Mathematics and Science Study.   © TIMSS/III-Germany

population für die TIMSS-Mathematik- und Physikoberstufenuntersuchung zu unterscheiden.

Der relative Besuch voruniversitärer Mathematikkurse hängt, wie wir im vorangegangenen Abschnitt gezeigt haben, unmittelbar mit den mittleren Fachleistungen zusammen. Mit verbreitertem Zugang zum Mathematikunterricht sinkt die zu erwartende mittlere Fachleistung. Der Zusammenhang ist mit $r = -.39$ bedeutsam (vgl. Tab. III.4). Aber auch die unterschiedliche Form der Institutionalisierung des Mathematikunterrichts auf der Sekundarstufe II, mit der das Stundenaufkommen, die Kontinuität des Unterrichts und die Kombination mit verwandten Fächern festgelegt werden, dürfte Auswirkungen auf die zu erwartenden Leistungsresultate haben. Schließlich darf man auch die unterschiedlichen Ausschöpfungsquoten der Stichprobe bei der Interpretation der Befunde nicht übersehen: Australien, Dänemark und Slowenien erzielten aufgrund unzureichender Beteiligungsbereitschaft von Schulen nur Beteiligungsquoten zwischen 42 und 55 Prozent. In Deutschland konnten wir nachweisen, dass die Beteiligungsbereitschaft von Schulen mit der Leistungsfähigkeit ihrer Schüler in gewissem Maße kovariiert (vgl. Kap. I des ersten Bandes).

Am Beispiel der Verteilung der Mathematikleistungen von deutschen, österreichischen und Schweizer Schülerinnen und Schülern wollen wir veranschaulichen, welche Bedeutung unterschiedliche Beteiligungsraten am voruniversitären Mathematikunterricht (MTCI) für den internationalen Vergleich von Fachleistungen haben. Tabelle III.8 zeigt die mittleren Mathematikleistungen der Abiturienten in den drei Ländern für unterschiedliche Anteile der Alterskohorte. Die Mittelwerte der Gesamtstichproben unterscheiden sich mit 533 (Schweiz), 455 (Deutschland) und 436 Testpunkten (Österreich) signifikant. Die untersuchte Schülerschaft der einzelnen

Tabelle III.8: Mathematikleistungen unterschiedlich selektiver Teilstichproben nach ausgewählten Ländern (Mittelwerte, Standardfehler in Klammern und Standardabweichungen)

Land	MTCI	Gesamtstichprobe		20 %-Testleistungsbesten des Altersjahrgangs Mittelwert (SE)	10 %-Testleistungsbesten des Altersjahrgangs Mittelwert (SE)	5 %-Testleistungsbesten des Altersjahrgangs Mittelwert (SE)
		Mittelwert (SE)	Standardabweichung			
Österreich	33	436 (7.2)	91	494 (4.0)	537 (4.1)	570 (5.2)
Deutschland	25	455 (6.9)	89	489 (2.8)	539 (1.9)	575 (2.0)
Schweiz	14	533 (5.0)	90	–	575 (3.9)	629 (4.7)

IEA. Third International Mathematics and Science Study. © TIMSS/III-Germany

Länder repräsentiert jedoch sehr unterschiedliche Ausschnitte des Altersjahrgangs. In Österreich besuchen den voruniversitären Mathematikunterricht 33, in Deutschland 25 und in der Schweiz 14 Prozent des durchschnittlichen Referenzjahrgangs. Betrachtet man nur die 20- oder 10-Prozent-Testleistungsbesten des Jahrgangs in Deutschland und Österreich, verschwinden die Unterschiede, während der Abstand zur Schweiz, verglichen mit der Gesamtstichprobe, konstant bleibt. Bei einer Betrachtung allein der Leistungsspitze der 5-Prozent-Testleistungsbesten ändert sich an den Positionen von Deutschland und Österreich nichts, während sich die Differenz zur Schweiz beinahe verdoppelt. Dieses Beispiel zeigt deutlich, dass je nach dem betrachteten Ausschnitt der Leistungsverteilung differentielle Vergleiche notwendig sind. Dies ist kein Mangel der TIMS-Studie, wie gelegentlich vermutet wurde (Demmer, 1998), sondern eine Folge der Differenziertheit der Sekundarstufe II.

Um faire internationale Vergleiche durchzuführen, müssen die Länderergebnisse in der einen oder anderen Weise einheitlich normiert werden, sodass vergleichbare Ausschnitte der Leistungsverteilung zueinander in Beziehung gesetzt werden. Dieses Verfahren ist aber, wie wir in Kapitel III des ersten Bandes gezeigt haben, keineswegs unproblematisch; denn es geht von der Annahme aus, dass sich die Leistungsverteilungen der Untersuchungsteilnehmer und des übrigen Teils der Alterskohorte nicht überlappen. Diese Annahme ist für den voruniversitären Mathematikunterricht wahrscheinlich plausibler als für den Grundbildungsbereich zu treffen, da die für eine erfolgreiche Bearbeitung der Aufgaben des voruniversitären Mathematiktests erforderlichen Kenntnisse ohne systematischen Unterricht kaum erwerbbar sind. Dennoch sei daran erinnert, dass eine Reihe von Ländern mit ihrer nationalen Definition der Zielpopulation Personengruppen aus der Untersuchung ausgeschlossen haben, die einen obligatorischen Mathematikunterricht auf der Oberstufe besuchen und mit ihren Leistungen durchaus in den Bereich der eigentlichen Zielpopulation hineinragen könnten. Normieren wir zum Zwecke des fairen Vergleichs die Beteiligungsquoten (MTCIs), müssen wir diese Tatsache im Auge behalten, und zwar vor allem dann, wenn der normierte und nichtnormierte MTCI dicht beieinander liegen. In diesen Fällen können jene Länder bevorzugt werden, deren Vergleichsgruppe durch das Abtrennen eines größeren Teils der Leistungsverteilung stärker homogenisiert wurde. Betrachtet man etwa die Mathematikleistungen der testleistungsstärksten 10 Prozent einer Alterskohorte, so kann man aufgrund dieses Effekts eine gewisse Benachteiligung Griechenlands und Tschechiens nicht ausschließen. Dagegen dürften diese Bedenken für einen Vergleich der Spitzengruppen der testleistungsstärksten 5 Prozent einer Alterskohorte nicht mehr zutreffen. Schließlich sei noch daran erinnert, dass bei Normierung des MTCI die Festlegung des Trennpunktes aufgrund der nicht perfekten Reliabilität des Tests auch fehlerbehaftet ist. Dieser Fehler wird bei der Schätzung der Konfidenzintervalle für die Mittelwerte der normierten Verteilungsabschnitte nicht berücksichtigt.

2.2 Internationaler Vergleich

Einen Ausgangspunkt des internationalen Vergleichs bietet Abbildung III.1. Diese Abbildung weist die relativen Beteiligungsquoten am voruniversitären Mathematikunterricht, das mittlere Alter der Probanden sowie die unkorrigierten mittleren Leistungsergebnisse für das Fach Mathematik geordnet nach Ländern aus[1].

Faire Vergleiche verlangen die Betrachtung äquivalenter Jahrgangsanteile. Wir wollen deshalb im Folgenden multiple internationale Vergleiche mit unterschiedlich normierten MTCIs vornehmen. Ziel dieser Mehrfachvergleiche ist die Prüfung der Stabilität der Befunde und die Aufdeckung eventueller Normierungseffekte. Im ersten Schritt haben wir die Mathematikleistungen deutscher Schüler der gymnasialen Oberstufe mit denen äquivalenter Gruppen aus den unmittelbaren Nachbarländern Dänemark, Frankreich und Österreich verglichen, nachdem die MTCIs einheitlich auf 20 Prozent normiert worden waren. Die Testleistungen der deutschen Schülerinnen und Schüler liegen unter dem internationalen Mittelwert von 500. Die entsprechenden Ergebnisse österreichischer Schüler liegen auf demselben Niveau der deutschen Vergleichsgruppen (Abb. III.2). Österreich und Deutschland werden möglicherweise durch die Normierung des MTCI gegenüber Dänemark

---

[1] Wir sind dabei der Anregung von TIMSS-Schweiz (Ramseier, Keller & Moser, 1999) gefolgt und haben die Länder in der Reihung der Leistungsresultate der 5-Prozent-Testleistungsbesten des Altersjahrgangs aufgeführt, um ein *Ranking* der unkorrigierten Leistungswerte zu erschweren.

Abbildung III.1: Fachleistungen im voruniversitären Mathematikunterricht nach Ländern, geordnet nach den mittleren Mathematikleistungen der 5-Prozent-Testleistungsstärksten der Altersgruppe (Mittelwerte und Standardfehler)

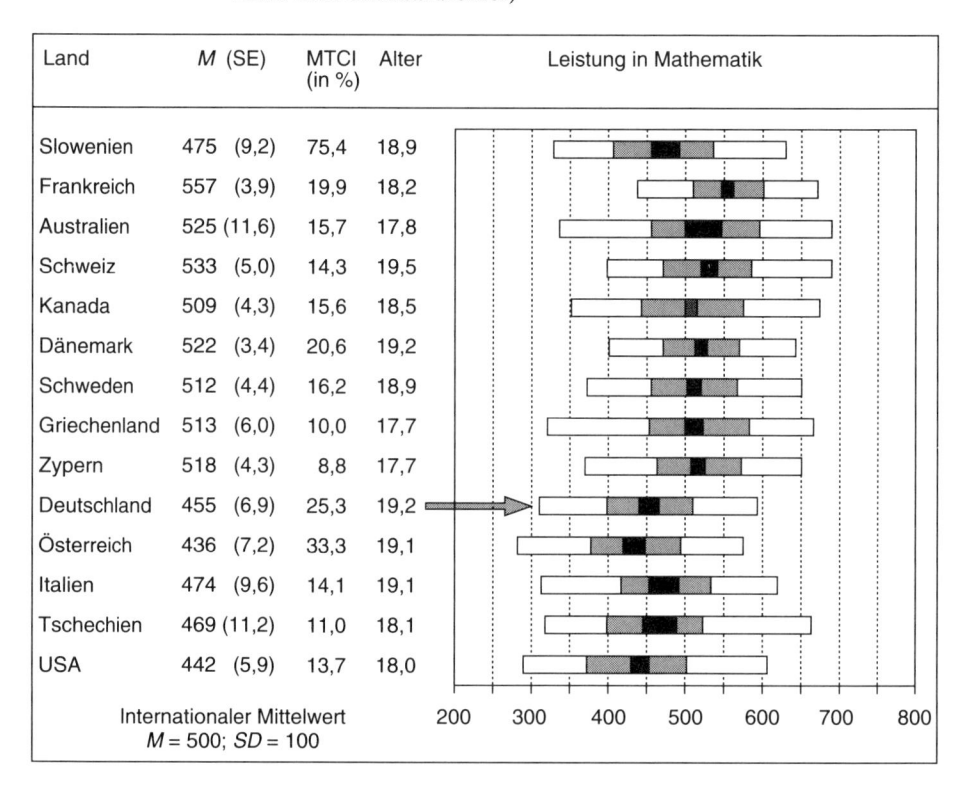

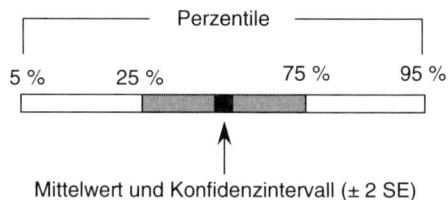

Land	M (SE)	MTCI (in %)	Alter	Leistung in Mathematik
Slowenien	475 (9,2)	75,4	18,9	
Frankreich	557 (3,9)	19,9	18,2	
Australien	525 (11,6)	15,7	17,8	
Schweiz	533 (5,0)	14,3	19,5	
Kanada	509 (4,3)	15,6	18,5	
Dänemark	522 (3,4)	20,6	19,2	
Schweden	512 (4,4)	16,2	18,9	
Griechenland	513 (6,0)	10,0	17,7	
Zypern	518 (4,3)	8,8	17,7	
Deutschland	455 (6,9)	25,3	19,2	
Österreich	436 (7,2)	33,3	19,1	
Italien	474 (9,6)	14,1	19,1	
Tschechien	469 (11,2)	11,0	18,1	
USA	442 (5,9)	13,7	18,0	

Internationaler Mittelwert
M = 500; SD = 100

Perzentile
5 %   25 %   75 %   95 %

Mittelwert und Konfidenzintervall (± 2 SE)

IEA. Third International Mathematics and Science Study. © TIMSS/III-Germany

Abbildung III.2: Fachleistungen im voruniversitären Mathematikunterricht nach ausgewählten Ländern (MTCI = 20 %)

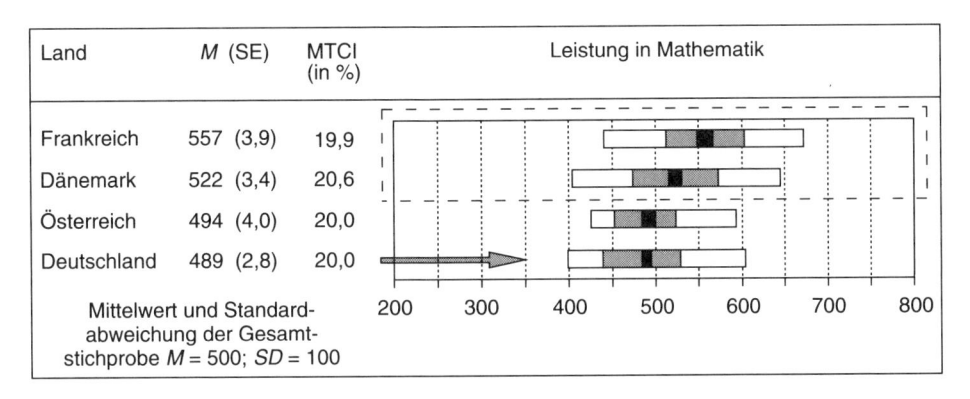

Land	M (SE)	MTCI (in %)	Leistung in Mathematik
Frankreich	557 (3,9)	19,9	
Dänemark	522 (3,4)	20,6	
Österreich	494 (4,0)	20,0	
Deutschland	489 (2,8)	20,0	
Mittelwert und Standardabweichung der Gesamtstichprobe $M = 500$; $SD = 100$			200 300 400 500 600 700 800

☐ Signifikant ($p < .05$) über dem deutschen Mittelwert liegende Spitzengruppe.

IEA. Third International Mathematics and Science Study.   © TIMSS/III-Germany

und Frankreich leicht bevorzugt, während Dänemarks Leistungsergebnisse aufgrund des geringen Ausschöpfungsgrades der Stichprobe wahrscheinlich überschätzt werden. Die durchschnittlichen Leistungen der französischen Schüler, die alle den mathematisch-naturwissenschaftlichen Zug des *Lycée d'Enseignement Général* besuchen und mindestens 6 Wochenstunden à 55 Minuten Mathematikunterricht erhalten, liegen erwartungsgemäß über den Ergebnissen der deutschen Gymnasiasten. Der Abstand ist – gemessen in Einheiten der Standardabweichung der deutschen Leistungsverteilung – sehr groß ($d = 1,08$).

Vergleicht man im zweiten Schritt die jeweils testleistungsstärksten 10 Prozent der einschlägigen Alterskohorte – bei diesem Vergleich können nahezu alle Teilnehmerstaaten berücksichtigt werden –, so liegen die Leistungen deutscher und österreichischer Schüler im unteren Mittelbereich (vgl. Abb. III.3). Nur die Schüler aus Italien, Griechenland, Tschechien und den USA schneiden schlechter ab, wobei Griechenland und Tschechien aufgrund des Normierungsverfahrens des MTCI benachteiligt sein dürften. Die testleistungsstärksten 10 Prozent der Schüler aus allen anderen Ländern erreichen signifikant bessere Testergebnisse. Die Differenzen zu den deutschen Ergebnissen liegen zwischen 25 Punkten (Schweden) und 90 Punkten (Slowenien) ($d = 0,55$ bzw. $d = 1,97$). Bei einem Vergleich der testleistungsbesten 5 Prozent der Altersgruppe – in Deutschland sind dies ganz überwiegend Leistungskursteilnehmer – wiederholt sich das Bild. Die Leis-

Abbildung III.3: Fachleistungen der testleistungsstärksten 10 Prozent einer Alterskohorte im voruniversitären Mathematikunterricht nach Ländern (Mittelwerte und Vertrauensintervalle)

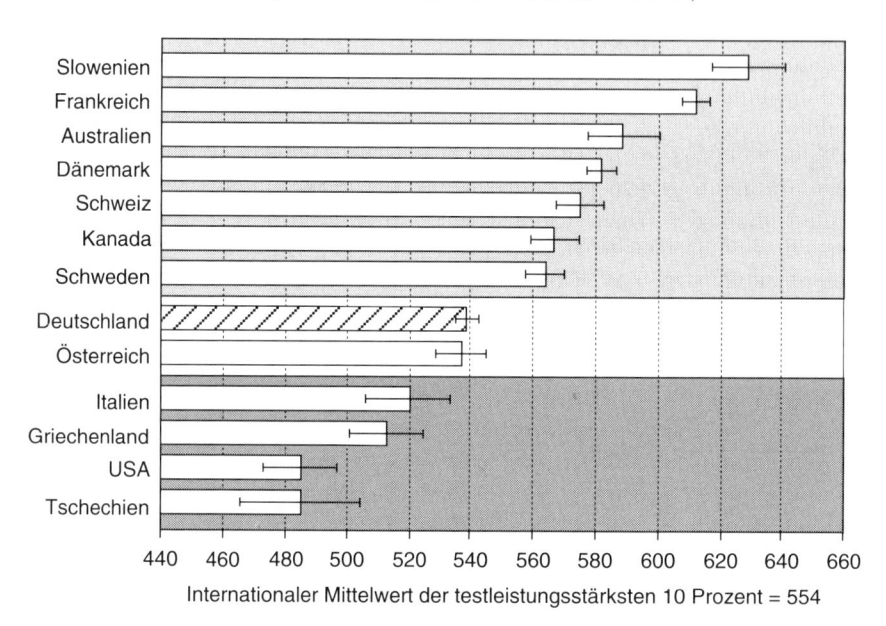

IEA. Third International Mathematics and Science Study. © TIMSS/III-Germany

tungsergebnisse für Griechenland und Tschechien dürften jetzt korrekt geschätzt sein (vgl. Abb. III.4).

Differenziert man die Leistungsergebnisse nach großen mathematischen Stoffgebieten (Zahlen und Funktionen, Analysis, Geometrie und analytische Geometrie), so ist insgesamt eine große Stabilität der Befunde erkennbar. Die Korrelationen der drei Rangreihen liegen zwischen $r = .68$ und $r = .74$. Dennoch lassen sich offenbar durch curriculare Tradition bedingte Profilmuster erkennen. Während die europäischen Länder Dänemark, Deutschland, Österreich, die Schweiz und Tschechien ihre relative Stärke in der Geometrie haben, scheint dieses Gebiet in Australien, Griechenland und den USA geringeres Gewicht zu haben und die Analysis stärker im Vordergrund zu stehen (vgl. Mullis u.a., 1998, S. 146 ff.).

Abbildung III.4: Fachleistungen der testleistungsstärksten 5 Prozent einer Alterskohorte im voruniversitären Mathematikunterricht nach Ländern (Mittelwerte und Vertrauensintervalle)

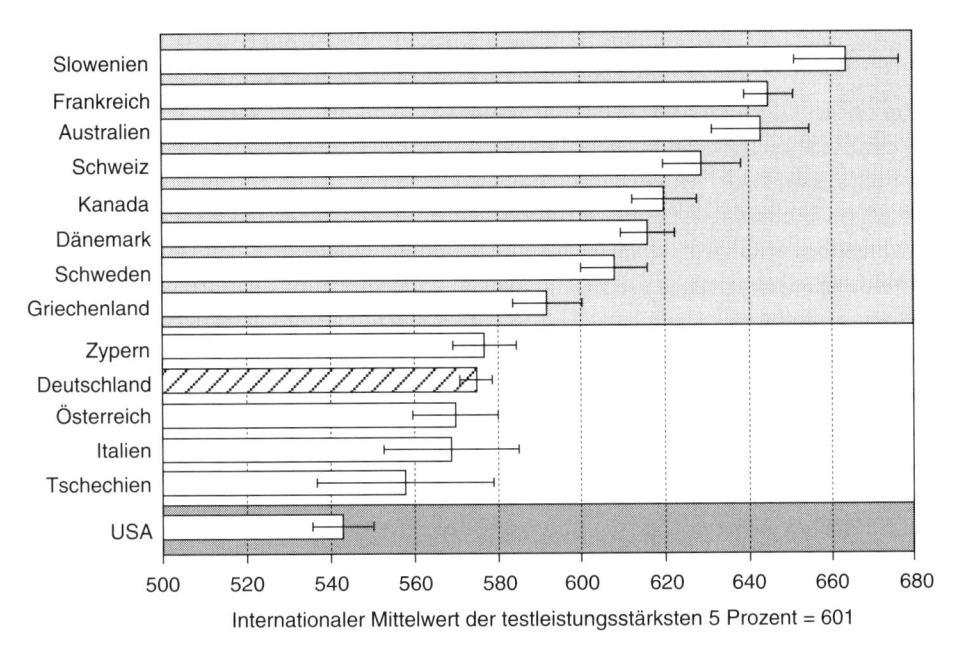

[Balkendiagramm: Länderreihenfolge von oben nach unten: Slowenien, Frankreich, Australien, Schweiz, Kanada, Dänemark, Schweden, Griechenland, Zypern, Deutschland, Österreich, Italien, Tschechien, USA. X-Achse: 500 bis 680.]

Internationaler Mittelwert der testleistungsstärksten 5 Prozent = 601

☐ Signifikant (p < .05) über dem deutschen Mittelwert liegende Länder.
☐ Nicht signifikant vom deutschen Mittelwert abweichende Länder.
■ Signifikant (p < .05) unter dem deutschen Mittelwert liegende Länder.

IEA. Third International Mathematics and Science Study. © TIMSS/III-Germany

2.3 Einzelvergleiche

Um die spezifischen Organisationsstrukturen des voruniversitären Bereichs in den Vergleichsländern besser berücksichtigen zu können, sollen im Folgenden ergänzende Einzelvergleiche vorgenommen werden. *Deutschland* und *Österreich* gehören zu den Ländern, in denen der Mathematikunterricht in den zur Hochschulreife führenden Bildungsgängen im Prinzip obligatorisch ist. In beiden Ländern gilt der Mathematikunterricht als notwendiger Bestandteil einer vertieften Allgemeinbildung. In der Definition der Zielpopulation für TIMSS/III unterscheiden sich Deutschland und Österreich jedoch systematisch. Während in Deutschland ausschließlich die allgemeinbildenden gymnasialen Oberstufen – in den neuen Bundesländern mit der 12. und in den alten Bundesländern mit der 13. Jahrgangsstufe – berücksichtigt wurden, hat Österreich sowohl Schüler aus den Allgemeinbildenden Höheren Schulen (AHS), die nach 12-jährigem Schulbesuch abschließen, als auch Schüler der Technischen und Beruflichen Höheren Schulen (BHS), die nach 13-jährigem Schulbesuch die Matura zusammen mit einem beruflichen Zertifikat erhalten, im Rahmen des voruniversitären Untersuchungsprogramms getestet. In Deutschland wurden also die Fachgymnasien, Kollegschulen und Oberstufenzentren, aber auch die Fachoberschulen nicht in die Untersuchung des voruniversitären Mathematikunterrichts einbezogen. Dementsprechend differieren die im MTCI zum Ausdruck kommenden Beteiligungsquoten mit 33 Prozent in Österreich und 25 Prozent in Deutschland (unter Berücksichtigung der beruflichen Schulen hätte Deutschland einen MTCI von etwa 36 % erreicht). Die Differenz der nichtnormierten Leistungsmittelwerte, die bei 19 Punkten liegt, ist daher auch nicht überraschend. Vergleicht man nur die 10- bzw. 5-Prozent-Testleistungsbesten des Altersjahrgangs, verschwinden die Unterschiede.

Deutschland und die *Schweiz* haben gleichermaßen alle Gymnasiastinnen und Gymnasiasten in die Untersuchung einbezogen. In beiden Ländern ist die Teilnahme am Mathematikunterricht in den zum Abitur führenden Bildungsgängen praktisch Pflicht. Deutschland ist allerdings im Zugang zur gymnasialen Oberstufe weit weniger restriktiv als die Schweiz. Der Anteil der in die Untersuchung einbezogenen Abiturienten am Referenzjahrgang ist in Deutschland mit 25 Prozent nahe doppelt so hoch wie in der Schweiz mit einem Anteil von 14 Prozent. Diese unterschiedlichen MTCIs erklären teilweise die große Differenz der nicht korrigierten Mittelwerte (vgl. Abb. F2.1) – aber eben nur teilweise. Vergleicht man die 10-Prozent-Testleistungsbesten des Altersjahrgangs beträgt der Abstand immer noch 36 Punkte ($d = 0{,}77$) und bei einem Vergleich der 5-Prozent-Testleistungsbesten wächst er sogar wieder auf 54 Punkte ($d = 1{,}51$). In dieser Gruppe konkurrieren deutsche Schülerinnen und Schüler des Mathematikleistungskurses mit den Besuchern des mathematisch-naturwissenschaftlichen Zweigs des schweizerischen Gymnasiums (Maturitätstypus C).

Ähnlich wie in *Deutschland* ist auch in *Frankreich* der Mathematikunterricht in zur Hochschulreife führenden Bildungsgängen obligatorisch. In Frankreich ist allerdings der relative Besuch dieser Bildungsgänge mit 40 Prozent für das *Baccalauréat Général* und 35 Prozent für das *Baccalauréat Technologique* weitaus höher als in Deutschland. In die Untersuchung der Fachleistungen im voruniversitären Mathematikunterricht hat Frankreich deshalb auch nur die Besucher des mathematisch-naturwissenschaftlichen Zuges des *Lycée d'Enseignement Général* einbezogen, deren

Anteil sich auf 20 Prozent des Jahrgangs beläuft. Die Besucher dieses Zuges sind traditionell eine in allen Leistungsbereichen hochausgelesene Gruppe. Normiert man die Vergleichsgruppen auf 20 Prozent des Jahrgangs, liegen die Mathematikleistungen der französischen Schülerinnen und Schüler – allerdings bei deutlich höherem Unterrichtsaufkommen für dieses Fach – rund 70 Punkte ($d = 1,08$) über den mittleren Fachleistungen der deutschen Vergleichsgruppe, die zugleich ein Jahr älter ist. An diesem Leistungsabstand ändert sich auch praktisch nichts, wenn man die 10- oder 5-Prozent-Testleistungsbesten der Kohorte vergleicht. In diesen großen Leistungsunterschieden spiegeln sich mit aller Deutlichkeit kulturspezifische Schwerpunktsetzungen im voruniversitären Curriculum wieder. In Frankreich hat das Fach Mathematik eine überaus prominente Stellung im Bildungsprogramm.

Im *schwedischen Gesamtschulsystem* werden nach der 1996 abgeschlossenen Oberstufenreform in der Sekundarstufe II 16 Programme angeboten, die alle zur Studienberechtigung führen. Mathematikunterricht ist Pflichtbestandteil aller Programme. In die TIMSS-Oberstufenuntersuchung für Mathematik hat Schweden allerdings nur die Schülerinnen und Schüler des naturwissenschaftlichen und technischen Programms einbezogen. Ihr Anteil macht rund 16 Prozent des Referenzjahrgangs aus. Bei einem Vergleich normierter Jahrgangsanteile zwischen Deutschland und Schweden wird deutlich, dass Schüler des schwedischen Gesamtschulsystems im Fach Mathematik – bemerkenswerterweise bei eher geringerem Wochenstundenaufkommen – höhere Leistungsstandards erreichen. Dabei nehmen die Unterschiede in der Leistungsspitze zu. Die Differenzen betragen für die testleistungsbesten 10 Prozent des Altersjahrgangs 25 und die 5-Prozent-Testleistungsbesten 33 Punkte ($d = 0,55$; $d = 0,92$).

Die schwedischen Befunde sind insbesondere im Vergleich zu den Ergebnissen der *USA* bemerkenswert. Das schwedische Gesamtschulsystem verbindet in der Oberstufe einen relativ breiten Sockel obligatorischer Allgemeinbildung mit Spezialisierungsmöglichkeit in 16 Programmen, die einen klaren inhaltlichen Fokus besitzen und für Kontinuität des Lernens sorgen. Demgegenüber strukturiert die amerikanische High School, die ebenfalls bis zum Ende der Sekundarstufe II als Gesamtschule geführt wird, Bildungskarrieren über individuelle Kurswahlen. Diese führen schon relativ früh zu einer impliziten Differenzierung eines akademischen und beruflichen Programms. Beide Programme sind jedoch nicht formalisiert und insofern strukturschwach. In den USA wurden jene Schülerinnen und Schüler in die Mathematikuntersuchung einbezogen, die zum Untersuchungszeitpunkt oder im vorangegangenen Semester einen *Calculus*- oder *Precalculus*-Kurs belegt hatten. Der Besuch dieser Kurse ist ein klarer Indikator für die latente Zugehörigkeit zum akademischen Programm. Der Anteil der Schüler, die einen solchen Kurs besuchen, beläuft sich auf etwa 14 Prozent des Referenzjahrgangs. Die von dieser Gruppe erreichten Testresultate sind für die USA wenig befriedigend. Dies wird insbesondere im Vergleich zu Schweden deutlich, wo ein ähnlicher Jahrgangsanteil untersucht wurde. Die Differenz reicht nahe an eine Standardabweichung heran. Auch ein Vergleich zwischen Deutschland und den USA, der die testleistungsstärksten 10 Prozent einer Alterskohorte berücksichtigt, geht bei einem Unterschied von 54 Punkten ($d = 1{,}21$) deutlich zu Gunsten Deutschlands aus. Bei der Beurteilung dieser Ergebnisse ist allerdings zu berücksichtigen, dass die amerikanischen Schulabsolventen ein Jahr jünger als die deutschen Abiturienten sind und, sofern sie an eine Hochschule wechseln, ihre Allgemeinbildung keineswegs abgeschlossen haben. Im *Undergraduate*-Studium ist ein nicht unerheblicher Zeitanteil obligatorisch zu belegenden allgemeinbildenden Kursen gewidmet. Ferner darf man nicht aus dem Auge verlieren, dass die regionale Leistungsvariabilität in den USA außerordentlich groß ist. Ramseier, Keller und Moser (1999) weisen darauf hin, dass die Leistungsstreuung zwischen den Bundesstaaten ähnlich groß ist wie zwischen Nationen bei internationalen Schulleistungsvergleichen. Einzelne amerikanische Bundesstaaten können in internationalen Vergleichen Spitzenplätze belegen (U.S. Department of Education, 1993).

Den ganz erstaunlichen Fall einer auf 75 Prozent der Alterskohorte ausgedehnten voruniversitären Mathematikausbildung bietet *Slowenien*. Slowenien hat alle allgemeinbildenden und beruflichen Bildungsgänge, die zur Matura führen, dem voruniversitären Mathematiktest unterworfen, da Mathematik zu den obligatorischen Unterrichtsfächern gehört. Allein die Vorstellung, einen vom Stoff her gymnasialen Mathematikunterricht einem derart breiten Anteil einer Altersgruppe erteilen zu wollen, dürfte nicht nur in Deutschland als völlig unrealistisch gelten. Auch wenn man in Rechnung stellt, dass das Gesamtergebnis für Slowenien aufgrund der außerordentlich geringen Stichprobenausschöpfung überschätzt sein dürfte, ist der Befund verblüffend, dass in diesem kleinen Land 75 Prozent der Altersgruppe mittlere Leistungswerte erreichen, die auf demselben Niveau liegen, das in Deutschland Gymnasiasten erzielen. Bei einem Vergleich der testleistungsstärksten 10 oder 5 Prozent der Alterskohorte, bei dem methodische Vorbehalte zu vernachlässigen sind, wird die Exzellenz der slowenischen Spitzengruppen deutlich. Slowenien erreicht in diesen Gruppen bei vergleichbarer Unterrichtszeit in der Oberstufe Mathematikleistungen, die eine Standardabweichung über denen der Vergleichsgruppen in Deutschland liegen. Allein dieser Befund könnte Anlass sein, qualitative Fallstudien in ausgewählten slowenischen Schulklassen durchzuführen. Ramseier, Keller und Moser (1999, S. 147) betonen unter Hinweis auf die unauffälligen Ergebnisse im Grundbildungstest, dass Slowenien eine durchaus „normale" Schülerschaft habe, die aber auf der Sekundarstufe II eine intensive Schulung in Mathematik erhalte. Aus diesen Ergebnissen lassen sich zwei wichtige Botschaften entnehmen:

- Es ist offensichtlich möglich, anspruchsvolle mathematische Inhalte auch einer breiten Schülerschaft erfolgreich zu vermitteln und

- eine Öffnung der Wege zur Hochschulreife muss keineswegs zur Leistungsnivellierung oder Senkung des Niveaus führen. Sondern ganz im Gegenteil: Bei Öffnung des Systems und gleichzeitig steigender Leistungsstreuung (die man vermutlich auch wollen muss) können sich die Möglichkeiten, Spitzenleistungen zu entdecken und zu fördern, verbessern.

2.4 Mathematikleistungen in mathematisch-naturwissenschaftlichen Schwerpunktprogrammen im internationalen Vergleich

Verschiedene Länder haben in ihren voruniversitären Bildungsgängen mathematische oder mathematisch-naturwissenschaftliche Schwerpunktprogramme als spezielle Leistungskurse oder Schulformen bzw. -züge institutionalisiert. Dazu gehören zum Beispiel Deutschland mit dem mathematischen Leistungskurs, Frankreich mit dem *Lycée d'Enseignement Général Scientifique,* die Schweiz mit dem zur Matura C führenden mathematisch-naturwissenschaftlichen Gymnasialzug, Tschechien mit seinem mathematisch-naturwissenschaftlichen Gymnasium oder die USA mit den *Advanced Placement Courses* in Mathematik. Diese Programme sind in der Regel hochselektiv und rekrutieren mathematisch besonders interessierte und begabte Schüler. Ihr Anteil am Altersjahrgang liegt in der Regel deutlich unter 10 Prozent. Eine gewisse Ausnahme stellt das französische *Lycée Scientifique* dar, das zwar einen breiteren Anteil am Jahrgang aufnimmt, aber dennoch als der bei weitem prestigeträchtigste Zug der Oberstufe hochselektiv ist.

Tabelle III.9 zeigt eine erstaunliche Leistungsvariabilität dieser selektiven Schwerpunktprogramme bei eher geringen Differenzen der jeweiligen wöchentlichen Unterrichtszeit. Die Abiturienten im mathematisch-naturwissenschaftlichen Zug des Schweizer Gymnasiums (Matura C) erreichen Mathematikleistungen, die mehr als eine Standardabweichung über dem Niveau deutscher Leistungskursschüler liegen. Die Leistungsverteilungen beider Gruppen überlappen sich nur noch geringfügig. In der Schweiz zahlt sich offensichtlich die kumulative Arbeit der Mittelstufe nicht nur in der Breite, sondern auch in überragenden Ergebnissen einer Spitzengruppe aus. Selbst die deutschen Gymnasiasten, die sowohl einen Mathematik- als auch einen Physikleistungskurs besuchen, liegen noch mehr als zwei Drittel Standardabweichungen hinter den Schweizer Alterskameraden zurück. Die Schweizer Schüler mit dem Bildungsziel der Matura C übertreffen auch deutlich die Leistungen der Besucher des französischen *Lycée Scientifique* oder des tschechischen mathematisch-

Tabelle III.9: Mathematikleistungen von Schülern in Mathematikleistungskursen oder Schulformen mit mathematisch-naturwissenschaftlichem Schwerpunkt nach ausgewählten Ländern (Mittelwerte, Standardfehler in Klammern)

Land	Spezialisierte Schulform/ Spezialkurs	MTCI	Unterrichtszeit (Zeitstunden)	Mathematikleistung (SE)
Deutschland	Leistungskurs Mathematik	9	4,0	513 (4.2)
	Leistungskurs Mathematik und Physik	3	4,0	549 (9.3)
Frankreich	Lycée d'Enseignement Général Scientifique	19	5,5	555 (4.1)
	mit erhöhter Stundenzahl	2	7,5	577 (9.0)
Schweiz	Matura C	4	4,5	609 (5.6)
Tschechien	Mathematisch-naturwissenschaftliches Gymnasium	4	4,0	561 (14.7)
USA	Advanced Placement (AP) Kurs Mathematik	5	4,0	511 (7.2)

IEA. Third International Mathematics and Science Study.   © TIMSS/III-Germany

naturwissenschaftlichen Gymnasiums, die im Vergleich zu den deutschen Mathematikleistungskursen allerdings immer noch ein deutlich höheres Niveau aufweisen. Die gymnasialen Mathematikleistungskurse sind am ehesten mit den *Advanced Placement Courses* der USA vergleichbar.

2.5 Inhaltliche Bedeutung statistisch nachgewiesener Unterschiede: Verteilung auf Kompetenzniveaus

Welche inhaltliche oder praktische Bedeutung haben die in den vorangegangenen Abschnitten vorgestellten und zufallskritisch abgesicherten Länderunterschiede? Gerade in der Pädagogik ist es nicht einfach, für nachgewiesene institutionelle Unterschiede adäquate Maße der inhaltlichen oder praktischen Bedeutsamkeit zu finden, die es erlauben, Effektstärken ohne Unter- oder Überschätzung einer breiteren Öffentlichkeit mitzuteilen. Bei unseren Ergebnisdarstellungen haben wir regelmäßig Testpunktdifferenzen in Einheiten der Standardabweichung der deutschen Leistungsverteilung angegeben und damit auf einen in der Psychologie gängigen Index praktischer Signifikanz zurückgegriffen. Interpretiert man dieses Effektstärkenmaß unter Zugrundelegung der in der experimentellen psychologischen Forschung üblichen Konventionen, unterschätzt man bei institutionenbezogener Forschung die praktische Bedeutung von Befunden erheblich. An einem Beispiel sei dies verdeutlicht: In der psychologischen Forschung gilt eine drittel Standardabweichung als kleiner Effekt; in der institutionenbezogenen pädagogischen Forschung ist dies eine Größenordnung, die dem in Deutschland durchschnittlich zu findenden Leistungszuwachs im Mathematikunterricht während eines ganzen Schuljahres in der Mittelstufe entspricht. Ein kleiner Effekt? Aufgrund des im Vergleich zur Psychologie, aber auch zur Soziologie eklatanten Mangels empirischer Forschung konnten sich in der Pädagogik noch keine anerkannten Konventionen für die Beurteilung der praktischen Bedeutsamkeit von Befunden herausbilden. Oftmals wird noch nicht einmal die Notwendigkeit solcher Maße gesehen: Statistische und praktische Signifikanz werden für identisch gehalten.

Einen weiteren Weg zur Abschätzung der inhaltlichen Bedeutung von nachweisbaren Unterschieden eröffnet die IRT-Skalierung und die Konstruktion von Kompetenzniveaus *(Proficiency Levels)*. Wir haben in Kapitel II gezeigt, dass sich unter Nutzung der Rasch-Modellierung ausgewählte Kompetenzniveaus anhand von Markieritems inhaltlich beschreiben lassen. Vergleichen wir die Verteilung von Schülern in verschiedenen Ländern auf diese Fähigkeitsniveaus, lässt sich ein Eindruck von der inhaltlichen Bedeutung statistisch signifikanter Unterschiede vermitteln. Tabelle III.10 erlaubt einen derartigen Vergleich für fünf ausgewählte europäische Länder.

Der Tabelle III.10 lassen sich folgende Informationen entnehmen: In keinem der verglichenen Länder befinden sich unter den testleistungsstärksten 10 Prozent der Alterskohorte mathematisch schwache Schüler, deren Kompetenz sich auf elementares Schlussfolgern auf der Basis einfacher arithmetischer Operationen beschränkt. Das modale Kompetenzniveau dieser Gruppe liegt erwartungsgemäß auf der Niveaustufe III, die wir als die Befähigung zur Anwendung von Lerninhalten der Oberstufe im Rahmen typischer Standardaufgaben beschrieben haben. Im internationalen Vergleich werden jedoch zwei Besonderheiten der Kompetenzverteilung der deutschen Schülerinnen und Schüler sichtbar, die man bei einer ausschließlichen Betrachtung der nationalen Befunde wahrscheinlich als „natürliche" Gegebenheit hingenommen hätte. Ein Viertel selbst der oberen Leistungshälfte der Gymnasiasten überschreitet nicht das Kompetenzniveau der Anwendung einfacher mathematischer Begriffe und Regeln, die noch kein vertieftes Verständnis von Konzepten der Oberstufenmathematik voraussetzen. In den übrigen Vergleichsländern liegen die erreichten Minimalstandards deutlich höher. Die Kompetenzstufe II ist in den Vergleichsländern entweder gar nicht – wie in Frankreich und Slowenien – oder viel schwächer – wie in Schweden und der Schweiz – besetzt. Dazu komplementär fällt der erstaunlich geringe Anteil von Gymnasiasten der Kompetenzstufe IV auf,

Tabelle III.10: Schüler nach Fähigkeitsniveau im Bereich voruniversitärer Mathematik und ausgewählten Ländern bei normiertem *Mathematics TIMSS Coverage Index* (MTCI = 10 %) (Spaltenprozent)

Fähigkeitsniveau	Deutschland	Frankreich	Slowenien	Schweden	Schweiz
Elementares Schlussfolgern	0,0	0,0	0,0	0,0	0,0
Anwendung einfacher Konzepte und Regeln	25,7	0,0	0,0	12,0	11,0
Anwendung von Lerninhalten der Oberstufe	63,0	69,8	30,7	65,6	60,4
Selbständiges Problemlösen	11,3	30,2	69,3	22,4	28,6
Insgesamt	100,0	100,0	100,0	100,0	100,0

IEA. Third International Mathematics and Science Study. © TIMSS/III-Germany

der in der Lage ist, mathematische Probleme auf Oberstufenniveau wirklich selbständig zu lösen. Vor diesem Hintergrund ist die gelegentlich in Deutschland zu hörende Kritik an den TIMSS-Tests, sie enthielten zu viel Routine- und zu wenig Problemlöseaufgaben, einigermaßen bemerkenswert.

2.6 Relative Stärken und Schwächen deutscher Oberstufenschüler im internationalen Vergleich: Mathematik

Neben der allgemeinen Information über die Positionierung deutscher Schüler im internationalen Vergleich ist es wichtig, zu wissen, in welchen Bereichen des mathematischen und naturwissenschaftlichen Denkens die Leistungen unserer Schüler besonders stark vom internationalen Mittel oder den Werten anderer ausgewählter Länder abweichen – wo also ihre spezifischen Stärken und Schwächen liegen. Die internationale zentrale Tendenz setzt sich wiederum zusammen aus den Befunden mehrerer Länder, die jeweils – entsprechend ihrer curricularen Schwerpunkte und didaktischen Traditionen – wechselnde Stärken und Schwächen haben können. Es ist daher sinnvoll, bei internationalen Detailanalysen die deutschen Resultate jeweils paarweise mit den Ergebnissen anderer Nationen zu vergleichen.

Zu diesem Zweck wird der Schwierigkeitsparameter, der die Lage eines Items auf der Kompetenzskala beschreibt, in drei verschiedene Komponenten zerlegt: (a) den Schwierigkeitskennwert des jeweiligen Items auf internationaler Ebene (= Haupteffekt Item), (b) eine landesspezifische Komponente, die beschreibt, wie leicht bzw. schwer den Schülern eines Landes insgesamt die Bearbeitung des Tests fiel, verglichen mit dem internationalen Durchschnitt (= Haupteffekt Land), sowie (c) einen Parameter für die Interaktion zwischen Aufgabe und Land, das heißt für die *relative* (von der nationalen Gesamttendenz abweichende) Schwierigkeit des Items für die Schüler des Landes. Im Folgenden interessiert uns ausschließlich diese dritte Komponente, die Item × Land-Interaktion oder differentielle Itemfunktion (DIF), mit deren Hilfe relative Stärken und Schwächen der deutschen Schüler identifiziert werden sollen (zur Methodik vgl. Kap. III des ersten Bandes).

Als Vergleichsgruppen betrachten wir hier die Schüler anderer europäischer Länder, die mit Ausnahme Österreichs bessere Ergebnisse erzielten als Deutschland: Wir vergleichen deutsche Befunde mit Ergebnissen aus Österreich, der Schweiz, Frankreich und Schweden. Zur Ergänzung ziehen wir ferner die USA heran. Wir führen diese so genannten differentiellen Itemanalysen (DIF-Analyses) für jedes der fünf Länder gesondert durch. Zusätzlich vergleichen wir die deutschen Ergebnisse mit der Gesamtheit der Resultate in diesen fünf Vergleichsländern.

Derartige differentielle Itemanalysen sind normalerweise nicht einfach zu interpretieren. Hier jedoch können wir auf die im Kapitel II dargestellten *Proficiency Scales* und Anforderungsanalysen zurückgreifen. Wir prüfen statistisch, welche dort ermittelten Anforderungsmerkmale mit einer besonders hohen bzw. niedrigen Item × Land-Interaktion verbunden sind. Hierzu ermitteln wir die Korrelation zwischen den Interaktionsparametern der Items einerseits und der Ausprägung eines Anforderungsmerkmals andererseits oder wir führen die Variation der Itemparameter varianzanalytisch auf die Abstufungen eines Anforderungsmerkmals zurück. Die DIF-Parameter sind durchgängig so gepolt, dass positive Werte eine relative Stärke der deutschen Population anzeigen, negative Werte hingegen einen Vorsprung der ausländischen Schüler.

Deutsche Schüler sind beim voruniversitären Mathematiktest relativ zu den europäischen Vergleichspopulationen nicht nur insgesamt leistungsschwächer (Haupteffekt Land); diese Schwächen sind auch besonders ausgeprägt in den anspruchsvollen Bereichen des mathematischen Denkens: Der DIF-Parameter, der relative Stärken (positive Werte) oder Schwächen (negative Werte) der deutschen Untersuchungspopulation anzeigt, korreliert signifikant negativ mit der Zordnung zu Kompetenzstufen, die unsere Didaktikexperten vorgenommen haben (vgl. Tab. III.11; Kompetenzstufe: Experteneinstufung), und auch mit der Zuordnung der charakteristischen Aufgaben zu den Kompetenzstufen anhand des Verfahrens von Beaton und Allen (vgl. Tab. III.11; Kompetenzstufe: Markieritem). Der bedenkliche Befund lautet also: je anspruchsvoller eine Aufgabe, umso mehr fallen die deutschen Abiturienten hinter Schüler anderer europäischer Länder zurück.

Tabelle III.11: Korrelationen zwischen DIF-Parametern und Anforderungsmerkmalen der TIMSS-Testaufgaben für den voruniversitären Mathematikunterricht (Basis: 66 von 68 Aufgaben; vgl. Erläuterungen im Text)[1]

Anforderungsmerkmale der Testaufgaben	Österreich	Schweiz	Frankreich	Schweden	USA	Alle Länder
Curriculare Validität	.25			.24		.27
Kompetenzstufe:						
a) Makieritems						−.54
b) Experteneinstufung	.25		−.33		−.36	−.31
Wissensstufe			−.35		−.38	−.29
Konzeptuelle Kenntnisse	−.22	−.31	−.28		−.32	−.38
Qualitatives Verständnis	−.35			−.25	−.25	−.37
Arithmetik				−.34	−.28	−.33
Algebra			−.29	−.36	−.34	−.28
Testverständnis			.35	−.23		
Formalisieren				−.22		−.21
Umstrukturieren, Modellieren			.40	−.24		
Anwenden				−.32		
Problemlösen			.22	−.22		−.20
Graphik interpretieren						.22
Bildliches Denken			.45	.25	.46	.32

[1] Positive Werte weisen auf relative Stärken, negative Werte auf relative Schwächen deutscher Schüler hin. Alle Werte sind auf dem 5-Prozent-Niveau statistisch signifikant; nicht angegebene Korrelationen sind statistisch nicht auffällig.

IEA. Third International Mathematics and Science Study.   © TIMSS/III-Germany

Ausgedrückt in Logit-Einheiten, macht die differentielle Leistungsschwäche der deutschen Schüler für komplexe Aufgaben (Schwierigkeitsparameter bei 600 und darüber) im Durchschnitt −.18 Einheiten aus. Würde der TIMSS-Test nur aus solchen Aufgaben bestehen, vergrößerte sich der Leistungsrückstand unseres Abschlussjahrgangs im Vergleich zu den anderen europäischen Staaten um knapp 0,2 Standardabweichungen.

Die von Experten eingeschätzten Anforderungsmerkmale erlauben detaillierte Angaben zu den Hintergründen: Die DIF-Parameter fallen umso negativer (ungünstiger) aus, je mehr konzeptuelle Kenntnisse und qualitatives Verständnis gefordert werden, je höher in den Jahrgangsstufen die Wissensanforderungen sind, je stärker arithmetische und algebraische Fertigkeiten verlangt werden. Die relativen Schwächen der deutschen Oberstufenschüler liegen demnach sowohl im Bereich des konzeptuellen als auch des prozeduralen mathematischen Wissens. Aber auch bei Aufgaben, die Anforderungen an mathematische Modellierung, Übersetzungsleistungen und Problemlösen betreffen, zeigen sich tendenziell Schwächen deutscher Schüler. Relative Stärken sind lediglich bei Aufgaben zu verzeichnen, in denen graphische Darstellungen mit Koordinatensystemen interpretiert werden müssen bzw. bei denen bildliches Denken bedeutsam ist. Im Umgang mit visuellen Repräsentationen – und nur hier – scheint eine Stärke des deutschen Mathematikunterrichts zu liegen.

Schließlich ergibt sich eine signifikante positive Korrelation, wenn man die DIF-Parameter zu den Schätzungen der curricularen Validität, die wir von den Landesinstituten erhalten haben, in Beziehung setzt. Inhalte, die im Curriculum gut repräsentiert sind, werden von den deutschen Schülern auch relativ gut bewältigt. Dieser Befund ist jedoch eher trivial. Wichtig ist, dass die übrigen zuvor berichteten Zusammenhänge signifikant bleiben, wenn man den Effekt der curricularen Validität statistisch kontrolliert.

Die paarweisen Vergleiche zwischen Deutschland und den übrigen Ländern, die in der Tabelle III.11 dokumentiert sind, lassen einige hoch interessante Unterschiede zwischen den landesspezifischen Kulturen des Mathematikunterrichts erkennen. Die DIF-Parameter der drei deutschsprachigen Länder weichen nicht sehr stark voneinander ab. Dies zeigt sich an der niedrigen Anzahl signifikanter Zusammenhänge zwischen Anforderungsmerkmalen der Testaufgaben und den differentiellen Aufgabenschwierigkeiten im Vergleich zwischen Deutschland und Österreich bzw. der Schweiz. Die didaktischen Kulturen der drei Länder sind offenbar einander recht ähnlich, obwohl die Schweizer Schüler ein insgesamt weitaus höheres Leistungsniveau als die deutschen und österreichischen erreichen.

Die US-amerikanischen Schüler, die den Test zur voruniversitären Mathematik bearbeitet haben, schneiden – auf insgesamt sehr niedrigem Niveau – bei Aufgaben vergleichsweise gut ab, bei denen begriffliches und prozedurales Wissen demonstriert werden muss. Diese spezifische Stärke ist auch ausgeprägter als bei französischen und schwedischen Schülern. Dies ist ein Hinweis darauf, dass sich ein spezifisches Unterrichtsskript, das wir bereits in der Mittelstufe identifiziert und beschrieben haben (Stigler u.a., 1996; Baumert u.a., 1997), auch in der High School wiederfinden lässt.

Der Mathematikunterricht im mathematisch-naturwissenschaftlichen Zweig des französischen *Lycée d'Enseignement Général* erreicht generell ein sehr hohes Niveau. Seine besondere Stärke liegt, wie der Tabelle III.11 zu entnehmen ist, in der Vermittlung von mathematischen Kenntnissen – hier insbesondere zu anspruchsvollen Themen der Oberstufenmathematik – und algebraischen Fertigkeiten. Gleichzeitig weisen die Korrelationen der DIF-Werte mit strategischen Anforderungen von Aufgaben wie Problemlösen, Umstrukturieren, Textverarbeitung und bildliches Denken darauf hin, dass französische Schüler diese Kompetenzen – gemessen an ihrem insgesamt extrem hohen Leistungspotential – vergleichsweise schwächer entwickeln. (Auch selbst bei Aufgaben mit diesen Anforderungsprofilen liegen die Leistungen der französischen Abiturienten weit über dem Niveau, das von deutschen Gymnasiasten erreicht wird, die einem äquivalenten Anteil der Jahrgangsgruppe angehören.) Wir vermuten, dass in der französischen Unterrichtspraxis die traditionelle Orientierung auf eine Vermittlung fachlich systematischen Wissens überwiegt.

Das Profil schwedischer Schüler ist in gewisser Weise komplementär zum französischen Muster. Die schwedischen Schüler haben im Vergleich mit den deutschen Schülern (und auch den Schülern der anderen Länder) ihre besonderen Stärken im strategischen Bereich bei Anwendungs- und Problemlöseaufgaben sowie im prozeduralen Wissen und dem qualitativen Verständnis mathematischer Konzepte. Dies lässt vermuten, dass der schwedische Mathematikunterricht stärker als der Unterricht in den übrigen hier untersuchten Ländern auf die Reformziele einer problem- und verständnisorientierten Didaktik abgestimmt ist.

2.7 Curriculare Fairness des internationalen Vergleichs

Die im vorangegangenen Abschnitt vorgetragenen Befunde und Überlegungen haben bereits Fragen der curricularen Fairness des internationalen Vergleichs berührt. Der TIMSS-Fachleistungstest für den voruniversitären Mathematikunterricht strebt in den Hauptstoffgebieten transnationale curriculare Validität an. Die Aufgaben wurden in den jeweiligen Teilnehmerstaaten durch Lehrplanabgleich und/oder Expertenbefragungen auf curriculare Gültigkeit geprüft. Ferner wurde während der Felderprobung untersucht, ob bestimmte Aufgabenstellungen einzelne Länder systematisch bevorzugen oder benachteiligen (Prüfung auf *Differential Item Functioning* [DIF]). Aufgaben, die in mehreren Ländern keine curriculare Gültigkeit aufweisen oder in Bezug auf einzelne Länder *starke* differentielle Itemfunktionen erkennen ließen, wurden nicht in den endgültigen Test aufgenommen. Dennoch muss man sich angesichts der kulturellen Vielfalt der Teilnehmerstaaten und der Unterschiedlichkeit der den Hochschulzugang eröffnenden Bildungsprogramme selbst innerhalb eines einzigen Landes darüber im Klaren sein, dass der TIMSS-Mathematiktest einen internationalen Kompromiss darstellt. Trotz der relativen stofflichen Breite des Mathematiktests, die durch das *Multiple Matrix Sampling* der

Aufgaben erreicht wurde, wird man im Curriculum des voruniversitären Mathematikunterrichts eines jeden Teilnehmerstaates Sachgebiete finden können, die durch den TIMSS-Test nicht oder nur unzureichend abgedeckt sind. TIMSS wird also dem voruniversitären Mathematikunterricht wahrscheinlich keines Landes vollständig gerecht werden. Problematischer ist die Sachlage, wenn eine größere Anzahl der Testaufgaben Stoffgebiete repräsentiert, die in bestimmten Ländern nicht Gegenstand des Unterrichts sind. In diesem Fall wird man sehr schnell geneigt sein, von mangelnder Testfairness zu sprechen.

Um die länderspezifische curriculare Validität des TIMSS-Mathematiktests zu prüfen, wurde nach Durchführung der Hauptuntersuchung – also post hoc – eine so genannte Test-Curriculum *Matching Analysis* durchgeführt. Ziel dieser Analyse ist es, in einem ersten Schritt ein deskriptives Maß für differentielle curriculare Validität zu entwickeln und in einem zweiten Schritt die Auswirkungen curricularer Unterschiede auf den internationalen Vergleich von TIMSS-Ergebnissen zu prüfen. Deshalb wurden die Projektgruppen in allen Teilnehmerstaaten gebeten, für jede Testaufgabe festzustellen, ob mindestens 50 Prozent der Schüler der Zielpopulation bis zum Testzeitpunkt Gelegenheit gehabt hatten, sich mit dem durch eine Aufgabe repräsentierten Stoff im Unterricht zu beschäftigen. Wurde dieses Kriterium nicht erreicht oder die Aufgabe aus anderen didaktischen Gründen als völlig untypisch eingestuft, wurde die Testaufgabe aufgrund mangelnder nationaler Validität ausgesondert. Anschließend wurde für jedes Teilnehmerland mit nur den Testaufgaben, die als geeignet ausgewählt worden waren, ein Test optimaler nationaler curricularer Validität konstruiert, auf dessen Basis jeweils für jedes Land Testwerte berechnet wurden. Die Ergebnisse der für 13 Länder durchgeführten Analysen sind in der Tabelle III.12 zusammengefasst.

Der Kopfzeile der Tabelle III.12 ist zunächst zu entnehmen, dass die curriculare Validität des voruniversitären Mathematiktests zwischen den Teilnahmeländern variiert. Zwischen 75 und 100 Prozent der Testaufgaben (bzw. der maximal erreichbaren Testpunkte) gelten je nach Land als curricular gültig. Schweden, Dänemark und Deutschland haben die meisten Einschränkungen geltend gemacht. Vergleicht man für Deutschland die Ergebnisse der Überprüfung der Lehrplanvalidität mit den in Kapitel II berichteten Resultaten der Fachleiterbefragungen, so wird deutlich, dass die tatsächliche Unterrichtsvalidität der Aufgaben – insbesondere für die Leistungskurse – über der Lehrplanvalidität des Tests liegt. In jedem Fall waren auch in Deutschland mindestens 75 Prozent der durch die TIMSS-Aufgaben erfassten mathematischen Stoffgebiete bis zur Abiturklasse Unterrichtsgegenstand. Ein näherer Blick auf die von den Teilnahmeländern nicht akzeptierten Aufgaben lässt deutlich werden, dass sich rund die Hälfte aller Ablehnungen auf 20 Prozent der Testaufgaben konzentriert, während die übrigen Ablehnungen breit über die Aufgaben streuen, sodass bei einem erheblichen Teil der Aufgaben immer nur ein Land curriculare Bedenken hat. Dies bedeutet, dass die national optimierten Testversionen bei Variation in Randbereichen einen großen gemeinsamen Aufgabenkern aufweisen.

Tabelle III.12: Test-Curriculum *Matching Analysis:* Ergebnisse für voruniversitäre Mathematik – Durchschnitt der relativen Lösungshäufigkeiten der Testaufgaben basierend auf länderspezifischen Subtests

Land	Durchschnitt der relativen Lösungs- häufigkeiten*	Frankreich	Australien	Russland	Schweiz	Zypern	Dänemark	Schweden	Kanada	Tschechien	Slowenien	Deutschland	Österreich	USA
	In der jeweiligen nationalen Auswahl berücksichtigte Zahl von curricular gültigen Testpunkten													
	82	80	71	67	72	76	65	62	70	80	81	65	82	82
Frankreich	58 (1,1)	57	60	58	59	56	61	61	56	57	57	59	58	58
Australien	52 (2,2)	51	55	51	53	50	54	55	50	52	51	53	52	52
Russland	52 (1,7)	52	55	56	54	52	56	56	51	52	52	55	52	52
Schweiz	50 (0,8)	50	52	50	53	48	54	54	48	50	49	52	50	50
Zypern	49 (1,2)	48	51	50	50	48	52	52	47	49	48	50	49	49
Dänemark	49 (0,8)	49	52	49	52	47	54	54	46	49	48	52	49	49
Schweden	47 (0,9)	47	50	46	49	45	51	52	46	47	47	50	47	47
Kanada	47 (0,8)	46	49	46	49	45	51	51	46	47	46	49	47	47
Tschechien	40 (1,9)	40	42	41	41	39	43	43	39	40	40	42	40	40
Slowenien	39 (1,7)	39	41	38	40	37	42	42	38	39	39	40	39	39
Deutschland	38 (1,1)	38	40	38	41	36	42	42	35	38	37	40	38	38
Österreich	35 (1,2)	35	37	34	37	33	39	39	33	35	34	37	35	35
USA	35 (1,0)	35	37	34	37	33	38	39	34	35	34	37	35	35
Internationaler Durchschnitt	45 (1,3)	45	48	45	47	44	49	49	44	45	45	47	45	45

– Die Tabelle ist horizontal zu lesen, um die jeweilige Landesleistung in jeweils optimalen Subtests anderer Länder zu vergleichen.
– Die Tabelle ist vertikal zu lesen, um die Leistungen anderer Länder im Subtest des betreffenden Landes zu vergleichen.
– Die Tabelle ist diagonal zu lesen, um Landesleistungen im jeweiligen Landessubtest zu vergleichen.

* Der Standardfehler des Mittelwerts der relativen Lösungshäufigkeiten aller Items ist in Klammern angegeben.

IEA. Third International Mathematics and Science Study. © TIMSS/III-Germany

Die Anzahl der als curricular gültig akzeptierten Aufgaben variiert weitgehend unabhängig von der in der Oberstufe verfügbaren Unterrichtszeit für Mathematik ($r =$ .21, ns). Ebensowenig ist der bei Validitätsmängeln erwartbare positive Zusammenhang zwischen der Anzahl der jeweils als national curricular valide bewerteten Aufgaben und der Gesamttestleistung nachweisbar. Eher werden in jenen Ländern schwächere Leistungen erreicht, in denen die Experten von einer höheren curricularen Validität des voruniversitären Mathematiktests ausgingen (die Partialkorrelation beträgt unter Konstanthaltung des MTCI $r_{part} = -.35$, ns). Dementsprechend ist auch die Stabilität der durch die jeweiligen nationalen Testversionen erzeugten Rangreihen groß, wie aus Tabelle III.12 zu entnehmen ist. In der Regel erzielt ein Land mit seiner national optimierten Testversion ein etwas besseres Leistungsergebnis. Aber in ähnlichem Ausmaß verbessern sich dann auch die anderen Länder. Demnach bleiben in den nationalen Testversionen tendenziell für alle Länder gleichermaßen eher schwierige Aufgaben unberücksichtigt. Internationale Vergleiche auf der Grundlage von Aufgabenteilmengen mit differentieller nationaler curricularer Validität ändern also an der relativen Position eines Landes nur wenig. Dieser Befund der Test-Curriculum *Matching Analysis* spricht für eine befriedigende interkulturelle Testfairness – jedenfalls solange man sich auf die Erfassung des latenten Konstrukts mathematischer Kompetenz, wie es in Kapitel II beschrieben und analysiert wurde, bezieht. Dies schließt differentielle Lösungswahrscheinlichkeiten von Einzelitems – wie wir gezeigt haben – nicht aus. Unter fachdidaktischen Gesichtspunkten sind gerade diese von besonderem Interesse.

2.8 Unterrichtszeit und Fachleistungen im voruniversitären Mathematikunterricht im internationalen Vergleich

Für die Mittelstufe ließ sich wider Erwarten kein Zusammenhang zwischen mittlerer nominaler Unterrichtszeit und Mathematikleistung nachweisen (vgl. Kap. III des ersten Bandes und Moser u.a., 1997). Daraus ist nun keinesfalls der Schluss zu ziehen, die Unterrichtszeit sei keine zentrale Determinante der Fachleistung. Ganz im Gegenteil: Der straffe Zusammenhang zwischen Lernzeit – und das heißt vor allem aktiver Lernzeit – und Lernergebnissen ist ein robuster, regelmäßig replizierter Befund der Lehr-Lernforschung. Aber auch im Rahmen von TIMSS weisen intranationale Differenzen zwischen mathematischen und naturwissenschaftlichen Leistungen, die auf unterschiedliche Behandlungen der Referenzfächer in der Stundentafel zurückzuführen sind, auf die Bedeutung der Zeitkomponente hin (Moser u.a., 1997). Zur Erklärung des gerade deshalb überraschenden Befundes haben wir zwei sich ergänzende Hypothesen herangezogen: Einmal scheint bei einem von der Grundschule bis zum Abschluss der Sekundarstufe durchgängigen Mathematikunterricht in allen Ländern die kritische Schwelle der Mindestunterrichtszeit, die zur Durchnahme der Standardschulstoffe erforderlich ist, überschritten zu werden. Zum anderen scheinen weniger die nominelle Unterrichtszeit als vielmehr die aktive Lernzeit und das Anspruchsniveau des mathematischen Programms, das im Rahmen der verfügbaren Unterrichtszeit behandelt wird, für Lernfortschritte verantwortlich zu sein. In beiderlei Hinsicht dürften im voruniversitären Mathematikunterricht besonders günstige Bedingungen zu finden sein. Der Mathematikunterricht in der Oberstufe baut zwar auf der Arbeit der Mittelstufe auf, lässt sich aber dennoch im Anspruchsniveau klar gegen die Mittelstufenmathematik abgrenzen. Ferner beruht die Teilnahme am voruniversitären Mathematikunterricht in den meisten TIMSS-Ländern zumindest teilweise auf einer Wahl- oder Wahlpflichtentscheidung, sodass hinsichtlich der erwartbaren aktiven Lernzeit eher günstige motivationale Voraussetzungen gegeben sein sollten. Wir erwarten deshalb einen im Vergleich zur Mittelstufe strafferen Zusammenhang zwischen Unterrichtszeit und Fachleistung. Dies sollte insbesondere dann der Fall sein, wenn sich mit erhöhtem Stundendeputat ein institutionell definiertes anspruchsvolleres Programm verbindet. Beispiele dafür sind die Fachleistungskurse in der deutschen gymnasialen Oberstufe, der mathematisch-naturwissenschaftliche Maturitätstypus (C) der Schweiz oder der mathematisch-naturwissenschaftliche Zug des französischen *Lycée d'Enseignement Général*.

Für die Mehrzahl der TIMSS-Länder sind für den voruniversitären Mathematikunterricht vergleichbare Angaben über die wöchentlich erteilte Unterrichtszeit zum Testzeitpunkt verfügbar. Diese Werte sind – gewichtet mit der modalen Verweildauer in der Oberstufe, die von zwei bis drei Jahren reichen kann – der beste verfügbare Schätzer für den Umfang des Mathematikunterrichts der Oberstufe insgesamt. Tabelle III.13 weist für die testleistungsbesten 10 Prozent der Alterskohorte die mittlere Unterrichtszeit pro Woche und die mittleren Mathematikleistungen aus.

Der Zusammenhang zwischen Unterrichtszeit und Fachleistung ist auch nach Berücksichtigung der von Land zu Land unterschiedlichen Populationsanteile, die einen voruniversitären Mathematikkurs besuchen, positiv, aber schwächer als erwartet. Unter Konstanthaltung des MTCI bei 10 Prozent beträgt die Korrelation $r = .26$ (ns). Die Unterrichtszeit erklärt damit etwa 7 Prozent der Variabilität der Mathematikleistungswerte.

Um zu überprüfen, inwieweit die festgestellten internationalen Testleistungsunterschiede im Bereich des voruniversitären Mathematikunterrichts auf unterschiedliche Zeitbudgetierung zurückzuführen sind, wurden die Ländermittelwerte regressionsanalytisch um den Effekt der Unterrichtszeit zum Testzeitpunkt korrigiert

Tabelle III.13: Unterrichtszeit und Mathematikleistung nach Ländern (Mittelwerte; Zeitangaben in Zeitstunden)

Land	MTCI	Unterrichtszeit pro Woche der testleistungsstärksten 10 Prozent der Altersgruppe zum Testzeitpunkt	Mathematikleistung der testleistungsstärksten 10 Prozent der Altersgruppe
Slowenien	75	3,5	629
Frankreich	20	6	612
Australien	16	5,2	589
Dänemark	21	3,5	582
Schweiz	14	3,8	575
Kanada	16	4,2	567
Schweden	16	2,9	564
Deutschland	25	3,8	539
Österreich	33	2,6	537
Italien	14	3,4	520
Griechenland	10	5,5	513
Tschechien	11	3,3	485
USA	14	3,9	485
Zypern	9		

IEA. Third International Mathematics and Science Study.   © TIMSS/III-Germany

(Tab. III.14). Betrachtet man die Ländergruppe mit positiven Abweichungen vom deutschen Mittelwert, so werden die Leistungsvorsprünge von Frankreich, Australien, Kanada und der Schweiz etwas relativiert, gleichzeitig aber bleiben die Differenzen zu Slowenien, Dänemark und Schweden nahezu bestehen. Das durch die Gruppierung bestimmte Gesamtbild bleibt erhalten. Die korrigierten Leistungsabstände zu Slowenien, Frankreich, Australien, Dänemark, Schweden und der Schweiz liegen zwischen einer Viertel und mehr als zwei Dritteln einer Standardabweichung. Diese in der Effektstärke nennenswerten bis großen Unterschiede müssen durch andere Faktoren als Ausschöpfungsquote und Unterrichtszeit erklärt werden. Abbildung III.5 zeigt noch einmal anschaulich, dass die Fachleistungen im Mathematikunterricht der gymnasialen Oberstufe bei Betrachtung der oberen 10 Prozent der gesamten Alterskohorte leicht unterhalb des aufgrund der Unterrichtszeit erwarteten Werts liegen.

Abbildung III.5: Zusammenhang von approximierter nominaler Unterrichtszeit (in Zeitstunden[1]) in Mathematik in der Oberstufe und Testleistungen im Bereich voruniversitärer Mathematik bei normiertem *Mathematics TIMSS Coverage Index* (MTCI = 10 %)

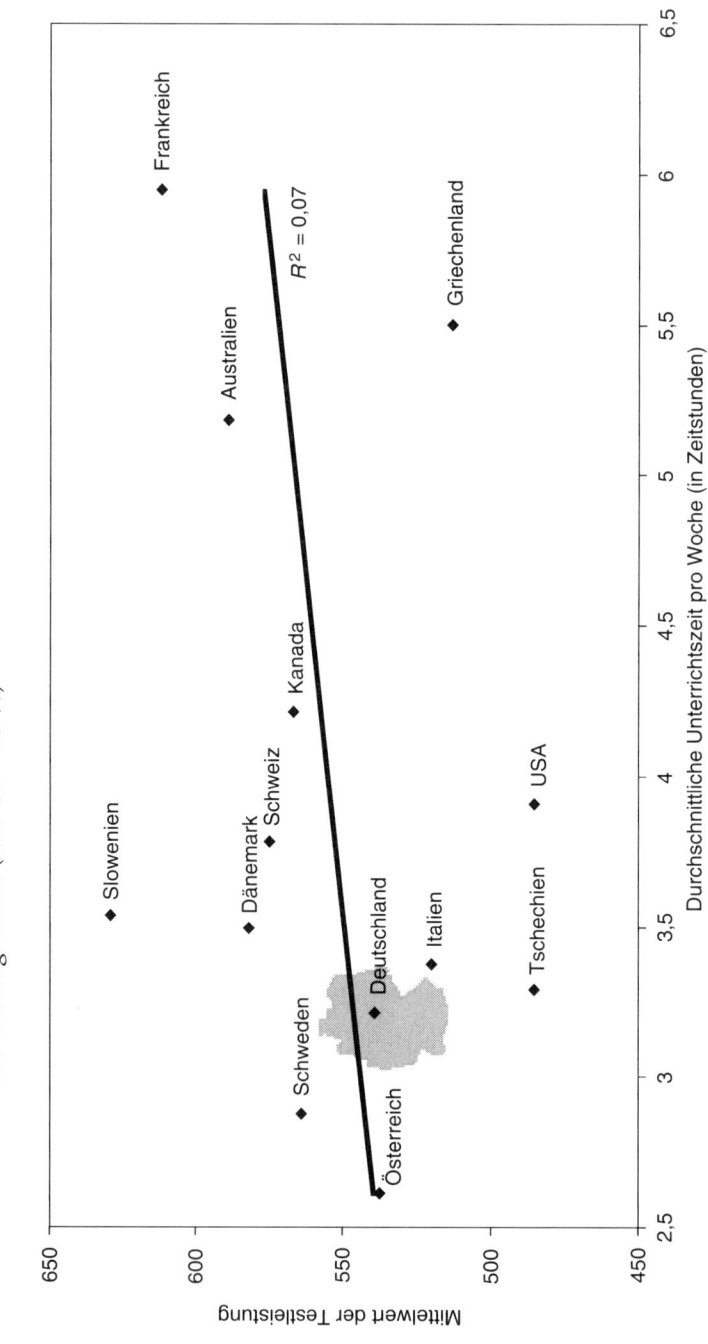

[1] Unterrichtszeit zum Testzeitpunkt.

IEA. Third International Mathematics and Science Study.

Tabelle III.14: Fachleistungen im voruniversitären Mathematikunterricht nach Ländern vor und nach Kontrolle der approximierten durchschnittlichen Unterrichtszeit in der Oberstufe (zum Testzeitpunkt) bei normiertem *Mathematics TIMSS Coverage Index* (MTCI = 10 %) (Abweichungen vom deutschen Mittelwert)

Land	Leistungen vor Kontrolle der Unterrichtszeit	Leistungen nach Kontrolle der Unterrichtszeit
Slowenien	90	87
Frankreich	73	43
Australien	50	28
Dänemark	43	40
Schweiz	36	29
Kanada	28	17
Schweden	25	28
Deutschland	0	0
Österreich	–2	5
Italien	–19	–21
Griechenland	–26	–51
Tschechien	–54	–55
USA	–54	–62

IEA. Third International Mathematics and Science Study.   © TIMSS/III-Germany

3. Fachleistungen im voruniversitären Physikunterricht im internationalen Vergleich

3.1 Beteiligungsquoten am Physikunterricht und Fachleistungen im internationalen Vergleich

Ähnlich wie beim Mathematikunterricht unterscheidet sich der Anteil der Alterskohorte der 15- bis 19-Jährigen, der an voruniversitärem Physikunterricht teilnimmt, wie Tabelle III.6 ausweist, von Land zu Land. Deshalb sind auch hier Vergleiche nur sinnvoll, wenn der jeweilige Ausschöpfungsgrad der Alterskohorte – der *Physics TIMSS Coverage Index* (PTCI) – und im Falle Dänemarks und Sloweniens auch die unbefriedigende Stichprobenausschöpfung berücksichtigt werden. Die Anteile der Alterskohorte, die am Physiktest teilgenommen haben, schwanken je nach Land zwischen 2 und 39 Prozent. Die Mehrzahl der TIMSS-Länder erreicht mit dem Physikunterricht einen Jahrgangsanteil zwischen 8 und 15 Prozent. Mit einer

Ausschöpfungsquote von 9 Prozent liegt Deutschland im unteren Bereich dieser Marge. Auffällig sind die ungewöhnlich hohen Beteiligungsquoten in Österreich und Slowenien, die bei einem Drittel des Referenzjahrgangs oder sogar höher liegen. In beiden Ländern werden die hohen Beteiligungsraten am Physikunterricht über eine Wahlpflichtregelung für den naturwissenschaftlichen Bereich erreicht. In einer Reihe von Ländern wird der Besuch des Physikunterrichts mit der Wahl eines Bildungsgangs mit mathematisch-naturwissenschaftlichem Schwerpunkt obligatorisch (vgl. Tab. III.7). Wenn die Kurswahl freigegeben wird, sinkt in der Regel der Besuch des Physikunterrichts – allerdings von Land zu Land in unterschiedlichem Ausmaß. In Dänemark und in Deutschland fallen die Besuchsquoten auf ein sehr niedriges bzw. niedriges Niveau ab.

Auch für das Fach Physik ist ein negativer Zusammenhang zwischen Beteiligungsquote und mittlerer Fachleistung nachweisbar. Die Korrelation liegt bei $r = -.30$ (vgl. Tab. III.4). Tabelle III.15 veranschaulicht, welche Bedeutung unterschiedliche Beteiligungsraten am voruniversitären Physikunterricht (PTCI) für den internationalen Vergleich von Fachleistungen haben. Die Tabelle zeigt die mittleren Leistungen im Physikunterricht für unterschiedliche Anteile der Alterskohorte in fünf ausgewählten Ländern. Die Teilnahmequoten im Physikunterricht liegen in diesen Ländern zwischen 9 und 39 Prozent der Referenzjahrgänge. Bei einem Vergleich der Gesamtstichprobe setzt sich Schweden signifikant positiv gegenüber den vier anderen Ländern ab, während Österreich die vergleichsweise schwächsten Ergebnisse erzielte. Betrachtet man nur die testleistungsstärksten 10 oder 5 Prozent der Altersgruppe, ändert sich das Bild. Erst jetzt wird sichtbar, dass die slowenischen und

Tabelle III.15: Physikleistungen unterschiedlich selektiver Teilstichproben nach ausgewählten Ländern (Mittelwerte, Standardfehler in Klammern und Standardabweichungen)

Land	PTCI	Gesamtstichprobe		10 %-Testleistungsbesten des Altersjahrgangs	5 %-Testleistungsbesten des Altersjahrgangs
		Mittelwert (SE)	Standardabweichung	Mittelwert (SE)	Mittelwert (SE)
Deutschland	9	520 (5.6)	86		582 (6.4)
Schweden	16	573 (3.9)	92	630 (3.1)	678 (4.2)
Slowenien	39	523 (15.5)	108	652 (13.9)	689 (12.7)
Österreich	33	435 (6.4)	84	532 (6.1)	572 (7.4)
Schweiz	14	488 (3.5)	89	528 (3.8)	582 (3.7)

IEA. Third International Mathematics and Science Study. © TIMSS/III-Germany

schwedischen Schülerinnen und Schüler den Testteilnehmern aus den anderen drei Ländern, die ihrerseits auf gleichem Niveau liegen, mit sehr großem Abstand davonziehen. Für sinnvolle internationale Vergleiche ist also eine Normierung des PTCI erforderlich, wobei die im zweiten Abschnitt dieses Kapitels dargelegten Vorbehalte zu berücksichtigen sind, die wir hier nicht wiederholen wollen.

Basisinformationen für den internationalen Vergleich liefert die Abbildung III.6, der die relativen Beteiligungsquoten am voruniversitären Physikunterricht, das mittlere Alter der Probanden sowie die unkorrigierten mittleren Leistungsergebnisse für das Fach Physik geordnet nach Ländern zu entnehmen sind[2].

Ein erster Schritt eines fairen Vergleichs ist die Gegenüberstellung der testleistungsstärksten 10 Prozent der Alterskohorte. Bei diesem Vergleich liegen die Physikleistungen deutscher Schüler mit denen aus Österreich, der Schweiz, Kanada und Frankreich in einem breiten mittleren Bereich (Abb. III.7). Der Abstand zu den beiden Spitzenreitern Slowenien und Schweden ist mit über einer Standardabweichung sehr groß. Eine solche Differenz signalisiert einen qualitativen Sprung im Leistungsniveau, wie wir im Kapitel II bei der Definition der physikalischen *Proficiency Levels* gezeigt und anhand von Beispielaufgaben inhaltlich belegt haben. Vergleicht man in einem zweiten Schritt die 5 Prozent testleistungsbesten Schüler der Alterskohorte – in Deutschland sind dies überwiegend Schüler des Physikleistungskurses –, ändert sich am Gesamtbild wenig, allerdings liegen die Testleistungen der deutschen Schüler jetzt im oberen Bereich des Mittelfelds (Abb. III.8).

Bei einer Untergliederung der Leistungsergebnisse nach großen physikalischen Stoffgebieten (Mechanik, Elektrizitätslehre, Wärmelehre, Wellen und Schwingungen und Moderne Physik) fällt wiederum die relativ große Stabilität der Rangreihen auf. Die Korrelationen liegen im Mittel bei $r = .70$ (niedrigste: $r = .46$, höchste: $r = .87$). Bei der Inspektion der intranationalen Unterschiede werden durch unterschiedliche curriculare Traditionen bedingte Landesprofile erkennbar. In Deutschland und Österreich bildet sich in den intranationalen Leistungsabstufungen die Reihenfolge des zweiten Durchgangs durch die physikalischen Hauptgebiete in der Oberstufe ab. Während die Mechanik noch in die Mittelstufe hineinreicht, schließt der Oberstufenkurs mit dem Schwerpunkt auf der Modernen Physik. Frankreich und die Schweiz – und in gewisser Weise auch vergleichbar Kanada und die USA – akzentuieren stärker die Wärmelehre. Dieses physikalische Teilgebiet scheint wie-

---

[2] Auch hier sind wir der Anregung von TIMSS-Switzerland (Ramseier, Keller & Moser, 1999) gefolgt und haben die Länder in der Reihung der Leistungsresultate der 5-Prozent-Testleistungsbesten des Altersjahrgangs aufgeführt, um ein irreführendes Ranking der unkorrigierten Leistungswerte zu erschweren.

Abbildung III.6: Fachleistungen im voruniversitären Physikunterricht nach Ländern, geordnet nach den mittleren Physikleistungen der 5-Prozent-Testleistungsstärksten der Altersgruppe (Mittelwerte und Standardfehler)

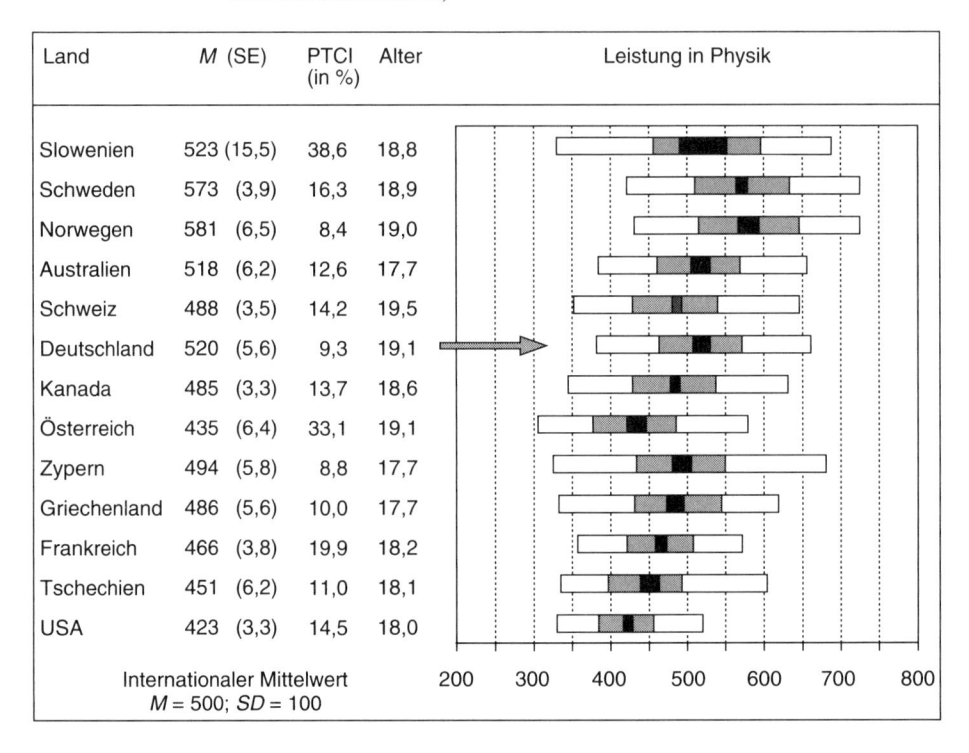

Land	M (SE)	PTCI (in %)	Alter	Leistung in Physik
Slowenien	523 (15,5)	38,6	18,8	
Schweden	573 (3,9)	16,3	18,9	
Norwegen	581 (6,5)	8,4	19,0	
Australien	518 (6,2)	12,6	17,7	
Schweiz	488 (3,5)	14,2	19,5	
Deutschland	520 (5,6)	9,3	19,1	
Kanada	485 (3,3)	13,7	18,6	
Österreich	435 (6,4)	33,1	19,1	
Zypern	494 (5,8)	8,8	17,7	
Griechenland	486 (5,6)	10,0	17,7	
Frankreich	466 (3,8)	19,9	18,2	
Tschechien	451 (6,2)	11,0	18,1	
USA	423 (3,3)	14,5	18,0	
Internationaler Mittelwert M = 500; SD = 100				200 300 400 500 600 700 800

IEA. Third International Mathematics and Science Study. © TIMSS/III-Germany

derum in den skandinavischen Ländern Dänemark, Norwegen und Schweden curricular nachgeordnet zu sein (vgl. Mullis u.a., 1998, S. 201 ff.).

3.2 Einzelvergleiche

Um die jeweils besonderen Organisationsstrukturen des voruniversitären Bereichs in den Vergleichsländern besser berücksichtigen zu können, wollen wir auch für Physik ergänzende Einzelvergleiche vornehmen. In Österreich gehört der Physikunterricht sowohl an den Allgemeinbildenden wie an den Beruflichen Höheren Schulen zum Wahlpflichtbereich. Etwas mehr als die Hälfte der Oberstufenschüler

Abbildung III.7: Fachleistungen der testleistungsstärksten 10 Prozent einer Alterskohorte im voruniversitären Physikunterricht nach Ländern (Mittelwerte und Vertrauensintervalle)

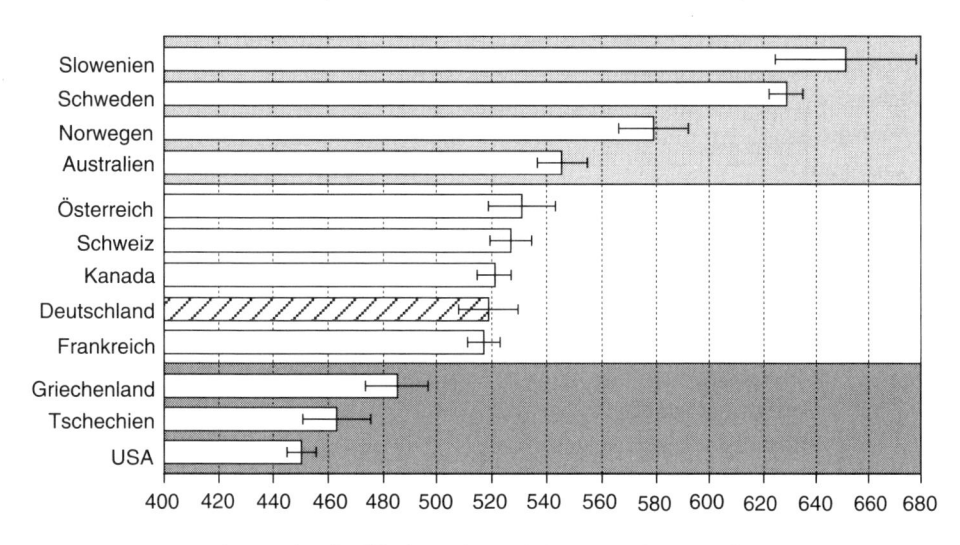

Internationaler Mittelwert der testleistungsstärksten 10 Prozent = 533

☐ Signifikant ($p < .05$) über dem deutschen Mittelwert liegende Länder.
☐ Nicht signifikant vom deutschen Mittelwert abweichende Länder.
■ Signifikant ($p < .05$) unter dem deutschen Mittelwert liegende Länder.

IEA. Third International Mathematics and Science Study. © TIMSS/III-Germany

erhalten bis zur Matura Physikunterricht (56 %). Gleichwohl hat Österreich den gesamten Altersjahrgang in die Physikuntersuchung einbezogen. Der österreichische Mittelwert für die Gesamtstichprobe bei einem PTCI von 33 Prozent liegt erwartungsgemäß niedrig bei 435 Punkten. Die Auswirkungen der Wahlpflichtregelung zeigen sich deutlich, wenn man die Leistungen jener Schüler, die Physik im letzten Schuljahr abgewählt haben, mit den Ergebnissen derjenigen vergleicht, die Physik durchgängig belegt haben. Die Resultate unterscheiden sich mit 413 und 451 Punkten erheblich. Bei diesem Ergebnisbild wirken Selbstselektion und unterschiedliche Unterrichtsdauer zusammen. Betrachtet man ausschließlich die Physikleistungen der 10- oder 5-Prozent-Testleistungsstärksten der Altersgruppe, so erreichen die österreichischen Maturanten vergleichbare Ergebnisse wie deutsche Abiturienten, die einen Physikgrund- oder -leistungskurs belegt haben. Beide Gruppen befinden sich in einem breiten internationalen Mittelfeld. Die Leistungsspitze wird in beiden

Abbildung III.8: Fachleistungen der testleistungsstärksten 5 Prozent einer Alterskohorte im voruniversitären Physikunterricht nach Ländern (Mittelwerte und Vertrauensintervalle)

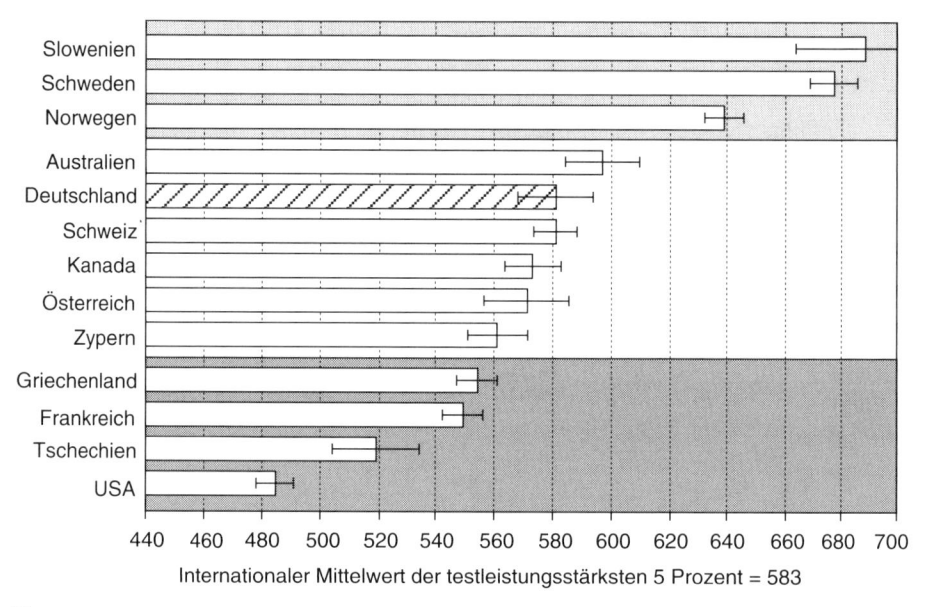

Internationaler Mittelwert der testleistungsstärksten 5 Prozent = 583

☐ Signifikant ($p < .05$) über dem deutschen Mittelwert liegende Länder.
☐ Nicht signifikant vom deutschen Mittelwert abweichende Länder.
■ Signifikant ($p < .05$) unter dem deutschen Mittelwert liegende Länder.

IEA. Third International Mathematics and Science Study.   © TIMSS/III-Germany

Ländern durch die unterschiedliche Expansion der zur allgemeinen Hochschulreife führenden Bildungsgänge nicht tangiert.

In Slowenien gehört ähnlich wie in Österreich der Physikunterricht in den naturwissenschaftlichen Wahlpflichtbereich der voruniversitären Bildungsgänge. 39 Prozent eines Altersjahrgangs wählen Physik als Abiturprüfungsfach (in Deutschland sind dies weniger als 5 % der entsprechenden Altersgruppe). Ein Fünftel dieser Prüfungskandidaten hatte zum Testzeitpunkt keinen Physikkurs mehr belegt. Umso bemerkenswerter ist das Ergebnis der Gesamtstichprobe (PTCI = 39 %), das mit 523 Punkten auf demselben Niveau wie die Leistungsresultate der deutschen Abiturienten mit Physikunterricht liegt, die bei einem Anteil von 9 Prozent an der Alterskohorte 520 Punkte erreichen. Bei einer Betrachtung allein der Testleistungsstärksten 10 oder 5 Prozent der Altersgruppe wird die Exzellenz der slowenischen Maturanten unübersehbar. Mit 652 bzw. 689 Punkten übertreffen sie die deutschen Vergleichsgruppen um fast 1,5 bzw. gut eine Standardabweichung. Hier wiederholt sich das Bild, das wir bereits für den voruniversitären Mathematikunterricht beschrieben haben, in noch ausgeprägterer Form. In Slowenien gelingt es, gut ein Drittel einer Alterskohorte erfolgreich mit einem voruniversitären Physikprogramm vertraut zu machen, das dem gymnasialen Curriculum in Deutschland in keiner Weise nachsteht. Gleichzeitig werden Spitzenleistungen erreicht, die weit über dem entsprechenden gymnasialen Niveau liegen.

Norwegen und Schweden haben gleichermaßen ein Gesamtschulsystem mit differenzierter Oberstufe eingerichtet. In der Sekundarstufe II werden unterschiedliche Programme, die zur Hochschulreife und/oder zum Übergang in den Beruf führen, als Wahlmöglichkeiten angeboten. In die TIMSS-Untersuchung zum voruniversitären Physikunterricht hat Schweden die Teilnehmer am naturwissenschaftlichen und technologischen Programm einbezogen, das einen deutlichen Akzent auf die naturwissenschaftliche Ausbildung legt. Norwegen rechnet zur Zielpopulation jene Schülerinnen und Schüler des allgemeinen akademischen Programms, die innerhalb dieses Bildungsgangs einen dreijährigen Physikkurs belegt haben. In Schweden haben sich 16 Prozent der Alterskohorte in die beiden naturwissenschaftlich ausgerichteten Programme eingeschrieben; in Deutschland besuchen rund 9 Prozent einen Physikgrund- oder -leistungskurs. Dennoch erreichen die schwedischen Abiturienten bei nur geringfügig höherer Unterrichtszeit bereits in der Gesamtstichprobe ein Leistungsergebnis im Physiktest, das mehr als eine halbe Standardabweichung über den deutschen Befunden liegt. Bei einem Vergleich äquivalenter Jahrgangsanteile erhöht sich die Differenz auf mehr als eine Standardabweichung. Im Vergleich zu Norwegen, das einen ähnlichen Jahrgangsanteil wie das deutsche Gymnasium in den Physikkursen unterrichtet, liegen die deutschen Abiturienten zwei Drittel Standardabweichungen zurück. Unterschiede dieser Größenordnung stehen für einen qualitativen Sprung im physikalischen Verständnis. Schweden und Norwegen sind gute Beispiele für die Tatsache, dass man in einem Gesamtschulsystem mit differenzierter Oberstufe, in dem für inhaltliche Konsistenz von Programmen und Kontinuität des Lernens gesorgt wird, Spitzenleistungen erreichen kann, die weit über dem Niveau gymnasialer Leistungskurse liegen. Dass für solche Leistungsergebnisse die Spezifität der curricularen Programme von ganz erheblicher Bedeutung sein dürfte, zeigt der intraschwedische Vergleich zwischen den Mathematik- und Physikleistungen von Besuchern desselben Oberstufenprogramms. Die beiden naturwissenschaftlichen und technologischen Programme der schwedischen Sekundarstufe II sind – im Unterschied etwa zum mathematisch-naturwissenschaftlichen Zug des *Lycée d'Enseignement Général* in Frankreich – klar naturwissenschaftlich und nicht primär mathematisch orientierte Bildungsgänge. Dies bildet sich erwartungsgemäß in den internationalen Leistungsbefunden ab. Schweden erreicht überragende Ergebnisse in Physik und leicht überdurchschnittliche Resultate in Mathematik.

In der Schweiz gehört der Physikunterricht je nach Typ des Gymnasiums zum Pflicht- oder Wahlpflichtbereich. Es nahmen jedoch alle Abiturienten an der Physikuntersuchung teil, auch wenn rund 20 Prozent von ihnen zum Testzeitpunkt keinen Physikunterricht mehr besuchten. Für die Gesamtstichprobe, die 14 Prozent der Altersgruppe umfasst, erreicht die Schweiz einen Leistungswert von 488 Punkten, der unter dem in Deutschland für 9 Prozent der Altersgruppe erzielten Wert von 520 Punkten liegt. Bei einem Vergleich äquivalenter Jahrgangsanteile verschwindet der Unterschied. Die deutschen und Schweizer Abiturienten erreichen gleiche Leistungsniveaus. Dies ist im Vergleich zum Mathematikunterricht, in dem sich die Schweizer Maturanten besonders auszeichnen, ein bemerkenswerter Befund, der auf die unterschiedliche curriculare Gewichtung der Fächer in der Schweiz hinweist. Die Mathematik hat im eidgenössischen voruniversitären Bildungsprogramm eine ungleich größere Bedeutung als die Naturwissenschaften. Dies gilt selbst für das mathematisch-naturwissenschaftliche Gymnasium (Maturatyp C).

Ähnliche Akzentsetzungen sind im französischen Bildungsprogramm zu erkennen, das ebenfalls die Mathematik, insbesondere im prestigereichsten voruniversitären Bildungsgang, privilegiert. Während im *Lycée d'Enseignement Général Scientifique* auf den Mathematikunterricht mindestens sechs Wochenstunden entfallen, sieht die Stundentafel gemeinsam für den Physik- und Chemieunterricht in den beiden letzten Jahrgangsstufen zweieinhalb bzw. dreieinhalb Unterrichtsstunden pro Woche vor. Der für die Physik verfügbare Zeitanteil dürfte im Mittel bei zwei Wochenstunden oder weniger liegen. Dieser Unterschied in der curricularen Bedeutung beider Fächer spiegelt sich erwartungsgemäß auch in den Leistungsergebnissen wider. Im Physiktest erreichen die testleistungsstärksten 10 bzw. 5 Prozent der Alterskohorte in Frankreich Leistungsergebnisse, die mit 518 bzw. 550 Punkten am unteren Rand des internationalen Mittelfelds liegen. Dagegen erzielen diese Gruppen in Mathematik international überragende Resultate.

Zum Abschluss wollen wir noch einen Blick auf die USA werfen. Die Beteiligungsquoten am Physikunterricht liegen in den USA mit 14 Prozent in vergleichbarer Höhe wie in der Schweiz. Hinsichtlich der Leistungsergebnisse im Physiktest rangieren die Schweizer Maturanten ähnlich wie die deutschen Abiturienten im internationalen Mittelfeld. Vergleicht man unterschiedliche Abschnitte der Leistungsverteilung zwischen den USA und der Schweiz (und damit indirekt auch Deutschland), wird eine Besonderheit des amerikanischen Gesamtschulsystems deutlich, das bei

Tabelle III.16: Physikleistungen ausgewählter Anteile der Alterskohorte in Deutschland, der Schweiz und den USA (Mittelwerte, Standardfehler in Klammern)

Land	Gesamtstichprobe (PTCI 14 %) (SE)	10 %-Testleistungsbesten der Alterskohorte (SE)	5 %-Testleistungsbesten der Alterskohorte (SE)
Deutschland	•		582 (6.4)
Schweiz	488 (3.5)	528 (3.8)	582 (3.7)
USA	423 (3.3)	451 (2.6)	485 (3.2)

IEA. Third International Mathematics and Science Study. © TIMSS/III-Germany

einer hohen Individualisierung von Bildungsgängen wenig institutionelle Vorkehrungen zur Sicherung der Kumulativität von Lernprozessen kennt. Tabelle III.16 zeigt, dass bei einem Vergleich äquivalenter Jahrgangsanteile die Leistungsunterschiede zwischen amerikanischen und schweizerischen Schülern im oberen Leistungsbereich deutlich wachsen. Während in der Gesamtstichprobe die Leistungsunterschiede 65 Testpunkte ($d = 0.76$) betragen, erhöht sich diese Differenz für die testleistungsstärksten 5 Prozent der Altersgruppe auf 97 Punkte ($d = 1.7$). Dies besagt, dass die Testleistungen von Teilnehmern an *Advanced Placement Courses* in Phyik rund eine Standardabweichung unter den Testergebnissen der vergleichbaren Schweizer Gruppe mit Matura C liegen. Für die Beurteilung der US-amerikanischen Resultate sei noch einmal an unsere Ausführungen zum voruniversitären Mathematikunterricht erinnert. Die Leistungsvariation zwischen den Bundesstaaten der USA ist außerordentlich groß und der Besuch eines Physikkurses in der *High School* ist für alle die Personen, die auf ein *College* oder eine Universität überwechseln, nicht der Abschluss der naturwissenschaftlichen Allgemeinbildung, die – im Unterschied zur europäischen Gepflogenheit – im obligatorischen Teil des *Undergraduate*-Studiums vertieft wird.

3.3 Physikleistungen in naturwissenschaftlichen Schwerpunktprogrammen im internationalen Vergleich

Im Rahmen voruniversitärer Bildungsgänge haben einige TIMSS-Teilnehmerländer naturwissenschaftliche Schwerpunktprogramme als Spezialkurse oder Schulformen bzw. Programme institutionalisiert. Dazu gehören Deutschland mit dem Physikleistungskurs, Schweden mit seinem *Science Program,* die Schweiz mit dem zur Matura C führenden mathematisch-naturwissenschaftlichen Gymnasialzug, Tschechien mit

Tabelle III.17: Physikleistungen von Schülern in Physikleistungskursen oder Schulformen/Programmen mit naturwissenschaftlichem Schwerpunkt nach ausgewählten Ländern (Mittelwerte, Standardfehler in Klammern)

Land	Spezialisierte Schulform/ Spezialkurs	PTCI	Unterrichtszeit	Physikleistung (SE)
Deutschland	Leistungskurs Physik	3	4,0	568 (6,6)
	Leistungskurs Physik und Mathematik	3	4,0	579 (7,9)
Schweden	Science Program	16	3,0	573 (3,9)
Schweiz	Matura C	4	3,0	570 (5,5)
Tschechien	Mathematisch-naturwissenschaftliches Gymnasium	1	3,0	562 (14,8)
USA	Advanced Placement (AP) Courses Physik	1	3,5	474 (10,5)

IEA. Third International Mathematics and Science Study. © TIMSS/III-Germany

seinem mathematisch-naturwissenschaftlichen Gymnasium und die USA mit den *Advanced Placement Courses* in Physik. Diese Spezialangebote sind in der Regel hochselektiv und ziehen physikalisch besonders interessierte und begabte Schüler an. Ihr Anteil am Altersjahrgang liegt in der Regel unter 5 Prozent. Eine Ausnahme stellt Schweden mit seinem relativ breiten naturwissenschaftlichen Oberstufenprogramm dar, das 16 Prozent der Alterskohorte wählen. In Tabelle III.17 haben wir die Leistungsergebnisse für diese Spezialistengruppen zusammengestellt.

Im Unterschied zur großen Leistungsvariabilität der mathematischen Schwerpunktprogramme ergibt sich für die institutionalisierten Physikangebote ein Bild größerer Homogenität – wenn man einmal von dem Sonderfall USA absieht. Lässt man die unterschiedlichen Beteiligungsquoten unberücksichtigt, scheint das Anspruchsniveau der Schwerpunktprogramme durchaus vergleichbar zu sein. Bringt man allerdings die unterschiedlichen Beteiligungsquoten in Anschlag, wird in Schweden die ganz erstaunliche Verbindung von Beteiligungsbreite mit exzellentem Leistungsniveau sichtbar, während in den USA das angesichts der hohen Selektivität der *Advanced Placement Courses* in Physik das erwartungswidrig niedrige Leistungsniveau überrascht.

3.4 Verteilung auf Kompetenzniveaus im internationalen Vergleich

Analog zur Darstellung der Ergebnisse der Mathematikuntersuchung wollen wir auch die Bedeutung der statistisch nachgewiesenen Länderunterschiede unter Nutzung der in Kapitel III dieses Bandes definierten Kompetenzstufen *(Proficiency Levels)* inhaltlich klären. Anhand von so genannten Markieritems haben wir fünf Fähigkeitsniveaus operational beschrieben.

- Die unterste Kompetenzstufe haben wir als Lösen von Routineaufgaben mit Mittelstufenwissen bezeichnet.
- Auf der zweiten Kompetenzstufe gelingt es, Faktenwissen zur Erklärung einfacher Phänomene der Oberstufenphysik anzuwenden, ohne dass vertiefte Kenntnisse von Konzepten oder Gesetzen erforderlich sind.
- Das dritte Kompetenzniveau haben wir zusammenfassend als Anwendungen physikalischer Gesetze (Größengleichungen) zur Erklärung experimenteller Effekte auf Oberstufenniveau charakterisiert.
- Die offenen Fragestellungen der vierten Kompetenzstufe verlangen eigenständige Lösungsansätze und zum Teil divergente Denkprozesse. Diese Kompetenzstufe lässt sich als selbstständiges fachliches Argumentieren und Problemlösen beschreiben.
- In Aufgaben der fünften Stufe wird die Überwindung alltagsgebundener Fehlvorstellungen geprüft, deren große Resistenz aus der Fachliteratur zu Schülervorstellungen bekannt ist.

Vergleichen wir die Verteilung von Schülern in verschiedenen Ländern auf die Fähigkeitsniveaus, lässt sich ein Eindruck der inhaltlichen Bedeutung statistisch signifikanter Unterschiede vermitteln. Tabelle III.18 erlaubt einen derartigen Vergleich für vier ausgewählte europäische Länder.

Tabelle III.18: Schüler nach Fähigkeitsniveau im Bereich voruniversitärer Physik und ausgewählten Ländern bei normiertem *Physics TIMSS Coverage Index* (PTCI = 10 %) (Spaltenprozent)

Fähigkeitsniveau	Deutschland	Norwegen	Schweden	Slowenien
Elementares Wissen	21,0	7,6	0,0	0,0
Erklären von Phänomenen	43,2	29,2	3,5	0,0
Anwendung von Lerninhalten der Oberstufe	28,3	38,1	64,9	56,0
Selbstständige fachliche Argumentation	6,8	22,8	27,9	39,5
Überwinden von Fehlvorstellungen	0,7	2,4	3,7	4,5
Insgesamt	100,0	100,0	100,0	100,0

IEA. Third International Mathematics and Science Study. © TIMSS/III-Germany

Bei der Interpretation der in Tabelle III.18 wiedergegebenen Befunde ist an unsere methodischen Vorbehalte zu erinnern. Um Informationsverlust zu vermeiden, haben wir die Ergebnisse für die Gesamtstichproben in Deutschland und Norwegen wiedergegeben. Für Schweden und Slowenien berichten wir die Verteilung auf die physikalischen Fähigkeitsniveaus für die testleistungsstärksten 10 Prozent der Alterskohorte. Dabei werden die Testleistungen für Deutschland und Norwegen, deren PTCI unter 10 Prozent liegt, vergleichsweise leicht überschätzt. Andererseits wird die Leistungsverteilung durch die Normierung des PTCI in Schweden und Slowenien stärker homogenisiert, was wiederum zu einer Begünstigung dieser beiden Länder führt. Unter Berücksichtigung dieser Unsicherheiten lassen sich der Tabelle folgende Informationen entnehmen: Physikalische alltagsbezogene Fehlvorstellungen zu überwinden, stellt generell eine Herausforderung dar, die zu bewältigen nur relativ wenigen Schülern gelingt. Dies gilt auch dann, wenn die Aufgabenstellungen, die Fehlvorstellungen überprüfen, „nur" auf Mittelstufenstoffe zurückgreifen. Diese Befunde sind nicht verwunderlich, sie bestätigen häufig replizierte Ergebnisse aus der Forschungsliteratur. Darüber hinaus erlauben sie zum ersten Mal eine quantitative Schätzung des Anteils einer Alterskohorte, der überhaupt in der Lage ist, diese kritische Schwelle zu überschreiten. Selbst in Schweden und Slowenien, die gerade in der Spitze exzellente Ergebnisse aufweisen, gelingt dies nur begrenzt. Das international am stärksten besetzte Kompetenzniveau ist die Stufe III, die wir als Anwenden physikalischer Gesetze auf Oberstufenniveau beschrieben haben. Im internationalen Vergleich werden zwei Besonderheiten der Fähigkeitsverteilung der deutschen Gymnasiasten sichtbar, die insbesondere im methodisch unproblematischen Vergleich zu Norwegen auffallen und bei einer rein nationalen Untersuchung wahrscheinlich keine besondere Aufmerksamkeit gefunden hätten. 64 Prozent der Gymnasiasten, die einen Physikgrund- oder -leistungskurs besuchen, überschreiten nicht das Kompetenzniveau der Anwendung von Faktenwissen zur Erklärung einfacher physikalischer Phänomene. Dieses Fähigkeitsniveau setzt noch kein vertieftes Verständnis von Konzepten oder Gesetzen der Oberstufenphysik voraus. In den drei Vergleichsländern liegen die Standards deutlich höher; die Kompetenzstufen I und II sind in den Vergleichsländern deutlich geringer besetzt. Komplementär dazu fällt der bemerkenswert geringe Anteil von Gymnasiasten der Kompetenzstufe IV auf, der in der Lage ist, physikalische Problemstellungen auf Oberstufenniveau selbstständig zu bearbeiten.

3.5 Intranationale Unterschiede zwischen Physik- und Mathematikleistungen im internationalen Vergleich

In den vorangegangenen Abschnitten hatten wir gelegentlich schon – etwa im Falle von Frankreich, Schweden und der Schweiz – auf große intranationale Unterschiede zwischen Physik- und Mathematikleistungen hingewiesen. Ramseier, Keller und Moser (1999) und Moser u.a. (1997) sind diesen Befunden in ihren nationalen Berichten genauer nachgegangen. Die Autoren stellen zunächst fest, dass innerhalb der Schweiz auf individueller Ebene ein straffer Zusammenhang zwischen Physik- und Mathematikleistungen nachweisbar ist ($r = .87$ nach Minderungskorrektur). (Die Schweiz konnte diesen Zusammenhang prüfen, da alle Gymnasiasten sowohl am Mathematik- als auch am Physiktest teilgenommen hatten.) Einen etwas schwächeren Zusammenhang finden wir, allerdings auf der Basis einer nur kleinen Substichprobe, auch in Deutschland ($r = .59$). Dieser auf individueller Ebene plausible Zusammenhang sagt jedoch noch nichts über die auf Länderebene zu erwartenden Zusammenhänge aus. Hohe Korrelationen zwischen den Ländermittelwerten beider Tests können entweder Hinweise auf homogene Leistungsfähigkeit oder homogene curriculare Akzentsetzungen in TIMSS-Teilnehmerländern sein. Der empirisch feststellbare Zusammenhang zwischen den Testresultaten ist auf Länderebene tatsächlich mit $r = .66$ relativ eng. Angesichts dieses Befundes wird die Frage umso interessanter, ob dennoch intranationale Fachleistungsunterschiede von nennenswertem Ausmaß nachweisbar sind. Abbildung III.9 gibt einen Überblick über die intranational nachweisbaren Leistungsunterschiede zwischen beiden Fachgebieten.

Auffällige Befunde liegen insbesondere für Frankreich und Schweden vor. Die französischen Schüler erreichen in Mathematik überragende Ergebnisse und liegen in Physik im unteren Mittelfeld. Im Physiktest zeichnen sich die schwedischen Schüler in besonderer Weise aus, während sie im Mathematiktest „nur" leicht überdurchschnittliche Werte erreichen. In beiden Fällen dürften sich in den intranationalen Unterschieden nationale curriculare Schwerpunktsetzungen abbilden. In den französischen Bildungsvorstellungen hat die Mathematik herausragende Bedeutung, während in Schweden die Naturwissenschaften deren Platz eingenommen zu haben scheinen. Die Schweiz scheint dem französischen Vorbild zu folgen. Dagegen ist Slowenien ein gutes Beispiel für curriculare Ausgewogenheit im mathematisch-naturwissenschaftlichen Bereich, der insgesamt hohe Priorität im Bildungskanon besitzt. Die USA wiederum sind ein Beispiel für relativ große intranationale Leistungsdifferenzen auf einem generell eher niedrigen Niveau. Die stabilen Mathematikleistungen könnten auf die stärkere Institutionalisierung dieses Fachs insbesondere in der Mittelstufe hinweisen, wo Mathematikkurse unterschiedlichen Niveaus durchgehend belegt werden müssen. Ein Blick auf die Untergliederung der physikalischen Testleistungen nach Sachgebiet zeigt, dass die amerikanischen Schüler besondere Schwächen im Bereich der Mechanik und Elektrizitätslehre – beides sind typische Mittelstufenstoffe – aufweisen.

Abbildung III.9: Intranationale Leistungsunterschiede zwischen Physik- und Mathematikleistungen der 5-Prozent-Testleistungsstärksten der Altersgruppe

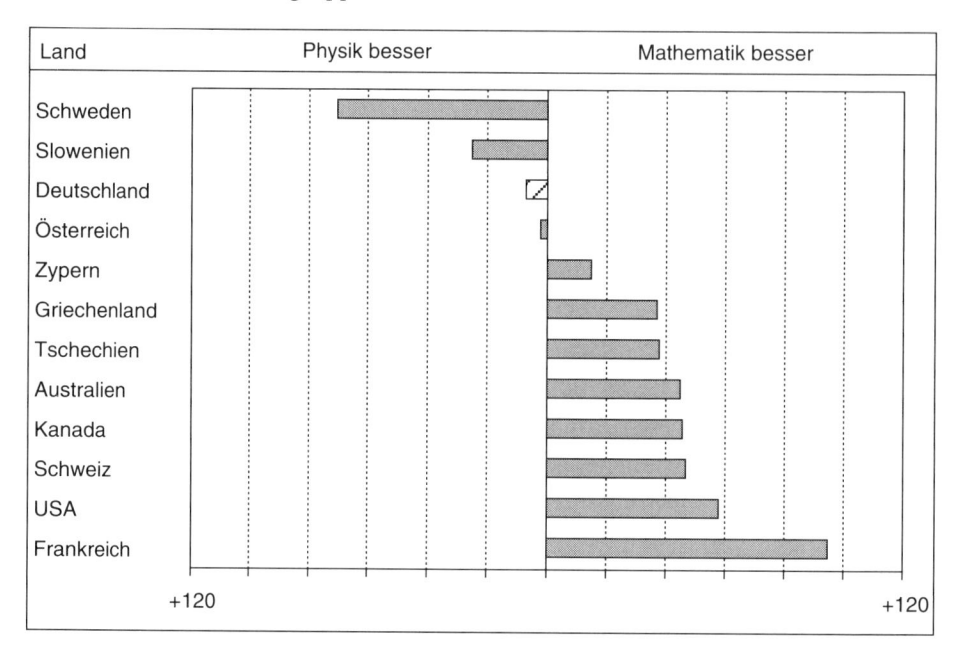

Land	Physik besser	Mathematik besser
Schweden	▬▬▬▬	
Slowenien	▬▬	
Deutschland		▪
Österreich		▪
Zypern		▬
Griechenland		▬▬▬
Tschechien		▬▬▬
Australien		▬▬▬▬
Kanada		▬▬▬▬
Schweiz		▬▬▬▬
USA		▬▬▬▬▬
Frankreich		▬▬▬▬▬▬

+120   +120

IEA. Third International Mathematics and Science Study.   © TIMSS/III-Germany

3.6 Relative Stärken und Schwächen deutscher Oberstufenschüler im internationalen Vergleich: Physik

Ähnlich wie im Bereich der voruniversitären Mathematik sollen auch in der Physik die relativen Stärken und Schwächen der deutschen Schüler im internationalen Vergleich benannt werden. Einbezogen sind wiederum Österreich, die Schweiz, Frankreich, Schweden und die Vereinigten Staaten. In der voruniversitären Physik lassen sich über alle fünf Vergleichsländer hinweg vor allem zwei Besonderheiten des Leistungsprofils der deutschen Schüler erkennen (vgl. Tab. III.19): Die deutschen Abiturienten tun sich besonders schwer mit Aufgaben, die die Überwindung typischer Fehlvorstellungen verlangen oder besondere konzeptuelle Kenntnisse voraussetzen. Vergleichsweise erfolgreich sind sie hingegen bei offenen Aufgabenformaten.

Tabelle III.19: Korrelation zwischen DIF-Parametern (positive Werte = relative Stärken deutscher Schüler, negative Werte = relative Schwächen) und Anforderungsmerkmalen im TIMSS-Test für voruniversitäre Physik (Basis: 64 Aufgaben)

Anforderungsmerkmal	Vergleichsland					Insgesamt
	Österreich	Schweiz	Frankreich	Schweden	USA	
Überwindung von Fehlvorstellungen	–.31	–.36	–.34	–.32	–.40	–.23
Kompetenzstufe: Markieritems				–.45		
Konzeptuelle Kenntnisse						–.22
Qualitatives Verständnis	–.32				–.30	
Alltagsbezug	–.23					
Symbolverständnis			–.25	–.23	–.25	
Textverständnis			–.21			
Offenheit (Format)					.51	.26
Rechnen	.33				.29	
Algebra	.44				.35	
Formalisierte Gesetze	.41				.34	
Wissensstufe				.24		

Alle Werte sind auf dem 5-Prozent-Niveau statistisch signifikant; nicht angegebene Korrelationen sind statistisch unauffällig.

IEA. Third International Mathematics and Science Study. © TIMSS/III-Germany

Der erste Befund lässt unmittelbar vermuten, dass es der Fachdidaktik in Deutschland nicht gelungen ist, ihre intensiven Forschungen über Schülervorstellungen in die Unterrichtspraxis hinein zu vermitteln. In keinem der fünf Vergleichsländer, insbesondere nicht in den USA, wirken sich Alltagsvorstellungen so stark negativ aus wie in Deutschland. Im Vergleich zu einzelnen Referenzländern lässt sich auch bei weiteren Anforderungsmerkmalen, die mit einem qualitativen Verständnis physikalischer Konzepte und Symbole verknüpft sind, ein Leistungstief der deutschen Schüler feststellen (vgl. die negativen Korrelationen in den Zeilen „qualitatives Verständnis", „Alltagsbezug", „Symbolverständnis" und „Textverständnis").

Die (relative) Stärke der deutschen Oberstufenschüler liegt dagegen im formal-quantitativen Umgang mit Physik. Hierfür spricht zunächst der Befund zum Aufgabenformat, da offene Aufgaben im TIMSS-Test zur voruniversitären Physik besonders häufig verlangen, physikalische Gesetze bzw. Größengleichungen mathematisch umzuformen oder auszuwerten. Die in Tabelle III.19 aufgeführten positiven Korrelationen zwischen DIF-Parametern und den Merkmalen „Rechnen", „Algebra" und „Formalisierte Gesetze" belegen zusätzlich, dass formal-quantitative Anforderungen von deutschen Schülern überproportional gut bewältigt werden.

Aus der Perspektive eines modernen, experimentell fundierten und verständnisorientierten Physikunterrichts sind diese Resultate mehr als unbefriedigend: Während vor allem in Österreich und in den USA ein Unterricht zu überwiegen scheint, der auf qualitatives Verständnis physikalischer Konzepte Wert legt (im ersten Fall auf einem Leistungsniveau, das dem deutscher Schulen entspricht, und im zweiten Fall auf deutlich niedrigerem Gesamtniveau), ist der Unterricht in deutschen Grund- und Leistungskursen offensichtlich der traditionellen „Gleichungs-Physik" verhaftet.

Schließlich gibt es deutliche Unterschiede zwischen DIF-Parametern aus den Teilbereichen des Fachs Physik (Varianzanalyse: $F_{[5, 58]} = 4.95$; $p < .01$): Moderne Physik (Teilchen-, Quanten-, Astrophysik und Relativität) sowie Wellen und Schwingungen sind relative Stärken der deutschen Schüler, Mechanik hingegen ist eine ausgeprägte Schwäche. Da Mechanik schon in der Mittelstufe eingeführt und in der Oberstufe wiederholt wird, liegt die Vermutung nahe, dass auch der Mittelstufenunterricht im Fach Physik Reformen benötigt (vgl. dazu auf der Basis der TIMSS-Mittelstufenergebnisse Baumert u.a., 2000).

3.7 Curriculare Fairness des internationalen Vergleichs

Trotz aller Maßnahmen zur Sicherung der transnationalen curricularen Validität des TIMSS-Fachleistungstests für den voruniversitären Physikunterricht muss man daran erinnern, dass der in der Hauptuntersuchung eingesetzte Physiktest einen internationalen Kompromiss darstellt. Dies ist auch angesichts der Variabilität der den Hochschulzugang eröffnenden Bildungsprogramme zwischen den Teilnehmerstaaten und selbst innerhalb eines einzigen Landes nicht verwunderlich. Trotz des auch für den Physiktest eingesetzten *Multiple Matrix Sampling* der Aufgaben werden sich in jedem Land Stoffgebiete finden, die durch den TIMSS-Test nicht oder nur unzureichend abgedeckt sind. Ebenso wird man Testaufgaben identifizieren können, die in bestimmten Ländern nicht Gegenstand des Unterrichts waren. Entscheidend für die Bewertung der curricularen Fairness des Tests ist die im endgültigen Kompromiss erreichte Balance. Von keinem der Teilnehmerländer wurde moniert, dass substantielle Sachgebiete des voruniversitären Physikunterrichts durch den TIMSS-Test gänzlich unabgedeckt seien. Wenn Lücken entdeckt wurden, handelte es sich eher um Spezialfragen, die in dem einen oder anderen Curriculum besonders vertieft werden. Häufiger ist beim Physiktest der Fall einer eingeschränkten transnationalen curricularen Validität von Einzelaufgaben anzutreffen. Um die kulturelle Fairness des Tests zu beurteilen, ist deshalb ein Maß der länderspezifischen curricularen Validität der Aufgaben erforderlich.

Parallel zur Validitätsprüfung des TIMSS-Mathematiktests wurde auch für den Physiktest nach Durchführung der Hauptuntersuchung eine so genannte Test-Curriculum *Matching Analysis* durchgeführt. Das Verfahren haben wir im vorangegangenen Abschnitt ausführlicher beschrieben. Für jedes Teilnehmerland wurde ein Physiktest optimaler nationaler curricularer Validität konstruiert, auf dessen Basis jeweils für jedes Land Testwerte neu berechnet und dann verglichen wurden. Die Ergebnisse der für zwölf Länder durchgeführten Analysen sind in der Tabelle III.20 zusammengefasst.

Der Kopfzeile der Tabelle III.20 ist zunächst zu entnehmen, dass die curriculare Validität des voruniversitären Physiktests zwischen den Teilnehmern variiert – und zwar stärker als beim Mathematiktest. Zwischen 45 und 100 Prozent der Testaufgaben (bzw. der maximal erreichbaren Testpunkte) gelten je nach Land als curricular gültig. Frankreich, Kanada, Russland und die Schweiz haben die meisten Einschränkungen geltend gemacht. Für Deutschland hat der Physiktest eine höhere curriculare Validität als der voruniversitäre Mathematiktest. Über 90 Prozent der durch die TIMSS-Aufgaben erfassten physikalischen Stoffgebiete waren bis zur Abiturklasse Unterrichtsgegenstand (vgl. Kap. II). Eine Prüfung der von den Teilnehmerländern nicht akzeptierten Aufgaben zeigt ein zum Mathematiktest analoges Bild. Etwa die Hälfte aller Ablehnungen konzentrieren sich auf ein Fünftel der Testaufgaben. Die übrigen Ablehnungen streuen breit über die Aufgaben, sodass bei einem großen Teil der Aufgaben immer nur ein Land curriculare Vorbehalte hat. Dies bedeutet, dass auch die national optimierten Testversionen für den Physikunterricht einen großen gemeinsamen Aufgabenkern aufweisen.

Die Anzahl der als curricular gültig akzeptierten Aufgaben variiert unabhängig von der in der Oberstufe verfügbaren Unterrichtszeit für Physik. Ebenso wenig ist der bei Validitätsmängeln erwartbare positive Zusammenhang zwischen der Anzahl der jeweils als national curricular invalide bewerteten Aufgaben und der Gesamttestleistung nachweisbar. Dementsprechend ist auch die Stabilität der durch die jeweiligen nationalen Testversionen erzeugten Rangreihen groß, wie der Tabelle III.20 zu entnehmen ist. In der Regel erzielt ein Land mit seiner national optimierten Testversion ein etwas besseres Leistungsergebnis, gleichzeitig verbessern sich dann aber auch die anderen Länder. In den nationalen Testversionen wurden also tendenziell Aufgaben ausgeschlossen, die für alle Länder in ähnlicher Weise schwieriger sind. Internationale Vergleiche auf der Grundlage von Aufgabenteilmengen, die differentielle nationale curriculare Validität besitzen, ändern also an der relativen Position eines Landes nur wenig. Dieses Ergebnis spricht für eine befriedigende interkulturelle Fairness des Gesamttests. Dies schließt differentielle Lösungswahrscheinlichkeiten für einzelne Aufgaben, wie wir in Abschnitt 3.6 gezeigt haben, nicht aus. Auf dieser Ebene werden gerade fachdidaktische Analysen anzusetzen haben.

Tabelle III.20: Test-Curriculum *Matching Analysis:* Ergebnisse für Physik – Durchschnitt der relativen Lösungshäufigkeiten der Testaufgaben basierend auf länderspezifischen Subtests

Land	Durchschnitt der relativen Lösungs-häufigkeiten*	Slowenien	Russland	Dänemark	Deutschland	Australien	Zypern	Schweiz	Kanada	Frankreich	Tschechien	Österreich	USA
	In der jeweiligen nationalen Auswahl berücksichtigte Zahl von curricular gültigen Testpunkten												
	81	78	38	73	78	78	78	43	59	60	77	81	81
Slowenien	42 (2,5)	42	51	43	41	42	42	45	43	41	42	42	42
Russland	42 (1,9)	42	56	42	41	42	42	44	42	42	43	42	42
Dänemark	40 (0,9)	39	52	42	40	40	40	43	41	39	40	40	40
Deutschland	39 (2,0)	38	44	39	39	39	39	40	41	38	39	39	39
Australien	37 (0,9)	37	46	38	37	38	37	40	38	37	37	37	37
Zypern	36 (0,9)	36	43	37	36	37	36	40	37	36	36	36	36
Schweiz	32 (0,6)	31	39	32	31	32	32	36	31	30	32	32	32
Kanada	31 (0,6)	31	42	32	31	31	31	34	32	30	32	31	31
Frankreich	30 (0,6)	29	39	31	30	30	30	32	29	30	30	30	30
Tschechien	28 (1,0)	27	37	28	27	27	28	31	27	26	28	28	28
Österreich	25 (0,9)	24	32	25	25	25	25	28	25	23	25	25	25
USA	23 (0,5)	22	32	23	22	23	23	26	22	21	23	23	23
Internationaler Durchschnitt	34 (1,1)	33	43	34	33	34	34	37	34	33	34	34	34

- Die Tabelle ist horizontal zu lesen, um die jeweilige Landesleistung in jeweils optimalen Subtests anderer Länder zu vergleichen.
- Die Tabelle ist vertikal zu lesen, um die Leistungen anderer Länder im Subtest des betreffenden Landes zu vergleichen.
- Die Tabelle ist diagonal zu lesen, um Landesleistungen im jeweiligen Landessubtest zu vergleichen.

* Der Standardfehler des Mittelwerts der relativen Lösungshäufigkeiten aller Items ist in Klammern angegeben.

IEA. Third International Mathematics and Science Study. © TIMSS/III-Germany

3.8 Unterrichtszeit, Fachleistungen im voruniversitären Physikunterricht im internationalen Vergleich

Wie auch für den voruniversitären Mathematikunterricht sind für den Physikunterricht in den meisten TIMSS-Ländern Angaben zur wöchentlichen Unterrichtszeit zum Testzeitpunkt verfügbar. Im Vergleich zum Mathematikunterricht ist das mittlere Stundenaufkommen für Physik niedriger, aber auch die Variabilität des Stundendeputats ist etwas geringer. Die Standardabweichung beträgt knapp eine Zeitstunde. Infolgedessen sind auch die Zusammenhänge zwischen Unterrichtszeit und Fachleistungen reduziert. Unter Kontrolle des Einflusses, der auf die Testung unterschiedlicher Jahrgangsanteile zurückzuführen ist (Normierung des PTCI auf 8 %), liegt die Korrelation zwischen Unterrichtszeit und Physikleistung nahe bei Null. Für den voruniversitären Physikunterricht gibt es also auf Länderebene keinen nachweisbaren linearen Zusammenhang zwischen Unterrichtszeit und Testleistung.

Korrigiert man die Leistungsmittelwerte der Länder im Physiktest um die auf unterschiedliche Unterrichtszeiten zurückzuführenden Einflüsse, schrumpfen die Leistungsunterschiede zwischen den Ländern erwartungsgemäß nur wenig. Das in den Abbildungen III.7 und III.8 vermittelte Gesamtbild bleibt weitgehend stabil (vgl. Tab. III.21). Die korrigierten Leistungsabstände bleiben auch im Wesentlichen in der gleichen Größenordnung. Diese Unterschiede müssen also durch andere Faktoren als Ausschöpfungsquote oder Unterrichtszeit erklärt werden. Aus diesen Befunden darf allerdings keinesfalls der Schluss gezogen werden, Unterrichtszeit sei als Determinante der Fachleistung unbedeutend. Davon kann, wie wir aus der Lehr-Lernforschung wissen, keine Rede sein. Von entscheidender Bedeutung ist allerdings, was mit welcher Intensität im Rahmen der nominal verfügbaren Unterrichtszeit tatsächlich geschieht. Die differentielle Leistungsentwicklung in den Physikgrund- und -leistungskursen vom 12. bis zum 13. Schuljahr, die wir in Kapitel VIII dieses Bandes beschreiben und analysieren, illustriert dies anschaulich.

Tabelle III.21: Leistungen im Bereich voruniversitärer Physik nach Ländern vor und nach Kontrolle der durchschnittlichen Unterrichtszeit in Physik (zum Testzeitpunkt) bei normiertem *Physics TIMSS Coverage Index* (PTCI = 8 %) (Abweichungen vom deutschen Mittelwert)

Land	Leistungen vor Kontrolle der Unterrichtszeit	Leistungen nach Kontrolle der Unterrichtszeit
Slowenien	128	129
Schweden	109	110
Norwegen	43	44
Australien	27	30
Schweiz	10	10
Kanada	2	5
Deutschland	0	0
Griechenland	−20	−19
Zypern	−21	−20
Tschechien	−54	−54
USA	−76	−74

IEA. Third International Mathematics and Science Study. © TIMSS/III-Germany

IV. Motivation, Fachwahlen, selbstreguliertes Lernen und Fachleistungen im Mathematik- und Physikunterricht der gymnasialen Oberstufe

Jürgen Baumert und Olaf Köller

1. Kurswahlen in Mathematik und Physik im Rahmen der Organisationsstruktur der gymnasialen Oberstufe

Um das Wahlverhalten von Schülerinnen und Schülern der gymnasialen Oberstufe zu verstehen, ist es notwendig, sich die Organisationsstruktur dieser Schulstufe zu vergegenwärtigen. Zum Zeitpunkt der Erhebung von TIMSS/III war die gymnasiale Oberstufe in allen Ländern der Bundesrepublik Deutschland auf der Grundlage der „Vereinbarung zur Neugestaltung der gymnasialen Oberstufe in der Sekundarstufe II" vom 7.7.1972 in der Fassung vom 11.4.1988 sowie der angegliederten „Empfehlungen zur Arbeit in der gymnasialen Oberstufe" organisiert. Im Dezember 1995 wurde eine nochmalige Novellierung dieser Vereinbarung durch eine Richtungsentscheidung vorbereitet, die zu einer Neufassung der Vereinbarung zur Gestaltung der gymnasialen Oberstufe in der Sekundarstufe II vom 28.2.1997 führte (vgl. KMK, 1995; Schweitzer, 1997). Diese Novelle wirkte sich jedoch auf die Oberstufenuntersuchung, die im Frühjahr 1996 stattfand, noch nicht aus.

Die gymnasiale Oberstufe ist ein komplexes System, das versucht, auf institutioneller Ebene die Einhaltung von Grundprinzipien mit der variablen Ausgestaltung von Einzelschulen und auf individueller Ebene Verpflichtung und Wahlfreiheit in ein ausbalanciertes Verhältnis zu bringen. Die Komplexität des Systems macht es für Außenstehende – nicht aber für die beteiligten Schüler und Lehrer – gelegentlich undurchsichtig, insbesondere dann, wenn man selbst an ein Gymnasium mit Fächerkanon und Jahrgangsklasse gewöhnt ist. Dennoch sind die Prinzipien der gymnasialen Oberstufe klar und gering an der Zahl.

Es lassen sich drei strukturprägende Elemente der gymnasialen Oberstufe unterscheiden. Diese sind:

(1) *Das Kurssystem mit der Unterscheidung von Grund- und Leistungskursen*
   Das Kursmodell erlaubt grundsätzlich ein breiteres Fächerangebot und eröffnet die Möglichkeit der individuellen Fächerwahl und Schwerpunktsetzung. Leistungskurse können aus dem gesamten Spektrum der Fächer gewählt werden, die

innerhalb des allgemeinen curricularen Rahmens der Oberstufe von einer Schule angeboten werden. Das Zusammenspiel von Grund- und Leistungskursen wird durch Wahlvorschriften der Länder so geregelt, dass trotz individueller Wahlen die Kontinuität des Lernens und die Struktur der Gesamtqualifikation gesichert bleiben. Grundlage des Organisationsmodells ist die Annahme der Gleichwertigkeit der Fächer im Hinblick auf Wissenschaftsorientierung und wissenschaftspropädeutisches Potential – unbeschadet ihrer sonstigen Unterschiedlichkeit hinsichtlich Denkformen, Thematik, Methodik und auch Ansehen.

(2) *Die curriculare Ordnung der Lernangebote in Aufgabenfeldern und die Festlegung von Belegverpflichtungen*
Die Unterscheidung und Festlegung von Aufgabenfeldern lässt sich als ein Versuch begreifen, unterschiedliche Horizonte des Weltverstehens zu ordnen, in denen jeweils spezifische Sichtweisen, Deutungsperspektiven und Rationalitätsformen zur Geltung kommen. Die Oberstufenvereinbarung sieht folgende Aufgabenfelder vor:
– das sprachlich-literarisch-künstlerische Aufgabenfeld,
– das historisch-gesellschaftswissenschaftliche Aufgabenfeld,
– das mathematisch-naturwissenschaftlich-technische Aufgabenfeld.
Hinzu kommen
– die Religionslehre, die durch die Länder einem Aufgabenfeld zugeordnet werden kann, sowie
– der Sport.

Die einzelnen Aufgabenfelder werden durch einen entwicklungsoffenen Katalog von klassischen und modernen Schulfächern ausgefüllt: Es gibt also keinen abgeschlossenen Kanon. Gleichzeitig schreibt die Vereinbarung die Wahl einer jeweils bestimmten Zahl von Fächern aus den einzelnen Aufgabenfeldern vor, um Einseitigkeit und zu frühe Spezialisierung zu vermeiden. Das Fachprinzip steht dabei für die Kontinuität von Lernprozessen.

Die Belegverpflichtungen definieren Deutsch, eine fortgeführte Fremdsprache, Geschichte oder ein gesellschaftswissenschaftliches Fach mit festem geschichtlichen Schwerpunkt, Mathematik, eine Naturwissenschaft, ein musisch-künstlerisches Fach, Sport und – je nach Ländervorschrift – Religion als verbindliche Fächer. Mit diesen sieben bzw. acht Fächern ist der Bereich der obligatorischen Bildung im internationalen Vergleich sehr breit angelegt. Darüber hinaus gibt es einschränkende Regeln für die Wahl der Leistungskurse: Ein Leistungsfach muss Deutsch oder eine fortgeführte Fremdsprache oder Mathematik oder eine

Naturwissenschaft sein. Erst das zweite Leistungsfach kann aus dem gesamten Fächerspektrum frei gewählt werden.

(3) *Die Abiturprüfung und die Festlegung der Gesamtqualifikation*
Ähnlich wie die curricularen Festlegungen wirkt auch die Regelung der Abiturprüfung standardisierend auf die gesamte Arbeit der Oberstufe. Die wichtigsten Regelungen sind:
– Das Abitur wird in vier Fächern abgelegt. Dabei wird ein Fach nur mündlich geprüft;
– Prüfungsfächer sind immer die beiden Leistungsfächer sowie zwei durchgängig belegte Grundkursfächer;
– die drei Aufgabenfelder müssen vollständig durch die Prüfungsfächer repräsentiert sein;
– unter den Prüfungsfächern muss sich Deutsch oder eine fortgeführte Fremdsprache oder Mathematik befinden.

Die Gesamtqualifikation – darunter versteht man die im Abiturszeugnis ausgewiesenen Leistungsergebnisse – beruhen auf Ergebnissen, die in den letzten vier Halbjahren und der Abiturprüfung erreicht wurden. In die Gesamtqualifikation gehen immer die Leistungsergebnisse aus den Fächern Deutsch, einer fortgeführten Fremdsprache, einem musischen Fach, Mathematik, einer Naturwissenschaft sowie einem Fach des gesellschaftlichen Aufgabenfelds ein.

Die Grundprinzipien der gymnasialen Oberstufe stützen sich wechselseitig und sorgen insgesamt für eine relativ große – von Reformern als zu weitgehend beklagte – Standardisierung des Bildungsgangs trotz der Öffnung von Wahlmöglichkeiten und Stärkung der persönlichen Verantwortung (Huber, 1994, 1995, 1996, 1998). Dafür sind aber nicht nur die Beleg- und Einbringvorschriften als solche verantwortlich. Vielmehr besitzt das System eine interne, oft übersehene Logik, die zu einer Privilegierung von Englisch, Mathematik, den Naturwissenschaften – in der Regel Biologie – und Deutsch als Kern- und Leistungsfächer führt (Knittel & Bargel, 1996). Fällt die Wahl der Leistungskurse auf diese Fächer, werden gleichzeitig die individuellen Freiheitsgrade bei der Wahl aller anderen Fächer, insbesondere der Grundkurse maximiert. Dadurch bleibt auch die Chance erhalten, bei ein oder zwei Fächern individuelle Vermeidungswahlen zu treffen. Bei unausgeglichenem Leistungsprofil ist dies ein wichtiger Gesichtspunkt für die Optimierung der Abiturprüfung. Eine Analyse des Wahlverhaltens der Leistungsfächer aufgrund der TIMSS/III-Daten bildet diese Eigendynamik des Systems eindrucksvoll ab. Wie Tabelle IV.1 belegt, ist die Standardisierung der Oberstufe, worauf bereits Roeder (1989), Knittel und Bargel

Tabelle IV.1: Leistungskurswahlen nach Fächern, Ländergruppen und Geschlecht (in % des letzten Oberstufenjahrgangs)

Fächer	Länder		Geschlecht		Insgesamt
	Alte Länder	Neue Länder	Männer	Frauen	
Englisch	36,4	46,1	32,7	42,6	38,9
Mathematik	32,4	40,6	47,1	26,2	34,4
Biologie	26,4	37,2	21,3	44,6	29,1
Deutsch	24,6	31,2	17,1	32,4	28,3
Erdkunde	12,7	9,7	14,3	10,4	11,8
Geschichte	11,0	5,6	14,4	7,8	11,2
Physik	6,2	12,6	15,0	3,0	8,2
Französisch	8,3	3,0	2,8	9,5	6,9
Kunst	6,4	–	3,8	6,1	5,5
Chemie	5,4	5,1	7,2	4,2	5,4
Sozialkunde	6,6	–	4,8	3,0	4,9
Russisch	0,6	4,0	0,8	2,0	1,4

IEA. Third International Mathematics and Science Study. © TIMSS/III-Germany

(1996) sowie Roeder und Gruehn (1996) hingewiesen haben, weitaus größer, als üblicherweise angenommen wird.

Tabelle IV.1 zeigt, dass Englisch, Mathematik, Biologie und Deutsch tatsächlich zahlenmäßig die Gewinner der Oberstufe sind. Auf diese vier Fächer konzentrieren sich die Wahlen der Leistungskurse, wobei es charakteristische Unterschiede zwischen alten und neuen Ländern sowie zwischen Männern und Frauen gibt. In den neuen Ländern ist die Konzentration der Wahlen auf Kernfächer aufgrund restriktiverer Belegvorschriften größer als in den alten Ländern. Dort gibt es für die kleineren Fächer vielerorts kaum noch Chancen, in einem Leistungskurs angeboten zu werden. Eine ähnliche Konzentration zeigt sich bei den Leistungskurswahlen von Frauen – allerdings mit der charakteristischen Vermeidung von Mathematik –, während die Leistungskurswahlen der jungen Männer bei besonderer Präferenz für Mathematik breiter über die Fächer streuen. Generell zeigen die Befunde im Vergleich zu der Zeitreihe der Leistungskurswahlen, die Knittel und Bargel (1996) für die 1980er Jahre berichten, dass als Folge der Novellierung der Oberstufenvereinbarung von 1988 eine stärkere Konzentration der Wahlen auf wenige Fächer stattgefunden hat.

Unter den Naturwissenschaften hat sich Biologie zur schulischen Leitdisziplin entwickelt – auf Kosten von Physik und insbesondere Chemie. Während knapp 30 Prozent der Oberstufenschüler Biologie als Leistungskursfach wählen, beträgt die Quote für Physik gerade noch 8 Prozent. In den neuen Ländern scheint das Fach Physik von der naturwissenschaftlichen Tradition der Schule der ehemaligen DDR zu profitieren, während in den alten Ländern die Beteiligungsrate nur noch halb so groß ist. Das Fach Physik polarisiert auch die Geschlechter. Nur 3 Prozent der Frauen entscheiden sich für Physik als Leistungskursfach gegenüber 15 Prozent der Männer.

Die Fächer Mathematik und Physik haben eine sehr unterschiedliche Stellung in der gymnasialen Oberstufe. Dies gilt nicht nur für die unterschiedliche Prävalenz als Leistungskursfach, sondern auch und verstärkt für die Grundkurse, deren Belegung im Fach Mathematik obligatorisch ist, während sich die Wahl des naturwissenschaftlichen Grundkurses in der Konkurrenz der drei Naturwissenschaften entscheidet. Die unterschiedliche strukturelle Stellung der beiden Fächer hat Folgen für die Zusammensetzung der Kurse und vermutlich auch für die Arbeit an der Sache. Tabelle IV.2 bildet das Wahlverhalten in den Fächern Mathematik und Physik ab.

Die Tabelle IV.2 illustriert den differentiellen Selektionsprozess in die Leistungs- und Grundkurse der Fächer Mathematik und Physik. Mathematik ist durch die Präferenz als Leistungskursfach und durch den im Prinzip obligatorischen Besuch des Grundkurses gekennzeichnet. Zum Erhebungszeitpunkt von TIMSS/III gab es in einigen Bundesländern noch die Möglichkeit, Mathematik in der 13. Jahrgangsstufe (oder eine fortgeführte Fremdsprache oder Deutsch) abzuwählen. Dort, wo diese Option bestand, wurde von ihr in sehr unterschiedlicher Weise Gebrauch gemacht. Physik dagegen erweist sich sowohl im Leistungs- als auch im Grundkurs als relativ selektives Fach. Bemerkenswerterweise verlieren die Physikgrundkurse während der Qualifikationsphase noch einmal ein Drittel ihrer Schülerschaft.

Tabelle IV.2: Kursbesuch in den Fächern Mathematik und Physik (in % der Schüler des Abschlussjahrgangs)

Fach	Abwahl bei Beginn der Kursphase	Abwahl während der Kursphase	Grundkurs durchgehend belegt	Leistungskurs
Mathematik	–	10,3[a]	55,4	34,3
Physik	61,1	10,2	20,5	8,2

[a] Abwahl in der 13. Jahrgangsstufe zum Erhebungszeitpunkt noch möglich in den Ländern Berlin, Brandenburg, Hamburg, Hessen, Niedersachsen, Nordrhein-Westfalen und Schleswig-Holstein. Die Abwahlquoten schwanken je nach Land zwischen 7 Prozent in Brandenburg und 44 Prozent in Berlin.

IEA. Third International Mathematics and Science Study. © TIMSS/III-Germany

2. Entstehung von Interessen- und Wissensgemeinschaften durch Kurswahlen

Trotz unterschiedlicher Eingangsselektivität sind Leistungskurswahlen sowohl im Fach Mathematik als auch im Fach Physik primär Kompetenz- und Interessenwahlen. Wenn auch das Bild im Rückblick etwas geschönt erscheinen mag, sind die Befunde der Befragung nach den Wahlmotiven eindeutig (Tab. IV.3). Im Fach Mathematik berichten zwischen 70 und 80 Prozent der Befragten, dass für die Wahl ihres Leistungskurses die Gesichtspunkte, persönliche Leistungsstärken entfalten oder persönlichen Interessen nachgehen zu können, wichtig oder sehr wichtig sind. Für die Wahl des Leistungskurses Physik ist dieses Bild noch ausgeprägter.

Hauptkomponentenanalysen der Wahlmotive ergeben eine klare, über die Fächer hinweg stabile zweifaktorielle Struktur (Tab. IV.4). Markieritems der ersten Hauptkomponente sind Kompetenzentfaltung und Interesse, die durch die Berufsperspek-

Tabelle IV.3: Motive für Leistungskurswahlen in den Fächern Mathematik und Physik[1]

Fach/Motiv	Antwortverteilung (in %)			
	Sehr wichtig	Wichtig	Wenig wichtig	Unwichtig
Mathematik				
Entfaltung der Kompetenz	26,5	44,0	24,7	4,8
Interesse	27,4	54,1	16,4	2,1
Beruf	17,7	36,9	31,5	13,9
Kontakt zu Mitschülern	3,3	14,6	41,9	40,2
Punkteoptimierung	19,7	38,0	28,8	13,6
Vermeidung von Lehrern	4,1	9,8	22,3	63,8
Wahlbeschränkungen an der Schule	9,0	9,8	25,5	55,6
Physik				
Entfaltung der Kompetenz	28,1	46,4	21,6	3,9
Interesse	40,8	46,0	10,0	3,2
Beruf	17,0	40,3	29,5	13,2
Kontakt zu Mitschülern	4,4	10,3	40,1	45,2
Punkteoptimierung	18,3	36,7	27,8	17,2
Vermeidung von Lehrern	5,8	6,4	18,4	69,4
Wahlbeschränkungen an der Schule	10,2	9,7	16,4	63,7

[1] Motive wurden als Wahlgründe retrospektiv im letzten Jahrgang der Oberstufe erhoben.
IEA. Third International Mathematics and Science Study. © TIMSS/III-Germany

tive ergänzt werden. Bemerkenswerterweise ist diese Motivlage auch mit dem Ziel, ein möglichst gutes Punkteresultat im Abitur zu erreichen, zu vereinbaren. Dies ist durchaus im Sinne der Idee der gymnasialen Oberstufe, nach der dem jungen Erwachsenen verstärkte Verantwortung für den eigenen Bildungsgang in die Hände gegeben werden soll. Die erste Hauptkomponente bindet rund 30 Prozent der Gesamtvarianz. Die zweite Hauptkomponente ist durch soziale Wahlmotive bestimmt – sei es, dass man bestimmte Lehrer vermeiden oder den engeren Kontakt zu Mitschülern erhalten will. Diese sozialen Motive werden durch die strategische Überlegung ergänzt, Punkte zu optimieren; sie können aber auch mit Wahlbeschränkungen an der jeweiligen Schule einhergehen. Die zweite Hauptkomponente erklärt knapp 20 Prozent der Varianz.

In allen Fächern sind die Motive „Kompetenz" und „Interesse" gefolgt von „Berufsperspektiven" prävalent. Die Kompetenz- und Interessenwahlen sind am ausgeprägtesten in den ästhetisch-expressiven Fächern Kunst, Musik und Sport. Die Unterschiede zwischen den Fächern sind gering. Bei etwa 20 Prozent der Oberstufenschülern und -schülerinnen spielen bei der Wahl des Leistungskurses jedoch auch Beschränkungen der Wahl- oder Kombinationsmöglichkeiten an der jeweiligen Schule eine wichtige Rolle. Dies stimmt mit den Befunden überein, die Heubrock (1979), Alt-Stutterheim (1980), Schmied (1982), Apel (1998) sowie Roeder und Gruehn (1996) berichten (vgl. zusammenfassend Roeder, 1989; Hodapp & Mißler, 1996).

Tabelle IV.4: Varimax-rotierte Komponentenmatrix der Hauptkomponentenanalysen über Leistungskurswahlmotive insgesamt und in den Fächern Mathematik und Physik (Koeffizienten a < .30 nicht ausgewiesen)

Wahlmotiv	Insgesamt[1]		Mathematik		Physik	
	1. Komponente	2. Komponente	1. Komponente	2. Komponente	1. Komponente	2. Komponente
Entfaltung der Kompetenz	.81/ .83		.81		.82	
Interesse	.78/ .79		.74		.71	
Beruf	.51/ .59		.48		.72	
Punkteoptimierung	.42/ .50	.46/.38	.49	.44	.42	.44
Vermeidung von Lehrern		.71/.74		.73		.63
Kontakt zu Mitschülern		.64/.65		.62		.73
Wahlbeschränkungen an der Schule	–.45/–.40	.51/.58	–.57	.39	–.56	.36

[1] Vor dem Schrägstrich Ladungen für das erste Leistungskursfach, nach dem Schrägstrich Ladungen für das zweite Leistungskursfach.

IEA. Third International Mathematics and Science Study. © TIMSS/III-Germany

Die Sachorientierung im Wahlverhalten führt dazu, dass sich Fachwahlen wechselseitig stärken und sich nicht selten günstige Bedingungen für eine nahe liegende curriculare Abstimmung verwandter Fächer ergeben. Wie Tabelle IV.5 ausweist, haben knapp zwei Drittel der Besucher eines Leistungskurses in Physik gleichzeitig einen Mathematikleistungskurs belegt. Das übrige Drittel nimmt zumindest an einem mathematischen Grundkurs teil. Im physikalischen Grundkurs kann die unterrichtende Lehrkraft davon ausgehen, dass im Durchschnitt über die Hälfte ihrer Schülerinnen und Schüler Mathematik im Leistungskurs haben und die übrigen den obligatorischen mathematischen Grundkurs besuchen. Gut 20 Prozent nehmen überdies an einem naturwissenschaftlichen Leistungskurs teil. Der Mathematiklehrer kann dagegen in seinem Leistungskurs keine vergleichbare Homogenität der Leistungsvoraussetzungen erwarten. Hier verteilen sich die Leistungskurswahlen gleichmäßiger über die Aufgabenfelder. Dies gilt a fortiori für den Mathematikgrundkurs, in dem sich praktisch das allgemeine Wahlmuster abbildet.

Nach den bisher berichteten Befunden dürften sich die Arbeitsbedingungen je nach Kursniveau und Fach hinsichtlich Vorwissen, unterstützenden Lernprozessen in verwandten Fächern und motivationalen Orientierungen der Kursteilnehmer sehr unterscheiden. Möglicherweise kann man sogar von differentiellen Interessen- und Kompetenzgemeinschaften sprechen, bei deren Entstehung Selbstselektion und Sozialisationsprozesse während der Kursarbeit zusammenwirken. Anhand der verfügbaren Querschnittdaten lassen sich die beiden Einflusskomponenten nicht trennen. Die fach- und kursspezifischen Befunde zu motivationalen Orientierungen

Tabelle IV.5: Zusammensetzung der Mathematik- und Physikleistungskurse und der Physikgrundkurse nach Aufgabenfeld des zweiten Leistungskursfachs bzw. der beiden Leistungskursfächer (in % der Kursteilnehmer)

Kurs		Zweites Leistungskursfach nach Aufgabenfeld[1]			
	Mathematik	Naturwissenschaftlich-technisches Aufgabenfeld	Sprachlich-literarisch-künstlerisches Aufgabenfeld	Historisch-gesellschaftliches Aufgabenfeld	Sonstige Fächer
Leistungskurs Mathematik	–	37,7[a]	37,4	18,6	6,3
Leistungskurs Physik	62,7	5,2	15,5	12,2	4,5
Grundkurs Physik	54,6	22,6	82,1	32,5	8,1

[1] Für Grundkurs Physik erstes und zweites Leistungskursfach.
[a] 15,4 Prozent Physik.

IEA. Third International Mathematics and Science Study. © TIMSS/III-Germany

ergeben jedoch ein komplexes Zustandsbild, das Hinweise auf die Plausibilität dieser Interpretation liefern kann.

Sowohl für Mathematik als auch für Physik wurden in TIMSS/III fachspezifisch die Prüfungsängstlichkeit (Schnabel, 1998), das Selbstkonzept der Befähigung (Helmke, 1992b), das Interesse im Sinne der Münchener Interessentheorie (Krapp, Hidi & Renninger, 1992; Krapp, 1998a, 1998b) und die instrumentelle Bedeutung des Unterrichtsfachs für die Praxis (Eccles, 1994) erhoben. Ferner wurden das technische Interesse sowie die subjektiv empfundene Bedrohung durch technische Entwicklungen erfasst. Tabelle IV.6 stellt die Skalen mit jeweils einem Beispielitem und den wichtigsten Kennwerten vor. Die Reliabilitäten der Skalen sind gut bis sehr gut.

Die Abbildungen IV.1 und IV.2 weisen die Befunde für die motivationalen Orientierungen getrennt nach Fach- und Kurswahl aus. Eine Inspektion der Diagramme zeigt folgende Muster: Im Fach Mathematik scheinen sich die motivationalen Orientierungen der Besucher von Grund- und Leistungskursen klar voneinander zu unterscheiden, während jene Personen, die von der Möglichkeit Gebrauch gemacht haben, im 13. Jahrgang Mathematik abzuwählen, den Grundkursteilnehmern sehr ähnlich sind. In drei Punkten gibt es allerdings Abweichungen: Wer Mathematik ab-

Tabelle IV.6: Skalen zur fachspezifischen motivationalen Orientierung (Herkunft, Itembeispiele und Skalenkennwerte)

Skala	Itembeispiel	Zahl der Items	Cronbachs α
Leistungsängstlichkeit (Helmke, 1992b)	Denken Sie einmal an die letzte Klausur in Mathematik/Physik: Meine Gedanken schweiften von den Aufgaben ab.	6	.74
Selbstkonzept der Befähigung (Jerusalem, 1984)	Auch wenn ich mir Mühe gebe, fällt mir Mathematik/Physik schwerer als vielen anderen.	4	.91
Sachinteresse (Baumert, Gruehn u.a., 1997)	Die Beschäftigung mit mathematischen/ physikalischen Themen und Gegenständen ist für mich sehr wichtig – unabhängig von Schule, Beruf oder anderen Personen.	4	.91
Instrumentelle Bedeutung (TIMSS-International)	Mathematik ist für jeden im Leben wichtig.	Einzelitem	
Bedrohung durch die technische Entwicklung (TIMSS-National)	Die technische Entwicklung macht mir Angst.	5	.74
Technisches Interesse (TIMSS-National)	Die Beschäftigung mit technischen Themen und Gegenständen ist für mich sehr wichtig – unabhängig von Schule, Beruf oder anderen Personen.	4	.95

IEA. Third International Mathematics and Science Study. © TIMSS/III-Germany

Abbildung IV.1: Motivationsprofile nach Kurswahl im Fach Mathematik

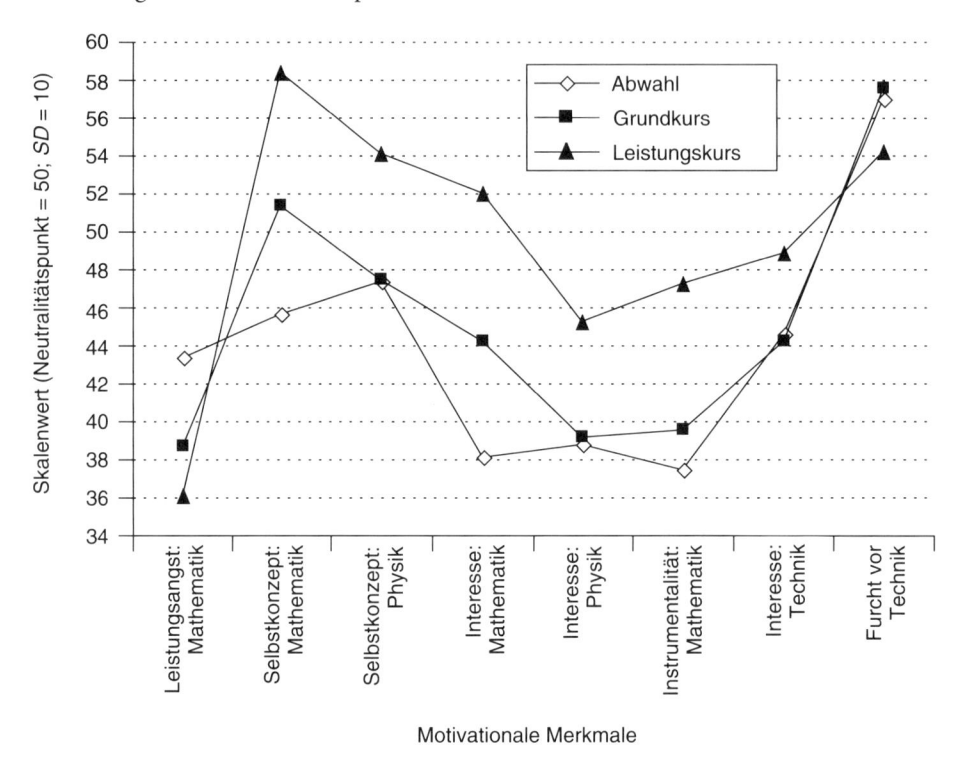

IEA. Third International Mathematics and Science Study. © TIMSS/III-Germany

wählt, hat etwas höhere Leistungsangst, hält seine fachlichen Kompetenzen für geringer und ist interessenlos im Fach. Die Teilnehmer am mathematischen Leistungskurs wissen, was sie können: Sie schätzen ihre fachliche Befähigung sehr hoch ein und haben gleichzeitig die geringste Leistungsangst. Das Interesse an Mathematik liegt im positiven Bereich (oberhalb von 50 Punkten auf der Interessenskala) – im Unterschied zum Physikinteresse, das in dieser Gruppe niedriger ausgeprägt ist. Hinsichtlich der praktischen Bedeutung von Mathematik herrscht Unentschiedenheit. Gegenüber technischen Entwicklungen ist Skepsis erkennbar. Das Motivationsprofil des Grundkurses weist einen ähnlichen Verlauf aus; es ist im Wesentlichen gegenüber dem Leistungskursprofil nur im Niveau versetzt. Im mathematischen Grundkurs ist die Distanz zur Technik besonders ausgeprägt.

Abbildung IV.2 zeigt die kursspezifischen Motivationsprofile für das Fach Physik. In diesem Fall setzen sich die Oberstufenschülerinnen und -schüler, die sich gegen das

Abbildung IV.2: Motivationsprofile nach Kurswahl im Fach Physik

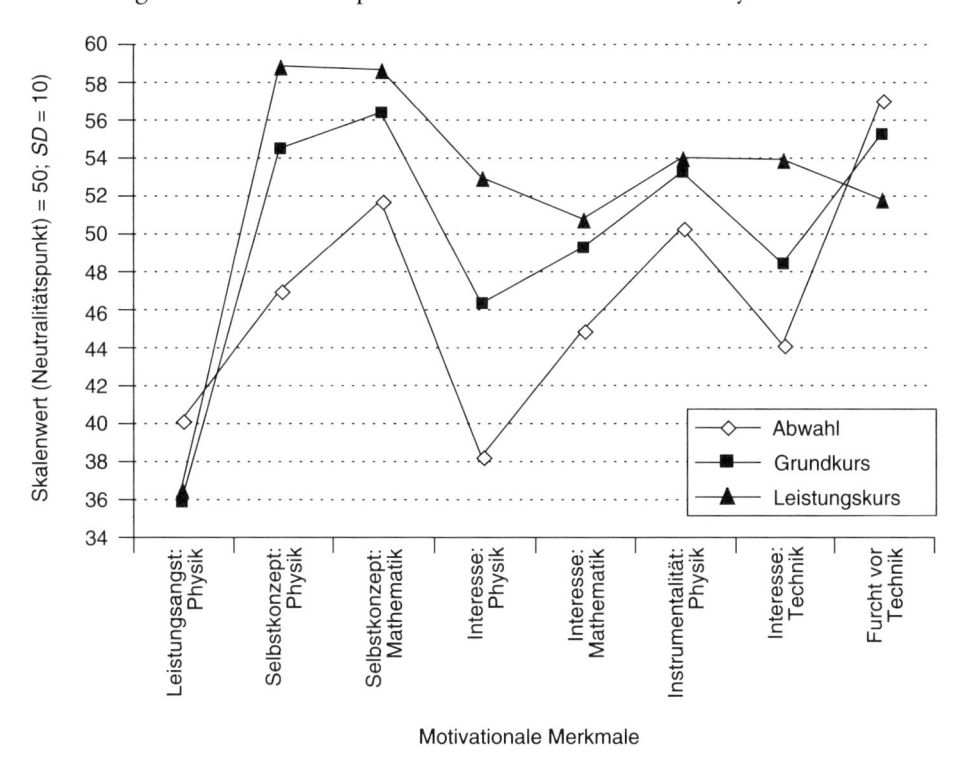

[Diagramm: Skalenwert (Neutralitätspunkt) = 50; SD = 10, mit Linien für Abwahl, Grundkurs, Leistungskurs über die motivationalen Merkmale: Leistungsangst: Physik, Selbstkonzept: Physik, Selbstkonzept: Mathematik, Interesse: Physik, Interesse: Mathematik, Instrumentalität: Physik, Interesse: Technik, Furcht vor Technik]

IEA. Third International Mathematics and Science Study. © TIMSS/III-Germany

Fach entschieden haben, in ihren Einstellungen deutlich von denen ab, die das Fach beibehalten haben. Die Gruppe der Nichtwähler ist durch niedrige Kompetenzüberzeugung, Interesselosigkeit und Technikdistanz gekennzeichnet. Dagegen liegen die Profile von Grund- und Leistungskursen sehr dicht beieinander. Unterschiede treten nur hinsichtlich des Kompetenzbewusstseins, des Sachinteresses und der Technikdistanz auf. Bemerkenswert ist, dass sich die Besucher von physikalischen Grund- und Leistungskursen auch für gute Mathematiker halten und an diesem Fach auch überdurchschnittlich interessiert sind.

Die statistische Überprüfung der kursspezifischen motivationalen Unterschiede anhand einer multivariaten Varianzanalyse ergibt für beide Fächer sowohl im multivariaten Test als auch in den für Mehrfachtestung adjustierten univariaten Prüfungen signifikante Ergebnisse (Mathematik bzw. Physik: $F_{[16, 6034]} = 63$ bzw. $F_{[18, 4797]} = 35.6$; $ps < .01$). Je nach motivationalem Merkmal schwankt der Anteil der durch

Kurswahl erklärten Varianz zwischen 4 und 21 Prozent im Fach Mathematik und 2 und 23 Prozent im Fach Physik. In beiden Fächern sind die Unterschiede in der – generell sehr niedrigen – Prüfungsangst am geringsten und im Interesse am ausgeprägtesten. Die post hoc-Vergleiche zwischen den Gruppen werden nach Bonferoni-Korrektur mit folgenden Ausnahmen signifikant ($p < .05$): Im Fach Mathematik unterscheiden sich Abwähler und Grundkursbesucher nicht im technischen Interesse und in der Besorgnis über technische Entwicklungen sowie im physikalischen Interesse und Selbstkonzept; im Fach Physik unterscheiden sich Grund- und Leistungskursbesucher nicht in der Prüfungsangst und nicht in der Einschätzung der instrumentellen Bedeutung von Physik.

In einem zweiten Schritt haben wir versucht, mit einer Diskriminanzanalyse, in die fachspezifische Motivationsmerkmale und Einstellungen zur Technik als diskriminierende Variablen eingehen, die Gruppen mit unterschiedlichen Kurswahlen – separat für die Fächer Mathematik und Physik – voneinander zu trennen. In beiden Fällen genügt zur Vorhersage der Gruppenzugehörigkeit eine einzige Diskriminanzfunktion (siehe Tab. IV.7).

Bei der Reklassifikation zeigt sich für das Fach Mathematik, dass diejenigen, die das Fach abwählen, praktisch nicht von Grundkursteilnehmern zu unterscheiden sind. Dagegen gelingt die Reklassifikation der Grundkursteilnehmer mit 74 Prozent richtiger Zuordnungen sehr gut. Die Zuordnung der Leistungskursteilnehmer ist wiederum relativ unsicher. Die korrekte Klassifikationsrate liegt bei knapp 50 Prozent; die übrigen Schüler werden dem Grundkurs zugeordnet. Ein nicht unerheblicher Teil der Leistungskursbesucher im Fach Mathematik weist also ein motivationales Grundkursprofil auf.

Tabelle IV.7: Korrelationen zwischen diskriminierenden Variablen und standardisierter kanonischer Diskriminanzfunktion für Kurswahlen in den Fächern Mathematik und Physik

Variablen	Mathematik	Physik
Leistungsangst	–.32	.21
Selbstkonzept der Befähigung	.78	.84
Interesse	.86	.88
Instrumentelle Bedeutung	.73	.26
Technisches Interesse	–	.54
Technikbesorgnis	–.25	–.27

IEA. Third International Mathematics and Science Study. © TIMSS/III-Germany

Für das Fach Physik zeigt schon die Abbildung IV.2 die Ähnlichkeit der Motivationsprofile von Grund- und Leistungskursschülern. Die Reklassifikation anhand der Diskriminanzfunktion belegt, dass beide Gruppen durch motivationale Merkmale schwer voneinander zu unterscheiden sind. Nur 38 Prozent der Leistungskursteilnehmer werden richtig zugeordnet. Besser trennbar sind dagegen mit einer richtigen Zuordnung von jeweils 61 Prozent die Oberstufenschüler und -schülerinnen, die Physik abgegeben bzw. einen Grundkurs gewählt haben.

Aufgrund dieser Befunde ist unsere Ausgangsvermutung, es ließen sich kurs- und fachspezifische Motivationsprofile identifizieren, die auf die Herausbildung unterschiedlicher Kompetenz- und Interessengemeinschaften hinweisen, zu modifizieren. Im Fach Mathematik scheint am ehesten der Grundkurs durch ein relativ homogenes Motivationsprofil gekennzeichnet zu sein, das ein Unterrichten aber nicht leichter machen dürfte. Die mittleren Ausprägungen der motivationalen Orientierungen im Leistungskurs unterschieden sich zwar statistisch signifikant von denen des Grundkurses, gleichwohl ist die Streuung der Motivation im Leistungskurs so groß, dass auch typische Grundkursprofile anzutreffen sind. Hier zeichnen sich offenbar die Kosten der Prävalenz der Leistungskursfachwahl ab. Im Fach Physik unterscheiden sich Grund- und Leistungskurse im Motivationsprofil nur graduell; die Arbeitsbedingungen scheinen generell besser als im Fach Mathematik zu sein, zumal die Unterrichtsarbeit auch durch entsprechende mathematische Kompetenz- und Interessenvoraussetzungen gestützt wird. So bedenklich die hohe Abwahlquote im Fach Physik auch sein mag: Wenn Grund- oder Leistungskurse zu Stande kommen, sind die Voraussetzungen hinsichtlich Motivation und Vorwissen der Kursteilnehmer günstig.

3. Kurswahlen, Kompetenzniveaus und Wissensprofile

Grund- und Leistungskurse unterscheiden sich im curricularen Anspruchsniveau ebenso wie im Stundenaufkommen. Darüber hinaus sind Leistungskurswahlen primär Kompetenz- und Interessenentscheidungen. Insofern ist der Befund nicht überraschend, dass sich Grund- und Leistungskurse im mittleren Fachleistungsniveau in Mathematik mit $d = .90$ und in Physik mit $d = .80$ Standardabweichungen deutlich unterscheiden ($F_{\text{Mathematik}\,[1,\,2004]} = 518.2$; $F_{\text{Physik}\,[1,\,675]} = 111.7$; $ps < .001$).

Aus Tabelle IV.8 ist zu ersehen, dass sowohl in Mathematik als auch in Physik jene Gruppe von Schülern noch einmal leistungsmäßig herausragt, die beide Fächer als Leistungskurse gewählt haben ($F_{\text{Mathematik}\,[1,\,764]} = 28.9$; $F_{\text{Physik}\,[1,\,219]} = 8.4$; $ps < .01$). Im Fach Physik streuen die Leistungen in Grund- und Leistungskursen trotz der

Tabelle IV.8: Mathematik- und Physikleistungen nach Kurswahl (Mittelwerte, Standardabweichungen in Klammern)

Fach	Kurswahl				
	Abwahl	Grundkurs	Leistungskurs nur in Mathematik oder Physik	Leistungskurs in Mathematik und Physik	Leistungskurs insgesamt
Mathematik	381 (77)	435 (78)	508 (72)	547 (57)	514 (71)
Physik	–	498 (79)	544 (80)	577 (78)	566 (80)

IEA. Third International Mathematics and Science Study. © TIMSS/III-Germany

Eingangsselektion erheblich; die Leistungsvarianz ist ähnlich groß wie im mathematischen Grundkurs. Allerdings liegt das Leistungsniveau der Physikkurse durchgehend höher. Überraschend ist die reduzierte Varianz im Mathematikleistungskurs, die sich auch zufallskritisch absichern lässt (Levene-Test $p < .05$). Angesichts der im internationalen Vergleich relativ niedrigen Ergebnisse in diesem Kurs liegt die Vermutung nahe, dass die Leistungsspitze suboptimal gefördert wird. Die Überlappungen der Leistungsverteilungen sind in beiden Fächern groß (Abb. IV.3 und IV.4).

Um die inhaltliche Bedeutung der Kompetenzunterschiede zwischen den Kursniveaus zu verdeutlichen, soll auf die in Kapitel II vorgestellte Definition von Fähigkeitsniveaus *(Proficiency Levels)* zurückgegriffen werden. Im Unterricht der mathematischen Grundkurse erreicht nur ein kleiner Teil der Schülerinnen und Schüler das Niveau der sicheren und selbstständigen Anwendung des Gelernten bei Standardaufgaben (17,9 %). Wird der vertraute Schulkontext von Aufgaben geändert, haben fast alle Grundkursteilnehmer erhebliche Schwierigkeiten, diese zu lösen. Gut 80 Prozent der Grundkursteilnehmer überschreiten das Niveau der Anwendung einfacher mathematischer Begriffe und Regeln nicht. Von den Schülern, die Mathematik abwählen, überwindet diese Schwelle fast niemand mehr. In den mathematischen Leistungskursen wird erwartungsgemäß ein deutlich höheres Kompetenzniveau erreicht. Dennoch ist der erfolgreiche Umgang mit mathematischen Problemstellungen, deren Lösungen nicht unmittelbar evident sind, nicht einmal bei jedem achten Leistungskursschüler anzutreffen (Tab. IV.9).

Die Leistungsverhältnisse im Physikgrundkurs sind denen im Grundkurs Mathematik strukturell ähnlich (Tab. IV.10). Eine schwer zu nehmende Hürde stellt auch hier die Anwendung von Lerninhalten der Oberstufe dar. Dagegen erzielt der Physikleistungskurs größere Erfolge: Mehr als die Hälfte der Schüler überschreitet die Schwelle zur selbstständigen Anwendung von Lerninhalten der Oberstufe. Rund 13 Prozent der

Abbildung IV.3: Verteilung der Mathematikleistungen nach Kursniveau – Schüler nach Testleistungen (in %)

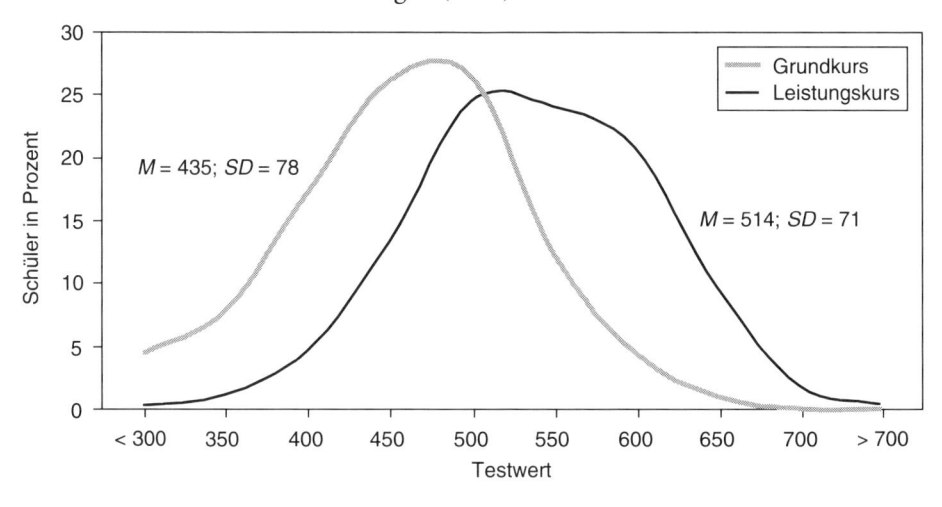

Grundkurs: M = 435; SD = 78
Leistungskurs: M = 514; SD = 71

IEA. Third International Mathematics and Science Study. © TIMSS/III-Germany

Abbildung IV.4: Verteilung der Physikleistungen nach Kursniveau – Schüler nach Testleistungen (in %)

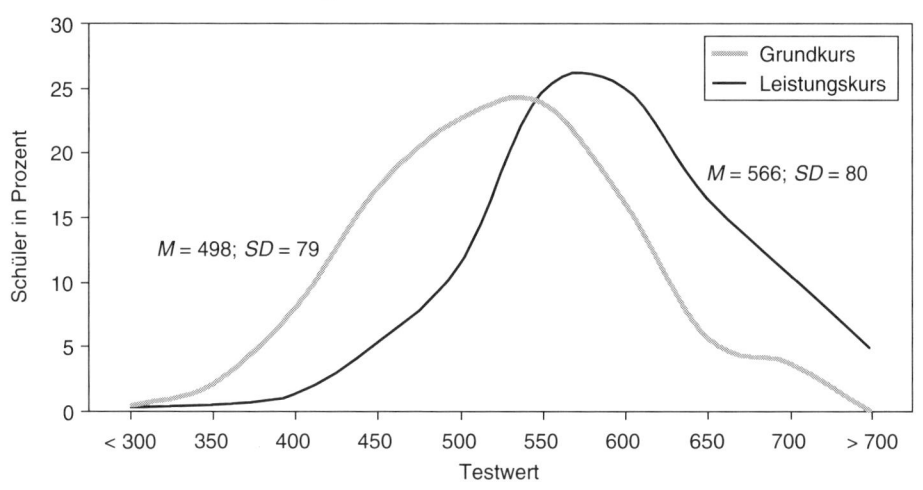

Grundkurs: M = 498; SD = 79
Leistungskurs: M = 566; SD = 80

IEA. Third International Mathematics and Science Study. © TIMSS/III-Germany

Tabelle IV.9: Schüler der gymnasialen Oberstufe nach mathematischem Fähigkeitsniveau und Kursbesuch (Spaltenprozent)

Fähigkeitsniveau	Abgewählter Grundkurs	Durchgehend belegter Grundkurs	Leistungskurs	Insgesamt
Elementares Schlussfolgern	57,3	29,4	5,7	24,2
Anwendung einfacher mathematischer Begriffe und Regeln	36,8	52,8	37,6	45,9
Anwendung von Lerninhalten der Oberstufe bei Standardaufgaben	6,0	16,9	44,9	25,3
Selbstständiges Lösen von mathematischen Problemen auf Oberstufenniveau	0,0	1,0	11,7	4,6
Insgesamt	100,0	100,0	100,0	100,0

IEA. Third International Mathematics and Science Study. © TIMSS/III-Germany

Tabelle IV.10: Schüler der gymnasialen Oberstufe nach physikalischem Fähigkeitsniveau und Kursbesuch (Spaltenprozent)

Fähigkeitsniveau	Grundkurs	Leistungskurs	Insgesamt
Lösen von Routineaufgaben mit Mittelstufenwissen	27,6	7,2	20,9
Faktenwissen zur Erklärung einfacher Phänomene der Oberstufenphysik	46,7	36,0	43,2
Anwendung physikalischer Gesetze zur Erklärung experimenteller Effekte auf Oberstufenniveau	21,9	41,4	28,3
Selbstständiges fachliches Argumentieren und Problemlösen	3,7	13,1	6,8
Überwinden von Fehlvorstellungen	0,0	2,3	0,7
Insgesamt	100,0	100,0	100,0

IEA. Third International Mathematics and Science Study. © TIMSS/III-Germany

Schülerinnen und Schüler des Physikleistungskurses verfügen darüber hinaus über die Fähigkeit, fachlich selbstständig zu argumentieren. In diesen Fällen dürften Verständnisleistungen erreicht werden, die den Zielvorstellungen der Lernpläne entsprechen.

Fragt man nach fachspezifischen Wissensprofilen, gibt die gesonderte Betrachtung der mathematischen und physikalischen Untertests eine erste Auskunft. Die relativen Leistungsstärken des Mathematikunterrichts der gymnasialen Oberstufe liegen im Bereich der Geometrie. Im Physikunterricht werden die günstigsten Ergebnisse in den Bereichen „Moderne Physik" und „Wellen und Schwingungen" – beides sind Stoffgebiete des Abschlussjahrgangs – erzielt (Abb. IV.5). Dagegen lassen sich kursspezifische Profilmuster kaum ausmachen. Die Abstände zwischen den Untertestergebnissen der unterschiedlichen Kurse variieren weitgehend im Zufallsbereich.

Kursspezifische Profile haben wir schließlich auf der Ebene der einzelnen Testaufgaben untersucht. Auch wenn man das insgesamt höhere Kompetenzniveau der Leistungskursschüler in Rechnung stellt, können deren Erfolgschancen bei einzelnen Aufgaben überproportional groß, bei anderen niedriger sein. Der erstgenannte Befund ist bei Fragestellungen zu erwarten, die spezifische Anforderungen der Leistungskurse spiegeln, während der zweite Fall bei spezifischen Lernzielen der Grundkurse auftreten sollte. Methodisch bedienen wir uns – wie zuvor bei der Untersuchung relativer Stärken und Schwächen deutscher Schüler im internationalen Ver-

Abbildung IV.5: Relative Leistungen in den mathematischen und physikalischen Untertests (Abweichungen vom deutschen Mittelwert in Mathematik bzw. Physik)

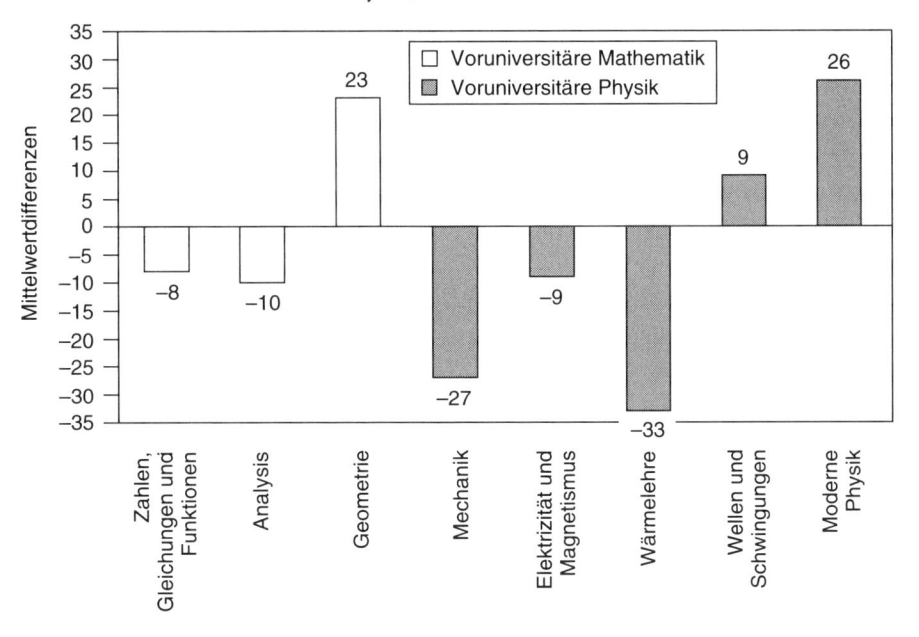

IEA. Third International Mathematics and Science Study. © TIMSS/III-Germany

gleich – der differentiellen Itemanalyse (DIF). Dabei wird für jede einzelne Aufgabe ein Parameter geschätzt, der angibt, inwieweit Leistungskursschüler die betreffende Frage überproportional erfolgreich bearbeiten. Indem wir diesen „DIF-Parameter" mit Gestaltungs- und Anforderungsmerkmalen von Aufgaben in Beziehung setzen, lässt sich ein Bild der relativen Stärken und Schwächen von Leistungs- und Grundkursschülern zeichnen.

Im Mathematiktest gibt es zwei Aufgaben, die extreme DIF-Parameter zu Gunsten der Leistungskurse aufweisen. Item J18, das die Kenntnis des Beweisprinzips der vollständigen Induktion voraussetzt, wurde von immerhin 10 Prozent der Leistungskursschüler, aber von praktisch keinem Grundkursteilnehmer gelöst. Auch die einzige Testaufgabe zum Thema komplexe Zahlen (K15) wurde – wenn überhaupt – nur von Leistungskursschülern richtig bearbeitet. Beide Fragen stellen aber Extremfälle dar, die zur Vermeidung von Artefakten bei den nachfolgenden Analysen ausgeklammert werden.

Für die übrigen 66 Mathematikaufgaben gilt: Je schwieriger die Aufgabe, desto stärker ist der Vorsprung der Leistungskurse, gemessen am DIF-Parameter ($r = .23$, $p < .05$). Dementsprechend haben die Grundkurse ihre *relative* Leistungsstärke bei gebundenen Aufgaben, Leistungskurse hingegen bei offenen Fragestellungen ($r = .31$, $p < .01$). Die Schere zwischen Grund- und Leistungskursen öffnet sich umso mehr, je höher das zur Lösung erforderliche Kompetenzniveau ist. Untersucht man den Vorsprung der Leistungskursteilnehmer in Abhängigkeit vom mathematischen Inhaltsgebiet oder von den Verhaltenserwartungen *(Performance Expectations),* wie sie von den Testautoren formuliert wurden, so ergibt sich kein systematisches Kursprofil.

Die von uns befragten Didaktikexperten (siehe Kap. II) konnten aufgrund ihrer fachspezifischen Erfahrungen die relativen Stärken und Schwächen von Grund- und Leistungskursschülern recht gut abschätzen. Wir hatten sie gebeten, für beide Kursarten getrennt die Lösungshäufigkeit zu schätzen, und in der Tat ist der Vorsprung der Leistungskurse (gemessen am DIF-Parameter) umso höher, je stärker die beiden Schätzungen voneinander abweichen ($r = .26$, $p < .05$). Von den 14 Anforderungsmerkmalen, mit denen die Experten die Aufgaben beschrieben hatten, zeigen jedoch nur zwei einen signifikanten Zusammenhang zum DIF-Parameter. Der Abstand zwischen Leistungskurs- und Grundkursschülern ist demnach umso größer, je aufwendiger die rechnerischen oder algebraischen Prozeduren sind, die bei der Bearbeitung einer Aufgabe ausgeführt werden müssen (jeweils $r = .22$, $p < .05$).

Als Fazit ergibt sich für den Bereich der Mathematik: Grundkursteilnehmer können bei anspruchsvolleren Aufgaben, zum Beispiel bei Problemlösungen in der Oberstufenmathematik, besonders schlecht mithalten. Inhaltliche Profile lassen sich aber nicht ausmachen – mit Ausnahme des Befunds, dass Schüler aus Leistungskursen die mathematischen Techniken (arithmetische und algebraische Operationen und Kalküle) besonders gut beherrschen.

In der Physik ergeben sich parallele Befunde. Unsere Didaktikexperten konnten die relativen Vorsprünge der Leistungskurse ähnlich gut vorhersagen wie ihre Kollegen aus der Mathematik ($r = .28$, $p < .05$). Von den 16 Anforderungsmerkmalen, die sie im Einzelnen beurteilten, sind jedoch nur vier signifikant mit Kursprofilen verknüpft. Wiederum spielt der Umgang mit mathematischen Techniken eine herausragende Rolle: Die Leistungskursschüler sind im Vergleich zu Grundkursteilnehmern umso erfolgreicher, je wichtiger arithmetische Berechnungen ($r = .25$, $p < .05$), algebraische Operationen ($r = .41$, $p < .01$) sowie das Umgehen mit physikalischen Größengleichungen ($r = .37$, $p < .01$) für die Lösung einer Aufgabe sind. Als relative Stärke der Physikgrundkurse erwies sich immerhin das Verständnis für funktionale Zusammenhänge ($r = -.34$, $p < .01$). In Relation zu ihrer physikalischen Gesamtkompetenz konnten die Grundkursschüler vergleichsweise gut abschätzen, wie sich eine physikalische Größe ändert, wenn eine oder mehrere andere Größen verändert werden.

Auch in der voruniversitären Physik ergaben die differentiellen Itemanalysen keine Zusammenhänge mit Inhaltsbereichen oder Verhaltenserwartungen, wohl aber mit dem Merkmal „Aufgabenformat offen vs. geschlossen" ($r = .45$, $p < .01$). Da offene Physikaufgaben im voruniversitären TIMSS-Test zumeist die Berechnung von Größen erfordern, sind hier Offenheit der Aufgabenstellung und formal-mathematisches Anforderungsniveau konfundiert.

Für den Physikunterricht lässt sich folgendes Fazit formulieren: Leistungskursschüler sind ihren Mitschülern, die den Physikgrundkurs besuchen, insbesondere dann überlegen, wenn Physik in mathematisierter, gleichungsorientierter Form betrieben wird. Grundkursschüler haben hingegen eine relative Leistungsstärke beim qualitativen Verständnis für funktionale Zusammenhänge. Diese Befunde deuten eine gewisse didaktische Profilierung von Grund- und Leistungskursen in der Physik an, könnten allerdings auch durch die Selbstselektion bei der Kurswahl, das heißt durch die unterschiedlichen Eingangsvoraussetzungen von Grund- und Leistungskursteilnehmern erklärt werden. Ein inhaltliches Profil, das Grund- und Leistungskurse unterscheiden würde, lässt sich auch in der Physik nicht ausmachen.

4. Motivation, Kurswahlen und Fachleistungen: Ein multivariates Erklärungsmodell

Leistungskurswahlen in der gymnasialen Oberstufe sind – wie wir gezeigt haben – primär Kompetenz- und Interessenwahlen. Dies gilt vermutlich auch für die Wahl von Grundkursen, so lange echte Entscheidungsalternativen bestehen. Retrospektiv werden die Wahlentscheidungen mit dem Wunsch assoziiert, eigene Leistungsstärken zu entwickeln und Interessen zu pflegen. Bei diesen Deutungen im Rückblick handelt es sich um relativ robuste Befunde, die mehrfach in ähnlicher Form repliziert wurden (vgl. zusammenfassend Köller u.a., 2000). Hodapp und Mißler (1996) konnten anhand einer Befragung, die unmittelbar nach der Fachwahl stattfand, konsistent mit den bisherigen Befunden zeigen, dass die wichtigsten Determinanten der Kurswahlen Begabungsselbstkonzept und Erfolgszuversicht einerseits sowie Wichtigkeit des Gegenstandsbereichs und Interesse am Fach andererseits sind. Die retrospektiv erfassten Motive sind also nicht (nur) als nachträgliche Rechtfertigung des Wahlverhaltens zu interpretieren. In Übereinstimmung mit den Wahlmotiven konnten wir kursspezifische Motivationsprofile nachweisen, die homogenisierende Wirkung von Kurswahlen belegen. Schließlich konnten wir zeigen, dass Grund- und Leistungskurse sich substantiell im erreichten Fachleistungsniveau unterscheiden, aber in den Leistungsverteilungen dennoch relativ breit überlappen. Im Folgenden wollen wir das Zusammenspiel von Motivation, Kurswahl und Fachleistung in einem komplexeren theoretischen Modell multivariat untersuchen.

In internationalen Arbeiten zur Erklärung von Kurswahlen hat sich das erweiterte Erwartungs-×-Wert-Modell von Eccles (1983) und Eccles u.a. (1998) durchgesetzt (vgl. auch Wigfield & Eccles, 1992). Eccles und ihre Mitarbeiter fassen Wahlentscheidungen als leistungsthematisches Handeln auf, das durch den subjektiven Wert der bevorstehenden Aufgabe und die Erfolgserwartung reguliert wird. Eccles erweitert dies aus der Leistungsmotivationsforschung bekannte Modell (Heckhausen, 1989), indem sie die Wertkomponente in drei Facetten zerlegt: persönliche Wichtigkeit, emotionales Erleben und Nützlichkeit. Mit der persönlichen Wichtigkeit und dem positiven emotionalen Erleben übernimmt Eccles in ihr Modell zwei Variablen, die in der Münchener Interessentheorie (Krapp, 1998b) als konstituierende Merkmale des Sachinteresses gelten. Die Erwartungskomponente basiert im Wesentlichen auf dem bereichsspezifischen Selbstkonzept der Befähigung – gleichsam einer kristallinen Form kumulierter Leistungserfahrungen und Kausalattributionen. Im Gegensatz zum Selbstkonzept, das immer Resultat vergangener Erfahrungen in leistungsthematischen Kontexten ist, ist die Erwartung immer prospektiv auf die Bewältigbarkeit einer anstehenden Aufgabe ausgerichtet (Wigfield & Eccles, 2000).

Eccles u.a. (1998) untersuchten in einer Längsschnittstudie den Einfluss der Erwartungskomponente und der Wertfacetten auf Mathematik- und Physikkurswahlen. Die Analysen zeigen, dass dem Interesse als Indikator für subjektive Wichtigkeit und positives emotionales Erleben keine eigene Erklärungsbedeutung mehr zukam, sobald die Einflüsse der Befähigungsselbsteinschätzung und der Nützlichkeitsbeurteilung kontrolliert waren. Die große Bedeutung der Kompetenzselbsteinschätzung für Kurswahlen in Mathematik und den Naturwissenschaften konnten auch Marsh und Yeung (1997b) in einer prospektiven Untersuchung belegen. Ebenfalls in einer Längsschnittuntersuchung zur gymnasialen Oberstufe in Deutschland konnten Köller, Baumert und Schnabel (2000) das fachspezifische Selbstkonzept der Befähigung und das fachspezifische Interesse, das im Sinne der Münchener Interessentheorie konzipiert worden war, als eigenständige Determinanten des Kurswahlverhaltens nachweisen. Köller u.a. verfügten in ihrer Längsschnittuntersuchung allerdings über keinen Indikator für die erwartete Nützlichkeit der Fachwahl. TIMSS/III erlaubt alle drei theoretischen Facetten der Kurswahl zu modellieren. Aufgrund der querschnittlichen Anlage von TIMSS/III kann das Modell jedoch nur explorative Funktion beanspruchen.

Auch wenn kompetenz- und interessengesteuerte Kurswahlen zu einer Homogenisierung kursspezifischer Interessenlagen und Selbsteinschätzungen führen, sind die motivationalen Unterschiede innerhalb von Kursen immer noch beträchtlich. Daraus ergibt sich unmittelbar die Frage, welche Rolle das fachspezifische Selbstkonzept der Befähigung und das domänenspezifische Interesse für Arbeitshaltungen und Lernprozesse unter Konstanthaltung des Kursniveaus spielen. Es gehört zu den Grundüberzeugungen pädagogischen Handelns, dass Interesse an der Sache die beste Voraussetzung für erfolgreiches Lernen auch und gerade in der Schule darstelle. Kaum ein Pädagoge wird diese Alltagsweisheit bezweifeln. Dennoch sind die empirischen Befunde, die diese Überzeugung stützen, für das Lernen in der Schule rar. Zwar konnten Schiefele, Krapp und Winteler (1992) anhand einer Metaanalyse eine durchschnittliche Korrelation von $r = .30$ zwischen Interesse und Schulleistungen bzw. Noten ermitteln, ihre Ergebnisse beruhen jedoch überwiegend auf Befunden aus Querschnittstudien, die, wie Schiefele (1998) selbst relativierend schreibt, eigentlich keine Rückschlüsse über die Richtung des Einflusses zulassen. Baumert, Schnabel und Lehrke (1998) konnten mit Längsschnittanalysen zum Zusammenspiel von Interesse und Schulleistung auf der Basis von drei nationalen und internationalen Schulleistungsstudien aussagekräftigere Ergebnisse für die Sekundarstufe I vorlegen. In allen Analysen ergaben sich keine signifikanten Effekte des Interesses auf Fachleistungen, wenn in Strukturgleichungsmodellen das Vorwissen kontrolliert wurde. Ferner konnte Köller (1998) wiederum anhand von Längsschnittdaten zeigen, dass ein möglicher Einfluss des Interesses auf den Leistungszuwachs in der

7. Jahrgangsstufe auch nicht zwischen Klassenstufen oder Schulformen variiert. Die Autoren erklären ihre Befunde damit, dass der eng geführte Mathematikunterricht in der Mittelstufe kaum Raum für selbstreguliertes Lernen lasse und die extrinsische Anreizstruktur der regelmäßigen Beurteilungen und Leistungskontrollen die Vorzüge intrinsischer Motivation nicht sichtbar werden ließe (vgl. Deci, Koestner & Ryan, 1999a, 1999b; Lepper, Henderlong & Gingras, 1999; Eisenberger, Pierce & Cameron, 1999). Köller u.a. (2000) prüften diese Annahme längsschnittlich in der gymnasialen Oberstufe, in der Schüler zum ersten Mal in nennenswertem Umfang Wahlmöglichkeiten erhalten und zugleich die Zahl der Leistungsprüfungen reduziert wird. Nach ihren Befunden beeinflusst das vor der Kurswahl erhobene Interesse die zwei Jahre später gemessene Leistung sowohl direkt als auch vermittelt über die Kurswahl, und zwar auch dann, wenn das Vorwissen konstant gehalten wird. Diese Befunde sind ein starkes Argument dafür, dass interessengeleitetes, selbstreguliertes Lernen an strukturelle Voraussetzungen gebunden ist, die in der Mittelstufe unseres Schulwesens offenbar nicht ausreichend gegeben sind.

Vor einem ähnlichen, wenn auch weniger gravierenden Problem wie die Interessenforschung steht die Selbstkonzeptforschung, wenn der Zusammenhang zwischen Selbstkonzept und Leistung thematisiert wird. Hansford und Hattie (1982) berichten auf der Grundlage einer Metaanalyse eine mittlere Korrelation von $r = .42$ zwischen fachspezifischem akademischem Selbstkonzept und Leistungsmerkmalen. Aber auch hier handelt es sich um korrelative Beziehungen, über deren Einflussrichtung noch nichts gesagt ist. Das so genannte *Self Enhancement*-Modell erwartet von einer Verbesserung des fachspezifischen Selbstkonzepts der Befähigung auch eine Verbesserung der Leistungsergebnisse, während das *Skill Development*-Modell davon ausgeht, dass Informationen über Kompetenzgewinn zu einer Verbesserung des entsprechenden Selbstkonzepts führen. Marsh (1990) bringt auf der Basis einer großen Längsschnittstudie Evidenzen für den kausalen Vorrang des akademischen Selbstkonzepts für die schulische Leistungsentwicklung bei. Helmke (1992b) dagegen kann gute empirische Argumente für ein Modell reziproker Effekte vorlegen, deren differentielle Stärke von der jeweiligen Phase des Lernens abhängt (vgl. Moschner, 1998). Eccles und Kollegen betonen verschiedenen Ortes (z.B. Wigfield & Eccles, 2000), dass die Erwartungskomponente und damit auch das Fähigkeitsselbstkonzept prädiktiv für konkrete Schulleistungen sind, wohingegen die Wertkomponente für leistungsthematische Wahlen vorhersagestärker ist. Insgesamt geht die Forschungslage dahin, dass ein reziproker Zusammenhang zwischen Begabungsselbstkonzepten und Leistungen besteht (Byrne, 1996b; Marsh & Craven, 1997).

Die Anlage von TIMSS/III erlaubt es, die drei beschriebenen Forschungsstränge in explorativer Weise zusammenzufügen. Wir wollen dabei in das von Eccles (1983) und Eccles u.a. (1998) vorgeschlagene Erwartungs-×-Wert-Modell zur Erklärung von Kurswahlen als zusätzliche Komponente die subjektive Norm aufnehmen (siehe hierzu auch Hannover, 1991). In dem von Ajzen und Fishbein (1980; Ajzen, 1988) entwickelten theoretischen Modell geplanten Handelns spielt die so genannte subjektive Norm eine wichtige Rolle für die Intentionsbildung. Als subjektive Norm bezeichnen Ajzen und Fishbein die Wahrnehmungen und Erwartungen, die eine Person hinsichtlich der normativen Verhaltenserwartungen, die von bedeutsamen Anderen an sie herangetragen werden, hat. Diese Erwartungserwartungen scheinen die Intentionsbildung unabhängig von Wertzuschreibungen und Erfolgserwartungen mit zu regeln. Im Falle von Kurs- und Fachwahlen im Rahmen der Schule vermuten wir, dass die normativen Erwartungen sowohl des Elternhauses als auch der Freundesgruppe in der subjektiven Brechung des Wahrnehmenden einen spezifischen Einfluss auf Kurswahlentscheidungen ausüben. Im internationalen Schülerfragebogen von TIMSS/III wird die subjektive Familien- und Freundesnorm in Bezug auf Mathematik und die naturwissenschaftlichen Fächer mit jeweils einer bzw. zwei Fragen erhoben („Finden die folgenden Personen, dass es wichtig für sie ist, in den naturwissenschaftlichen Fächern/in Mathematik gut zu sein? Vater, Mutter, Freunde").

Im Folgenden wollen wir die unterschiedlichen theoretischen Ansätze in ein komplexes Modell integrieren, das die simultane Analyse der Zusammenhänge von Motivation und Kurswahl einerseits und Motivation und Fachleistungen andererseits erlaubt.

(1) Auf der Grundlage des erweiterten Erwartungs-×-Wert-Modells von Eccles u.a. sowie des *Planned Behavior*-Modells von Ajzen und Fishbein erwarten wir substantielle Zusammenhänge zwischen Selbstkonzept der Befähigung, Nützlichkeitseinschätzung des Sachgebiets, den subjektiv wahrgenommenen normativen Erwartungen von Referenzpersonen und Kurswahl. Ob das fachspezifische Interesse neben diesen drei Komponenten einen spezifischen Erklärungsbeitrag leistet, ist eine offene Frage.

(2) Nach den Befunden von Marsh (1990) und Helmke (1992b) gehen wir davon aus, dass das fachspezifische Selbstkonzept der Befähigung nicht nur mit der Kurswahlentscheidung kovariiert (vgl. auch Marsh & Yeung, 1997b) und damit einen potentiell indirekten Einfluss auf die Leistungsentwicklung ausübt, sondern auch unter Konstanthaltung dieses Einflusspfades in einem nennenswerten direkten Zusammenhang mit der gemessenen Fachleistung steht. Die Kontrollerwartung, deren wichtige Antezedenz das Selbstkonzept der Befähigung ist, reguliert nach Bandura (1986) das Anspruchsniveau der Zielsetzungen, Anstrengungsbereitschaft und Persistenz sowie im Falle von Fehlschlägen die Art

der Kausalattribution. Diese Verhaltensmerkmale stellen auf der Ebene von Lernprozessen Mediatoren zwischen Motivation und Fachleistung dar.

(3) Ebenso erwarten wir in Übereinstimmung mit den Befunden von Köller, Baumert und Schnabel (2000) auf Kursebene eine nachweisbare Korrelation zwischen Sachinteresse und Leistungsergebnissen. Nach der Interessentheorie beeinflusst Sachinteresse, vermittelt über erhöhte Aufmerksamkeit und Verarbeitungstiefe, Lernresultate nicht nur quantitativ, sondern vor allem qualitativ (Schiefele, 1992; Baumert & Köller, 1996; Elliot, McGregor & Gable, 1999; Artelt, 2000). Abbildung IV.6 visualisiert die Zusammenhänge in einem Pfadmodell.

Das theoretische Modell weist für Mathematik eine sehr gute Anpassung an die empirischen Daten auf ($\chi^2_{[3]} = 1.04$; $p > .05$). Das Gesamtmodell erklärt im Fach Mathematik rund 50 Prozent der Varianz der Fachleistung. Die beiden stärksten

Abbildung IV.6: Pfadmodell zum Zusammenhang von motivationalen Merkmalen, Kurswahl und Fachleistung (Koeffizienten für Mathematik/Physik)

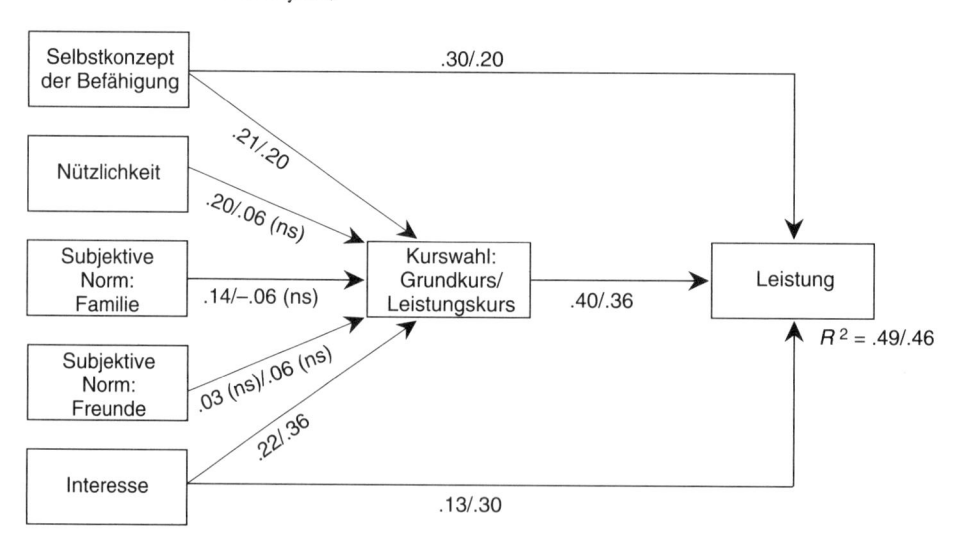

Mathematik: $N = 1.844$; $\chi^2_{[3]} = 1.04$ (ns).
Physik: $N = 552$; $\chi^2_{[3]} = 6.45$ (ns).

IEA. Third International Mathematics and Science Study. © TIMSS/III-Germany

direkten Einflüsse auf Fachleistung gehen vom Selbstkonzept der fachspezifischen Befähigung und dem Kursniveau aus (β = .30; β = .40). Aber auch für das Sachinteresse lässt sich ein direkter Pfad auf die gemessene Testleistung nachweisen (β = .13). Das Selbstkonzept der Befähigung und das Sachinteresse liefern also auch bei Kontrolle des Kursniveaus spezifische Beiträge zur Erklärung der erreichten Fachleistungen. Die Pfadkoeffizienten zeigen darüber hinaus, dass unser Kurswahlmodell, das die Erwartungs- und Wertkomponente um die Komponente der subjektiven Norm erweitert, ebenfalls gut in das Gesamtmodell eingepasst ist. Selbst in der gymnasialen Oberstufe scheinen bei der Kurswahl im Fach Mathematik die von der Schülerin oder dem Schüler wahrgenommenen häuslichen normativen Erwartungen eine die Entscheidung beeinflussende Rolle zu spielen, während die mathematische und naturwissenschaftliche Orientierung des Freundeskreises in dieser Hinsicht unbedeutend ist. Sobald man einen der Pfade zwischen motivationalen Merkmalen und Kurswahl fixiert, verschlechtert sich die Anpassung des Modells signifikant. Bemerkenswert ist ferner, dass das Modell die Spezifikation des Zusammenhangs zwischen Interesse und Kurswahl auch bei gleichzeitiger Berücksichtigung von Selbstkonzept der Befähigung und Nützlichkeit des Sachgebiets verlangt. Die von Eccles u.a. (1998) berichteten Ergebnisse über die Motive der Wahl von Mathematikkursen an US-amerikanischen *High Schools* sind also für die gymnasiale Oberstufe zu modifizieren, insofern das Sachinteresse bei der Kurswahl neben Kompetenzeinschätzung und instrumentellen Erwägungen eine eigenständige Rolle spielt.

Auch für das Fach Physik lässt sich unser theoretisches Modell in der Grundstruktur ausgezeichnet an die empirischen Daten anpassen ($\chi^2_{[3]}$ = 6.45; p > .05). Das optimale Modell zeigt jedoch im Vergleich zur Mathematik einige bemerkenswerte Abweichungen, die auf die besondere Situation des Fachs Physik in der gymnasialen Oberstufe hinweisen. Für die Entscheidung zwischen Grund- und Leistungskurs im Fach Physik spielen Nützlichkeitserwägungen und normative Erwartungen des Elternhauses oder des Freundeskreises neben der Fähigkeitsselbsteinschätzung und dem Sachinteresse als eigenständige Einflussgrößen keine Rolle. Gleichzeitig erhält das Interesse gegenüber dem Selbstkonzept der physikalischen Befähigung größeres Gewicht (β = .36 vs. β = .20). Darüber hinaus ist das Sachinteresse (β = .30) und nicht die Kompetenzselbsteinschätzung (β = .20) neben dem Kursniveau (β = .36) der wichtigste Prädiktor für Fachleistungen. Nach diesen Befunden ist das Lernen im Leistungskurs Physik gerade im Vergleich zum Mathematikleistungskurs im besonderen Maße interessengesteuert. Diese Ergebnisse zeigen, dass eine Generalisierung von Modellen über Fächer hinweg in der gymnasialen Oberstufe nicht ohne weiteres zulässig ist. Analysen haben fach- oder zumindest bereichsspezifisch anzusetzen.

5. Selbstreguliertes Lernen und Fachleistungen im Kurssystem

Die von der Kultusministerkonferenz eingesetzte Expertenkommission zur „Weiterentwicklung der Prinzipien der gymnasialen Oberstufe und des Abiturs" hat versucht, die Zielsetzungen der Oberstufe als Trias von Wissenschaftspropädeutik, Studierfähigkeit und vertiefter Allgemeinbildung zu bestimmen (KMK, 1995). Unter den Gesichtspunkten von Studierfähigkeit und Wissenschaftspropädeutik steht die Selbstregulation des Lernens, das heißt Förderung der Bereitschaft und Fähigkeit, Verantwortung für das eigene Lernen zu übernehmen, dieses ökonomisch zu planen, selbstständig zu steuern und zu überwachen und im praktischen Vollzug gegen konkurrierende Intentionen abzuschirmen, im Mittelpunkt des Auftrags der gymnasialen Oberstufe, auch wenn die Zugangswege zu diesen Arbeitsformen bereits in der Mittelstufe angebahnt werden müssen. Selbstreguliertes Lernen lässt sich als zielorientierter Prozess des aktiven und konstruktiven Wissenserwerbs beschreiben, der auf dem reflektierten Zusammenspiel von kognitiven und motivational-emotionalen Ressourcen einer Person beruht. Bei aller Unterschiedlichkeit der Forschungsansätze besteht Einigkeit darüber, dass es sich bei der Fähigkeit zum selbstregulierten Lernen um eine komplexe Handlungskompetenz handelt, die auf der Verbindung von inhaltlich einschlägigen Kenntnissen, kognitiven Fertigkeiten, bereichsspezifischen Strategien, motivationalen Orientierungen und volitionaler Handlungssteuerung beruht. Die einzelnen Komponenten werden allerdings je nach theoretischer Orientierung unterschiedlich gewichtet (Zimmerman, 1989; Schunk, 1989; Boekaerts, 1997; Weinert, 1996). Boekaerts (1992, 1997, 1999) hat ein komplexes Rahmenmodell des selbstregulierten Lernens entworfen, das die unterschiedlichen Perspektiven systematisiert. In etwas vereinfachter Form stellt Tabelle IV.11 die wichtigsten Komponenten dieses Modells vor. Boekaerts betont insbesondere die wechselseitigen Abhängigkeiten der einzelnen Komponenten. So haben die motivationalen Orientierungen einen Einfluss auf die jeweiligen Lernstrategien, während die Verfügbarkeit der kognitiven Strategien wiederum von der Wissensbasis im jeweiligen Inhaltsbereich abhängt. Defizite in irgendeinem Bereich dieses Modells erschweren bzw. verhindern das selbstregulierte Lernen.

Nach diesem Modell ist kompetentes Lernen ein selbstreferentieller Prozess, in dem der Lerner den interaktiven Zusammenhang von Lernaktivitäten, spezifischer Zielsetzung und persönlichen Voraussetzungen hinsichtlich Wissen und Motiven aktiv steuert. Zentrale Merkmale kompetenten Lernens sind die planvolle und adaptive Nutzung kognitiver, metakognitiver, motivationaler und verhaltensbezogener Strategien (Mandl & Friedrich, 1992). Der erfahrene Lerner zeichnet sich durch proaktives Selektionsverhalten gerade bei wenig strukturiertem Informationsangebot aus. Einer seiner Hauptstärken bei der Informationsauswahl und -verarbeitung ist

Tabelle IV.11: Rahmenmodell selbstregulierten Lernens nach Boekaerts (1999)

Kognitive/metakognitive Regulation	Motivationale Regulation
Bereichsspezifisches Vorwissen *Kognitive Lernstrategien* – Memorierstrategien – Tiefenverarbeitung – Transformation *Metakognitive Strategien* – Planung und Zielrepräsentation – Überwachung (Monitoring) – Korrekturstrategien	*Motivationale Orientierungen* – Selbstbezogene Kognitionen (Selbstkonzept der Begabung, Selbstwirksamkeit, Kontrollüberzeugungen) – Motivationale Präferenzen (Interesse, Aufgabenorientierung, Ich-Orientierung, intrinsische Motivation) – Prüfungsangst – Subjektive Theorien der Begabung *Situationaler Motivationszustand* – Aufmerksamkeit – Anstrengung – Ausdauer *Volitionale Merkmale der Handlungssteuerung* – Abschirmung gegen konkurrierende Intentionen – Handeln nach Erfolg und Misserfolg

IEA. Third International Mathematics and Science Study. © TIMSS/III-Germany

das Bemühen um die Konstruktion von Sinn. Ein weiteres Merkmal ist Selbstaufmerksamkeit. Der kompetente Lerner ist in der Lage, den eigenen Lernprozess zu beobachten und zu überwachen und sein Vorgehen bei auftretenden Schwierigkeiten zu korrigieren. Schließlich gehört zum kompetenten Lernen das Verantwortungsbewusstsein für den eigenen Lernprozess, das eine inhaltliche Gerichtetheit der motivationalen Dynamik voraussetzt. Interesse am Gegenstand ist dafür das beste Beispiel.

Im Rahmen von TIMSS/III wurde versucht, zentrale Komponenten dieses Modells in der nationalen Zusatzstudie zu implementieren. Es wurden fachspezifische Lernstrategien und mit dem Sachinteresse die motivationale Orientierung in bereichsspezifischer Ausprägung erfasst. Weinstein und Mayer (1986) unterscheiden drei große Gruppen von Lernstrategien: kognitive und metakognitive Strategien sowie Strategien des Ressourcenmanagements. Zu den kognitiven Strategien zählen Memorier-, Elaborations- und Transformationsstrategien. Memorierstrategien sind vor allen Dingen Wiederholungsstrategien, die dazu dienen, Neugelerntes im Arbeitsspeicher zu halten, aber auch die Übernahme der Informationen in das Langzeitgedächtnis zu unterstützen. Eine zweite Untergruppe der kognitiven Strategien bilden so genannte Elaborationsstrategien, die durch sinnstiftendes Vorgehen ausgezeichnet sind. Elaborationsstrategien dienen dazu, innerhalb neu zu lernender Stoffe Sinnstrukturen herauszuarbeiten, Lerninhalte mit bereits gespeichertem Wissen möglichst sinnvoll und dicht zu vernetzen und die Übertragbarkeit des Neugelernten auf andere Kontexte zu erproben. Diese Strategien unterstützen insbesondere Encodierungs-, Erwerbs- und Transferprozesse. Transformationsstrategien, die ebenfalls zu den kognitiven Strategien gerechnet werden, sind in erster Linie informationsreduktive Vorgehensweisen, die den Selektions- und Encodierungsprozess strukturieren. Durch Übertragung von Information in ein anderes Medium und deren gleichzeitige Verdichtung (indem man z.B. eine Gliederung anfertigt oder ein Diagramm herstellt) werden Informationen selegiert und zugleich sinnstiftend gegliedert. Die zweite große Gruppe der Lernstrategien bilden die so genannten metakognitiven Strategien, zu denen Strategien der Planung, Überwachung und Regulation des eigenen Lernens gehören. Eine flexible Verfügung über metakognitive Strategien gilt als entscheidende Voraussetzung selbstgesteuerten Lernens. Effektives Lernen verlangt nicht nur konditionales Wissen über Eigenart und Wirksamkeit von Lernhilfen, sondern auch metakognitive Kontrollstrategien, die den Lernprozess steuern. Das gilt sowohl für die Planung des Lernens und die Auswahl der Lernstrategien als auch für die Kontrolle des Verständnisprozesses und die Modifikation der Vorgehensweise bei auftauchenden Lernschwierigkeiten. Diese Kontrollstrategien, die exekutive und selbstregulierende Funktionen erfüllen, gelten als Schlüssel reflektierten Lernens (Borkowski & Turner, 1990). Strategien des Ressourcenmanagements schließlich werden als Stützstrategien bezeichnet (Dansereau, 1985). Zum internen Ressourcenmanagement werden die Überwachung von Anstrengung und Aufmerksamkeit sowie die planvolle Nutzung der Lernzeit gerechnet. Corno und Kanfer (1993) subsumieren diese Strategien unter dem Gesichtspunkt der volitionalen Kontrolle.

Im Rahmen von TIMSS/III wurde eine Kurzform des Kieler Strategien-Inventars (KSI; Baumert, Heyn & Köller, 1992) eingesetzt, das diese drei Strategietypen in unterschiedlichen Subskalen abbildet. Als Maß für das mathematische und physikalische Sachinteresse wurden Instrumente eingesetzt, die auf der Basis der Münchener Interessentheorie entwickelt wurden und Aspekte der Wertbindung, positiven emotionalen Erfahrungen und Selbstintentionalität berücksichtigen (Kennwerte der Skala und Beispielitems in Tab. IV.6). Tabelle IV.12 stellt die Lernstrategieskalen mit Beispielitems und Kennwerten vor (vgl. Baumert, Heyn & Köller, 1992; Baumert, 1993).

Der aktive Einsatz von Strategien der Tiefenverarbeitung, also die Nutzung von Elaborations-, Transformations- und Monitoringstrategien, ist vorwissens- und interessensabhängig. Dementsprechend werden durchgängig substantielle Korrelationen zwischen intrinsischen Zielpräferenzen und Strategienutzung berichtet. Schiefele und Schreyer (1994) führten auf der Basis von neun Studien eine Metaanalyse zum Zusammenhang zwischen Lernmotivation und Lernstrategien durch. Sie konnten stabile Zusammenhänge zwischen intrinsischer Lernmotivation und Tiefenverarbei-

Tabelle IV.12: Kieler Lernstrategien-Inventar (KSI-Kurzfassung: Beispielitems und Kennwerte)

Skala	Beispielitem: Wenn ich mich für Mathematik/Physik vorbereite, ...	Zahl der Items	Cronbachs α
Memorieren	... versuche ich alles auswendig zu lernen, was drankommen könnte.	4	.77
Elaboration	... versuche ich, den Stoff besser zu verstehen, indem ich Vergleiche mit Dingen ziehe, die ich schon kenne.	4	.77
Transformation	... mache ich mir kurze schriftliche Zusammenfassungen der wichtigsten Sachverhalte.	4	.84
Monitoring	... versuche ich, beim Lernen herauszufinden, was ich noch nicht richtig verstanden habe.	5	.74
Planung	... mache ich mir zuerst klar, wie ich am besten bei der Vorbereitung vorgehe, dann erst beginne ich.	3	.64
Zeitmanagement	... fällt es mir schwer, einen vernünftigen Zeitplan aufzustellen (umgepolt).	2	.64

IEA. Third International Mathematics and Science Study. © TIMSS/III-Germany

tungsstrategien (r = .44) zeigen, während sich kein bedeutsamer Zusammenhang zwischen intrinsischer Lernmotivation und der Nutzung von Oberflächenstrategien nachweisen ließ. Extrinsische Lernmotivation korreliert schwach mit dem Einsatz von Oberflächenstrategien (r = .23). In Übereinstimmung mit diesen Ergebnissen erwarten wir im Rahmen von TIMSS/III, dass sich Schülerinnen und Schüler, die unterschiedliche Kursniveaus besuchen, systematisch in der Nutzung von Lernstrategien unterscheiden. In Leistungskursen sollte die Nutzung von Tiefenverarbeitungsstrategien häufiger und die Verwendung von Memorierstrategien seltener anzutreffen sein. Die Abbildungen IV.7 und IV.8 weisen die Mittelwerte differenziert nach Fach- und Kursniveau aus. Der Neutralitätspunkt entspricht hier dem theoretischen Mittelwert von 2,5 einer vierstufigen Skala.

Erwartungsgemäß wird der F-Wert der multivariaten Varianzanalyse mit den Lernstrategien als abhängiger Variable und dem Kursniveau als Faktor für beide Fächer signifikant ($F_{\text{Mathematik} [6, 1976]}$ = 15.4; bzw. $F_{\text{Physik} [6, 660]}$ = 5.0; ps < .001). Grund- und Leistungskursschüler unterscheiden sich also nachweislich im Einsatz von Lernstrategien. In den nachfolgenden univariaten Vergleichen lassen sich im Fach Mathematik für den Gebrauch von Transformations- und Planungsstrategien keine Unterschiede feststellen. Dieser Befund wiederholt sich im Fach Physik für Transformations- und Monitoringstrategien sowie für Zeitmanagement und Planung. Die nachweisbaren Unterschiede liegen in der erwarteten Richtung, sind in der Größenordnung jedoch klein. Auffälliger als die Kursunterschiede sind die Differenzen in

Abbildung IV.7: Lernstrategien in Mathematik nach Kursniveau

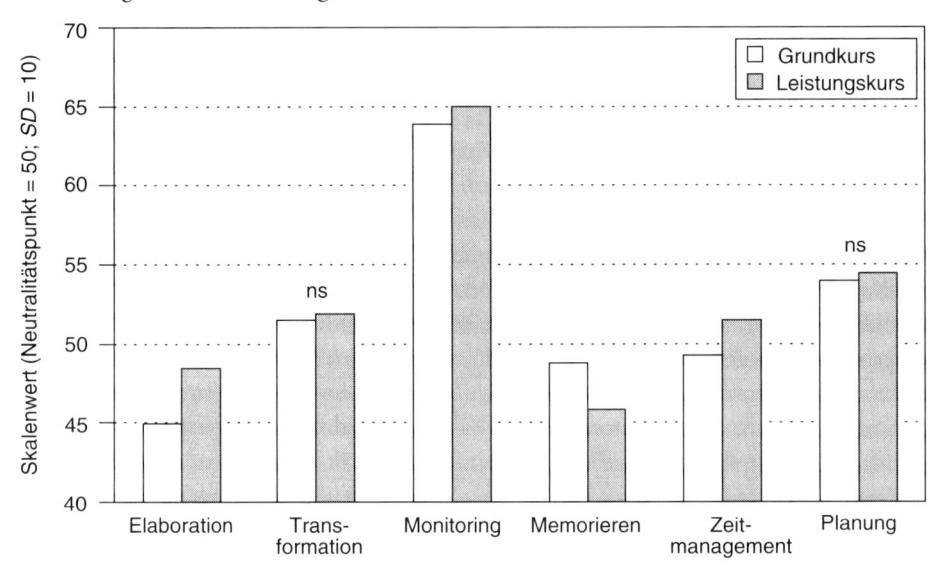

IEA. Third International Mathematics and Science Study. © TIMSS/III-Germany

Abbildung IV.8: Lernstrategien in Physik nach Kursniveau

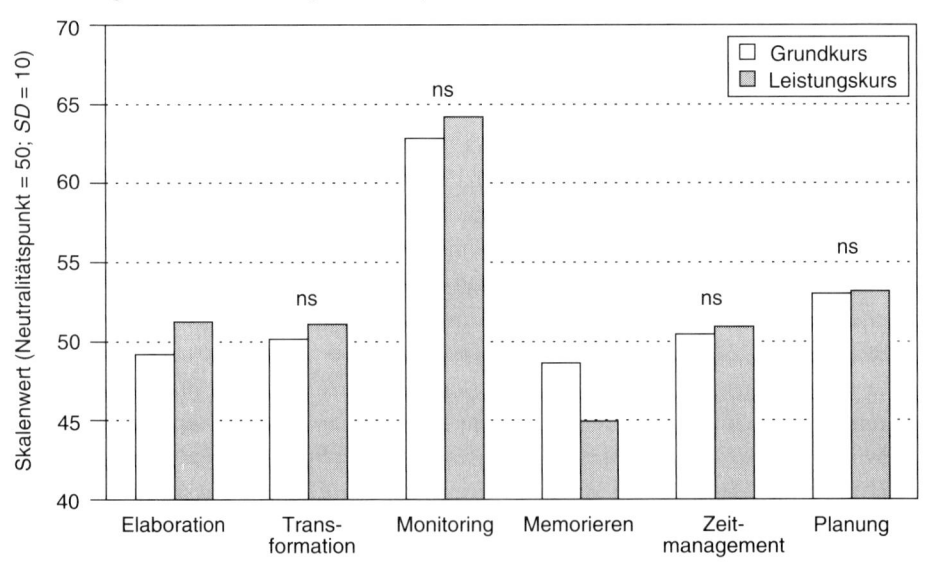

IEA. Third International Mathematics and Science Study. © TIMSS/III-Germany

der Auftretenshäufigkeit der einzelnen Strategien. Während Oberstufenschülerinnen und -schüler Planungs-, vor allem aber Überwachungsstrategien offensichtlich regelmäßig und systematisch einsetzen, wenn sie sich für Mathematik oder Physik vorbereiten, sind verstehensorientierte Erwerbsstrategien, mit denen aktiv Sinnstrukturen herausgearbeitet werden, sowohl auf Grund- als auch auf Leistungskursniveau eher selten anzutreffen. Besonders auffällig ist die Vermeidung von sinnstiftenden Elaborationsstrategien im Mathematikgrundkurs (vgl. dazu die Beschreibung des Mathematikunterrichts aus Schülersicht in Kap. VII).

Der Befund, dass verstehensorientierte Lernstrategien zurückhaltend eingesetzt werden, ist nicht solitär. Hatano (1998) geht davon aus, dass diese Lernformen hohe Aufmerksamkeit und Anstrengung verlangen und zeitintensiv sind. Sie würden deshalb so lange vermieden, wie schemaorientierte Informationsverarbeitung zu einem subjektiv befriedigenden Ziel führe. Hatano bezeichnet verstehensorientierte Lernprozesse als *High Cost-* und *High Benefit*-Prozesse, die nur selektiv eingesetzt werden und in hohem Maße motivationsabhängig sind. Dieses Argument erklärt gut den regelmäßig berichteten Zusammenhang zwischen Interesse und Tiefenverarbeitungsstrategien und weist andererseits auf die Bedeutung jener Aufgabenstellungen im Unterricht hin, bei denen der automatisierte Einsatz von kognitiven Schemata gerade *nicht* zum Erfolg führt. Wir werden in Kapitel VII prüfen, ob sich im Rahmen von TIMSS/III Belege für den theoretisch erwarteten Zusammenhang zwischen einer Unterrichtsführung, die darauf angelegt ist, Verstehensprozesse anzuregen, und dem Einsatz von Elaborationsstrategien beibringen lassen.

Die Nutzung von Elaborations-, Überwachungs- und Planungsstrategien steht in einem systematischen, wenn auch schwachen positiven Zusammenhang mit den erreichten Leistungsergebnissen, während die Nutzung von Memorierstrategien negativ mit den gemessenen Testleistungen korreliert. Mit diesen vier Prädiktoren werden in Mathematik 13 Prozent und in Physik 14 Prozent der Varianz der Leistungsergebnisse erklärt (Tab. IV.13, Modell 1). Erweitert man das Regressionsmodell um das fachspezifische Interesse, so wird die Motivationsabhängigkeit der Lernstrategien sichtbar (Tab. IV.13, Modell 2). Ihr spezifischer Erklärungsbeitrag sinkt deutlich, bleibt aber im Fach Mathematik für Monitoring-, Planungs- und Memorierstrategien und im Fach Physik für Monitoring- und Memorierstrategien nachweisbar. Aufgrund der Multikollinearität zwischen Elaborationsstrategien und Sachinteresse wird das β-Gewicht für den Einsatz von Elaborationsstrategien nicht mehr signifikant. Gleichzeitig steigt der Anteil der erklärten Testleistungsvarianz auf 28 (Mathematik) bzw. 30 Prozent (Physik). Der deutliche Abfall der β-Gewichte der Lernstrategien bei Berücksichtigung des Sachinteresses besagt zunächst, dass Lernstrategien nicht als Mediatorvariablen zwischen Interesse und Fachleistung aufge-

Tabelle IV.13: Ergebnisse der Regression von Mathematik- und Physikleistungen auf Lernstrategien und Sachinteresse (standardisierte Regressionskoeffizienten)

Prädiktoren	Modell 1		Modell 2	
	Mathematik	Physik	Mathematik	Physik
Elaboration	.16**	.21**	–	–
Monitoring	.16**	.18**	.06*	.14**
Memorieren	–.25**	–	–.16**	–
Zeitplanung	.11**	.01	.06*	–
Sachinteresse an Mathematik/Physik	–	–	.45**	.46**
R^2	.13**	.14**	.28**	.30**

* $p < .05$, ** $p < .01$.
IEA. Third International Mathematics and Science Study.   © TIMSS/III-Germany

fasst werden können. Dies ist schon verschiedentlich gezeigt worden (Baumert, 1993; Baumert & Köller, 1996; Schiefele, 1996). Aber selbst im Fall der Elaborationsstrategien, für die im erweiterten Regressionsmodell neben Interesse kein spezifischer Einfluss auf Fachleistungen nachweisbar ist, ist daraus nicht auf Bedeutungslosigkeit der Strategienutzung zu schließen. Denn einmal sind rund 4 Prozent der erklärten Fachleistungsvarianz auf konfundierte Wirkung von Interesse und Lernstrategien zurückzuführen. Zum anderen werden hier die grundsätzlichen Grenzen der Erfassung von Lernstrategien durch Fragebögen sichtbar (Baumert & Köller, 1996). Eine ausführliche methodische Diskussion und die Entwicklung angemessener Vorgehensweise finden sich bei Artelt (1999, 2000).

Die Nutzung effizienter und verständnisfördernder Lernstrategien hat einmal für das Erreichen guter Leistungsresultate im Unterricht der gymnasialen Oberstufe instrumentelle Bedeutung, darüber hinaus sind die Verfügbarkeit von Lernstrategien und ihr situationsadäquater Einsatz als zentrale Elemente selbstregulierten Lernens ein eigenständiges Ziel des Unterrichts, das über diesen hinaus auf selbstständiges Weiterlernen verweist. Geht man von den in sich konsistenten Beschreibungen des Lernverhaltens aus, das uns Schülerinnen und Schüler der gymnasialen Oberstufe für die Vorbereitung auf Mathematik und Physik berichten, so wird dieses Ziel je nach Strategietyp unterschiedlich gut erreicht. Nach den Selbstberichten sind Oberstufenschüler im Allgemeinen gut in der Lage, ihren Arbeitsprozess während der Vorbereitung systematisch zu planen und zu überwachen. Sie regulieren ihre Aufmerksamkeit und prüfen, ob sie das Gelernte auch tatsächlich behalten haben. Dagegen sind verständnisorientierte Wissenserwerbsstrategien, mit denen man versucht, sinnstiftende Bezüge innerhalb des neuen Stoffes herzustellen, diesen systematisch mit dem Vorwissen zu verbinden und das neu Gelernte in variierenden Kontexten zu erproben, selten anzutreffen. Besonders auffällig ist das niedrige Niveau des berichteten Einsatzes von Elaborationsstrategien bei der Vorbereitung auf den mathematischen Grundkurs, in dem gleichzeitig das Auswendiglernen stärker zum Zuge kommt.

V. Soziale Vergleichsprozesse im Kurssystem der gymnasialen Oberstufe

Olaf Köller

1. Entwicklung der Fragestellung

Leistungsgruppierungen stellen ein zentrales Merkmal des deutschen Schulsystems dar. Ausdruck dieses Vorgangs ist das dreigliedrige Sekundarschulsystem. Alternativ differenziert die Gesamtschule innerhalb einer Lerngruppe in den Hauptfächern ab einer bestimmten Klassenstufe in zwei oder drei Kurse mit unterschiedlichen Leistungsniveaus. Auch innerhalb des Gymnasiums findet nach Eintritt in die Oberstufe durch die Wahl unterschiedlicher Kursniveaus (Grund- vs. Leistungskurs) eine weitere Differenzierung statt. Die Besonderheit hierbei ist, dass die entsprechende Zuweisung zu einem Kurs zu einem erheblichen Anteil der Entscheidung des Schülers oder der Schülerin unterliegt.

Die Bildung leistungshomogener Gruppen, ob in Kurssystemen oder durch unterschiedliche Schulformen, kann insbesondere im oberen Leistungsbereich negative Konsequenzen für den weiteren Wissenserwerb verhindern. Den besonderen Fördereffekt des Gymnasiums belegen die Arbeiten von Baumert und Köller (1998), Hosenfeld, Köller und Baumert (1999) sowie Baumert, Köller und Schnabel (2000), in denen die Daten der Kohortenlängsschnittstudie „Bildungsprozesse und psychosoziale Entwicklung im Jugendalter (BIJU)" analysiert wurden (zur Anlage der Studie vgl. Köller, 1998; Schnabel, 1998; Gruehn, 2000). Die Abbildung V.1 zeigt regressionsanalytische Befunde für $N = 3.303$ Schülerinnen und Schüler aus 7. Klassen neuer und alter Bundesländer[1]. Die Daten wurden im Schuljahr 1991/92 erhoben.

Individuelle Schulleistungen im Fach Mathematik am Ende der 7. Jahrgangsstufe werden durch Vorwissen (individuelle Leistung zu Beginn der 7. Jahrgangsstufe), mittlere Leistungsstärke der Klasse, Schulform (1 = Gymnasium vs. 0 = alle anderen Schulformen) und Land (1 = neue Länder vs. 0 = alte Länder) vorhergesagt. Mit Ausnahme der beiden dichotomen Variablen Schulform und Land sind die übrigen Variablen z-standardisiert. Deutlich wird der starke Effekt der Schulform. Bei Kon-

---

[1] Die Auswertung erfolgte mithilfe von Mehrebenenanalysen auf der Basis des hierarchisch-linearen Modells (HLM) von Bryk und Raudenbush (1992).

Abbildung V.1: Befunde aus Mehrebenen-Analysen zur Vorhersage der Mathematikleistung am Ende der 7. Jahrgangsstufe (Datenbasis: Kohortenlängsschnittstudie „Bildungsverläufe und psychosoziale Entwicklung im Jugendalter [BIJU]")

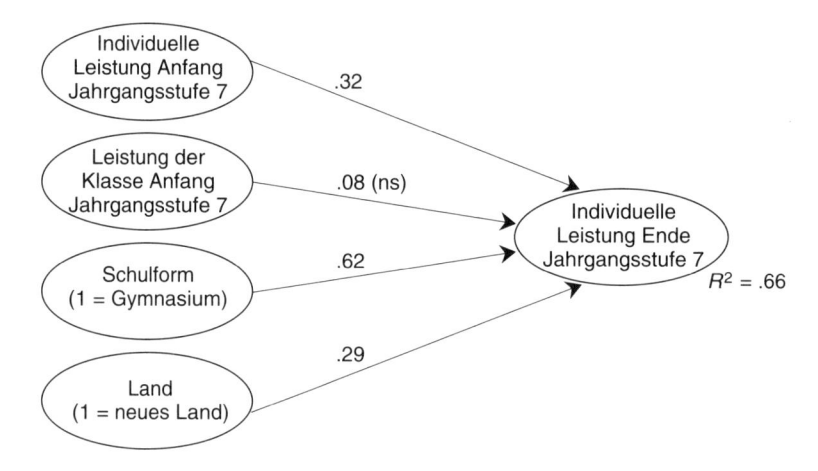

```
Individuelle Leistung Anfang Jahrgangsstufe 7 ──.32──┐
Leistung der Klasse Anfang Jahrgangsstufe 7 ──.08 (ns)──┤
                                                       ├──> Individuelle Leistung Ende Jahrgangsstufe 7   R² = .66
Schulform (1 = Gymnasium) ──.62──┤
Land (1 = neues Land) ──.29──┘
```

IEA. Third International Mathematics and Science Study.   © TIMSS/III-Germany

trolle aller übrigen Prädiktoren beträgt die Differenz im Wissenszuwachs zwischen dem Gymnasium und den übrigen Schulformen knapp zwei drittel Standardabweichungen. Neben den signifikanten Effekten des individuellen Vorwissens und der Region (Schülerinnen und Schüler aus den neuen Ländern lernten in einem Schuljahr mehr als ihre Alterskameraden aus den alten Ländern) ergibt sich kein bedeutsamer Effekt des mittleren Leistungsniveaus der Klasse: Innerhalb der Schulform spielt also die Leistungsstärke einer Klasse *keine* Rolle für die individuellen Lernfortschritte.

Schülerinnen und Schüler, die sich am Ende der Grundschule im unteren Leistungsbereich befinden, profitieren vom Übergang in die differenzierte Sekundarstufe offenbar weniger im Wissenszuwachs. Im Bereich der psychosozialen Entwicklung sind aber durchaus differentielle Effekte zu erwarten, da der ungünstige Leistungsvergleich mit sehr viel besseren Schülern entfällt. Dies hat positive Auswirkungen auf das Selbstwertgefühl und die Selbstwahrnehmungen eigener Begabung (Schwarzer & Jerusalem, 1982). Für leistungsstarke Schüler hat der Übergang auf das Gymnasium hinsichtlich ihrer selbst wahrgenommenen Fähigkeiten den entgegengesetzten Effekt. Gehörten diese Schüler in der Grundschule noch zu den Besten, so erleben sie nach dem Übergang auf das Gymnasium, dass viele andere in der

Abbildung V.2: Graphische Darstellung des *Big-fish-little-pond Effect* (vgl. Marsh & Parker, 1984, S. 225)

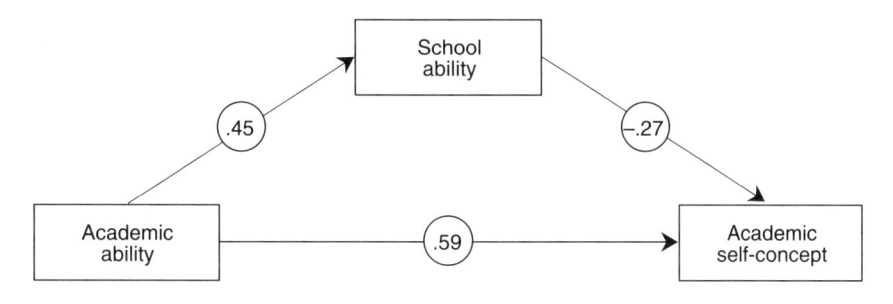

```
                    ┌──────────┐
                    │  School  │
                    │ ability  │
                    └──────────┘
                  ↗             ↘
               .45               −.27
              ↗                     ↘
    ┌──────────┐                  ┌──────────┐
    │ Academic │──── .59 ────────→│ Academic │
    │ ability  │                  │self-concept│
    └──────────┘                  └──────────┘
```

IEA. Third International Mathematics and Science Study.   © TIMSS/III-Germany

Leistung ebenbürtig oder besser sind. Soziale Vergleiche haben hier eher ein Absinken fähigkeitsbezogener Selbstkonzepte und des Selbstwertgefühls zur Folge. Dieser Prozess führt dazu, dass das mittlere Fähigkeitsselbstkonzept oder das Selbstwertgefühl von Schülerinnen und Schülern verschiedener Schulformen im Laufe der Sekundarstufe I konvergiert (vgl. z.B. Schwarzer & Jerusalem, 1982). Das Bewusstsein von Jugendlichen, mit dem Gymnasium den leistungsstärksten Zweig der Sekundarschulen zu besuchen, kann diese Kosten der Leistungsgruppierung im oberen Bereich nicht kompensieren (Marsh, Köller & Baumert, in Druck).

Das Phänomen, dass Leistungsgruppierungen systematische Effekte auf selbstbezogene Kognitionen haben können, hat Marsh (1987, 1990) in Anlehnung an Davis (1966) als *Big-fish-little-pond Effect* (BFLPE) beschrieben. Zwei Schüler oder Schülerinnen gleicher Leistungsfähigkeit, die Schulen mit unterschiedlichem Leistungsniveau besuchen, sollten unterschiedliche Selbstkonzepte eigener Begabung entwickeln: Der Schüler oder die Schülerin *(big fish)* in der schwächeren Schule *(in a little pond)* sollte ein höheres Begabungsselbstkonzept haben als der entsprechende Schüler gleicher Fähigkeit *(little fish)* in der leistungsstärkeren Schule *(in a big pond)*. Die Abbildung V.2 zeigt diesen Effekt anhand einer Studie von Marsh und Parker (1984).

In dieser Untersuchung wurde die individuelle Fähigkeit *(Academic Ability)* mit einem Intelligenztest gemessen und das Schulniveau *(School Ability)* durch den Mittelwert der Intelligenz innerhalb einer Schule dargestellt. Das allgemeine Selbstkonzept der Begabung *(Academic Self-Concept)* wurde mithilfe eines entsprechenden Fragebogens erfasst. Der Einfluss der individuellen Befähigung auf das Schulniveau ist trivial, da die Einzelfähigkeit natürlich Teil des mittleren Fähigkeitsniveaus in einer Schule ist. Plausibel ist auch der positive Effekt der individuellen Fähigkeit auf das Selbstkonzept bei Kontrolle des Schulniveaus. Intelligentere Schüler nehmen sich auch intelligenter wahr. Verblüffend ist aber der negative Einfluss des Schulniveaus auf das Selbstkonzept: Schüler in leistungsstärkeren Schulen haben im Vergleich zu gleich begabten Jugendlichen an schwächeren Schulen Einbußen in der Selbsteinschätzung ihrer akademischen Fähigkeiten.

Dieser BFLPE sollte im deutschen Schulsystem natürlich nicht nur zwischen Schulformen wirksam sein, vielmehr ist er auch innerhalb von Schulformen zu erwarten (Marsh, Köller & Baumert, in Druck), sofern die Leistungen zwischen den Schulen variieren, was in Deutschland typischerweise der Fall ist (vgl. Köller, 1998). Zum Beispiel sollten sich zwei gleich befähigte Realschüler, von denen der eine eine leistungsstärkere und der andere eine leistungsschwächere Schule besucht, ebenfalls in ihrem Fähigkeitsselbstbild unterscheiden.

Eine offene Frage ist allerdings, welche Effekte die erneute Fähigkeitsgruppierung in der gymnasialen Oberstufe auf Leistungs- und Grundkurse auf psychosoziale Variablen hat. Ziel dieses Kapitels ist es daher, anhand der TIMSS-Oberstufenkohorte den akademischen Kontext von jungen Erwachsenen in seinen Auswirkungen auf selbstbezogene Fähigkeitskognitionen und die Lernmotivation zu untersuchen. Die Analysen werden beispielhaft für das Fach Mathematik durchgeführt. Neben dem fachspezifischen Selbstkonzept der Begabung, dem eine bedeutsame Vorhersagekraft für akademische Leistungen zukommt (Marsh, 1990; Helmke, 1992b; Helmke & van Aken, 1995; Marsh & Yeung, 1997a; Marsh & Köller, 2000), soll das Interesse als zentrale motivationale Determinante selbstregulierten Lernens (Baumert & Köller, 1996; U. Schiefele, 1996; Krapp, 1998b) in Abhängigkeit vom Leistungsniveau einer Schule untersucht werden. In den nächsten Abschnitten wird zunächst der theoretische Hintergrund entwickelt.

2. Die Theorie der sozialen Vergleichsprozesse

In seiner Theorie der sozialen Vergleichsprozesse geht Festinger (1954) davon aus, dass Personen ein Motiv besitzen, die eigenen Meinungen und Fähigkeiten zu bewerten, um zu korrekten Einschätzungen der eigenen Fähigkeiten und Meinungen zu gelangen *(Self-Assessment)* („There exists, in human organism, a drive to evaluate his opinions and abilities", Festinger, 1954, S. 117; vgl. auch Wood, 1989; Wagner, 1990, 1999; Frey u.a., 1993; Dauenheimer & Frey, 1996). Für die Beurteilung von Fähigkeiten liefern solche Vergleichspersonen maximale Informationen, die hinsichtlich der Vergleichsdimension und der relevanten Attribute ähnlich sind (vgl. Goethals & Darley, 1977). Im Kontext der Schule wird dabei üblicherweise angenommen, dass Klassenkameraden zentrale Vergleichspersonen sind (Marsh, 1987, 1991; Dauenheimer & Frey, 1996; Wagner, 1999). Klassenkameraden zeichnen sich nach Richer (1976) durch Sichtbarkeit *(Visibility)* und Bedeutsamkeit *(Meaningfulness)* aus.

Neben dem Bedürfnis, korrekte Einschätzungen der eigenen Fähigkeiten zu erhalten, sind weitere Motive für soziale Vergleiche diskutiert worden (vgl. z.B. Levine & Green, 1984; Frey u.a., 1993; Heckhausen & Krüger, 1993; Dauenheimer & Frey, 1996; Sedikides & Strube, 1997). Festinger selbst postulierte, dass Personen bestrebt sind, ihre Fähigkeiten und Leistungen ständig zu verbessern („There is an unidirectional drive upwards in the case of abilities which is largely absent in opinions", Festinger, 1954, S. 124), was zu Aufwärtsvergleichen mit befähigteren Vergleichspersonen führen kann. Der soziale Vergleich kann dabei Informationen liefern, wie die eigene Leistung zu verbessern ist. Ob eine Leistungsverbesserung tatsächlich angestrebt wird, hängt allerdings von weiteren Bedingungen ab (vgl. Dauenheimer & Frey, 1996, S. 161 f.).

In einem Feldexperiment zeigen Möller und Köller (1998), dass Schüler in der Tat Vergleiche in alle Richtungen (aufwärts, abwärts, horizontal) durchführen – in Abhängigkeit vom individuellen Leistungsniveau mit unterschiedlichen Konsequenzen (vgl. auch Reuman, 1989). So führten Aufwärtsvergleiche nur bei schwachen und mittleren Schülern und Schülerinnen zu einer Abnahme der Fähigkeitsselbsteinschätzung, während bei leistungsstarken Schülern und Schülerinnen ein Anstieg der Einschätzung eigener Fähigkeiten zu beobachten war[2]. Abwärtsvergleiche hatten insbesondere für mittelstarke und starke Schüler positive Konsequenzen für deren Einschätzung der eigenen Fähigkeiten.

3. Selbstkonzepte der Begabung[3]

Nach Shavelson, Hubner und Stanton (1976) kann das allgemeine Selbstkonzept der Begabung als generalisierte Selbstwahrnehmung eigener Kompetenzen verstanden werden, das sich aufgrund von Erfahrungen in Leistungskontexten ausbildet und nachfolgendes Handeln in leistungsthematischen Situationen mitbestimmt

---

[2] Vergleichbare Befunde ergaben sich auch in der Untersuchung von Coleman und Fults (1985). Dagegen fanden Marsh und Rowe (1996), dass ein Absinken des Fähigkeitsselbstkonzepts als Folge von sozialen Vergleichen auch für leistungsstarke Schüler/innen zu beobachten war.
[3] Im Folgenden werden die Bezeichnungen Selbstkonzept der Begabung, akademisches Selbstkonzept, Begabungsselbstkonzept und Fähigkeitsselbstkonzept synonym verwendet.

(wechselseitige Beeinflussung vom Fähigkeitsselbstkonzept und von akademischen Leistungen). Das Selbstkonzept eigener Begabung konstituiert einen Teil des Gesamtselbstkonzepts einer Person und gliedert sich auf einer unteren Ebene in verschiedene fachspezifische Aspekte der eigenen Begabung auf. Die fachspezifischen Selbstkonzepte der Begabung (FSKB) basieren auf sozialen Vergleichen, bei denen die eigenen Leistungen mit denen der Mitschüler verglichen, und intraindividuellen Vergleichen, bei denen Leistungen in einem Fach denen in anderen Fächern gegenübergestellt werden (Marsh, 1986, 1990; Skaalvik & Rankin, 1995; Möller & Köller, 1998; Köller, Klemmert, Möller & Baumert, 1999). Mittlerweile existiert eine Vielzahl von Arbeiten, aus denen die besondere Relevanz von FSKB für die Vorhersage von Schulleistungen (Marsh, 1986, 1990; Helmke, 1992b; Helmke & van Aken, 1995; Byrne, 1996a; Marsh & Craven, 1997; Köller, Baumert, Clausen & Hosenfeld, 1999) und akademischen Entscheidungen wie Kurswahlen in der Schule oder auch Studienwahlen hervorgeht (z.B. Meece, Wigfield & Eccles, 1990; Eccles, 1994; Marsh & Yeung, 1997a, 1997b; Köller u.a., 2000).

Die negativen Konsequenzen von sozialen Aufwärtsvergleichen auf das Selbstkonzept der Begabung bei Schülerinnen und Schülern hat insbesondere Marsh in einer Reihe von Aufsätzen zum BFLPE dokumentiert (vgl. Marsh & Parker, 1984; Marsh, 1987, 1991; Marsh u.a., 1995; Marsh & Rowe, 1996). Dabei wurden oftmals Datensätze aus großen amerikanischen Schulleistungsstudien analysiert. McFarland und Buehler (1995) diskutieren Bedingungen, unter denen der BFLPE nicht auftritt bzw. reduziert wird. Sie nehmen dabei Bezug auf die Theorie der sozialen Identität (Tajfel, 1982; Tajfel & Turner, 1986). Tajfel und Turner (1986) postulieren, dass Menschen ein positives Selbstkonzept anstreben. Neben sozialen Vergleichen innerhalb der Gruppe, der man angehört (Festinger, 1954), wird die eigene mit anderen Gruppen verglichen. Sofern die eigene Gruppe auf einer Wertdimension (z.B. einer Fähigkeit) als klar überlegen wahrgenommen wird, führt dies auch zu einem Anstieg der entsprechenden individuellen Einschätzung. McFarland und Buehler (1995) konnten in einer Reihe von Experimenten zeigen, dass negative Konsequenzen des sozialen Vergleichs geringer waren, wenn der eigenen Gruppe in der relevanten Vergleichsdimension ein hoher Wert zugeschrieben wurde.

4. Individuelles Interesse als Form der intrinsischen Lernmotivation

Das Interessenkonzept wurde überwiegend von der „Münchener Gruppe" um H. Schiefele und Krapp (vgl. unter anderem H. Schiefele, 1978; Prenzel, Krapp & H. Schiefele, 1986; Prenzel, 1988; Krapp, Hidi & Renninger, 1992; Krapp &

Prenzel, 1992; U. Schiefele, 1992, 1996; Krapp, 1998b) theoretisch entwickelt. Das zentrale Merkmal von Interesse ist sein intrinsischer Charakter. Dispositionales Interesse konstituiert sich im Wesentlichen aus zwei Komponenten, einer *emotionalen* und einer *wertbezogenen*. U. Schiefele (1996) bezeichnet diese beiden Komponenten, um sie theoretisch an die Motivationspsychologie anzubinden, als gefühlsbezogene und wertbezogene Valenzüberzeugungen. Metaanalysen im schulischen Kontext zeigen, dass eine signifikante Korrelation von ungefähr $r = .30$ zwischen fachspezifischen Interessen und Leistungsindikatoren besteht (U. Schiefele, Krapp & Winteler, 1992). Die Wirkungsrichtung ist dabei allerdings offen. So kann Interesse durchaus auch eine Folge von Leistungen in dem Sinne sein, dass Personen in den Bereichen höhere Interessen entwickeln, in denen sie sich auch kompetenter wahrnehmen (vgl. Sjoeberg, 1985; Hacket & Campbell, 1987; Lopez u.a., 1997; Wigfield u.a., 1997; Köller, Schnabel & Baumert, 1998; Marsh, Craven & Debus, in Druck). Hacket und Campbell (1987) berichten, dass studentische Versuchspersonen, die bei einer Anagramm-Aufgabe Mißerfolg hatten, anschließend im Vergleich zur Erfolgsgruppe geringere Selbstwirksamkeitsüberzeugungen und aufgabenspezifische Interessen hatten. Sjoeberg (1985) fand in den Fächern Naturwissenschaft und Technologie, dass schulische Erfolge das Interesse förderten. Wigfield u.a. (1997) trennten basierend auf dem Erwartungs-×-Wert-Modell von Eccles (1983) den Wert einer Aufgabe *(Task Value)* in Interesse und Nützlichkeit auf und fanden in verschiedenen Alterskohorten substantielle Korrelationen zwischen Selbsteinschätzungen eigener Kompetenzen und dem Interesse. Deci und Ryan (1985) leiten aus ihrer Selbstbestimmungstheorie ebenfalls einen Zusammenhang zwischen Kompetenzerleben und intrinsischer Motivation ab: „We would expect a close relationship between perceived competence and intrinsic motivation such that the more competent a person perceives him- or herself to be at some activity, the more intrinsically motivated he or she will be at that activity." (S. 58) Besondere Bedeutung für die Interessensgenese scheint also nach Auffassung aller letztgenannten Autoren den Fähigkeitseinschätzungen zuzukommen.

5. Untersuchungsfragen

Effekte sozialer Vergleichsprozesse wie der BFLPE sind in amerikanischen bzw. australischen Arbeiten mehrfach untersucht worden. In Deutschland war dies bislang kaum möglich, da Schulleistungsuntersuchungen mit hinreichend großen Stichproben von Klassen und Schulen fehlten. Mit TIMSS sowie der Kohortenlängsschnittstudie BIJU stehen quer- und längsschnittliche Datensätze zur Verfügung, die eine Replikation des BFLPE unter zusätzlicher Berücksichtigung von spezifischen Eigenschaften des deutschen Schulsystems erlauben. In einer ersten

Untersuchung (Marsh, Köller & Baumert, in Druck) haben wir in längsschnittlichen Analysen Bezugsgruppeneffekte nach der Umstellung des Schulsystems in den neuen Bundesländern untersucht. Anhand von TIMSS/III soll gezeigt werden, welche zusätzliche Rolle das Kursniveau in der gymnasialen Oberstufe für den BFLPE spielt. Zudem soll der BFLPE auf das Interesse ausgedehnt werden.

Geht man von den oben aufgeführten Annahmen zum Zusammenhang zwischen Fähigkeitsselbstkonzepten und Interesse aus, so ist zu vermuten, dass sich der BFLPE, vermittelt über das Selbstkonzept, auch beim Interesse zeigt. Oberstufenschülerinnen und -schüler mit gleicher individueller Leistung in voruniversitärer Mathematik sollten in Abhängigkeit vom mittleren Leistungsniveau der Schule unterschiedliche Fähigkeitsselbstkonzepte und Interessen entwickeln: Je niedriger das Leistungsniveau der Schule, desto höher sollten bei Konstanthaltung der individuellen Leistung und Kurszugehörigkeit das Interesse und Selbstkonzept sein. Welche zusätzliche Rolle das Kursniveau (Grund- vs. Leistungskurs) spielt, ist eine offene Frage. Sofern der jeweilige Kurs den zentralen Referenzrahmen für eine Person darstellt, sollte bei gleicher individueller Leistung die Platzierung im Leistungskurs eher negative Konsequenzen für das Interesse und Selbstkonzept haben. Auf der anderen Seite kann das Bewusstsein von Leistungskursschülern, innerhalb derselben Schule zur Jahrgangsspitze zu gehören, auch positive Effekte im Sinne der Theorie der sozialen Identität (Tajfel, 1982) haben. In diesem Fall würde die Zugehörigkeit zu der positiv bewerteten Gruppe einen Anstieg des akademischen Selbstkonzept und des Interesses zur Folge haben. Mit den folgenden Analysen soll geklärt werden, (a) ob sich der BFLPE auch für das akademische Interesse nachweisen lässt und (b) welche zusätzliche Rolle dem Kursniveau zukommt. Als Domäne wird das Fach Mathematik verwendet, da nur hier hinreichend große Fallzahlen innerhalb der Schulen vorliegen.

Zur Beantwortung der Untersuchungsfragen wurden die Daten von insgesamt $N = 1.939$ Frauen und Männern aus 74 Schulen analysiert. Die Instrumente zur Erfassung des Interesses und des Selbstkonzepts sind in Tabelle IV.6 näher beschrieben.

6. Ergebnisse

Die methodischen Probleme, die sich bei der Analyse hierarchischer Datensätze, wie sie in der Regel bei der Untersuchung von Klassen- oder Schuleffekten vorliegen, ergeben, sind mittlerweile bekannt (vgl. ausführlich Goldstein, 1987, 1992; Bryk & Raudenbush, 1992; Hox & Kreft, 1994; Kenny, 1996). Bezogen auf den BFLPE stellt sich das Mehrebenenproblem besonders dringlich, da die mittlere Mathematikleistung einer Schule in der Tat eine Variable ist, die nur auf Schul-, nicht aber auf Individualebene bestimmt und demzufolge auch modelliert werden kann. Leider wurde dieser Mehrebenenfall in bisherigen Arbeiten zum BFLPE mit Ausnahme der Beiträge von Marsh und Rowe (1996) sowie Marsh, Köller und Baumert (in Druck) ignoriert. Im Folgenden wollen wir der Notwendigkeit, mehrebenenanalytische Auswertungsstrategien einzusetzen, Rechnung tragen. Zu diesem Zweck können wir natürlich keine detaillierte Einführung in die Mehrebenenanalyse geben; dafür sei auf die eingangs genannte Literatur verwiesen. Wir wollen diesen Ansatz jedoch kurz skizzieren, um die Interpretation und das Verständnis späterer Ergebnisse zu erleichtern. In der Notation folgen wir den Arbeiten von Bryk und Raudenbush (1992) zum *Hierarchical Linear Modeling* (HLM). Im Wesentlichen handelt es sich bei HLM um ein regressionsanalytisches Vorgehen, bei dem im einfachen Fall Personmerkmale auf individuelle (Ebene 1) und klassen- bzw. schulspezifische Prädiktoren (Ebene 2) zurückgeführt werden. Zur Prüfung des BFLPE auf das Selbstkonzept muss ein Zwei-Ebenen-Modell spezifiziert werden, dessen Ebene 1-Gleichung wie folgt lautet:

$$Y_{ij} = \beta_{0j} + \beta_{1j} \times X_{ij} + r_{ij} \text{ [Ebene 1-Modell]} \quad (1)$$

Es handelt sich hierbei um eine multiple Regressionsgleichung, bei der die beiden Regressionsparameter β_{0j} und β_{1j} sowie der individuelle Fehlerterm r_{ij} schulspezifisch sind. X_{ij} repräsentiert die Mathematikleistung von Schüler i in Schule j, Y_{ij} das fachspezifische Selbstkonzept. Der Term β_{0j}, der den Achsenabschnittsparameter der Regressionsfunktion definiert, kann im Wesentlichen als mittleres Selbstkonzept der Schule, korrigiert um den Einfluss der individuellen Leistung, verstanden werden. Sofern die beiden Regressionskoeffizienten β_{0j} und β_{1j} zwischen Schulen variieren, haben sie natürlich auch wieder einen Mittelwert (gemittelt über alle Schulen; $E(\beta_{0j}) = \gamma_0$, $E(\beta_{1j}) = \gamma_1$) und eine Varianz ($Var(\beta_{0j}) = \tau_{00}$, $Var(\beta_{1j}) = \tau_{11}$).

Auf Ebene 2 (zwischen Schulen) können die Parameter β_{0j} und β_{1j} in Abhängigkeit von Schulvariablen, in unserem Fall der mittleren Schulleistung in Mathematik (W_1), modelliert werden. Für den Parameter β_{0j} schreiben wir zum Beispiel

$$\beta_{0j} = \gamma_{00} + \gamma_{01} \times W_1 + u_{0j} \text{ [Ebene 2-Modell des Klassenmittelwerts]} \quad (2)$$

Das Klassenselbstkonzept ist also erneut Funktion eines Achsenabschnittsparameters γ_{00}, einer mit γ_{01} gewichteten mittleren Schulleistung W_1 sowie eines schulspezifischen Fehlerterms u_{0j}. Durch Einsetzen von Gleichung (2) in (1) ergibt sich also das folgende Regressionsmodell für das akademische Selbstkonzept:

$$Y_{ij} = \gamma_{00} + \gamma_{01} \times W_{1j} + u_{0j} + \beta_{1j} \times X_{ij} + r_{ij} \qquad (3)$$

Die Gleichung (3) unterscheidet sich von einer herkömmlichen multiplen Regressionsgleichung allein dadurch, dass zu dem individuellen Fehlerterm r_{ij} noch ein schulspezifischer Fehlerterm u_{0j} hinzukommt.

Durch die Annahme, dass die mittlere Schulleistung auch noch den Einfluss der individuellen Leistung auf das Selbstkonzept moderiert, lässt sich die Gleichung (3) komplexer gestalten. Das Gleiche gilt im Falle des Interesses als abhängige Variable auf Ebene 1, wenn neben der individuellen Leistung das individuelle Selbstkonzept als Ebene 1-Prädiktor modelliert wird.

Die Auswertung erfolgte mit dem Programm HLM/2L (Bryk, Raudenbush & Congdon, 1994). Um die Interpretation der Regressionskoeffizienten zu erleichtern, wurden alle Variablen mit Ausnahme des Kursniveaus z-standardisiert. Die Kursvariable wurde 0 (Grundkurs)/1 (Leistungskurs) codiert. Die Tabelle V.1 gibt einen Überblick über die Ergebnisse der HLM-Analysen.

Im ersten Modell (M1) wird der Einfluss der individuellen Leistung, des Schulmittelwerts und des Kursniveaus für das individuelle Fähigkeitsselbstkonzept untersucht. Im Modell 2 (M2) ist das individuelle Interesse die abhängige Variable, im Modell 3 (M3) wird zur Vorhersage des individuellen Interesses das individuelle Selbstkonzept der Begabung als zusätzlicher Prädiktor verwendet. Während also M1

Tabelle V.1: Befunde der HLM-Analysen zum BFLPE auf das Begabungsselbstkonzept und das Interesse in Mathematik. Dargestellt sind Regressionsgewichte, die mit Ausnahme des Kursniveaus standardisiert sind (weitere Erläuterungen im Text)

Unabhängige Variable	Abhängige Variable		
	Selbstkonzept	Interesse	
	Modell 1	Modell 2	Modell 3
Individuelle Leistung	.57***	.44***	.17***
Mittlere Schulleistung	−.23**	−.17*	−.07
Kursniveau	.21***	.42***	.31***
Selbstkonzept			.48***
R^2	.61	.66	.51

R^2 = aufgeklärte Varianz der abhängigen Variable; * $p < .05$, ** $p < .01$, *** $p < .001$.
IEA. Third International Mathematics and Science Study.   © TIMSS/III-Germany

eine Replikation des BFLPE für das Selbstkonzept darstellt und M2 den Effekt auf das Interesse ausdehnt, testet M3, inwieweit der BFLPE auf das Interesse durch das Selbstkonzept vermittelt ist.

Für das Selbstkonzept kann der BFLPE repliziert werden (Modell 1): Es ergibt sich für die mittlere Schulleistung in der Tat ein negativer Regressionskoeffizient (β = –.23). Von zwei Schülern mit gleicher Leistung auf gleichem Kursniveau hat jener Schüler, der die leistungsschwächere Schule besucht, ein höheres Selbstkonzept der mathematischen Begabung. Bemerkenswert ist der positive Einfluss (β = .21) des Kursniveaus: Leistungskursschüler haben nach Kontrolle der individuellen und mittleren Schulleistung höhere akademische Selbstkonzepte. Das Bewusstsein, Teilnehmer an einem Leistungskurs zu sein, fördert offensichtlich das Selbstkonzept, unabhängig von der Leistungsstärke der Schule und dem individuellen Leistungsniveau.

Der BFLPE lässt sich auch für das Interesse (β = –.17) statistisch absichern (Modell 2). Bemerkenswert ist die besondere Bedeutung des Kursniveaus. Leistungskursschüler und -schülerinnen sind deutlich interessierter als Grundkursteilnehmer, auch wenn die Leistung auf beiden Analyseebenen kontrolliert wird. Inwieweit ein mehr auf Verständnis zielender Mathematikunterricht im Leistungskurs das Interesse fördert oder das Interesse schon viel früher jenseits der Leistung die Kurswahl beeinflusst hat, können wir hier nicht entscheiden. Im Kapitel IV haben wir allerdings zeigen können, dass es sich in der gymnasialen Oberstufe bei der Entscheidung für einen Leistungskurs primär um Kompetenz- und Interessewahlen handelt. Unsere Analysen legen darüber hinaus die Vermutung nahe, dass die Platzierung in einem Leistungskurs im Unterschied zum Besuch einer besonders leistungsstarken Schule eher positive als negative Konsequenzen für Interesse und Selbstkonzept hat.

Das Modell 3 untersucht explizit, inwieweit der BFLPE auf Interesse durch das Selbstkonzept der Begabung vermittelt ist. Erwartungsgemäß sinken die Gewichte der beiden Leistungsvariablen massiv; der BFLPE (β = –.07) wird nicht mehr signifikant und nur die individuelle Fähigkeit bleibt signifikanter Prädiktor für das Interesse (β = .17). Relativ gering ist die Abnahme des Regressionsgewichts im Falle des Kursniveaus (von β = .42 auf β = .31). Die Abbildung V.3 gibt noch einmal einen zusammenfassenden Überblick über die Befunde in TIMSS/III zum BFLPE.

Abbildung V.3: Zusammenfassendes Pfadmodell zur Illustration des BFLPE auf das Fähigkeitsselbstkonzept und Interesse an Mathematik

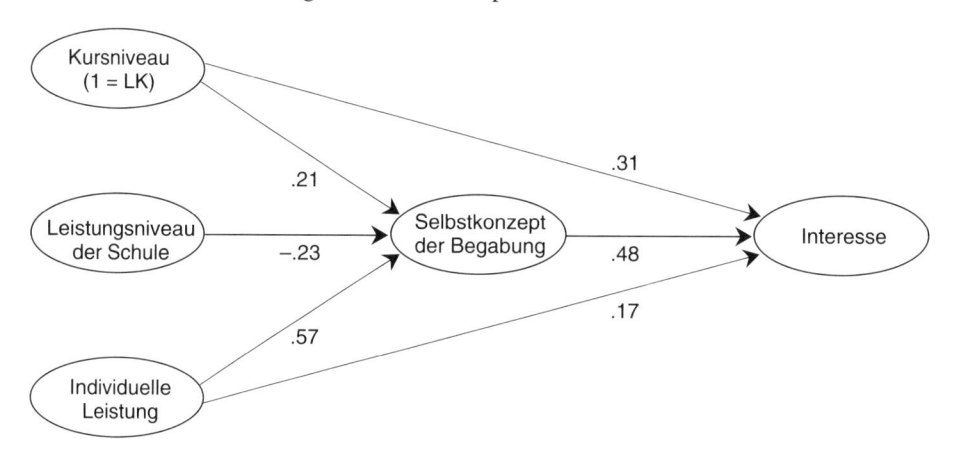

IEA. Third International Mathematics and Science Study. © TIMSS/III-Germany

7. Zusammenfassung und Diskussion

Differenzierte Schulsysteme verfolgen das Ziel, Schülerinnen und Schüler hinsichtlich ihrer kognitiven Leistungsfähigkeiten zu gruppieren, um so im Unterricht den Bedürfnissen der jeweiligen Schülerschaft besser gerecht zu werden. Als weitgehend abgesichert kann gelten, dass nach der institutionalisierten Fähigkeitsgruppierung leistungsstarke Lerngruppen differentielle Entwicklungsumwelten ausbilden, in denen höhere Wissenszuwächse als in lernschwächeren Gruppen erreicht wurden. Aus der Abbildung V.1 ist aber auch zu entnehmen, dass über den Schulformeffekt hinaus die Zugehörigkeit zu einer besonders leistungsstarken Klasse keinen zusätzlichen Einfluss auf den Wissenszuwachs eines Schülers hat. Dieser Befund erlaubt den Schluss, dass es für die weitere Förderung eines begabten Kindes im Leistungsbereich von großer Bedeutung ist, ob es das Gymnasium besucht oder nicht. Welches Gymnasium ausgewählt wird – ein selektives oder weniger selektives –, ist gegenüber der Schulformentscheidung möglicherweise von nachgeordnetem Gewicht.

Bezogen auf Fähigkeitskognitionen und Lernmotivation in Form von Interesse lässt sich anhand der TIMSS-Oberstufendaten der BFLPE für Deutschland replizieren. Was Anfang der 1980er Jahre durch Schwarzer und Mitarbeiter (z.B. Schwarzer &

Jerusalem, 1982) für unterschiedliche Schulformen gezeigt werden konnte, nämlich, dass die Leistungsgruppierung in unterschiedlichen Schulformen zu neuen Vergleichskontexten mit sinkendem Selbstkonzept der Begabung auf Seiten der leistungsstarken Schüler und Schülerinnen auf dem Gymnasium führt, wird in unseren Analysen auch innerhalb des Gymnasiums deutlich, und zwar für leistungsstarke *und* -schwache Schüler. Es ist demnach weniger die Schulform *per se,* sondern überhaupt die Neugruppierung, die den BFLPE auslöst (vgl. auch Marsh, Köller & Baumert, in Druck).

Von besonderem Interesse sind die Effekte des Kursniveaus. Sofern der Kurs der einzige Bezugsrahmen für die Schüler ist, müßte man bei Kontrolle der individuellen Leistung im Sinne des BFLPE erwarten, dass Leistungskursschüler ein niedrigeres Selbstkonzept der Begabung und geringeres Interesse haben: Ein leistungsstarker Schüler im Grundkurs hat günstigere soziale Vergleichsbedingungen als bei gleichem Leistungsstand im Leistungskurs. Die Befunde stützen diese Vermutung jedoch nicht. Neben der mittleren Schulleistung hat das Kursniveau keinen zusätzlich negativen Effekt, vielmehr zeigt sich ein positiver Einfluss auf das Selbstkonzept und Interesse. Offenbar sind sich Leistungskursschüler der besonderen Bedeutung ihres Kurses bewusst, und diese positive Bewertung der Gruppe schlägt sich auch auf die eigene Fähigkeitseinschätzung nieder (vgl. McFarland & Buehler, 1995).

Bezüglich des Interesses ist der Einfluss des Kursniveaus noch stärker. Das Regressionsgewicht sinkt selbst nach Einführung der Selbstkonzeptvariablen nur wenig von $\beta = .42$ auf $\beta = .31$ ab. Hier scheinen sich Selektions- und Sozialisationswirkungen, die in einem reziproken Zusammenhang stehen, wechselseitig zu verstärken.

8. Praktische Implikationen

Im Hinblick auf den BFLPE ist man gut beraten, mit voreiligen Schlüssen aus unseren Befunden für die Schulpraxis vorsichtig zu sein. Die generelle Abschaffung von Leistungsdifferenzierung lässt sich jedenfalls mit den vorgestellten Analysen nicht rechtfertigen. Vermutlich müsste auch die Art und Weise Berücksichtigung finden, wie die sozialen Vergleiche, die den BFLPE ja mittelbar erzeugen, in den Interaktionsprozess der Klasse eingebunden sind. Vor dem Hintergrund des jeweiligen Klassenklimas können kompetitive Elemente entweder spielerisch-sportlichen Charakter annehmen oder aber aggressiv-abgrenzend eingefärbt sein. Covington (1992) argumentiert, dass ein sehr aggressiv-kompetitives Schul- bzw. Klassenklima langfristig negative Konsequenzen nicht nur im psychosozialen, sondern auch im kognitiven Bereich hat. Schüler und Schülerinnen in diesen kompetitiven Umgebungen verfolgen in leistungs- oder lernthematischen Situationen nur noch Leistungsziele *(Performance Goals)*; sie wollen besser als ihre Kameraden abschneiden bzw. verschleiern, wenn sie schwach sind. Lernziele, die den Wunsch nach Kompetenzzuwachs einschließen, treten dagegen in den Hintergrund (zu Zielorientierungen und ihren Folgen für schulisches Lernen siehe Köller, 1998).

Unterricht kann Bezugsgruppeneffekten zum Teil entgegensteuern, etwa indem Rückmeldungen unter individueller Bezugsnormorientierung (Rheinberg, 1980, 1998; Heckhausen, 1989; Rheinberg & Krug, 1999) gegeben werden. In einer Zusammenfassung der Effekte unterschiedlicher Bezugsnormen weist Heckhausen (1989) darauf hin, dass die individuelle Bezugsnormorientierung von Lehrern positive Effekte für die Selbstwahrnehmung eigener Fähigkeiten und die Motivationsentwicklung von Schülern hat. Hier bieten sich zukünftige Studien an, die untersuchen, ob der BFLPE in Klassen bzw. Kursen, deren Lehrkraft eine individuelle Bezugsnormorientierung verfolgt, verschwindet, während er in Klassen mit sozialer Bezugsnormorientierung umso stärker auftritt.

VI. Epistemologische Überzeugungen und Fachverständnis im Mathematik- und Physikunterricht

Olaf Köller, Jürgen Baumert und Johanna Neubrand

1. Überzeugungssysteme und intuitive Theorien

Akademische Leistungen, wie sie bei der Bearbeitung von Mathematik- oder Physikaufgaben in der gymnasialen Oberstufe verlangt werden, hängen auf Seiten des Schülers vom Zusammenspiel kognitiver, motivationaler und emotionaler Merkmale ab, die wiederum von sozialen und institutionellen Bedingungen beeinflusst werden. Unter den kognitiven Merkmalen unterscheidet Schoenfeld (1983) drei Kategorien: (1) kognitive Ressourcen, (2) Kontrollkognitionen und (3) intuitive Theorien oder Überzeugungssysteme *(Belief Systems)*. Zu den kognitiven Ressourcen rechnet er die allgemeinen kognitiven Grundfähigkeiten, das deklarative und prozedurale Vorwissen und kognitive Fertigkeiten wie allgemeine Heuristiken oder Problemlösestrategien. Zu den Kontrollkognitionen gehören die metakognitiven Planungs-, Überwachungs-, Regulations- und Korrekturstrategien, die wir im Kapitel IV zum selbstregulierten Lernen behandelt haben, aber auch volitionale Kontrollen (Kuhl, 1983; Heckhausen, 1989), also jene Willensprozesse, die nach Initiierung einer leistungs- oder lernthematischen Handlung diese zum Ziele führen und vor internen und externen Störeinflüssen abschirmen.

Die dritte Kategorie beinhaltet Vorstellungen, Überzeugungen und intuitive Theorien über zentrale Konstitutions-, Entwicklungs- und Funktionsmerkmale von Gegenständen des Denkens. Diese Gegenstände können die eigene Person, die menschliche Persönlichkeit generell, die natürliche und soziale Umwelt oder Symbolsysteme sein. Im Rahmen der pädagogisch-psychologischen Forschung spielen folgende Überzeugungssysteme eine besondere Rolle: die subjektiven Theorien über die Ursachen schulischer Erfolge (Nicholls, Cobb, Wood, Yackel & Patashnick, 1990; Nicholls, Cobb, Yackel, Wood & Wheatley, 1990), die naiven Theorien über die Veränderbarkeit der Intelligenz (Dweck, 1986; Dweck & Legett, 1988; Schlangen & Stiensmeier-Pelster, 1997), die epistemologischen Überzeugungen (Perry, 1970; Ryan, 1984; Schommer, 1993; Schommer, Calvert, Gariglietti & Bajaj, 1997) und speziell die mathematischen und naturwissenschaftlichen Weltbilder *(Mathematical World Views, Images of Science)* als individuelle intuitive Theorien über das Wesen der Mathematik oder Naturwissenschaften (Schoenfeld, 1983, 1992; Carey & Smith, 1993; Meichtry, 1993; Törner & Grigutsch, 1994; Hammer,

1995; Grigutsch, 1996; Hofer & Pintrich, 1997; Ryder, Leach & Driver, 1999). Unter den Begriffen „epistemologische Überzeugungen" *(Epistemological Beliefs)* bzw. „Weltbilder" *(World Views)* werden jene Vorstellungen und subjektiven Theorien subsumiert, die Personen über das Wissen und den Wissenserwerb generell oder in spezifischen Domänen entwickeln (Hofer & Pintrich, 1997).

Ryan (1984) konzeptualisiert in Anlehnung an Perry (1970) unterschiedliche subjektive Theorien über die Natur von Wissen. In einer Dichotomie wird die dualistische oder faktenorientierte Konzeption von Wissen, nach der es klare und überdauernde Unterscheidungen zwischen wahr und falsch gibt, einer relativistischen oder kontextorientierten Konzeption gegenübergestellt. College-Studenten werden als naive Erkenntnistheoretiker aufgefasst, die zunächst eine sehr einfache Auffassung von Wissen „as an unorganized set of discrete and abolute truths" (Ryan, 1984, S. 248) haben. Im Laufe der Zeit setzt sich dann bei vielen die Ansicht durch, dass Wissen und Erkenntnis immer aus der Interpretation und Integration von Phänomenen entstehe. In einer empirischen Studie kann Ryan (1984) zeigen, dass mit diesen unterschiedlichen Wissenskonzeptionen auch unterschiedliche Informationsverarbeitungs- und Lernstrategien verbunden sind. College-Studenten wurden mithilfe eines Fragebogens, der Wissenskonzeptionen erfasst, in eine dualistische und eine relativistische Gruppe eingeteilt und anschließend gebeten, ihre Arbeitsstrategien beim Lernen mit Texten zu beschreiben. Es zeigte sich, dass die dualistische Gruppe primär Memorierstrategien einsetzte, bei denen das neue Wissen weitgehend unverbunden mit bereits vorhandenen Gedächtnisinhalten blieb, während die relativistische Gruppe verstärkt Elaborationsstrategien nutzte, um zu einem tieferen Verständnis des Gelesenen zu gelangen. Die unterschiedlichen Informationsverarbeitungsstrategien schlugen sich auch in unterschiedlichem Studienerfolg nieder[1].

Aufbauend auf Ryans (1984) Arbeiten hat Schommer (1990, 1993) vier verschiedene *Beliefs About the Nature of Knowledge and Learning* vorgestellt, die sie auch kurz als *Epistemological Beliefs* bezeichnet und primär bei College- bzw. Universitätsstudenten untersucht hat. Dabei handelt es sich um die Überzeugungen,
- Lernfähigkeiten seien angeboren und weitgehend unveränderbar *(Innate Ability)*,
- Wissen bestehe aus nebeneinander stehenden, unverbundenen Fakten *(Simple Knowledge)*,
- Lernen gelinge innerhalb von kurzer Zeit oder nie *(Quick Learning)*,
- Erkenntnisse seien sicher und unveränderbar *(Certain Knowledge)*.

---

[1] Allerdings sind diese Befunde nicht immer repliziert worden; so fanden beispielsweise Glenberg und Epstein (1987) keine Unterschiede beim Arbeiten mit Texten zwischen Personen mit dualistischer bzw. relativistischer Wissenskonzeption.

Ebenso wie Ryan (1984) vermutet Schommer, dass epistemologische Überzeugungen sich indirekt, vermittelt über Lernstrategien auf Leistungen in verschiedenen Domänen auswirken können. In einer empirischen Untersuchung in einem universitären Einführungskurs zur Statistik gingen Schommer, Crouse und Rhodes (1992) dieser Vermutung nach. Die vier *Epistemological Beliefs* wurden mit einem von den Autorinnen entwickelten Fragebogen und die Lernstrategien mit dem *Learning and Study Strategies Inventory* (LASSI) von Weinstein, Palmer und Schulte (1987) erhoben. Die Studenten sollten selbstständig Textpassagen in einem Lehrbuch über elementare Statistik lesen und anschließend einen *Multiple Choice*-Leistungstest bearbeiten. Regressionsanalysen ergaben, dass nach Kontrolle des mathematischen Vorwissens und anderer Merkmale die *Simple Knowledge*-Überzeugung zusätzliche prädiktive Kraft für die Leistung hatte. Nachfolgende Pfadanalysen zeigten, dass dieser Einfluss zum Teil durch Lernstrategien vermittelt war. Schommer und Walker (1995) sind auch der Frage nachgegangen, inwieweit epistemologische Überzeugungen domänenübergreifend ausgebildet werden. Sie konnten eine moderate Ähnlichkeit der Deutungsmuster in Mathematik und Sozialwissenschaften nachweisen.

Ausgangspunkt aller Arbeiten zu epistemologischen Überzeugungen ist die Annahme, dass diese intuitiven Theorien die Art der Begegnung mit der erkennbaren Welt vorstrukturieren. Sie beeinflussen Denken und Schlussfolgern, Informationsverarbeitung, Lernen, Motivation und schließlich auch die akademische Leistung. Wilkinson und Schwartz (1987) sprechen von epistemologischen Orientierungen als mentalen Prozessen höherer Ordnung, die kognitive Vorgänge steuern. Bei der Mehrzahl der Autoren verbindet sich mit der Analyse epistemologischer Überzeugungen eine entwicklungspsychologische Perspektive, nach der es einen altersgradierten Komplexitätsgewinn gibt (Kuhn, 1991; King & Kitchener, 1994). Dieser Prozess kann in spezifischer Weise durch Schulunterricht gestützt oder behindert werden (Labudde, 1998; Schoenfeld, 1992; Carey & Smith, 1993; Meichtry, 1993). Dabei scheinen insbesondere die impliziten Botschaften der jeweiligen Lehr-Lernarrangements einflussreich zu sein (Schoenfeld, 1992; Roth & Lucas, 1997; Ryder, Leach & Driver, 1999).

Wenn epistemologische Überzeugungen in den Fachdidaktiken behandelt werden – wie es in den Mathematik- und Naturwissenschaftsdidaktiken der Fall ist –, so geschieht dies nicht nur unter einem instrumentellen Blickwinkel, um Lernprozesse zu befördern, sondern immer auch mit einem bildungstheoretischen Anspruch. Denn die fachbezogenen intuitiven Theorien über Wissen und Wissensgenese geben Antworten darauf, welche Fragen in einem Fachgebiet überhaupt legitimerweise gestellt und mit welchen Verfahren und mit welcher Sicherheit beantwortet werden können. Die Klärung dessen, was Fächer oder Disziplinen in ihrer spezifischen Fokussierung leisten und wo ihre Grenzen liegen, gehört unserer Überzeugung nach zum Bildungsauftrag eines jeden Schulfachs (vgl. Benner, 1993). Im pädagogischen Bereich haben epistemologische Überzeugungen also immer gleichzeitig instrumentelle *und* substantielle Bedeutung. Deshalb rechnen Schoenfeld (1992), Carey und Smith (1993), Meichtry (1993) und Labudde (1998) *Epistemological Beliefs* auch zum Kern der mathematischen und naturwissenschaftlichen Grundbildung *(Literacy)*.

In ihrem gründlichen Literaturbericht haben Hofer und Pintrich (1997) versucht, domänenübergreifende Dimensionen epistemologischer Überzeugungen zu identifizieren. Eine zentrale Unterscheidung ist nach Hofer und Pintrich in fast allen einschlägigen Arbeiten wiederzufinden, nämlich die Trennung zwischen Vorstellungen über die Struktur des Wissens und Vorstellungen über die Struktur der Wissenserzeugung. Im ersten Zusammenhang werden in der Regel die Dimensionen Sicherheit und Komplexität von Wissen unterschieden. Die Sicherheitsdimension ist zwischen den Polen eines ontologischen Verständnisses von Wissen als überdauernder Wahrheit und eines tentativ-kontextuierten Wissensverständnisses eingespannt. Diese Pole definieren wohlgemerkt die Spannweite des Wahrheits- und Sicherheitsanspruchs. Auch im Rahmen eines tentativ-kontextuierten Wissensverständnisses sind hohe Ansprüche an Objektivität, Sicherheit und relativer Dauerhaftigkeit ohne weiteres realisierbar. Der Widerspruch setzt erst bei einer ontologischen Reifikation des Wissens ein. Die Komplexitätsdimension lässt sich durch die extremen Vorstellungen, mathematisches und naturwissenschaftliches Wissen seien eine Addition von Einzelfakten bzw. ein System von vernetzten Konzepten, beschreiben. Auch hier sind gleitende Übergänge zwischen kompartmentalisiertem Einzelwissen und der Idee integrierter Wissenssysteme die Regel. Im Bereich der Wissenserzeugung wiederum lassen sich die Dimensionen des Entstehungs- und Rechtfertigungszusammenhangs unterscheiden. Die Dimension des Entstehungszusammenhangs wird häufig durch die konträren Vorstellungen von Wissenserzeugung als Entdeckung von Wahrheiten oder als sozialer Konstruktionsleistung gekennzeichnet. Den Rechtfertigungszusammenhang charakterisieren Hofer und Pintrich durch das Vorstellungspaar einer *abschließenden* Rechtfertigung von Erkenntnissen durch objektive Verfahren bzw. der Koexistenz multipler Theorien unterschiedlicher Reichweite. Auch diese Dimension ist durch die Pole ihrer Extreme gekennzeichnet. Selbstverständlich gehört die Rechtfertigung durch objektive Verfahren auch bei der Akzeptanz multipler Theorien unterschiedlicher Reichweite zu den akzeptierten Gütekriterien wissenschaftlicher Kommunikation. Diese von Hofer und Pintrich vorgeschlagenen systematisierenden Dimensionen lassen sich um die Perspektive der Relevanz von Wissen im privaten und öffentlichen Bereich ergänzen. Wir werden im Folgenden diese sechs Dimensionen, die noch einmal in Tabelle VI.1 zusammengestellt sind, nutzen, um das theoretische und empirische Vorgehen im Rahmen von TIMSS/III zu erläutern.

Tabelle VI.1: Dimensionen epistemologischer Überzeugungen

Struktur des Wissens	Struktur der Wissenserzeugung	Relevanz des Wissens
Sicherheit der Erkenntnis – ontologische (realistische, dualistische) Konzeption (Erkenntnis als überdauernde Wahrheit) – relativistische Konzeption (Kontextabhängigkeit der Erkenntnis)	*Entstehungszusammenhang* – Erkenntnis als Entdeckung objektiver Tatbestände/ Übernahme von Wahrheiten – Erkenntnis als soziale Konstruktionsleistung	*Gesellschaftliche Relevanz*
Komplexität der Erkenntnis – Addition von Einzelfakten – System vernetzter Konzepte	*Rechtfertigungszusammenhang* – Abschließender Gültigkeitsbeweis durch objektive Verfahren – Koexistenz von Theorien unterschiedlicher Reichweite	*Private Relevanz*

IEA. Third International Mathematics and Science Study. © TIMSS/III-Germany

2. Mathematische Weltbilder

Für die Mathematik hat sich insbesondere Schoenfeld mit der Analyse epistemologischer Überzeugungen und deren Zusammenhang mit der impliziten Struktur von Unterrichtsprozessen beschäftigt. Schoenfeld erläutert zunächst sein eigenes wissenschaftstheoretisches Verständnis von Mathematik, das er zwischen den Auffassungen von Mathematik als System und Prozess, aber in der Nähe einer Prozesskonzeption lokalisiert: „Mathematics is an inherently social activity, in which a community of trained practitioners (mathematical scientists) engages in the science of patterns – systematic attempts, based on observation, study, and experimentation, to determine the nature or principles of regularities in systems defined axiomatically or theoretically (‚pure mathematics'), or models of systems abstracted from real world objects (‚applied mathematics'). The tools of mathematics are abstraction, symbolic representation, and symbolic manipulation. However, being trained in the use of these tools no more means that one thinks mathematically than knowing how to use shop tools makes one a craftsman. Learning to think mathematically means (a) developing a mathematical point of view – valuing the processes of mathematization and abstraction and having the predilection to apply them, and (b) developing competence with the tools of the trade, and using those tools in the service of the goal of understanding structure – mathematical sense-making." (Schoenfeld, 1992, S. 335)

Diese Vorstellung von Mathematik als einer explorativen, dynamischen und sich verändernden Disziplin, die sich mit dem Verständnis von Formen und Mustern beschäftigt, welche die Welt um uns und unser Denken durchdringen, hat Eingang in die mathematik-didaktischen und curricularen Konzeptionen vieler Länder gefunden (Freudenthal, 1977, 1983; Keitel, 1981; Wittmann, 1981, 1989; Hanna, 1983; de Lange, 1987; NCTM, 1989; Winter, 1989; Becker & Shimada, 1997; Japan Society of Mathematical Education, 1997). Vor diesem normativen Hintergrund analysiert Schoenfeld auf der Basis von Vorarbeiten, die Lampert (1990) durchgeführt hat, und eigenen sich über ein Schuljahr erstreckenden Beobachtungen von Geometriekursen an *US-High Schools* typische Schülervorstellungen über das, was Mathematik sei und Mathematik treiben heiße. Seine Zusammenstellung ist in Tabelle VI.2 wiedergegeben. Schoenfeld betrachtet das mathematische Weltbild von Schülern als Ergebnis der sachlichen und sozialen Struktur des Mathematikunterrichts, seiner Aufgabenstellungen und deren fehlender Zusammenhänge untereinander sowie seiner sozialen Interaktionsprozesse, in denen die beschriebenen Mathematikvorstellungen implizit ausgehandelt werden und sich bewähren.

Auf der Basis von Schoenfelds Systematisierung hat Hofer (1994) zwei Weltbildskalen entwickelt, die sie *Simple Beliefs* (mathematische Aufgaben haben immer eine Lösung) und *Isolated Beliefs* (Mathematik sei eine solitäre Aktivität) nannte. Die Skalen sind geeignet, Aspekte der Differenziertheit von mathematischen Weltsichten zu erfassen. Hofer konnte zeigen, dass Studienanfänger mit differenzierteren Vorstellungen in Mathematikveranstaltungen höhere intrinsische Motivationswerte aufwiesen und selbstregulierter lernten.

Im deutschsprachigen Raum haben Törner und Grigutsch (1994; Grigutsch, 1996) die Arbeiten Schoenfelds (1983, 1985, 1992) zu *Mathematical World Views* aufgegriffen. Ähnlich wie Schoenfeld unterscheiden Törner und Grigutsch zwei grundsätzliche Leitvorstellungen, nach denen Mathematik statisch als System oder dyna-

Tabelle VI.2: Typische Schülervorstellungen über das Wesen von Mathematik nach Schoenfeld (1992, S. 359)

◆ Mathematische Aufgaben haben eine und nur eine richtige Antwort.
◆ Für jede beliebige mathematische Aufgabe gibt es nur einen Lösungsweg – üblicherweise das Verfahren, das die Lehrkraft kürzlich demonstriert hat.
◆ Normale Schüler können nicht erwarten, Mathematik zu verstehen; sie gehen davon aus, auswendig zu lernen und mechanisch anzuwenden.
◆ Schüler, die mathematische Stoffe verstanden haben, sind in der Lage, jede Aufgabe in wenigen Minuten zu lösen.
◆ Schulmathematik hat wenig oder nichts mit der wirklichen Welt zu tun.
◆ Mathematik treiben ist eine solitäre Tätigkeit, die Individuen in Einsamkeit ausüben.
◆ Mathematik ist ein formales System – unabhängig von Intuition und Kreativität.

IEA. Third International Mathematics and Science Study.   © TIMSS/III-Germany

misch als Prozess bzw. Tätigkeit aufgefasst wird. Da beide Standpunkte sich nicht genau voneinander trennen ließen, sprechen sie von einer epistemologischen Janusköpfigkeit der Mathematik. Törner und Grigutsch charakterisieren die beiden Sichtweisen folgendermaßen: Aus statischer Sicht werde Mathematik als abstraktes System von theoretischen Aussagen verstanden, das aus Axiomen, Begriffen und Relationen bestehe. Mit diesem Idealtypus „fertig interpretierter mathematischer Theorie" (Fischer & Malle, 1985) korrespondiere ein Mathematikunterricht, in dem das Lernen und Anwenden von Definitionen, Fakten und Routinen Vorrang habe. Aus dynamischer Sicht sei Mathematik eine Tätigkeit, die mit Fragen und Problemen beginne und zur Sammlung von Erfahrungen und zur Entdeckung von Prinzipien führe, die auf verschiedenen Stufen zu systematischen Aussagen geordnet werden könnten. Sie beziehen sich auf Freudenthal (1977), wenn sie mathematische Tätigkeit als Erfinden bzw. Nacherfinden von Mathematik und als Ordnen von Erfahrungsfeldern und Prinzipien des Tuns beschreiben. Überträgt man diese Konzeption auf den Schulunterricht, erhalten das Nacherfinden von Mathematik, die mathematische Intuition und das inhaltliche Argumentieren größtes Gewicht. In einem solchen Unterricht werden das Mathematisieren und die Analyse von Sachverhalten, bei denen Ideen und Denkprozesse im Vordergrund stehen, Vorrang vor dem Einschleifen von Routinen haben (Törner & Grigutsch, 1994, S. 215–217).

In diesem theoretischen Rahmen entwickelte Grigutsch einen Fragebogen zu mathematischen Weltbildern, der fünf analytisch trennbare epistemologische Dimensionen erfasst, von denen sich drei Dimensionen dem Systemaspekt und zwei dem Prozessaspekt zuordnen lassen. Grigutsch unterscheidet folgende Aspekte:
– Den *Formalismusaspekt,* der auf die Exaktheit mathematischen Denkens und Arbeitens abzielt (Itembeispiel: „Kennzeichen von Mathematik sind sehr genaue Fachausdrücke und sehr genaue Begründungen").
– Den *Prozessaspekt,* der sich auf die Art und Weise erfolgreichen Lösens von Mathematikaufgaben bezieht (Itembeispiel: „Mathematik betreiben heißt: Sachverhalte verstehen, Zusammenhänge sehen, Ideen haben").
– Den *Anwendungsaspekt,* der sich auf die Relevanz der Mathematik in vielen angewandten Bereichen bezieht (Itembeispiel: „Viele Teile der Mathematik haben einen praktischen Nutzen oder einen direkten Anwendungsbezug").
– Den *Schemaaspekt,* der Mathematik als die bloße Anwendung mathematischer Algorithmen thematisiert (Itembeispiel: „Mathematik besteht darin, Regeln, Formeln, Fakten und Rechenverfahren [Rechenwege] zu behalten und anzuwenden").
– Die rigide *Schemaorientierung,* nach der es für jede Mathematikaufgabe nur einen Lösungsweg gibt, den man auswendig lernen muss (Itembeispiel: „Wie eine Regel entsteht und warum sie richtig ist, ist für mich unwichtig: entscheidend ist, dass ich sie anwenden kann").

Törner und Grigutsch (1994) haben diesen Fragebogen in einer kleineren Voruntersuchung bei Studienanfängern in den Fächern Mathematik und Chemie an der Universität Duisburg eingesetzt. Die Befragten dieser ausgelesenen Stichprobe betonen in ähnlicher Weise sowohl den System- als auch den Prozessaspekt der Mathematik. Diese Befunde wurden bei Befragungen von Mathematiklehrern und Hochschullehrern des Fachs Mathematik, die mit einem modifizierten Instrument durchgeführt wurden, im Wesentlichen repliziert (Grigutsch, Raatz & Törner, 1998; Grigutsch & Törner, 1998). Ein deutlich abweichendes Bild ergab sich beim Einsatz des Fragebogens in einer Querschnittsuntersuchung von verschiedenen Jahrgangsstufen (von Klasse 6 bis Klasse 12) an 20 Gymnasien des Regierungsbezirks Düsseldorf im Jahre 1994 (Grigutsch, 1996). Bei Schülerinnen und Schülern der gymnasialen Oberstufe sind Formalismus und Schemaorientierung eindeutig dominant. Im Vergleich der Jahrgangsstufen deuten sich einige interessante Entwicklungstrends an: So nimmt die rigide Schemaorientierung im Laufe der Mittelstufe leicht zu, steigt dann in der gymnasialen Oberstufe bei Grundkursschülern noch einmal an, während sie bei Leistungskursschülern sinkt. Der Anwendungsaspekt der Mathematik wird in den höheren Klassenstufen immer weniger gesehen, wobei diese Abnahme im Grundkurs geradezu dramatisch zu sein scheint. Diese Befunde stimmen in ihrer Struktur mit den Beobachtungen Schoenfelds überein.

3. Naturwissenschaftliche Weltbilder

In der Naturwissenschaftsdidaktik spielen epistemologische Überzeugungen oder naturwissenschaftliche Weltbilder – *views about the nature of science and the nature of scientific knowledge* – seit langem eine wichtige Rolle. In seinem umfassenden Review-Artikel zieht Lederman (1992) eine historische Linie zurück bis zum Anfang des Jahrhunderts. Ein ausreichendes wissenschaftstheoretisches Verständnis der Naturwissenschaften gehört nach fachdidaktischer Überzeugung zum Kern naturwissenschaftlicher Bildung *(Scientific Literacy)*. Dieses wache Interesse geht mit einer beachtlichen empirischen Forschungstätigkeit einher, deren Ergebnisse Lederman (1992), Meichtry (1992, 1993), Hammer (1994) und Hogan (2000) zusammengefasst haben. Ähnlich wie in der Mathematik interpretieren die meisten Autoren – eine Ausnahme ist die analytische Arbeit von Hogan – die Befunde zu Schülervorstellungen über die Struktur und Genese naturwissenschaftlichen Wissens vor dem Hintergrund einer präskriptiven Folie, auf der wünschenswerte wissenschaftstheoretische Vorstellungen entfaltet werden. Die *American Association for the Advancement of Science* legte im Projekt 2061: *Science for All Americans,* einen Entwurf vor, der unterschiedliche Ansätze integriert (AAAS, 1989; Kimball, 1968; Klopfer, 1969; Rubba & Anderson, 1978). Diese einflussreiche Empfehlung steht im Hintergrund praktisch aller neueren Untersuchungen zu den naturwissenschaftlichen Weltbildern von Schülern. Ihre Hauptgedanken sind in Tabelle VI.3 zusammengefasst.

Vor diesem präskriptiven Hintergrund ist es kaum verwunderlich, dass epistemologische Vorstellungen von Schülerinnen und Schülern defizitär erscheinen. Ein solches Bild ergibt sich relativ konsistent aus den meisten Untersuchungen, die standardisierte Erhebungsinstrumente zur Erfassung von *Belief Systems* verwenden (z.B. Rubba & Anderson, 1978; Meichtry, 1992). Kennzeichnend für die naturwissenschaftlichen epistemologischen Überzeugungen von Schülerinnen und Schülern scheinen die aus der Literatur zusammengetragenen und in Tabelle VI.4 wiedergegebenen Vorstellungen zu sein.

Tabelle VI.3: Epistemologische Grundlagen des naturwissenschaftlichen Unterrichts (AAAS, 1989, S. 25–31)

Wissenschaftliche Weltsicht
- Die Welt ist verstehbar: Die Naturwissenschaften gehen davon aus, dass Phänomene im Universum in konsistenten Mustern auftreten, die durch sorgfältige und systematische Forschung verstehbar sind.
- Naturwissenschaftliche Ideen unterliegen dem Wandel: Wissenschaft ist ein Prozess kontinuierlicher Wissenserzeugung, der sich im Wechselspiel zwischen Theorieentwicklung und (experimenteller) Beobachtung vollzieht.
- Naturwissenschaftliches Wissen ist relativ dauerhaft: Obwohl Naturwissenschaftler die Vorstellung absoluter Wahrheiten verwerfen, ist das meiste naturwissenschaftliche Wissen relativ dauerhaft. Normale Wissenschaft besteht eher in der Modifikation von Ideen als in deren direkter Zurückweisung. Kontinuität und Wandel sind gleichermaßen Charakteristika der Naturwissenschaften.
- Naturwissenschaften können nicht alle Fragen beantworten: Es gibt viele Fragen und Gegenstände, die naturwissenschaftlichen Untersuchungen nicht zugänglich sind.

Naturwissenschaftliche Untersuchungsmethoden
- Naturwissenschaftliches Wissen verlangt empirische Evidenz: Früher oder später wird die Validität naturwissenschaftlicher Erkenntnisse durch Bezug auf Beobachtungen geprüft.
- Die Naturwissenschaften sind eine Mischung von Logik und Imagination: Auch wenn alle Arten von Imagination bei der Erzeugung von Hypothesen und Theorien zur Anwendung kommen mögen, müssen die wissenschaftlichen Argumente früher oder später den Prinzipien des logischen Schließens folgen. Wissenschaftler mögen oftmals über den Wert einer spezifischen Evidenz uneinig sein; in prinzipiellen Fragen der Intersubjektivität ist dennoch weitgehend Einigkeit zu erreichen.
- Naturwissenschaften erklären Zusammenhänge und erlauben Vorhersagen: Theorien erklären den Zusammenhang zwischen Beobachtungen; sie sollten darüber hinaus in der Lage sein, Vorhersagen für weitere Beobachtungen zu erlauben.
- Wissenschaft ist nicht autoritativ: Sie beruht im Prinzip auf einem kommunikativen Validierungsprozess, auch wenn es Schwierigkeiten bei der Durchsetzung neuer Ideen gibt.

Wissenschaft als organisierte Unternehmung
- Wissenschaft hat individuelle, soziale und institutionelle Dimensionen. Der Wissenschaftsbetrieb ist ein komplexer sozialer Prozess, der in unterschiedlichen Disziplinen und Organisationen institutionalisiert ist. Seine Institutionalisierung ist ein zentrales Merkmal der modernen Welt.

IEA. Third International Mathematics and Science Study. © TIMSS/III-Germany

Tabelle VI.4: Typische Schülervorstellungen über das Wesen der Naturwissenschaften

- Vorherrschend ist eine logico-empiristische Weltsicht, nach der naturwissenschaftliche Theorien aus Beobachtungen und Experimenten abgeleitet werden.
- Es fehlt ein adäquates Verständnis des Verhältnisses zwischen Modell und Wirklichkeit. Modelle werden als Abbild der Realität verstanden.
- Naturwissenschaftliche Erkenntnis ist eine Leistung des Entdeckens vom Menschen unabhängiger, überdauernder Naturgesetze (Reifizierung von Erkenntnis).
- Im Unterschied zu anderen Formen der Erkenntnis zeichnet sich naturwissenschaftliches Wissen durch einen absoluten Wahrheitsanspruch aus; die Entscheidung zwischen wahr und falsch kann theorie- und kontextunabhängig getroffen werden.
- Es fehlt eine Vorstellung vom kommunikativen Validierungsprozess von Erkenntnissen der Naturwissenschaften.
- Die Naturwissenschaften sind die autoritative Form des Weltverstehens in modernen Gesellschaften.
- Die Naturwissenschaften sind die Grundlage moderner Technologien und Motor des Fortschritts.

IEA. Third International Mathematics and Science Study. © TIMSS/III-Germany

Qualitative Studien, wie sie Lederman und O'Malley (1990), Roth und Roychoudhury (1994) und Ryder, Leach und Driver (1999) durchgeführt haben, zeichnen allerdings ein differenzierteres Bild, in dem je nach Teilbereich unterschiedlich elaborierte Vorstellungen anzutreffen sind, die sich keineswegs konsistent einer einzigen wissenschaftstheoretischen Position zuordnen lassen. Diese Autoren betonen auch den langfristigen und komplexen Prozess, in dem sich epistemologische Überzeugungen als Ergebnis sozialer Interaktionen im Unterricht entwickeln.

Inwieweit unterschiedliche epistemologische Vorstellungen einen unmittelbaren Einfluss auf naturwissenschaftliche Lernprozesse und deren Ergebnisse haben, ist noch weitgehend ungeklärt. Carey und Smith (1993) konnten nach einem Interventionsprogramm zur Veränderung epistemologischer Überzeugungen keine Verbesserung des Konzeptwechsels bei Schülern nachweisen. Sie betonen deshalb, dass die hinreichend elaborierte naturwissenschaftliche Weltsicht ein eigenständiges Ziel des naturwissenschaftlichen Unterrichts sei. Andere Arbeiten geben – ähnlich wie in der Mathematik – sehr wohl Hinweise, dass epistemologische Überzeugungen die Zuwendung zum Gegenstand und das Lernverhalten beeinflussen (Songer & Linn, 1991; Edmundson & Novak, 1993; Lucas & Roth, 1996; Tsai, 1998, 1999).

4. Entwicklung der Instrumente zur Erfassung von mathematischen und naturwissenschaftlichen Weltbildern

Für beide in Deutschland untersuchten Altersgruppen von TIMSS (Population II und III) wurde der Versuch unternommen, mithilfe kurzer Fragebogen Aspekte des

mathematischen und naturwissenschaftlichen Weltbildes von Schülern zu erfassen. Die Vorform des Fragebogens zum mathematischen Weltbild wurde im Anschluss an die Arbeiten von Davis und Hersh (1981), Schoenfeld (1992) und Törner und Grigutsch (1994) einerseits und Perry (1970), Ryan (1984) und Schommer (1990) andererseits entwickelt. Das Inventar mit 86 Fragen wurde zunächst in einer kleinen Pilotstichprobe eingesetzt. 39 Items konnten verwendet werden, um sieben kurze Subskalen mit ausreichender bis guter Reliabilität zu konstruieren, die folgende Aspekte des mathematischen Weltbildes erfassten:
– Mathematik als kreative Sprache,
– Mathematik als durch Phantasie des Menschen erdachtes System hoher Verlässlichkeit,
– Mathematik als kommunikativer Wissenschaftsprozess,
– Mathematik als Anwendung von Schemata und Routinen,
– Mathematik als individueller Konstruktions- und Denkprozess,
– Mathematik als gesellschaftlich nützliches Instrument,
– Mathematik als nützliches Instrument in Schule und Alltag.

Zusätzlich wurde ein Index gebildet, der Mathematik als Entdeckung eines finiten Kosmos von Ideen, Sätzen und Verfahren beschreibt.

Für die Hauptuntersuchung musste dieses Inventar auf 20 Items, die in Tabelle VI.5 wiedergegeben sind, reduziert werden. Es wurde auf die Skalen „Mathematik als System", „Mathematik als kommunikativer Wissenschaftsprozess" und „Mathematik als individueller Denkprozess", die gewisse Redundanzen zu den anderen Skalen aufweisen, verzichtet. Verwendet man die in Abschnitt 1 vorgestellten Analysedimensionen, erkennt man, dass die ausgewählten Subskalen jeweils mehrere Dimensionen typisierend integrieren. Die Skala „Mathematik als kreative Sprache" spiegelt ein epistemologisches Verständnis wider, nach dem mathematisches Wissen als Sprache und Spiel komplex vernetzt und im hohen Maße regelhaft angelegt ist, aber gleichwohl auf Phantasie und Kreativität beruht. Soweit die Konstitutionsbedingungen von Spiel und Sprache thematisiert werden, sind sie sozial-konstruktive Leistungen. Dagegen verbindet der Index „Mathematik als Entdecken eines finiten Kosmos von Ideen" die Vorstellung von der Endlichkeit der Mathematik (ein Gedanke, den wohl kein Mathematiker teilen wird) mit der Entdeckung überdauernder Ideen, die außerhalb von Raum und Zeit existieren (vgl. Davis & Hersh, 1981; Hersh, 1997). Die Subskala „Schemaorientierung" erfasst ein wenig elaboriertes epistemologisches Verständnis von Mathematik, nach dem Wissen absolut gültig ist und aus einer Addition von Einzelfakten besteht, die fertig übernommen werden. Mit den beiden Anwendungsskalen werden schließlich die Dimensionen der privaten und öffentlichen Nutzbarkeit erfasst. Mit den ausgewählten Skalen ist es mög-

Tabelle VI.5: Dimensionen mathematischer Weltbilder (Itemformulierungen und Antwortverteilungen für Population III, Mittelwerte und Standardabweichungen)

Skalenbezeichnung/Itemformulierung	Antwortverteilung (in %)				$\bar{x}$	SD
	Stimmt nicht 1	Stimmt eher nicht 2	Stimmt eher 3	Stimmt 4		
Mathematik als kreative Sprache (Relativistische Konzeption von Mathematik)						
Mathematik ist im Wesentlichen ein Spiel.	40,8	39,9	14,7	4,6	1,8	.83
Mathematik ist ein Spiel mit Zahlen, Zeichen und Formeln.	15,0	28,3	33,8	22,9	2,6	.97
Eine mathematische Theorie und ein Kunstwerk sind ähnlich, weil beide das Ergebnis von Kreativität sind.	43,4	33,7	15,5	7,5	1,8	.90
Mathematik ist eine Sprache mit eigenen Reizen.	27,3	25,2	28,8	18,6	2,3	1.1
Mathematik als Entdecken eines finiten Kosmos von Ideen (Realistische Konzeption von Mathematik)						
Irgendwann werden die Mathematiker die ganze Mathematik entdeckt haben.	32,5	37,0	19,7	10,9	2,0	.95
Mittlerweile sind die meisten mathematischen Probleme gelöst.	21,9	43,9	29,1	5,1	2,2	.80
Schematische Konzeption von Mathematik (Simple Knowledge)						
Die Herleitung oder der Beweis einer Formel ist mir unwichtig; entscheidend ist, dass ich sie anwenden kann.	11,4	21,9	32,2	34,5	2,9	.99
Mathematik ist Behalten und Anwenden von Definitionen und Formeln, von mathematischen Fakten und Verfahren.	9,0	18,9	42,5	29,6	2,9	.92
Fast alle mathematischen Probleme können durch direkte Anwendung von bekannten Regeln, Formeln und Verfahren gelöst werden.	5,7	24,7	51,9	17,7	2,8	.79
Mathematik betreiben heißt: allgemeine Gesetze und Verfahren auf spezielle Aufgaben anwenden.	3,1	13,7	54,9	28,3	3,1	.71
Rigide Schemaorientierung						
In der Mathematik gibt es immer nur *einen* Lösungsweg.	72,2	21,7	3,6	2,4	1,3	.63
Instrumentelle Relevanz von Mathematik (1) Mathematik als gesellschaftlich nützliches Instrument						
Mathematik tritt im Alltag eines jeden von uns auf.	2,9	12,3	33,5	51,3	3,3	.81
Mathematik hilft, wirtschaftliche Vorgänge beschreiben zu können.	1,9	10,1	42,4	45,7	3,3	.72
Mathematik hilft, technische Probleme lösen zu können.	1,9	8,1	36,3	53,6	3,4	.73
(2) Mathematik als nützliches Instrument in der Schule und im Alltag						
Was ich in Mathematik lerne, kann ich in anderen Fächern brauchen.	9,0	28,9	38,3	23,9	2,6	.90

noch Tabelle VI.5: Dimensionen mathematischer Weltbilder (Itemformulierungen und Antwortverteilungen für Population III, Mittelwerte und Standardabweichungen)

Skalenbezeichnung/Itemformulierung	Antwortverteilung (in %)				x̄	SD
	Stimmt nicht 1	Stimmt eher nicht 2	Stimmt eher 3	Stimmt 4		
Mathematik braucht man bei vielen Aufgaben im Alltag.	6,8	27,8	41,7	23,8	2,7	.85
Ziel mathematischer Theorien ist es, praktische Probleme zu lösen.	6,9	24,0	45,4	23,7	2,8	.86

IEA. Third International Mathematics and Science Study. © TIMSS/III-Germany

lich, ein Bild der Mathematik zu rekonstruieren, das in Teilbereichen Überschneidungen mit den Konzeptionen Ryans (1984) und Schommers (1990) sowie mit den Weltbilddimensionen von Grigutsch (1996) hat, ohne mit diesen Entwürfen deckungsgleich zu sein:
– Die Skala „Mathematik als kreatives Sprachspiel" bringt eine relativistische Position im Sinne von Ryan zum Ausdruck, spiegelt aber auch Elemente der Prozessdimensionen von Grigutsch und Törner wider.
– Die Skala „Schemaorientierung" erfasst eine schematische Konzeption von mathematischer Erkenntnis, die sich auf das einfache Anwenden mathematischer Algorithmen beschränkt. Dies entspricht im Wesentlichen dem *Simple Knowledge* sensu Schommer oder der schematischen Konzeption von Grigutsch und Törner. In dieser Weltbilddimension sind die Entsprechungen der unterschiedlichen Instrumente am klarsten.
– Der Index „Mathematik als Leistung des Entdeckens" beschreibt mathematische Erkenntnis als Entdeckung eines finiten Kosmos überdauernder Ideen. Ist eine Entdeckung einmal gelungen, hat sie als Baustein des Mathematikgebäudes dauerhaft Bestand. Hier wird eine Affinität zu Schommers Komponente *Certain Knowledge* sichtbar.
– Das Wissen um die praktische Relevanz mathematischer Erkenntnis schließlich wird durch zwei Skalen zur öffentlichen und privaten Nützlichkeit abgedeckt.

Die Skalenanalysen wurden in der Hauptuntersuchung für die Population II und III durchgeführt. Insgesamt $N = 4.966$ Personen konnten in den Analysen berücksichtigt werden, von denen $N = 1.382$ Jugendliche aus der TIMSS-Längsschnittkohorte der Mittelstufenuntersuchung stammten. Entsprechend betrug der Umfang der Oberstufenkohorte $N = 3.584$ Schülerinnen und Schüler. Während die Oberstufenstichprobe nur Gymnasiasten und Gymnasiastinnen umfasste, verteilten sich die Mittelstufenschüler wie folgt auf die vier Schulformen: Hauptschule *N* = 292, Realschule *N* = 421, Gymnasium *N* = 527, Gesamtschule *N* = 142.

Die Tabelle VI.6 zeigt Interkorrelationen und Reliabilitäten der vier Skalen für beide Kohorten. Die Reliabilitäten fallen mit Ausnahme der Skala zur Alltagsrelevanz niedrig aus, was primär durch die Kürze der Skalen bedingt ist. Trotz der unbefriedigenden Reliabilitäten sind die Unterschiede zwischen den Korrelationsmustern beider Kohorten bemerkenswert. Sämtliche Koeffizienten liegen in der Population III deutlich niedriger. Dies weist darauf hin, dass sich mathematische Weltbilder im Laufe der Ontogenese ausdifferenzieren[2]. Jugendlichen der 8. Klasse fällt es offenbar noch schwer, unterschiedliche Konzepte zu trennen. So zeigen auch Hauptkomponentenanalysen, die für beide Kohorten getrennt gerechnet wurden, dass sich die in Tabelle VI.5 angenommene Struktur nur für die Population III reproduzieren lässt (ohne Tabelle).

Das Korrelationsmuster in der Oberstufenkohorte ist bemerkenswert: Auf der einen Seite korrelieren die Vorstellung von der Endlichkeit der Mathematik und die schematische Konzeption substantiell miteinander, auf der anderen Seite ergibt sich eine nennenswerte Korrelation zwischen relativistischer Konzeption und Betonung der Alltagsrelevanz von Mathematik. Man könnte darin Faktoren zweiter Ordnung er-

Tabelle VI.6: Reliabilitäten (auf der Diagonalen) und Interkorrelationen der vier Skalen zu mathematischen Weltbildern[1]

	(1)	(2)	(3)	(4)
Kreative Sprache (1)	.59/.64	.01	–.00	.31***
Leistung des Entdeckens (2)	.44***	.53/.48	.31***	–.05**
Schematische Konzeption (3)	.55***	.37***	.55/.49	.04**
Alltagsrelevanz (Gesamtskala) (4)	.45***	.27***	.63***	.82/.77

[1] Oberhalb der Diagonale befinden sich die Korrelationen in der Population III, unterhalb der Diagonale die der Population II. Die erste Reliabilitätsangabe bezieht sich auf Population II, die zweite auf Population III.

** $p < .01$, *** $p < .001$.

IEA. Third International Mathematics and Science Study. © TIMSS/III-Germany

---

[2] Die Korrelationen zwischen den Skalen in der Population III werden auch durch die geringeren Reliabilitäten etwas gedrückt. Aber auch eine Bereinigung der Korrelationen um die Messfehleranteile bestätigt den Eindruck aus Tabelle VI.6.

kennen, die eine statische bzw. dynamische Vorstellung von Mathematik wiedergeben (Schoenfeld, 1992; Grigutsch, 1996; Grigutsch, Raatz & Törner, 1998). Dieser Befund widerspricht der Annahme von Perkins und Simmons (1988), die betonen, dass epistemologische Überzeugungen, nach denen formale Systeme wie Algebra nichts weiter seien als „Regeln eines Spiels", Schülerinnen und Schüler davon abhielten, einen Bezug zur Realität herzustellen. Unsere Ergebnisse zeigen, dass beide Vorstellungen, „Mathematik als Sprachspiel" und „Mathematik in ihrer Alltagsrelevanz", durchaus verträglich sind. Das Verbindende scheinen in der Tat die Entwicklungs- und Adaptationsfähigkeit zu sein.

Der Fragebogen zu den physikalischen Weltbildern enthielt in der Pilotfassung 66 Fragen, die sich auf die Struktur physikalischen Wissens, die Erzeugung und Validierung des Wissens, das Verhältnis von Physik und Natur, die Entwicklung der wissenschaftlichen Disziplin, die Kooperation in der Wissenschaft und die praktische Relevanz von Physik bezogen. Der Fragebogen basierte maßgeblich auf Vorarbeiten, die Labudde mit seinen Mitarbeitern für das Schweizer TIMSS-Projekt geleistet hatte[3] (Labudde, 1998). Die Schweizer Arbeitsgruppe hatte die verfügbare Literatur und die einschlägigen Instrumente systematisch gesichtet und versucht, wesentliche Dimensionen des physikalischen Weltbildes von Schülern in ihrem Instrument zu berücksichtigen (Kimball, 1968; Klopfer, 1969; Rubba & Anderson, 1978; Lakoff & Johnson, 1980; Aikenhead & Ryan, 1992; Meichtry, 1993; Tamir, 1994; Solomon, Scott & Duveen, 1996). Die Itemanalysen, die wir auf der Basis einer kleinen Pilotstichprobe durchgeführt haben, ergaben insbesondere bei Schülern der Mittelstufe ein faktoriell wenig eindeutiges Bild. Dies ist nicht verwunderlich, da der Physikunterricht in diesem Alter gerade erst einsetzt. So ließen sich insbesondere zu voraussetzungsvollen Themen, wie zum Beispiel dem Verhältnis von Experiment und Theorie oder Modell und Wirklichkeit, Fragen des Umgangs mit konkurrierenden Theorien, der Wahl von Forschungsthemen und zur kommunikativen Validierung von Ergebnissen keine stabilen und sinnvoll interpretierbaren Muster identifizieren. Derartige Fragen haben sich auch in anderen Untersuchungen, die bei älteren Schülern und Studenten durchgeführt wurden, als ausgesprochen schwierig herausgestellt (Ryder, Leach & Driver, 1999). Aufgrund der Voruntersuchung wurden schließlich fünf Subskalen entwickelt, die folgende Aspekte des physikalischen Weltbildes erfassen (vgl. Tab. VI.7):
– Physik als ein das Jahrhundert prägender Entdeckungsprozess, der zum Verständnis des Weltbauplans führt,
– Physik als die umfassende und wahre Sichtweise der Natur,

---

[3] Peter Labudde hat uns freundlicherweise den Entwurf seines Fragebogens zur Verfügung gestellt. Wir möchten ihm dafür sehr danken.

Tabelle VI.7: Dimensionen naturwissenschaftlicher Weltbilder (Itemformulierungen und Antwortverteilungen für Population III, Mittelwerte und Standardabweichungen)

Skalenbezeichnung/Itemformulierung	Antwortverteilung (in %)				$\bar{x}$	SD
	Stimmt nicht	Stimmt eher nicht	Stimmt eher	Stimmt		
	1	2	3	4		
Physik als das Jahrhundert prägender Entdeckungsprozess des Weltbauplans (Realistische Konzeptionen von Physik)						
Physik hat die Entwicklung in diesem Jahrhundert maßgeblich mitgeprägt.	2,4	4,0	33,4	60,2	3,5	.68
In der Natur existieren physikalische Gesetze unabhängig davon, ob Menschen die Natur beobachten oder nicht.	2,2	3,4	19,4	75,0	3,7	.65
Physikalische Gesetze bilden den Bauplan der Welt.	6,3	18,1	49,2	26,4	3,0	.83
Ziel physikalischer Theorien ist es, einen Teil menschlicher Erfahrungen zu systematisieren.	2,8	11,6	49,4	36,2	3,2	.74
Seit langem sind die Physiker daran, die Physik und ihre Gesetze zu entdecken.	2,4	4,9	33,6	59,1	3,5	.70
Physik als umfassende und wahre Sichtweise der Natur (Erkenntnis- und Wahrheitsanspruch von Physik)						
Die Naturwissenschaften sind die richtige Sichtweise der Natur.	4,5	9,6	33,1	52,8	2,7	.88
Die meisten Probleme der Menschheit lassen sich mithilfe der Naturwissenschaften lösen.	12,8	32,0	35,7	19,6	2,6	.94
Physikalisches Wissen ist über alle Zweifel erhaben.	34,9	43,1	17,7	4,2	1,9	.83
Die Physik nähert sich im Verlaufe der Zeit immer mehr der Wahrheit.	8,4	20,6	53,0	18,0	2,8	.82
Physikalische Gesetze sind ewige Wahrheiten.	29,5	33,6	25,0	11,9	2,2	.99
Eindeutigkeit physikalischer Erkenntnis (Schematische Konzeption von Physik)						
In der Physik gibt es immer nur *eine* richtige Lösung.	29,4	34,4	23,2	13,0	2,2	1.0
In der Physik gibt es nur *einen* Lösungsweg.	38,2	41,7	14,3	5,7	1,9	.86
Viele physikalische Aufgaben kann man auf ganz verschiedene Arten lösen. (umgepolt)	3,8	17,3	43,4	35,5	1,9	.82
Physik als Erfindung des Menschen (Relativistische Konzeption von Physik)						
Physikalisches Wissen ist künstlich in dem Sinn, dass es von Menschen erdacht und entwickelt worden ist.	20,5	38,5	30,0	11,1	2,0	.69
Instrumentelle Relevanz von Physik *(1) Physik als gesellschaftlich nützliches Instrument*						
Physik ist der Motor der technologischen Entwicklung.	3,0	9,0	52,1	35,9	3,2	.72
Ziel physikalischer Theorien ist es, praktische Probleme zu lösen.	3,2	12,3	57,2	27,3	3,1	.72

noch Tabelle VI.7: Dimensionen naturwissenschaftlicher Weltbilder (Itemformulierungen und Antwortverteilungen für Population III, Mittelwerte und Standardabweichungen)

Skalenbezeichnung/Itemformulierung	Antwortverteilung (in %)				x̄	SD
	Stimmt nicht	Stimmt eher nicht	Stimmt eher	Stimmt		
	1	2	3	4		
Ziel physikalischer Theorien ist es, das Leben der Menschen bequemer zu machen.	8,1	27,8	46,0	18,1	2,7	.84
Physik ist die Grundlage unseres Wohlstands.	17,2	35,7	35,7	11,3	2,4	.90
Ziel physikalischer Theorien ist es, Voraussagen zu liefern.	7,6	30,5	49,1	12,8	2,7	.80
(2) Physik als nützliches Instrument in Schule und Alltag						
Was ich in Physik lerne, kann ich in anderen Fächern brauchen.	21,4	38,2	28,9	11,5	2,3	.93
Nützt mir in anderen Fächern nichts. (umgepolt)	26,6	31,3	26,3	15,8	2,7	1.0
Physik tritt im Alltag eines jeden von uns auf.	4,5	9,6	33,1	52,8	3,3	.83
Physik braucht man bei vielen Aufgaben im Alltag.	8,9	31,4	41,2	18,5	2,7	.87

IEA. Third International Mathematics and Science Study. © TIMSS/III-Germany

– Eindeutigkeit physikalischer Erkenntnisse,
– Physik als gesellschaftlich nützliches Instrument,
– Physik als nützliches Instrument in Schule und Alltag.

In der Subskala „Physik als Entdeckungsprozess" verbindet sich die Vorstellung vom Systemcharakter physikalischen Wissens mit der ontologischen Überzeugung einer allmählichen Entdeckung des geheimen Bauplans des Universums. Die Gesichtspunkte Komplexität und Sicherheit von Wissen gehen hier also zusammen. Mit der Subskala „Physik als wahre Sichtweise der Natur" wird ein umfassender Erkenntnisanspruch für die Physik reklamiert, der sich auf pointierte Wahrheitsbehauptungen stützt (*Certainty of Knowledge* bei Schommer). Die Subskala „Eindeutigkeit physikalischer Erkenntnis" erfasst mit drei Items die schlichte Vorstellung, dass physikalische Probleme immer nur eine einzige Lösung hätten, zu der auch nur ein einziger Lösungsweg führe (*Simple Knowledge* im Sinne Schommers). Die Anwendungsdimension ist mit zwei Subskalen repräsentiert, die – wie in der Mathematik – die praktische Relevanz physikalischen Wissens im privaten Leben und in der Öffentlichkeit thematisieren.

Fragen, die eine konstruktivistische Auffassung von Physik anzeigen, erwiesen sich in der Pilotuntersuchung als nicht skalierbar. Das mag an den Fragenformulierun-

Tabelle VI.8: Reliabilitäten (auf der Diagonalen) und Interkorrelationen der Skalen zu physikalischen Weltbildern[1]

	(1)	(2)	(3)	(4)	(5)	(6)
Physik als Entdeckung des Weltbauplans (Realistische Konzeption) (1)	.77/.71	.29***	–.06**	.04**	.55***	.37***
Erkenntnis- und Wahrheitsanspruch (2)	.63***	.71/.69	.13***	.04**	.42***	.30***
Schematische Konzeption (3)	.21***	.28***	.41[a]/.65	.05**	.01	–.13***
Physik als Konstruktionsleistung (4)	.28***	.26***	.29***	–/–	.12***	.00
Physik als nützliches gesellschaftliches Instrument (5)	.65***	.66***	.28***	.35***	.72/.68	.40***
Physik als nützliches Instrument in Schule und Alltag (6)	.58***	.64***	.16***	.21***	.58***	.54[b]/.71

[1] Oberhalb der Diagonale befinden sich die Korrelationen in der Population III, unterhalb der Diagonale die der Population II. Die erste Reliabilitätsangabe bezieht sich auf Population II, die zweite auf Population III.

[a] Für die Skala Eindeutigkeit physikalischer Erkenntnis steigt die Reliabilität auf .61, wenn das invers formulierte Item ausgeschlossen wird.

[b] Für die Skala Physik als nützliches Instrument in Schule und Alltag steigt die Reliabilität auf .66, wenn das invers formulierte Item ausgeschlossen wird.

* $p < .05$, ** $p < .01$, *** $p < .001$.

IEA. Third International Mathematics and Science Study.   © TIMSS/III-Germany

gen oder an der für Schüler fremden Perspektive liegen. Anregungen hätten möglicherweise dem Fragebogen, den Pomeroy (1993) für die Erfassung von naturwissenschaftlichen Weltbildern von Lehrern entwickelt hat, entnommen werden können. Dieses Instrument war uns jedoch zum Zeitpunkt der Untersuchungsvorbereitung nicht bekannt. Wir haben deshalb nur ein einziges Item aus der Pilotstudie in die Hauptuntersuchung übernehmen können, mit dem explizit nach der „Künstlichkeit" physikalischen Wissens gefragt wird. Insofern ist die relativistische und kontextualisierte epistemologische Konzeption nach Ryan (1984) nur unzureichend vertreten. Sie muss zusätzlich aus der Ablehnung dualistischer Konzeptionen erschlossen werden, die mit den beiden zuerst aufgeführten Skalen erfasst werden. Tabelle VI.7 gibt einen Überblick über die in der Hauptuntersuchung verwendeten Items und deren Antwortverteilungen, geordnet nach Skalenzugehörigkeit.

Die Skalenanalysen wurden in der Hauptuntersuchung wiederum für die Population II und III durchgeführt. Insgesamt konnten $N = 5.587$ Personen in den Analysen berücksichtigt werden, von denen $N = 1.742$ Jugendliche aus der TIMSS-Längsschnittkohorte der Mittelstufenuntersuchung stammten. Der Umfang der Oberstufenkohorte betrug $N = 3.845$ Personen. Die Schülerinnen und Schüler der

Mittelstufe verteilten sich wie folgt auf die Schulformen: Hauptschule N = 398, Realschule N = 531, Gymnasium N = 650, Gesamtschule N = 163.

Tabelle VI.8 weist die Interkorrelationen und Reliabilitäten der Skalen und Indizes für beide Kohorten aus. Die Reliabilitäten sind trotz der Kürze der Skalen noch akzeptabel. Ein Vergleich der Interkorrelationsmuster der Mittelstufe und der gymnasialen Oberstufe lässt wiederum auf einen altersgradierten Differenzierungsprozess im physikalischen Weltbild schließen. Das Korrelationsmuster der gymnasialen Oberstufe zeigt ein auffälliges Vorstellungssyndrom, in dem ein umfassender Erkenntnisanspruch der Physik, Nützlichkeitsüberzeugungen und der Glaube an die Entdeckung eines universellen Bauplans zusammengehen. Davon unabhängig sind die Überzeugung von der Eindeutigkeit physikalischer Erkenntnis und konstruktivistische Vorstellungen von Physik als einer menschlichen Erfindung.

5. Epistemologische Überzeugungen in Mathematik und Physik und Kurswahlen

In seinen Analysen zum mathematischen Weltbild von Schülerinnen und Schülern der gymnasialen Oberstufe in Nordrhein-Westfalen fasst Grigutsch (1996, S. 120) seine Befunde für den mathematischen Grundkurs folgendermaßen zusammen: „Das Mathematikbild der Schüler im Grundkurs wird weitgehend (…) vom Schema- und Formalismusaspekt bestimmt. Im Vergleich dazu sind der Prozeß- und der Anwendungsaspekt sowie die rigide Schemaorientierung unbedeutsam; (…) Mathematik ist für die Schüler im Grundkurs im Schnitt (…) ein formal exaktes Lernen und Ausführen von Schemata und Algorithmen, das oft ohne wesentliche Verstehens- und Erkenntnisprozesse abläuft und zudem selten einen Anwendungsbezug oder Nutzen aufweist." Im Leistungskurs verschiebt sich dieses Bild in Nuancen: „Für die Schüler im Leistungskurs stellt sich Mathematik ganz zentral als formales Fach dar, in dem es um exaktes Denken und Begründen in präzisen Begriffen geht. Weiterhin ist Mathematik – allerdings mit geringerer Ausprägung – sowohl schema- als auch prozeßorientiert und besitzt einen mäßigen Nutzen." (S. 126) Inwieweit sind diese Ergebnisse über die nordrhein-westfälische Stichprobe hinaus generalisierbar?

Ähnlich wie in der Stichprobe nordrhein-westfälischer Oberstufenschülerinnen und -schüler, die Grigutsch untersuchte, ist auch in der TIMSS/III-Stichprobe das mathematische Weltbild von Gymnasiasten der Oberstufe durch schematische und algorithmische Vorstellungen von Mathematik und mathematischem Unterricht geprägt (Abb. VI.1). Die große Mehrheit der Befragten stimmt Aussagen zu, wie: „Ma-

Abbildung VI.1: Epistemologische Überzeugungen im Fach Mathematik nach Kursniveau[1]

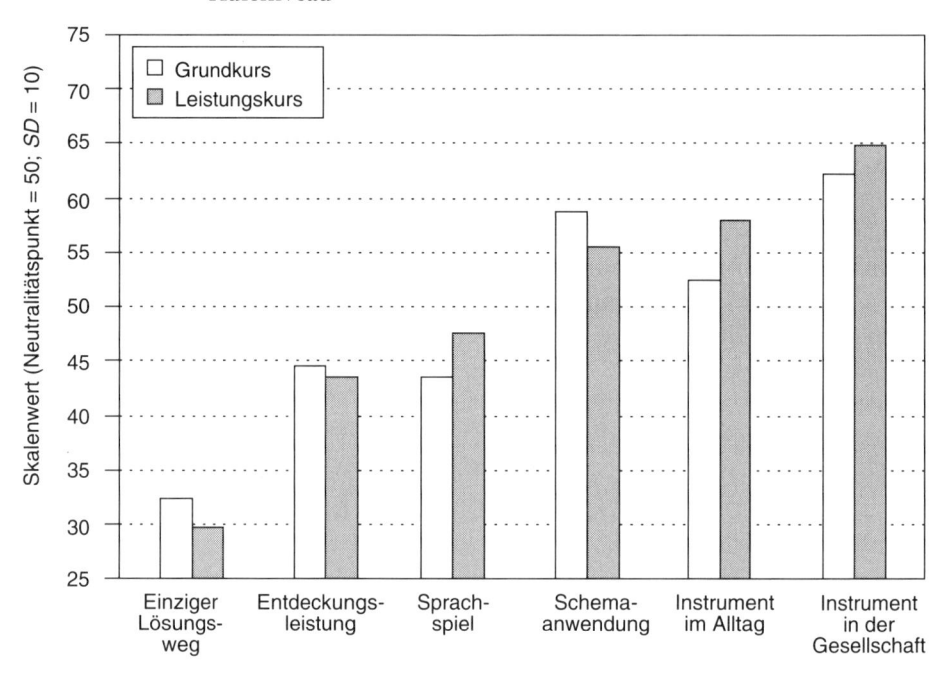

[Balkendiagramm: Skalenwert (Neutralitätspunkt = 50; SD = 10); Kategorien: Einziger Lösungsweg, Entdeckungsleistung, Sprachspiel, Schemaanwendung, Instrument im Alltag, Instrument in der Gesellschaft; Grundkurs und Leistungskurs]

[1] Alle Unterschiede zwischen den Kursniveaus sind signifikant ($p < .001$).

IEA. Third International Mathematics and Science Study. © TIMSS/III-Germany

thematik ist Behalten und Anwenden von Definitionen und Formeln von mathematischen Fakten und Verfahren" (73 % der Antworten mit zustimmender Tendenz) oder „Mathematik betreiben heißt: allgemeine Gesetze und Verfahren auf spezielle Aufgaben anwenden" (74 % der Antworten mit zustimmender Tendenz). Dies ist die Grundvorstellung sowohl von Grundkurs- als auch von Leistungskursbesuchern, obwohl die Zustimmung im Leistungskurs etwas verhaltener ausfällt. Dagegen findet eine, wie Törner und Grigutsch (1994) sie genannt haben, rigide Schemaorientierung, die wir mit einem Item: „In der Mathematik gibt es immer nur einen Lösungsweg" erfasst haben, eine klare Ablehnung (95 % der Antworten mit ablehnender Tendenz bei zu vernachlässigenden Unterschieden zwischen den Kursniveaus). Deutliche Differenzen zu den Befunden von Grigutsch ergeben sich auch, wenn man die Antwortmuster zur praktischen Relevanz von Mathematik betrachtet. Die gesellschaftliche Bedeutung von Mathematik, sei es in Wirtschaft oder Technik, ist fast jedem Oberstufenschüler bewusst. Knapp 90 Prozent der befragten

Oberstufenschüler stimmen entsprechenden Aussagen zu. Aber ebenso ist den meisten Schülern und Schülerinnen der ubiquitäre Charakter der Mathematik, die unseren Alltag vielfältig durchdringt, bewusst. Dementsprechend sieht die Mehrheit der Schülerinnen und Schüler auch die Nützlichkeit von Mathematik bei „vielen Aufgaben im Alltag" (60 % der Antworten mit zustimmender Tendenz). Inwieweit Mathematik in der Schule auch in anderen Fächern brauchbar ist, darüber gehen die Meinungen auseinander (53 % der Antworten mit zustimmender Tendenz). Hinsichtlich der Beurteilung der Nützlichkeit von Mathematik in Schule und Alltag lassen sich deutliche Unterschiede zwischen Grund- und Leistungskursbesuchern nachweisen, die mehr als eine halbe Standardabweichung betragen. Diese Befunde differenzieren auch die prononcierte Darstellung, die Schoenfeld (1992) zum mathematischen Weltbild von Schülern gibt – zumindest was die Verhältnisse an der gymnasialen Oberstufe in Deutschland betrifft.

Die Vorstellung von Mathematik als ein sich erschöpfender Entdeckungsprozess überdauernder Ideen ist Schülern fremd. Die große Mehrheit der Befragten weist die beiden Aussagen des entsprechenden Index zurück. Ebenso wenig können sich Oberstufenschüler mit einer wissenschaftstheoretischen Position, die den konstruktiven Charakter von Mathematik als eigener Sprache, deren Weiterentwicklung von Kreativität und Imagination abhängig ist, anfreunden. Immerhin teilen 45 Prozent der Schülerinnen und Schüler die Vorstellung von Mathematik als einer eigenen Sprache, während für 80 Prozent der Befragten ein Vergleich zwischen mathematischer Theorie und einem Kunstwerk, wobei die Kreativität das Tertium comparationis darstellt, eher abwegig ist (80 % der Antworten mit ablehnender Tendenz).

Die Grundmuster der epistemologischen Überzeugungen sind sowohl im Grund- als auch im Leistungskurs anzutreffen, auch wenn das mathematische Weltbild von Leistungskursschülern etwas differenzierter ist. Eine multivariate Varianzanalyse mit den ausgewählten Dimensionen des mathematischen Weltbildes als abhängigen Variablen und der Kurswahl als Faktor belegt einen systematischen Effekt des Wahlverhaltens ($F_{\text{multivariat [6, 2259]}} = 51.9$; $p < .001$; $\eta^2 = .12$). Bei univariaten Vergleichen wird der Unterschied zwischen Abwahl bzw. Grundkursbesuch einerseits und Leistungskurswahl andererseits immer signifikant. Die Unterschiede zwischen den beiden Kursniveaus sind hinsichtlich der Einschätzung der Alltagsrelevanz von Mathematik mit 0.7 Standardabweichungen und hinsichtlich der Auffassung von Mathematik als einer eigenen Sprache mit 0.4 Standardabweichungen am größten.

Zentrales Moment des mathematischen Weltbildes von Oberstufenschülern ist die schematisch-algorithmische Ausrichtung von Mathematik und des Mathematikunterrichts. Schoenfeld würde darin das kumulative Ergebnis eines über die Schuljahre hinweg uniformen und schematisch angelegten Mathematikunterrichts sehen. Auch im physikalischen Weltbild von Gymnasiasten der Oberstufe lässt sich eine weitgehend geteilte Grundvorstellung identifizieren, in der sich die ontologische Überzeugung einer allmählichen Entdeckung des Bauplans des Universums mit der Vorstellung vom Systemcharakter physikalischen Wissens verbindet. Danach existieren in der Natur physikalische Gesetze (95 % der Antworten mit zustimmender Tendenz), die von den Physikern allmählich entdeckt werden (93 % der Antworten mit zustimmender Tendenz). Diese Gesetze bilden den Bauplan der Welt (74 % der Antworten mit zustimmender Tendenz). Physikalische Theorien systematisieren menschliche Erfahrungen (85 % der Antworten mit zustimmender Tendenz). Physik ist danach eine Leistung des Entdeckens vorgegebener Zusammenhänge. Diese Basisvorstellung wird in der internationalen Forschungsliteratur im Allgemeinen als traditionell empiristisches Weltbild bezeichnet (Lederman, 1992; Meichtry, 1993; Hammer, 1994; Driver u.a., 1995). Mit dieser modalen Physiksicht ist es konsistent, wenn 60 Prozent der Befragten sich mit der Aussage: „Physikalisches Wissen ist künstlich in dem Sinn, dass es von Menschen erdacht und entwickelt worden ist" nicht anfreunden können. Die Vorstellung von Wissenschaft als Konstruktionsleistung ist in diesem Weltbild ein Fremdkörper. Trotz der weit verbreiteten ontologischen Konzeption scheiden sich die Geister an der Reichweite des Erkenntnis- und Wahrheitsanspruchs der Physik. 54 Prozent der Befragten halten die Naturwissenschaften für die richtige Sichtweise der Natur und 69 Prozent meinen sogar, dass die Physik sich im Laufe der Zeit immer mehr der Wahrheit nähere. Dennoch lehnen über 70 Prozent der Oberstufenschüler einen Anspruch physikalischen Wissens, über alle Zweifel erhaben zu sein, eher ab. Schlichte Vorstellungen von der Eindeutigkeit physikalischer Erkenntnis werden nur von einer Minderheit der Gymnasiasten vertreten.

Ähnlich wie im Falle der Mathematik ist die gesellschaftliche Relevanz von Physik unbestritten. Physik ist der Motor der technologischen Entwicklung (88 % der Antworten mit Zustimmungstendenz) und zielt darauf, praktische Probleme zu lösen (84 % der Antworten mit Zustimmungstendenz). Deutlich differenzierter und vorsichtiger ist die Beurteilung der praktischen Bedeutung von Physik im Alltag und in der Schule. Während mit 86 Prozent die große Mehrheit der Schülerinnen und Schüler Physik im Alltag eines jeden von uns auftreten sieht, ist die Nützlichkeit bei Aufgaben im Alltag umstritten (57 % der Antworten mit Zustimmungstendenz). Von der Brauchbarkeit des im Physikunterricht Gelernten in anderen Fächern ist nur gut ein Drittel der Oberstufenschüler überzeugt.

Abbildung VI.2 gibt einen ersten Überblick, inwieweit epistemologische Überzeugungen im Fach Physik mit der Kurswahl kovariieren. Eine multivariate Varianzana-

Abbildung VI.2: Epistemologische Überzeugungen im Fach Physik nach Kurswahl

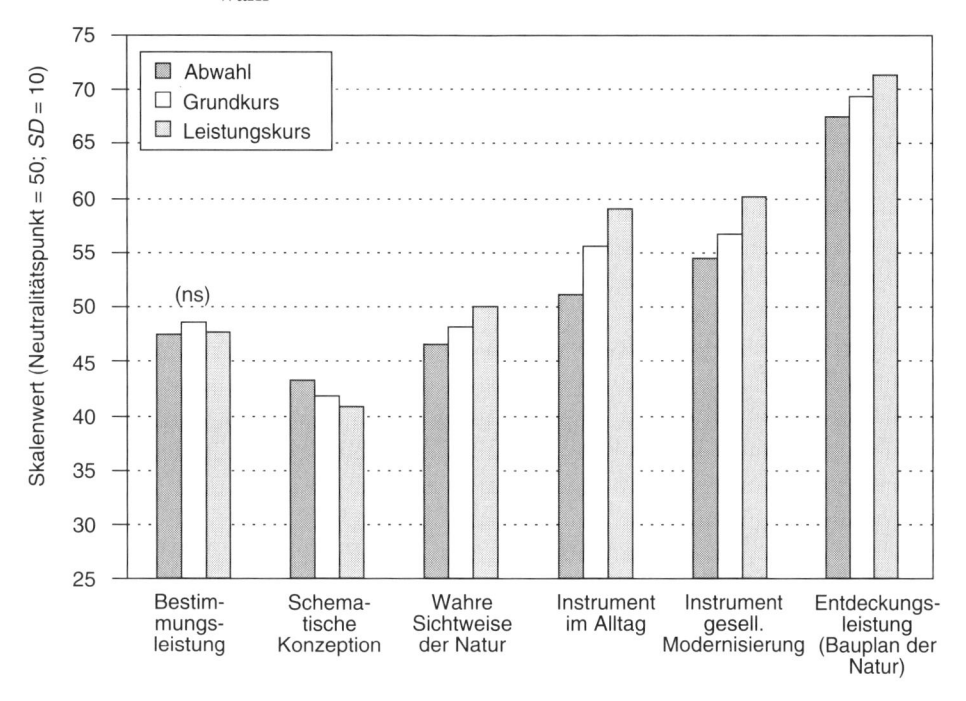

IEA. Third International Mathematics and Science Study.   © TIMSS/III-Germany

lyse mit den Aspekten des physikalischen Weltbildes als Kriterien und dem Kurswahlverhalten als unabhängiger Variable zeigt systematische Unterschiede zwischen Personen mit unterschiedlichen Kurswahlentscheidungen ($F_{\text{multivariat} [12, 6942]} = 29.0$; $p < .001$). Die Unterschiede lassen sich auch bei der Berechnung von post hoc-Kontrasten unter Nutzung der Bonferoni-Korrektur nachweisen. Eine Ausnahme macht nur die überwiegend abgelehnte konstruktivistische Vorstellung von Physik als einer Leistung des Bestimmens. Die Richtung der Unterschiede ist jedoch bemerkenswert. Je länger und intensiver sich Schüler mit Physik beschäftigen, desto ausgeprägter scheinen empiristische Wissenschaftsvorstellungen zu sein, und desto weiter reichen die Erkenntnis- und Wahrheitsansprüche, die mit Physik verbunden werden. Dieses Ergebnis widerspricht offensichtlich fachdidaktischen Zielvorstellungen (AAAS, 1989; Driver u.a., 1995).

Das in der deutschen Zusatzuntersuchung von TIMSS/III eingesetzte Instrument zur Erfassung des physikalischen Weltbildes wurde in Anlehnung an die Vorarbeiten von Peter Labudde entwickelt, die dieser für die schweizerische TIMS-Untersuchung geleistet hatte. In der endgültigen Auswahl der Fragen und in der Skalenbildung gibt es jedoch eine Reihe von Abweichungen, sodass die Auswertungen nicht unmittelbar parallelisiert werden können. Dennoch ergibt sich in der Beantwortung von gemeinsamen Fragen, aber auch im Gesamtmuster der Befunde, eine bemerkenswerte Übereinstimmung (Labudde, 1998). Das physikalische Weltbild von deutschen und schweizerischen Schülerinnen und Schülern der Oberstufe scheint sich nicht grundsätzlich zu unterscheiden.

6. Typologische Analysen zum mathematischen und physikalischen Weltbild von Schülerinnen und Schülern der Mittel- und Oberstufe

Im Folgenden wollen wir auf der Basis der bislang vorgelegten Dimensionsanalysen versuchen, Konfigurationen zu identifizieren, die sich als Typen epistemologischer Überzeugungen interpretieren lassen. Dadurch kann man in ökonomischer Weise Auskünfte über die Verteilung charakteristischer Varianten mathematischer und physikalischer Weltbilder erhalten. Bei einem Vergleich der Verteilungen in unterschiedlichen Schuljahrgängen lassen sich auch Anhaltspunkte für altersabhängige Entwicklungsprozesse gewinnen. Wir hatten bereits im Rahmen der bisherigen Analysen darauf aufmerksam gemacht, dass sich die Korrelationsmuster zwischen den unterschiedlichen Aspekten der mathematischen und physikalischen Weltbilder in den Stichproben der Population II und III in einer Weise unterscheiden, die auf eine mit zunehmendem Alter fortschreitende Ausdifferenzierung epistemologischer Überzeugungen verweist (vgl. Tab. VI.6 und VI.8). Im Folgenden wollen wir dieser Vermutung anhand typologischer Analysen genauer nachgehen.

Die Auswertungen erfolgen auf der Basis des *Mixed*-Rasch-Modells (MRM) von Rost (1990, 1991, 1996), das den *Latent-Trait*-Ansatz des Rasch-Modells (Kubinger, 1989; Fischer & Molenaar, 1995) mit dem *Latent-Class*-Modell (vgl. Lazarsfeld & Henry, 1968; Formann, 1984; Rost, 1988) verknüpft. Da dieses Verfahren immer noch relativ selten bei der Auswertung pädagogisch-psychologischer Studien zum Einsatz kommt, soll es im Folgenden kurz vorgestellt werden. Während für die Konstrukte in *Latent-Trait*-Modellen angenommen wird, dass sich ihre Ausprägungen auf einer kontinuierlichen Dimension abtragen lassen, die wenigstens Intervallskalenniveau hat, wird in *Latent-Class*-Modellen die latente Variable als kategorial bzw. nominal skaliert betrachtet. Innerhalb einer latenten Klasse (einer Ausprägung der latenten Variable) besteht keine quantitative Abstufung zwischen Personen (vgl. Strauß, Köller & Möller, 1996; Köller & Möller, 1997). Wie in der

Latent-Class-Analyse (LCA) werden im MRM latente Klassen gebildet, allerdings wird die Restriktion der Personenparameterinvarianz innerhalb der Klassen aufgegeben. Es gilt, dass in jeder latenten Klasse für einen gegebenen Itemsatz das eindimensionale Rasch-Modell Gültigkeit besitzt. Das MRM ist auch für manifeste Variablen mit mehr als zwei Antwortkategorien, also auch bei dem hier gewählten vierstufigen Antwortformat verwendbar (vgl. Rost, 1996). Durch die Einführung von Schwellenparametern kann die Geordnetheit der Antwortkategorien im Rahmen unterschiedlicher Modellvorstellungen (Ratingskalen-Modell, Äquidistanz-Modell, Dispersions-Modell und *Partial-Credit*-Modell) empirisch getestet werden (vgl. Rost, 1996). Geordnetheit bedeutet bildlich gesprochen, dass für ein mehrkategorielles Item die Schwellen zur nächst höheren Kategorie zunehmend schwerer zu „überschreiten" sind. Sofern die Antwortkategorien in einer latenten Klasse ungeordnet sind, kann diese Klasse inhaltlich nicht sinnvoll auf der Basis ihrer Antwortmuster interpretiert werden. Probanden, deren Zugehörigkeitswahrscheinlichkeit zu dieser Klasse hoch ist, sind *unskalierbare* Personen, für die es nicht gelungen ist, mithilfe eines Itemsatzes ein Merkmal valide zu erfassen (vgl. Rost, 1996).

Zur Beurteilung der Modellgüte einer Lösung mit G Klassen werden oft informationstheoretische Indizes verwendet. Üblich sind hier der AIC (*Akaikes Information Criterion;* Akaike, 1973), der BIC-Index (*Best Information Criterion;* Schwarz, 1978) und der CAIC-Index (*Consistent Akaikes Information Criterion;* Bozdogan, 1987). Vor- und Nachteile dieser Indizes sind an verschiedenen Stellen ausführlich diskutiert worden (vgl. Schwarz, 1978; Bozdogan, 1987; McDonald & Marsh, 1990; Rost, 1996; Strauß, Köller & Möller, 1996; Köller, Baumert & Rost, 1998). Konkret geschieht der Modellvergleich über die Höhe der jeweiligen informationstheoretischen Indizes: Die Klassenlösung mit dem niedrigsten Index wird als die passendste unter allen gewählten Alternativen (1- bis G Klassenlösung) betrachtet.

Die üblichen Signifikanztests, das heißt der Pearson-χ^2-Test, bei dem erwartete und beobachtete Antwort-Muster-Häufigkeiten verglichen werden, oder der Likelihood-Quotienten-Test, bei dem konkurrierende Modelle gegeneinander getestet werden können, sind im Rahmen des MRM häufig nicht anwendbar (vgl. Strauß, Köller & Möller, 1996; Hosenfeld, Strauß & Köller, 1997). Beide Tests haben ähnliche asymptotische Eigenschaften. Der Pearson-χ^2-Test erfordert für jeden möglichen Antwortvektor erwartete Häufigkeiten größer oder gleich 1 (vgl. Rost, 1996), was üblicherweise nicht erfüllt ist. Dasselbe Problem betrifft den Likelihood-Quotienten-Test. Die Teststatistik als Quotient der Likelihoods zweier ineinander geschachtelter Modelle ist nur dann annähernd χ^2-verteilt, wenn alle möglichen Antwortvektoren eine echte „Auftretenschance" haben. Als möglichen Ausweg aus diesem Dilemma hat von Davier (1996a; vgl. auch von Davier & Rost, 1996) *Bootstrapping*-

Verfahren entwickelt, bei denen auf der Basis von aus realen Daten geschätzten Parametern eine Verteilung der Prüfstatistik resimuliert wird. Allerdings zeigt die Arbeit von von Davier auch das bekannte Problem, wonach es bei empirisch gewonnenen Datensätzen mit „gesättigten" Stichprobengrößen oft unmöglich ist, aufgrund der Teststatistik ein Modell zu finden, das den empirischen Datensatz angemessen beschreibt. Im Rahmen dieser Arbeit werden *CAIC* und *BIC* sowie der Pearson-χ^2-Test auf der Basis einer mittels *Bootstrapping* ermittelten Prüfverteilung als Entscheidungskriterien verwendet.

Die rechnerische Auswertung erfolgte mit dem Programm WINMIRA (Version 1.68; von Davier, 1996b). Pro Skala wurden lediglich die beiden trennschärfsten Items berücksichtigt, um (a) nur maximal homogene Items zu berücksichtigen, (b) alle Skalen – soweit dies möglich ist – durch gleiche Itemzahlen zu repräsentieren und (c) die Zahl der erwarteten Klassen apriori zu begrenzen, da die Klassenzahl nicht nur durch steigende Personen-, sondern auch Itemzahlen zunehmen kann und als Konsequenz zu großer Itemzahlen oft kein Modell mit vertretbarer Klassenzahl an die empirischen Daten anpassbar ist. Tabelle VI.9 weist die für die Klassifikation epistemologischer Überzeugungen im Fach Mathematik ausgewählten Items aus.

Nach Prüfung der Fit-Statistiken der Ein- bis Fünf-Klassen-Lösungen wurde eine Vier-Klassen-Lösung mit Äquidistanz-Modell auf der Basis von bestem CAIC und BIC als die adäquate, die Daten (N = 4.966) hinreichend erklärende Lösung angenommen.

Abbildung VI.3 zeigt für diese Lösung die Erwartungswerte der acht verwendeten Items in drei interpretierbaren latenten Klassen. Da die Items in WINMIRA automatisch recodiert werden (1 = 0, 2 = 1, 3 = 2, 4 = 3), entspricht ein Wert von 1.5 exakt dem Mittelwert der jeweiligen Ratingskala. Die Klasse 1 (17,3 % der Stichprobe) wird in Abbildung VI.3 nicht aufgeführt, da hier die Schwellenparameter für sämtliche Items ungeordnet sind. Dieser Klasse gehören die *unskalierbaren* Personen an, deren Antwortverhalten darauf hinweist, dass die verwendeten Items bei ihnen nicht geeignet sind, mathematische Weltbilder valide zu erfassen (vgl. Rost, 1996). Die Klasse 2 (19,4 % der Stichprobe) zeichnet sich durch ein undifferenziertes Muster der Erwartungswerte aus: Alle Werte liegen nahe am theoretischen Mittelwert von 1.5. Dies bedeutet, dass innerhalb dieser Klasse keine nennenswerten Unterschiede in der Zustimmung oder Ablehnung der vorgelegten Aussagen bestehen. Diese Gruppe wird im Weiteren bezüglich ihres mathematischen Weltbildes als indifferent bezeichnet. Die Klasse 3 (33,4 % der Stichprobe) weist ein deutlich differenzierteres Profil auf. Auffallend ist die starke Ablehnung der Aussagen: „Eine mathematische Theorie und ein Kunstwerk sind ähnlich, weil beide das Ergebnis von Kreativität sind" (Item 1) und „Mathematik braucht man bei vielen Aufgaben im

Tabelle VI.9: Zur Typenbildung ausgewählte Markieritems epistemologischer Überzeugungen im Fach Mathematik

Relativistische Konzeptionen von Mathematik
(1) Eine mathematische Theorie und ein Kunstwerk sind ähnlich, weil beide das Ergebnis von Kreativität sind.
(2) Mathematik ist ein Spiel mit Zahlen, Zeichen und Formeln.

Realistische Konzeption von Mathematik
(3) Irgendwann werden die Mathematiker die ganze Mathematik entdeckt haben.
(4) Mittlerweile sind die meisten mathematischen Probleme gelöst.

Schematische Konzeption von Mathematik
(5) Mathematik ist Behalten und Anwenden von Definitionen und Formeln, von mathematischen Fakten und Verfahren.
(6) Fast alle mathematischen Probleme können durch direkte Anwendung von bekannten Regeln, Formeln und Verfahren gelöst werden.

Instrumentelle Relevanz von Mathematik
(7) Mathematik hilft, wirtschaftliche Vorgänge beschreiben zu können.
(8) Mathematik braucht man bei vielen Aufgaben im Alltag.

IEA. Third International Mathematics and Science Study. © TIMSS/III-Germany

Alltag" (Item 8). Bemerkenswert sind auch die relativ hohen Zustimmungswerte zu Indikatoren eines schematischen Mathematikverständnisses. Der Aussage: „Mathematik ist Behalten und Anwenden von Definitionen und Formeln, von mathematischen Fakten und Verfahren" (Item 5) wird in dieser Klasse am stärksten zugestimmt. Man kann die Angehörigen dieser Gruppe als Vertreter eines statischen Mathematikbildes bezeichnen. Bei der Klasse 4 (29,6 % der Stichprobe) fallen zunächst die hohen Erwartungswerte bei den Indikatoren zur instrumentellen Bedeutung von Mathematik auf (Item 7 und Item 8). Gleichzeitig wird die Vorstellung, nach der Mathematik ein sich erschöpfender Entdeckungsprozess von überdauernden Sachverhalten darstellt, deutlich abgelehnt (Item 3 und Item 4). Ebenso ist die Differenz bei der Beantwortung der Items 1 und 5 offensichtlich, die auf ein nicht schematisches Verständnis von Mathematik hinweist. Personen, die dieser Klasse zugeordnet werden, teilen eher ein dynamisches Verständnis von Mathematik, in dem Kreativität und Anwendung eine besondere Rolle spielen.

Die Befunde können folgendermaßen zusammengefasst werden: Es lassen sich drei unterschiedliche Varianten im mathematischen Weltbild von Jugendlichen und jungen Erwachsenen erkennen. In zwei Varianten stehen sich eine statisch-schematische (Klasse 3) und eine dynamisch-anwendungsorientierte (Klasse 4) Mathematikauffassung gegenüber. Eine dritte Variante (Klasse 2) ist durch Indifferenz gekennzeichnet. Schließlich wurde noch eine Gruppe von unskalierbaren Personen (Klasse 1) identifiziert, über deren epistemologischen Überzeugungen keine validen Aussagen gemacht werden können.

Abbildung VI.3: Erwartungswerte ausgewählter Merkmale epistemologischer Überzeugungen im Fach Mathematik in den interpretierbaren Klassen der WINMIRA-Lösung (in Klammern die relativen Klassengrößen)

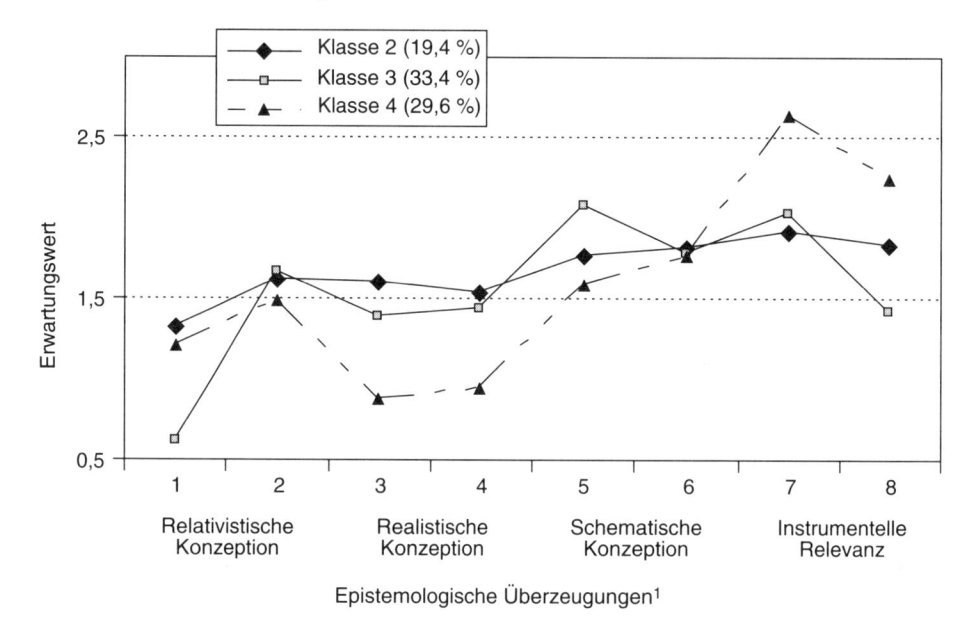

[1] Itemformulierungen in Tabelle VI.9.

IEA. Third International Mathematics and Science Study.   © TIMSS/III-Germany

Die bisherigen Analysen basieren auf der Gesamtstichprobe der Schülerinnen und Schüler der Population II und III. Im Folgenden wollen wir prüfen, inwieweit sich die Mittel- und Oberstufenjahrgänge in ihrer Verteilung auf die latenten Klassen unterscheiden. Die Entwicklung im Jugendalter lässt sich als ein Prozess zunehmender Differenzierung und gleichzeitiger individueller Integration charakterisieren. Gerade in der Adoleszenz und Postadoleszenz erschließen sich Jugendliche und junge Erwachsene neue Lebensräume und Handlungsfelder innerhalb und außerhalb der Schule und eignen sich neue Kompetenzen, Einstellungen und Meinungen an. Die Sicht der eigenen Person und der natürlichen und sozialen Umwelt wird differenzierter und gewinnt klarere Struktur. Im Hinblick auf die Entwicklung von mathematischen Weltbildern heißt Differenzierung, dass im Laufe des Jugendalters die unterschiedlichen und logisch keineswegs immer miteinander verträglichen Überzeugungsaspekte stärker auseinandertreten und im Zusammenspiel der Aspekte klarere Konturen erkennbar werden sollten.

Bezogen auf unsere Typologie erwarten wir dementsprechend unter der Gruppe der Indifferenten (Klasse 2) überzufällig viele Personen aus der Population II, die sich zum Zeitpunkt der Untersuchung in der 8. Jahrgangsstufe befanden. Abbildung VI.4 zeigt die Verteilung der beiden Alterskohorten auf die latenten Klassen. Da in der Population III nur Daten zu den mathematischen Weltbildern von Gymnasiasten (GY) vorliegen, wird auch die Population II noch einmal nach Schülern des Gymnasiums (GY) und sonstiger Schulen (SO) differenziert. Erwartungsgemäß befinden sich in der Klasse der Indifferenten deutlich seltener Schüler der Oberstufenkohorte. Markante Unterschiede zwischen beiden Altersgruppen zeigen sich aber

Abbildung VI.4: Schüler nach epistemologischer Überzeugung und Alterskohorte bzw. Alterskohorte und Schulform (in % der Kohorte)

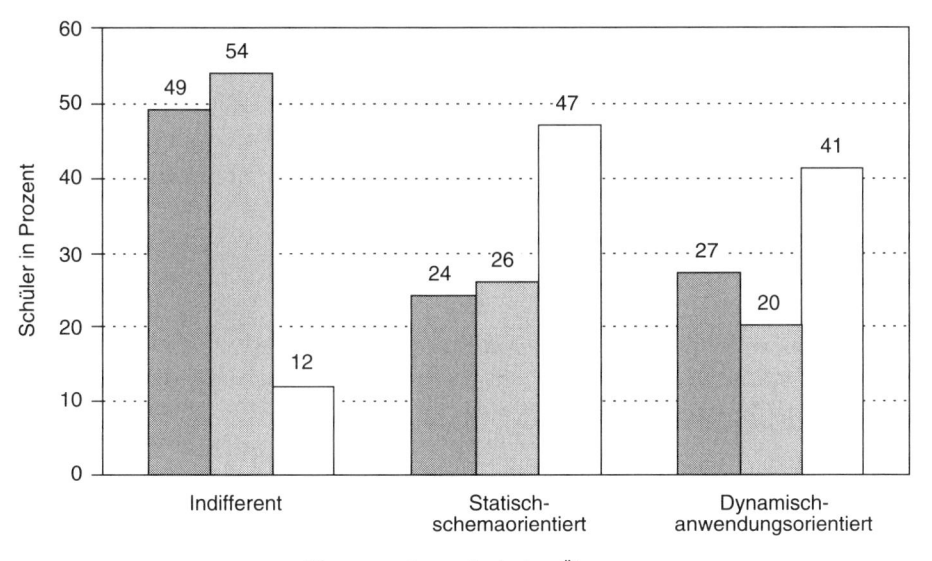

Klassen epistemologischer Überzeugungen	Population II: Gymnasien	Population II: sonstige Schulformen	Population III: gymnasiale Oberstufen
Indifferent	49	54	12
Statisch-schemaorientiert	24	26	47
Dynamisch-anwendungsorientiert	27	20	41

■ Population II: Schüler und Schülerinnen an Gymnasien
▨ Population II: Schüler und Schülerinnen sonstiger Schulformen
□ Population III: Schüler und Schülerinnen an gymnasialen Oberstufen

IEA. Third International Mathematics and Science Study. © TIMSS/III-Germany

auch im Vergleich aller drei Klassen. Ganz offensichtlich vollzieht sich im Laufe der Ontogenese eine deutliche Polarisierung der epistemologischen Überzeugungen entweder zu einer dynamisch-anwendungsorientierten oder statisch-schematischen Position hin. Bemerkenswert ist insbesondere der hohe Anteil von Oberstufenschülern mit einem Mathematikbild, das durch eine schematische Konzeption von Mathematik und die Vorstellung der Alltagsferne gekennzeichnet ist. Möglicherweise kommt hierin der kumulative Effekt eines schematisch angelegten und wenig anwendungsorientierten Mathematikunterrichts zum Ausdruck, wie in Kapitel VII beschrieben wird (Resnick, 1987; Schoenfeld, 1988). Die Unterschiede in der latenten Klassenzugehörigkeit zwischen den Alterskohorten lassen sich inferenzstatistisch durch χ^2-Tests absichern ($\chi^2_{[4]} = 730.3$; $p < .001$; $\varphi = .42$). Als Ergebnis der typologischen Analysen wollen wir zusammenfassend den altersabhängigen Differenzierungs- und Polarisierungsprozess im mathematischen Weltbild von Jugendlichen und jungen Erwachsenen herausstellen.

Für die Analysen mit dem *Mixed*-Rasch-Modell im Fach Physik wurden die in Tabelle VI.10 zusammengestellten Markieritems der Skalen zum physikalischen Weltbild ausgewählt. Nach einer Prüfung der Fit-Statistiken für die Ein- bis Sechs-Klassenlösung, wurde die Sechs-Klassenlösung mit den günstigsten Fit-Maßen aus-

Tabelle VI.10: Zur Typenbildung ausgewählte Markieritems epistemologischer Überzeugungen im Fach Physik

Realistische Konzeption von Physik
(1) In der Natur existieren physikalische Gesetze unabhängig davon, ob Menschen die Natur beobachten oder nicht.
(2) Seit langem sind die Physiker daran, die Physik und ihre Gesetze zu entdecken.

Erkenntnis- und Wahrheitsanspruch der Physik
(3) Die meisten Probleme der Menschheit lassen sich mithilfe der Naturwissenschaften lösen.
(4) Die Naturwissenschaften sind die richtige Sichtweise der Natur.

Schematische Konzeption von Physik
(5) In der Physik gibt es immer nur *eine* richtige Lösung.
(6) In der Physik gibt es nur *einen* Lösungsweg.

Relativistische Konzeption von Physik
(7) Physikalisches Wissen ist künstlich in dem Sinn, dass es von Menschen erdacht und entwickelt worden ist.

Instrumentelle Relevanz: Gesellschaft
(8) Ziel physikalischer Theorien ist es, das Leben der Menschen bequemer zu machen.
(9) Physik ist der Motor der technologischen Entwicklung.

Instrumentelle Relevanz: Alltag
(10) Physik tritt im Alltag eines jeden von uns auf.
(11) Physik braucht man bei vielen Aufgaben im Alltag.

IEA. Third International Mathematics and Science Study. © TIMSS/III-Germany

gewählt. Abbildung VI.5 zeigt für diese Lösung die Erwartungswerte der elf verwendeten Items für fünf interpretierbare latente Klassen. Ein Wert von 1.5 entspricht wiederum dem Mittelwert der jeweiligen Ratingskala. Die Klasse 2 (11 % der Stichprobe) wird in der Abbildung VI.5 nicht aufgeführt, da die Schwellenparameter der Items ungeordnet sind. Diese Klasse fasst die nichtskalierbaren Personen zusammen.

Abbildung VI.5: Erwartungswerte ausgewählter Merkmale epistemologischer Überzeugungen im Fach Physik in den interpretierbaren Klassen der WINMIRA-Lösung (in Klammern die relativen Klassengrößen)

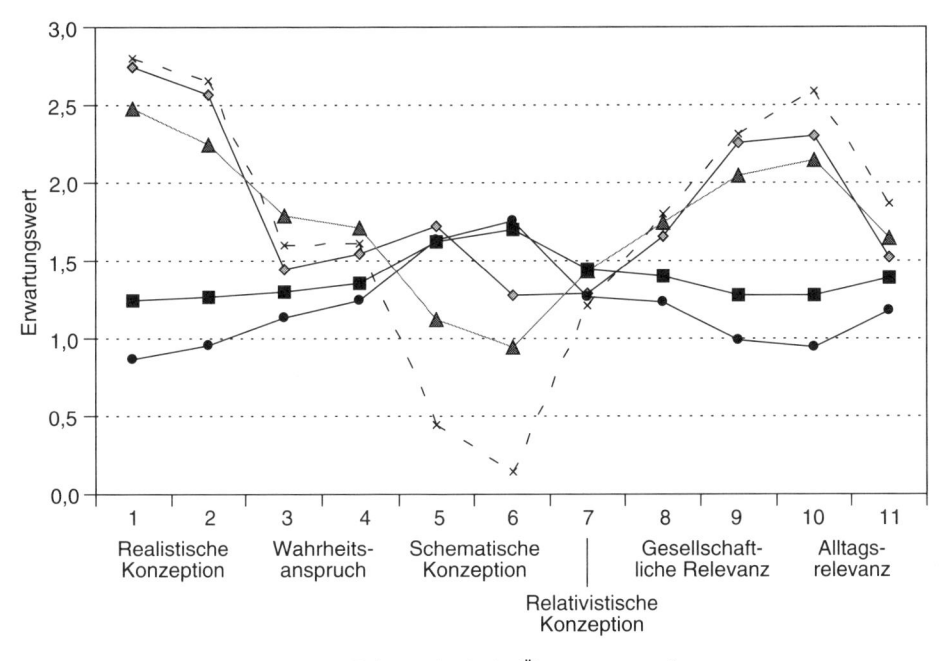

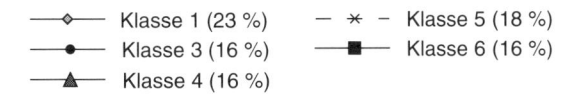

[1] Itemformulierungen in Tabelle VI.10.

IEA. Third International Mathematics and Science Study. © TIMSS/III-Germany

Die beiden weitgehend undifferenzierten Klassen 3 und 6 (jeweils 16 %) enthalten fast ausschließlich Schülerinnen und Schüler der TIMSS-Mittelstufenkohorte, während die übrigen drei Klassen fast nur Oberstufenschüler enthalten. Im Unterschied zu den Befunden im Fach Mathematik weisen die Itemprofile der drei differenzierten latenten Klassen, die fast nur aus Oberstufenschülern bestehen, für das Fach Physik größere Strukturähnlichkeit auf. Strukturbildend ist in erster Linie eine unterschiedlich starke Ablehnung einer schematischen Physikkonzeption (Items 5 und 6).

7. Weltbilder, Kurswahl und Fachleistungen im Mathematik- und Physikunterricht der gymnasialen Oberstufe

Die Bedeutung von epistemologischen Überzeugungen für akademische Leistungen konnte wiederholt gezeigt werden (Ryan, 1984; Schommer, 1993; Hofer, 1994). Auch in TIMSS/III erwarten wir, Zusammenhänge zwischen Weltbildern und Fachleistungen nachweisen zu können. Wir vermuten allerdings, dass dieser Zusammenhang über verschiedene Mediatoren vermittelt ist, wie dies in Abbildung VI.6 dargestellt ist.

In Abschnitt 5 dieses Kapitels haben wir gezeigt, dass epistemologische Überzeugungen sowohl im Fach Mathematik als auch im Fach Physik in systematischer Weise mit dem Kursniveau zusammenhängen. Inwieweit diese Überzeugungen nun Kurswahlen beeinflussen oder Kursmilieus Weltbilder formen, kann auf der Grundlage der querschnittlichen TIMSS/III-Daten nicht geprüft werden. Da jedoch der Zusammenhang zwischen Weltbildern und Kurswahlen – wenn auch in undifferenzierter Weise – zufallskritisch absicherbar ist, muss bei Zusammenhangsanalysen zwischen epistemologischen Überzeugungen und Fachleistungen immer auch das Kursniveau als Kontrollvariable berücksichtigt werden. In den nachfolgenden Analysen werden wir dies berücksichtigen, indem wir eine wechselseitige Beziehung zwischen epistemologischen Überzeugungen und Kurswahlen als Korrelation und nicht – wie in Abbildung VI.6 postuliert – als gerichteten Pfad modellieren.

Bezüglich des Einflusses unterschiedlicher Weltbilder auf Lernstrategien erwarten wir im Anschluss an Ryan (1984), Schommer, Crouse und Rhodes (1992) und Hofer (1994), dass Personen mit statischen und schematischen Wissenschaftsvorstellungen (realistische Konzeption) eher Memoriermethoden verwenden, wohingegen in der Gruppe mit relativistischem Weltbild eher Elaborationsstrategien eingesetzt werden sollten. Schließlich sieht das in Abbildung VI.6 wiedergegebene Modell einen Ein-

Abbildung VI.6: Ein Mediatorenmodell zur Erklärung des Einflusses von epistemologischen Überzeugungen auf Fachleistungen

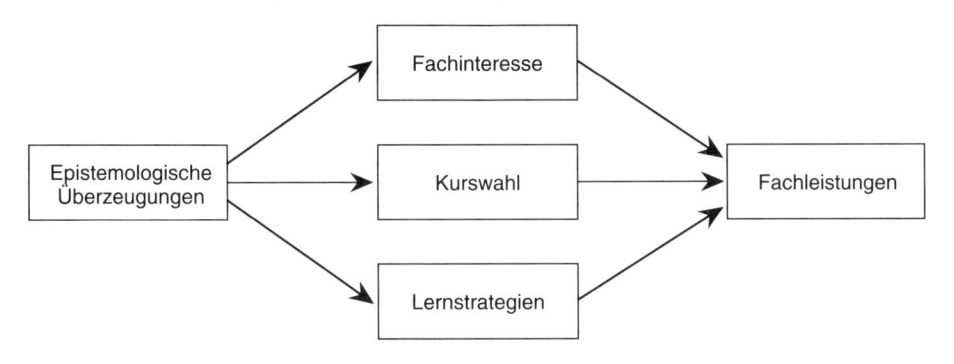

IEA. Third International Mathematics and Science Study. © TIMSS/III-Germany

fluss epistemologischer Überzeugungen auf das Fachinteresse vor. Aus der Forschung zur situierten Kognition (Resnick, 1987; Lave, 1988) und zum *Science-Technology-Society*-Ansatz der Naturwissenschaftsdidaktik (Yager & Tamir, 1993; Köller, 1997) ist bekannt, dass Schüler größeres Interesse am Lerngegenstand entwickeln, sobald sie Verknüpfungen zwischen dem Gelernten und Alltagsproblemen herstellen können.

Die Analysen zur Überprüfung des Modells basieren auf $N = 2.176$ bzw. $N = 630$ Schülerinnen und Schülern, die ein Testheft zur voruniversitären Mathematik bzw. Physik bearbeitet hatten. Die Beschreibung der Instrumente, mit denen das Interesse an Mathematik und Physik erhoben wurde, findet sich im Kapitel IV. Dort wurden auch die Skalen des „Kieler Strategieninventars" zur Erfassung von *Memorier-* und *Elaborationsstrategien* vorgestellt. Für die statistischen Analysen war weiterhin zu klären, ob auf Seiten der Weltbilder eher im Sinne Ryans (1984) der typologische Ansatz mithilfe der identifizierten latenten Klassen verwendet oder im Sinne Schommers (1990, 1993; vgl. auch Schommer, Crouse & Rhodes, 1992) die Weltbilder als mehr oder weniger unabhängige quantitative Variablen modelliert werden sollten. Als pragmatische Lösung haben wir letzteren Weg bevorzugt, da sich bei quantitativer Modellierung stärkere direkte Zusammenhänge mit Fachleistungen ergaben ($R^2 = .18$ vs. $R^2 = .10$ im Falle der Modellierung mit den latenten Klassen für Mathematik bzw. $R^2 = .10$ vs. $R^2 = .07$ in Physik).

In einem ersten Analyseschritt wurde als notwendige Voraussetzung für potentielle Mediatorvariablen (Pedhazur, 1982) geprüft, ob die drei vermittelnden Variablen aus Abbildung VI.6 jeweils bivariat mit den Skalen zu den mathematischen bzw. physikalischen Weltbildern und den Fachleistungen zusammenhängen. Für den Zusammenhang zwischen Weltbildern und Mediatoren zeigt Tabelle VI.11 die entsprechenden Ergebnisse. Die Kursniveauvariable wurde 0 (Grundkurs)/1 (Leistungskurs) codiert; bei den Koeffizienten in der letzten Spalte der Tabelle VI.11 handelt es sich um punkt-biseriale Korrelationen.

Im Fach Mathematik hängen – wie erwartet – die beiden eher schematisch-orientierten bzw. einem erkenntnistheoretischen Realismus verhafteten Positionen (Schematische Konzeption von Mathematik und Mathematik als sich erschöpfender Entdeckungsprozess von überdauernden Sachverhalten) negativ bzw. gar nicht mit Elaborationsstrategien, aber positiv mit Memoriertechniken zusammen. Mit dem Fachinteressse korrelieren die relativistische Konzeption und die Einsicht in die praktische Relevanz der Mathematik deutlich positiv, während die beiden auf statisch-schematische Überzeugungen hinweisenden Skalen schwach negative Korrelationen mit dem Fachinteresse aufweisen. Statistisch bedeutsam sind auch die erwartungsgemäßen Zusammenhänge mit dem Kursniveau.

Tabelle VI.11: Korrelationen zwischen epistemologischen Überzeugungen und potentiellen Mediatorvariablen[1]

Fachgebiet/epistemologische Überzeugungen	Fachinteresse	Nutzung von Memorierstrategien	Nutzung von Elaborationsstrategien	Kursniveau[2]
Mathematik				
Realistische Konzeption	–.09	.13	–.03 (ns)	–.09
Relativistische Konzeption	.41	.01 (ns)	.26	.20
Schematische Konzeption	–.17	.21	–.10	–.16
Instrumentelle Relevanz	.44	–.05	.35	.26
Physik				
Realistische Konzeption	.14	.09	.10	.12
Wahrheitsanspruch	.04 (ns)	.09	.10	.11
Relativistische Konzeption	.01 (ns)	.15	.02 (ns)	–.05 (ns)
Schematische Konzeption	–.06 (ns)	.08	–.16	–.04 (ns)
Instrumentelle Relevanz: Gesellschaft	.22	.00 (ns)	.16	.15
Instrumentelle Relevanz: Alltag	.39	–.05 (ns)	.39	.17

[1] Alle Korrelationen ohne Kennzeichnung sind statistisch signifikant ($p < .01$); nicht signifikante Korrelationen sind mit (ns) gekennzeichnet.
[2] 0 = Grundkurs; 1 = Leistungskurs.

IEA. Third International Mathematics and Science Study.   © TIMSS/III-Germany

Im Fach Physik weist das Zusammenhangsmuster Ähnlichkeiten, aber auch charakteristische Unterschiede auf. Wie im Fach Mathematik kovariiert die Einschätzung der instrumentellen Relevanz von Physik mit dem Fachinteresse, dem Einsatz von Elaborationsstrategien und dem Kursniveau. In der Richtung parallel sind auch die Zusammenhänge zwischen einer schematischen Physikkonzeption und den potentiellen Mediatorvariablen. Ein Strukturunterschied ist jedoch im Hinblick auf realistische bzw. relativistische Wissenschaftskonzeptionen zu erkennen. Während im Fach Mathematik ein Verständnis für den konstruktiven Charakter der Disziplin mit Fachinteresse, der Nutzung von Elaborationsstrategien und einer höheren Kurszugehörigkeit zusammengeht, gilt dies im Fach Physik tendenziell für die einem erkenntnistheoretischen Realismus verpflichtete Position, die das modale physikalische Weltbild von Oberstufenschülern zum Ausdruck bringt. Die Zusammenhänge zwischen potentiellen Mediatoren und Fachleistung in Mathematik bzw. Physik liegen bei $r = .50/.52$ für Interesse, bei $r = -.21/-.21$ für Memoriertechniken und bei $r = .22/.26$ für Elaborationsstrategien. Zwischen beiden Kursniveaus zeigen sich Leistungsdifferenzen, die einer Korrelation von $r = .46/.37$ entsprechen.

Um das Mediatormodell aus Abbildung VI.6 zu testen, wurden Pfadanalysen unter Verwendung des Programms LISREL (Version 8; Jöreskog & Sörbom, 1993) verwendet. Wie in LISREL üblich, wurden Kovarianzmatrizen eingelesen. Verschiedene Fit-Indizes wurden ergänzend zur χ^2-Statistik zur Modellgütebeurteilung verwendet. Der *Tucker-Lewis-Index* (TLI; Tucker & Lewis, 1973) und der *Root Mean Square Error of Approximation* (RMSEA; Browne & Cudeck, 1993) sind im Gegensatz zur χ^2-Statistik weitgehend stichprobenunabhängig. Gute Modellanpassungen liegen vor, wenn der *TLI* größer als .90 ist und der *RMSEA* unter .05 liegt. Abbildung VI.7 zeigt zunächst für Mathematik das angepasste Modell (standardisierte Lösung), aus dem im Sinne einer *Backward Elimination* alle nicht signifikanten Pfade entfernt wurden. Interkorrelationen der exogenen Variablen (auf der linken Seite) sind aus Übersichtsgründen nicht eingezeichnet (vgl. hierzu Tab. VI.11). Die Fit-Statistiken dieses Modells sind sehr gut ($\chi^2_{[14]} = 16.5$, ns; *TLI* = .99, *RMSEA* = .021).

Alle vier Skalen zu den mathematischen Weltbildern weisen direkte oder indirekte, das heißt über Mediatoren vermittelte Effekte auf die Mathematikleistung auf. Erwartungsgemäß sind dabei die Einflüsse einer realistischen und schematischen Mathematikkonzeption negativ. Der Einfluss der schematischen Konzeption ist über Fachinteresse und Memorierstrategien vermittelt. Personen mit der Überzeugung, Mathematik sei das bloße Anwenden von Lösungsalgorithmen auf vorgegebene Aufgaben, sind weniger interessiert ($\beta = -.17$), verwenden vermehrt Oberflächenstrategien beim Lernen mathematischer Inhalte ($\beta = .19$) und erreichen niedrigere Leistungen. Der Gesamteffekt liegt relativ niedrig bei $\beta = -.07$. Ebenfalls erwar-

Abbildung VI.7: Angepasstes Pfadmodell (standardisierte LISREL-Lösung) zum Zusammenhang von epistemologischen Überzeugungen und Mathematikleistungen[1]

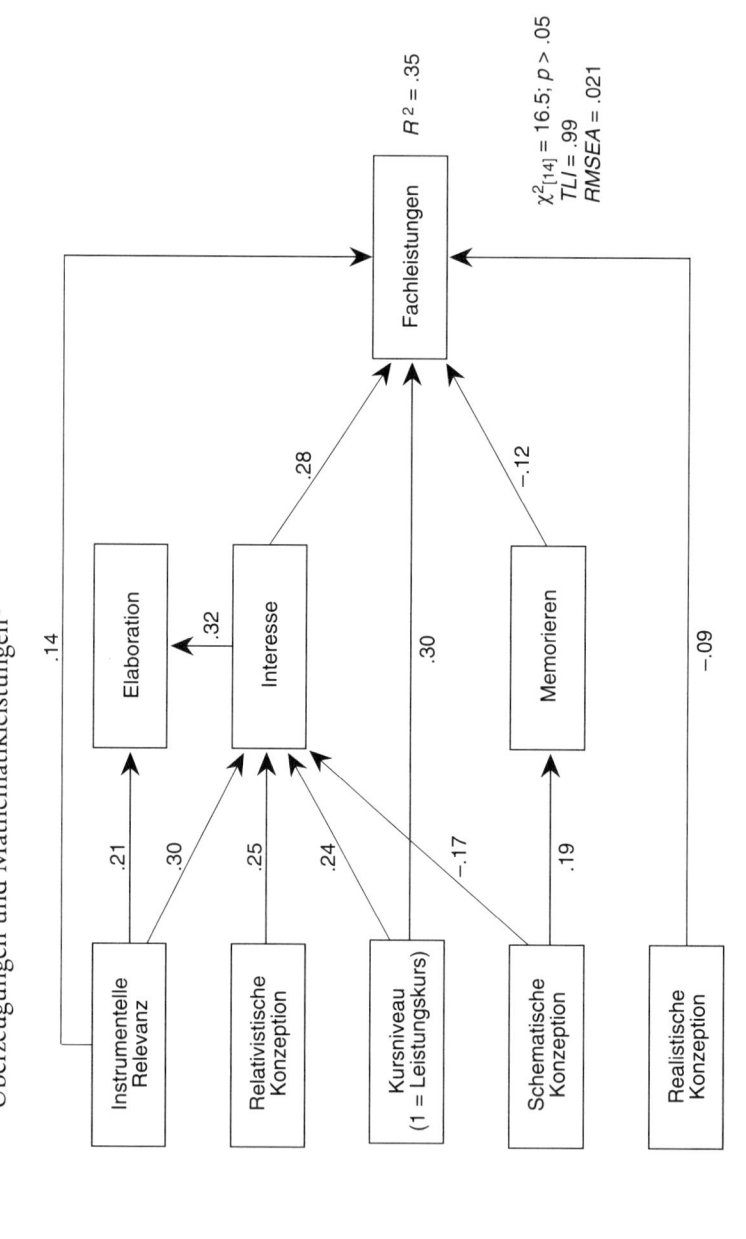

```
                                                    Fachleistungen    R² = .35
                                                                      χ²[14] = 16.5; p > .05
                                                                      TLI = .99
                                                                      RMSEA = .021
```

Pfade:
- Instrumentelle Relevanz → Fachleistungen: .14
- Instrumentelle Relevanz → Elaboration: .21
- Instrumentelle Relevanz → Interesse: .30
- Relativistische Konzeption → Interesse: .25
- Kursniveau (1 = Leistungskurs) → Interesse: .24
- Kursniveau → Fachleistungen: .30
- Schematische Konzeption → Interesse: −.17
- Schematische Konzeption → Memorieren: .19
- Realistische Konzeption → Fachleistungen: −.09
- Interesse → Elaboration: .32
- Interesse → Fachleistungen: .28
- Memorieren → Fachleistungen: −.12

[1] Korrelationen zwischen epistemologischen Überzeugungen untereinander und epistemologischen Überzeugungen und Kursniveau freigegegeben.

IEA. Third International Mathematics and Science Study.

© TIMSS/III-Germany

tungsgemäß sind die positiven Einflüsse der beiden anderen Dimensionen des mathematischen Weltbildes. Personen mit relativistischer Konzeption äußern größeres Interesse an Mathematik (β = .25), und als mögliche Folge höheren ausgeprägten Interesses liegt auch ihre Leistung höher. Der Gesamteffekt beträgt wiederum β = .07.

Die Überzeugung von der instrumentellen Bedeutung der Mathematik hat sowohl einen über das Interesse (β = .30) vermittelten indirekten als auch einen direkten Einfluss (β = .14) auf die Fachleistung; der Gesamteffekt beträgt hier β = .23. Aufgrund dieser Befunde zu schließen, dass die Relevanzdimension der bedeutendste Aspekt des mathematischen Weltbildes sei, ist nicht zulässig, da die entsprechende Skala deutlich reliabler ist (vgl. Tab. VI.6) und die geringeren Effektstärken der drei anderen Variablen allein Folge der größeren Messfehler sein können. Insgesamt plausibel ist der Effekt des Kursniveaus, der – wie wir schon in Kapitel IV gezeigt haben – ebenfalls zum Teil über Fachinteresse vermittelt ist. Leistungskursteilnehmer erreichen naheliegenderweise höhere Leistungen als Grundkursschüler (Gesamteffekt β = .37), wobei ein Teil dieser Unterschiede motivational, aber nicht über die Nutzung effektiver Lernstrategien vermittelt ist. Bezüglich unserer Mediatorannahmen zeigen die Befunde, dass das Fachinteresse und die Nutzung von Memorierstrategien in der Tat vermittelnde Variablen mit signifikanten Pfaden auf die Fachleistung sind, nicht aber der Einsatz von Elaborationsstrategien beim selbstständigen Erwerb mathematischen Wissens. Näheres zu diesem zunächst überraschenden Ergebnis haben wir im Kapitel IV zum selbstregulierten Lernen ausgeführt.

Für den Zusammenhang zwischen epistemologischen Überzeugungen und Physikleistungen ergibt sich das in Abbildung VI.8 angepasste Pfadmodell, aus dem wiederum im Sinne einer *Backward Elemination* alle nicht signifikanten Pfade entfernt wurden. Interkorrelationen der exogenen Variablen (auf der linken Seite) sind erneut nicht eingezeichnet (vgl. hierzu die Tab. VI.11). Die Fit-Statistiken dieses Modells sind wiederum sehr gut ($\chi^2_{[17]}$ = 19.1, ns; *TLI* = .99, *RMSEA* = .012). Insgesamt ist die hohe Robustheit der Befunde zwischen beiden Fächern erstaunlich. Das Kursniveau hat wiederum einen direkten als auch einen über das Interesse vermittelten indirekten Effekt auf die Leistung, hinzu tritt jetzt noch ein indirekter über das Memorieren. Das Interesse selbst hat wie schon im Falle der Mathematik einen deutlich positiven direkten Effekt auf die Leistung, der sogar substantiell größer ist als der direkte Effekt des Kursniveaus (β = .39 vs. β =. 23). Auch beim Interesse tritt noch ein zusätzlicher über das Memorieren vermittelter indirekter Effekt auf. Der Effekt des Memorierens fällt annähernd in der gleichen Größe aus, wie bei Mathematik (β = –.10 in Physik vs. β = –.12 in Mathematik). Analog zur Mathematik sind die Einflüsse einer realistischen und schematischen Physikkonzeption negativ und dabei zum Teil über das Interesse, zum Teil über die Memorierstrategien vermittelt.

Abbildung VI.8: Angepasstes Pfadmodell (standardisierte LISREL-Lösung) zum Zusammenhang von epistemologischen Überzeugungen und Physikleistungen[1]

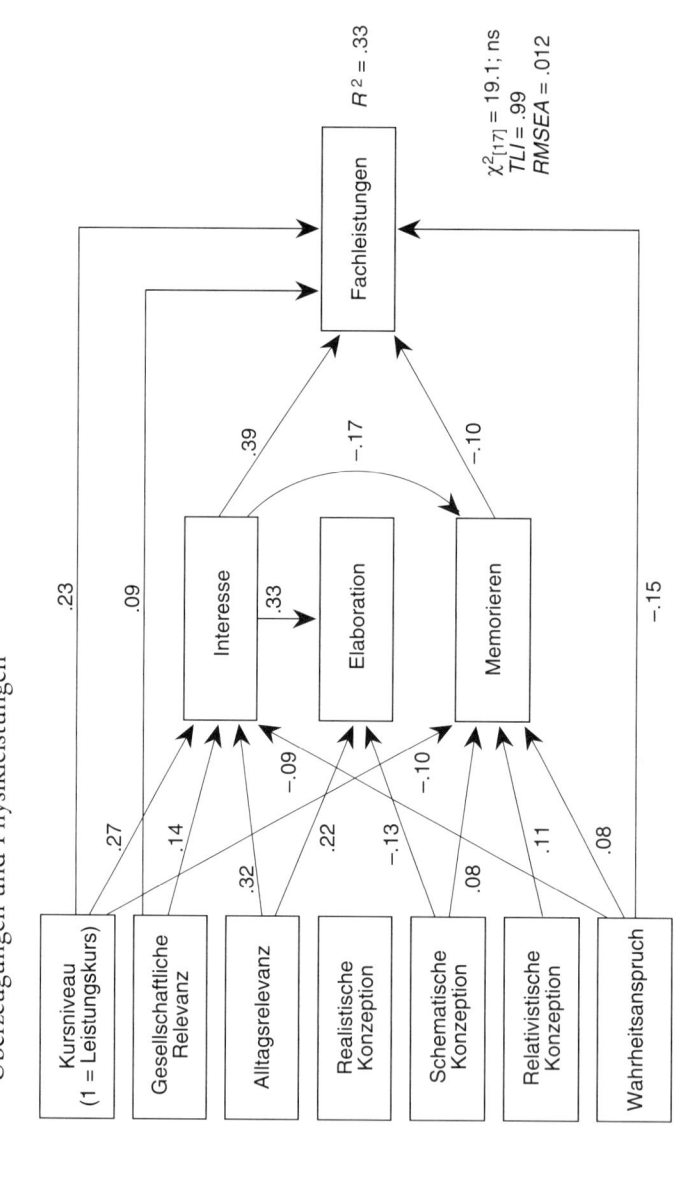

$\chi^2_{[17]} = 19.1$; ns
$TLI = .99$
$RMSEA = .012$

© TIMSS/III-Germany

[1] Korrelationen zwischen epistemologischen Überzeugungen untereinander und epistemologischen Überzeugungen und Kursniveau freigegeben.

IEA. Third International Mathematics and Science Study.

Die zwei Dimensionen, die die Überzeugung von der instrumentellen Bedeutung der Physik thematisieren, haben sowohl einen über das Interesse (β = .14 bzw. β = .32) vermittelten indirekten als auch einen direkten Einfluss (β = .09) auf die Fachleistung; der Gesamteffekt beträgt hier β = .27. Die Mediatoranalysen decken sich ebenfalls vollständig mit der Lösung in Mathematik, das heißt, Interesse und Memorieren erweisen sich als vermittelnde Variablen, nicht aber die Elaborationsstrategien.

8. Zusammenfassung

Zentrales Moment des mathematischen Weltbildes von Schülerinnen und Schülern der gymnasialen Oberstufe ist die schematisch-algorithmische Ausrichtung von Mathematik und des Mathematikunterrichts. Die große Mehrheit der Befragten stimmt Aussagen zu, wie: „Mathematik ist Behalten und Anwenden von Definitionen, Formeln, mathematischen Fakten und Verfahren" oder „Mathematik betreiben heißt: allgemeine Gesetze und Verfahren auf spezielle Aufgaben anwenden". Damit korrespondiert, dass Oberstufenschülern eine relativistische wissenschaftstheoretische Position, die den konstruktiven und prozessualen Charakter von Mathematik betont, deren Weiterentwicklung von Kreativität und Imagination abhängig ist, nicht vertraut ist. Allerdings ist die instrumentelle Bedeutung von Mathematik, Wirtschaft oder Technik fast jedem Gymnasiasten bewusst. Das Grundmuster der epistemologischen Überzeugungen ist sowohl im Grund- als auch im Leistungskurs anzutreffen, auch wenn das mathematische Weltbild von Leistungskursschülern etwas differenzierter ist.

Auch im physikalischen Weltbild von Gymnasiasten der Oberstufe lässt sich eine weitgehend geteilte Grundvorstellung identifizieren, in der sich die ontologische Überzeugung einer allmählichen Entdeckung des Bauplans des Universums mit der Vorstellung vom Systemcharakter physikalischen Wissens verbindet. Danach existieren in der Natur physikalische Gesetze, die von den Physikern Schritt für Schritt entdeckt werden. Physikalische Theorien systematisieren menschliche Erfahrungen, die vor allem im Experiment gemacht werden. Physik ist danach eine Leistung des Entdeckens. Diese Basisvorstellung wird in der internationalen Forschungsliteratur als traditionell-empiristisches Wissenschaftsbild bezeichnet. Die Vorstellung von Wissenschaft als einer Konstruktionsleistung ist in diesem Weltbild ein Fremdkörper.

Ähnlich wie im Fach Mathematik ist die gesellschaftliche Relevanz von Physik unbestritten. Nach der Überzeugung der großen Mehrheit der Oberstufenschülerinnen und -schüler ist Physik der Motor der technologischen Entwicklung und zielt darauf, die praktischen Probleme der Menschheit zu lösen. Grund- und Leistungskursschüler unterscheiden sich in ihrer physikalischen Weltsicht systematisch. Die Richtung der Unterschiede ist jedoch bemerkenswert. Je länger und intensiver sich Schüler in der Schule mit Physik beschäftigen, desto ausgeprägter scheinen empirizistische Wissenschaftsvorstellungen zu sein und desto weiter reichen die Erkenntnis- und Wahrheitsansprüche, die mit Physik verbunden werden. Dieses Ergebnis widerspricht offensichtlich fachdidaktischen Zielvorstellungen.

Die Entwicklung und Entfaltung der mathematischen und physikalischen Weltbilder im Jugendalter kann als Differenzierungsprozess beschrieben werden. Während der Adoleszenz treten unterschiedliche und logisch keineswegs immer miteinander verträgliche Überzeugungsaspekte stärker auseinander und gewinnen im Zusammenspiel klarere Konturen. In Bezug auf Mathematik vollzieht sich im Laufe der Ontogenese eine deutliche Polarisierung der epistemologischen Überzeugungen entweder zu einer eher statisch-schematischen oder dynamisch-anwendungsorientierten Position hin. Auch für das Fach Physik lässt sich in der Ontogenese eine Ausdifferenzierung der epistemologischen Überzeugungen nachweisen, die jedoch weniger das allgemein geteilte empiristische Weltbild der Physik tangiert. Strukturbildend ist im Fach Physik in erster Linie eine unterschiedlich starke Ablehnung schematischer Physikkonzeptionen.

Epistemologische Überzeugungen sind intuitive Theorien, die integraler Teil des Fachverständnisses sind, aber zugleich die Art der Begegnung mit der erkennbaren Welt vorstrukturieren. Sie beeinflussen Denken und Schlussfolgern, Informationsverarbeitung, Lernen, Motivation und schließlich auch die akademische Leistung. Die anhand von Strukturgleichungsmodellen vorgenommene Überprüfung des Zusammenhangs von epistemologischen Überzeugungen einerseits und motivationalen Orientierungen, Nutzung von Lernstrategien und Fachleistungen andererseits zeigt eine hohe Vergleichbarkeit der Befunde über beide Fächer hinweg. Die Skalen zu den mathematischen Weltbildern weisen direkte oder indirekte, das heißt über Mediatoren vermittelte Effekte auf die Mathematikleistung auf. Erwartungsgemäß sind die Einflüsse einer realistischen und schematischen Mathematikkonzeption negativ. Der Einfluss der schematischen Konzeption ist über Fachinteresse und Memorierstrategien vermittelt. Personen mit der Überzeugung, Mathematik sei das bloße Anwenden von Lösungsalgorithmen auf vorgegebene Aufgaben, sind weniger interessiert, verwenden vermehrt Oberflächenstrategien beim Lernen und erreichen niedrigere Leistungen. Ebenfalls erwartungsgemäß sind die positiven Einflüsse der beiden anderen Dimensionen des mathematischen Weltbildes. Personen mit relativistischer Konzeption äußern größeres Interesse an Mathematik, und als mögliche Folge ausgeprägteren Interesses liegt auch ihre Leistung höher.

Analoge Zusammenhänge zwischen epistemologischen Überzeugungen, Mediatoren und Fachleistungen lassen sich für das Fach Physik nachweisen. Die Einflüsse einer realistischen und schematischen Physikkonzeption auf das Fachverständnis sind negativ und dabei teils über das Interesse, teils über Lernstrategien vermittelt. Die beiden Dimensionen, in denen die Überzeugung von der instrumentellen Bedeutung der Physik thematisiert wird, haben sowohl einen über das Interesse vermittelten indirekten als auch einen direkten Einfluss auf die Fachleistung. Insgesamt zeigen die Analysen, dass epistemologische Überzeugungen ein wichtiges, bislang nicht ausreichend gewürdigtes Element motivierten und verständnisvollen Lernens in der Schule darstellen.

VII. Unterrichtsgestaltung, verständnisvolles Lernen und multiple Zielerreichung im Mathematik- und Physikunterricht der gymnasialen Oberstufe

Jürgen Baumert und Olaf Köller

1. Unterrichtsqualität und verständnisvolles Lernen

Unterrichtsqualität steht im Zentrum des Interesses sowohl der Didaktik und Schulpädagogik als auch der pädagogisch-psychologischen Lehr-Lernforschung. Umso bemerkenswerter ist es, wie wenig beide Richtungen voneinander Notiz nehmen, sich lange Zeit sogar bewusst gegeneinander abgeschottet und jeweils ein eigenes Weltbild gepflegt haben. Dennoch gibt es seit einigen Jahren neue Verständigungsmöglichkeiten. Sowohl in der Didaktik als auch in der empirischen Unterrichtsforschung herrscht mittlerweile weitgehend Konsens darüber, dass es zur Verbesserung der Unterrichtsqualität keinen Königsweg einer einzigen Unterrichtskonzeption, -strategie oder -methode gibt. Unterrichtsqualität entsteht in der Orchestrierung unterschiedlicher didaktischer Strategien und methodischer Grundformen (Aebli, 1987; Meyer, 1987, 1997; Oser & Patry, 1990; Shuell, 1996; Weinert, 1996, 1998; Einsiedler, 1997, 1999; Terhart, 1997, 2000; Nuhn, 2000). In diesem Prozess haben Unterrichtsziele, die Sozialstruktur der Lerngruppe, situative Bedingungen und nicht zuletzt das Handlungsrepertoire einer Lehrkraft und deren spezifische pädagogische Handschrift regulative Funktionen. Für die allgemeine Didaktik heißt dies, Abschied zu nehmen von normativen, wertrational begründeten Unterrichtsbildern, die gegen empirische Überprüfung immunisiert sind, und für die Unterrichtsforschung, die Vorstellung einer instrumentell-technologischen Gestaltbarkeit von Unterricht durch die Manipulation isolierter Maßnahme endgültig aufzugeben.

Hilbert Meyer (1997) systematisiert Unterrichtsmethoden in einer zweidimensionalen Methodenlandkarte. In einer Dimension werden eher handlungsbezogene von vornehmlich sprachlich vermittelten Inszenierungsmustern unterschieden; in der zweiten Dimension werden Unterrichtsmethoden mit höherer Lehrerlenkung solchen mit größerer Schülerselbsttätigkeit gegenübergestellt. Entlang der letzteren Dimension ordnen auch Weinert (1996) und Gruehn (2000) globale didaktische Strategien bzw. übergreifende Unterrichtskonzeptionen an. Einen Pol dieser Dimension bildet die so genannte direkte Unterweisung (Peterson, 1979; Rosenshine & Stevens, 1986), mit der ein Unterricht gemeint ist, der durch eine störungspräventive, unterbrechungsarme Klassenführung, intensive Zeitnutzung, Explizitheit der Aufgabenstruktur, Klarheit der Darbietung und durch relativ enge Regulierung und Überwachung der Lernwege der Schüler gekennzeichnet ist. Zu dieser Unterrichtskonzeption gehören die typischen Formen des lehrergeleiteten Unterrichts wie Lehrerdarbietung, Katechisieren, das fragend-entwickelnde Unterrichtsgespräch, aber auch die gelenkte Entdeckung. Dieses Modell erlaubt bei Einhaltung der Grundprinzipien selbstverständlich auch eine Variation der Sozialformen. Den anderen Pol markieren Varianten des offenen Unterrichts oder konstruktivistische Unterrichtsentwürfe. Die Variationsbreite wird etwa durch Projektarbeit, kooperative Lernformen, tutoriell unterstütztes Lernen, gelegentliche Freiarbeit bis hin zum selbstständigen und selbstregulierten Lernen abgesteckt (Einsiedler, 1981, 1997, 1999; Giaconia & Hedges, 1982; Brown & Palincsar, 1989; Cobb u.a., 1991; Dubs, 1995; Duit, 1995; Duit & Treagust, 1995; Slavin, 1995, 1996).

Auch wenn Einvernehmen darüber herstellbar ist, dass Unterrichtsqualität aus einer flexiblen choreographischen Leistung entsteht, dürfen wir robuste Befunde der Unterrichtsforschung nicht übersehen, die grundlegende sachliche und soziale Rahmenbedingungen qualitätsvollen Unterrichts identifizieren. Helmke (1992b), Helmke und Schrader (1990), Helmke und Weinert (1997), Weinert (1996), Weinert und Helmke (1997), Weinert, Schrader und Helmke (1989) sowie Schrader, Helmke und Dotzler (1997) haben in ihren Arbeiten, die im Rahmen der so genannten Münchener Hauptschulstudie und der Grundschuluntersuchung SCHOLASTIK entstanden sind, in unterschiedlicher Weise auf die qualitätssichernde Bedeutung dieser Grundmerkmale hingewiesen. Gruehn (2000) hat diese Qualitätsdimensionen auf einer einheitlichen Beschreibungsebene systematisiert und zeigen können, dass dieses auch Kategorien sind, in denen Schüler Unterricht wahrnehmen. Die Basisdimensionen sind:
– störungspräventive Unterrichtsführung und effektive Behandlung von kritischen Ereignissen,
– angemessenes – nicht maximales – Unterrichtstempo und eine Interaktionsfolge, die individuelle Reflexionsschleifen erlaubt (vgl. Steiner, 1996),
– Klarheit und Strukturiertheit der Darbietung des Stoffs und der Aufgabenstellungen,
– Adaptivität durch Berücksichtigung individueller Voraussetzungen und Lernfortschritte und die
– affektive Qualität der Lehrer-Schüler-Beziehung.

Gemeinsam ist diesen Dimensionen, dass sie Unterricht als *Gelegenheitsstruktur* für verständnisvolles Lernen beschreiben. Die Gesichtspunkte erfassen wohl Merkmale des Unterrichtsprozesses, sind aber gegenüber den Lernprozessen selbst distal.

Gruehn (2000) hat versucht, mit zwei spezifisch didaktischen Aspekten, in denen sie konstruktivistische Merkmale von Unterricht sieht, näher an die psychologischen Prozesse des Wissenserwerbs zu kommen. Mit einer Skala, die einen Indikator für anspruchsvolles Üben darstellt, erfasst sie jenen Vorgang, den Aebli (1987) als Durcharbeiten und Konsolidieren kognitiver Strukturen bezeichnet hat, indem derselbe Inhalt in struktureller und kontextueller Variation mental neu konstruiert wird (Baumert u.a., 1987; Steiner, 1996). Eine zweite Skala, mit der nach einem genetisch-sokratischen Umgang mit Fehlern gefragt wird (Hopf, 1980; Baumert u.a., 1987), stellt einen Indikator für begleitendes Kontrollieren des Verstehensprozesses *(Comprehension Monitoring)* seitens des Schülers und des Lehrers dar (Markman, 1985). Während sich die in der Unterrichtsforschung herausgearbeiteten basalen Qualitätsmerkmale von Unterricht primär auf soziale Prozesse und Unterrichtsmanagement beziehen, orientieren sich die didaktisch konzipierten Qualitätsmerkmale in erster Linie an den Grundzügen verständnisvollen Lernens.

Im Rahmen von TIMSS wurden beide Wege zur Erfassung von Merkmalen der Unterrichtsqualität eingeschlagen. Im nationalen Längsschnitt der Population II wurde der erste Weg beschritten, um an einer großen und für die 7. und 8. Jahrgangsstufe des allgemeinbildenden Schulwesens repräsentativen Stichprobe einschlägige Befunde der Unterrichtsforschung, die in der Regel auf kleinen Fallzahlen beruhen, validieren zu können. In der Oberstufenuntersuchung wurde in internationaler Absprache der zweite Weg gewählt, um für den voruniversitären Mathematik- und Physikunterricht einige sparsame Indikatoren für verständnisvolles Lernen zu gewinnen.

Bei allen Differenzen im Einzelnen herrscht in der Lehr-Lernforschung weitgehend Konsens über einige zentrale Grundsätze verständnisvollen Lernens, die hier noch einmal knapp als theoretischer Hintergrund für die Einordnung der in TIMSS/III erfassten Unterrichtsmerkmale referiert werden sollen (vgl. Greeno, 1989, 1997, 1998; Greeno, Smith & Moore, 1993; Brown, 1994; Kintsch, 1994, 1998; Brown, 1995; Anderson, Reder & Simon, 1996, 1997; Brown & Campione, 1996; Spada & Wichmann, 1996; Weinert, 1996; Alexander, 1997, 2000; Anderson u.a., 2000).

– Verständnisvolles Lernen ist ein aktiver individueller Konstruktionsprozess, in dem Wissensstrukturen verändert, erweitert, vernetzt, hierarchisch geordnet oder neu generiert werden. Auch verständnisvolles rezeptives Lernen ist in diesem Sinne eine Konstruktionsleistung. Sogar beim Auswendiglernen spielen verständnisbasierte Stützstrategien eine Rolle. Entscheidend für verständisvolles Lernen ist die aktive mentale Verarbeitung, die sich in der handelnden Auseinandersetzung mit der sozialen oder natürlichen Umwelt oder im Umgang mit Symbolsystemen vollzieht. Die soziale Rahmung von Lernprozessen ist demnach unter der Perspektive zu beurteilen, inwieweit sie diese *mentale Aktivität* stützt, fördert oder erschwert. So scheint der lehrergeleitete Unterricht, der Merkmale der direkten Unterweisung wie Zielklarheit, Strukturiertheit, Konzentration auf die Sache und Überwachung der Schülertätigkeit realisiert, ohne Schüler kleinschrittig zu gängeln, diese mentale Selbstständigkeit entgegen eines weit verbreiteten Missverständnisses zu stützen (Shulman, 1982).

– Verständnisvolles Lernen ist von den individuellen kognitiven Voraussetzungen, vor allem aber vom bereichsspezifischen Vorwissen abhängig. Umfang und Organisation der verfügbaren Wissensbasis entscheiden über Qualität und Leichtigkeit des Weiterlernens. Je anspruchsvoller eine Aufgaben- oder Problemstellung ist, desto wichtiger wird das Vorwissen.

– Verständnisvolles Lernen erfolgt trotz aller Systematik stets auch situiert und kontextuiert. Wissen wird unvermeidlich in sozialen Situationen erworben und trägt gleichsam den Index des sozialen Erwerbszusammenhangs an sich. Lernen ist also zu einem gewissen Maße immer auch lebensweltlich verankert – und seien diese Lebenswelten so artifiziell wie die der Schule. In dieser situierten Bedeutungszuschreibung liegt eine strukturelle Begrenzung der Anwendung erworbenen Wissens. Um den Anwendungsbereich zu erweitern, ist eine Variation der Erwerbs- und Anwendungskontexte notwendig (Renkl, 1998, 2000; Klauer, 1999, 2000; Mandl & Gerstenmeier, 2000).

– Verständnisvolles Wissen wird durch motivationale Merkmale und metakognitive Prozesse der Planung, Überwachung, Bewertung und Regulation gesteuert (Hatano, 1998; Boekaerts, 1999; Fend, 1998; Artelt, 2000).

– Verständnisvolles Lernen wird durch kognitive Entlastungsmechanismen unterstützt. Dazu gehören die durch multiple Repräsentation förderbare Herausbildung informationsreicher Wisseneinheiten, die als Ganzes erinnert und abgerufen werden können *(Chunks)*, sowie die Automatisierung von Handlungsabläufen und Denkvorgängen (Chase & Simon, 1973; Anderson, 1987; Spada & Wichmann, 1996).

TIMSS/III schließt mit der Schülerbefragung zum Unterricht an diese Überlegungen an. Die Schülerinnen und Schüler wurden gebeten anzugeben, wie häufig bestimmte Tätigkeiten in ihrem Mathematik- bzw. Physikunterricht auftreten, die Hinweise auf didaktische Akzentsetzungen geben. Die gewählten Indikatoren lassen vorsichtige Rückschlüsse auf Verständnisorientierung des Unterrichts durch anspruchsvolle kognitive Eigentätigkeit von Schülern, die Auftretenshäufigkeit von Modellbildung und Anwenden des Gelernten in neuen Kontexten, den Stellenwert des naturwissenschaftlichen Experiments, die Bedeutung der Schulung von Fertigkeiten und schließlich auch auf die Rezeptivität des Unterrichts zu.

2. Mathematikunterricht aus Schülersicht

Einen ersten deskriptiven Eindruck vom Mathematikunterricht der gymnasialen Oberstufe vermittelt Tabelle VII.1. Schon ein flüchtiger Blick auf die Tabelle lässt zwei besonders häufige Tätigkeitsgruppen erkennen. Die Entwicklung von mathematischen Sachverhalten durch die Lehrkraft und die anschließende Übertragung des Tafelanschriebs in das Arbeitsheft scheinen charakteristische Merkmale des Ma-

Tabelle VII.1: Merkmale des Mathematikunterrichts aus Schülersicht (Angaben in % der Schülerantworten; Mittelwerte und Standardabweichungen)

Wie oft müssen Sie in Ihrem Mathematikunterricht Folgendes tun?

Tätigkeiten	Nie oder fast nie 1	In einigen Stunden 2	In den meisten Stunden 3	In jeder Stunde 4	$\bar{x}$	SD
Den Gedankengang erklären, der hinter einer Idee steht	20,8	47,3	23,7	8,2	2,19	.86
Zusammenhänge darstellen und analysieren	30,2	47,1	19,3	3,5	1,96	.80
An Aufgaben oder Problemen arbeiten, für die es keine sofort sichtbare Lösungsmethode gibt	8,1	39,0	40,8	12,1	2,57	.81
Gleichungen aufschreiben, um Zusammenhänge darzustellen	5,2	31,5	43,0	20,3	2,78	.82
Gleichungen lösen	1,2	11,8	36,5	50,5	3,36	.74
Rechenfertigkeiten üben	13,4	29,5	28,4	28,7	2,72	1.02
Modelle auf Daten anwenden	43,6	37,7	13,1	5,5	1,81	.87
Regeln und Verfahren auswendig lernen	31,4	47,3	17,3	4,0	1,94	.80
Mathematik auf Alltagsprobleme anwenden	45,2	42,1	10,2	2,5	1,70	.75
Aufzeichnungen von der Tafel abschreiben	5,8	13,6	19,7	60,8	3,36	.92
Computer verwenden, um Übungen oder Aufgaben zu lösen	88,6	7,0	2,0	2,4	1,18	.58
Der Lehrkraft zusehen, wie sie zeigt, wie mathematische Aufgaben oder Prozeduren behandelt werden	7,7	28,1	29,3	35,0	2,92	.96
Mit Ihrer Hausaufgabe beginnen, bevor die Unterrichtsstunde beendet ist	64,5	26,7	6,2	2,7	1,47	.73

IEA. Third International Mathematics and Science Study. © TIMSS/III-Germany

thematikunterrichts der Oberstufe zu sein. In der Schülerarbeitsphase korrespondieren damit das Lösen von Gleichungen und die Übung von Rechenfertigkeiten. Ein seltenes Ereignis ist dagegen die Beschäftigung mit Anwendungsaufgaben. Gleichmäßiger verteilen sich die Antworten auf Fragen, die sich auf kognitive Eigentätigkeit von Schülern durch anspruchsvolle Aufgabenstellungen beziehen.

Eine Auswertung des Fragebogenteils zum Mathematikunterricht mit einer Hauptkomponentenanalyse (Eigenwerte > 1) erlaubt die Identifikation von vier Hauptkomponenten, die sich als Verständnisorientierung durch kognitive Herausforderung und Eigentätigkeit, Fertigkeitsschulung, Rezeptivität sowie Anwenden und Einschleifen interpretieren lassen. Tabelle VII.2 weist die Ladungsmuster der Faktoren aus. Auf dem ersten Faktor, der 23 Prozent der Gesamtvarianz bindet, laden substantiell Items, die auf eine verständnisorientierte Unterrichtsführung hinweisen, die besonderen Wert auf kognitiv anspruchsvolle Tätigkeiten von Schülerinnen und Schülern legt. In einem Unterricht, in dem die Schüler diese Dimension besonders ausgeprägt wahrnehmen, kommen häufiger Nicht-Routine-Aufgabenstellungen vor, die Problemlöseleistungen erfordern, legt der Lehrer Wert auf die Erklärung und Analyse von mathematischen Zusammenhängen und spielt schließlich mathema-

Tabelle VII.2: Varimax-rotierte Ladungsmatrix der Hauptkomponentenanalyse für Unterrichtsmerkmale im Fach Mathematik

Merkmale	Hauptkomponente[1]			
	1	2	3	4
Den Gedankengang erklären, der hinter einer Idee steht	.76			
Zusammenhänge darstellen und analysieren	.72			
An Aufgaben oder Problemen arbeiten, für die es keine sofort sichtbare Lösungsmethode gibt	.60			
Gleichungen aufschreiben, um Zusammenhänge darzustellen	.46	.67		
Gleichungen lösen		.85		
Rechenfertigkeiten üben		.63		.47
Aufzeichnungen von der Tafel abschreiben			.78	
Der Lehrkraft zusehen, wie sie zeigt, wie mathematische Aufgaben oder Prozeduren behandelt werden			.76	
Regeln und Verfahren auswendig lernen			.50	.56
Modelle auf Daten anwenden				.71
Mathematik auf Alltagsprobleme anwenden				.55

[1] Ladungen < .40 nicht ausgewiesen.
IEA. Third International Mathematics and Science Study. © TIMSS/III-Germany

tisches Modellieren eine größere Rolle. Diese erste Hauptkomponente beschreibt also eine Dimension im Kernbereich des Mathematikunterrichts, die man als durch anspruchsvolle Aufgaben initiierte kognitive Eigentätigkeit von Schülern bezeichnen könnte. Die erste Hauptkomponente bezieht sich wohlgemerkt auf Aspekte der mathematischen Tätigkeit von Schülern und macht keine Aussagen über deren methodische Einbettung in den Unterricht. Die Schülertätigkeiten sind sowohl in einem lehrergelenkten, aber gleichwohl schülerorientierten Unterricht denkbar als auch in Sozialformen, die größeren Spielraum für Selbstregulation eröffnen. Der zweite Faktor, auf den 15 Prozent der Varianz entfallen, lässt sich als Schulung von Fertigkeiten interpretieren. Dabei ist ein substantiell ladendes Item „Gleichungen aufschreiben, um Zusammenhänge darzustellen" faktoriell komplex. Es thematisiert sowohl einen Modellierungs- als auch Übungsaspekt des Unterrichts. Die Rezeptivität des Unterrichts bildet die dritte Hauptkomponente ab, die 11 Prozent der Gesamtvarianz bindet. Auf diesem Faktor laden Aussagen, nach denen sich Schülerinnen und Schüler in einer rezeptiven und reproduktiven Rolle wahrnehmen. Sie verfolgen, wie der Lehrer oder die Lehrerin einen mathematischen Gedankengang entwickelt, übertragen den Tafelanschrieb in ihr Schulheft und memorieren Regeln und Verfahren. Ähnlich wie die erste Hauptkomponente thematisiert dieser Faktor Schülertätigkeiten – in diesem Fall Rezeption und Reproduktion – unabhängig von der Wahl der methodischen Großform. Sowohl beim Lehrervortrag als auch im Rahmen des fragend-entwickelnden Unterrichts können sich Schüler in einer vorwiegend rezeptiven Rolle erleben. Die vierte Hauptkomponente schließlich, auf die 10 Prozent der Varianz entfallen, verbindet die Anwendung von Mathematik mit der Übung und Automatisierung von Routinen. Dass diese beiden Unterrichtsaspekte in einer Dimension, wenn auch relativ schwach, zusammengehen, wirft ein Schlaglicht auf eine problematische und einseitige Form der praktischen Anwendung von Mathematik. In den folgenden Analysen werden wir beide Aspekte trennen.

Anhand der Hauptkomponentenanalyse wurden vier Skalen gebildet bzw. ein Einzelitem als Indikator ausgewählt. Dabei wurden faktoriell komplexe Items ausgesondert, um eine technische Erhöhung der Interkorrelationen der Skalen zu vermeiden. Angesichts der Kürze der Skalen – sie bestehen aus zwei bis drei Items – sind deren Reliabilitäten, die zwischen $\alpha = .57$ und $\alpha = .61$ schwanken, noch akzeptabel. Tabelle VII.3 stellt die Unterrichtsstrategieskalen mit Itembeispielen vor. Die Interkorrelationen der Unterrichtsstrategien sind relativ niedrig (vgl. Tab. VII.4).

Um zu überprüfen, inwieweit sich die Unterrichtsführung in den Grund- und Leistungskursen im Fach Mathematik unterscheidet, wurde eine multivariate Varianzanalyse gerechnet, in die Unterrichtsmerkmale als Kriterien und die Kurszugehörigkeit als Faktor eingingen. Der multivariate Mittelwertvergleich wird

Tabelle VII.3: Unterrichtsstrategien in Mathematik (Beispielitems und Kennwerte)

Skala/Item	Itembeispiele	Zahl der Items	Cronbachs α
Verständnisorientierung durch kognitive Eigentätigkeit	Den Gedankengang erklären, der hinter einer Idee steht/An Problemen arbeiten, für die es keine sofort sichtbare Lösungsmethode gibt	3	.57
Üben von Fertigkeiten	Gleichungen lösen/Rechenfertigkeiten üben	3	.61
Rezeptivität des Unterrichts	Der Lehrkraft zusehen, wie sie zeigt, wie mathematische Aufgaben oder Prozeduren behandelt werden	2	.57
Anwenden	Mathematik auf Alltagsprobleme anwenden	Einzelitem	–

IEA. Third International Mathematics and Science Study. © TIMSS/III-Germany

Tabelle VII.4: Interkorrelationen der Unterrichtsstrategien im Fach Mathematik

Verständnisorientierung durch Unterrichtsstrategien	1	2	3	4
Verständnisorientierung (1)		.28**	.31**	–.01*
Anwenden (2)			.24**	–.03
Üben von Fertigkeiten (3)				.15**
Rezeptivität des Unterrichts (4)				

* $p < .05$, ** $p < .01$.
IEA. Third International Mathematics and Science Study. © TIMSS/III-Germany

signifikant ($F_{[4, 2034]}$ = 28.8; $p < .001$). Ebenso lassen sich die univariaten Mittelwertunterschiede auch bei Korrektur für Mehrfachvergleiche zufallskritisch absichern ($p < .01$).

Abbildung VII.1 stellt die kursspezifischen Ausprägungen der vier Unterrichtsstrategien graphisch dar. Die Skalen sind jeweils an ihrem theoretischen Mittelpunkt (zwischen „in einigen Stunden" und „in den meisten Stunden"), für den ein Wert von 50 festgelegt wurde, bei einer Standardabweichung von 10 Punkten standardisiert. Zunächst fällt auf, dass sich die Grund- und Leistungskurse in ihrer didaktischen Anlage zwar statistisch signifikant unterscheiden, die Größe der Unterschiede aber gering ist. Das Kursniveau erklärt multivariat 5 Prozent der Varianz. Auf beiden Kursniveaus ist der Mathematikunterricht fertigkeitsorientiert und rezeptiv angelegt. 86 bzw. 87 Prozent der Grundkurs- bzw. Leistungskursteilnehmer geben an, dass in den meisten oder allen Stunden Gleichungen gelöst werden, und 56 bzw. 59 Prozent der jeweiligen Kursteilnehmer sagen, dass in den meisten oder

Abbildung VII.1: Unterrichtsstrategien in Mathematik nach Kursniveau

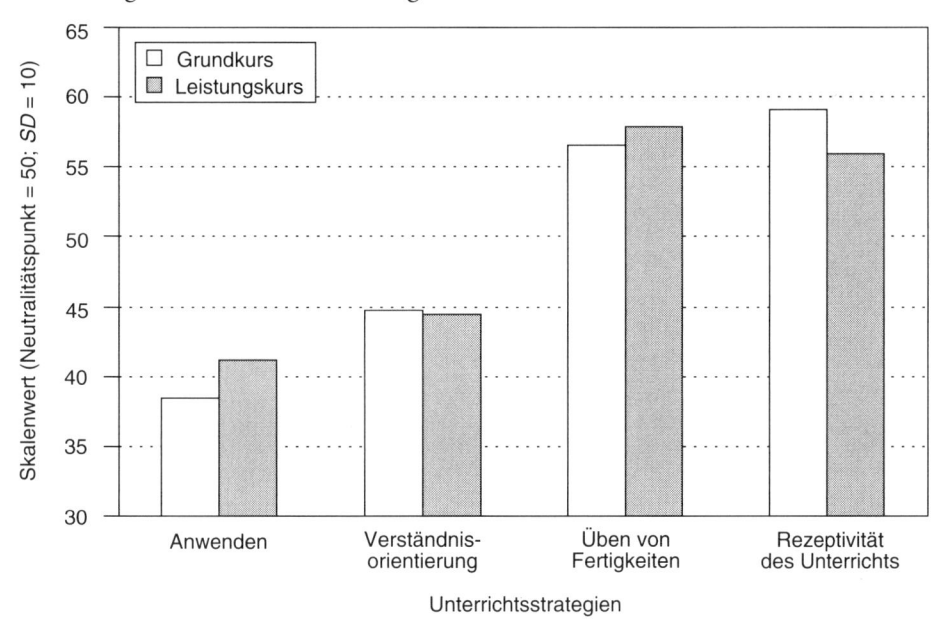

[Balkendiagramm: Skalenwert (Neutralitätspunkt = 50; SD = 10) für Grundkurs und Leistungskurs in den Unterrichtsstrategien Anwenden, Verständnisorientierung, Üben von Fertigkeiten, Rezeptivität des Unterrichts]

IEA. Third International Mathematics and Science Study.   © TIMSS/III-Germany

allen Stunden Rechenfertigkeiten geübt werden. Dagegen berichten 88 Prozent der Grundkursteilnehmer und 84 Prozent der Leistungskursteilnehmer, dass die Anwendung von Mathematik auf Alltagsprobleme so gut wie nie oder bestenfalls in einigen Stunden vorkomme. Im Hinblick auf die didaktische Anlage wiederholt sich also der Befund, den wir bereits beim Vergleich der Leistungsprofile der beiden Kursniveaus berichtet hatten: Die Grundkurse haben offenbar keine eigene didaktische Form gefunden. Sie scheinen im Anspruchsniveau reduzierte Leistungskurse zu sein, die überdies weniger anwendungs- und verständnisorientiert unterrichtet werden und die Schülerinnen und Schüler in eine noch stärker rezeptive Haltung bringen. Der erhöhte Stundenumfang der Leistungskurse dagegen eröffnet in den Grenzen der homogenen Anlage des Mathematikunterrichts Spielraum für didaktische Akzentsetzungen, die man eigentlich im Grundkurs als obligatorischen Teil der vertieften Allgemeinbildung erwarten sollte: nämlich Verständnisorientierung (bei einer Konzentration auf zentrale Sachverhalte) und die Variation des Gelernten in unterschiedlichen Anwendungszusammenhängen. Obwohl die Lehrpläne explizit für die Grundkurse eine starke Anwendungsorientierung vorschreiben, unterscheiden sich die Kursniveaus in dieser Hinsicht gerade nicht. Die Validität der

Schülerangaben wird eindrucksvoll durch die Fachleiterauskünfte, über die in Kapitel II berichtet wurde, bestätigt.

Schon die Häufigkeitsverteilungen der Antworten auf die Einzelfragen zur Unterrichtsführung im Fach Mathematik (vgl. Tab. VII.1) weisen auf eine beträchtliche Homogenität des Mathematikunterrichts der Oberstufe hin. Die Antwortverteilungen sind überwiegend deutlich rechts- oder linksschief. Gleichzeitig haben unsere Analysen gezeigt, dass sich Grund- und Leistungskurse in der Unterrichtsgestaltung offenbar nur graduell unterscheiden. Dieser Befund lässt sich durch eine systematische Varianzzerlegung bestätigen. In einer multivariaten Varianzanalyse entfallen 4 Prozent der Varianz der Gestaltung des Mathematikunterrichts auf Unterschiede zwischen Kursniveaus, 28 Prozent auf Unterschiede zwischen Kursen desselben Niveaus, die an unterschiedlichen gymnasialen Oberstufen angeboten werden, und schließlich 16 Prozent der Varianz auf die Wechselwirkung zwischen Kursniveau und Einzelschule. 52 Prozent der Gesamtvarianz der vier Dimensionen der Unterrichtsführung entfallen auf unterschiedliche Wahrnehmung des Unterrichts auf demselben Kursniveau innerhalb einer Schule. Diese Restvarianz enthält eine Komponente, die unterschiedlichen Kursen desselben Niveaus zuzurechnen ist (wenn mehr als ein Grund- oder Leistungskurs an einer Schule angeboten wird, haben wir keine Information über den exakt belegten Kurs, sondern nur über das Kursniveau), eine weitere Komponente, in der die differentiellen psychologischen Umwelten der Schüler abgebildet werden, und schließlich die Fehlervarianz. Der Anteil institutionell erklärbarer Varianz im Schülerurteil ist also trotz der Homogenität der Kursniveaus beträchtlich. In den Schülerantworten bildet sich also nicht nur eine jeweils idiosynkratische psychologische Umwelt ab, sondern in ihnen kommt auch die sozial geteilte Wahrnehmung institutioneller Vorgänge zum Ausdruck. Gruehn (2000) konnte in einer mehrebenenanalytisch angelegten Arbeit zu Unterrichtsbeschreibung durch Schüler nachweisen, dass die auf Lerngruppenebene aggregierten Schüleraussagen in gewisser Weise eine Expertensicht wiedergeben, die für die Erklärung differentieller Leistungsentwicklungen wichtiger als die individuell wahrgenommene Lernumwelt ist. Dass es sich bei aggregierten Schülerwahrnehmungen von Unterricht um eine Urteilsdimension eigenen Rechts handelt, konnte Clausen (2000) bestätigen, der systematisch Ergebnisse von Schüler- und Lehrerbefragungen mit Beobachtungsdaten, die durch Schüler, Lehrer und geschulte Beobachter gewonnen wurden, verglichen hat. Wir werden deshalb im Folgenden prüfen, wieweit die Unterrichtsmerkmale auf *Kursniveau in der Einzelschule* systematisch mit dem erreichten Leistungsniveau kovariieren.

Aufgrund der eingeschränkten Variabilität der erfassten Unterrichtsmerkmale ist mit keinen straffen Zusammenhängen zwischen Unterrichtsführung und mittlerem Leistungsstand zu rechnen. Zu berücksichtigen ist ferner, dass wir durch die technisch bedingte Zusammenfassung von Kursen desselben Niveaus innerhalb einer einzelnen Schule, die in der Regel durch unterschiedliche Lehrkräfte unterrichtet werden, Zusammenhänge systematisch unterschätzen. Wir unterstellen dabei, dass es im Mathematikunterricht einer gymnasialen Oberstufe ein über Kurse desselben Niveaus durchgehaltenes didaktisches Vorgehen gibt. In dem Maße, wie diese idealisierende Homogenitätsannahme nicht zutrifft, werden Zusammenhänge zu niedrig geschätzt. Dennoch sollten die empirischen Muster theoriekonform und konsistent sein: Wir erwarten positive Zusammenhänge abnehmender Stärke zwischen Verständnisorientierung, Anwendung und Fertigkeitsschulung auf der einen und Testleistung auf der anderen Seite sowie einen negativen Zusammenhang zwischen Rezeptivität des Unterrichts und Fachleistung. Um die Annahmen zu überprüfen, wurden Testleistungen und die Angaben zum Unterrichtsgeschehen auf der Ebene des Kursniveaus innerhalb einer jeden Schule aggregiert. Anschließend wurde regressionsanalytisch geprüft, inwieweit die von den Schülern geteilte Unterrichtswahrnehmung erlaubt, die kurs- bzw. kursniveauspezifische mittlere Testleistung vorherzusagen. Um die hierarchische Struktur der Daten angemessen zu berücksichtigen, wurden Mehrebenen-Analysen gerechnet, bei denen die Zusammenhänge auf individueller Ebene, in denen die idiosynkratische Wahrnehmung des Unterrichts durch die einzelne Schülerin oder den einzelnen Schüler zum Ausdruck kommt, simultan mitmodelliert wurden. In die Analysen gingen 139 Niveaugruppen mit mindestens 5 Teilnehmern ein. Tabelle VII.5 fasst die deskriptiven Statistiken auf Kursniveauebene zusammen.

Tabelle VII.6 weist im Modell 1 die Ergebnisse der Regression der Mathematikleistungen auf Unterrichtsstrategien auf der Aggregationsebene von Kursniveaus innerhalb einer Schule unter Kontrolle der Zusammenhänge auf individueller Ebene aus. Es werden die standardisierten Regressionskoeffizienten der institutionellen Ebene des hierarchisch-linearen Modells (HLM) berichtet. Das Modell erlaubt mit einem

Tabelle VII.5: Fachleistungen und Unterrichtsmerkmale auf Kursniveauebene innerhalb einer Schule aggregiert (deskriptive Statistiken)

	N	Minimum	Maximum	Mittelwert	Standardabweichung
Mathematikleistung	139	267	580	467	53,4
Verständnisorientierung	146	36	60	47	4,6
Anwenden	146	32	60	41	5,0
Üben von Fertigkeiten	146	46	67	58	3,6
Rezeptivität	146	43	66	57	4,1

IEA. Third International Mathematics and Science Study.   © TIMSS/III-Germany

Tabelle VII.6: Ergebnisse der Regression der Mathematikleistungen auf Unterrichtsstrategien auf der Ebene von Kursniveaus innerhalb einer Schule (Regressionskoeffizienten aus HLM unter Kontrolle der Effekte auf Individualebene, Prädiktoren auf Individualebene wurden am Gesamtmittelwert zentriert)

Unterrichtsstrategien	Modell 1 β	Modell 2 β	Modell 3 β
Verständnisorientierung	.33*		–.06
Anwenden	–.04		–.08
Üben von Fertigkeiten	.09		–.05
Rezeptivität	–.21(*)		–.01
Kursniveau		.93**	.90**
R^2 (Kursebene)	.12	.54	.53
R^2 (Gesamt)	.06	.21	.22

(*) $p < .10$, * $p < .05$, ** $p < .01$.
Datenbasis: n = 139 Kurse mit fünf oder mehr Schülern, für die Leistungsdaten vorliegen; Ergebnisse sind über die fünf *Plausible Values* gemittelt (vgl. Rubin, 1987).
IEA. Third International Mathematics and Science Study. © TIMSS/III-Germany

statistisch signifikanten und einem zweiten zumindest der Tendenz nach ($p < .10$) bedeutsamen Prädiktor die Aufklärung von 12 Prozent der Leistungsunterschiede zwischen den Kursen. Den stärksten Erklärungsbeitrag leistet die didaktische Dimension der Verständnisorientierung. Erwartungsgemäß gehen didaktische Maßnahmen, die auf Verständnisorientierung hinweisen – zum Beispiel an Aufgaben oder Problemen arbeiten, für die es keine sofort wegbare Lösungsmethode gibt – mit höheren Testleistungen der Lerngruppe einher, während die verstärkte Rezeptivität des Unterrichts – zum Beispiel der Lehrkraft zusehen, wie mathematische Aufgaben oder Prozeduren behandelt werden – dem Unterrichtserfolg eher abträglich sind. Modell 3 der Tabelle VII.6 zeigt, dass die unterschiedlichen didaktischen Orientierungen mit dem Kursniveau konfundiert sind. Wird das Kursniveau auf institutioneller Ebene in das Gleichungssystem eingeführt, bleibt für die didaktischen Dimensionen kein spezifischer Erklärungsbeitrag übrig. Im Vergleich zum Modell 2, in dem ausschließlich das Kursniveau zur Leistungsvorhersage genutzt wird, sinkt im Modell 3 auch bei Kontrolle der Unterrichtsstrategien das β-Gewicht des Kursniveaus nur wenig ($\beta = .93$ vs. $\beta = .90$). Die Testleistungsunterschiede zwischen Grund- und Leistungskursen im Fach Mathematik werden also nur zu einem geringen Teil durch unterschiedliche didaktische Gestaltung erklärt. Die Schwäche des hier vorgestellten Erklärungsmodells dürfte in erster Linie auf die Homogenität der didaktischen Anlage des Mathematikunterrichts der gymnasialen Oberstufe zurückzuführen sein.

Zusammenfassung

Zusammenfassend lässt sich festhalten, dass der Mathematikunterricht der gymnasialen Oberstufe aus Schülersicht bemerkenswert variationsarm ist. Vorherrschend sind zwei miteinander korrespondierende modale Muster: Sobald die Lehrkraft einen mathematischen Gedankengang entwickelt und vorgestellt hat, folgen in der Schülerarbeitsphase das Lösen von Gleichungen und die Übung von Rechenfertigkeiten. Inwieweit die Entwicklung des mathematischen Themas allein in der Hand der Lehrkraft liegt oder primär im lehrergeleiteten Unterrichtsgespräch erfolgt, kann aufgrund des TIMSS/III-Fragebogens nicht entschieden werden. Insgesamt nehmen Schüler den Mathematikunterricht jedoch als rezeptive und fertigkeitsorientierte Veranstaltung wahr. Variabilität lässt sich am ehesten in der Dimension der Verständnisorientierung von Aufgabenstellungen erkennen.

Die didaktischen Grundmuster werden über Kursniveaus hinweg durchgehalten. Es ist nicht zu erkennen, dass Grund- und Leistungskurse differentiellen didaktischen Konzeptionen folgten. Dies gilt sowohl in curricularer als auch methodischer Hinsicht. Grundkurse scheinen, wenn man es salopp ausdrückt, ausgedünnte Leistungskurse zu sein und überdies in methodischer Hinsicht schlechter bedacht zu werden. Sie sind noch etwas stärker rezeptiv und fertigkeitsorientiert angelegt als Leistungskurse.

Infolge der geringen didaktischen Variabilität des Unterrichts erklären die Skalen zur Unterrichtsgestaltung auch nur einen geringen Anteil der Leistungsvarianz zwischen Kursen. Möglicherweise wäre in einer Längsschnittstudie der Beitrag zur Vorhersage von differentiellen Leistungsentwicklungen größer. Dennoch geben diese Befunde hinreichend Anlass, über die Notwendigkeit kontrollierter didaktischer Interventionen im Mathematikunterricht ernsthafter als bisher nachzudenken.

3. Physikunterricht aus Schülersicht

Um Anhaltspunkte für die didaktische Gestaltung des Physikunterrichts zu gewinnen, sind den Teilnehmern an Physikkursen ähnliche Fragen wie für Mathematik gestellt worden. Die zentralen didaktischen Dimensionen, für die Indikatoren gewonnen werden sollten, sind wiederum Verständnisorientierung, Rezeptivität und Anwendungsorientierung des Unterrichts. Ergänzend kamen für das Fach Physik eine Reihe von nationalen Fragen nach der experimentellen und erfahrungsorientierten Ausrichtung des Unterrichts hinzu. Tabelle VII.7 weist die relativen Häufigkeiten der Antworten auf die Fragen zur Unterrichtsgestaltung im Fach Physik aus.

Ähnlich wie im Fach Mathematik lassen sich auch im Physikunterricht einige besonders auffällige didaktische Muster erkennen. Nach den deskriptiven Befunden scheint Physik in erster Linie Demonstrationsunterricht zu sein (der selbstverständlich auch fragend-entwickelnde Anteile hat, die im Fragebogen nicht gesondert erfasst sind). 56 Prozent der Befragten geben an, in den meisten oder allen Stunden der Lehrkraft zuzusehen oder zuzuhören, wenn sie physikalische Konzepte entwickelt. Nach den Aussagen von 89 Prozent der Befragten mit Physikunterricht wird dieses didaktische Vorgehen in einigen oder in den meisten Stunden durch Demonstrationsexperimente unterstützt. Die Stundenergebnisse werden dann von der Wandtafel in die Arbeitshefte der Schüler übertragen. Im Vergleich zu diesem vorherrschenden Unterrichtsmuster ist das Schülerexperiment eher randständig. Dass Schüler *eigene* Experimente entwickeln, ist eine Ausnahme: 83 Prozent der Befragten sagen, dies komme praktisch nie vor. Auch das gelenkte Schülerexperiment ist nach den Aussagen der befragten Schülerinnen und Schüler eher selten. 45 Prozent von ihnen geben an, so gut wie niemals selbst zu experimentieren, und noch 51 Prozent berichten, Schülerexperimente fänden nur in einigen wenigen Stunden statt. Physikunterricht in der Oberstufe ist ausschließlich eine *Indoor*-Veranstaltung, die dem Rhythmus des Stundenplans folgt. Längerfristige Arbeitsvorhaben oder Datenerhebung in außerschulischen Kontexten kommen im Normalfall so gut wie nicht vor. Ebenso wenig hat der Computer als Simulations- und Modellierungsinstrument oder zur Online-Aufzeichnung von Messdaten in nennenswertem Umfang Eingang in den Physikunterricht gefunden.

Um die zu Grunde liegende Struktur der Fragen zum Unterricht ökonomischer darzustellen, wurde eine Hauptkomponentenanalyse gerechnet, die zur Identifikation von fünf gut interpretierbaren Hauptkomponenten (Eigenwerte > 1) führt. Diese Dimensionen bilden folgende didaktische Aspekte ab: (1) Verständnisorientierung des Unterrichts, (2) Bedeutung des Schülerexperiments, (3) Demonstrationsunterricht, (4) selbstständiges Experimentieren unter anderem in Projekten und (5) Öffnung des Unterrichts zur Umwelt. Tabelle VII.8 gibt die varimax-rotierte Ladungsmatrix der Hauptkomponentenanalyse wieder.

Die erste Hauptkomponente, auf die 22 Prozent der Gesamtvarianz entfallen, bindet Items, die aus unterschiedlicher Perspektive auf eine besondere Verständnisorientie-

Tabelle VII.7: Merkmale des Physikunterrichts aus Schülersicht (Angaben in % der Schülerantworten; Mittelwerte und Standardabweichungen)

Wie oft müssen Sie in Ihrem Physikunterricht Folgendes tun? Wie oft kommt es in diesem Kurs (Physik) vor, dass Sie …?

Tätigkeiten/Ereignisse	Nie oder fast nie 1	In einigen Stunden 2	In den meisten Stunden 3	In jeder Stunde 4	$\bar{x}$	SD
Den Gedankengang erklären, der hinter einer Idee steht	12,5	40,1	33,2	14,2	2,49	.89
Zusammenhänge darstellen und analysieren anhand von Tabellen, Diagrammen oder Graphen	10,3	47,5	36,3	5,9	2,38	.75
An Aufgaben oder Problemen arbeiten, für die es keine sofort sichtbare Lösungsmethode gibt	10,2	42,5	35,9	11,4	2,48	.83
Erklärungen darüber aufschreiben, was beobachtet wurde und warum es geschah	10,8	41,6	34,9	12,6	2,49	.85
Geschehnisse oder Objekte ordnen und diese Ordnung begründen	31,0	43,6	21,1	4,3	1,99	.83
Modelle auf Daten anwenden	29,4	44,1	21,8	4,7	2,02	.84
Naturwissenschaft auf Alltagsprobleme anwenden	17,0	55,7	21,5	5,7	2,16	.77
Laborexperimente durchführen	65,5	28,0	5,5	1,0	1,42	.65
Im Klassenzimmer oder Labor Daten sammeln und aufbereiten	48,5	40,4	8,7	2,5	1,65	.74
Außerhalb der Schule Daten sammeln	89,4	8,8	1,1	0,7	1,13	.42
Aufzeichnungen von der Tafel abschreiben	4,7	15,7	31,1	48,5	3,24	.88
Computer verwenden, um Übungen oder Aufgaben zu lösen	80,6	16,3	2,7	0,3	1,23	.50
Der Lehrkraft zusehen, wenn sie wissenschaftliche Konzepte darstellt	8,6	35,4	36,2	19,8	2,67	.89
Mit Ihrer Hausaufgabe beginnen, bevor die Unterrichtsstunde beendet ist	78,5	17,3	3,3	1,0	1,27	.57
Dem Lehrer zusehen, wenn er Experimente durchführt	6,7	57,5	30,4	5,3	2,34	.68
Selber experimentieren	44,8	50,6	4,2	0,3	1,60	.59
Experimente im Film oder Video ansehen	66,7	31,4	1,5	0,4	1,36	.53
Eine Exkursion machen	86,3	13,1	0,2	0,4	1,15	.39
Ihre eigenen Experimente entwerfen	82,6	16,0	0,8	0,5	1,19	.45
An Projekten arbeiten, die eine Woche oder länger dauern	83,4	14,9	1,3	0,3	1,18	.44
An anderen „praktischen" Aktivitäten beteiligt sind	85,6	10,8	1,8	1,8	1,20	.55

IEA. Third International Mathematics and Science Study. © TIMSS/III-Germany

Tabelle VII.8: Varimax-rotierte Ladungsmatrix der Hauptkomponentenanalyse für Unterrichtsmerkmale im Fach Physik

Merkmale	Hauptkomponente[1]				
	1	2	3	4	5
Den Gedankengang erklären, der hinter einer Idee steht	.74				
An Aufgaben oder Problemen arbeiten, für die es keine sofort sichtbare Lösungsmethode gibt	.74				
Zusammenhänge darstellen und analysieren	.72				
Geschehnisse oder Objekte ordnen und diese Ordnung begründen	.66				
Erklärungen darüber aufschreiben, was beobachtet wurde und warum es geschah	.61				
Modelle auf Daten anwenden	.53				
Naturwissenschaft auf Alltagsprobleme anwenden	.52				
Laborexperimente durchführen		.72			
Im Klassenzimmer oder Labor Daten sammeln und aufbereiten		.69			
Selber experimentieren		.60		.43	
Aufzeichnungen von der Tafel abschreiben			.77		
Der Lehrkraft zusehen, wenn sie wissenschaftliche Konzepte darstellt			.77		
Dem Lehrer zusehen, wie er Experimente durchführt			.38	–.56	
An Projekten arbeiten, die eine Woche oder länger dauern				.67	
Ihre eigenen Experimente entwerfen				.61	
Eine Exkursion machen					.72
Experimente im Film oder Video ansehen					.57
Außerhalb der Schule Daten sammeln					.57

[1] Ladungen < .38 nicht ausgewiesen.
IEA. Third International Mathematics and Science Study. © TIMSS/III-Germany

rung des Physikunterrichts hinweisen. In diesem Unterricht werden häufiger intellektuell herausfordernde Aufgaben gestellt, die Transfer verlangen und die Grenzen des Erarbeiteten sichtbar machen. Es werden die Analyse und Erklärung von Zusammenhängen verlangt, und schließlich ist der Unterricht modellorientiert und macht von Möglichkeiten Gebrauch, naturwissenschaftliche Konzepte auf Alltagsprobleme anzuwenden. Bei einer genauen Interpretation lassen sich drei didaktische Aspekte unterscheiden, die in diesem Faktor empirisch zusammengehen. Dies sind: (1) modellgeleitete anspruchsvolle Aufgabenstellungen, (2) ein von den Phänomenen ausgehendes induktives, aber auf Systematisierung und Erklärung zielendes Vorgehen und schließlich (3) die Anwendung von naturwissenschaftlichen Konzepten auf Alltagsprobleme. Die zweite Hauptkomponente (11 % der Varianz) beschreibt mit drei Items das gelenkte Schülerexperiment. Mit der dritten Hauptkomponente, auf die 8 Prozent der Varianz entfallen, wird der für das Fach Physik typische Demonstrationsunterricht skizziert. Die Lehrkraft entwickelt mit Unterstützung des Vorführexperiments ein physikalisches Konzept; die Schüler machen sich währenddessen Notizen von der Tafel. Diese Instruktionsform, die wir als Demonstrationsunterricht bezeichnet haben, wird in der Regel aus einer Kombination von Lehrerexperiment, Lehrervortrag und fragend-entwickelndem Unterrichtsgespräch mit starker Lehrerlenkung bestehen. Obwohl im Fragebogenteil zum Mathematikunterricht ähnliche Fragen gestellt wurden, scheint die Konnotation in beiden Fächern unterschiedlich zu sein. Während sich Schüler im Mathematikunterricht bei der Entwicklung eines mathematischen Gedankengangs durch den Lehrer in einer eindeutig rezeptiven Rolle sehen, mit der das anschließende Auswendiglernen von Definitionen und Verfahren einhergeht, ist diese Verbindung im physikalischen Demonstrationsunterricht nicht ersichtlich. Die Einfachkorrelationen weisen eher auf schwache Zusammenhänge mit einem verständnisorientierten Unterricht hin. Die vierte Hauptkomponente, die 6 Prozent der Varianz bindet, erfasst die Dimension des selbstständigen Experimentierens von Schülern im Rahmen mehrere Unterrichtsstunden übergreifender Arbeitszusammenhänge. In der fünften Hauptkomponente, die 6 Prozent der Varianz erklärt, deutet sich eine Öffnung des Unterrichts zur Umwelt an.

Anhand der Hauptkomponentenanalyse konnten drei Unterrichtsskalen gebildet werden, die verständnisorientierte Unterrichtsführung, Bedeutung des Schülerexperiments und Demonstrationscharakter des Unterrichts erfassen. Die Kennwerte sind befriedigend bis gut – mit Ausnahme der Skala zum Demonstrationsunterricht, die mit drei Items nur ein α von .51 erreicht. Die beiden übrigen Hauptkomponenten ließen keine akzeptable Skalenbildung zu. Aus theoretischen Gründen wurden die beiden Items, die ein induktives Vorgehen im Physikunterricht anzeigen, zu einem eigenen Index zusammengefasst, obwohl sie substantiell auf der Hauptkomponente „Verständnisorientierung" laden. Ebenso wurde die Anwendung von naturwissenschaftlichen Konzepten auf Alltagsprobleme als Einzelitem beibehalten, um die spezifische Information nicht zu verlieren. Ferner werden für die folgenden Analysen weitere vier Einzelitems herangezogen, die auf wichtige Aspekte des Physikunterrichts aufmerksam machen. Die Interkorrelationen der Unterrichtsstrategien liegen mit einer Ausnahme, bei der eine Hauptkomponente in zwei Skalen zerlegt wurde, unter $r = .40$ (vgl. Tab. VII.10). Tabelle VII.9 gibt einen Überblick über die ausgewählten Skalen und Einzelitems und deren Kennwerte.

Um zu überprüfen, inwieweit sich im Fach Physik Grund- und Leistungskurse in ihrer didaktischen Konzeption unterscheiden, wurde wiederum eine multivariate

Tabelle VII.9: Unterrichtsstrategien in Physik (Beispielitems und Kennwerte)

Skala/Item	Itembeispiele	Zahl der Items	Cronbachs α
Verständnisorientierung	Den Gedankengang erklären, der hinter einer Idee steht/Modelle auf Daten anwenden	4	.73
Induktives Vorgehen	Erklärungen darüber aufschreiben, was beobachtet wurde und warum es geschah/Geschehnisse oder Objekte ordnen	2	.67
Schülerexperimente	Laborexperimente durchführen/selber experimentieren	3	.60
Demonstration	Der Lehrkraft zusehen, wie sie wissenschaftliche Konzepte darstellt/Dem Lehrer zusehen, wenn er Experimente durchführt	3	.51
Film/Video	Experimente im Film oder Video ansehen	Einzelitem	–
Anwendung auf Alltagsprobleme	Naturwissenschaften auf Alltagsprobleme anwenden	Einzelitem	–
Computereinsatz	Computer verwenden, um Übungen oder Aufgaben zu lösen	Einzelitem	–
Projektunterricht	An Projekten arbeiten, die eine Woche oder länger dauern	Einzelitem	–
Unökonomische Zeitnutzung	Mit Hausaufgaben beginnen, bevor die Stunde zu Ende ist	Einzelitem	–

IEA. Third International Mathematics and Science Study. © TIMSS/III-Germany

Tabelle VII.10: Interkorrelationen der Unterrichtsstrategien im Fach Physik

	1	2	3	4	5	6	7	8	9
Verständnisorientierung (1)		.57**	.37**	.19**	–.07	.35**	.23**	.07	.04
Induktives Vorgehen (2)			.35**	.26**	.00	.32**	.15**	.13**	.06
Schülerexperimente (3)				.12**	.10*	.25**	.26**	.22**	.05
Demonstration (4)					.04	.03	–.01	.01	.01
Film/Video (5)						.00*	.18*	.13**	.14**
Anwendung (6)							.08*	.10**	.03
Computer (7)								.06	.04
Projektunterricht (8)									.01
Unökonomische Zeitnutzung (9)									

* $p < .05$, ** $p < .01$.

IEA. Third International Mathematics and Science Study. © TIMSS/III-Germany

Varianzanalyse gerechnet, in welche die Unterrichtsmerkmale als abhängige Variablen und die Kurszugehörigkeit als Faktor eingehen. Der multivariate F-Test wird ebenso signifikant ($F_{[8, 665]} = 12.5$; $p < .001$) wie die meisten der univariaten Mittelwertvergleiche (vgl. Abb. VII.2).

Abbildung VII.2 gibt einen komprimierten Überblick über die didaktische Anlage von Grund- und Leistungskursen im Fach Physik. Ähnlich wie im Fach Mathematik zeigt sich ein über die Kursniveaus hinweggehendes Grundmuster. Nur 3 Prozent der Varianz der Unterrichtsmuster entfallen auf das Kursniveau. Der modale Physikunterricht scheint in erster Linie ein Demonstrationsunterricht zu sein, in dem die Lehrkraft ein physikalisches Konzept vorstellt oder im Gespräch mit Schülern entwickelt – ein Vorgehen, das durch das Vorführexperiment unterstützt wird. Gelenkte Schülerexperimente – ganz zu schweigen von der Entwicklung eigener Experimente durch Schüler – sind dagegen randständig. Die Anwendung theoretischer Konzepte auf Alltagsprobleme ist im Physikunterricht häufiger als im Mathematikunterricht anzutreffen – allerdings keineswegs regelmäßig (vgl. die analogen Befunde für die Schweiz bei Labudde [1998]).

Abbildung VII.2: Unterrichtsstrategien in Physik nach Kursniveau

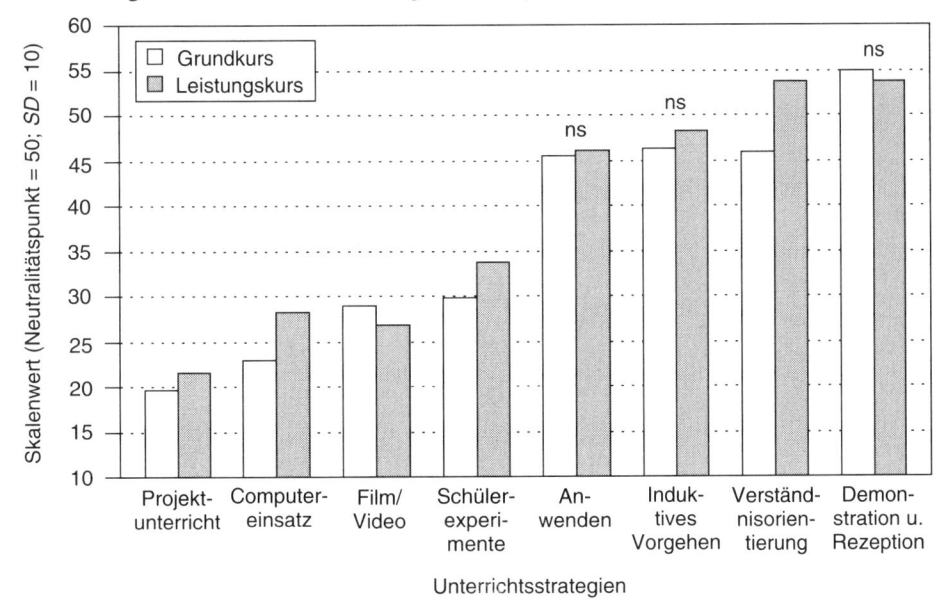

IEA. Third International Mathematics and Science Study. © TIMSS/III-Germany

Die didaktischen Unterschiede zwischen Grund- und Leistungskursen sind mit Ausnahme der Dimensionen „Anwenden", „Demonstration" und „Induktives Vorgehen" statistisch signifikant. Sie sind in Bezug auf Verständnisorientierung, Computereinsatz und Schülerexperimenten am größten. Ähnlich wie in der Mathematik geht mit dem erhöhten Anspruchsniveau des Leistungskurses eine didaktische Gestaltung einher, bei der größerer Wert auf das Verständnis von Zusammenhängen gelegt wird. Ebenso sind Schülerexperimente und Computernutzung im Leistungskurs häufiger zu finden. Die nachweisbaren didaktischen Unterschiede der Kursniveaus lassen sich zwanglos auf Differenzen im Anspruchsniveau und der Unterrichtszeit zurückführen. Sie sind kein Indikator für differentielle didaktische Konzeptionen, die den unterschiedlichen Funktionen, die Grund- und Leistungskurse nach der Philosophie der reformierten gymnasialen Oberstufe erfüllen sollten, entsprächen.

Zerlegt man die Varianz der Schülerangaben zur Gestaltung des Physikunterrichts in institutionelle Anteile und eine individuelle Komponente, mit der allerdings die Zugehörigkeit zu einem spezifischen Kurs eines Niveaus innerhalb einer Schule konfundiert ist, so zeigt sich, dass die didaktische Anlage des Physikunterrichts von Schule zu Schule stärker variiert, als es im Fach Mathematik der Fall ist. Rund 30 Prozent der Varianz entfallen auf Unterschiede zwischen Schulen, 3 Prozent auf Unterschiede zwischen Kursniveaus, und 18 Prozent der Varianz bindet die Wechselwirkung zwischen Einzelschule und Kursniveau. Infolgedessen dürfte es auch für das Fach Physik besser gelingen, Kursleistungen durch die didaktische Konzeption des Unterrichts vorherzusagen.

Die Auseinandersetzung mit kognitiv anspruchsvollen Aufgaben, an denen Zusammenhänge sichtbar gemacht werden und die nicht mit elementaren Routineverfahren gelöst werden können, ist über verschiedene Fächer hinweg ein Merkmal effektiven Unterrichts. Dies gilt insbesondere für die Gestaltung von Übungsphasen, der allzu häufig nur die Funktion der Repetition und des Einschleifens zugedacht wird. Das Lösen von Übungsaufgaben nimmt auch im Physikunterricht einen Teil der Unterrichtszeit ein, der in der Mittelstufe aller Wahrscheinlichkeit nach größer als in der gymnasialen Oberstufe ist (Labudde, 1998). In der Naturwissenschaftsdidaktik ist man sich weitgehend darüber einig, dass das Spektrum der Aufgabenstellungen über „kleine Übungsaufgaben" hinausgehen sollte und Problemlöseaktivitäten (z.B. die Analyse von Datenanomalien) und die Prüfung des konzeptuellen Verständnisses größeren Raum einnehmen sollten (Maloney, 1994; Stewart & Hafner, 1994). Gil-Pérez (1996) sieht darin eine Entwicklungsaufgabe naturwissenschaftsdidaktischer Forschung. Wir gehen bei der Analyse der TIMSS/III-Daten davon aus, dass das Anspruchsniveau der Aufgabenstellungen mit dem erreichten Fachleistungsniveau kovariiert.

Hinsichtlich des Demonstrationsunterrichts ist eine gerichtete Hypothese nicht ohne weiteres zu formulieren. Das Zusammenspiel zwischen lehrergeleiteter Konzeptentwicklung und dem Demonstrationsexperiment ist wohl das eigentliche Fundament des Physikunterrichts. Dies ist in Deutschland wie auch in der Schweiz der Fall (Labudde, 1998). Das Lehrerexperiment hat darüber hinaus eine zentrale Stellung in der naturwissenschaftsdidaktischen Entwicklungsarbeit. Das geheime Vorbild ist im Grunde die Einführungsvorlesung zur Experimentalphysik. Dennoch fehlt es nicht an fachdidaktischer Kritik. So möchte Reinhold (1993, 1997) das Lehrerexperiment als Unterrichtsexperiment diskursiv in den Vermittlungsprozess integrieren, um eine Gemeinschaft von Lehrenden und Lernenden zu erzeugen. Roth und Lucas (1997) kritisieren vor dem Hintergrund sozialkonstruktivistischer Annahmen die Praxis des Demonstrationsexperiments als wenig effizient für die Förderung konzeptuellen Verständnisses *(Conceptual Change)*. Dennoch darf man nicht übersehen, dass der Demonstrationsunterricht bei Stoffüberbürdung unter dem Gesichtspunkt von Zeitökonomie eine bewährte Unterrichtsgestaltung ist, bei der in konzentrierter Form die Einführung neuer fachlicher Konzepte mit der Demonstration naturwissenschaftlicher Arbeits- und Argumentationsweisen verbunden werden kann. Bei einem Vergleich von Demonstrationsexperimenten und experimenteller Gruppenarbeit konnte keine systematische Überlegenheit der einen oder anderen Unterrichtsform nachgewiesen werden (Garrett & Roberts, 1982; Tobin & Fraser, 1987; Harlen, 1999).

Ein induktives Vorgehen, das bei der Wahrnehmung und Beobachtung natürlicher Phänomene beginnt und über das Beschreiben, Systematisieren und Erkennen von Zusammenhängen zu ersten Erklärungen schreitet, hat seinen herausgehobenen Platz im naturwissenschaftlichen Unterricht der Grundschule und der Mittelstufe und dort am ausgeprägtesten vermutlich im Biologieunterricht. Dennoch gibt es genügend Stimmen in der Fachdidaktik – und man muss dabei nicht nur an Wagenschein denken –, die sich einen stärker phänomenorientierten Unterricht auch im Fach Chemie und Physik, zumindest bis zum Ende der Sekundarstufe I, vielleicht auch darüber hinaus wünschen (Buck & von Mackensen, 1988; Buck, 1996, 1997; Minssen, 1998/99). Hagemeister, der als Fachreferent in der Lehrerfortbildung tätig ist, macht das induktive Vorgehen geradezu zum Prinzip des experimentellen Arbeitens im Physikunterricht der Mittelstufe (Hagemeister, 1999). Auch in der gymnasialen Oberstufe scheinen induktive Ansätze keine seltene Ausnahme zu sein, wie ein Blick auf die Häufigkeitstabelle VII.7 zeigt. Inwieweit die Schrittfolge Beobachtung, Systematisierung und Suche nach theoretischen Erklärungen im Alltag des Physikunterrichts der gymnasialen Oberstufe zu einem vertieften Verständnis oder eher zu bruchstückhaftem Wissen und unzutreffendem Verständnis naturwissenschaftlichen Argumentierens und Arbeitens führt, ist allerdings offen. Systematische Zweifel äußern Gunstone (1991) und Hodson (1993; vgl. zusammenfassend Harlen, 1999).

Über die Bedeutung des Schülerexperiments ist sich die Physikdidaktik weitgehend einig. Es gehört neben dem Lehrerexperiment ins Zentrum des Unterrichts. Strittig sind allerdings der Grad der erwünschten und möglichen Offenheit des Experimentierens und die Art und Weise der Vor- und Nachbereitung des Experiments. Während Abrams und Wandersee (1995) vehement für *Open Ended Societal Laboratory* Exercises werben (vgl. auch Reinhold, 1997), weisen Duggan, Johnson und Gott (1996), Roth u.a. (1997) und Harlen (1999) auf die Schwierigkeiten hin, die Jugendliche haben, in komplexeren Situationen überhaupt die Fragestellung oder die entscheidenden Variablen des Experiments zu identifizieren (vgl. auch Schecker & Klieme, 2000). Labudde (1998) arbeitet die wahrscheinlich konsensfähigen Prinzipien des Schülerexperiments heraus:
– Die Versuchsanleitung soll nicht kochbuchartig, sondern unterbestimmt in dem Sinne sein, dass sie mehrere Möglichkeiten zur Versuchsdurchführung offen lässt.
– Die Lernenden sollten Gelegenheit erhalten, eigene Versuchsziele und -pläne zu formulieren.
– Dabei sollten Versuchsziel, -konzeption, -durchführung und -auswertung von Schülerseite klar definiert und eng genug umschrieben werden.
– Ziel des Experiments ist Verständnis; es geht also um den Umgang mit einer Idee, nicht um die Manipulation von Gegenständen (vgl. Lunetta, 1998).

Insgesamt haben sich Schülerexperimente als effizientes Werkzeug des naturwissenschaftlichen Unterrichts erwiesen. In einer Metaanalyse berichtet Walberg (1988) hinsichtlich Fachleistungen bzw. Lernerfolg eine mittlere Effektstärke von $d > .50$ für Schülerexperimente unterschiedlichster Art. Differenzierter äußern sich Lunetta (1998) und Hofstein und Lunetta (1982), die auf der Basis von qualitativen Analysen einschlägiger Untersuchungen zu dem Schluss kommen, dass die Wirksamkeit des *Science Lab* (und übrigens auch der Computersimulation) maßgeblich von einer Passung von Unterrichtsziel und Arbeitsverhalten abhängt. Entscheidend scheint für den Lernerfolg die Einbettung des Schülerexperiments in den Unterrichtszusammenhang zu sein. Vor- und Nachbereitung des Experiments sind offensichtlich die Schlüsselstellen der Unterrichtsarbeit (Harlen, 1999). Verglichen mit den fachdidaktischen Leitvorstellungen dürfte die Praxis des Schülerexperiments auch im Physikunterricht der gymnasialen Oberstufe verbesserungsfähig sein. Der Entwurf eigener Experimente kommt praktisch nicht vor, vielmehr scheint das typische Schülerexperiment – ähnlich wie in der Schweiz – ein mehr oder minder selbstständiges Abarbeiten festgelegter Arbeitsschritte zu sein (Labudde, 1998). Dennoch gehen wir davon aus, dass das Schülerexperiment, wenn es einen systematischen Platz im Physikunterricht hat, in einem nachweisbar positiven Zusammenhang mit der erreichten Schülerleistung steht.

In einem weiteren Punkt sind sich die Physikdidaktiker weitgehend einig. Es gilt mittlerweile als wünschenswert, dass die Anwendung der Naturwissenschaften auf Alltagsphänomene und technische Sachverhalte, und zwar nicht nur in der Phase des Konsolidierens und Übens, sondern auch bei der Erarbeitung neuer Sachverhalte, *ein* Strukturprinzip des modernen Physikunterrichts sein sollte (vgl. Köller, 1997; Bünder, 1998). Und in der Tat hat die Orientierung an Alltagsphänomenen in Lehrplänen und Lehrwerken während der letzten Jahrzehnte zugenommen, wie Labudde (1998) an einer Analyse des Dorn'schen Physiklehrwerks belegen kann. Dennoch ist der Physikunterricht nicht nur in der gymnasialen Oberstufe einseitig wissenschaftszentriert (Häußler & Hoffmann, 1995; Muckenfuß, 1995; Labudde, 1998). Damit korrespondiert, dass auch projektähnliche Unterrichtsformen so gut wie nicht anzutreffen sind. Unter lerntheoretischer Perspektive heißt dies, dass der Physikunterricht – ähnlich wie der Mathematikunterricht – in hohem Maße schulisch kontextuiert ist (vgl. Duit, 1995). Es scheint wenig methodische Erfahrungen zu geben, Wissenschafts- und Alltagsorientierung auf dem Niveau der gymnasialen Oberstufe intelligent zu integrieren. Insofern wäre es nicht verwunderlich, wenn im Rahmen von TIMSS/III nur schwache Zusammenhänge zwischen Anwenden und Projektunterricht einerseits und Fachleistung andererseits nachweisbar wären.

Um die Zusammenhänge zwischen Unterrichtsstrategien und Fachleistungen multivariat zu prüfen, wurde eine multiple Regressionsanalyse von den Physikleistungen auf Unterrichtsmerkmale im Rahmen eines hierarchisch-linearen Modells gerechnet. Wie im Fach Mathematik wurden die Analysen auf der Ebene von Kursniveaus innerhalb einer einzelnen Schule bei gleichzeitiger Modellierung der Zusammenhänge auf individueller Ebene durchgeführt. Zu diesem Zweck wurden Fachleistungen und Angaben der Schüler und Schülerinnen zum Unterricht entsprechend aggregiert. In die Analysen gingen etwa 100 Niveaugruppen ein, in denen für mindestens drei Schülerinnen und Schüler Leistungsdaten vorliegen. Im Unterschied zur Mathematik musste im Fach Physik, in dem die Kurse generell schwächer besetzt sind, das Einschlusskriterium mit drei Schülern liberalisiert werden, um die Teststärken bei den Analysen nicht zu sehr herabzusetzen. Zur Kontrolle wurden die Analysen auch mit 61 Niveaukursen mit mindestens fünf Schülern wiederholt, ohne dass sich die Grundstruktur der Befunde veränderte. Tabelle VII.11 weist die deskriptiven Kennwerte der berücksichtigten Niveaugruppen aus.

Tabelle VII.12 zeigt die Ergebnisse der Mehrebenenanalysen auf institutioneller Ebene. Es werden die standardisierten Regressionskoeffizienten aus HLM unter

Tabelle VII.11: Fachleistungen und Unterrichtsmerkmale auf Kursniveauebene innerhalb einer Schule aggregiert (deskriptive Statistiken)

Unterrichtsstrategien	N	Minimum	Maximum	Mittelwert	Standardabweichung
Physikleistung	100	389	696	533	64,6
Verständnisorientierung	106	34	63	47	5,1
Demonstration	106	38	63	53	4,6
Induktives Vorgehen	106	35	58	46	4,3
Schülerexperimente	106	19	43	30	4,8
Anwendung	106	36	62	47	5,0
Projektunterricht	106	16	39	21	4,7
Computer	106	20	52	24	6,0
Film/Video	106	24	46	29	6,6
Unökonomische Zeitnutzung	106	22	41	28	4,0

IEA. Third International Mathematics and Science Study. © TIMSS/III-Germany

Kontrolle der Effekte auf Individualebene berichtet. Wie im Fach Mathematik ist auch hier bei der Beurteilung der Ergebnisse zu berücksichtigen, dass Zusammenhänge tendenziell unterschätzt werden, da die Individualdaten in Schulen über Parallelkurse desselben Niveaus hinweg aggregiert werden mussten. Rund 40 Prozent der Leistungsvarianz zwischen den Kursen lassen sich durch didaktische Variablen erklären. Die wichtigsten nicht redundanten Unterrichtsmerkmale, die mit der Kursleistung kovariieren, sind: Verständnisorientierung, induktives Vorgehen, Rechnereinsatz und unökonomische Zeitnutzung. Für Lehrerdemonstration, Schülerexperimente, Anwendung und Projektunterricht lassen sich spezifische Erklärungsbeiträge statistisch nicht sichern. Ein bemerkenswerter Effekt ist für das induktive Vorgehen nachweisbar. Sobald die Verständnisorientierung des Unterrichts konstant gehalten wird, zeigt sich ein straffer negativer Zusammenhang zwischen induktivem Vorgehen und Kursleistung. Dieser Befund weist darauf hin, dass ein induktives Vorgehen zwar häufiger bei Lehrkräften anzutreffen ist, die auch gleichzeitig anspruchsvolle problemorientierte Aufgaben stellen, aber keineswegs per se mit besseren Fachleistungen zusammengeht, sondern im Gegenteil ein verstecktes Risiko zu sein scheint. Eine unökonomische Nutzung der Unterrichtszeit trifft sich erwartungsgemäß mit reduzierten Fachleistungen.

Ähnlich wie im Fach Mathematik ist die Mehrzahl der Unterrichtsvariablen mit dem Kursniveau konfundiert. Nach Kontrolle des Kursniveaus (Modell 3 in Tab. VII.12) werden nur noch der Rechnereinsatz und die unökonomische Zeitnutzung als Prädiktoren signifikant. Im Unterschied zur Mathematik lässt sich jedoch

Tabelle VII.12: Ergebnisse der Regression der Physikleistungen auf Unterrichtsstrategien auf der Ebene von Kursniveaus innerhalb einer Schule (Regressionskoeffizienten aus HLM unter Kontrolle der Effekte auf Individualebene, Prädiktoren auf Individualebene wurden am Gesamtmittelwert zentriert)

Unterrichtsstrategien	Modell 1 β	Modell 2 β	Modell 3 β
Verständnisorientierung	.38**		.08
Demonstration	.12		.17(*)
Induktives Vorgehen	–.44**		–.20
Schülerexperimente	.12		–.04
Anwendung	–.18		–.07
Projektunterrricht	.07		.04
Computer	.21(*)		.17(*)
Film/Video	–.05		–.01
Unökonomische Zeitnutzung	–.33**		–.31**
Kursniveau		.88**	.67**
R^2 (Kursebene)	.40	.45	.59
R^2 (Gesamt)	.18	.18	.26

(*) $p < .10$, * $p < .05$, ** $p < .01$.
Datenbasis: n = 100 Kursen mit drei oder mehr Schülern, für die Leistungsdaten vorliegen; Ergebnisse sind über die fünf *Plausible Values* gemittelt (vgl. Rubin, 1987).
IEA. Third International Mathematics and Science Study. © TIMSS/III-Germany

für das Fach Physik ein klares Mediationsmodell nachweisen. Die Leistungsunterschiede zwischen physikalischen Grund- und Leistungskursen werden in einem beträchtlichen Ausmaß durch Unterrichtsmerkmale vermittelt, wie das in Modell 3 gegenüber Modell 2 sinkende β-Gewicht des Kursniveaus belegt.

Zusammenfassung

Im Physikunterricht ist die didaktische und methodische Variabilität aus Schülersicht größer als im Mathematikunterricht. Dennoch lässt sich auch im Physikunterricht ein modales Muster identifizieren, das den Unterricht über Kursniveaus hinweg prägt. Der Physikunterricht der gymnasialen Oberstufe scheint vornehmlich Demonstrationsunterricht zu sein, in dem Lehrkräfte mit Hilfe des Vorführexperiments einen physikalischen Gedankengang entwickeln. Das gelenkte Schülerexperiment ist selten, und die Entwicklung von Experimenten durch Schüler kommt praktisch nicht vor. Mit neun didaktisch-methodischen Merkmalen als Prädiktoren lassen sich 40 Prozent der Leistungsvariation zwischen Kursen erklären. Berücksichtigt man nur die vier statistisch bedeutsamen Dimensionen, liegt der multiple Determinationskoeffizient noch bei $R^2 = 0{,}36$. Der Zusammenhang zwischen Unterrichtsmerkmalen und Fachleistung ist also in Physik höher als in Mathematik. Interpretiert man das optimale Erklärungsmodell extensiv, erzielt folgender Physikunterricht günstigere Leistungsergebnisse:

– Die Lehrkraft legt Wert auf kognitiv-anspruchsvolle Aufgaben und das theoretische Verständnis von physikalischen Modellen.
– Sie unterstützt den Aneignungsprozess durch theoretisch gut vorbereitete Experimente, die auch unter Nutzung des Rechners durchgeführt oder ausgewertet werden.
– Dabei sind Schüler- und Lehrerexperiment jedoch nicht Bestandteil eines induktiven Vorgehens, bei dem der handelnde Umgang mit Versuchsanordnungen bzw. die Beobachtung von Phänomene der theoretischen Fragestellung vorgelagert sind.
– Schließlich wird die verfügbare Unterrichtszeit zur Erarbeitung und Konsolidierung von Sachverhalten optimal ausgenutzt.

4. Multikriterialität des Unterrichts: Verträglichkeits- und Balanceprobleme?

Schule ist ein Unternehmen, das unterschiedliche und teilweise konkurrierende Zielsetzungen gleichzeitig verfolgt. In gelingenden Bildungsprozessen vollzieht sich nach allgemein geteilter Vorstellung die gleichmäßige Entwicklung kognitiver, sozialer und emotionaler Fähigkeiten. Alle Schulzielbestimmungen der Länder nehmen diese Gedanken in der einen oder anderen Formulierung auf. In diesem Zielbündel verbinden sich fachliche und überfachliche Qualifikationserwartungen mit der Leitvorstellung des selbstständigen und motivierten Lerners und der regulativen Idee einer sozial kompetenten und zugleich verantwortungsbewussten, psychisch stabilen und mit sich selbst identischen Persönlichkeit. Darüber hinaus soll die Schule auch Ansprüchen distributiver Gerechtigkeit genügen, nach denen sich die möglichst optimale Förderung eines jeden Einzelnen mit der Sicherung der notwendigen Qualifikationsvoraussetzungen für eine verantwortliche Teilhabe an Beruf und Gesellschaft für alle verbindet. In Bezug auf die gymnasiale Oberstufe werden diese allgemeinen Schulzielbestimmungen unter den Gesichtspunkten vertiefter Allgemeinbildung, Wissenschaftspropädeutik und Studierfähigkeit präzisiert. Neben einem vertieften Orientierungswissen in wechselseitig nicht austauschbaren

Lernfeldern stehen das selbstregulierte und kompetente Lernen und die Entwicklung adäquater Wissenschaftsvorstellungen – also Gesichtspunkte, die wir in den Kapiteln IV und VI behandelt haben – im Vordergrund.

Es ist keineswegs selbstverständlich, dass es gelingt, die unterschiedlichen Ziele gleichzeitig und gleich gut zu erreichen. Vielmehr ist in der praktischen Pädagogik die Ansicht verbreitet, dass im Alltag von Schule und Unterricht erhebliche Verträglichkeitsprobleme aufträten, die Optimierungsentscheidungen verlangten. Dieses Argument wird immer dann virulent, wenn in Teilbereichen Probleme bei der Zielerreichung diagnostiziert werden. Fallen die Fachleistungen weniger gut als erwartet aus, könnte diese Schwäche zum Beispiel durch Stärken im Erwerb fachübergreifender Kompetenzen kompensiert werden. Um Probleme mehrdimensionaler Zielerreichung in Schule und Unterricht in nicht defensiver Weise diskutieren zu können, sind zwei notwendige Unterscheidungen zu treffen. Es sind zum einen individuelle und institutionelle Analyseebenen zu trennen, da auf beiden Ebenen unter Umständen unterschiedliche Zusammenhänge zu erwarten sind, und zum anderen strukturelle und intentionale Verträglichkeitsprobleme zu unterscheiden.

Auf individueller Ebene lässt sich zunächst ein – wie wir es nennen wollen – Kompetenz-Motivationssyndrom identifizieren. Zwischen beiden Merkmalskomplexen sind regelmäßig Zusammenhänge mäßiger bis mittlerer Stärke nachweisbar. Lernen vollzieht sich im Zusammenspiel von Motivation, metakognitiver und volitionaler Steuerung, Kompetenzrückmeldung und der Entwicklung selbstbezogener Kognitionen. In entwicklungspsychologischer Perspektive verstärken sich im Grundschul- und Jugendalter die Zusammenhänge zwischen Leistung, Motivation und selbstbezogenen Kognitionen. Dies hängt mit einer zunehmend differenzierten Wahrnehmung sozialer Umwelten und einer wachsenden Veridikalität selbstbezogener Kognitionen zusammen (Helmke, 1993). Spätestens mit der Ausdifferenzierung eines von Fachlehrkräften erteilten Fachunterrichts in der Sekundarstufe I schlagen Kompetenzinformationen in schulischen Teilgebieten aber immer weniger auf die Selbstbeurteilung einer Person insgesamt durch. Die Kompetenz-Motivationssyndrome werden enger und zugleich bereichsspezifischer.

Ganz anders scheinen die Verhältnisse auf institutioneller Ebene zu liegen. Hier sind in der Pädagogik Vorstellungen über strukturelle Verträglichkeitsprobleme vorherrschend, nach denen fachliches Lernen und überfachliche Qualifikation, Qualifikationsleistungen und erzieherische Wirkungen oder Qualifikationsleistungen und distributive Gerechtigkeit in einem Spannungsverhältnis stehen sollen. Maximierung in einem Zielbereich habe notwendigerweise Einbußen in einem anderen zur Folge. Schon die selektive Aufmerksamkeit, die einem schulischen Teilbereich etwa durch eine internationale Mathematik- und Naturwissenschaftsstudie zuteil werde, könne die Kaskade unerwünschter Nebenfolgen in Gang setzen. In dieser Sicht kann schon die von der Schulaufsicht oder in der Öffentlichkeit geäußerte normative Erwartung auf verbesserte Fachleistungen zu erhöhtem Unterrichtstempo, einem Verzicht auf stärker verständnisorientierte und zeitaufwendige Unterrichtsverfahren, zur Reduktion der Inhalte auf leicht abfragbare und abprüfbare Sachverhalte, zu höherem Leistungsdruck, stärkerem Wettbewerb, uniformerer Unterrichtsgestaltung und Verschlechterung der affektiven Qualität der Schüler-Lehrer-Beziehung führen – mit langfristig negativen Folgen für die Lernmotivation, das allgemeine Wohlbefinden in der Schule, den Erwerb sozialer Kompetenzen und nicht zuletzt für sinnstiftendes Lernen selbst. Gleichzeitig könnten Grundsätze der Verteilungsgerechtigkeit verletzt werden, wenn schwächere Schüler, die einen höheren Zeitaufwand für den Erwerb notwendiger Kompetenzen benötigten, aus diesem Wettlauf als Verlierer hervorgingen.

Neben diesen strukturellen Spannungen kann man auch intentionale Verträglichkeitsprobleme nicht ausschließen. Trotz der Vorgabe allgemeiner Schulziele besitzen der einzelne Lehrer oder die einzelne Schule – glücklicherweise – beträchtlichen Spielraum, dieses Zielbündel zu interpretieren und mit Akzenten zu versehen. Schulprofile beruhen auf der Ausnutzung dieses Entscheidungsspielraums. Werden unterschiedliche Profile in die pädagogische Praxis umgesetzt, ergeben sich spezifische Muster von Lernanlässen, die sich quantitativ und qualitativ unterscheiden können. In diesen Fällen könnte durchaus mit Kompensationsbeziehungen zu rechnen sein, etwa wenn ein musisch-ästhetischer Schwerpunkt auf Kosten eher akademischer Veranstaltungen mehr Unterrichtszeit erhält. Will man solchen Programmen gerecht werden, ist immer eine mehrkriteriale Betrachtung erforderlich. Mit diesem Argumentationsmuster sind zum Beispiel die je nach Zielbereich unterschiedlichen Ergebnismuster der Gesamtschuluntersuchungen verarbeitet worden, die Fend in den 1970er Jahren durchgeführt hat (Fend, 1982).

Engt man das Konzept der Fachleistung allerdings nicht – wie es häufig geschieht – in sachlich unbegründeter Weise auf reproduzierbares Faktenwissen ein, sondern subsumiert darunter das gesamte Spektrum fachlicher Kompetenzen, lassen sich die weitgehenden Annahmen struktureller Unverträglichkeit zumindest teilweise in Frage stellen. Es ist zum Beispiel nicht plausibel anzunehmen, dass der auf individueller Ebene stabile Zusammenhang zwischen Motivation, Metakognition und Kompetenzerwerb auf institutioneller Ebene aufgelöst werden sollte. Bei der Förderung von Lernmotivation und Fachleistung im breiten Sinne könnte es sich durchaus um gekoppelte Zielsetzungen handeln, deren Erreichen voneinander abhängig ist. Um ein schönes Bild von Hentigs (1985) zu verwenden: „Die Sachen klären und die

Menschen stärken" ist in der Institution Schule nur in einem *einzigen* pädagogischen Prozess denkbar, den man nur zum Schaden *beider* Zielsetzungen auflösen kann. Auf der Unterrichtsebene wären es dann verständnis- *und* schülerorientierte Unterrichtsstrategien, die jungen Menschen helfen, in der aktiven Auseinandersetzung mit einer Sache subjektiv Sinn zu konstituieren, Kompetenzzuwachs zu erfahren und damit Stärke zu gewinnen. Im Jugend- und jungen Erwachsenenalter wird dieser Vorgang, wenn er gelingt, mehr und mehr bereichsspezifisch sein. Die Generalisierung von Kompetenzerleben (oder Versagenserfahrungen) auf die gesamte Person hängt im hohen Maße davon ab, inwieweit die regelmäßige Beschäftigung mit einer Sache Kernbereiche der Identität berührt oder in totalen Institutionen (Goffman, 1973) vor sich geht, in denen – um mit Dreeben (1980) zu sprechen – nicht spezifische Leistungen oder Kompetenzen, sondern der Mensch diffus als ganzer beurteilt wird. In komplexeren Sachverhalten ist Verständnis – und das heißt die Sache klären und sich zu eigen machen – ohne individuelle Sinnkonstruktion schwer vorstellbar. Umgekehrt könnte eine Vernachlässigung des Unterrichts als des primären Institutionszwecks der Schule zu Gunsten der unmittelbaren und direkten Stärkung von Personen langfristig zu einer Schwächung der normativen Integrationskraft der Einrichtung insgesamt und damit auch zu einer Schwächung der intendierten erzieherischen Wirkungen führen.

Wie sieht nun die Befundlage der Forschung aus? Für die Sekundarstufe I gibt es mehrfach replizierte Ergebnisse, die besagen, dass eine optimale individuelle Förderung und der gleichzeitige Ausgleich von Leistungsunterschieden in einem Spannungsverhältnis stehen, das mehr oder weniger optimal balanciert, aber im Rahmen des üblichen Klassenunterrichts kaum aufgelöst werden kann (Treiber & Weinert, 1985; Baumert u.a., 1986, 1987; Weinert & Helmke, 1987; Helmke, 1988). In der Grundschule scheint dieses Verträglichkeitsproblem allerdings nicht in gleicher Schärfe aufzutreten (Treinies & Einsiedler, 1996; Weinert & Helmke, 1997).

Für die Verträglichkeit kognitiver und affektiver Zielkriterien von Unterricht gibt es ebenfalls einige Arbeiten, deren Ergebnisse – von einem unklaren Befund abgesehen – weitgehend konsistent sind. Für die Grundschule konnten Schrader, Helmke und Dotzler (1997) zeigen, dass die Leistungsentwicklung im Fach Mathematik weitgehend unabhängig von der motivationalen Entwicklung – indiziert durch die Entwicklung des Selbstkonzepts der mathematischen Befähigung, der Einstellung zum Fach Mathematik und der Leistungsangst – verläuft. Ein zunehmendes Verständnis von mathematischen Modellierungsaufgaben geht jedoch mit einer relativen Verbesserung der Einstellung zum Mathematikunterricht ($r = .31$) einher. Effektive Klassenführung und Klarheit der Instruktion stehen in positivem Zusammenhang sowohl mit der Leistungs- als auch mit der Motivationsentwicklung.

Auf der Basis von Daten der so genannten Münchener Hauptschulstudie berichten Helmke und Schrader (1990) für die 5. Jahrgangsstufe einen positiven Zusammenhang zwischen Entwicklung der mittleren Mathematikleistungen auf Klassenebene und der Entwicklung des Selbstkonzept der mathematischen Befähigung ($r = .36$). Der in der Tendenz positive Zusammenhang zwischen Leistungsentwicklung und Einstellung zum Mathematikunterricht wird nicht signifikant. Effektive Unterrichtsführung und Klarheit der Instruktion begünstigen wiederum die doppelte Zielerreichung. Für weitere Unterrichtsmerkmale sind zielspezifische Wirkungen nachweisbar – so wirkt sich eine günstige Lehrer-Schüler-Beziehung positiv auf die Einstellung zum Mathematikunterricht aus, nicht jedoch auf die Leistungsentwicklung[1].

Gruehn (1995) schließlich kann die Befunde von Helmke und Schrader auf der Grundlage einer großen Stichprobe von 137 Klassen aus Schulen aller Schulformen in der Grundstruktur für die 7. Jahrgangsstufe bestätigen. Leistungs- und Motivationsentwicklung im Fach Mathematik variieren praktisch unabhängig voneinander, und Zielunverträglichkeiten auf der Ebene von Unterrichtsstrategien lassen sich nicht nachweisen. Vielmehr liefert die Studie Hinweise auf Kumulierungseffekte. Gruehn (1995) fasst ihre Ergebnisse folgendermaßen zusammen: „Wichtigstes Ergebnis dieser Untersuchung ist der Sachverhalt, daß sich kognitive und nichtkognitive Ziele im Unterricht vereinbaren lassen – ein leistungssteigernder Unterricht muß nicht zwangsläufig eine negative Entwicklung im affektiv-motivationalen Bereich nach sich ziehen. Im Gegenteil, eine positive Gesamtentwicklung scheint weniger auf einer Ausbalancierung unterschiedlich wirksamer Unterrichtsmerkmale zu beruhen als auf der Kombination verschiedener didaktischer Konzepte mit unterschiedlicher Wirkung auf einzelne Merkmale des Schülers/der Schülerin, die in ihrer Summe ein äußerst effizientes Unterrichtsmodell ergeben." (S. 549 f.) Gleichzeitig darf man aber ungewollte Nebeneffekte sozialer Vergleichsprozesse auf die motivationale Entwicklung nicht übersehen, wie sie etwa Marsh in einer Reihe von Aufsätzen zum so genannten *Big-fish-little-pond*-Effekt dokumentiert hat und wir in Kapitel V dieses Bandes für soziale Vergleiche im Kurssystem der gymnasialen Oberstufe belegt haben (vgl. Marsh & Parker, 1984; Marsh u.a., 1995; Marsh & Rowe, 1996). Die Zugehörigkeit zu einer leistungsstarken Gruppe kann auch Kosten im motiva-

---

[1] Weinert und Helmke (1987) und Helmke und Weinert (1997) publizierten auf der Basis desselben Datensatzes ein Pfadmodell, bei dem ein negativer Einfluß der Intensität der Zeitnutzung auf die Einstellung zum Mathematikunterricht zwei Jahre später postuliert wird. Für das Modell werden keine Anpassungsindizes oder Kovarianzmatrizen berichtet, sodass nicht beurteilbar ist, ob das Modell eine adäquate Repräsentation der Datenstruktur darstellt. Geht man von den bei Helmke und Schrader (1990) berichteten Einfachkorrelationen aus, ist das Pfadmodell an verschiedenen Stellen nicht einleuchtend.

tionalen Bereich haben. Derartige strukturelle Kompatibilitätsprobleme werden jedoch in der Pädagogik in der Regel übersehen.

Diese Befunde sind der Ausgangspunkt für multikriteriale Analysen im Rahmen von TIMSS/III. Da TIMSS in der Oberstufe auch in Deutschland als Querschnittsuntersuchung angelegt ist, können wir die Verträglichkeit unterschiedlicher Zielkriterien nicht in einer Entwicklungsperspektive untersuchen. TIMSS erlaubt es jedoch, ein Zustandsbild am Ende eines relativ homogenen und zu einem gemeinsamen Abschluss führenden Bildungsgangs zu zeichnen. Für die Kompatibilitätsanalysen wollen wir vier Kriteriengruppen – Fachverständnis, fachspezifische Motivation, allgemeine Schulfreude und fachunabhängige, generalisierte Persönlichkeitsmerkmale – simultan berücksichtigen. Aufgrund unserer theoretischen Ausgangsüberlegungen erwarten wir, dass sich auf der Ebene von Lerngruppen bzw. Kursniveaus innerhalb einer Schule relativ straffe Zusammenhänge zwischen Indikatoren des Fachverständnisses und fachspezifischer Motivation nachweisen lassen. Die Zusammenhänge sollten als Folge der Ausdifferenzierung der Unterrichtsstruktur in der Sekundarstufe II straffer als in der Grundschule oder Sekundarstufe I sein: Die Kopplung wird jedoch weitgehend bereichsspezifisch sein; Zusammenhänge zwischen der mittleren Ausprägung bereichsspezifischer Merkmale auf Lerngruppen- bzw. Kursniveauebene und generalisierten Einstellungen oder selbstbezogenen Kognitionen sind nur dann zu vermuten, wenn der jeweilige Sachbereich im Prinzip für alle Kursbesucher herausgehobene persönliche Bedeutung hat. Wenn überhaupt, ist diese Voraussetzung am ehesten im Physikleistungskurs gegeben. Tabelle VII.13 fasst die ausgewählten Zielkriterien noch einmal zusammen.

Ein Blick auf die Interkorrelationen zwischen auf Kursniveau aggregierten Indikatoren für mathematisches Fachverständnis einerseits und motivationalen Merkmalen bzw. selbstbezogenen Kognitionen andererseits erlaubt eine erste Prüfung der Unverträglichkeitsannahmen (vgl. Tab. VII.14). Wir verzichten hier bewusst auf eine Trennung individueller und institutioneller Zusammenhänge, da wir ausschließlich an den konfundierten Bruttoeffekten interessiert sind, wie sie Lehrkräften in der Arbeit mit der Lerngruppe begegnen. Konsistent straffe Zusammenhänge zwischen Merkmalen des Fachverständnisses – also sowohl Testleistungen als auch epistemologischen Überzeugungen – und bereichsspezifischen Motivationsmerkmalen wie Selbstkonzept der mathematischen Befähigung, Mathematikinteresse und Prüfungsangst sprechen für die Kopplung domänenspezifischer Zielkriterien – trotz der gegenläufigen Wirksamkeit möglicher sozialer Aufwärtsvergleiche. Erwartungsgemäß sind die Zusammenhänge auch enger als in der Mittelstufe. Es gibt keine Hinweise auf *strukturelle* Verträglichkeitsprobleme. Eine Generalisierung der Zusammenhänge über den engeren mathematischen Bereich hinaus ist erwartungsgemäß

Tabelle VII.13: Ausgewählte Zielkriterien des Unterrichts[1]

Fachverständnis	Bereichsspezifische Motivationsmerkmale	Generalisierte Einstellungen und selbstbezogene Kognitionen
Mathematik		
Testleistung in Mathematik	Selbstkonzept der mathematischen Befähigung	
Epistemologische Überzeugungen	Sachinteresse an Mathematik	
Relativistische Mathematikkonzeption	Prüfungsangst in Mathematik	
Realistische Mathematikkonzeption		
Schematische Mathematikkonzeption		
Instrumentelle Relevanz von Mathematik		Schulfreude
		Selbsteingeschätzte Kompetenz zur Bewältigung zukünftiger Aufgaben
		Selbstwert
Physik		
Testleistung in Physik	Selbstkonzept der physikalischen Befähigung	
Epistemologische Überzeugungen	Sachinteresse an Physik	
Relativistische Physikkonzeption	Prüfungsangst in Physik	
Erkenntnis- und Wahrheitsanspruch von Physik		
Schematische Physikkonzeption		
Gesellschaftliche Relevanz von Physik		
Alltagsrelevanz von Physik		

[1] Beschreibungen der Instrumente einschließlich Beispielitems und statistischer Kennwerte befinden sich in Kapitel VI dieses Bandes.

IEA. Third International Mathematics and Science Study. © TIMSS/III-Germany

nicht ohne weiteres möglich. Die mittlere Schulfreude, das Selbstwertgefühl und mit Einschränkungen auch die subjektiv wahrgenommene Kompetenz, zukünftige Anforderungen bewältigen zu können, variieren praktisch unabhängig vom erreichten Fachverständnis.

Berechnet man die Korrelationen getrennt für Grund- und Leistungskurse, wird das bereichsspezifische Zusammenhangsmuster konsistent repliziert, wenn auch die Korrelationen aufgrund der reduzierten Varianz etwas niedriger ausfallen. Verläßt man die fachliche Domäne, verändert sich das Bild. Auf Grundkursniveau ist überhaupt keine Generalisierung der bereichsspezifischen Zusammenhänge anzutreffen. Dieser Befund ist durchaus theoriekonform. Der Grundkursbesuch ist obligatorisch und kein Zeichen für die subjektive Bedeutsamkeit von Mathematik. Auf Leistungskursniveau dagegen ist das beschriebene Grundmuster in abgeschwächter Form wiederzuerkennen. Gleichzeitig gibt es auf dieser Ebene einen stabilen Zusammenhang zwischen aggregierten Merkmalen des Fachverständnisses und der

Tabelle VII.14: Interkorrelationen zwischen kognitiven und motivationalen Zielkriterien im Mathematikunterricht der gymnasialen Oberstufe (auf der Ebene von Kursniveaus innerhalb einer Schule)

Motivationale Merkmale/ selbstbezogene Kognitionen/Fachleistung	Mathematikleistung	Fachverständnis			
		Epistemologische Überzeugungen			
		Relativistische Konzeption	Realistische Konzeption	Schematische Konzeption	Instrumentelle Relevanz
Selbstkonzept der mathematischen Befähigung	.73**	.48**	−.39**	−.43**	.57**
Sachinteresse an Mathematik	.69**	.59**	−.28**	−.33**	.72**
Prüfungsangst in Mathematik	−.46**	−.19*	.21**	.21**	−.32**
Schulfreude	.10	.19*	−.04	−.07	.18*
Zukunftskompetenz	.13	.23*	−.25**	−.25**	.02
Selbstwert	.06	.08	−.14	−.02	.02
Mathematikleistung	1.00	.39**	−.36**	−.34**	.61**

* $p < .05$, ** $p < .01$.
Datenbasis: Für die Analyse der Fachleistung $n = 139$, für die Leistungsdaten vorliegen, in den übrigen Analysen $n = 146$ Kurse mit fünf oder mehr Schülern.
IEA. Third International Mathematics and Science Study. © TIMSS/III-Germany

Schulfreude. Die Korrelationen liegen für das Merkmal der instrumentellen Relevanz bei $r = .20$, für das relativistische Weltbild bei $r = .27$ und für die Testleistung bei $r = .32$.

Nimmt man in die Reihe der Zielkriterien noch die Vermittlung von Lernstrategien und die soziale Anerkennung in der Lerngruppe auf, so lassen sich in einer Hauptkomponentenanalyse zwei unabhängig voneinander variierende Bündel von Zielkriterien identifizieren (Tab. VII.15). Eine Zweifaktorenlösung erklärt 60 Prozent der institutionellen Varianz der Zielkriterien. Die erste Hauptkomponente, die einen Varianzanteil von 41 Prozent bindet, lässt sich als bereichsspezifisches Verständnis- und Motivationssyndrom interpretieren. Hier gehen die Klärung der Sache und die Stärkung der Personen offensichtlich zusammen. Eine zweite orthogonale Hauptkomponente, auf die 18 Prozent der Varianz entfällt, wird durch generalisierte Persönlichkeits- und Einstellungsmerkmale aufgemacht. Dieser klare faktorielle Befund zeigt eine Struktur des Verhältnisses von kognitiven und motivationalen Zielkriterien, die innerhalb einer Domäne durch Zielkopplung und domänenübergreifend tendenziell durch Unabhängigkeit der Zielkriterien gekennzeichnet ist. Strukturell angelegte Verträglichkeitsprobleme sind nicht zu erkennen.

Tabelle VII.15: Ergebnisse der varimax-rotierten Hauptkomponentenanalyse über kognitive und motivationale Zielkriterien des Mathematikunterrichts auf institutioneller Ebene ($n = 146$)

Merkmale	Ladungen[1]	
	1. Hauptkomponente (41 % Varianz)	2. Hauptkomponente (18 % Varianz)
Fachverständnis		
Mathematikleistung	.83	
Instrumentelle Relevanz von Mathematik	.85	
Relativistische Konzeption von Mathematik	.76	
Lernstrategien		
Nutzung von Elaborationsstrategien	.68	
Bereichsspezifische Motivation		
Selbstkonzept der mathematischen Befähigung	.85	
Sachinteresse Mathematik	.91	
Prüfungsangst in Mathematik	–.60	
Generalisierte Einstellungen und selbstbezogene Kognitionen		
Schulfreude		.45
Soziale Anerkennung		.60
Zukunftskompetenz		.82
Selbstwert		.76

[1] Ladungen < .40 nicht aufgeführt.
IEA. Third International Mathematics and Science Study. © TIMSS/III-Germany

Das Muster der bereichsspezifischen Verträglichkeit von kognitiven und motivationalen Zielkriterien und ihrer bereichsübergreifenden Unabhängigkeit wiederholt sich auf der Ebene von Zusammenhangsanalysen zwischen Unterrichtskriterien und Merkmalen der Unterrichtsgestaltung. Um Zusammenhänge zwischen Unterrichtsführung und unterschiedlichen Zielkriterien systematisch zu prüfen, wurden wiederum Mehrebenen-Analysen gerechnet, bei denen auf der aggregierten Ebene des Kursniveaus innerhalb einer Schule die jeweilige Zielerreichung anhand der vier didaktischen Merkmale: Verständnisorientierung, Anwenden, Schulung von Fertigkeiten und Rezeptivität des Unterrichts geschätzt wird, wobei gleichzeitig die Zusammenhänge auf individueller Ebene mitmodelliert werden. Bei allen Analysen wurde dasselbe Modell spezifiziert (vgl. Tab. VII.16). Für die Analyse der Fachleistungen im engeren Sinne konnten 139 Kurse, für die übrigen Analysen 146 Kurse mit fünf oder mehr Schülern berücksichtigt werden. Bei der Untersuchung der mathematischen Fachleistungen wurden die Mehrebenen-Analysen für alle fünf *Plau-*

Tabelle VII.16: Ergebnisse der Regression von kognitiven und motivationalen Zielkriterien des Unterrichts auf Merkmale der Unterrichtsführung im Fach Mathematik (Regressionskoeffizienten aus HLM unter Kontrolle der Effekte auf Individualebene, Prädiktoren auf Individualebene wurden am Gesamtmittelwert zentriert)

Unterrichtsstrategien	Zielkriterien							
	Fachleistung	Epistemologische Überzeugungen			Lernstrategien		Selbstkonzept	Sachinteresse
		Relativistische Konzeption	Instrumentelle Relevanz	Schemaorientierung	Elaboration	Transformation	Mathematik	Mathematik
Verständnisorientierung	.33*	.19**	.12(*)	–.32**	.00	.22**	.29**	.33**
Anwenden	–.04	.13*	.13(*)	.07	.06	–.26**	–.04	.02
Schulung von Fertigkeiten	–.09	–.02	.07	.19**	.20**	–.33**	–.03	.16(*)
Rezeptiver Unterricht	–.21(*)	–.03	–.13(*)	–.02	–.14*	.10	–.10	–.18(*)
R^2 (Kursebene)	.12	.36	.44	.38	.53	.43	.20	.38
R^2 (Gesamt)	.06	.03	.10	.06	.10	.04	.06	.11

(*) $p < .10$, * $p < .05$, ** $p < .01$.
Datenbasis: Für die Analyse der Fachleistung $n = 139$, für die Leistungsdaten vorliegen, in den übrigen Analysen $n = 146$ Kurse mit fünf oder mehr Schülern.
IEA. Third International Mathematics and Science Study.   © TIMSS/III-Germany

sible Values wiederholt und die Ergebnisse nach Rubin (1987) gemittelt. In Tabelle VII.16 werden die standardisierten Regressionskoefizienten der institutionellen Ebene des hierarchisch-linearen Modells berichtet. Die Ergebnisse der Regressionsanalysen zeigen über die vier Kriterien hinweg bemerkenswerte strukturelle Ähnlichkeiten, auch wenn die Enge der Zusammenhänge je nach Zielkriterium schwankt. Verständnisorientierte Unterrichtsstrategien stehen in systematischem und substantiellem Zusammenhang mit den Bereichen von Unterrichtszielen kognitiver *und* motivationaler Art, während der typische Rezeptionsunterricht tendenziell mit negativen Effekten im kognitiven *und* motivationalen Bereich einhergeht. Kurvenlineare Zusammenhänge, die darauf hinweisen, dass zu hohe Ansprüche in der Aufgabenstellung oder zu hohe Verständniserwartung zu Überforderung und dann zu einem Verlust an Interesse oder zu einer Beeinträchtigung des Fähigkeitsselbstkonzepts führen, sind – wie Prüfungen gezeigt haben – nicht erkennbar. Von hohem Interesse sind die offensichtlich differentiellen Auswirkungen von Anwendungsorientierung und Fertigkeitsschulung im Mathematikunterricht. Während sich kein Zusammenhang zwischen verstärkter Anwendungsorientierung und Fachleistungen im engeren Sinne oder motivationalen Merkmalen nachweisen lässt, scheint dieses didaktische Vorgehen sehr wohl die epistemologischen Vorstellungen von Mathematik und Mathematiklernen zu beeinflussen: Das Bewusstsein für den konstruktiven Charakter und die gesellschaftliche Bedeutung von Mathematik, aber auch eine gewisse Neigung zum Schematismus scheinen verstärkt zu werden. Dass bei einer intensiveren Anwendungsorientierung, die vor allem in Phasen der Konsolidierung sichtbar wird, Transformationsstrategien weniger zum Zug kommen, ist plausibel. Der bewusste Wechsel zwischen unterschiedlichen Repräsentationsformen von Sachverhalten ist eine typische Strategie der Erarbeitung neuer Sachverhalte. Die Schulung von Fertigkeiten unterstützt erwartungsgemäß eine schematische Vorstellung von Mathematik, fordert offenbar aber auch gleichzeitig dazu heraus, das neuerworbene Wissen systematisch mit dem Vorwissen zu verknüpfen. Dass wiederum Transformationsstrategien in einem Unterricht, der besonderen Wert auf die Sicherung von Fertigkeiten legt, wenig Raum haben, spricht für die Konsistenz der Befunde.

Werfen wir einen Blick auf die Verhältnisse im Physikunterricht (Tab. VII.17). Auch hier ist das für den Mathematikunterricht beschriebene bereichsspezifische Verständnis- und Motivationssyndrom auf institutioneller Ebene zu erkennen. Ver-

Tabelle VII.17: Interkorrelationen zwischen kognitiven und motivationalen Zielkriterien im Physikunterricht der gymnasialen Oberstufe (auf der Ebene von Kursniveaus innerhalb einer Schule)

Motivationale Merkmale/ selbstbezogene Kognitionen/Fachleistung	Physikleistung	Fachverständnis				
		Epistemologische Überzeugungen				
		Realistische Konzeption	Erkenntnis- und Wahrheitsanspruch	Schematische Konzeption	Gesellschaftliche Relevanz	Alltagsrelevanz
Selbstkonzept der physikalischen Befähigung	.64**	.46*	.07	–.03	.46**	.40**
Sachinteresse an Physik	.76**	.52**	.21*	–.03	.50**	.58**
Prüfungsangst in Physik	–.22*	–.30**	–.28**	.08	–.41**	–.48**
Schulfreude	.08	.18*	–.06	.15	.10	.09
Zukunftskompetenz	.10	.13	–.06	–.07	.18	.08
Selbstwert	.03	.18	.18	.14	.23*	.11
Physikleistung	1.00	.23*	–.13	–.13	.32**	.33**

* $p < .05$, ** $p < .01$.
Datenbasis: Für die Analyse der Fachleistung $n = 100$ mit drei oder mehr Schülern, für die Leistungsdaten vorliegen, in den übrigen Analysen $n = 106$ Kurse mit fünf oder mehr Schülern.
IEA. Third International Mathematics and Science Study. © TIMSS/III-Germany

ständnis der Sache einerseits und Interesse, fachliches Selbstvertrauen und geringe Beeinträchtigung durch Prüfungsangst andererseits sind offensichtlich gekoppelte Zielkriterien, die sich wechselseitig stützen. Generalisierte Einstellungen und selbstbezogene Kognitionen variieren von diesem bereichsspezifischen Syndrom weitgehend unabhängig.

Differenziert man nach Kursniveaus, erhält das Gesamtbild wiederum zusätzliche Nuancen. Die Zusammenhänge im fachbezogenen Verständnis- und Motivationssyndrom bleiben strukturell unverändert; die Korrelationen sinken aufgrund der eingeschränkten Varianz nur leicht. Betrachtet man die generalisierten Einstellungen und selbstbezogenen Kognitionen, so zeigen sich auf Leistungskursniveau systematische Zusammenhänge zwischen mittlerer Physikleistung einerseits und Schulfreude ($r = .36$) bzw. Zukunftskompetenz ($r = .29$) andererseits. Die Korrelation zwischen mittlerer Physikleistung und durchschnittlichem Selbstwert ist positiv, wird aber nicht signifikant. Auf Grundkursniveau verkehrt sich das Bild tendenziell. Die Zusammenhänge zwischen mittlerer Physikleistung und generalisierten Einstellungen und selbstbezogenen Kognitionen sind in der Tendenz negativ und werden für das Selbstwertgefühl mit $r = -.36$ signifikant. Danach könnte in physikalischen Grundkursen ein steigendes Leistungsniveau mit Beeinträchtigungen des Selbstwerts – möglicherweise durch zunehmenden Druck – erkauft werden. Dies gibt noch einmal Gelegenheit, auf unsere Befunde zu einer im Vergleich zu Leistungskursen ungünstigeren didaktischen Gestaltung der physikalischen Grundkurse hinzuweisen (Abschnitt 3 dieses Kapitels).

Ein näherer Blick auf Tabelle VII.17 zeigt einen weiteren Befund, der Fachdidaktiker im Grunde irritieren muss. Ein logico-empiristisches Wissenschaftsverständnis mit dezidierten Erkenntnis- und Wahrheitsansprüchen korreliert auf Kursebene systematisch mit dem Physikinteresse, dem Selbstkonzept der physikalischen Befähigung und geringer Prüfungsangst – Merkmale, die wiederum in systematischem Zusammenhang mit den Physikleistungen stehen. Hier scheint ein im Prinzip auf Verständnis angelegter Unterricht ein sehr traditionelles physikalisches Weltbild zu transportieren.

Anhand einer Hauptkomponentenanalyse über kognitive und motivationale Zielkriterien des Unterrichts hinweg (vgl. Tab. VII.18) lässt sich parallel zum Mathematikunterricht ein bereichsspezifisches Kriterienbündel, in dem kognitive und motivationale Aspekte zusammengehen (36 % Varianz), von generalisierten motivationalen Merkmalen, die eine weitere Komponente bilden (13 % Varianz), absetzen. Prüfungsangst – fachspezifisch erhoben – ist offensichtlich nicht nur ein bereichsspezifisches Phänomen, sondern lädt auch auf die generalisierten Motivationskom-

Tabelle VII.18: Ergebnisse der varimax-rotierten Hauptkomponentenanalyse über kognitive und motivationale Zielkriterien des Physikunterrichts auf institutioneller Ebene (n = 106)

Merkmal	Ladungen[1]		
	1. Hauptkomponente (36 % Varianz)	2. Hauptkomponente (15 % Varianz)	3. Hauptkomponente (13 % Varianz)
Fachverständnis			
Physikleistung	.87		
Gesellschaftliche Relevanz		.74	
Erkenntnis- und Wahrheitsanspruch		.89	
Realistische Konzeption		.55	
Relativistische Konzeption von Physik[2]	•	•	•
Lernstrategien			
Nutzung von Elaborationsstrategien	.48	.52	
Bereichsspezifische Motivation			
Selbstkonzept der physikalischen Befähigung	.79		
Sachinteresse Physik	.88		
Prüfungsangst in Physik	–.49		–.40
Generalisierte Einstellungen und selbstbezogene Kognitionen			
Schulfreude			.44
Zukunftskompetenz			.78
Selbstwert			.82

[1] Ladungen < .40 nicht aufgeführt.
[2] Eigene Dimension.
IEA. Third International Mathematics and Science Study. © TIMSS/III-Germany

ponenten. Im Unterschied zur Mathematik machen die epistemologischen Überzeugungen einen eigenen Faktor (15 % Varianz) auf. Die Hauptkomponentenanalyse fasst noch einmal die bereits in Tabelle VII.17 erkennbaren Befunde ökonomisch zusammen.

In einem letzten Schritt soll auch für Physik geprüft werden, ob es auf der Ebene der von uns erfassten Unterrichtsmerkmale möglicherweise Verträglichkeitsprobleme im Hinblick auf differierende Unterrichtskriterien gibt. Wir haben deshalb wiederum im Rahmen des hierarchisch-linearen Modells Regressionsanalysen von kognitiven und motivationalen Kriterien auf Unterrichtsmerkmalen berechnet. In die Analysen mit der Physikleistung als abhängiger Variablen gingen 100 Niveaukurse mit mindestens drei Kursteilnehmern ein (vgl. Abschnitt 2 dieses Kap.). Für die übrigen Analysen konnten 106 Niveaueinheiten mit mindestens fünf Teilnehmern berücksichtigt werden.

Tabelle VII.19, in der die standardisierten HLM-Regressionskoeffizienten auf institutioneller Ebene ausgewiesen sind, faßt die Ergebnisse der Analysen zusammen. Konsistent mit den Befunden von Gruehn (1995) lassen sich keine offensichtlichen Verträglichkeitsprobleme identifizieren. Die Zusammenhänge zwischen Prädiktoren und abhängigen Variablen sind – konzentriert man sich auf die Richtung der Zusammenhänge, ohne die differentiellen statistischen Prüfungen zu berücksichtigen – über die Kriterien hinweg logisch konsistent. Folgende zentrale Befunde lassen sich herauspräparieren: Ein verständnisorientierter Unterricht, der auf ein induktives Vorgehen weitgehend verzichtet, sondern die theoretischen Modellannahmen vor der Betrachtung empirischer Phänomene expliziert, scheint ebenso, wie ein Unterricht, in dem das Schülerexperiment – gegebenenfalls mit Rechnerunterstützung – seinen festen Platz hat, ein gutes Fundament für mehrdimensionale Zielerreichung zu sein. Das Schülerexperiment scheint tendenziell den physikalischen Verständnisprozeß und die Überzeugung von der praktischen Relevanz der Physik zu stützen, den Einsatz von verständnisvollen Lernstrategien zu fördern und sich gegenüber Memorierstrategien sperrig zu erweisen sowie auf das Kompetenzbewußtsein und das Sachinteresse stabilisierend zu wirken. Sowohl unter kognitiven als auch unter motivationalen Gesichtspunkten scheint das induktive Vorgehen, bei dem die Theorie oder das Modell aus der Anschauung entwickelt werden soll, ein kritisches Vorgehen zu sein: Es werden weder wünschenswerte Motivations- noch Verständnisprozesse eingeleitet. Bemerkenswert ist auch die positive Bedeutung einer klugen und ökonomischen Nutzung der Unterrichtszeit im Hinblick auf die Erreichung kognitiver und motivationaler Ziele. In einem Physikunterricht, in dem die Zeit keine wichtige und knappe Ressource des Wissenserwerbs ist, werden nicht nur das Fachverständnis, sondern auch die Selbsteinschätzung der eigenen Kompetenz und das Sachinteresse beeinträchtigt.

Zusammenfassung

Aufgrund der querschnittlichen Anlage kann TIMSS/III nicht die zeitliche Dynamik mehrdimensionaler Zielerreichung nachzeichnen, wohl aber ein Zustandsbild am Ende eines zu einem einheitlichen Abschluß führenden Bildungsgangs bieten. Die Ergebnisse unserer Analysen bestätigen in der Grundstruktur einschlägige Befunde aus der Mittelstufe und differenzieren diese in einigen wichtigen Punkten. Von einem grundlegenden strukturellen Kompatibilitätsproblem bei mehrdimen-

Tabelle VII.19: Ergebnisse der Regression von kognitiven und motivationalen Zielkriterien des Unterrichts auf Merkmale der Unterrichtsführung im Fach Physik (Regressionskoeffizienten aus HLM unter Kontrolle der Effekte auf Individualebene)

Unterrichtsstrategien	Fachleistung	Epistemologische Überzeugungen		Lernstrategien		Bereichsspezifische Motivation	
	Testleistung Physik	Physik als kumulativer Entdeckungsprozess (realistische Konzeption)	Alltagsrelevanz von Physik	Elaboration	Memorieren	Selbstkonzept der physikalischen Befähigung	Sachinteresse an Physik
Verständnisorientierung	.38**	.11	-.04	-.02	-.06	.10	.19(*)
Schülerexperiment	.12	-.02	.14(*)	.17(*)	-.11	.19*	.33**
Demonstration	.12	.02	-.16(*)	.01	-.02	-.01	.12
Induktives Vorgehen	-.44**	-.15(*)	-.25**	-.29**	.25*	-.15	-.36**
Anwendung	-.18	.05	.19*	.11	-.03	-.09	-.12
Computernutzung	.21*	.17*	.01	.05	-.19*	.10	.13(*)
Projekte	.07	.10	.09	.06	.13	.03	.04
Film/Video	-.05	.00	-.11(*)	-.01	-.04	.07	.03
Unökonomische Zeitnutzung	-.33**	-.19(*)	.02	.09	.08	-.23*	-.27**
R^2 (Kursebene)	.40	.24	.57	.49	.34	.32	.43
R^2 (Gesamt)	.18	.05	.08	.06	.03	.06	.10

(*) $p < .10$, * $p < .05$, ** $p < .01$.
Datenbasis: Für die Analyse mit der Fachleistung $n = 100$ mit drei oder mehr Schülern, für die Leistungsdaten vorliegen, in den übrigen Analysen $n = 106$ Kurse mit fünf oder mehr Schülern.

IEA. Third International Mathematics and Science Study.   © TIMSS/III-Germany

sionaler Zielerreichung kann offensichtlich nicht die Rede sein. Innerhalb von institutionell definierten Domänen lässt sich eine Kopplung von kognitiven und motivationalen Zielkriterien nachweisen, die in einem stabilen Verständnis- und Motivationssyndrom auf institutioneller Ebene zum Ausdruck kommt. Ein steigendes durchschnittliches Leistungsniveau innerhalb eines Kurses wird nicht mit Interessenverlusten erkauft; ganz im Gegenteil: Kompetenz und Sachinteresse stützen sich auch auf Lerngruppenebene wechselseitig. Die Zusammenhänge zwischen kognitiven und motivationalen Kriterien sind in der gymnasialen Oberstufe erwartungsgemäß straffer als in der noch wenig ausdifferenzierten Mittelstufe oder gar der Grundschule. Gemeinsame Basis einer mehrdimensionalen Zielerreichung innerhalb eines Fachgebiets scheinen verständnisorientierte Unterrichtsstrategien zu sein, die vermutlich für die Dynamik des Verständnis- und Motivationssyndroms verantwortlich sind. Repetitive und rezeptive Unterrichtsführung, aber auch strukturarme Unterrichtsformen, wie sie das induktive Vorgehen im Physikunterricht offenbar darstellt, stehen in negativem Zusammenhang sowohl mit kognitiven als auch mit motivationalen Kriterien.

Generalisierte Einstellungen und selbstbezogene Kognitionen variieren weitgehend unabhängig von bereichsspezifischen Verständnis- und Motivationszusammenhängen. Die Qualität von Einzelkursen, sei sie herausragend oder weniger gut, schlägt also in der Regel – man könnte auch sagen, glücklicherweise – nicht unmittelbar auf generalisierte Merkmale der Person durch. Zwei Ausnahmen von dieser Regel sollten aber erwähnt werden. Im Sinne des Verständnis- und Motivationssyndroms gelungene Leistungskurse gehen sowohl im Fach Mathematik als auch Physik mit größerer Schulfreude einher: Primärer Schulzweck und persönliche Bedeutung des Gegenstands scheinen sich zu treffen. Die zweite Ausnahme betrifft die Physikgrundkurse, für die es Anzeichen gibt, dass ein steigendes mittleres Fachleistungsniveau von einem geringeren mittleren Selbstbewusstsein der Kursbesucher begleitet wird. Im Rahmen von TIMSS/III verfügen wir über keine geeigneten Daten, um diesem Phänomen gezielter nachzugehen. Eine Suchrichtung wäre sicherlich die didaktische Gestaltung von physikalischen Grundkursen.

Die multidimensionale Zielerreichung in Schule und Unterricht scheint – soweit kognitive und motivationale Zielkriterien im Blick sind – nach unseren Befunden nicht durch *strukturelle* Verträglichkeitsprobleme gekennzeichnet zu sein. Ebenso wenig haben wir Hinweise auf Kompensationsverhältnisse gefunden, in denen Schwächen und Stärken wechselseitig ausgeglichen werden. Strukturbildend scheint vielmehr die bereichsspezifische Kopplung von Zielkriterien zu sein. Damit ist allerdings noch nichts über Verträglichkeitsprobleme und möglicherweise notwendige Kompensationsbeziehungen bei *intentionaler* Profilbildung auf der Ebene von Schule und Unterricht gesagt. Hier werden die Grenzen der Aussagefähigkeit von Studien wie TIMSS überschritten. Um Fragen der intentionalen Balancierung von Zielkriterien nachzugehen, sind echte Evaluationsstudien erforderlich, die eine vorgängige Verständigung über die Zielstruktur auf der jeweiligen Analyseebene voraussetzen. Im Rahmen einer Ausbreitung und Normalisierung der Schulprogrammarbeit wird die Beantwortung solcher Fragen unabweisbar werden. Die bisher verfügbaren spärlichen Befunde sprechen allerdings nicht für Kompensationsprozesse. So konnten Baumert und Köller (1998) und Baumert, Köller und Schnabel (2000) in ihren Analysen von Schulformen als Entwicklungsmilieus bei Gesamtschulen keine programmgemäßen Kompensationsleistungen im *psychosozialen* Bereich identifizieren. Fallstudien, die Köller und Trautwein (in Vorbereitung) an hessischen Gesamtschulen mit spezifischen pädagogischen Leitbildern und Profilen durchgeführt haben, sprechen dafür, dass selbst ausgeprägte Profilbildungen im sozialen und ästhetisch-expressiven Bereich nicht mit zu kompensierenden Einbußen in den Fachleistungen erkauft werden müssen, sondern einen echten Mehrwert, ein *Added Value,* darstellen. Mehrdimensionale Zielerreichung als Merkmal der Schul- und Unterrichtsqualität scheint auch bei bewusster pädagogischer Gestaltung von Programmen kein Nullsummenspiel zu sein.

5. Psychosoziale Situation von Schülerinnen und Schülern in der gymnasialen Oberstufe und Zukunftsperspektiven nach Kurswahl

Bereits im vorangegangenen Abschnitt sind wir unter dem Gesichtspunkt mehrdimensionaler Zielerreichung auf die allgemeine psychosoziale Situation von Schülerinnen und Schülern an der gymnasialen Oberstufe eingegangen. Wir wollen dieses Thema im Folgenden zur Abrundung des gesamten Kapitels noch einmal knapp aufnehmen.

Wirft man einen Blick auf die Selbstangaben, die Auskünfte über die allgemeine psychosoziale Situation von Schülerinnen und Schülern an der gymnasialen Oberstufe geben, so widersprechen die Befunde jenem düsteren Bild, das Soziologen, aber auch überzeugte Schulreformer gelegentlich entwerfen. Im Hinblick auf die gymnasiale Oberstufe kann von besorgniserregender Entfremdung von der Schule, ruinösem Wettbewerb und ausschließlich instrumenteller Orientierung an Noten, selbstwertbeschädigendem Leistungsdruck, sozialer Bindungslosigkeit und existenzieller Sorge um die persönliche Entwicklung nach der Schule als zentralen Tendenzen nicht die Rede sein. Im Rahmen der nationalen Zusatzerhebung von TIMSSS/III wurde mit bewährten Skalen das Erfolgsmotiv, die intrinsische Aufgabenmotivation, die Wettbewerbsmotivation, das allgemeine Selbstkonzept der Begabung, das Selbstwertgefühl, die soziale Anerkennung in der Jahrgangsstufe, die Einschätzung der eigenen Kompetenz zur Bewältigung zukünftiger Anforderungen sowie die Schulfreude erfasst. Tabelle VII.20 stellt die Skalen mit Beispielitems und den wichtigsten Kennwerten vor. Abbildung VII.3 vermittelt ein anschauliches Gesamtbild der Befunde.

Die Abbildung VII.3 zeigt ein konsistentes Muster, in dem die Merkmalsausprägungen, die auf eine wünschenswerte Selbstwahrnehmung hinweisen, nicht nur durchgängig in der zentralen Tendenz im positiven Bereich liegen, sondern der Mittelwert in der Mehrzahl der Fälle mehr als eine Standardabweichung über dem Indifferenzpunkt der jeweiligen Skala liegt. Die tendenziell positive Selbstwahrnehmung gilt in allen Dimensionen für mindestens 85 Prozent der Befragten. Besonders auffällig ist das hohe Selbstwertgefühl, das mit der Vorstellung selbstwertschädigenden Leistungsdrucks überhaupt nicht zusammengeht. Ebenso widerspricht die gerade im Vergleich zur Wettbewerbsmotivation hohe Ausprägung der intrinsischen Auf-

Abbildung VII.3: Allgemeine psychosoziale Situation von Schülerinnen und Schülern der Oberstufe (Mittelwerte)

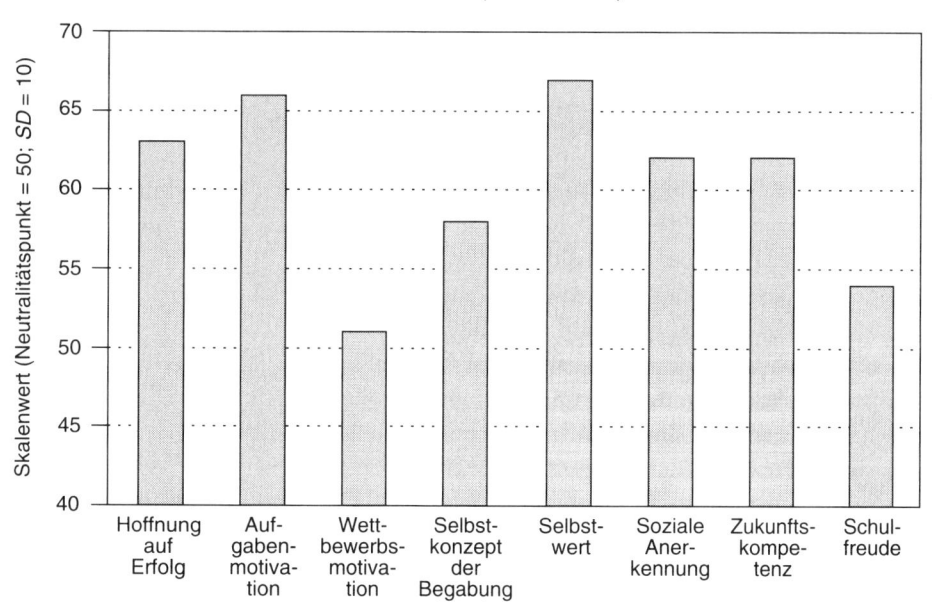

IEA. Third International Mathematics and Science Study.   © TIMSS/III-Germany

Tabelle VII.20: Skalen zur allgemeinen psychosozialen Situation von Schülerinnen und Schülern der gymnasialen Oberstufe (Beispielitems und Skalenkennwerte)

Skala	Itembeispiele	Zahl der Items	Cronbachs α
Hoffnung auf Erfolg (Gjesme & Nygard, 1970)	Ich mag Situationen, in denen ich feststellen kann, wie gut ich bin.	5	.65
Aufgabenmotivation (Nicholls, Pataschnick & Nolen, 1985)	Ich fühle mich in der Schule wirklich zufrieden, wenn ich etwas herausbekomme, das mich am Thema festhält.	5	.79
Wettbewerbsmotivation (Nicholls, Pataschnick & Nolen, 1985)	Ich fühle mich in der Schule wirklich zufrieden, wenn ich als einziger die richtige Antwort weiß.	4	.93
Allgemeines Selbstkonzept der Begabung (Fend & Prester, 1986)	Häufig denke ich: Ich bin nicht so klug wie die anderen. (umgepolt)	5	.89
Selbstwert (Jerusalem, 1984)	Manchmal komme ich mir wirklich nutzlos vor. (umgepolt)	5	.86
Soziale Anerkennung (Fend & Prester, 1986)	Bei meinen Mitschülern bin ich ziemlich angesehen.	4	.78
Zukunftsbewältigung (Fend & Prester, 1986)	Ich sehe ziemlich schwarz, wenn ich an die Zukunft denke. (umgepolt)	5	.74
Schulfreude (Baumert, Gruehn u.a., 1997)	Ich gehe gern zur Schule.	5	.81

IEA. Third International Mathematics and Science Study. © TIMSS/III-Germany

gabenorientierung Behauptungen vom schrankenlosen Leistungswettbewerb. Oberstufenschüler nehmen sich in der überwiegenden Mehrzahl aufgabenorientiert, erfolgsmotiviert und gleichzeitig sozial anerkannt wahr. Auch die Schulunlust scheint sich in Grenzen zu halten und oftmals übertrieben zu werden. Immerhin geben 75 Prozent der Befragten an, dass die Aussage: „Ich bin froh, dass ich noch zur Schule gehe", für sie eher oder völlig zutreffe. Auch die persönliche Zukunft sehen Gymnasiasten in der großen Mehrzahl nicht als verbaut, sondern als kompetent gestaltbar an. Hinsichtlich der allgemeinen psychosozialen Situation unterscheiden sich die Oberstufenschüler, die ihren Schwerpunkt in Mathematik oder Physik gewählt haben, weder untereinander noch im Vergleich zu Mitschülerinnen und Mitschülern, die andere fachliche Akzente setzen. Ebenso wenig lassen sich praktisch bedeutsame Unterschiede hinsichtlich der psychosozialen Lage von Grundkurs- und Leistungskursteilnehmern nachweisen.

Über die beruflichen Zukunftsperspektiven von Oberstufenschülern wird ausführlich im Kapitel X berichtet. An dieser Stelle soll nur darauf aufmerksam gemacht werden, dass die Fachwahlen in der Oberstufe nicht nur, wie wir in Kapitel IV dargestellt haben, interessen- und kompetenzgeleitet getroffen werden, sondern auch Berufsperspektiven vorstrukturieren, ohne diese jedoch zu determinieren. Das System der gymnasialen Oberstufe scheint Interessen zu kanalisieren und Kompetenzen zu kultivieren, ohne das Spektrum möglicher Optionen irreversibel einzuschränken. Tabelle VII.21 zeigt den strukturbildenden Einfluss von Wahlentscheidungen und gleichzeitig die noch fortbestehende Offenheit für Korrekturen, Akzentverschiebungen oder auch Neuanfänge.

Tabelle VII.21: Berufs- und Studiengangsoptionen nach Kurswahl (Angaben in % der Kursteilnehmer)

Kurswahl	Welches der folgenden Fachgebiete kommt dem am nächsten, das Sie schwerpunktmäßig studieren oder erlernen möchten?			
	Mathematik, Physik/Chemie, Informatik, Ingenieurswissenschaft	Biologisch-medizinische Fachgebiete	Wirtschaftswissenschaften	Geistes-, Sozial- und Rechtswissenschaften
Leistungskurs				
Mathematik	33,8	15,9	29,8	20,5
Physik	55,0	5,5	22,5	17,9
Mathematik und Physik	63,0	9,0	24,0	4,0
Grundkurs				
Mathematik	10,6	22,4	24,9	42,1
Physik	34,8	10,1	25,4	29,8
Abwahl				
Mathematik	7,4	24,9	19,7	47,9
Physik	14,0	23,3	24,7	38,0

IEA. Third International Mathematics and Science Study. © TIMSS/III-Germany

VIII. Institutionelle und regionale Variabilität und die Sicherung gemeinsamer Standards in der gymnasialen Oberstufe

Jürgen Baumert und Rainer Watermann

1. Individuelle, institutionelle und regionale Leistungs- und Bewertungsunterschiede

Mit der Erteilung der Hochschulreife werden gleichzeitig eine schulische Abschlussqualifikation und die Zugangsberechtigung zum Studium vergeben. Das Recht, einen Studiengang und eine Hochschuleinrichtung frei zu wählen, gilt im Rahmen der Reichweite der erteilten Hochschulreife in Deutschland im Prinzip uneingeschränkt. Nur bei einem Mangel an Studienplätzen werden zusätzliche leistungsbezogene und sekundär auch soziale Auswahl- und Zuweisungskriterien herangezogen. Diese enge Verbindung zwischen Schulabschluss und Hochschulzugang stellt im internationalen Vergleich selbst in Europa eher eine Ausnahme dar. Mit der weltweiten Bildungsexpansion wurden in den meisten Ländern Schule und Hochschule stärker entkoppelt (Husén, Tuijnman & Halls, 1992; KMK, 1995; Mitter, 1996). Eine ähnlich enge Verbindung von Abschlussqualifikation und Zugangsrechten finden wir in Europa wohl nur noch in Österreich und der Schweiz. In diesen drei Ländern ist das Abitur für den weiteren Lebenslauf unmittelbar folgenreich. Derartige Examina sind seltene und kritische Lebensereignisse. In Deutschland haben neben dem Abitur nur noch die Staatsprüfungen eine ähnliche Bedeutung. In der angelsächsischen Diskussion über Qualitätssicherung werden deshalb diese Prüfungen auch als *High Stakes Examinations* bezeichnet (Resnick, Nolan & Resnick, 1995).

Es ist nicht überraschend, dass angesichts der Bedeutung der Hochschulreife als Zugangsberechtigung die Modalitäten der Vergabe hochstandardisiert sind, einer relativ engen schulaufsichtlichen Kontrolle unterliegen und in besonderem Maße professionelle Normen der gymnasialen Lehrerschaft berühren. Die organisatorischen Grundzüge der gymnasialen Oberstufe sind einschließlich des Abiturs durch Absprachen im kooperativen Föderalismus geregelt und politisch sensibel. Zur Sicherung gemeinsamer Standards im Abitur ist für alle Länder die Orientierung an den einheitlichen Prüfungsanforderungen (EPA) der Kultusministerkonferenz verbindlich. Darüber hinaus haben alle Länder zusätzliche Regelungen zur Qualitätssicherung getroffen. Zu den wichtigsten Instrumenten gehören der Erlass von Lehrplänen, die administrative Prüfung von Schulbüchern, zentrale Abiturprüfungen oder zumindest administrative Genehmigung der Prüfungsaufgaben und kollegiale Kontrolle der Klausuren und schließlich die schulaufsichtliche Überwachung des Prüfungsablaufs.

Die inhaltliche und organisatorische Standardisierung der Oberstufe und des Prüfungsverfahrens bedeuten freilich nicht, dass es keine Leistungsvariation gäbe oder diese gar systemwidrig wäre. Die Expertenkommission der Kultusministerkonferenz zur Weiterentwicklung der gymnasialen Oberstufe des Abiturs (KMK, 1995) hat deshalb auch betont, dass mit der Zuerkennung der Hochschulreife keinesfalls Exzellenz, wohl aber die Einhaltung von Mindeststandards hinsichtlich vertiefter Allgemeinbildung, wissenschaftspropädeutischer Vorbereitung und allgemeiner Studierfähigkeit sowie eine hinreichende überschulische Vergleichbarkeit von Bewertungsmaßstäben erwartet werden dürfen. Oberhalb der Mindeststandards ist Leistungsvariation gewünscht.

Innerhalb von Lerngruppen und Schulen werden sich Schulleistungen und Noten also erheblich unterscheiden. Die interindividuelle Variation von Leistungen und Noten sagt auch noch nichts über ein Unterschreiten von Mindestanforderungen oder eine Beeinträchtigung der Leistungsgerechtigkeit aus. Einen kritischeren Fall stellen Niveauunterschiede *zwischen* Lerngruppen gleichen nominellen Niveaus oder zwischen Schulen dar – und zwar insbesondere dann, wenn die Notenvergabe mit diesen Leistungsunterschieden nicht kovariiert. Dennoch wäre es in einem pluralistisch gestalteten Bildungswesen, das einerseits regionale und lokale kulturelle Besonderheiten bewusst berücksichtigen will und andererseits regionale und lokale Disparitäten der Bildungsbeteiligung (ungewollt) widerspiegelt, abwegig, institutionelle Homogenität hinsichtlich Schulleistungen und Bewertungsmaßstäben zu erwarten. Schulleistungen sind auch in der gymnasialen Oberstufe von äußeren Rahmenbedingungen abhängig, und die Benotung hat sich um des Gelingens der pädagogischen Arbeit willen auch an lokalen, in der Regel lerngruppenspezifischen Referenzmaßstäben zu orientieren. Die Toleranz für institutionelle Niveauvariationen und eine gewisse Flexibilität der Bewertungsmaßstäbe sind Kennzeichen der Adaptivität moderner Schulsysteme. Dennoch kann dieser Spielraum in einem Berechtigungssystem nur begrenzt sein. Er ist in der Spannung zwischen Sicherung von Mindeststandards, wünschenswerter Qualitätsentwicklung von Einzelschulen und Gesichtspunkten der Verteilungsgerechtigkeit zu definieren.

In einem bürokratisch verfassten Schulsystem sind derartige Toleranzen allerdings strukturelle Webfehler. Ihre Rationalität in einem entwicklungsfähigen und adaptiven Schulsystem ist nur in einem Steuerungsmodell vernünftig thematisierbar, das sowohl die besonderen Eigenschaften der Interaktion in Bildungsprozessen als auch die Merkmale professioneller Selbstregulation hinreichend zur Geltung kommen lässt. Aus der Schuleffektivitätsforschung wissen wir, dass sich die Leistungsniveaus von Schulen derselben Schulform erheblich unterscheiden können (Fend, 1982; Ditton & Krecker, 1995; Sammons, Hillman & Mortimore, 1995; Reynolds u.a., 1996; Scheerens & Bosker, 1997). Ebenso ist bekannt, dass sich Lehrkräfte bei der Vergabe von Noten an einem klassen- oder schulinternen Bezugsmaßstab orientieren (Tendt, 1998). Inwieweit dies allerdings auch für das schulübergreifend standardisierte Verfahren für die Vergabe der Hochschulreife gilt, ist offen. Köller, Baumert und Schnabel (1999) konnten zeigen, dass je nach Klientel einer Oberstufe mit einer erheblichen Variabilität sowohl der erreichten Leistungsniveaus als auch der Mindeststandards und Bewertungsmaßstäbe zu rechnen ist – auch wenn die durchschnittliche Abiturnote immer noch der beste Prädiktor für Studienerfolg ist (Deidesheimer Kreis, 1997; Trost, Klieme & Naules, 1998). Der Nachweis institutioneller Leistungsunterschiede bei gleichzeitiger Verschiebung der Bewertungsmaßstäbe berührt im Falle von *High Stakes Examinations* Vorstellungen der Verteilungsgerechtigkeit. Deshalb ist es auch besonders schwierig, solche Unterschiede rational und mit hinreichendem Realitätssinn zu diskutieren. Wenn wir im Folgenden regionale und institutionelle Leistungsunterschiede untersuchen, ist diese Problemlage als Hintergrund präsent zu halten.

Auch in einer so standardisierten Schulform wie der gymnasialen Oberstufe streuen die Leistungen der Schülerinnen und Schüler in allen Fächern breit. Zu dieser Leistungsvariabilität trägt ein ganzes Bündel von Einflussgrößen bei, die auf unterschiedlichen Ebenen lokalisierbar sind. Auf individueller Ebene sind dies zu allererst Unterschiede in der Lerngeschichte einzelner Schüler; aber auch die Einflüsse der sozialen und kulturellen Herkunft sind noch nicht stillgelegt. Auf institutioneller Ebene spielen die lokalen Bedingungen der Einzelschule – etwa das kulturelle Milieu des Einzugsbereichs – ebenso eine Rolle wie schulübergreifend festgelegte Differenzierungsmaßnahmen, wie die Kurszugehörigkeit eines Schülers. Aber auch mit verschiedenen regionalen Einflüssen ist zu rechnen, die organisatorischer, historischer oder kultureller Art sein können. Dazu gehören etwa die unterschiedliche Organisation der Abiturprüfung (dezentral vs. zentral), differierende Ausbildungszeiten (Abitur nach 12 bzw. 13 Schuljahren), unterschiedliche Expansion voruniversitärer Bildungsgänge oder unterschiedliche kulturelle Traditionen von Gebietseinheiten. Um einen Eindruck vom Gewicht potentieller Einflussgrößen zu vermitteln, werden wir im Folgenden die Leistungsstreuung in den Fächern Mathematik und Physik in individuelle, institutionelle und regionale Komponenten zerlegen. Damit lässt sich die Frage beantworten, welcher Anteil der Leistungsvariation durch die individuelle Lerngeschichte, die soziale Herkunft, das gewählte Kursniveau, den Besuch eines bestimmten Gymnasiums oder durch die Zugehörig-

Abbildung VIII.1: Zerlegung der Varianz der Mathematik- und Physikleistungen in individuelle, institutionelle und regionale Komponenten

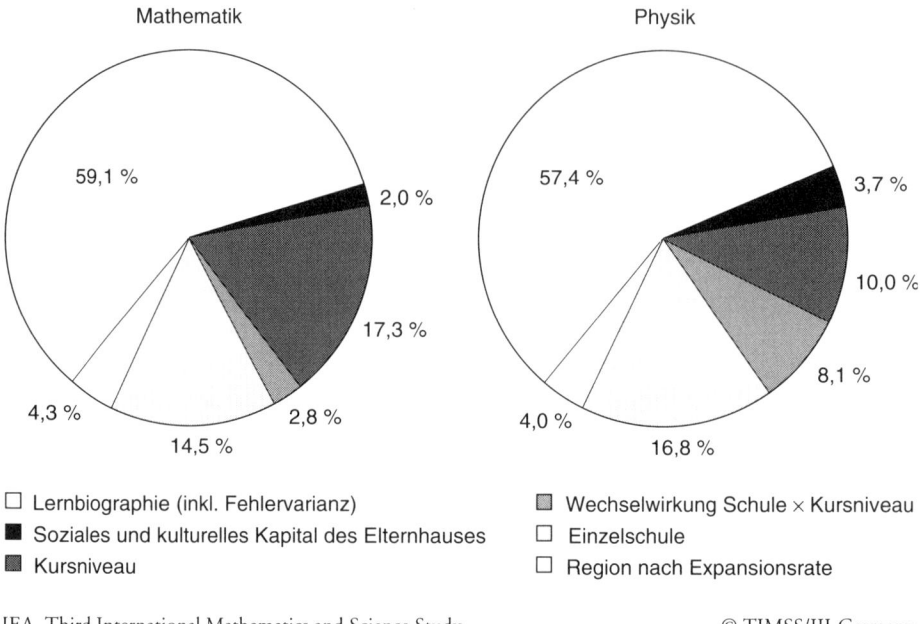

Mathematik
- 59,1 %
- 2,0 %
- 17,3 %
- 2,8 %
- 14,5 %
- 4,3 %

Physik
- 57,4 %
- 3,7 %
- 10,0 %
- 8,1 %
- 16,8 %
- 4,0 %

☐ Lernbiographie (inkl. Fehlervarianz)
■ Soziales und kulturelles Kapital des Elternhauses
■ Kursniveau
▨ Wechselwirkung Schule × Kursniveau
☐ Einzelschule
☐ Region nach Expansionsrate

IEA. Third International Mathematics and Science Study.   © TIMSS/III-Germany

keit zu einer Region erklärt wird. Als Beispiel für regionale Differenzierung werden wir Gebietseinheiten mit deutlich unterschiedlicher Expansion der gymnasialen Oberstufe wählen.

Die Abbildung VIII.1 gibt in komprimierter Form Auskunft über das relative Gewicht potentieller Einflussgrößen und deren fachspezifische Besonderheiten. In beiden Fächern entfällt der Löwenanteil der Leistungsstreuung auf individuelle Unterschiede *innerhalb* von Lerngruppen. Dieser Anteil, der einschließlich der Fehlervarianz in beiden Fächern über 50 Prozent beträgt, ist primär auf die individuelle Lerngeschichte von Abiturientinnen und Abiturienten zurückzuführen. Allerdings werden auch in der gymnasialen Oberstufe noch immer 2 Prozent der Leistungsvarianz im Fach Mathematik und rund 4 Prozent in Physik durch das soziale und kulturelle Kapital des Elternhauses erklärt. Diese innerinstitutionellen Leistungsunterschiede berühren die Einheitlichkeit der gymnasialen Oberstufe und des Abiturs nicht. Dies gilt in gleicher Weise für die kursbedingten Leistungsunterschiede, die ebenfalls systemkonform sind. Im Fach Mathematik werden rund 17 Prozent der individuellen Leistungsstreuung durch den Kursbesuch erklärt. Bemerkenswerterweise reduziert sich dieser Anteil im Fach Physik auf 10 Prozent. Im obligatorischen Mathematikunterricht sind die Niveauunterschiede von Grund- und Leistungskursen größer als im selektiven Fach Physik.

Unter dem Gesichtspunkt der Standardsicherung und Vergleichbarkeit von Abschlüssen sind jene Varianzanteile von Interesse, die auf regionale oder institutionelle Unterschiede entfallen. Hier zeigen die Befunde eine über die beiden Unterrichtsfächer hinweg weitgehend konsistente regional und institutionell bedingte Leistungsvariabilität, deren Größenordnung bemerkenswert ist. Zwischen 15 und 17 Prozent der Leistungsvarianz sind auf schulspezifische Niveauunterschiede innerhalb derselben Region zurückzuführen. Hinzu kommen im Fach Mathematik weitere 3 Prozent, die auf eine Wechselwirkung zwischen Schule und Kursniveau zurückzuführen sind. In Physik bindet der Interaktionsterm 8 Prozent der Varianz; die Leistungsunterschiede zwischen den Kursniveaus schwanken in diesem Fach stärker von Schule zu Schule als im Fach Mathematik. Zwischen 4 und 6 Prozent der Leistungsvariation sind regionalspezifisch. Festzuhalten ist, dass ein nicht unerheblicher Teil der Leistungsstreuung auf Unterschiede in der pädagogischen Arbeit von Einzelschulen im selben Regionstyp zurückzuführen ist.

Ein ganz anderes Bild ergibt sich bei der Analyse der Notenverteilung (Abb. VIII.2). Zwischen 70 und 80 Prozent der Unterschiede der im letzten Halbjahreszeugnis vor der Untersuchung erreichten Leistungspunkte liegen innerhalb einer Lerngruppe. Der auf die Einzelschule entfallende Varianzanteil der Punktwerte im Fach Mathematik ist im Vergleich zur Fachleistung mit 9 Prozent deutlich niedriger. Dies bedeutet, dass die Bewertungsmaßstäbe auch, vielleicht sogar weitgehend kurs- oder schulintern gewählt werden. Die daraus entstehenden Probleme werden wir ausführlich im Abschnitt 3 untersuchen. Im Fach Physik korrespondieren die durch die Einzelschule erklärten Varianzanteile der Testleistungen und Noten besser.

Um vorschnellen Schlüssen vorzubeugen, ist ein Blick über die Grenzen hilfreich. In der Schweiz hat die Matura ähnliche Bedeutung wie das Abitur in Deutschland, sodass sich die Problematik der schulübergreifenden Vergleichbarkeit von Abschlüssen in vergleichbarer Weise stellt. Umso bemerkenswerter sind die Analysen, die Ramseier, Keller und Moser (1999) vorgelegt haben (vgl. Abb. VIII.3).

Ein Vergleich der Abbildungen VIII.1 und VIII.3 zeigt die strukturelle Ähnlichkeit der Befunde in beiden Ländern. In der Schweiz entfällt in den Fächern Mathematik und Physik rund ein Viertel der Leistungsvarianz auf institutionelle Einflussgrößen, die sich in der pädagogischen Arbeit der Einzelschule widerspiegeln. (Bei den

Abbildung VIII.2: Zerlegung der Varianz der Mathematik- und Physiknoten in individuelle, institutionelle und regionale Komponenten

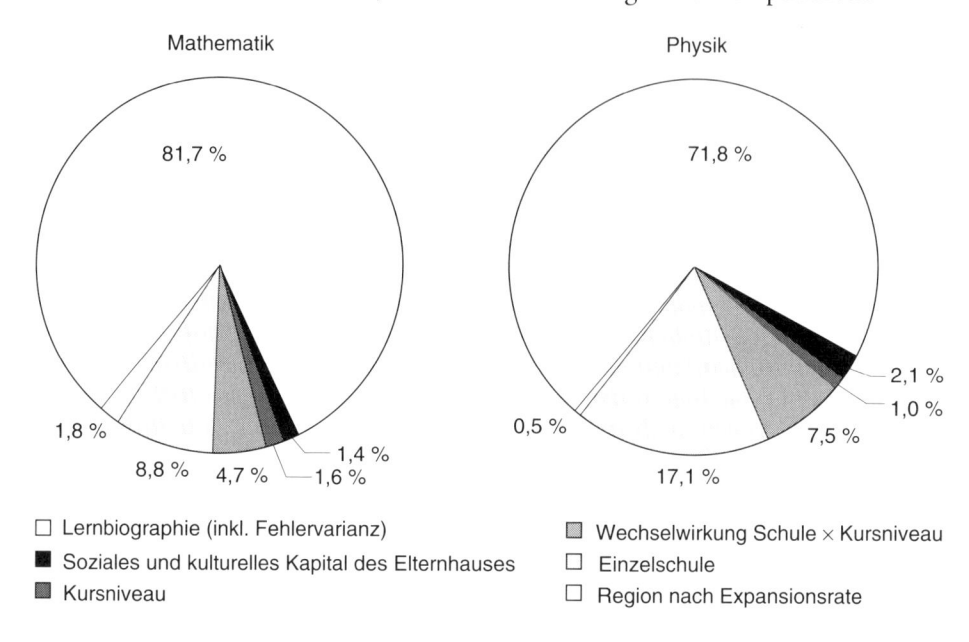

Mathematik

81,7 %
1,8 %
8,8 %   4,7 %
1,4 %
1,6 %

Physik

71,8 %
0,5 %
17,1 %
7,5 %
2,1 %
1,0 %

☐ Lernbiographie (inkl. Fehlervarianz)
■ Soziales und kulturelles Kapital des Elternhauses
■ Kursniveau
▨ Wechselwirkung Schule × Kursniveau
☐ Einzelschule
☐ Region nach Expansionsrate

IEA. Third International Mathematics and Science Study.   © TIMSS/III-Germany

schweizer Analysen gehen die regionalen Unterschiede mit in den schulspezifischen Anteil ein.) Bemerkenswert ist der Befund, dass eine institutionelle Trennung von Schulzweigen, wie sie die Schweiz noch kennt, offensichtlich zu einer Akzentuierung von Leistungsunterschieden führt, die ausgeprägter als im deutschen Kurssystem ist. Die Vergleichbarkeit der Ergebnisse in beiden Ländern verweist auf vermutlich vielfältig determinierte Strukturprobleme, die in regional differenzierten Gesellschaften – selbst wenn sie die Größe der Schweiz haben – nicht ohne weiteres zu lösen sind. Es ist eine Frage des praktischen, gesellschaftlichen und politischen Diskurses, ob man in einem Rahmen geteilter Gerechtigkeitsvorstellungen, um der Funktionsfähigkeit des Gesamtsystems willens, leben kann und leben will. In der Schweiz wurde das Strukturproblem sorgfältig registriert – allerdings in wohltuender Unaufgeregtheit.

Abbildung VIII.3: Zerlegung der Varianz der Mathematik- und Physikleistungen in der Schweiz in individuelle, schulformspezifische und schul-/klassenspezifische Komponenten

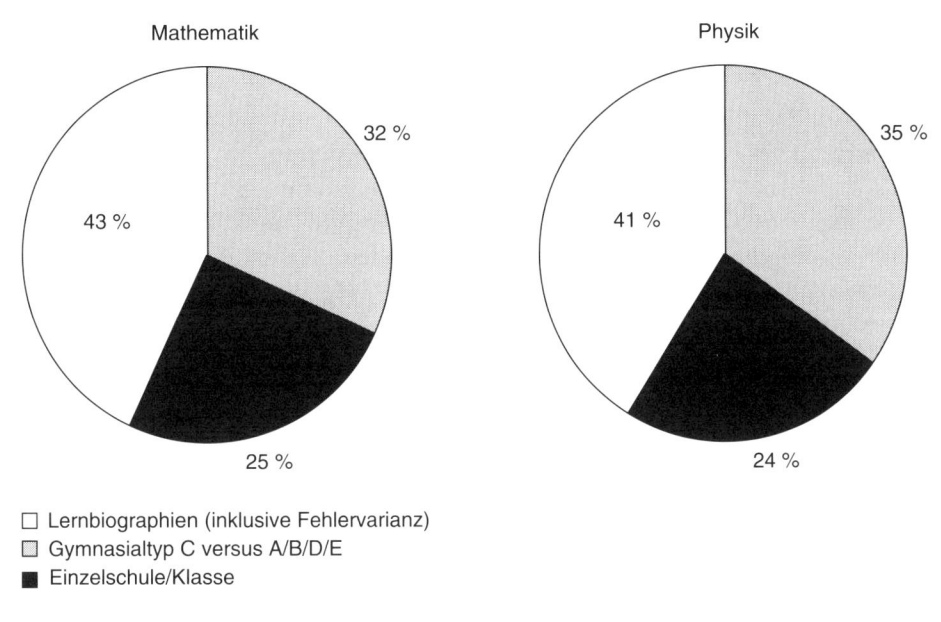

Mathematik: 32 %, 43 %, 25 %
Physik: 35 %, 41 %, 24 %

☐ Lernbiographien (inklusive Fehlervarianz)
▨ Gymnasialtyp C versus A/B/D/E
■ Einzelschule/Klasse

Quelle: Ramseier, Keller und Moser (1999).

2. Methodische Probleme des institutionellen und regionalen Vergleichs in Deutschland

In Kapitel III haben wir als Grundregel für den internationalen Vergleich festgelegt, Leistungsergebnisse nur von Ländern mit vergleichbaren Untersuchungspopulationen in Beziehung zu setzen. Vergleichbar sind Länder, deren Untersuchungspopulationen ähnliche Anteile eines Altersjahrgangs umfassen. Diese Länder haben ähnliche *TIMSS Coverage Indices* (MTCI/PTCI). Weichen die Populationsdefinitionen von Ländern deutlich voneinander ab, können unter bestimmten Voraussetzungen durch Normierung des *Coverage Index* Teilpopulationen vergleichbar gemacht werden. Das Verfahren und die damit verbundenen Annahmen und Probleme haben wir ausführlich in Kapitel III des ersten Bandes beschrieben.

Diese Grundregel gilt analog auch für den Fachleistungsvergleich zwischen regionalen Einheiten der Bundesrepublik Deutschland. Der relative Schulbesuch an gymnasialen Oberstufen unterscheidet sich von Land zu Land nicht unbeträchtlich. In Baden-Württemberg etwa betrug 1995/96 der relative Schulbesuch an gymnasialen Oberstufen – gemessen am durchschnittlichen Jahrgang der 15- bis 19-Jährigen – ungefähr 19 Prozent, in Sachsen 30 Prozent und in den Stadtstaaten deutlich über 30 Prozent. Bei unterschiedlicher Selektivität der gymnasialen Oberstufe ist auch im Mittel mit unterschiedlichen Leistungsergebnissen zu rechnen.

Zu Zwecken des Regionalvergleichs wurden vier Ländergruppen mit unterschiedlicher Expansion des Gymnasiums gebildet (Flächenstaaten mit geringer Gymnasialexpansion, westdeutsche Flächenstaaten mit höherer Gymnasialexpansion, neue Länder mit vergleichbarer Expansionsrate und Stadtstaaten mit der höchsten Gymnasialbeteiligung) und hinsichtlich der Schüleranteile in den Mathematik- und Physikkursen der Oberstufe verglichen und – soweit notwendig – einheitlich normiert (vgl. Tab. VIII.1). Analog wurde beim Vergleich von Ländern mit unterschiedlicher Schulbesuchsdauer und mit Zentralabitur und dezentraler Abiturprüfung verfahren (Tab. VIII.2 und Tab. VIII.3). Während sich in den beiden ersten Fällen die Ausschöpfungsquoten der Alterskohorte nennenswert unterscheiden, sind die Unterschiede im dritten Fall marginal, sodass sich eine Normierung erübrigt.

Tabelle VIII.1: Ausschöpfungsgrad der Alterskohorte *(TIMSS Coverage Index)* im Mathematik- und Physikunterricht der gymnasialen Oberstufe nach Ländergruppen mit unterschiedlichem relativen Schulbesuch und Kursbesuch (in %)

Ländergruppen nach relativem Schulbesuch an gymnasialen Oberstufen	*Mathematics TIMSS Coverage Index*[1]			*Physics TIMSS Coverage Index*[2]		
	Grundkurs[3]	Leistungskurs[4]	Insgesamt	Grundkurs[4]	Leistungskurs[4]	Insgesamt
19 bis 23 Prozent	12,3	6,8	19,1	6,3	2,2	8,5
24 bis 30 Prozent (Ost)	17,1	10,8	27,9	7,9	4,0	11,9
24 bis 30 Prozent (West)	12,6	6,9	19,5	7,7	2,8	10,5
Über 30 Prozent	14,1	7,0	21,0	13,3	3,1	16,3
Deutschland insgesamt	14,2	8,1	22,3	6,7	2,7	9,3

[1] Personen mit Mathematikunterricht zum Testzeitpunkt.
[2] Personen mit Physikunterricht zum Testzeitpunkt.
[3] In Ländern mit Abwahlmöglichkeit auf Grundlage von Stichprobeninformationen, ansonsten als Populationsdifferenz zwischen Schülerzahl im Leistungskurs und Gesamtschülerzahl ermittelt.
[4] Populationswerte nach Länderangaben.
IEA. Third International Mathematics and Science Study.   © TIMSS/III-Germany

Wir wollen nicht versäumen, darauf hinzuweisen, dass Rückschlüsse auf die mittlere Testleistung eines Landes, auch wenn man dessen Zughörigkeit zu einer Ländergruppe kennt, unzulässig sind. Die Mittelwerte der Länder innerhalb jeder Länder-

Tabelle VIII.2: Ausschöpfungsgrad der Alterskohorte *(TIMSS Coverage Index)* im Mathematik- und Physikunterricht der gymnasialen Oberstufe in Ländern mit 12- und 13-jährigem Schulbesuch und Kursbesuch (in %)

Ländergruppen mit 12- und 13jährigem Schulbesuch	*Mathematics TIMSS Coverage Index*[1]			*Physics TIMSS Coverage Index*[2]		
	Grundkurs[3]	Leistungskurs[4]	Insgesamt	Grundkurs[4]	Leistungskurs[4]	Insgesamt
12 Schuljahre[5]	17,6	11,0	28,6	8,6	4,2	12,8
13 Schuljahre	13,5	7,5	20,9	6,2	2,4	8,6
Deutschland insgesamt	14,2	8,1	22,3	6,7	2,7	9,3

[1] Personen mit Mathematikunterricht zum Testzeitpunkt.
[2] Personen mit Physikunterricht zum Testzeitpunkt.
[3] In Ländern mit Abwahlmöglichkeit auf Grundlage von Stichprobeninformationen, ansonsten als Populationsdifferenz zwischen Schülerzahl im Leistungskurs und Gesamtschülerzahl ermittelt.
[4] Populationswerte nach Länderangaben.
[5] Mecklenburg-Vorpommern, Sachsen, Sachsen-Anhalt und Thüringen.

IEA. Third International Mathematics and Science Study. © TIMSS/III-Germany

Tabelle VIII.3: Ausschöpfungsgrad der Alterskohorte *(TIMSS Coverage Index)* im Mathematik- und Physikunterricht der gymnasialen Oberstufe nach Ländergruppen mit/ohne Zentralabitur und Kursbesuch (in %)

Ländergruppen mit/ohne Zentralabitur	*Mathematics TIMSS Coverage Index*[1]			*Physics TIMSS Coverage Index*[2]		
	Grundkurs[3]	Leistungskurs[4]	Insgesamt	Grundkurs[4]	Leistungskurs[4]	Insgesamt
Zentralabitur	14,6	8,5	23,1	6,9	2,9	9,9
Dezentrales Abitur	13,9	7,7	21,6	6,5	2,5	8,9
Deutschland insgesamt	14,2	8,1	22,3	6,7	2,7	9,3

[1] Personen mit Mathematikunterricht zum Testzeitpunkt.
[2] Personen mit Physikunterricht zum Testzeitpunkt.
[3] In Ländern mit Abwahlmöglichkeit auf Grundlage von Stichprobeninformationen, ansonsten als Populationsdifferenz zwischen Schülerzahl im Leistungskurs und Gesamtschülerzahl ermittelt.
[4] Populationsdifferenz nach Länderangaben.

IEA. Third International Mathematics and Science Study. © TIMSS/III-Germany

gruppe können sich erheblich unterscheiden – der Rückschluss von den aggregierten Angaben auf einen Länderwert wäre ein typischer individualistischer Fehlschluss – und die Stichproben sind für kleine Länder nicht notwendigerweise repräsentativ.

3. Notenvergabe im Rahmen der Gesamtqualifikation der Hochschulreife

Das Abitur und die Erteilung der Hochschulreife haben eine Schlüsselstellung im deutschen Berechtigungssystem, mit dem die Ausübung gesellschaftlicher Funktionen an Ausbildungsabschlüsse gebunden wird. Diese Abschlüsse dokumentieren das Durchlaufen eines förmlichen Bildungsgangs und das Erreichen eines bestimmten Qualifikationsniveaus. Die Hochschulreife stellt eine zentrale Berechtigung innerhalb des Gesamtsystems dar, das sich vom Hauptschulabschluss über den Gesellenbrief, die Meisterprüfung bis zum zweiten Staatsexamen erstreckt. Innerhalb des Berechtigungswesens markiert das Abitur die Zugangsstelle zum gehobenen Dienst und als Studienberechtigung die erste Regelvoraussetzung für den Eintritt in den höheren Dienst. Formale Abschlüsse können ihre Zertifizierungsfunktion allerdings nur erfüllen, wenn sie von einem generalisierten Vertrauen getragen werden, dass die an einen Abschluss gebundenen Qualifikationserwartungen trotz Enttäuschungen in Einzelfällen eingelöst werden. Die Expertenkommission der Kultusministerkonferenz zur „Weiterentwicklung der Prinzipien der gymnasialen Oberstufe und des Abiturs" formulierte deshalb vier Erwartungen, die legitimerweise an die Zuerkennung der allgemeinen Hochschulreife gerichtet werden dürfen (KMK, 1995, S. 144).

„(1) Mit der Zuerkennung der allgemeinen Hochschulreife darf erwartet werden, daß ein Absolvent über die notwendigen Voraussetzungen zum Erlernen eines anspruchsvollen Berufs und der Aufnahme eines Hochschulstudiums verfügt. Das gilt hinsichtlich vertiefter Allgemeinbildung, wissenschaftspropädeutischer Kenntnisse, motivationaler Orientierungen und sozialer Kompetenzen. Ausbildungs- oder Berufserfolg dagegen oder gar Brillianz – dies ist Sache der abnehmenden Einrichtung – dürfen nicht erwartet werden, wohl aber die Garantie der Einhaltung von ausreichenden *Mindeststandards*.

(2) Erwartet werden darf ferner, daß das erteilte Zertifikat in transparenter Form Auskunft *über individuelle Leistungsprofile* gibt.

(3) Bezüglich Standards und interindividueller Differenzierung muß überschulische *Vergleichbarkeit* gewährleistet sein.

(4) Schließlich darf man berechtigterweise erwarten, daß die im Abiturzeugnis erteilten *Prädikate,* seien es Noten oder Punkte, *interindividuell differenzieren,* so daß exzellente Leistungen, wenn sie schon nicht als Regel gefordert werden dürfen, doch sicher vom Mittelmaß unterschieden werden können."

Die Expertenkommission fährt dann fort (KMK, 1995, S. 145):
„Das Konzept der ‚Gesamtqualifikation', die in den Abiturnoten ausgewiesen wird, beruht auf der Verbindung von langfristigen Prozeßbeurteilungen und punktuellen Prüfungen. Darin liegt eine ausgesprochene Stärke des Systems, da sowohl die kontinuierliche Beobachtung von Leistungsentwicklungen möglich ist als auch die Bewährung zu einem kritischen Zeitpunkt verlangt wird. Inhaltlich wird das Bewertungs- und Prüfungssystem durch Belegvorschriften (‚Welche Fächer muß ich wie lange belegen?'), Einbringungsvorschriften (‚Welche Fachleistungen zählen für die Gesamtqualifikation?') und Prüfungsvorschriften (‚In welchen Fächern werde ich geprüft?') gesteuert. Diese Regelungen sind in ihrer Grundstruktur bundesweit abgestimmt, länderspezifisch ausgearbeitet, aber immer überschulisch festgelegt."

In TIMSS steht selbstverständlich nicht die Gesamtqualifikation der Hochschulreife zur Debatte. Untersucht werden allein Leistungs- und Beurteilungsverhältnisse in den Fächern Mathematik und Physik. Einzelne Fächer leisten jeweils nur einen spezifischen Beitrag zur prognostischen Validität des Abiturs (Baron-Boldt, 1989; Deidesheimer Kreis, 1997). Selbst innerhalb dieser Fächer können nicht alle von der Expertengruppe als legitim bezeichneten Erwartungen überprüft werden. So erlaubt TIMSS nicht die Überprüfung, ob in den Fächern Physik und Mathematik bei einer Beurteilung als „ausreichend" inhaltlich definierte Mindeststandards eingehalten werden, da sich die regulativen Programme der Oberstufe und der Abiturprüfung hierzu nicht explizit äußern. Es lassen sich bestenfalls Hinweise darauf gewinnen, inwieweit durchschnittliche Normvorstellungen von Lehrplänen eingelöst werden. Probleme dieser Art haben wir ausführlich im Kapitel II behandelt. Im Folgenden wollen wir Antworten auf die Fragen suchen, inwieweit schulische Bewertungen interindividuell differenzieren, intraindividuelle Leistungsprofile abbilden und überschulische Vergleichbarkeit gewährleisten. Dabei müssen wir uns im Rahmen von TIMSS auf die langfristige Prozessbeurteilung, wie sie in Zeugnisnoten zum Ausdruck kommt, beschränken, da wir Prüfungsergebnisse nicht nachträglich erheben konnten. Auf aggregierter Ebene stellen die Noten des letzten Halbjahreszeugnisses jedoch gute Indikatoren für das im jeweiligen Fach erreichte Gesamtergebnis dar. Im Rahmen der Schülerbefragung von TIMSS wurden für alle Leistungskurse und ausgewählte Grundkursfächer die im letzten Halbjahreszeugnis erreichten Punktwerte erfasst. Die folgenden Ausführungen beschränken sich auf Mathematik und Physik.

Tabelle VIII.4: Notenverteilung nach Fach und Kurswahl (Fachnoten im letzten Halbjahreszeugnis in %)

Note	Mathematik			Physik		
	Abgewählt[1]	Grundkurs	Leistungskurs	Abgewählt	Grundkurs	Leistungskurs
1	4	14	18	8	17	18
2	15	31	38	27	36	37
3	30	31	31	36	31	33
4	26	15	10	18	12	10
5	25	9	3	11	4	2
		$\chi^2_{[4]} = 129.5; p < .001$			$\chi^2_{[4]} = 3.8; p < .05$	
	$\chi^2_{[8]} = 256.4; p < .001$			$\chi^2_{[8]} = 100.6; p < .001$		

[1] Zum Erhebungszeitpunkt war die Abwahl noch möglich in: Berlin, Brandenburg, Hamburg, Hessen, Niedersachsen, Nordrhein-Westfalen und Schleswig-Holstein. Die Abwahlquoten schwanken je nach Land zwischen 7 Prozent in Brandenburg und 44 Prozent in Berlin.

IEA. Third International Mathematics and Science Study.   © TIMSS/III-Germany

Ein erster Blick auf die Notenverteilung, wie ihn Tabelle VIII.4 getrennt nach Fach und Kursniveau erlaubt, gibt bereits eine erste Antwort auf die Frage nach der interindividuellen Differenzierungsfähigkeit schulischer Beurteilungen. Lehrkräfte an gymnasialen Oberstufen nutzen die Notenskala in der Breite von 1 bis 5 vollständig aus. Dabei zeigt sich erwartungsgemäß eine leichte Rechtsschiefe der Verteilung. Dass die Personen, die Physik und insbesondere Mathematik abgewählt haben, häufiger schlechtere Noten erhalten, ist ein erster Hinweis auf die Validität der Beurteilungen. Besonders auffällig und gleichzeitig plausibel wird dies bei der Benotung von Schülerinnen und Schülern, die das Kernfach Mathematik im Laufe der 13. Jahrgangsstufe abgegeben haben; hier liegt der Anteil der nur ausreichend oder mangelhaft beurteilten Leistungen bei rund 50 Prozent. Ein weiterer Hinweis auf die Beurteilungsgültigkeit ergibt sich aus dem Vergleich der Notenverteilungen im Grundkurs Physik und Mathematik. Erwartungsgemäß ist der Anteil schlechter Zensuren im praktisch obligatorischen Mathematikgrundkurs höher als im Grundkurs des selektiven Fachs Physik. Gerade die zuletzt genannte Differenz der Notenverteilung weist auf ein Standardbewusstsein von Fachlehrern an gymnasialen Oberstufen hin, das sich nicht nur an kursinternen Normen orientiert, sondern auch kurs- und schulübergreifende Kriterien in Anschlag bringt.

Andererseits ist aber auch die Ähnlichkeit der Notenverteilungen in Grund- und Leistungskursen nicht zu übersehen. Ganz offensichtlich bilden Kursniveaus jeweils eigene Referenzsysteme – gleichgültig, ob lerngruppeninterne Bezugsnormen oder absolute Gütekriterien benutzt werden. Erst mit der Gewichtung der Punktwerte aus Leistungskursen bei der Festlegung der Gesamtqualifikation findet die tatsächliche Kompetenzabstufung wieder Berücksichtigung. Dies ist hier durchaus sinnvoll. Die Abbildungen VIII.4 und VIII.5 zeigen die Parallelität der mit der Notenvergabe vorgenommenen Leistungsabstufungen in den Grund- und Leistungskursen. In beiden Fächern werden in einer zweifaktoriellen Varianzanalyse die Haupteffekte Notenstufe und Kursniveau signifikant, nicht jedoch die Interaktion beider Faktoren: Mathematik: $F_{\text{Note }[3, 44]} = 46.7, p < .001$; $F_{\text{Kursniveau }[1, 46]} = 24.6, p < .001$; $F_{\text{Note} \times \text{Kursniveau }[3, 44]} = 0.27, p > .05$; Physik: $F_{\text{Note }[3, 44]} = 13.0, p < .001$; $F_{\text{Kursniveau }[1, 46]} =$

Abbildung VIII.4: Mathematikleistung nach Note und Kursniveau

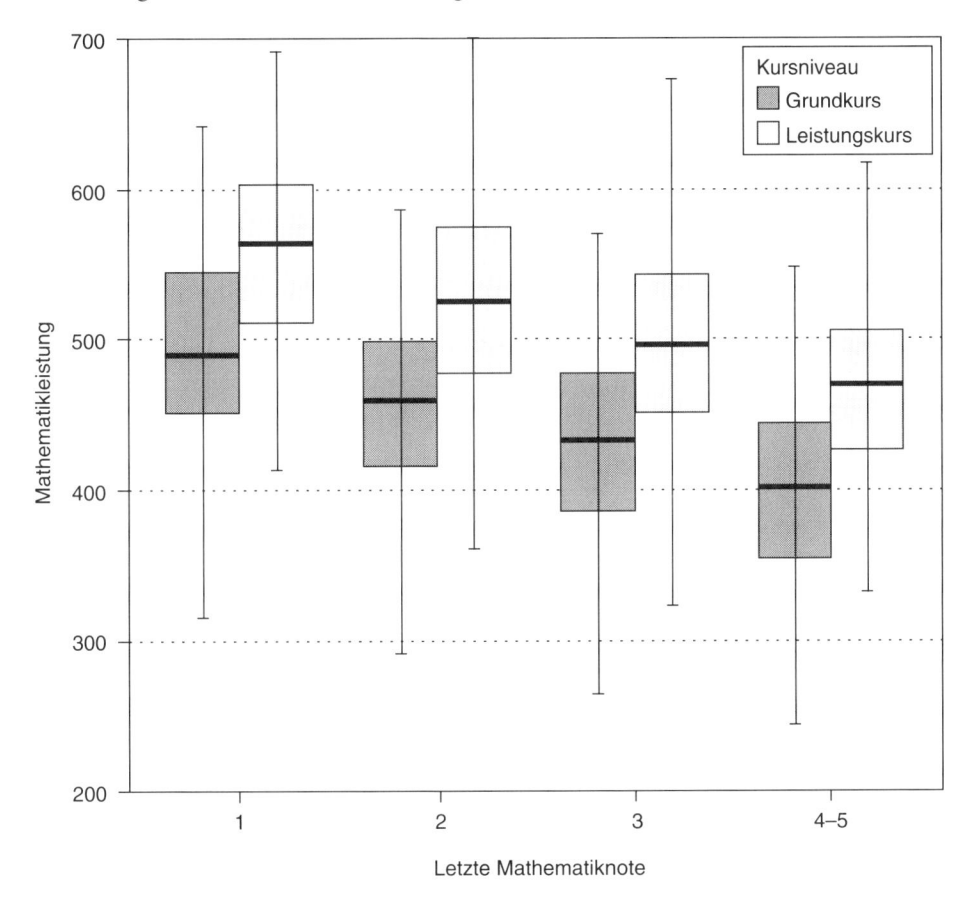

IEA. Third International Mathematics and Science Study.   © TIMSS/III-Germany

Abbildung VIII.5: Physikleistung nach Note und Kursniveau

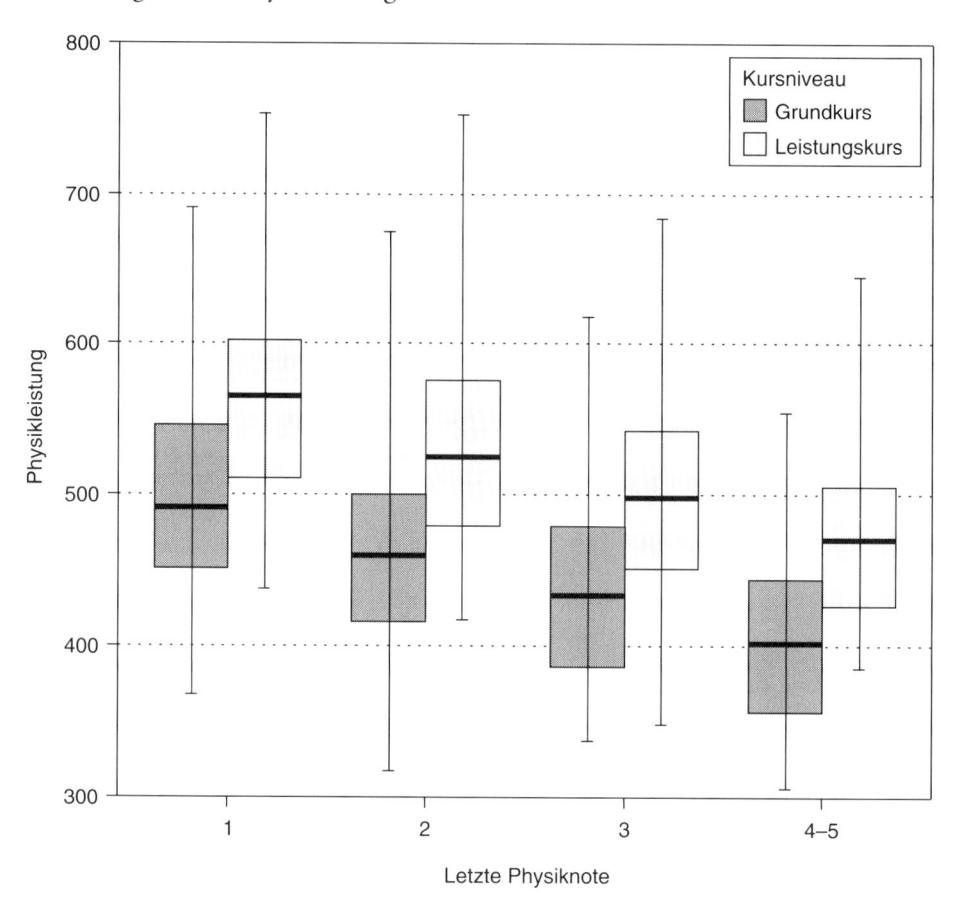

IEA. Third International Mathematics and Science Study. © TIMSS/III-Germany

35.3, $p < .001$; $F_{\text{Note} \times \text{Kursniveau}\,[3,\,44]} = 1.26$, $p > .05$). Noten differenzieren interindividuell und bilden durch die Gewichtung von Leistungskursergebnissen fachliche Schwerpunkte ab. Gleichzeitig geben die Noten aufgrund ihrer relativ niedrigen Korrelationen zwischen den verschiedenen Fächern auch Auskünfte über individuelle Leistungsprofile.

Die Boxplots der Abbildungen VIII.4 und VIII.5 vermitteln allerdings nicht nur Informationen über zentrale Tendenzen der Bewertung, die klar auf schulübergreifende Standards hinweisen, sondern zeigen in der Überlappung der Leistungsverteilungen unterschiedlicher Notenstufen auch eine erhebliche Variabilität der Bewertungsgrundsätze. Um das Ausmaß der systematischen Schwankungen anschaulicher zu machen, haben wir die Schulen unserer Stichprobe nach Fachleistungen – getrennt nach Fächern und Kursniveaus – gruppiert. Die Schulen wurden jeweils in ein unteres, mittleres und oberes Leistungsdrittel eingeteilt, um anschließend die mit den Notenstufen korrespondierenden mittleren Fachleistungen vergleichen zu können. Die Abbildungen VIII.6 und VIII.7 zeigen die Ergebnisse für Grund- und Leistungskurse im Fach Mathematik. Die Befunde für Physik sind strukturell vergleichbar, sodass wir auf die Wiedergabe der Ergebnisse verzichten. In Zwei-Weg-Varianzanalysen mit der jeweiligen Mathematikleistung als Kriterium und der Mathematiknote und dem Schulniveau als Faktoren werden jeweils beide Haupteffekte signifikant und im Grundkurs auch der Interaktionsterm auf dem 10-Prozent-Niveau (Grundkurs: $F_{\text{Schulniveau}\ [2,\ 45]} = 25.5$, $p < .001$; $F_{\text{Note}\ [2,\ 45]} = 24.0$, $p < .001$; $F_{\text{Note} \times \text{Schulniveau}\ [4,\ 43]} = 2.4$, $p < .10$. Leistungskurs: $F_{\text{Schulniveau}\ [2,\ 45]} = 45.5$, $p < .001$; $F_{\text{Note}\ [2,\ 45]} = 26.0$, $p < .001$; Interaktion nicht signifikant). Im Fall der Grundkurse werden 16 Prozent der Leistungsvarianz durch das Leistungsniveau der Schule und 14 Prozent der Varianz durch die Notenstufen erklärt. Für die Leistungskurse beträgt die Effektstärke des Leistungsniveaus $\eta^2 = .15$ und der Notenstufen $\eta^2 = .16$. In Schulen mit höherem Leistungsniveau wird also über alle Notenstufen hinweg deutlich strenger beurteilt. Auf Grundkursniveau sind in Schulen des oberen Leistungsdrittels die Mindeststandards besonders hoch. Die mittleren Differenzen zwischen den leistungsstärksten und leistungsschwächsten Schulen können bis zu zwei oder sogar drei Notenstufen betragen.

Die Effektstärken des Leistungsniveaus einer Schule und der Zeugnisnoten sind etwa gleich groß. Die Leistungsvariabilität zwischen Kursen verschiedener Schulen und die damit verbundene Variabilität der Beurteilungsstandards sind jedoch nur teilweise ein genuines Schulproblem, sondern zum größeren Teil Ergebnis idiosynkratischer Maßstäbe einzelner Lehrkräfte. Auf *Schulebene* betragen die Korrelationen zwischen den mittleren Testergebnissen der Grund- und Leistungskurse im Fach Mathematik $r = .58$ und im Fach Physik $r = .27$; über beide Fächer und unterschiedliche Kursniveaus hinweg schwanken die Korrelationen zwischen $r = .33$ und $r = .44$. Es gibt also offensichtlich über Kursniveaus und Fächer hinweg schulspezifische Leistungs- und Bewertungsstandards, die aber gleichzeitig innerhalb einer Schule von Lehrkraft zu Lehrkraft noch beträchtlich variieren können.

Unter den Gesichtspunkten der Verteilungsgerechtigkeit und dem impliziten Versprechen der Gesamtqualifikation der Hochschulreife mögen diese Schwankungen in der Strenge der Leistungsbewertung groß erscheinen, vielleicht sogar Anlass zur

Abbildung VIII.6: Mathematikleistung in Grundkursen nach Schulniveau und Note (Mittelwerte)

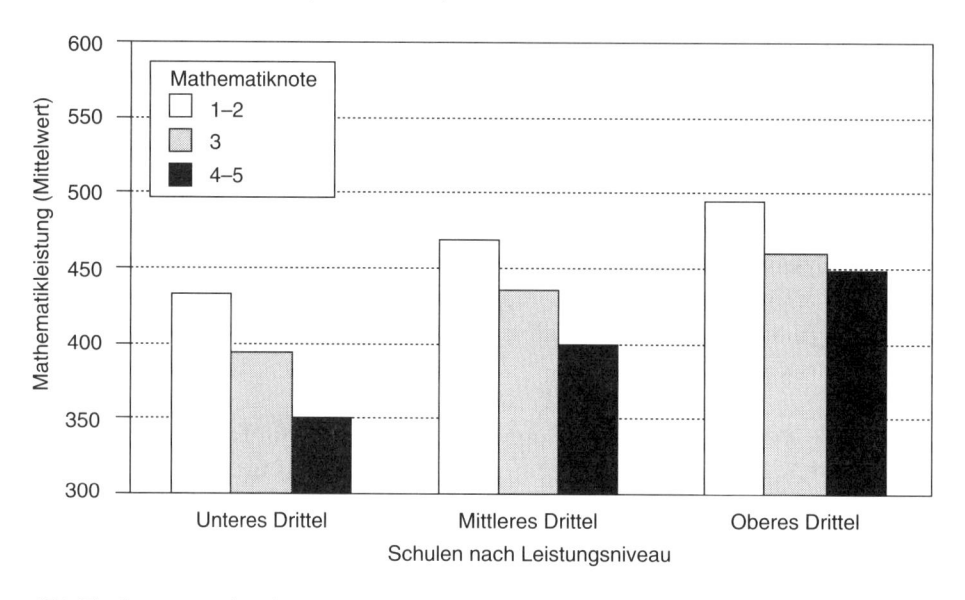

IEA. Third International Mathematics and Science Study. © TIMSS/III-Germany

Sorge geben. Umso wichtiger ist es, nachdrücklich auf die schulübergreifend geteilten Leistungsvorstellungen der Lehrkräfte an gymnasialen Oberstufen hinzuweisen. Im impliziten professionellen Gerechtigkeitsbild von Oberstufenlehrkräften scheinen sich schulübergreifende Gütekriterien und kursinterne Referenznormen, die für ein motiviertes Arbeiten gar nicht außer Acht gelassen werden können, in einer Balance zu befinden: Auf individueller Ebene betragen die Korrelationen zwischen Note und Fachleistung in der *Gesamtstichprobe* je nach Fach und Kursniveau zwischen $r = -.37$ und $r = -.45$. Die Zusammenhänge zwischen *relativer Testleistung* innerhalb des Kursniveaus einer Schule (Abweichung vom Mittelwert) und Note liegen bei etwa gleicher Schwankungsbreite zwischen $r = -.33$ und $r = -.43$. Eine Regressionsanalyse von Fachnoten auf Fachleistungen in der Gesamtstichprobe und relativen Fachleistungen im Kurs zeigt, dass beide Beurteilungsaspekte in das in der Notenvergabe zum Audruck kommende Urteil von Fachlehrkräften eingehen, wobei der spezifische Anteil der schulübergreifenden Standards – mit einer einzigen Ausnahme im Leistungskurs Mathematik – bedeutsamer ist (vgl. Tab. VIII.5). Ferner darf man nicht übersehen, dass es sich bei der Variabilität von Bewertungsmaßstäben zum überwiegenden Teil um kurs- und

Abbildung VIII.7: Mathematikleistung in Leistungskursen nach Schulniveau und Note (Mittelwerte)

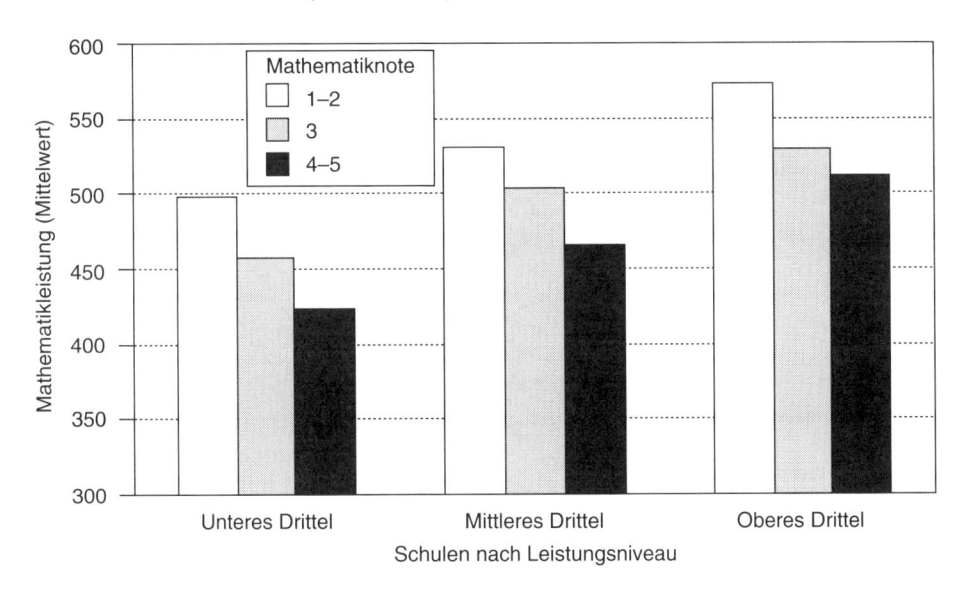

IEA. Third International Mathematics and Science Study. © TIMSS/III-Germany

fachspezifische, nicht aber um schulspezifische Phänomene handelt, sodass im Gesamtergebnis eines Abiturzeugnisses Gerechtigkeitsdefizite der einzelnen Noten zu einem vermutlich nicht unerheblichen Teil austariert werden. Die Tatsache, dass der beste bekannte allgemeine Prädiktor für den Studienerfolg die Durchschnittszensur des Abiturzeugnisses ist – und nicht die Durchschnittszensur der Fächer Deutsch, Englisch und Mathematik oder der Abiturprüfungsfächer, aber auch nicht die Summe gewichteter Einzelnoten –, findet wahrscheinlich in diesem Umstand eine Erklärung.

Man muss sich diese komplexe Befundlage vergegenwärtigen, wenn man die Variabilität von Bewertungsmaßstäben beurteilen möchte. Hält man die Schwankungsbreite für zu groß, weil sie das Vertrauen in die mit der Hochschulreife erteilten Berechtigungen schwächen könnte, so ist Abhilfe wohl kaum in einer Verschärfung der Beurteilung in Schulen mit weniger günstigen Leistungsergebnissen zu suchen. Angesichts des Gleichgewichts von kursübergreifenden und kursinternen Maßstäben und der schon jetzt – vor allen Dingen im mathematischen Grundkurs – strengen Benotung wird man durch Maßnahmen dieser Art nur die motivationale Grundlage

Tabelle VIII.5: Ergebnisse der Regression der Fachnote im letzten Halbjahreszeugnis auf Fachleistungen absolut und in Abweichung vom mittleren Kursniveau in einer Schule (standardisierte Regressionskoeffizienten[1])

Prädiktoren	Mathematik		Physik	
	Grundkurs	Leistungskurs	Grundkurs	Leistungskurs
Fachleistung in Gesamtstichprobe	–.32	–.16	–.25	–.26
Relative Fachleistung im Kursniveau einer Schule	–.15	–.26	–.15	–.14
R^2	.21	.16	.14	.14

[1] Alle Werte sind auf dem 1-Prozent-Niveau signifikant.
IEA. Third International Mathematics and Science Study. © TIMSS/III-Germany

der pädagogischen Arbeit gefährden können. Eine Homogenisierung der Standards dürfte letztlich nur durch eine Verbesserung des Unterrichts gerade in den Klassen und Kursen, deren Leistungen nicht den berechtigten Erwartungen entsprechen, zu erreichen sein. Hier liegt die eigentliche Herausforderung einer professionellen Schulentwicklung.

4. Regionale Variabilität von Bewertungsmaßstäben – Ein Problem distributiver Gerechtigkeit?

Die Frage der schulübergreifenden Vergleichbarkeit von Beurteilungsmaßstäben ist angesichts der Bedeutung der Hochschulreife im Berechtigungssystem gar nicht abweisbar; nur aus ideologischen Gründen kann man sich ihr entziehen. Sie kann jedoch nicht sinnvoll innerhalb der Dichotomie von Vergleichbarkeit versus Unvergleichbarkeit beantwortet werden, da diese Alternative die spezifische Logik der pädagogischen Arbeit im Unterricht außer Acht lässt. Ein erfolgreicher Unterricht verlangt neben einem professionellen Bewusstsein für lerngruppenübergreifende Leistungsstandards auch immer – wie wir im vorangegangenen Abschnitt gezeigt haben – die Berücksichtigung lerngruppeninterner Referenzmaßstäbe. Unter einer analytisch fruchtbaren Perspektive wird man das Problem der Vergleichbarkeit von Beurteilungsmaßstäben nur als (lokal) auszutarierende Balance zwischen unterschiedlichen, aber funktional gleichermaßen legitimen Bezugsnormen formulieren können, die nicht mehr zusammenfallen, sobald institutionelle Leistungsunterschiede auftreten. Man wird also zu fragen haben, welche Belastungen das Vertrauen in die Gerechtigkeit der Leistungsbewertung und Abschlussvergabe verträgt und wie weit sich lerngruppeninterne Referenznormen unter pädagogischen Gesichtspunkten von institutionsübergreifenden Standards unterscheiden dürfen. Fasst man den theoretischen Rahmen in dieser Weise, wird unmittelbar einsichtig, dass Versuche, die Variabilität von Bewertungsmaßstäben unter bildungspolitischen Gesichtspunkten zu erklären, den Kern der Sache verfehlen. Man kommt dann nur zu solch unerfreulichen polemischen Gegenüberstellungen wie Leistungsbewusstsein hier und pädagogisches Laissez-faire dort oder Leistungsdruck dort und reformpädagogische Errungenschaften hier (Thurn, 2000). Wenn wir im Folgenden nach der regionalen Variabilität von Notenverteilungen und Bewertungsmaßstäben fragen, wollen wir bewusst diese Sackgasse vermeiden.

Im vorangegangenen Abschnitt haben wir gezeigt, dass bei der Notenvergabe in der gymnasialen Oberstufe sowohl schulübergreifende Leistungsstandards als auch lerngruppeninterne Referenznormen zur Anwendung kommen. Dabei scheinen lerngruppenübergreifende Standards in der Regel im Vordergrund zu stehen (vgl. Tab. VIII.5). Die jeweils erreichte Balance ist selbstverständlich von pädagogischen Traditionen und den spezifischen Arbeitsbedingungen einer Schule, die in erster Linie durch die Zusammensetzung der Schülerschaft bestimmt wird, abhängig. In den neuen Ländern knüpft die gymnasiale Oberstufe vermutlich gerade im Bereich der Leistungsbewertung und deren Interpretation im Kollegium an eigene Traditionen an. Aus Untersuchungen zur Mittelstufe (Baumert, 1994) wissen wir, dass das fünfstufige Notensystem der DDR zu anderen Verteilungsmustern führte. Eine ausreichende Note im Schulsystem der DDR war einerseits bereits ein deutliches Signal für die Gefährdung einer Schullaufbahn, andererseits aber auch Hinweis auf die besondere pädagogische Verpflichtung der Lehrkraft, „keinen zurückzulassen". Entsprechend seltener wurden die kritischen Noten „Vier" und „Fünf" vergeben. Umgekehrt war in dem nichtlinearen Maßstab der Notenskala die Leistungsdistanz zwischen den Noten „gut" und „sehr gut" geringer als in der alten Bundesrepublik, wo die beste Note eher für herausragende Leistungen reserviert blieb und seltener vergeben wurde. Wir erwarten, dass sich nach der Vereinigung in den neuen Bundesländern eine gewisse Angleichung der Maßstäbe an das neue System vollzogen hat, aber gleichzeitig auch die pädagogische Tradition der Förderungsverpflichtung noch überdauert.

Überlagert werden die unterschiedlichen pädagogischen Traditionen durch regional unterschiedliche Systementwicklungen, die mit gesellschaftlichen Modernisierungsprozessen einhergehen. Insbesondere erzeugte die Expansion des Gymnasiums charakteristische regionale Verwerfungen, die bereits in den 1950er Jahren erkennbar waren (Köhler, 1990; Arbeitsgruppe Bildungsbericht, 1994). Wir gehen davon aus, dass bei quantitativ bedeutsamen Veränderungen der Bildungsbeteiligung eine Neujustierung der Balance der konkurrierenden Beurteilungsnormen erforderlich wird, die Lehrkräfte mehr oder weniger implizit vornehmen. Treffen unsere Vermutungen zur pädagogischen Rationalität des Ausgleichsprozesses zu, so sollten bei steigender Bildungsbeteiligung in der gymnasialen Oberstufe einerseits eine Tendenz zur Verschärfung der internen Maßstäbe und andererseits eine gegenläufige Tendenz zur Lockerung der schulübergreifenden Standards erkennbar sein. Im Falle der neuen Länder wird dieser Prozess – so nehmen wir an – mit den Auswirkungen der überdauernden Bewertungspraxis der DDR konfundiert sein.

Die folgenden Untersuchungen konzentrieren sich auf das Fach Mathematik, da die größeren Substichproben tiefer gestaffelte Analysen zulassen. Für das Fach Physik müssen wir uns auf einen Ost-West-Vergleich beschränken. Tabelle VIII.6 gibt zunächst einen Überblick über die Notenverteilungen in Mathematik, aufgeschlüsselt nach Kursniveau und Region. Zu regionalen Einheiten haben wir jeweils Bundesländer mit annähernd vergleichbarem relativen Schulbesuch an gymnasialen Oberstufen zusammengefasst. Gleichzeitig haben wir alte und neue Bundesländer getrennt. Diese Klassifikation ergibt vier Gruppen: (1) neue Länder mit einem relativen Oberstufenbesuch zwischen 24 und 30 Prozent des TIMSS-Referenzjahrgangs, (2) alte Länder mit selektivem Oberstufenbesuch zwischen 19 und 23 Prozent des Altersjahrgangs, (3) Flächenländer der alten Bundesrepublik mit einer Oberstufenexpansion zwischen 24 und 30 Prozent des Referenzjahrgangs und (4) Stadtstaaten mit über 30-prozentigem Oberstufenbesuch. Darüber hinaus weist die Tabelle VIII.6 regionsspezifische Beteiligungsquoten an den mathematischen Grund- und Leistungskursen aus – einmal bezogen auf den durchschnittlichen Altersjahrgang der 15- bis 19-Jährigen (TIMSS-Referenzjahrgang), zum anderen auf die Schülerschaft des letzten Jahrgangs der gymnasialen Oberstufe. Der zuerst genannte Kennwert wird als *Mathematics TIMSS Coverage Index* (MTCI) bezeichnet, der zweite trägt die Bezeichnung „Oberstufenquote".

Der erste, im Grunde sehr überraschende Befund der Tabelle VIII.6 besagt, dass sich die Relationen der regionsspezifischen Bildungsbeteiligung auf der gymnasialen Oberstufe nicht in den Abstufungen der *TIMSS Coverage Indices* widerspiegeln. In den Ländern mit bis zum Ende der letzten Jahrgangsstufe obligatorischem Mathematikunterricht – also in den neuen und auch der Mehrzahl der selektiven alten Länder – entsprechen die Summen der Beteiligungsquoten der Bildungsbeteiligung am Gymnasium. In den übrigen Regionen liegt die Summe der *TIMSS Coverage Indices* niedriger, da im letzten Jahrgang in einzelnen Ländern Mathematik abgewählt werden kann. Bemerkenswert ist, dass sich für die alten Länder in Grund- und Leistungskursen trotz unterschiedlicher Bildungsexpansion ähnliche *Coverage*

Tabelle VIII.6: Notenverteilung in Mathematik nach Kursniveau und Region (Fachnoten im letzten Halbjahreszeugnis in %)

Beteiligungsquote/ Notenstufe	Grundkurs				Leistungskurs			
	Neue Länder	Alte Länder			Neue Länder	Alte Länder		
Relativer Schulbesuch an gymnasialen Oberstufen[1]	24–30	19–23	24–30	> 30	24–30	19–23	24–30	> 30
MTCI[2]	17,1	12,3	12,6	14,1	10,8	6,8	6,9	7,0
Oberstufenquote[3]	59	59	55	40	40	37	32	22
1–2	50	44	35	49	61	50	53	55
3	34	24	32	36	29	34	30	33
4–5	16	32	33	15	10	16	17	12
	$\chi^2_{[6]} = 43{,}5; p < .001$				$\chi^2_{[6]} = 10{,}3; p < .05$			

[1] Schülerinnen und Schüler der letzten Jahrgangsstufe an gymnasialen Oberstufen in Prozent des durchschnittlichen Jahrgangs der 15- bis 19-Jährigen.
[2] *Mathematics TIMSS Coverage Index:* Teilnehmer an Mathematikkursen der letzten Jahrgangsstufe an gymnasialen Oberstufen in Prozent des durchschnittlichen Jahrgangs der 15- bis 19-Jährigen.
[3] Teilnehmer an Mathematikkursen in Prozent der Schülerinnen und Schüler der letzten Jahrgangsstufe.

IEA. Third International Mathematics and Science Study. © TIMSS/III-Germany

Indices ergeben. Dies bedeutet, dass sich die Beteiligungsverhältnisse am Mathematikunterricht innerhalb der gymnasialen Oberstufe zwischen den regionalen Gruppen erheblich unterscheiden. Die Beteiligungsquoten innerhalb der gymnasialen Oberstufe schwanken auf Grundkursniveau zwischen 40 und 59 Prozent und auf Leistungskursniveau zwischen 22 und 40 Prozent (Tab. VIII.6). Während in den neuen Bundesländern offensichtlich Belegvorschriften und die mathematisch-naturwissenschaftliche Tradition der polytechnischen Oberschule für konstant hohe Beteiligungsquoten sorgen, nimmt in den alten Ländern die Selektivität des Fachs Mathematik mit der Expansion der gymnasialen Oberstufe zu.

Die inferenzstatistische Überprüfung zeigt, dass sich die Notenverteilungen auf Grund- und Leistungskursniveau zwischen den regionalen Gruppen signifikant unterscheiden, wobei die Differenz ausschließlich auf Verteilungsunterschiede zwischen alten und neuen Ländern zurückzuführen ist (χ^2 Grundkurs [6] = 43,5, $p < .001$; χ^2 Leistungskurs [6] = 10,3, $p < .05$). In den neuen Ländern wird in Grund- und Leistungskursen, aber besonders in den Grundkursen, seltener von der „Vier" oder „Fünf" Gebrauch gemacht, dagegen häufiger von der „Eins" und „Zwei". Dieses Verteilungsmuster entspricht der Benotungstradition der DDR.

Tabelle VIII.7: Notenverteilung in Physik nach Kursniveau und Region (Fachnoten im letzten Halbjahreszeugnis in %)

Beteiligungsquote/ Notenstufe	Grundkurs		Leistungskurs	
	Neue Länder	Alte Länder	Neue Länder	Alte Länder
PTCI[1]	7,9	6,5	4,0	2,4
Oberstufenquote[2]	23	14	13	5
1–2	58	49	50	59
3	33	29	34	32
4–5	9	22	16	10
	$\chi^2_{[2]} = 11.1; p < .01$		$\chi^2_{[2]} = 2.4; p > .05$	

[1] *Physics TIMSS Coverage Index:* Teilnehmer an Physikkursen der letzten Jahrgangsstufe an gymnasialen Oberstufen in Prozent des durchschnittlichen Jahrgangs der 15- bis 19-Jährigen.
[2] Teilnehmer an Physikkursen in Prozent der Schülerinnen und Schüler der letzten Jahrgangsstufe.
IEA. Third International Mathematics and Science Study. © TIMSS/III-Germany

Für das Fach Physik können wir aufgrund der geringen Stichprobengröße die Notenverteilung nur nach Kursniveau und alten bzw. neuen Ländern aufschlüsseln (vgl. Tab. VIII.7). Hier zeigt sich analog zum Fach Mathematik zunächst, dass sich bei vergleichbarem relativen Schulbesuch die *Coverage Indices* sowohl für Grund- als auch Leistungskurse unterscheiden. Die Bereitschaft, Physik als Unterrichtsfach zu belegen, ist in den neuen Ländern größer als in den alten. Dementsprechend unterscheiden sich die Oberstufenquoten. Trotz der höheren Beteiligungsraten fällt die Notenverteilung in den Physikgrundkursen der neuen Länder positiver aus ($\chi^2_{[2]} = 11.1, p < .01$). Hier scheint trotz der erhöhten Beteiligungsraten – wie wir anfangs ausgeführt haben – die traditionelle Bewertungspraxis der DDR fortzuwirken. Im Physikleistungskurs dagegen, für den die Oberstufenquote in den neuen Ländern beinahe das Dreifache der alten Länder beträgt, scheint die Korrektur der Notenvergabe an absoluten Gütemaßstäben erwartungsgemäß zu greifen: Die Notenverteilungen in den neuen und alten Ländern unterscheiden sich nicht mehr.

Ein Vergleich der Notenverteilungen allein gibt allerdings noch keine Auskunft über die Vergleichbarkeit von Bewertungsmaßstäben, solange man nicht die Homogenität regionaler Leistungsverteilungen voraussetzen kann. Dies scheint aber nicht oder nur eingegrenzt der Fall zu sein, wie Tabelle VIII.8 nahelegt, in der die Mathematikleistungen differenziert nach Notenstufen, Kursniveau und Region ausgewiesen sind. Für Kursniveaus getrennt durchgeführte zweifaktorielle Varianzanalysen mit der Mathematikleistung als abhängiger Variablen und den Notenstufen und der Region

Tabelle VIII.8: Mathematikleistungen nach Notenstufe, Kursniveau und Region (Mittelwerte)

Beteiligungsquote/ Notenstufe	Grundkurs				Leistungskurs			
	Neue Länder	Alte Länder			Neue Länder	Alte Länder		
Relativer Schulbesuch an gymnasialen Oberstufen[1]	24–30	19–23	24–30	> 30	24–30	19–23	24–30	> 30
MTCI[2]	17,1	12,3	12,6	14,1	10,8	6,8	6,9	7,0
Oberstufenquote[3]	59	59	55	40	40	37	32	22
1–2	462	485	458	477	520	571	523	542
3	429	457	420	413	479	523	481	494
4–5	404	427	368	410	448	500	466	449

[1] Schülerinnen und Schüler der letzten Jahrgangsstufe an gymnasialen Oberstufen in Prozent des durchschnittlichen Jahrgangs der 15- bis 19-Jährigen.
[2] *Mathematics TIMSS Coverage Index:* Teilnehmer an Mathematikkursen der letzten Jahrgangsstufe an gymnasialen Oberstufen in Prozent des durchschnittlichen Jahrgangs der 15- bis 19-Jährigen.
[3] Teilnehmer an Mathematikkursen in Prozent der Schülerinnen und Schüler der letzten Jahrgangsstufe.

IEA. Third International Mathematics and Science Study.   © TIMSS/III-Germany

als Faktoren ergeben in beiden Fällen einen erwartungsgemäss signifikanten Haupteffekt der Note. Ein Haupteffekt der Region ist nur für den Leistungskurs nachweisbar. Alle anderen Unterschiede, die auf mögliche Interaktionseffekte zwischen Notenstufen und Region hinweisen, lassen sich nicht zufallskritisch absichern.

Auf *Grundkursniveau* unterscheiden sich die mittleren Mathematikleistungen der regionalen Gruppe auch bei Kontrolle der Notenstufen nicht systematisch. Dieser Befund ist in doppelter Hinsicht bemerkenswert. In Ländern mit expandierter Oberstufe werden unter Kontrolle der Testleistungen ähnliche Maßstäbe angelegt wie in Ländern mit selektiverem Oberstufenzugang. Für die alten Länder ist dieses Ergebnis letztlich plausibel, da sich die faktischen Beteiligungsquoten, wie sie der *Mathematics TIMSS Coverage Index* (MTCI) ausweist, kaum unterscheiden. Keineswegs selbstverständlich ist dieser Befund jedoch für die neuen Länder. Trotz der höheren Beteiligungsquoten werden ähnlich strenge Beurteilungsmaßstäbe angelegt. Die unterschiedliche Notenverteilung in den Grundkursen, die wir in Tabelle VIII.6 gezeigt haben, ist offensichtlich durch entsprechende Mathematikleistungen gedeckt.

Auf *Leistungskursniveau* unterscheiden sich die mittleren Mathematikleistungen der Regionalgruppen, auch bei Kontrolle der Notenvergabe signifikant ($F_{\text{Note} [2, 45]}$ =

22.1, $p < .001$; $F_{\text{Region [3, 44]}} = 7.3$; $p < .001$; Interaktion nicht signifikant). Post hoc-Vergleiche mit Bonferoni-Korrektur machen deutlich, dass dieser Effekt ausschließlich auf alte Länder mit selektivem Oberstufenzugang zurückzuführen ist. In dieser Ländergruppe wird also über alle Notenstufen hinweg strenger beurteilt. Darüber hinaus lassen sich keine Unterschiede in den Bewertungsmaßstäben nachweisen.

Im Fach Physik werden nach unseren Befunden (vgl. Tab. VIII.9) auf Grundkursniveau in alten und neuen Ländern über alle Notenstufen hinweg die gleichen Bewertungsmaßstäbe angelegt ($F_{\text{Note [2, 45]}} = 46.0$; $p < .001$; Haupteffekt der Region und Interaktion nicht signifikant). Trotz der höheren Beteiligungsquoten in den neuen Ländern bleiben die Gütestandards stabil. Ein anderes Bild ergibt sich für die Leistungskurse, bei denen die neuen Länder eine erheblich höhere Beteiligung erreichen. Hier unterscheiden sich die Notenverteilungen zwischen den Regionen nicht, wohl aber die Fachleistungen ($F_{\text{Note [2, 45]}} = 4.2, p < .05$; $F_{\text{Region [1, 46]}} = 16.7, p < .001$; Interaktion nicht signifikant). Die Unterschiede in den Fachleistungen sind auf allen Notenstufen so groß, dass man wohl nicht mehr von äquivalenten Bewertungsgrundsätzen in Ost und West sprechen kann ($\eta^2 = .12$). In Leistungskursen der alten Länder wird von den Notenstufen 4 und 5 eher in Regionen mit strengeren Bewertungsmaßstäben Gebrauch gemacht. Deshalb liegt der Mindeststandard relativ hoch.

Die Analyseergebnisse lassen sich folgendermaßen zusammenfassen: Im Fach Mathematik wird auf Grundkursniveau in Ländern mit unterschiedlich selektivem Zugang zur gymnasialen Oberstufe ähnlich streng benotet. Im Vergleich der alten Län-

Tabelle VIII.9: Physikleistungen nach Notenstufe, Kursniveau und Region (Mittelwerte)

Beteiligungsquote/ Notenstufe	Grundkurs		Leistungskurs	
	Neue Länder	Alte Länder	Neue Länder	Alte Länder
PTCI[1]	7,9	6,5	4,0	2,4
Oberstufenquote[2]	23	14	13	5
1–2	504	536	559	602
3	475	490	514	561
4–5	441	443	478	568

[1] *Physics TIMSS Coverage Index:* Teilnehmer an Physikkursen der letzten Jahrgangsstufe an gymnasialen Oberstufen in Prozent des durchschnittlichen Jahrgangs der 15- bis 19-Jährigen.
[2] Teilnehmer an Physikkursen in Prozent der Schülerinnen und Schüler der letzten Jahrgangsstufe.

IEA. Third International Mathematics and Science Study. © TIMSS/III-Germany

der mit unterschiedlicher Oberstufenexpansion ist dieser Befund plausibel, da sich die faktischen Beteiligungsquoten an den Mathematikkursen nur marginal unterscheiden. Er spricht für ein gemeinsames, professionelles Leistungsverständnis der Lehrkräfte, die den Mathematikunterricht in gymnasialen Oberstufen erteilen. Für die neuen Länder, in denen für die mathematischen Grund- und Leistungskurse höhere Beteiligungsquoten erreicht werden, ist dieser Befund jedoch bemerkenswert. Er belegt die Stabilität von Qualitätsstandards bei Förderungsfolgen.

Im mathematischen Leistungskurs dagegen wird in der Gruppe der alten Länder mit relativ selektivem Zugang zur gymnasialen Oberstufe strenger benotet als in allen anderen regionalen Gruppen. Im Vergleich zu den neuen Ländern mit höheren Beteiligungsquoten am Mathematikleistungskurs kann man dieses Ergebnis vor dem Hintergrund unserer theoretischen Ausgangsannahmen als erwartungsgemäß bezeichnen. Dies gilt jedoch nicht im Vergleich zu den übrigen regionalen Gruppen. Trotz vergleichbarer Selektivität des mathematischen Leistungskurses unterscheiden sich die Beurteilungsmaßstäbe. Diese Unterschiede sind nicht strukturell durch das notwendige Ausbalancieren zweier Bewertungsnormen erklärbar, sondern müssen auf differentielle pädagogische Traditionen zurückgeführt werden. Im Mathematikleistungskurs der neuen Länder werden im Vergleich zu den alten Ländern mit expansiverer Oberstufenentwicklung äquivalente Bewertungsgrundsätze angewendet.

Im Physikunterricht werden in den neuen Ländern auf Grundkursniveau trotz höherer Beteiligungsquoten vergleichbare Beurteilungsmaßstäbe eingehalten. Auf Leistungskursniveau zeigen sich allerdings auch die Grenzen der Durchsetzung kursübergreifender Standards bei steigender Unterrichtsbeteiligung. Hier sind im Unterschied zum Mathematikunterricht die Leistungsergebnisse in den alten Ländern, in denen der Physikleistungskurs selektiver ist, so viel besser, dass eine schulübergreifende Adjustierung äquivalenter Maßstäbe pädagogisch offensichtlich nicht mehr durchhaltbar ist.

5. Standardsicherung durch die Abiturprüfung: Zentralabitur oder dezentrale Prüfungsorganisation?

In der Öffentlichkeit hat das Abitur vor allem die symbolische Funktion, das Vertrauen in die Gesamtqualifikation der Hochschulreife als Teil des Berechtigungssystems zu stärken. Im Rahmen des Verwaltungshandelns greifen symbolische und instrumentelle Funktionen ineinander. Die Abiturprüfung, die unabhängig von ihrer zentralen oder dezentralen Organisation immer die Schulaufsicht involviert, signalisiert die Präsenz der staatlichen Kontrolle und gewährt gleichzeitig der Schulverwaltung vergleichenden Einblick in die Leistungsverhältnisse von Schulen. Das Abitur hat aber als extern kontrollierte Prüfung auch direkte Auswirkungen auf die beteiligten Schüler, vor allem aber symbolisch vermittelte Rückwirkungen auf die Schule und das Unterrichtsgeschehen insgesamt. Für analytische Zwecke ist es wichtig, diese beiden Formen der Rückwirkungen, die man auch als institutionelle und individuelle Effekte bezeichnen könnte, zu unterscheiden.

Im Allgemeinen wird man sich relativ schnell darüber einig sein, dass eine anstehende Prüfung motivierend oder disziplinierend auf das Lernverhalten der betroffenen Schüler wirken kann. Prüfungen sind individuell erlebte und zurechenbare Ereignisse, die die Leistungsbereitschaft von Schülern extrinsisch steuern.

Komplexer sind wahrscheinlich die institutionellen Rückwirkungen des Abiturs. Erinnern wir zunächst noch einmal an die schul- und länderübergreifende Grundlage der Abiturprüfungen. In allen Ländern bilden die „Einheitlichen Prüfungsordnungen" (EPA) der Kultusministerkonferenz die verbindliche Orientierung für die Abschlussprüfungen. Die einheitlichen Prüfungsanforderungen wirken über die Festlegung von Aufgabenarten und Anspruchsniveaus länderübergreifend standardisierend. Im Bericht der Expertenkommission der Kultusministerkonferenz zur Weiterentwicklung der Prinzipien der gymnasialen Oberstufe und des Abiturs heißt es (sinngemäß): „Daß in einzelnen Ländern Themenstellung und Bewertung zentral und in anderen nur die Kontrolle der Themenstellung und [der] Bewertung überschulisch erfolgen, ist für die [den] generelle[n] [Anspruch auf] Sicherung von Standards nachgeordnet. In einem Fall müssen sich die Themenstellungen eher am geforderten Mittel orientieren, im anderen kann infolge einer besseren Passung mit dem tatsächlichen Unterricht die Themenstellung mehr Tiefe gewinnen. Hinsichtlich Durchsetzung der bundesweit vereinbarten Prüfungsanforderungen wird man beide Formen der Abiturprüfung als funktionale Äquivalente betrachten dürfen, gerade weil die üblicherweise als dezentral bezeichnete Prüfung in ihren Kontrollfunktionen nicht dezentral ist." (KMK, 1995, S. 147) Der Bericht fährt dann fort: „Externe Standards sichern nicht nur die Vergleichbarkeit der Abschlußprüfung, sondern sie wirken auch institutionell auf den Unterricht zurück, wenn gleichsam im Vorgriff auf den mehr oder minder öffentlichen Prüfungsvorgang das Anspruchsniveau von Kursen festgelegt und die Bewertungsmaßstäbe justiert werden. In der mittleren Übereinstimmung von Vorzensur und Prüfung tariert sich das System aus. Kein Lehrer kann es auf Dauer dulden, daß Prüfungsergebnisse markant in eine Richtung – positiv oder negativ – von der Vorzensur abweichen. Institutionell kann man die Rückwirkungen auf Anspruchsniveau und Gütemaßstäbe nennen, weil sie unabhängig davon auftreten, ob *jeder* Schüler geprüft wird oder nicht. Voraussetzung dieses Effekts ist allein, daß ein Fach innerhalb einer Schule regelmäßig Prüfungsfach ist und die Anzahl der Prüfungskandidaten eine kritische Schwelle nicht unterschreitet." (KMK, 1995, S. 148) In welcher Weise die externen Erwartungen den Unterricht der beteiligten Lehrkräfte affizieren, ist allerdings ungeklärt. Die Vorbereitung auf das Abitur kann der Konsolidierung und der Flexibilisierung des Gelernten dienen, aber ebenso auch beim Einschleifen und Repetieren enden.

Trotz des gemeinsamen Standardisierungsanspruchs des zentralen und dezentralen Abiturs wird die Äquivalenz beider Regelungsformen immer wieder infrage gestellt. Dabei werden je nachdem, ob das Zentralabitur oder die dezentrale Prüfungsform befürwortet wird, unterschiedliche Argumentationstypen ins Feld geführt, die ein wechselseitiges Verständnis erschweren. Die Kritik am dezentralen Abitur bedient sich ausschließlich institutioneller Argumente. Sie thematisiert die Befürchtung, dass bei einer dezentralen Regelung die überschulische Vergleichbarkeit des Abiturs hinsichtlich der Breite der verlangten Stoffgebiete und der Bewertungsmaßstäbe beeinträchtigt werden könne, da (1) an einzelnen Schulen Mindestnormen systematisch unterschritten, (2) einer zu weitgehenden Spezialisierung gegenüber der notwendigen Breite Vorschub geleistet und (3) eine zu intensive und damit unfaire Vorbereitung der Abiturklausuren nicht ausgeschlossen würden. Die Kritik am Zentralabitur wiederum argumentiert nicht ausschließlich, aber doch primär auf individueller Ebene. Die Aufgabenstellungen des Zentralabiturs müssten sich auf ein mittleres Anspruchsniveau und relativ leicht abprüfbare Gegenstände konzentrieren. Dies habe ein relativ breit streuendes und damit notwendigerweise eher oberflächliches Unterrichtsangebot und ein entsprechendes Lernverhalten auf Seiten der Schülerinnen und Schüler zur Folge. Die Verständnistiefe, die durch exemplarisches Vorgehen möglich sei, könne dann nicht erreicht werden. Dies verleite auf Schülerseite zum verstärkten Einsatz von Memorierstrategien und zum Verzicht auf aufwendigere verständnisorientierte Lernstrategien. Ferner verschlechtere die eingeschränkte Vorhersehbarkeit der Prüfungsthemen die Passung von Unterricht und Prüfungsgegenstand mit der Folge erhöhter Prüfungsangst.

Inwieweit diese eher typisierende Kritik die Praxis, die sich unter den unterschiedlichen Organisationsformen der Abiturprüfung entwickelt hat, tatsächlich zutrifft, ist schwer zu beurteilen. Einigermaßen gewiss dürfte sein, dass der Arbeitsaufwand für die einzelne Lehrkraft bei einem dezentralen Abitur größer ist, und zwar insbesondere dann, wenn die Einreichung von Klausurthemen mit ausführlichen Begründungspflichten, wie dies in einzelnen Ländern der Fall ist, verbunden wird. Dies kann, je nach Fach ganz unterschiedliche, in jedem Fall aber kontraintuitive Auswirkungen haben. In den Fächern, für die kleinere und gut umschreibbare Aufgaben charakteristisch sind, können veröffentlichte Abituraufgaben aus Ländern mit Zentralabitur regulative Funktion auch in Ländern mit dezentraler Abiturprüfung erhalten. Denn diese Aufgaben sind ja von der Schulaufsicht lizenziert. Im Fach Mathematik ist die leicht modifizierte Übernahme solcher Musteraufgaben keine Seltenheit. In den Fächern, in denen eine solche Standardisierung nicht ohne Weiteres möglich ist, ergibt sich die Gefahr, dass die exzessive Begründungspflicht für jede einzelne Aufgabe zu einer allmählichen Anhebung des Anspruchsniveaus und Spezialisierungsgrades von Abituraufgaben führt, sodass diese ohne intensive Vorbereitung im Unterricht überhaupt nicht adäquat bearbeitet werden können. Bei einer Durchsicht von Themen in den Fächern Deutsch, Geschichte oder Geographie lässt sich leicht eine Vielzahl von Belegen für solche Aufgaben finden.

Vergegenwärtigen wir uns noch einmal die in den beiden vorangegangenen Abschnitten vorgelegten Analysen, die zeigen, dass Lehrkräfte an gymnasialen Oberstufen schulübergreifende Maßstäbe und kursinterne Referenznormen ausbalancieren und eine wachsende Heterogenität der Schülerschaft offensichtlich zu einer Neujustierung der Balance führt. Vor diesem Hintergrund ist die institutionelle Begründung des Zentralabiturs, die davon ausgeht, dass die zentrale Prüfungsorganisation eine über alle Fächer und Kurse hinweg stärker standardisierende Wirkung als das dezentrale Abitur ausübt, nicht sonderlich plausibel. In selektiven Fächern und Kursen, wie sie Grund- und Leistungskurse im Fach Physik und die Leistungskurse im Fach Mathematik darstellen, sollten im Bewertungsverhalten von Lehrern fächerübergreifende Standards leichter zur Geltung kommen können, als dies in obligatorischen oder weitgehend obligatorischen Grundkursen der Fall ist. Wir erwarten also differentielle Auswirkungen des Zentralabiturs. Wenn die zentrale Organisationsform des Abiturs über die generellen institutionellen Wirkungen der Abschlussprüfung hinaus einen zusätzlichen institutionellen Standardisierungseffekt haben sollte, müsste dieser verstärkt im Grundkurs Mathematik nachweisbar sein. Ein solcher Effekt sollte sich auswirken in
(1) einem höheren mittleren Leistungsniveau,
(2) reduzierter Leistungsstreuung und
(3) höheren Mindeststandards bei der Notenvergabe.

Umgekehrt ist aber auch die individuell argumentierende Kritik am Zentralabitur theoretisch und empirisch nicht wirklich überzeugend. Für negative Rückwirkungen des Zentralabiturs auf individuelle Lern- und Verständnisprozesse gibt es keine empirischen Belege. Selbst wenn die größere Ungewissheit hinsichtlich der Themen- und Aufgabenauswahl im Zentralabitur die Chancen der Vertiefung eines jeden exemplarischen Falls im Unterricht einschränken mag, muss dies nicht notwendigerweise zu Oberflächlichkeit im Lernen führen; die Variation des Stoffs in einem durch das Zentralabitur vorgezeichneten Spektrum könnte bei geschickter Didaktik auch zu einer größeren Flexibilität der Konsolidierung und Anwendung und damit zu vertieftem Lernen führen. Für die folgenden Analysen wollen wir deshalb keine gerichtete Hypothese formulieren, sondern die Fragestellung, ob sich die beiden Organisationsformen des Abiturs hinsichtlich erreichter Verständnistiefe und der Anwendung verständnisorientierter Lernstrategien unterscheiden, zweiseitig überprüfen.

Eine ähnliche Ausgangslage ergibt sich bei näherem Hinsehen auch für potentielle negative motivationale Rückwirkungen des Zentralabiturs. Der bei zentraler Aufgabenstellung eingeschränkten Vorhersagbarkeit von Prüfungsthemen, die möglicherweise Prüfungsangst verstärken könnte, stehen sich die geringere Abhängigkeit des Schülers von der unterrichtenden Lehrkraft und die gemeinsame Herausforderung von Schülern und Lehrkräften durch die externe Kontrolle gegenüber – Umstände, die wiederum die Prüfungsangst reduzieren könnten. Deshalb soll auch die Frage nach einem potentiellen Zusammenhang zwischen Organisationsform des Abiturs und Prüfungsangst ungerichtet überprüft werden.

Zu Beginn unserer Analysen sei daran erinnert, dass die beiden Ländergruppen mit zentraler und dezentraler Abiturorganisation in beiden Fächern und auf beiden Kursniveaus mit gleichen Jahrgangsanteilen in TIMSS/III repräsentiert sind. Die *Coverage Indices* unterscheiden sich praktisch nicht, sodass für die folgenden Analysen der MTCI bzw. der PTCI nicht normiert werden müssen (vgl. Tab. VIII.3). Die Gesamtstichprobe gewährleistet bereits einen fairen Vergleich. Im ersten Schritt wollen wir prüfen, inwieweit differentielle Effekte der Organisationsform des Abiturs für die beiden Fächer und Kursniveaus nachweisbar sind. In einer Zwei-Weg-Varianzanalyse mit der Mathematikleistung als Kriterium und der Organisationsform des Abiturs und dem Kursniveau als Faktoren werden beide Haupteffekte, nicht aber der Interaktionseffekt signifikant ($F_{\text{Kurs}\,[1,\,46]} = 74.3$, $p < .001$; $F_{\text{Abitur}\,[1,\,46]} = 5.8$, $p < .05$; Interakion nicht signifikant). Gleichzeitig zeigt der Levene-Test, dass die Varianzen nicht homogen sind. Ein Blick auf die deskriptiven Befunde der Tabelle VIII.10 lässt erkennen, dass sich die Leistungsmittelwerte in Ländern mit Zentralabitur und dezentraler Prüfungsordnung in nicht trivialer Weise unterscheiden; die Differenz beträgt etwa $d = .25$ Standardabweichungen. Erwartungsgemäß ist die Leistungsstreuung in Ländern mit Zentralabitur reduziert, und zwar insbesondere auf Grundkursniveau.

Wiederholt man die Varianzanalyse und den Levene-Test für das Fach Physik, lassen sich keine Effekte der Organisationsform der Abiturprüfung nachweisen (Tab. VIII.10). Dieses Befundmuster stützt die Ausgangsvermutung differentieller und nicht genereller Effekte der Prüfungsorganisation. In obligatorischen oder häufig gewählten Kursen der gymnasialen Oberstufe scheint das Zentralabitur Leis-

Tabelle VIII.10: Testleistungen in den Fächern Mathematik und Physik nach Kursniveau und Organisationsform der Abiturprüfung (Mittelwerte, Standardabweichungen in Klammern)

Organisation des Abiturs	Kursniveau Mathematik		Kursniveau Physik	
	Grundkurs	Leistungskurs	Grundkurs	Leistungskurs
Zentral	449 (69)	522 (68)	496 (73)	560 (86)
Dezentral	422 (83)	505 (79)	498 (84)	575 (74)

IEA. Third International Mathematics and Science Study. © TIMSS/III-Germany

tungsniveaus zu stabilisieren und für eine größere Leistungshomogenität zu sorgen. Mit zunehmender Selektivität des Fachs oder des Kurses verschwindet der Effekt der Organisationsform. Das zentrale Korrektiv hat über die fachintern wirksamen professionellen Standards hinaus keine zusätzliche normierende Wirkung.

Im zweiten Schritt wollen wir überprüfen, ob sich das Zentralabitur innerhalb der Leistungsverteilung unterschiedlich normierend auswirkt. Unseren Ausgangsannahmen entsprechend sollten vor allem im Grundkurs Mathematik Mindeststandards strenger definiert werden. In einer zweifaktoriellen Varianzanalyse mit der Mathematikleistung im Grundkurs als abhängiger Variable werden die beiden Haupteffekte Prüfungsorganisation und Notenstufe der Tendenz nach signifikant (auf dem 10 %-Niveau). Der nach Abbildung VIII.8 zu vermutende Interaktionseffekt lässt sich nicht zufallskritisch absichern. In Ländern mit Zentralabitur wird in mathematischen Grundkursen tendenziell strenger bewertet. Für den mathematischen Leistungskurs und für beide Kursniveaus im Fach Physik sind unterschiedliche Bewertungsmaßstäbe nicht nachweisbar. Ebenso wenig lassen sich Hinweise finden, dass die Leistungsunterschiede zwischen *Schulen* bei einem Zentralabitur kleiner werden. Die Leistungsvarianzen zwischen den Schulen unterscheiden sich zwischen den Ländergruppen mit unterschiedlicher Abiturregelung in keinem Fall (ohne Tabelle).

Um Argumente für die Beantwortung der Frage zu gewinnen, ob bei einem Zentralabitur möglicherweise mit unerwünschten Nebenwirkungen auf Lernprozesse zu rechnen sei, wollen wir die Verteilung der Schülerinnen und Schüler auf die in Kapitel II definierten mathematischen Fähigkeitsniveaus in den Ländern mit Zentralabitur und dezentraler Prüfungsorganisation gegenüberstellen. Treffen die Befürchtungen zu, sollten Schülerinnen und Schüler, die ein Zentralabitur ablegen, auf dem obersten Fähigkeitsniveau, das selbstständiges mathematisches Problemlösen und

Abbildung VIII.8: Mathematikleistungen im Grundkurs nach Note und Prüfungsorganisation

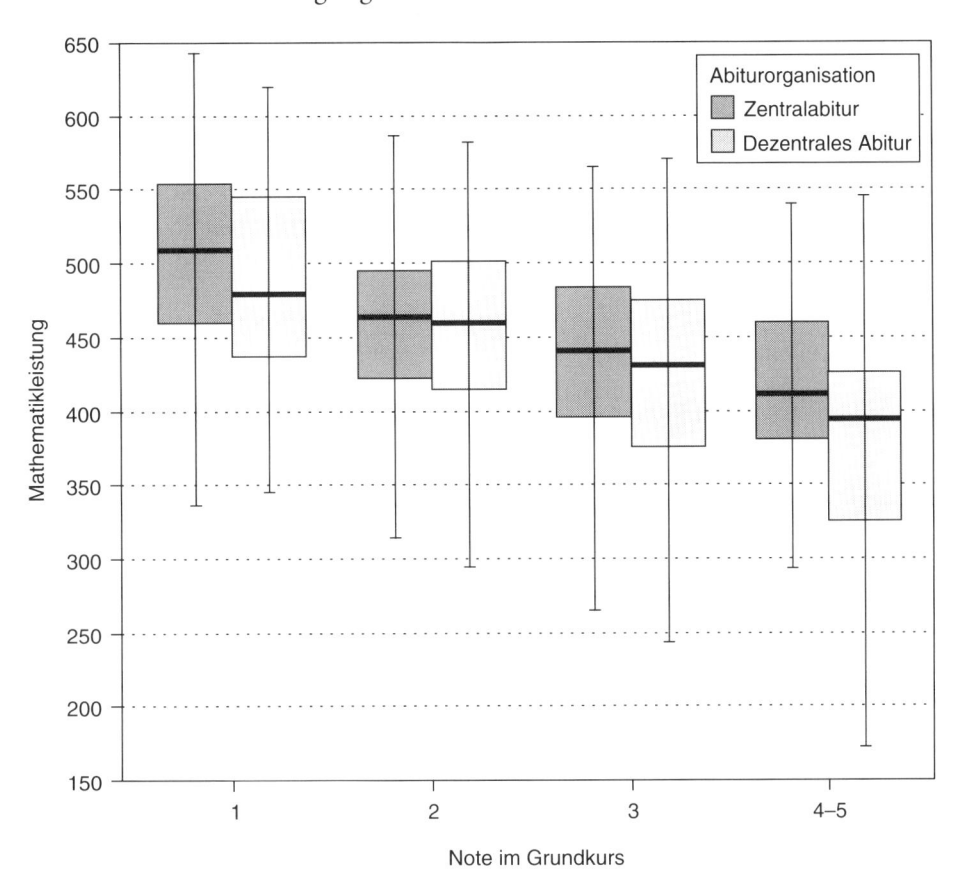

[Boxplot-Diagramm: Mathematikleistung nach Note im Grundkurs (1, 2, 3, 4–5), unterschieden nach Abiturorganisation (Zentralabitur, Dezentrales Abitur)]

IEA. Third International Mathematics and Science Study.   © TIMSS/III-Germany

Argumentieren sowie das Verknüpfen von formal-algebraischen und anschaulich-geometrischen Repräsentationen beinhaltet, unterrepräsentiert sein, da auf diesem Fähigkeitsniveau ein vertieftes Fachverständnis erreicht wird, das gerade nicht mit reproduktiven Leistungen beschrieben werden kann. Die Tabelle VIII.11 weist die deskriptiven Befunde aus, und die Prüfstatistik zeigt, dass sich beide Häufigkeitsverteilungen systematisch unterscheiden ($\chi^2_{[3]}$ = 29.8; p < .001). Die Tabelle belegt noch einmal den schon berichteten Befund, dass das Zentralabitur offensichtlich im untersten Leistungsbereich standardsichernd wirkt: In Ländern mit Zentralabitur ist der Anteil von Schülerinnen und Schülern, die sich auf dem untersten Fähig-

Tabelle VIII.11: Verteilung der Schülerinnen und Schüler auf mathematische Fähigkeitsniveaus nach Organisationsform des Abiturs (in %)

Organisation des Abiturs	Fähigkeitsniveau			
	I Elementares Schlussfolgern	II Anwendung einfacher mathematischer Begriffe und Regeln	III Anwendung von Lerninhalten der Oberstufe bei Standardaufgaben	IV Selbstständiges Lösen mathematischer Probleme auf Oberstufenniveau
Zentralabitur	15,7	47,2	30,9	6,2
Dezentrale Prüfung	24,4	46,9	24,6	4,1

$\chi^2_{[3]} = 29.8; p < .001$

IEA. Third International Mathematics and Science Study. © TIMSS/III-Germany

keitsniveau befinden, deutlich geringer als in Ländern mit dezentralem Abitur. Sie zeigt aber auch, dass von einer Beeinträchtigung verständnisvollen Lernens durch das Zentralabitur keine Rede sein kann. Der Anteil der Schülerinnen und Schüler, die das Niveau selbstständigen mathematischen Denkens erreichen, ist generell gering, aber in Ländern mit Zentralabitur immerhin höher als unter vermeintlich lernfreundlicheren Organisationsbedingungen. Dieser Befund wiederholt sich, wenn wir als prozessnäheres Kriterium die Verwendung von verständnisorientierten Lernstrategien heranziehen (Abb. VIII.9). Die Nutzung von Elaborationsstrategien im Mathematikunterricht beider Kursniveaus wird tendenziell häufiger von Schülerinnen und Schülern berichtet, die unter den Bedingungen eines Zentralabiturs lernen ($F_{\text{Kursniveau} [1, 46]} = 18.6, p < .001; F_{\text{Abitur} [1, 46]} = 2.8, p = .10; F_{\text{Kursniveau} \times \text{Abitur} [1, 46]} = 0.02, p > .05$). Wiederholt man die Analysen für das Fach Physik, lassen sich erwartungsgemäß beim Vergleich der Häufigkeitsverteilungen auf Fähigkeitsniveaus keine Unterschiede nach Prüfungsorganisation nachweisen. Für die Verwendung verständnisorientierter Lernstrategien wird jedoch der Mathematikbefund für die Prüfungsorganisation repliziert ($F_{\text{Kursniveau} [1, 46]} = 1.7, p > .05; F_{\text{Abitur} [1, 46]} = 4.9, p < .05; F_{\text{Kursniveau} \times \text{Abitur} [1, 46]} = 0.32, p > .05$).

In einem letzten Schritt sollen auch mögliche negative motivationale Auswirkungen des Zentralabiturs geprüft werden. Wir hatten der üblichen Kritik, das Zentralabitur führe aufgrund des äußeren Drucks und der Unberechenbarkeit der Themenstellungen zu höherem Leistungsdruck und entsprechend größerer Prüfungsangst, die Alternativhypothese gegenübergestellt, dass die größere Unabhängigkeit von der einzelnen Lehrkraft und die gemeinsame Herausforderung von Schüler und Lehrer durch die externe Kontrolle entlastend und angstreduzierend wirken könn-

Abbildung VIII.9: Nutzung von verständnisorientierten Lernstrategien im Mathematikunterricht nach Kursniveau und Organisationsform der Abiturprüfung

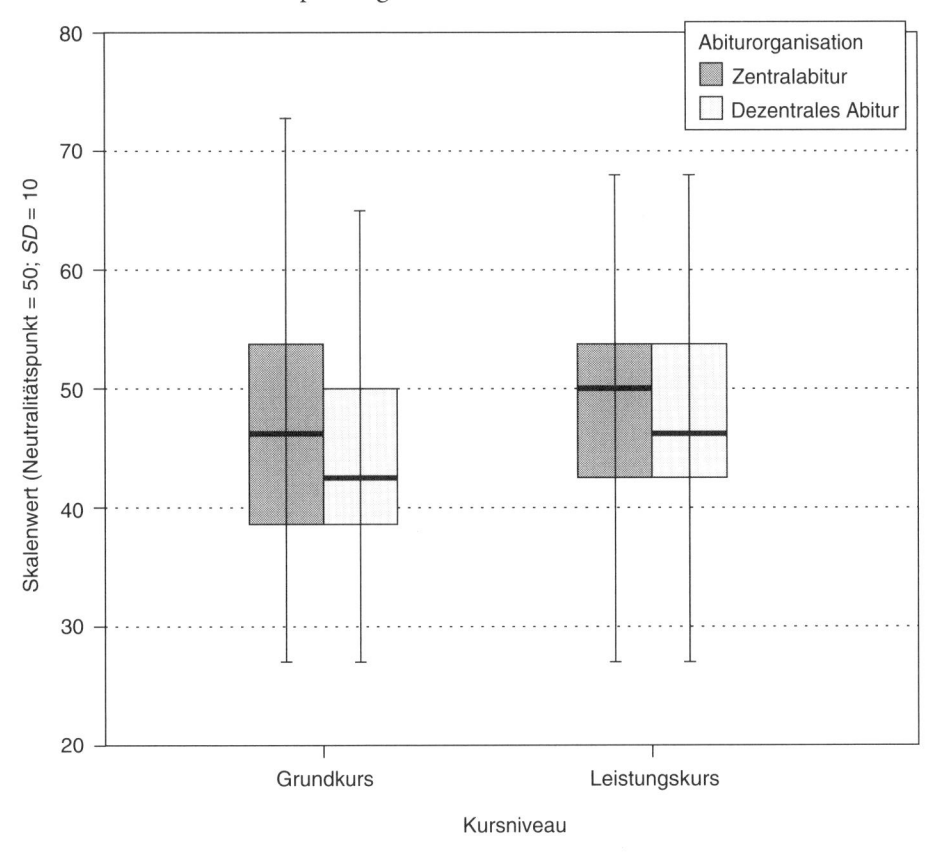

IEA. Third International Mathematics and Science Study. © TIMSS/III-Germany

ten. Die Ergebnisse der mit WesVar (Brick u.a., 1997) gerechneten konservativen zweifaktoriellen Varianzanalysen mit fachspezifischer Prüfungsangst als Kriterium und Kurszugehörigkeit bzw. Organisationsformen der Abiturprüfung als Faktoren sprechen im Fach Mathematik eher für die Alternativannahme ($F_{\text{Kursniveau }[1, 46]}$ = 26.2, $p < .001$; $F_{\text{Abitur }[1, 46]} = 3.8$, $p = .06$; $F_{\text{Kursniveau} \times \text{Abitur }[1, 46]} = 3.3$, $p = .08$). Im Fach Physik lässt sich kein Effekt der Organisationsform des Abiturs nachweisen ($F_{\text{Kursniveau }[1, 46]} = 3.0$, $p < .01$; $F_{\text{Abitur }[1, 46]} = 0.48$, $p > .05$; $F_{\text{Kursniveau} \times \text{Abitur }[1, 46]} = 0.48$, $p > .05$).

Abbildung VIII.10: Fachspezifische Prüfungsangst nach Kursniveau und Organisationsform der Abiturprüfung

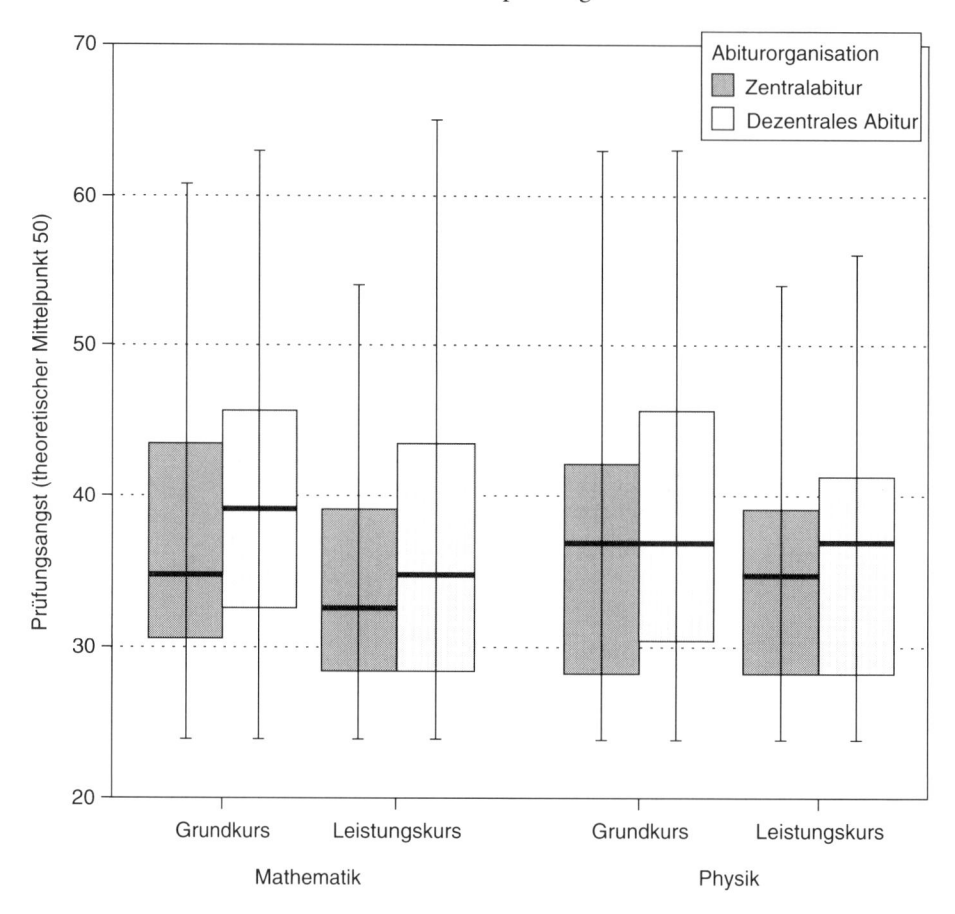

IEA. Third International Mathematics and Science Study. © TIMSS/III-Germany

Fasst man die Ergebnisse unserer Analysen zusammen, so ist zunächst zu betonen, dass die Befunde keinen Schluss auf die Überlegenheit der einen oder anderen Organisationsform der Abiturprüfung erlauben. Die Ergebnisse sind differentiell und überdies auf die Fächer Mathematik und Physik beschränkt. Im Rahmen dieser Begrenzung lässt sich zeigen, dass ein Zentralabitur bei obligatorischen Grundkursen vor allem im unteren Leistungsbereich standardsichernd wirken kann. Werden Fächer oder Kurse selektiv angewählt, verliert sich dieser Effekt gegenüber der Selbstregulation der professionellen Beurteilungspraxis der Oberstufenlehrkräfte. Von negativen Rückwirkungen des Zentralabiturs auf das individuelle Lern- und Motivationsgeschehen kann keine Rede sein. Die ermittelten Befunde sprechen im Fach Mathematik eher für eine ordnende und entlastende Wirkung externer Standardsetzungen. Die Effektstärken sind aber gering.

6. In 12 oder 13 Schuljahren zum Abitur?

Die Dauer der Schulzeit bis zur Erlangung der Allgemeinen Hochschulreife beträgt in Deutschland nach dem Hamburger Abkommen 13 Jahre. An dieser Festlegung wurde bis zur deutschen Vereinigung nicht ernsthaft gerüttelt. Zwar gab es vereinzelte Schulversuche, in denen besonders begabte Schüler das Abitur in 12 Jahren erreichen konnten, und ebenso erinnerte der gelegentliche Blick über die Landesgrenzen, dass die Festlegung der Schulzeit durchaus kontingent ist – dies berührte jedoch die Stabilität der Idee einer 9-jährigen gymnasialen Langform praktisch nicht. Diese Sachlage änderte sich schlagartig mit der deutschen Vereinigung und dem Wunsch der Mehrzahl der neuen Länder, trotz Anpassung des Schulsystems an das westdeutsche Modell die Vergabe der allgemeinen Hochschulreife nach 12 Schuljahren beizubehalten. Begründet wurde dieser Wunsch weniger mit dem Hinweis, dass sich diese Variante in der DDR bewährt habe, sondern vielmehr mit dem Argument der Homogenisierung europäischer Bildungsgänge und der insgesamt zu langen akademischen Ausbildung in Deutschland. In dieser historischen Konstellation gewann eine an sich bekannte Argumentationsfigur neues Gewicht. Und in der Tat ist das Argument formal so schlecht nicht: In Europa wird außerhalb Deutschlands wohl nur noch in Island und der Schweiz der 13-jährige Schulbesuch als Regelvoraussetzung der Hochschulreife verlangt. In Italien, Österreich und Tschechien gilt dies nur für Teile des Systems, die gleichzeitig eine berufliche Qualifikation oder Teilqualifikation verleihen.

Der Antrag der neuen Länder führte in der Kultusministerkonferenz zu Überlegungen, ob man nicht durch eine generelle Verkürzung der zur Allgemeinen Hochschulreife führenden Schullaufbahn zu einer einheitlichen Regelung kommen könnte – unter Umständen auch mit einem Kompromiss von 12,5 Jahren. Schließlich einigten sich die Kultusminister auf die zusätzliche Anerkennung eines 12-jährigen Bildungsgangs, die allerdings an die Voraussetzung gebunden wurde, dass ein Stundenvolumen von mindestes 265 Wochenstunden für die Sekundarstufe I und die gymnasiale Oberstufe insgesamt erreicht wird (Beschluss der Kultusministerkonferenz vom 30.1.1981 i.d.F. vom 16.12.1997). Damit war im Föderalismus ein formaler *modus vivendi* gefunden, der freilich die Frage nach der für die Erteilung der Allgemeinen Hochschulreife notwendigen Schulbesuchsdauer nicht wirklich stilllegte. In den meisten Ländern der Bundesrepublik steht das Thema der Verkürzung der Schulzeit zumindest für einen Teil der Gymnasiasten weiterhin in der einen oder anderen Form auf der politischen Tagesordnung.

Der Beschluss der Kultusminister über die wechselseitige Anerkennung des Abiturs änderte trotz Schulzeitverkürzung an der gymnasialen Oberstufe strukturell nichts. Die Einführungsphase wurde in die Jahrgangsstufe 10 vorverlegt und die viersemestrige Kursphase blieb unangetastet. In Kombination mit der Einigung auf ein gemeinsames Gesamtstundenvolumen für die Sekundarstufe I und II folgte daraus in erster Linie eine zeitliche und stoffliche Komprimierung der Mittelstufe und je nach landesspezifischen Vorschriften auch eine stärkere Stundenbelastung der Jahrgangsstufen 10 bis 12. Ob eine solche Stauchung des gymnasialen Bildungsgangs ohne Kosten und unerwünschte Nebenwirkungen realisiert werden konnte, ist eine bislang nicht systematisch untersuchte oder gar beantwortete Frage. Die wissenschaftliche Schulpädagogik hat sich dem Gymnasium weitgehend – häufig aus ideologischen Gründen – verweigert und diese Schulform oberflächlich als Standesschule abgetan. Eine bemerkenswerte Ausnahme stellen der von Liebau, Mack und Scheilke edierte Band „Das Gymnasium. Alltag, Reform, Geschichte, Theorie" (1997) und das von Messner, Wicke und Bosse (1998) herausgegebene Buch „Die Zukunft der gymnasialen Oberstufe" dar. Im Rahmen der Analysen von TIMSS/III können wir uns diesem Komplex nur pragmatisch nähern.

Zunächst ist keineswegs ausgemacht, dass bei einer Komprimierung der Mittelstufe Eingangsvoraussetzungen erreicht werden, die denen in der Langform vermittelten wirklich äquivalent sind. Die von Köller, Baumert und Schnabel (1999) und Baumert, Köller und Schnabel (2000) vorgelegten Analysen von Schulformen als differentiellen Entwicklungsmilieus zeigen am Beispiel der Gesamtschule in Nordrhein-Westfalen, dass die Sicherung vergleichbarer Zugangsvoraussetzungen zur gymnasialen Oberstufe bei institutionellem Strukturwandel keineswegs selbstverständlich ist. Lernprozesse sind nicht nur von der formalen Stundenzahl, sondern auch von der sachlichen und zeitlichen Einbettung in einen größeren institutionellen Zusammenhang abhängig. Der TIMSS-Test ist zur Prüfung dieser Fragestellung besonders geeignet, da er Stoffe der Mittelstufe wieder aufnimmt. Andererseits darf man aber auch nicht übersehen, dass Anzeichen dafür sprechen, dass die Lernzeit des 13. Schuljahrs nicht durchgängig optimal genutzt wird. Abiturienten und Eltern, die das Zeitbudget ihrer Kinder beobachten, berichten auch von Repetition, Stagnation und leichtfertigem Umgang mit der Lebenszeit junger Erwachsener. Möglicherweise setzt ein verkürzter Bildungsgang auch einen strafferen Rahmen (Kommission „Berliner Bildungsdialog", 1999). Aber selbst wenn man konzediert, dass in beiden Organisationsformen ein vergleichbares mittleres Wissensniveau erreicht wird, kann man nicht ausschließen, dass bei einer Verkürzung des Gymnasiums um ein Jahr Freiräume verlorengehen, die gerade für den Erwerb eines vertieften Verständnisses von Sachverhalten notwendig sind. Dabei wollen wir nicht den Fehler begehen, Wissen und Verstehen kategorial entgegenzusetzen, wie es in der Pädagogik allzu häufig geschieht (Huber, 1997; Schlömerkemper, 1998; von Groeben, 1999). Dies kann nur zu einer Mystifizierung des Verstehensbegriffs führen und die Anschlussfähigkeit des pädagogischen Diskurses an die Wissenserwerbs- und Kognitionsforschung verhindern. Verstehensprozesse sind subjektiv bedeutsame Wissenserwerbsprozesse, die sich durch Komplexität und Vernetztheit sowie multiple Kontextuierung von Konzepten auszeichnen (Reusser & Reusser-Weyeneth, 1994; Hatano, 1998; Kintsch, 1998). Aber gerade die vielfältige Kontextuierung des Wissens in Erwerbs- und Anwendungssituationen ist zeitaufwendig. Vor diesem Hintergrund ist es theoretisch plausibel, bei einer Verkürzung des gymnasialen Bildungsgangs nicht mit generellen, wohl aber mit differentiellen Verlusten auf dem Niveau vertieften Verständnisses zu rechnen.

Gelegentlich sind darüber hinaus Vermutungen geäußert worden, dass die Schulzeitverkürzung zu einer allgemeinen Verschlechterung der psychosozialen Situation der Oberstufenschülerinnen und -schüler geführt habe. Der höhere Leistungsdruck und das früher einsetzende Kurssystem schaffe ein Klima, für das erhöhte Leistungsangst, schwindendes Interesse an der Sache und der Schule generell sowie soziale Desintegration kennzeichnend seien.

Bei einem Vergleich der Fachleistungen zwischen Ländern mit 12-jähriger bzw. 13-jähriger Schulbesuchsdauer bis zum Abitur sind die unterschiedlichen Ausschöpfungsquoten der Alterskohorte in beiden Ländergruppen zu berücksichtigen. In den Ländern, die das Abitur nach 12 Schuljahren vergeben, besuchen 28,6 Prozent der einschlägigen Alterskohorte den Mathematikunterricht der Abschlussklasse im Vergleich zu 20,9 Prozent in den übrigen Ländern. Im Physikunterricht betragen die alterskohortenbezogenen Teilnahmequoten in 12-jährigen Systemen im Mittel 12,8 Prozent und in 13-jährigen Systemen 8,6 Prozent. Ein Vergleich der Mathematikleistungen *ohne* Korrektur für differentielle Ausschöpfungsquoten zeigt bereits überraschenderweise, dass in 12-jährigen Systemen trotz höherer Expansion kurz vor dem Abitur gleiche Fachleistungen wie in 13-jährigen Systemen erreicht werden. Betrachtet man äquivalente Populationsanteile (MTCI = 20,9 %), beträgt der Leistungsvorsprung der ostdeutschen Schüler mit 12-jähriger Schulbesuchsdauer $d =$ .40 Standardabweichungen. Diese Differenz ist statistisch und praktisch hoch bedeutsam ($F_{[1, 46]} = 15.1; p < .001$) (Abb. VIII.11). Dieser Befund ist mit dem in Kapitel III berichteten internationalen Ergebnis konsistent, nach dem eine verbreitete Unterrichts- oder Bildungsbeteiligung in der Oberstufe nicht mit Einbußen im obe-

Abbildung VIII.11: Fachleistungen im Mathematikunterricht der gymnasialen Oberstufe in Ländern mit 12- und 13-jährigem Schulbesuch bei normiertem *Mathematics TIMSS Coverage Index* (MTCI = 20,9 %) für Schüler in Grund- und Leistungskursen zum Testzeitpunkt (Mittelwerte)

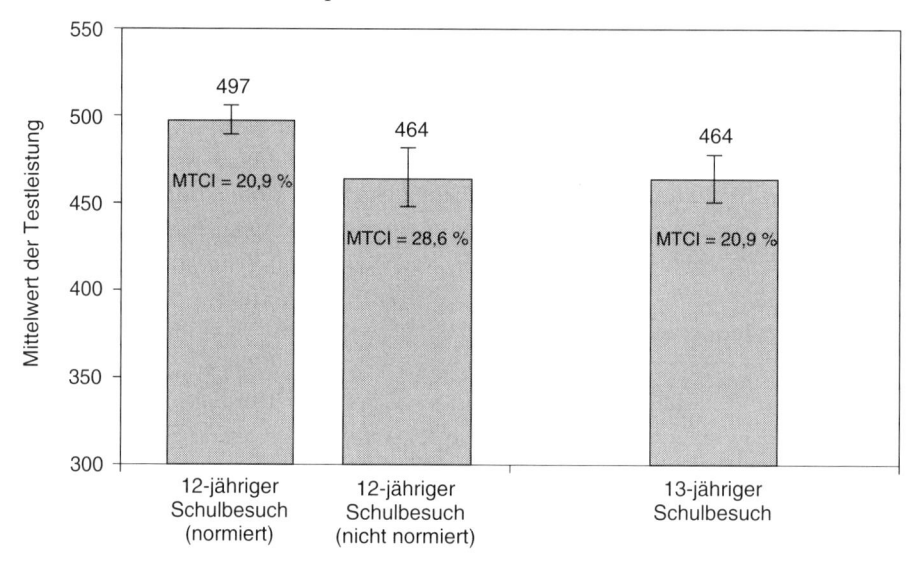

IEA. Third International Mathematics and Science Study. © TIMSS/III-Germany

ren Leistungssegment erkauft werden muss, sondern sogar einen Selektionsvorteil bedeuten kann.

Bei einer getrennten Betrachtung von Grund- und Leistungskursen wiederholt sich das Gesamtbild – allerdings mit einigen charakteristischen Abweichungen. Ein Leistungsvergleich ohne Korrektur für unterschiedliche Ausschöpfungsquoten zeigt eine disordinale Interaktion zwischen Kursniveau und Schulbesuchsdauer ($F_{\text{Kursniveau } [1, 46]} = 141.1$, $p < .001$; $F_{\text{Schulbesuchsdauer } [1, 46]} = 2.3$, $p > .05$; $F_{\text{Kursniveau} \times \text{Schulbesuchsdauer } [1, 46]} = 4.7$, $p < .05$). Auf Grundkursniveau ergibt sich ein leichter Vorteil für 12-jährige, auf Leistungskursniveau ein ähnlicher Vorsprung für 13-jährige Systeme. Bei adäquater Normierung der *Mathematics TIMSS Coverage Indices* werden in einer zweifaktoriellen Varianzanalyse aber nur noch die Haupteffekte des Kursniveaus und der Schulbesuchsdauer signifikant ($F_{\text{Kursniveau } [1, 46]} = 141.1$, $p < .001$; $F_{\text{Schulbesuchsdauer } [1, 46]} = 9.8$, $p < .01$; $F_{\text{Kursniveau} \times \text{Schulbesuchsdauer } [1, 46]} = 1.3$, $p > .05$) (Abb. VIII.12). Entgegen möglichen Befürchtungen werden bei einer Betrachtung

Abbildung VIII.12: Fachleistungen im Mathematikunterricht der gymnasialen Oberstufe in Ländern mit 12- und 13-jährigem Schulbesuch nach Kursbesuch bei normiertem *Mathematics TIMSS Coverage Index* (Grundkurs: MTCI = 13,5 %; Leistungskurs: MTCI = 7,5 %) (Mittelwerte)

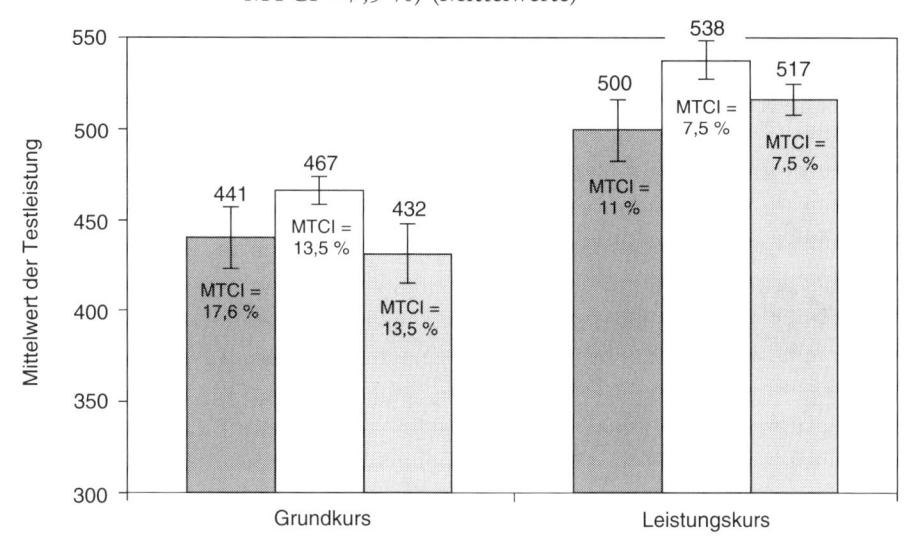

[Balkendiagramm:
Grundkurs: 441 (MTCI = 17,6 %), 467 (MTCI = 13,5 %), 432 (MTCI = 13,5 %)
Leistungskurs: 500 (MTCI = 11 %), 538 (MTCI = 7,5 %), 517 (MTCI = 7,5 %)
Legende: ■ 12-jähriger Schulbesuch (nicht normiert); □ 12-jähriger Schulbesuch (normiert); □ 13-jähriger Schulbesuch]

IEA. Third International Mathematics and Science Study.   © TIMSS/III-Germany

vergleichbarer Populationsanteile in 12-jährigen Systemen auf Grund- und Leistungskursniveau im Mittel bessere Leistungsergebnisse erreicht.

Im Hinblick auf das mittlere Leistungsniveau im Fach Mathematik scheint also die Absprache der Kultusminister zur Sicherung vergleichbarer Leistungsstandards trotz unterschiedlicher Schulbesuchsdauer zu greifen. Dieser Befund zur zentralen Tendenz schließt allerdings nicht aus, dass je nach Schulbesuchsdauer unterschiedliche Verständnistiefen erreicht werden. Wir wollen deshalb diese Frage unter Nutzung der in Kapitel II definierten Fähigkeitsniveaus prüfen. Tabelle VIII.12 zeigt die Verteilung der Schülerinnen und Schüler auf mathematische Fähigkeitsniveaus nach Schulbesuchsdauer bei nicht normiertem und normiertem MTCI. Wie der Tabelle zu entnehmen ist, unterscheiden sich die Verteilungen in der Gesamtstichprobe – also ohne Korrektur für unterschiedliche Beteiligungsquoten am Mathematik-

Tabelle VIII.12: Verteilung der Schülerinnen und Schüler auf mathematische Fähigkeitsniveaus nach Schulbesuchsdauer (Abitur nach 12 bzw. 13 Schuljahren) bei nicht normiertem und normiertem MTCI (in %)[1]

Fähigkeitsniveau	Nicht normierter MTCI		Normierter MTCI (21 %)	
	12 Jahre	13 Jahre	12 Jahre	13 Jahre
I Elementares Schlussfolgern	18,2	21,0	–	21,0
II Anwendung einfacher mathematischer Begriffe und Regeln	51,1	45,7	57,7	45,7
III Anwendung von Lerninhalten der Oberstufe bei Standardaufgaben	26,8	27,8	36,9	27,8
IV Selbstständiges Lösen mathematischer Probleme auf Oberstufenniveau	3,9	5,4	5,4	5,4
	$\chi^2_{[3]} = 5.4$; $p = .15$		$\chi^2_{[3]} = 86.9$; $p < .001$	

[1] Schüler und Schülerinnen mit Mathematikunterricht zum Testzeitpunkt.
IEA. Third International Mathematics and Science Study.   © TIMSS/III-Germany

unterricht – nicht ($\chi^2_{[3]} = 5.4$; $p = .15$). Bei einem Vergleich äquivalenter Populationsanteile zeigt sich in den unterschiedlichen Verteilungen klar der Selektionseffekt ($\chi^2_{[3]} = 86.9$; $p < .001$). Die höhere Selektivität 13-jähriger Systeme verdeckt den Leistungsvorsprung, der in den neuen Ländern trotz Schulzeitverkürzung erreicht wird. Es gibt jedoch *keinen* Hinweis auf Unterschiede im vertieften Fachverständnis, das durch die Fähigkeitsstufe IV indiziert wird.

Auch ein prozessnäherer Indikator wie die Nutzung verständnisorientierter Lernstrategien (zu den Kennwerten des Instruments vgl. Kap. IV) stützt die Vermutung, bei gestraffter Schulzeit werde oberflächlicher gelernt, nicht. Im Gegenteil: Schülerinnen und Schüler, die nach 12 Jahren das Abitur ablegen, scheinen häufiger von verständnisorientierten Lernstrategien Gebrauch zu machen, als dies bei 13-jähriger Schulzeit der Fall ist. Die Mittelwertdifferenzen sind mit einer Effektstärke von $d = .40$ bei nicht normiertem MTCI und $d = .50$ bei normiertem MTCI beträchtlich (jeweils $p < .001$) (ohne Tabelle).

Wie sehen die Befunde für den Physikunterricht aus? Ein erster Vergleich der Fachleistungen ohne Korrektur für unterschiedliche Ausschöpfungsquoten zeigt einen klaren Leistungsvorsprung der Schülerinnen und Schüler im 13. Jahrgang ($p < .01$).

Vergleicht man allerdings äquivalente Anteile der Alterskohorte, scheint sich der Vorsprung umzukehren, ohne jedoch statistisch signifikant zu werden. Die abweichenden Mittelwerte in der Gesamtstichprobe sind also Ergebnis unterschiedlicher Selektivität der Systeme (vgl. Abb. VIII.13).

Eine getrennte Betrachtung von Grund- und Leistungskursen für das Fach Physik (vgl. Abb. VIII.14) lässt zunächst wiederum den erwarteten Selektionseffekt erkennen. Nach Normierung des PTCI wird allerdings eine interessante disordinale Interaktion sichtbar, die auf die besondere Stärke des Physikleistungskurses und die relative Schwäche des Grundkurses im 13-jährigen Bildungsgang hinweist ($F_{\text{Kursniveau [1, 46]}} = 80.0$; $p < .001$; $F_{\text{Kursniveau} \times \text{Schulbesuchsdauer [1, 46]}} = 14.7$; $p < .001$).

In Übereinstimmung mit diesem Befund lässt sich zeigen, dass in 13-jährigen Systemen auch signifikant mehr Schülerinnen und Schüler ein vertieftes Fachverständnis erreichen. Wie aus dem Verteilungsvergleich der Tabelle VIII.13 zu entnehmen ist, sind Schülerinnen und Schüler, die erst nach 13 Jahren das Abitur ablegen, auf den Fähigkeitsniveaus IV und V, die selbstständiges fachliches Argumentieren und Problemlösen bzw. das Überwinden von physikalischen Fehlvorstellungen voraussetzen, deutlich überrepräsentiert ($\chi^2_{[4]} = 35.3$; $p < .001$). Hinsichtlich der Verwen-

Tabelle VIII.13: Verteilung der Schülerinnen und Schüler auf physikalische Fähigkeitsniveaus nach Schulbesuchsdauer (Abitur nach 12 bzw. 13 Schuljahren) bei nicht normiertem und normiertem PTCI (in %)

Fähigkeitsniveau		Nicht normierter PTCI		Normierter PTCI (8,6 %)	
		12 Jahre	13 Jahre	12 Jahre	13 Jahre
I	Lösen von Routineaufgaben mit Mittelstufenwissen	26,5	18,9	–	18,9
II	Anwendung von Faktenwissen zur Erklärung einfacher Phänomene der Oberstufenphysik	48,1	41,4	62,3	41,4
III	Anwendung physikalischer Gesetze (Größengleichungen) zur Erklärung experimenteller Effekte	22,1	30,4	32,8	30,4
IV	Selbstständiges fachliches Argumentieren und Problemlösen	3,3	8,2	4,9	8,2
V	Überwinden von Fehlvorstellungen	–	1,0	–	1,0
		$\chi^2_{[4]} = 14.7$; $p < .01$		$\chi^2_{[4]} = 35.3$; $p < .001$	

IEA. Third International Mathematics and Science Study. © TIMSS/III-Germany

Abbildung VIII.13: Fachleistungen im Physikunterricht der gymnasialen Oberstufe in Ländern mit 12- und 13-jährigem Schulbesuch bei normiertem *Physics TIMSS Coverage Index* (PTCI = 8,6 %) für Schüler in Grund- und Leistungskursen zum Testzeitpunkt (Mittelwerte)

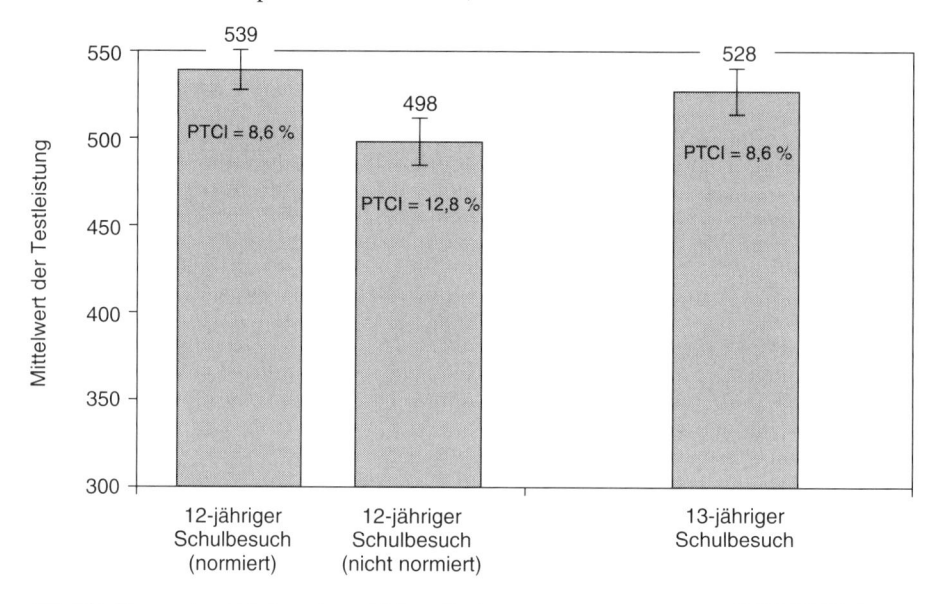

IEA. Third International Mathematics and Science Study. © TIMSS/III-Germany

dung verständnisorientierter Lernstrategien ergibt sich allerdings ein analoger Befund zum Mathematikunterricht. Schülerinnen und Schüler in der 12. Jahrgangsstufe berichten häufiger von der Verwendung dieser Verarbeitungsstrategien. Die Effektstärke ist jedoch kleiner als im Mathematikunterricht ($F_{[1, 46]} = 7.5$; $p < .01$ bei nicht normiertem PTCI und $F_{[1, 46]} = 20.6$; $p < .001$ bei normiertem PTCI) (ohne Tabelle).

Abschließend wollen wir die Frage nach den ungeplanten Nebenwirkungen der Schulzeitverkürzungen im motivationalen Bereich aufnehmen. Dabei soll zwischen fachbezogenen und bereichsübergreifenden Motivationsmerkmalen und selbstbezogenen Kognitionen unterschieden werden. Fachspezifisch wurden sowohl für Mathematik als auch für Physik das Selbstkonzept der Befähigung (Helmke, 1992a, 1992b), das Sachinteresse im Sinne der Münchener Interessentheorie (Krapp, Hidi & Renninger, 1992; Krapp, 1998a, 1998b), die Prüfungsängstlichkeit (Schnabel,

Abbildung VIII.14: Fachleistungen im Physikunterricht der gymnasialen Oberstufe in Ländern mit 12- und 13-jährigem Schulbesuch nach Kursbesuch bei normiertem *Physics TIMSS Coverage Index* (Grundkurs: PTCI = 6,2 %; Leistungskurs: PTCI = 2,4 %) (Mittelwerte)

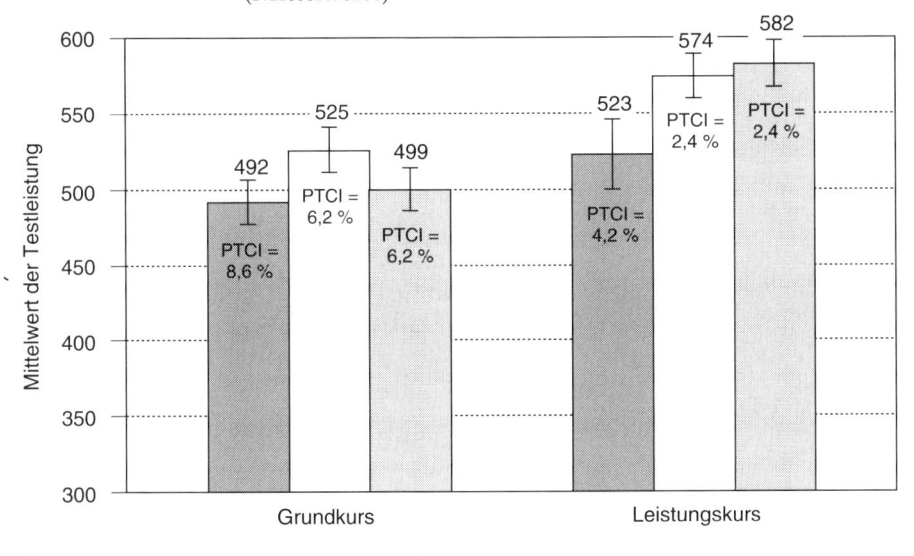

IEA. Third International Mathematics and Science Study. © TIMSS/III-Germany

1998) und das Interesse an Technik als physiknahes Konstrukt erhoben. Die Instrumente wurden mit Beispielitems und Skalenkennwerten bereits im Kapitel IV (Tab. IV.6) vorgestellt. Bereichsübergreifend wurden erfaßt: das allgemeine Selbstkonzept der akademischen Begabung (Fend & Prester, 1986), das Selbstwertgefühl (Jerusalem, 1984), das Erfolgsmotiv (Gjesme & Nygard, 1970; Göttert & Kuhl, 1980), die Wettbewerbsorientierung (Nicholls, Pataschnik & Nolen, 1985), die wahrgenommene soziale Anerkennung (Fend & Prester, 1986), Schulfreude (Baumert, Gruehn u.a., 1997) und schließlich die subjektiv wahrgenommene Kompetenz zur Bewältigung zukünftiger Aufgaben (Fend & Prester, 1986). Beispielitems und Skalenkennwerte sind der Tabelle VII.18 im Kapitel VII zu entnehmen.

In Tabelle VIII.14 sind die Mittelwerte der fachbezogenen Motivationsmerkmale aufgeschlüsselt nach Schulbesuchsdauer, einmal für die Stichprobe der Personen mit

Tabelle VIII.14: Fachbezogene Motivationsmerkmale nach Schulbesuchsdauer (Abitur nach 12 bzw. 13 Schuljahren) (Mittelwerte und Signifikanz der Mittelwertunterschiede)

Motivationsmerkmal/Fach	Nicht normierter TCI			Normierter TCI (20,9 % Mathematik bzw. 8,6 % Physik)		
	12 Jahre	13 Jahre	Signifikanz	12 Jahre	13 Jahre	Signifikanz
Mathematik						
Selbstkonzept der mathematischen Befähigung	52,7	54,4	*	55,2	54,5	
Interesse an Mathematik	48,1	46,9	(*)	49,8	46,9	**
Leistungsangst in Mathematik	36,9	37,9	(*)	36,1	37,9	*
Physik						
Selbstkonzept der physikalischen Befähigung	55,2	57,2	*	57,3	57,2	
Technikinteresse	49,2	52,8	***	51,0	52,8	*
Interesse an Physik	47,1	50,4	**	49,7	50,4	
Leistungsangst in Physik	36,3	37,2		34,7	37,1	*

(*) $p < .10$, * $p < .05$, ** $p < .01$, *** $p < .001$.
IEA. Third International Mathematics and Science Study. © TIMSS/III-Germany

Mathematik- bzw. Physikunterricht zum Testzeitpunkt, zum anderen für die am jeweiligen *TIMSS Coverage Index* normierten Teilstichproben (MTCI = 20,9 % und PTCI = 8,6 %) ausgewiesen. Betrachtet man zunächst die Ergebnisse für äquivalente Populationsanteile im Fach Mathematik, so erkennt man, dass sich die Schülerinnen und Schüler in beiden Bildungsgängen hinsichtlich ihres Selbstkonzepts der mathematischen Befähigung nicht unterscheiden. Der in der nicht normierten Stichprobe auftretende Unterschied ist offenbar ein reiner Selektionseffekt. Entgegen den Ausgangsannahmen sind das Sachinteresse an Mathematik im kurzen Bildungsgang höher und die Prüfungsängstlichkeit niedriger. Bezieht man die physikspezifischen Motivationsmerkmale mit in die Betrachtung ein, für die sich mit Ausnahme der Prüfungsangst keine mit der Schulbesuchsdauer zusammenhängenden Unterschiede nachweisen lassen, ergibt sich der Eindruck, dass es sich bei auftretenden Motivationsunterschieden eher um fach- als um bildungsgangspezifische Erscheinungen handelt. Auch die geringere Prüfungsangst bei Schülerinnen und Schülern im 12. Jahrgang widerspricht schulstrukturellen Erklärungen. Möglicherweise wird hier eher ein Ost-West-Unterschied sichtbar.

Im Unterschied zu dem changierenden Eindruck, den die fachbezogenen Analysen vermitteln, ergibt der Vergleich fachübergreifender Motivationsmerkmale und

Tabelle VIII.15: Fachübergreifende Motivationsmerkmale und selbstbezogene Kognitionen nach Schulbesuchsdauer (Abitur nach 12 bzw. 13 Schuljahren) (Mittelwerte; in Klammern Werte für Brandenburg, Signifikanz der Mittelwertunterschiede)

Motivationsmerkmale/ Selbstbezogene Kognitionen	Schulbesuchsdauer			Signifikanz
	12 Jahre	13 Jahre		
Selbstkonzept der akademischen Begabung	55,9	58,9	(56,9)	***
Selbstwert	65,9	67,3	(67,8)	***
Hoffnung auf Erfolg	61,7	63,0	(63,4)	*
Wettbewerbsorientierung (Ich-Orientierung)	52,4	51,2	(50,7)	**
Soziale Anerkennung	60,9	61,6	(61,7)	
Schulfreude	52,1	54,1	(54,6)	***
Zukunftskompetenz	59,2	62,0	(61,1)	***

* $p < .05$, ** $p < .01$, *** $p < .001$.
IEA. Third International Mathematics and Science Study. © TIMSS/III-Germany

selbstbezogener Kognitionen ein weitgehend konsistentes Bild. Mit Ausnahme der selbst wahrgenommenen sozialen Anerkennung, bei der keine Unterschiede nachweisbar sind, fallen alle Vergleiche der generellen Motivationsmerkmale zu Gunsten der Schülerinnen und Schüler mit längerer Schulbesuchszeit aus. Die allgemeine psychosoziale Situation der Abiturienten scheint in den Ländern mit 13 Schuljahren deutlich besser zu sein (Abb. VIII.15). Sind wir hier einer unerwünschten Nebenwirkung der Schulzeitverkürzung auf der Spur? Die querschnittliche Anlage von TIMSS/III erlaubt keine über die deskriptiven Analysen hinausgehenden Schlussfolgerungen im engeren kausalen Sinne. Dies gilt insbesondere für den Vergleich von 12- und 13-jährigen Bildungsgängen, da mit dem Merkmal der Schulbesuchsdauer anders gelagerte Ost-West-Unterschiede konfundiert sind. Dennoch kann man versuchen, für die vorsichtige Beurteilung der Situation einige zusätzliche Informationen herbeizuschaffen. Einen ersten Hinweis, der für Bildungsgangsunterschiede sprechen könnte, liefern die in der Tabelle VIII.15 in Klammern ausgewiesenen Werte für Brandenburg, die der Tendenz nach größere Nähe zu den Befunden aus alten Ländern mit 13-jährigem Bildungsgang haben (auch wenn sich die Unterschiede zu den neuen Ländern mit 12-jährigem Programm in post hoc-Vergleichen nicht statistisch sichern lassen).

In einer Zusammenfassung unserer Analysen zur Schulbesuchsdauer sind folgende Punkte herauszuheben:

– Eine Verkürzung der Schulbesuchsdauer bis zum Abitur um ein Jahr bei gleichzeitiger Gewährleistung eines gemeinsamen Mindeststundenvolumens für die Sekundarstufen I und II muss nicht mit Abstrichen am erreichbaren Wissensstand erkauft werden. Dies gilt sowohl für das durchschnittliche Wissensniveau in den Fächern Mathematik und Physik als auch für die Verständnistiefe der vermittelten Sachverhalte.

– Befunde zum Leistungskurs Physik warnen allerdings vor einer Generalisierung. Im Physikleistungskurs werden im 13. Jahrgang neue und anspruchsvolle Stoffe und Konzepte erarbeitet, die physikalische Sachverhalte in eine theoretisch konsistentere Perspektive rücken. Die TIMSS/III-Ergebnisse lassen hier eine spezifische Stärke des 13-jährigen Bildungsgangs sowohl hinsichtlich des durchschnittlichen Wissensniveaus als auch hinsichtlich der erreichten Verständnistiefe erkennen. Möglicherweise sind die vergleichbaren oder sogar besseren Leistungsergebnisse, die in den Ländern mit 12-jähriger Schulbesuchsdauer im Fach Mathematik oder im Grundkurs Physik erzielt werden, auf eine suboptimale Zeitnutzung im 13-jährigen Bildungsgang zurückzuführen.

– Es gibt keine Hinweise, dass eine Schulzeitverkürzung zu oberflächlicherem Lernen führte. Im Gegenteil: Schülerinnen und Schüler im verkürzten Bildungsgang scheinen eher von verständnisorientierten Lernstrategien Gebrauch zu machen.

– Negative motivationale Rückwirkungen der Schulzeitverkürzung auf das Lernen im Fach sind nicht nachweisbar, obwohl eine curriculare Komprimierung am ehesten im Fach Auswirkungen zeigen sollte. Im Mathematikunterricht sind tendenziell erwartungswidrige Vorteile des kürzeren Bildungsgangs zu erkennen.

– Die allgemeine psychosoziale Situation von Schülerinnen und Schülern ist im 13-jährigen Gymnasium durchweg günstiger. Dieser Effekt ist jedoch mit allgemeinen Ost-West-Unterschieden konfundiert.

7. Fachleistungen im Mathematik- und Physikunterricht des 12. und 13. Jahrgangs der gymnasialen Oberstufe: Additives und kumulatives Lernen

Wenn man umgangssprachlich davon redet, „jemand habe etwas dazugelernt", so ist gemeint, eine Person verstehe einen Sachverhalt besser oder könne Dinge besser als zuvor. Es wird ein qualitativ angemesseneres Verständnis eines schon vorher in Umrissen bekannten Sachverhalts erreicht. Wir lernen aber im Alltag auch Neues, indem wir mit Dingen in Berührung kommen, die uns zuvor unbekannt waren – ohne in einem spezifischen Sinn „dazuzulernen". Unser Wissensbestand wird additiv erweitert, auch wenn die Verknüpfung des neu Hinzugefügten mit dem Vorwissen letztlich über die Qualität des Gelernten entscheidet. Beide Formen des Lernens sind auch Teil angeleiteter systematischer Lernprozesse, wie sie die Schule organisiert. Wird eine gut vernetzte Wissensbasis in einem Sachgebiet schrittweise aufgebaut, kann man von kumulativen Lernprozessen sprechen. Vieles Gelernte bleibt in der Schule aber auch unverbunden – selbst innerhalb eines Schulfachs. Neuere Elemente werden dem Wissensbestand additiv hinzugefügt, ohne dass ein vertieftes Verständnis des Sachgebiets erreicht wird. Die erste Form des Lernens ist pädagogisch erwünscht, die zweite trifft man allzu oft an. In der Lehr-Lernforschung ist die Abschottung von Wissenselementen gegeneinander als Kompartmentalisierung bekannt und ein notorisches Problem verständnisvollen Lernens. Eine andere Form der unerwünschten Trennung von konzeptuell zusammengehörigen Sachverhalten ergibt sich aus der Situiertheit eines jeden Wissenserwerbs. Wissensbestände sind mit der sozialen Struktur ihres Erwerbszusammenhangs oft so verschmolzen, dass sie in anderen Handlungszusammenhängen nicht aktiviert werden können. Man spricht von trägem Wissen (Gruber, Mandl & Renkl, 2000). In optimal verlaufenden schulischen Lernprozessen greifen additiver und kumulativer Wissenserwerb ineinander. Schüler werden mit neuen Stoffgebieten vertraut gemacht, mit denen die verfügbare Wissensbasis nicht nur erweitert, sondern auch qualitativ in vertieftem Verständnis neu organisiert wird.

Ein Schulleistungstest, der kumulative und additive Komponenten des Lernprozesses erfassen soll, muss zwei Bedingungen erfüllen:
– Er muss über hinreichend komplexe Aufgaben verfügen, die ein vertieftes Verständnis des Sachgebiets erfassen, und
– in der Korrespondenz von unterrichteten und geprüften Stoffen spezifische curriculare Validität besitzen.

Die für den Mathematik- und Physikunterricht bestimmten Fachleistungstests von TIMSS/III erfüllen diese Bedingungen vermutlich in unterschiedlichem, aber immer hinreichendem Ausmaß. Der Mathematik- und der Physiktest sind ausreichend empfindlich für kumulative Lernprozesse. Die Sensitivität des Physiktests lässt sich anhand der TIMSS/III-Befunde selbst zeigen. Vergleicht man die Leistungsmittelwerte derselben Kohorte (allerdings nicht derselben Stichprobe) nach 12-jährigem und 13-jährigem Schulbesuch, so liegen die durch den Test abgebildeten Lernzuwächse für den Physikgrundkurs bei ungefähr einer viertel und für den Leistungskurs bei etwa einer halben Standardabweichung. Die Empfindlichkeit des Mathematiktests für kumulative Lernprozesse können wir nicht anhand der

TIMSS/III-Daten belegen, da ein Vergleich der 12. und 13. Jahrgänge Stagnation der Lernfortschritte zu zeigen scheint. Dieser Befund könnte auch ein Artefakt zu geringer Empfindlichkeit des Tests gegenüber kumulativen Lernprozessen sein. Wir müssen deshalb auf andere Datenquellen zurückgreifen. Eine Kurzform des TIMSS-Mathematiktests wurde in der Längsschnittstudie „Bildungsverläufe und psychosoziale Entwicklung im Jugendalter" (BIJU) in der 12. und 13. Jahrgangsstufe eingesetzt. Hier zeigen die Befunde, dass der Test sehr wohl in der Lage ist, Leistungsfortschritte vom 12. zum 13. Jahrgang differentiell abzubilden. In Schulen, die seit der ersten Erhebung auf der 7. Jahrgangsstufe verlässlich im Längsschnitt geblieben sind, beträgt die Leistungsdifferenz zwischen den querschnittlich untersuchten 12. und 13. Jahrgangsstufen auf Grundkursniveau eine zehntel und auf Leistungskursniveau eine drittel Standardabweichung. Betrachtet man ausschließlich die positiv ausgelesenen echten Längsschnitt-Teilnehmer, so beträgt der Leistungszuwachs im Grundkurs $d = .73$ und im Leistungskurs $d = 1.3$ Standardabweichungen bei einer sprunghaften Zunahme der Leistungsstreuung innerhalb der Kurse. Diese Ergebnisse belegen, dass der Test in der Lage ist, differentielle Lernraten zu erfassen.

Wie steht es mit der Empfindlichkeit der TIMSS-Tests für additive Komponenten des Lernprozesses? Unsere Mitteilung, im Mathematiktest könnten einige Stoffe des gymnasialen Abschlussjahrgangs – wie Stochastik oder komplexe Zahlen – unterrepräsentiert sein, hat Klemm (1998, 2000) und Demmer (1998) veranlasst, den sich aus einem Mittelwertvergleich ergebenden Eindruck stagnierender Lernentwicklung kurzerhand als Artefakt mangelnder curricularer Validität des Mathematiktests zu erklären. Die methodische Kritik – gleichgültig wie fundiert sie ist – ist eine beliebte rhetorische Figur, um sich gegen unliebsame Ergebnisse zu immunisieren. In diesem Fall ist dieses Argument besonders ärgerlich, da es mit der Unterstellung verbunden wird, eine unabhängige Überprüfung der curricularen Validität des Mathematiktests sei unmöglich, da nicht alle Testaufgaben veröffentlicht seien (Klemm, 2000). Gut zwei Drittel der Testaufgaben, die für den Gesamttest repräsentativ sind und für curriculare Analysen völlig ausreichen, liegen veröffentlicht vor. Die übrigen Aufgaben sind selbstverständlich ebenfalls für wissenschaftliche Zwecke zugänglich, sofern Testsicherheit garantiert wird. Im Rahmen unserer Auswertungen der TIMSS/III-Daten haben wir die curriculare Validität der Mathematik- und Physik-Oberstufentests sorgfältig überprüft. Die Ergebnisse dieser Überprüfung sind im Kapitel II ausführlich dargestellt worden. Die Untersuchung basiert auf drei sich ergänzenden Befragungen.

– Fachreferenten der Landesinstitute wurden gebeten, die voruniversitären TIMSS-Aufgaben (a) hinsichtlich der „Einheitlichen Prüfungsanforderungen"

(EPA) des Abiturs einzustufen und (b) zu beurteilen, inwieweit die Testaufgaben durch das landesspezifische Curriculum abgedeckt seien.

– Die an den TIMSS-Testschulen tätigen Mathematik- bzw. Physikfachleiter wurden gebeten, einzuschätzen, ob die durch die Aufgaben des Fachleistungstests berührten Stoffe tatsächlich im Unterricht ihrer Schule behandelt wurden.

– Schließlich haben wir zur Überprüfung der spezifischen curricularen Validität des Mathematiktests für die 13. Jahrgangsstufe einen Lehrplanexperten aus der Mathematikdidaktik gebeten, die Curricula aller Länder mit 13-jähriger Schulzeit im Detail zu analysieren und mit dem Aufgabeninventar aus TIMSS abzugleichen und dabei jeweils Grund- und Leistungskurse getrennt zu betrachten.

Hier soll nur das Fazit der detaillierten Lehrplananalysen zur Jahrgangsstufe 13 festgehalten werden (vgl. Kap. II): Die Vielzahl von Wahlmöglichkeiten auf Schulebene und die Verschmelzung der Jahrgangsstufen 12 und 13 zu einer Planungseinheit führen dazu, dass letztlich mehr als die Hälfte aller TIMSS-Mathematikaufgaben einen Lehrplanbezug für die 13. Jahrgangsstufe aufweisen. Mehr als ein Drittel der Aufgaben kann zudem auf die Abiturprüfungsanforderung bezogen werden, wie sie national in den Beschlüssen der Kultusministerkonferenz festgehalten wird. Je nach Land lassen sich zwischen 9 und 20 der 68 TIMSS-Mathematikaufgaben eindeutig auf Lerninhalte beziehen, die im Lehrplan der Jahrgangsstufe 13 explizit genannt sind. Im Durchschnitt werden pro Land etwa 14 derartige Aufgaben im Lehrplan identifiziert. Damit ist belegt, dass TIMSS keineswegs den Lehrstoff der Abschlussjahrgänge ausgrenzt. Für den Physiktest ist die Sachlage noch klarer. Im Unterschied zur Mathematik, bei der die Lerninhalte der beiden Abschlussjahrgänge nicht scharf gegeneinander abzugrenzen sind, erfasst der Physiktest mit der „modernen Physik" einen Themenbereich, der ganz eindeutig erst im letzten Jahr der gymnasialen Oberstufe behandelt wird. Insgesamt liegt die Quote der vom Curriculum abgedeckten Aufgaben in der voruniversitären Physik noch höher als in der Mathematik. Beide TIMSS-Oberstufentests sind also in der curricularen Passung geeignet, auch additive Lernfortschritte zu erfassen.

Leistungsfortschritte können adäquat nur durch Längsschnittstudien erfasst werden, die eine Beschreibung individueller Lernverläufe erlauben. Die Kombination von Querschnittsuntersuchungen – etwa in benachbarten Jahrgangsstufen – kann allerdings eine gute Schätzung zentraler Tendenzen auf aggregierter Ebene liefern, wenn die individuellen Lernverläufe in begrenztem Ausmaß um einen gemeinsamen Trend schwanken. Wenn sich die Lernentwicklung von Schülern, Klassen oder Schulen jedoch erheblich unterscheidet oder sich gar Gewinn- und Verlustbilanzen gegenüberstehen, ergibt der Mittelwertvergleich von Querschnitten ein unzutreffendes Bild der Lernverläufe, da charakteristische Unterschiede verdeckt werden. Wir können nicht ausschließen, dass dies in TIMSS/III der Fall ist. Dies ist bei der Interpretation von Mittelwertvergleichen zu berücksichtigen.

Die in TIMSS/III eingesetzten Leistungstests für den voruniversitären Mathematik- und Physikunterricht lassen sich insgesamt folgendermaßen charakterisieren:

– Der in TIMSS/III verwendete Physikleistungstest erfasst additive und kumulative Lernzuwächse gleichermaßen befriedigend.

– Der in TIMSS/III eingesetzte Mathematiktest besitzt – wie eine kontrollierende Längsschnittuntersuchung belegt – hohe Empfindlichkeit für differentielle Lernzuwächse. Zusätzlich durchgeführte Lehrplananalysen belegen, dass er aufgrund seiner Stoffabdeckung in der Lage ist, eine für die 13. Jahrgangsstufe spezifische additive Komponente des Lernzuwachses abzubilden. Aufgrund unserer zusätzlichen Curriculumanalysen sind wir in diesem Punkt entschiedener, als wir es bei der Publikation der deskriptiven Ergebnisse zunächst waren (Baumert, Bos & Watermann, 1998). Sollte der Mathematiktest die additive Komponente unterschätzen, kann es sich nur um zusammenhangsarm vermitteltes Wissen innerhalb der großen mathematischen Sachgebiete handeln, die vom Test insgesamt gut abgedeckt werden.

– TIMSS-Tests sind mit einem Modell optimal verlaufender schulischer Lernprozesse kompatibel, nach dem additive und kumulative Wissenserwerbsprozesse ineinander greifen. Die Tests leisten einer mechanistischen Vorstellung von Wissenserwerbsprozessen keinen Vorschub.

Wir haben diese ausführlichen Vorbemerkungen vorangeschickt, um die Beurteilung unserer Befunde zu den Leistungszuwächsen im Mathematik- und Physikunterricht zu erleichtern. Zunächst sei noch einmal an unseren im Kapitel I des ersten Bandes dargestellten Stichprobenplan erinnert, der vorsah, jeweils repräsentative Stichproben für den Abschlussjahrgang an gymnasialen Oberstufen zu ziehen. In Ländern, die das Abitur nach 12 Jahren vergeben, war dies der 12. und in Ländern mit 13-jähriger Schulbesuchsdauer der 13. Jahrgang. Zusätzlich sollte in Ländern mit 13-jährigem Bildungsgang bis zur Hochschulreife eine analoge Stichprobe aus dem 12. Jahrgang gezogen werden, um differenziertere Analysen zur Schulbesuchsdauer zu ermöglichen und Abschätzungen von Leistungszuwächsen vornehmen zu können. Die erste Haupterhebung fand im Frühjahr 1995 statt. Wir hatten bereits bei der Stichprobenbeschreibung darauf hingewiesen, dass infolge verspäteter Genehmigungen durch die

Kultusbehörden die Erhebungen im Abschlussjahrgang in die Zeit der mündlichen Abiturprüfungen fielen. Infolgedessen waren die Stichprobenausfälle so groß, dass die Untersuchung des Abschlussjahrgangs im Februar/März 1996 vollständig wiederholt werden musste. Grundlage der nachfolgenden Analysen sind die im Frühjahr 1996 untersuchten Stichproben der Abschlussjahrgänge und die aus dem Jahre 1995 stammende Stichprobe der 12. Jahrgangsstufe in den Ländern mit 13-jähriger Schulbesuchsdauer. Die Beteiligungsraten sind bei beiden Stichproben vergleichbar.

Aufgrund der aus unserer Längsschnittuntersuchung „Bildungsverläufe und psychosoziale Entwicklung im Jugendalter" (BIJU) stammenden Befunde konnten wir in Ländern, in denen das Abitur nach 13 Schuljahren abgelegt wird, für das Fach Mathematik Leistungsunterschiede zwischen der 12. und 13. Jahrgangsstufe erwarten, die je nach Kursniveau zwischen $d = .08$ und $d = .31$ Standardabweichungen liegen. Ein Vergleich von Querschnitt- und Längsschnittdaten im Rahmen von BIJU ergab starke Hinweise auf die Vorwissensabhängigkeit von Lernraten. Die positiv selegierten Längsschnitt-Teilnehmer wiesen Lernfortschritte auf, die deutlich über denen lagen, die aus den Querschnittvergleichen geschätzt wurden. Wir erwarten dementsprechend für TIMSS eine Vergrößerung der Leistungsvarianz vom 12. zum 13. Jahrgang. Bezieht man den Abschlussjahrgang aus den Ländern mit 12-jähriger Schulbesuchsdauer in den Vergleich ein, so liegt die Vermutung nahe, dass die Schülerinnen und Schüler dieser Länder einen Mittelplatz zwischen dem 12. und 13. Jahrgang in 13-jährigen Systemen einnehmen könnten. (Wir haben in Abschnitt 6 dieses Kapitels diese Vermutung ausführlicher begründet und gleichzeitig empirisch widerlegt.)

Vor dem Hintergrund dieser Ausgangsannahmen sind die in Abbildung VIII.15 wiedergegebenen Befunde in hohem Maße überraschend. In einer unter Kontrolle des *Mathematics TIMSS Coverage Index* (MTCI) durchgeführten Zwei-Weg-Varianzanalyse mit der Mathematikleistung als abhängiger Variable und dem Kursniveau bzw. der Jahrgangsstufe als Faktoren werden beide Haupteffekte und die Interaktion signifikant, wobei der Haupteffekt der Jahrgangsstufe auf den Leistungsvorsprung von Schülerinnen und Schülern in Abschlussklassen in Ländern mit 12-jähriger Schulbesuchsdauer zurückzuführen ist. Die signifikante Interaktion belegt die besondere Förderung im dortigen Grundkurs ($F_{\text{Kursniveau} [1, 70]} = 263.7$, $p < .001$; $F_{\text{Jahrgangsstufe} [2, 69]} = 5.9$, $p < .01$; $F_{\text{Kursniveau} \times \text{Jahrgangsstufe} [2, 69]} = 3.76$, $p < .05$). Die mittleren Mathematikleistungen von Schülerinnen und Schülern im 13. Schuljahr unterscheiden sich sowohl im Grund- als auch im Leistungskurs von denen des 12. Schuljahrs nicht. Das Bild stagnierender Lernprozesse wiederholt sich, wie Abbildung VIII.16 zeigt, auf der Ebene von Untertests, mit denen die Hauptstoffgebiete des Mathematikunterrichts der Oberstufe abgedeckt werden.

Abbildung VIII.15: Fachleistungen im Mathematikunterricht der gymnasialen Oberstufe nach Kursbesuch und Jahrgangsstufe in Ländern mit 12- und 13-jähriger Schulbesuchsdauer (Mittelwerte und Standardabweichungen)

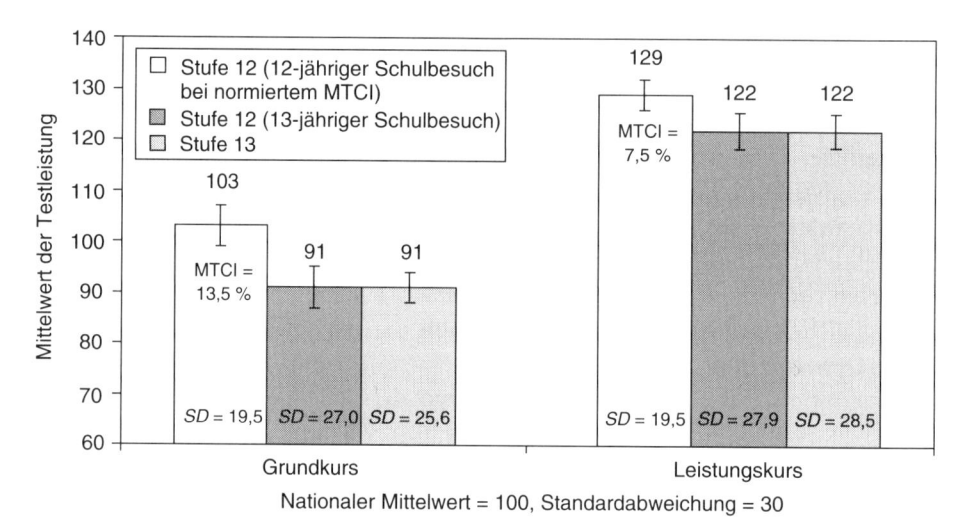

IEA. Third International Mathematics and Science Study. © TIMSS/III-Germany

Diese bemerkenswerten Befunde können nicht mit Kohorteneffekten erklärt werden, da die beiden Querschnittstichproben 1995 und 1996 aus derselben Jahrgangskohorte gezogen wurden. Dennoch darf man aus diesen Querschnittergebnissen keinesfalls den Schluss ziehen, dass im Mathematikunterricht der 13. Jahrgangsstufe generell nichts dazugelernt werde. Zwei Interpretationen, die alternativ, aber auch gemeinsam zutreffen könnten, sind in Erwägung zu ziehen. Geht man von Ergebnissen der Studie „Bildungsverläufe und psychosoziale Entwicklung im Jugendalter" (BIJU) aus, die ja gerade im Längsschnitt vom Übergang der 12. zur 13. Jahrgangsstufe je nach Kursniveau differentielle Lernfortschritte belegte, liegt der Schluss nahe, dass die Mittelwertvergleiche der TIMSS/III-Querschnittuntersuchungen unterschiedliche Lernverläufe in einzelnen Schulen verdecken. Danach müsste es Schulen geben, die in der 13. Jahrgangsstufe durchaus additive und kumulative Lernfortschritte erreichen, während in anderen Schulen Leistungsverluste zu verzeichnen sind. Als Erklärung dafür bietet sich die Vermutung an, dass mit der im 13. Jahrgang verfügbaren Lernzeit in Schulen unterschiedlich verantwortungsvoll umgegangen wird. Wir möchten aber auch eine zweite Interpretationsmöglichkeit nicht ausschließen, die von einem Bias der Stichprobe der 12. Jahrgangsstufe aus-

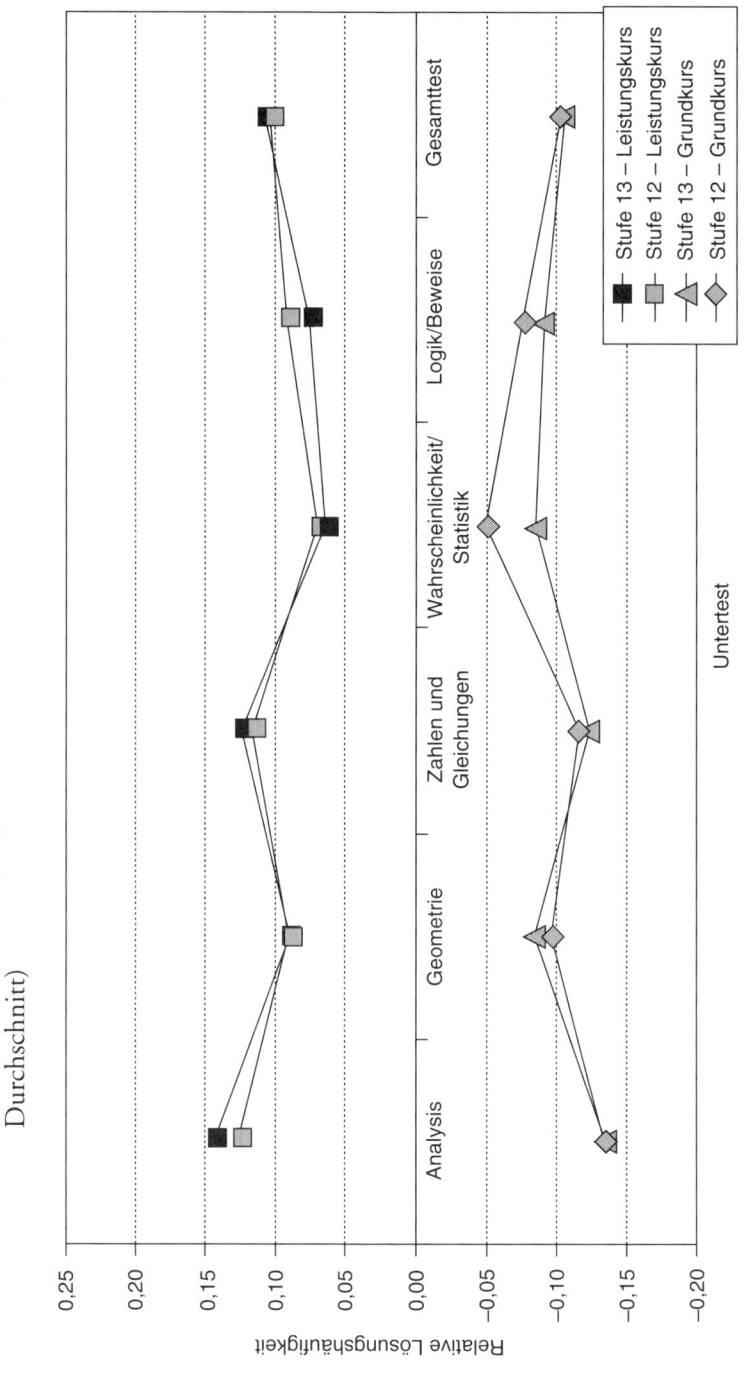

Abbildung VIII.16: Relative Lösungshäufigkeiten in den Mathematikuntertests der gymnasialen Oberstufe nach Kursbesuch und Jahrgangsstufe in Bundesländern mit 13 Jahrgangsstufen (Abweichungen vom Durchschnitt)

IEA. Third International Mathematics and Science Study.

© TIMSS/III-Germany

geht. Möglicherweise ist die 1995 untersuchte Stichprobe der 12. Jahrgangsstufe in 13-jährigen Systemen aufgrund des etwas späteren Testzeitpunkts und der differentiellen Bereitschaft von Schulen, Untersuchungen während des mündlichen Abiturs zuzulassen, leicht positiv verzerrt, auch wenn die Beteiligungsraten im Vergleich zur im Folgejahr gezogenen Stichprobe der 13. Jahrgangsstufe unauffällig sind. Als einzige Erklärung für die im Mittel nicht nachweisbaren Lernfortschritte taugt diese Überlegung jedoch nicht, da man in diesem Fall einen ähnlichen Effekt für die Physikergebnisse erwarten müsste. Dennoch möchten wir ausdrücklich betonen, dass die TIMSS/III-Befunde zum Vergleich von Leistungsergebnissen der 12. und 13. Jahrgangsstufe der Validierung durch eine echte Längsschnittstudie bedürfen. Dabei sollte der Frage des kompartmentalisierten Lernens im Mathematikunterricht der 13. Jahrgangsstufe besondere Aufmerksamkeit geschenkt werden.

Im Unterschied zu den Mathematikergebnissen sind die Resultate der Analysen der Physikleistungen weitgehend erwartungskonform. Für die Grund- und Leistungskurse im Fach Physik lassen sich auch im Vergleich der Mittelwerte bei Querschnittstichproben differentielle Zuwachsraten nachweisen, die bei knapp einer drittel bzw. einer halben Standardabweichung liegen. In einer Zwei-Weg-Varianzanalyse mit dem Kursniveau und der Jahrgangsstufe als Faktoren, die bei Korrektur des *Physics TIMSS Coverage Index* (PTCI) gerechnet wurde, werden beide Haupteffekte signifikant und deren Interaktion tendenziell signifikant ($F_{\text{Kursniveau } [1, 70]} = 102.5$, $p < .001$; $F_{\text{Jahrgangsstufe } [2, 69]} = 8.3$, $p < .001$; $F_{\text{Kursniveau} \times \text{Jahrgangsstufe } [2, 69]} = 2.44$, $p > .05$). Abweichend vom Mathematikunterricht gelingt es im Physikunterricht der gymnasialen Oberstufe, auch in den Mittelwerten nachweisbare kumulative Lernprozesse in Gang zu setzen. Dabei sind die Lernfortschritte auf Leistungskursniveau größer als im Grundkurs (vgl. Abb. VIII.17). Dies entspricht den Erwartungen, die an einen curricular herausgehobenen und zeitlich privilegierten Leistungskurs zu stellen sind, und ist gleichzeitig konsistent mit dem Tatbestand, dass gerade bei anspruchsvollem Unterricht mit unterschiedlichen vorwissensabhängigen Lernraten zu rechnen ist (Weinert, 1996).

Eine Analyse der physikalischen Untertests zeigt sehr anschaulich, dass der Physiktest sowohl kumulative als auch additive Lernkomponenten erfasst. Besonders große Lernfortschritte sind auf dem Gebiet der „modernen Physik" – einem spezifischen Stoffgebiet des 13. Jahrgangs – zu verzeichnen. Aber auch in den übrigen weniger jahrgangsspezifischen Stoffgebieten werden Leistungszuwächse erreicht. Offenbar gelingt es mit der Einführung der „modernen Physik", eine theoretische Perspektive zu eröffnen, die auch die übrigen Stoffgebiete der Physik besser integriert und ein vertieftes Verständnis erschließt (Abb. VIII.18). Inwieweit für die günstigeren Leistungsergebnisse im Physikunterricht die Struktur des Fachs, die stärker selegierte

Abbildung VIII.17: Fachleistungen im Physikunterricht der gymnasialen Oberstufe nach Kursbesuch und Jahrgangsstufe in Ländern mit 12- und 13-jähriger Schulbesuchsdauer (Mittelwerte und Standardabweichungen)

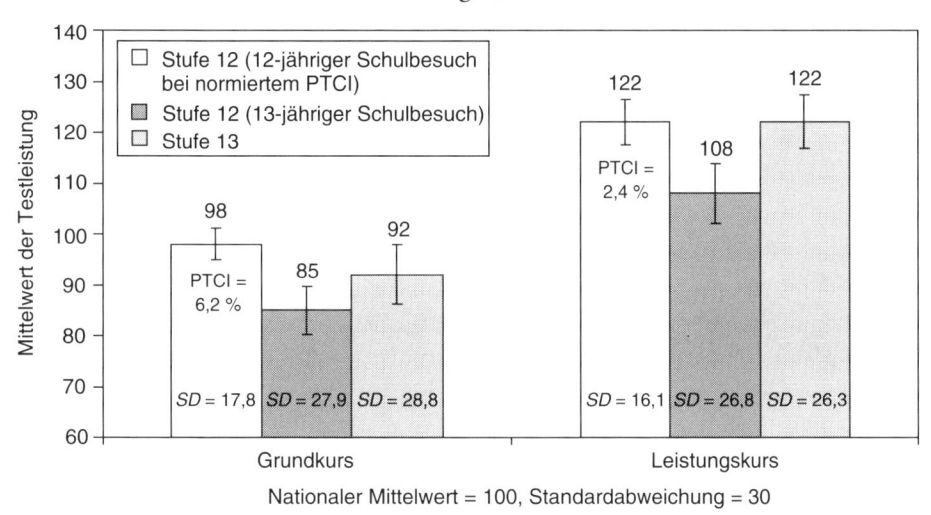

IEA. Third International Mathematics and Science Study.   © TIMSS/III-Germany

Schülerpopulation und/oder ein anspruchsvoller Unterricht verantwortlich sind, lässt sich aufgrund der TIMSS/III-Daten nicht entscheiden.

Die bemerkenswert unterschiedlichen Befunde zur Leistungsentwicklung in den Fächern Mathematik und Physik werfen einige drängende Fragen an den Mathematikunterricht der gymnasialen Oberstufe auf, ohne diese gleichzeitig beantworten zu können. Geht man davon aus, dass der Vergleich von Leistungsmittelwerten ein zutreffendes Bild von Leistungsgewinnen und Leistungsverlusten verdeckt, wird man den Blick auf die Einzelschule und deren Organisation des 13. Jahrgangs und des Abiturs lenken müssen. Aber auch der Mathematikunterricht selbst wird sich fragen lassen müssen, ob die rezeptive und reproduktive Rolle, in der sich Oberstufenschüler überwiegend wahrnehmen (vgl. Kap. VII), wirklich Merkmale entwicklungsfördernder Umwelten sind. Diese Fragen weisen auf Forschungsdesiderate hin, deren Beseitigung auch für die Lehrerfortbildung und Schulentwicklung große Bedeutung haben könnte. Zu zuverlässigen und praktisch bedeutsamen Antworten kann nur eine multivariat angelegte Längsschnittstudie kommen, die Unterrichtsprozesse und das Schulgeschehen gleichermaßen sorgfältig in den Blick nimmt.

Abbildung VIII.18: Relative Lösungshäufigkeiten in den Physikuntertests der gymnasialen Oberstufe nach Kursbesuch und Jahrgangsstufe in Bundesländern mit 13 Jahrgangsstufen (Abweichungen vom Durchschnitt)

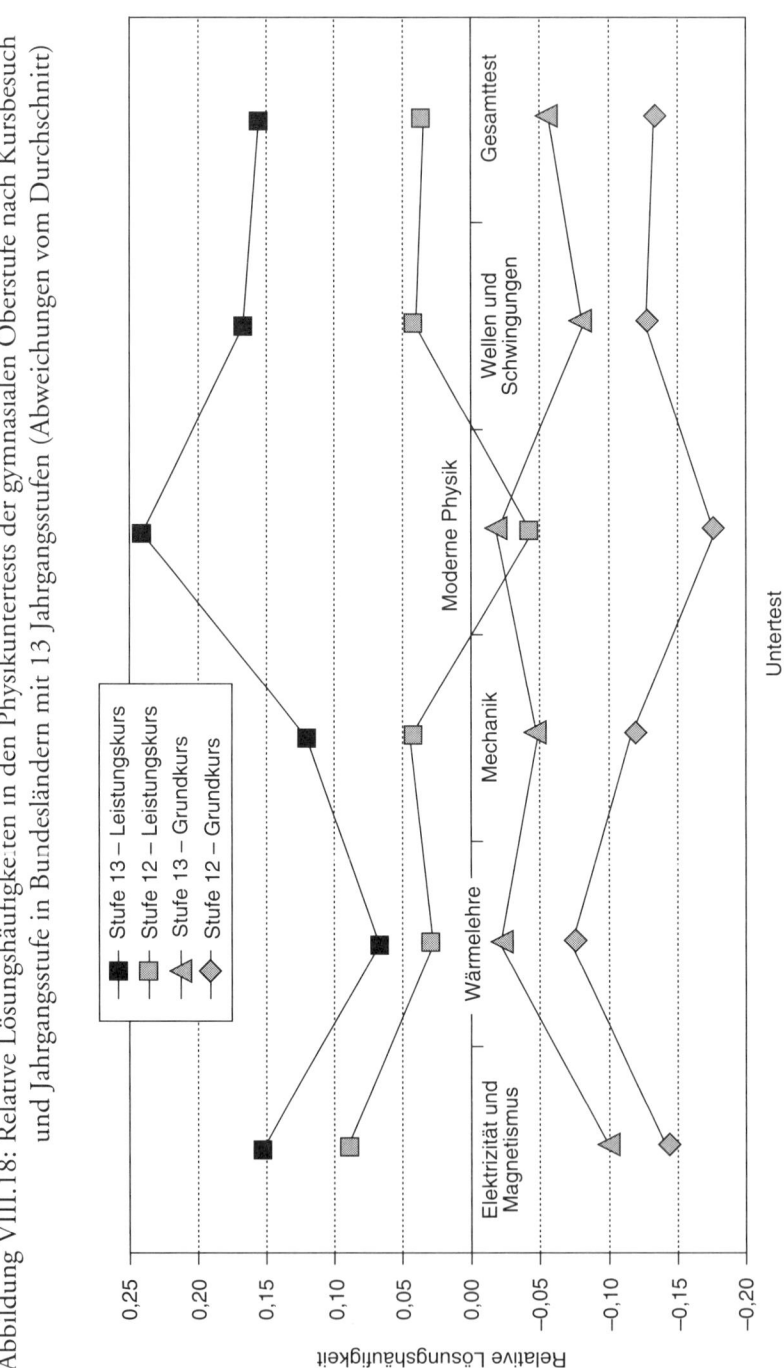

IEA. Third International Mathematics and Science Study. © TIMSS/III-Germany

IX. Geschlechtsdifferenzen in den mathematisch-naturwissenschaftlichen Leistungen

Olaf Köller und Eckhard Klieme

1. Forschungsüberblick und Fragestellungen

Leistungsunterschiede zwischen Mädchen und Jungen bzw. Frauen und Männern im mathematisch-naturwissenschaftlichen Unterricht stellen nach wie vor eine pädagogische Herausforderung dar. Insbesondere die etwas geringeren Leistungen der Mädchen im Mathematikunterricht sind Gegenstand eines kaum noch überschaubaren Berges an Literatur. Eine CD-ROM-Literaturrecherche (PSYCHINFO-Datenbank) international publizierter Arbeiten zu diesem Thema zeigt, dass zwischen 1967 und 1998 mehr als 700 Buch- oder Zeitschriftenbeiträge mit den Deskriptoren *Gender* oder *Sex* und *Mathematics Achievement* erschienen sind.

Die praktische Relevanz dieses Themas spiegelt sich in unterschiedlichen Kurswahlen in der gymnasialen Oberstufe sowie in geschlechtsspezifischen Berufs- und Studienwahlen wider[1]. Bezogen auf die gymnasiale Oberstufe berichten Roeder und Gruehn (1996) Geschlechtsunterschiede im Kurswahlverhalten dahin gehend, dass Mädchen seltener als Jungen Mathematik als Leistungskurs wählen; dies gilt noch viel extremer in Physik. Die Fortsetzung dieses Problems zeigt sich im Studienfachwahlverhalten von Frauen und Männern: Mathematisch-naturwissenschaftliche und technische Fächer werden von Frauen seltener gewählt, und auch bei der Ausbildungswahl finden sich substantiell weniger Frauen in technischen Sparten (Hannover, 1991; Giesen u.a., 1992; Eccles, 1994). Deutschsprachige Arbeiten von Hodapp und Mißler (1996) oder Köller, Daniels, Schnabel und Baumert (2000) belegen, dass diese Unterschiede im Kurswahlverhalten erheblich durch fachliche Interessen und Begabungsselbstkonzepte vermittelt sind.

Anfang der 1990er Jahre mit dem Erscheinen der meta-analytischen Befunde von Hyde, Fennema und Lamon (1990) schien es, als verlöre das Thema Geschlechtsdifferenzen in Mathematik jegliche Bedeutung. Unter Berücksichtigung von empirischen Arbeiten aus den davor liegenden 30 Jahren fanden die Autorinnen eine

---

[1] An dieser Stelle ist es unseres Erachtens interessant, einmal darauf hinzuweisen, dass die immer wieder berichteten Vorteile von Mädchen/Frauen in verschiedenen verbalen Aufgaben (z.B. Halpern & Wright, 1996) eigentlich kaum Gegenstand unterrichtswissenschaftlicher oder pädagogischer Diskussionen sind.

mittlere Effektstärke von $d = -.05$, das heißt, Mädchen schnitten etwas besser ab als Jungen. Eine Aufteilung in verschiedene Sachgebiete ergab leichte Vorteile der Jungen bei geometrischen Aufgaben ($d = .13$) und Problemlöseaufgaben ($d = .08$), während Mädchen insbesondere bei einfachen Arithmetikaufgaben Vorteile besaßen ($d = -.14$). Als weiteres zentrales Ergebnis zeigte sich ein säkularer Trend dahin gehend, dass sich die Geschlechtsunterschiede im Laufe der Zeit signifikant reduzierten. Deutlich wurde aber auch, dass in hochselektiven Gruppen die Vorteile der Jungen zunahmen. Auch Arbeiten in den 1980er Jahren (Benbow & Stanley, 1980; Benbow, 1988) zeigten, dass deutliche Geschlechtsunterschiede zu Gunsten der Jungen in hochbegabten Probandengruppen auftreten, und zwar bereits ab der 7. Jahrgangsstufe. Weiterhin belegen auch neuere Studien (z.B. Byrnes & Takahira, 1993; Mills, Ablard & Stumpf, 1993), dass gerade bei schwierigen mathematischen Problemlöseaufgaben nach wie vor signifikante Minderleistungen von Mädchen beobachtbar sind, die sich in Deutschland bereits in der Grundschule nachweisen lassen (Stern, 1997).

Eine in Deutschland durchgeführte Meta-Analyse (Klieme, 1997) untermauert, dass es nach wie vor nicht gelungen ist, die Leistungsnachteile der Mädchen in Mathematik zu beseitigen. Die Auswertung von 90 deutschsprachigen Studien aus den 1960er, 1970er und 1980er Jahren mit einer Probandenzahl von insgesamt $N = 292.974$ ergab eine mittlere Effektstärke von $d = .38$ zu Gunsten der Jungen. Eine Aufteilung der Studien nach unterschiedlichen Altersgruppen und Aufgabentypen zeigt, dass die Differenzen mit zunehmendem Alter ansteigen (von $d = .14$ für 5- bis 11-jährige Kinder auf $d = .51$ für 16- bis 30-jährige Personen) und in Abhängigkeit von den mathematischen Anforderungen variieren. Beispielsweise wurde ein Unterschied von $d = .15$ bei arithmetischen Aufgaben ermittelt, bei angewandten Problemlöseaufgaben betrug die Differenz $d = .53$. Im Gegensatz zu der oben aufgeführten Meta-Analyse von Hyde, Fennema und Lamon (1990) ergab sich kein säkularer Trend dahin gehend, dass sich die Geschlechtsunterschiede im Laufe des untersuchten Zeitraums reduzierten. Ein Überblick über Geschlechtsdifferenzen in nationalen und internationalen *Large-Scale Assessment*-Studien (Johnson, 1996) zeigt ebenfalls in einem relativ einheitlichen Bild, dass Jungen in Mathematik mit Ausnahme einfacher Arithmetikaufgaben höhere Leistungen zeigen als Mädchen, wobei diese Unterschiede bereits in der Sekundarstufe I sichtbar werden und sich statistisch absichern lassen.

Im Rahmen der Auswertungen der TIMSS-Daten aus 7. und 8. Klassen (vgl. Baumert, Lehmann u.a., 1997) ließen sich über die gesamten Jahrgänge 7 und 8 keine Geschlechtsdifferenzen finden. Dieser Befund konnte auf die unterschiedliche Bildungsbeteiligung von Jungen und Mädchen an den vier Schulformen der Sekundarstufe I mit ihren differentiellen Förderbedingungen zurückgeführt werden[2]. Die stärkeren Jahrgangsanteile der Mädchen auf den weiterführenden Schulen gegenüber der Hauptschule – beispielsweise gehen in Deutschland etwa 40 Prozent der Mädchen und etwa 30 Prozent der Jungen eines Jahrgangs auf das Gymnasium – überdeckten die Geschlechtsdifferenzen. Ein Aufbrechen der Daten nach der Schulform ergab die bekannten Befunde: Auf allen Schulformen der Sekundarstufe I zeigten sich Vorteile zu Gunsten der Jungen. Kürzlich von uns durchgeführte Reanalysen der TIMSS-Daten aus der Mittelstufe (Hosenfeld, Köller & Baumert, 1999) zeigen bei Konstanthaltung jeglicher institutioneller Einflüsse signifikante Unterschiede zu Gunsten der Jungen. Mehrebenenanalysen auf der Basis des hierarchisch-linearen Paradigmas (Bryk & Raudenbush, 1987) und multiple Regressionsanalysen ergeben einen mittleren Unterschied zwischen Jungen und Mädchen (innerhalb von Klassen) von $d = .14$, wobei sich auch nur eine geringe Varianz dieser Unterschiede zwischen Klassen zeigt. Weiterhin zeigen die Analysen von Hosenfeld, Köller und Baumert (1999), dass die Differenzen konsistent über verschiedene kognitive Anforderungsdimensionen sind. So ergibt sich eine Effektstärke von $d = .14$ für Subtests zu (1) einfachen arithmetischen Aufgaben, (2) komplexeren arithmetischen Aufgaben, (3) Wissensaufgaben. Für angewandte Problemlöseaufgaben liegt die Effektstärke bei $d = .16$. Eine Aufsplittung in sechs unterschiedliche Sachgebiete (vgl. Baumert, Lehmann u.a., 1997) zeigt mit Ausnahme der Geometrie, in der keine signifikanten Unterschiede auftreten ($d = .02$), durchgängig leichte Vorteile der Jungen (Effektstärken zwischen $d = .08$ und $d = .17$). Der Befund zur Geometrie mag vor dem Hintergrund einer in der Literatur (vgl. Tab. IX.1) vermuteten Mediatorwirkung des räumlichen Vorstellungsvermögens überraschen; er kann indes durch die spezifischen Anforderungen dieser TIMSS-Aufgabengruppe erklärt werden: „Geometrische" Aufgaben verlangten im Mittelstufentest durchweg nicht bildliches Denken, sondern eher den Einsatz von Begriffs- und Regelwissen.

Die Nachteile der Mädchen sind nicht dadurch zu erklären, dass es sich gerade auf dem Gymnasium um eine im Vergleich zu den Jungen weniger selegierte Gruppe handelt. Weitere Analysen bei Hosenfeld, Köller und Baumert (1999) zeigen, dass das Regressionsgewicht der Geschlechtsvariable bei zusätzlicher Berücksichtigung der nonverbalen Intelligenz als Indikator für die kognitive Selektivität nicht absinkt.

Fasst man die aktuelle Befundlage zu Geschlechtsdifferenzen in Mathematik zusammen, so zeigt sich zumindest in Deutschland ein konsistentes Bild, wonach Jungen

---

[2] Vgl. zu den unterschiedlichen Förderbedingungen der vier Schulformen Baumert und Köller (1998) und Baumert, Köller und Schnabel (2000).

Tabelle IX.1: Theorien zur Erklärung von Geschlechtsdifferenzen in den Mathematikleistungen

Biologische Ansätze	♦ Evolutionspsychologische Ansätze, die zum Beispiel annehmen, dass unterschiedlicher Selektionsdruck bei Männern und Frauen zu Differenzen in kognitiven Fähigkeiten, insbesondere in der Raumvorstellung, geführt habe (Geary, 1996). ♦ X-Y-chromosomale Ansätze, die geschlechtsspezifische zerebrale Hemisphärenasymmetrien allein auf die genetischen Unterschiede (XX vs. XY) in den Geschlechtschromosomen zurückführen (Crow, 1994). ♦ Endokrine Erklärungsansätze, bei denen die Hormonschwankungen im weiblichen Zyklus als Ursachen von Minderleistungen von Mädchen in Raumvorstellung und daraus resultierend in Mathematik erklärt werden (Geary, 1989).
Kognitive Ansätze	♦ Räumliches Vorstellungsvermögen als Mediator zwischen Geschlecht und Mathematikleistung (Klieme, 1986; Voyer, 1996, 1998). ♦ Männer haben Vorteile bei Aufgaben, die mental umstrukturiert werden müssen (z.B. Rotationsaufgaben zum räumlichen Vorstellungsvermögen; mathematische Textaufgaben), während Frauen Vorteile bei Aufgaben haben, die einen schnellen Zugang zu und ein schnelles Abgreifen von im Gedächtnis gespeicherten Informationen erfordern, zum Beispiel einfache Arithmetikaufgaben, Wortflüssigkeitstests (Halpern & Wright, 1996).
Psychosoziale Modelle	♦ Häusliche Umwelten mit der frühen Festlegung auf Geschlechtsstereotype führen bei Mädchen zu ungünstigeren Einstellungen und geringerer Beschäftigung mit Mathematik (Eccles, Jacobs & Harold, 1990). ♦ Affektive Komponenten wie erhöhte Testangst und ein niedrigeres Fähigkeitsselbstkonzept oder ein geringeres Interesse (Chipman, Krantz & Silver, 1992; Wigfield & Eccles, 1992) stören den Lern- und Performanzprozess in Mathematik.
Unterrichtsmodelle	♦ Unterschiedliche Behandlung von Jungen und Mädchen durch die Lehrkraft im Mathematikunterricht (Fennema & Peterson, 1987), bedingt durch Geschlechterstereotype auf Seiten der Lehrer und Lehrerinnen. ♦ Curricula, Lehrbücher und im Unterricht behandelte Aufgaben bevorteilen Jungen, da sie eher ihren Interessen und Erlebenswelten entsprechen (Chipman, Marshall & Scott, 1991).

IEA. Third International Mathematics and Science Study. © TIMSS/III-Germany

gegenüber Mädchen nach wie vor Leistungsvorteile aufweisen, die mit dem Alter zunehmen und ausgeprägter bei Problemlöseaufgaben sind. Durch die höhere Bildungsbeteiligung von Mädchen verschwinden die Unterschiede allerdings auf Populationsebene im Bereich der Sekundarstufe I, zumindest in den Klassenstufen 7 und 8.

Wie zum bloßen Phänomen der Leistungsunterschiede zwischen Jungen und Mädchen in Mathematik gibt es auch eine Vielzahl von theoretischen und empirischen Arbeiten, die potentielle Ursachen der Differenzen beleuchten. Die Tabelle IX.1 versucht, einen Überblick über aktuelle Theorien zur Erklärung von Geschlechtsdifferenzen in Mathematikleistungen mit ausgewählten Referenzen zu geben, ohne Anspruch auf Vollständigkeit zu erheben. Kognitive Ansätze unterscheiden sich von biologischen in erster Linie dadurch, dass sie für Geschlechtsunterschiede in kognitiven Variablen nicht *per se* eine genetische Ursache annehmen. Für die meisten Ansätze gibt es neben einer Vielzahl von empirischen Belegen auch eine ganze Reihe von Arbeiten, die zu widersprüchlichen Befunden kamen. Weitgehend abgesichert scheint allein die besondere Bedeutung des räumlichen Vorstellungsvermögens als Mediatorvariable zwischen Geschlecht und Mathematikleistung zu sein. Bezogen auf die psychosozialen Ansätze zeigte sich im Rahmen der deutschen längsschnittlichen TIMSS-Mittelstufenuntersuchung (Baumert, Lehmann u.a., 1997), dass die Furcht vor Misserfolg als affektiv-motivationales Merkmal in der Tat eine wichtige vermittelnde Variable darstellt (Köller, Baumert, Clausen & Hosenfeld, 1999). So konnte ein Teil der geringen Leistungen von Mädchen in Mathematik durch ein erhöhtes Maß an Furcht vor Misserfolg erklärt werden.

Im naturwissenschaftlichen Bereich zeigt ein Überblick über neuere Studien (z.B. Hedges & Nowell, 1995; Johnson, 1996; Parker, Rennie & Fraser, 1996), dass substantielle Geschlechtsdifferenzen zu Gunsten der Jungen im physikalischen und chemischen Bereich bereits im Grundschulalter bestehen, in Biologie werden die Unterschiede erst im Sekundarbereich II bedeutsam. Meta-Analysen (z.B. von Hedges & Nowell, 1995) zeigen je nach verwendetem Test Differenzen zu Gunsten der Jungen zwischen $d = .11$ und $d = .50$. Hyde und Linn (1988; vgl. auch Linn & Hyde, 1989) kommen nach Zusammenfassung unterschiedlicher meta-analytischer Studien zu dem Fazit, dass auch in den Naturwissenschaften ein säkularer Trend dahin gehend beobachtbar ist, dass die Differenzen zu Ungunsten der Mädchen abnehmen, was allerdings im Gegensatz zu Befunden von Wilder und Powell (1989) steht. Auch Sekundäranalysen des *National Assessment of Educational Progress*-Programms (NAEP) in den USA geben wenig Evidenz für eine Abnahme der Geschlechtsunterschiede über die Zeit (Beller & Gafni, 1995). Keeves und Kotte (1992, 1996) berichten für Biologie und Physik anhand der Daten aus der ersten und zweiten internationalen Naturwissenschaftsstudie (FISS, 1970, und SISS, 1984) die in Tabelle IX.2 gezeigten Differenzen in Standardabweichungen (Effektstärkenmaß d). Deutlich erkennbar ist die Zunahme der Differenzen mit steigendem Alter, das heißt, auch in den Naturwissenschaften nehmen die Vorteile der Jungen im Laufe der Schulzeit zu (vgl. hierzu auch Sjoberg, 1988; Johnson, 1996). Hinsichtlich der Abnahme der Differenzen über die Zeit (vgl. Linn & Hyde, 1989) sind die Befunde uneinheitlich: in Physik ist eine leichte Abnahme erkennbar, in Biologie eine leichte Zunahme.

Analysen der deutschen TIMSS-Daten aus den Klassenstufen 7 und 8 (vgl. Baumert, Lehmann u.a., 1997) ergaben für Physik signifikante Vorteile der Jungen in der Größenordnung von knapp einer drittel Standardabweichung, in Biologie waren die Befunde sehr uneinheitlich, beispielsweise ergab sich in Hauptschulen

Tabelle IX.2: Geschlechtsdifferenzen im naturwissenschaftlichen Bereich in der ersten und zweiten internationalen Naturwissenschaftsstudie (FISS und SISS). Dargestellt sind Mittelwertsdifferenzen in Standardabweichungen (Effektstärkenmaß d), positive Werte indizieren Vorteile der Jungen, negative Vorteile von Mädchen (vgl. Keeves & Kotte, 1996)

	Biologie		Physik	
	FISS (1970)	SISS (1984)	FISS (1970)	SISS (1984)
10-Jährige	.03	.02	.42	.34
14-Jährige	.11	.19	.59	.42
Ende der Sekundarstufe II	.26	.31	.81	.71

IEA. Third International Mathematics and Science Study. © TIMSS/III-Germany

neuer Bundesländer eine Differenz von etwa einer viertel Standardabweichung zu Gunsten der Mädchen, wohingegen Jungen in Gymnasien der alten Bundesländer gegenüber den entsprechenden Mädchen einen Vorteil von ebenfalls knapp einer viertel Standardabweichung besaßen. Der in TIMSS verwendete Gesamtwert für *Science* ergab einen Effekt von $d = .27$ zu Gunsten der Jungen.

Theorien zur Erklärung der Geschlechtsunterschiede in den Naturwissenschaften, insbesondere in Physik, entsprechen weitgehend den in Tabelle IX.1 dargestellten Ansätzen, zum Teil werden aber auch andere Aspekte betont. Ergänzende Modelle rekurrieren sehr stark auf unterschiedliche Aktivitäten bei schulischer Laborarbeit (schulischen Experimenten) und *Out-of-School Activities* von Jungen und Mädchen. Lee und Burkam (1996) fanden, dass Jungen größere Erfahrung im physikalischen Experimentieren hatten und sich deutlich stärker mit naturwissenschaftlichen Inhalten in ihrer Freizeit auseinandersetzten (vgl. auch Burkam, Lee & Smerdon, 1996). Die Benachteiligung der Mädchen beim schulischen Experimentieren und die damit verbundenen Minderleistungen haben zu Forderungen nach einer zeitweisen Aufhebung der Koedukation im naturwissenschaftlichen Unterricht geführt (Baumert, 1992). Ein weiterer Erklärungsansatz, der nicht bereits durch die Tabelle IX.1 abgedeckt ist, bezieht sich auf die oben ausgeführten Geschlechtsdifferenzen in Mathematik, die als ursächlich für naturwissenschaftliche Leistungsunterschiede angenommen werden (Gustan & Corazza, 1994).

Die TIMSS-Oberstufenkohorte bietet die Möglichkeit, für ein national repräsentatives Sample dieser Altersstufe Geschlechtsdifferenzen im mathematischen und naturwissenschaftlichen Leistungsbereich zu untersuchen. In Einklang mit früheren nationalen und internationalen Befunden erwarten wir eine Bestätigung dahin gehend, dass junge Männer sowohl in Mathematik als auch in den Naturwissenschaften im Vergleich zu den Frauen höhere Leistungen zeigen sollten. Die Unterschiede in der Physik sollten dabei augenfälliger als in der Mathematik sein. Im Vergleich zur TIMSS-Mittelstufenkohorte sollten die Abstände größer geworden sein (vgl. die meta-analytischen Befunde für Mathematik von Klieme, 1997).

Weitere Fragestellungen beziehen sich auf die verschiedenen Sachgebiete der voruniversitären Mathematik und Physik und die Anforderungsmerkmale der Testaufgaben. Hier soll geprüft werden, ob es in Abhängigkeit von den Sachgebieten oder von kognitiven Anforderungen spezifische Stärken und Schwächen bei den Geschlechtergruppen gibt. Schließlich soll der Frage nachgegangen werden, inwieweit motivationale Variablen Mediatoren des Geschlechtsunterschieds in Mathematik und Physik sind, wie dies Arbeiten zum Beispiel von Wigfield und Eccles (1992) nahelegen.

2. Geschlechtsunterschiede in der mathematisch-naturwissenschaftlichen Grundbildung

Bei der Analyse der Geschlechtsunterschiede in der mathematisch-naturwissenschaftlichen Grundbildung tritt das Problem der differentiellen Bildungsbeteiligung von Jungen und Mädchen auf den verschiedenen Schulformen des Sekundarbereichs II ebenso auf, wie dies bereits in den Jahrgangsstufen 7 und 8 der Fall war (vgl. Baumert, Lehmann u.a., 1997). Ein signifikant höherer Anteil von Frauen einer Geburtskohorte besucht die gymnasiale Oberstufe der allgemeinbildenden Schulen, auf den beruflichen Schulen kehrt sich das Verhältnis zu Gunsten der Männer um. Die Abbildung IX.1 zeigt dieses Phänomen für die im Folgenden analysierten Gruppen. Beinahe 46 Prozent der jungen Frauen, die die Fragen zur Grundbildung bearbeiteten, besuchten zum Testzeitpunkt das Gymnasium, wohingegen lediglich 29,5 Prozent der jungen Männer auf dem Gymnasium vertreten waren. Rund 54 Prozent der Frauen und 70,5 Prozent der Männer besuchten berufliche Schulen. Ein durchgeführter χ^2-Test auf Unabhängigkeit sichert diesen Zusammenhang zwischen Geschlecht und besuchter Schulform inferenzstatistisch ab ($\chi^2_{[1]}$ = 67.04; $p < .001$; $\varphi = .17$).

Als Folge dieser unterschiedlichen Bildungsbeteiligung kann wiederum erwartet werden, dass die insgesamt gefundenen Geschlechtsunterschiede niedriger ausfallen, als dies bei schulformspezifischen Analysen der Fall ist. Die Differenzen über beide

Abbildung IX.1: Geschlechterverteilung in der Kohorte zur mathematisch-naturwissenschaftlichen Grundbildung nach Schulform

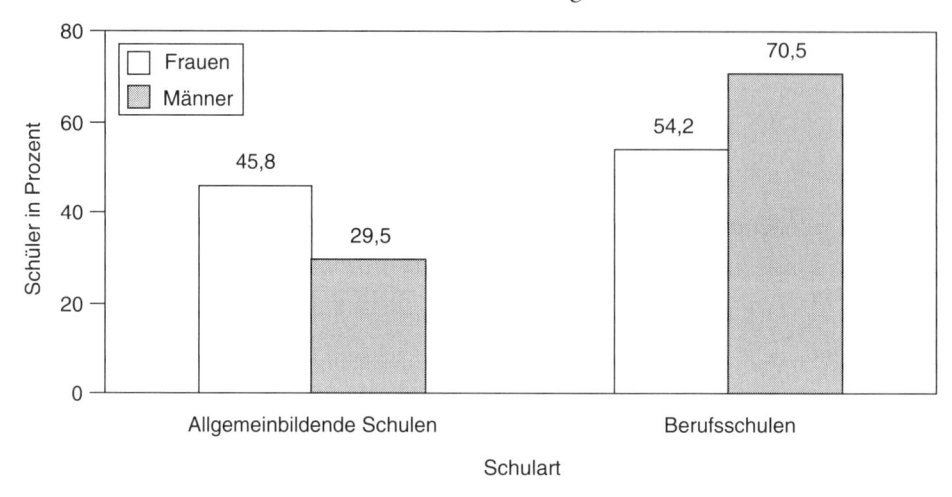

IEA. Third International Mathematics and Science Study. © TIMSS/III-Germany

Schulformen hinweg zeigt die Abbildung IX.2. Es werden die Unterschiede für den Gesamtwert, einen Mathematik- und einen Naturwissenschaftswert berichtet. Zusätzlich zu den Mittelwerten sind die jeweiligen 95-Prozent-Vertrauensintervalle eingetragen. Die entsprechenden Standardfehler wurden durch *Jackknifing* bestimmt. Es ergeben sich in allen drei Maßen Geschlechtsdifferenzen von ungefähr 40 Punkten zu Gunsten der Männer (Gesamtwert: Δ - 40; Mathematik: Λ = 37; Naturwissenschaften: Δ = 38), was zwischen einer drittel und einer halben Standardabweichung liegt[3].

Ein Aufbrechen der Daten nach Schulformen erhöht wie erwartet die Differenzen zwischen Frauen und Männern (vgl. Tab. IX.3). Die Unterschiede für den Gesamtwert und die domänenspezifischen Leistungswerte liegen jetzt bei ungefähr 50 Punkten auf den berufsbildenden und 60 Punkten auf den allgemeinbildenden Schulen, was jeweils mehr als eine halbe Standardabweichung Unterschied ausmacht. Drei mit dem Programm WesVarPC durchgeführte Varianzanalysen, die dem geschachtelten Charakter der Daten durch Korrektur der Standardfehler Rech-

---

[3] Die entsprechenden Standardabweichungen sind für den Gesamtwert SD = 91.7, für die Mathematik SD = 98.1 und für die Naturwissenschaften SD = 92.0.

Abbildung IX.2: Leistungen in der mathematisch-naturwissenschaftlichen Grundbildung nach Geschlecht und Sachgebiet. Dargestellt sind Mittelwerte sowie 95-Prozent-Vertrauensintervalle der jeweiligen Mittelwertschätzungen

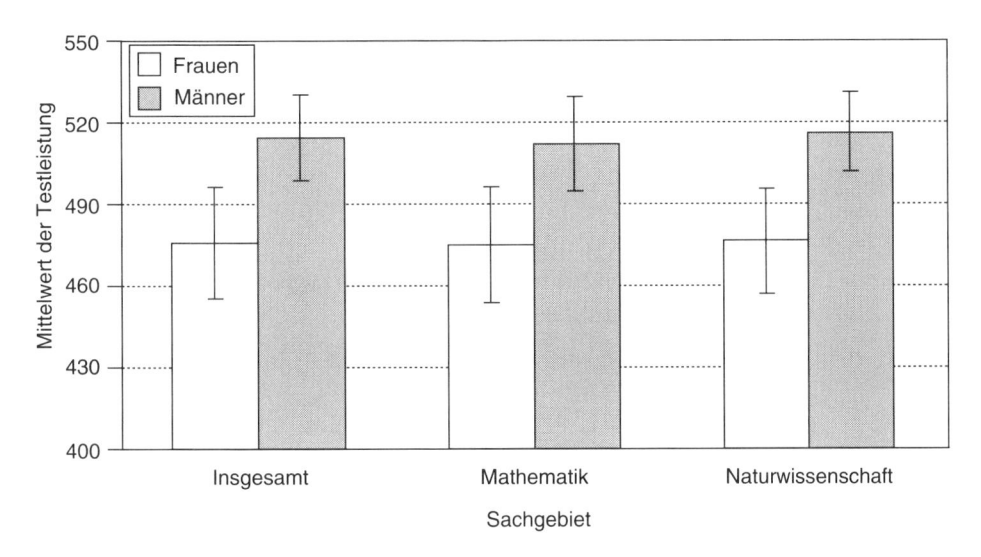

IEA. Third International Mathematics and Science Study. © TIMSS/III-Germany

nung tragen, ergeben auf dem 1,7-Prozent-Niveau (bei α = .05 nach Bonferoni-Adjustierung)[4] signifikante Haupteffekte „Geschlecht" und „Schulform". Der Interaktionseffekt „Geschlecht × Schulform" wird in keiner Analyse signifikant. Setzt man die Befunde zu denen aus der TIMSS-Mittelstufenuntersuchung in Beziehung, so ist im Einklang mit der nationalen und internationalen Literatur ein deutlicher Anstieg erkennbar. In Mathematik fanden sich in der Mittelstufe bei Unterscheidung von Gymnasien und sonstigen Schulformen Geschlechtsdifferenzen von rund d = .14 in Mathematik und d = .27 in den Naturwissenschaften. In der Oberstufe liegen sie auf beiden Schulformen bei d > .50, sodass wir im Falle der Mädchen von einem kumulativen Defizit sprechen können.

---

[4] Da die drei Testmaße untereinander abhängig sind und getrennte Varianzanalysen gerechnet wurden, war die Bonferoni-Adjustierung notwendig. Multivariate Varianzanalysen sind mit dem Programm WesVarPC nicht möglich. Im Übrigen sollte hier erwähnt werden, dass alle Varianzanalysen in WesVarPC als Regressionsanalysen gerechnet wurden, wobei die Interaktionsterme durch Multiplikation der zuvor z-standardisierten Variablen gebildet wurden. Die z-Standardisierung diente zur Reduktion der Multikollinearität (Cronbach, 1987).

Tabelle IX.3: Leistungen im Test zur mathematisch-naturwissenschaftlichen Grundbildung nach Geschlecht und Schulform (Mittelwerte, Standardfehler in Klammern)

		Berufsbildende Schulen	Allgemeinbildende Schulen
Gesamtwert	Frauen	430.3 (13.1)	528.9 (7.3)
	Männer	484.9 (5.9)	589.0 (7.5)
Mathematik	Frauen	432.1 (14.9)	525.1 (7.0)
	Männer	482.6 (6.5)	587.9 (9.5)
Naturwissenschaft	Frauen	428.5 (11.5)	532.7 (7.9)
	Männer	487.3 (5.5)	590.2 (6.4)

In Klammern sind die über *Jackknifing*-Verfahren ermittelten Standardfehler angegeben.
IEA. Third International Mathematics and Science Study. © TIMSS/III-Germany

Kognitive Erklärungsansätze für geschlechtsspezifische Mathematikleistungen (siehe Tab. IX.1) lassen erwarten, dass die Unterschiede in bestimmten Anforderungsbereichen, nämlich bei anspruchsvolleren Problemlöseaufgaben und bei Aufgaben, deren Bearbeitung Raumvorstellungsfähigkeiten erfordert, besonders groß sind. Um dies zu prüfen, haben wir die in Kapitel III des ersten Bandes näher beschriebene Methode der differentiellen Itemanalyse angewandt. Hierbei wird für die gesamte Skala und sodann für jede einzelne Aufgabe geprüft, ob bei Konstanthaltung des allgemeinen mathematischen Leistungsniveaus spezifische Stärken und Schwächen von Frauen bzw. Männern festzustellen sind. Technisch bedeutet dies: Es wird ein Index für die Interaktion von Itembeantwortung (richtig vs. falsch) und Geschlecht berechnet, dessen statistische Signifikanz geprüft werden kann. Für die Skala mathematisches Grundverständnis zeigen die Daten der deutschen Schülerinnen und Schüler, dass diese Interaktion hochsignifikant ist ($\chi^2_{[44]} = 285.67$; $p < .001$). Auf Einzelitem-Ebene weisen 21 der 45 Fälle signifikante Effekte auf ($p < .05$), davon 12 zu Gunsten der Männer und 9 zu Gunsten der Frauen. Berücksichtigt man die Abhängigkeit der inferenzstatistischen Prüfungen durch α-Adjustierung nach Bonferoni, bleiben noch 6 Aufgaben auffällig, davon 4 zu Gunsten der Männer. Wir haben nun die itemspezifischen Effektstärken mit verschiedenen Anforderungsmerkmalen der Aufgaben, wie sie in Kapitel II des ersten Bandes *(Proficiency Scales)* definiert wurden, in Beziehung gesetzt. Entgegen der Erwartung hängt die Stärke des Interaktionseffektes nicht mit dem allgemeinen Anforderungsniveau zusammen, wie es durch unsere vierstufige Niveaueinschätzung oder durch die Zahl der mindestens zu berücksichtigenden quantitativen Größen operationalisiert wird (Korrelationen jeweils mit $p > .05$ nicht von Null unterscheidbar). Es ließen sich auch keine sonstigen Korrelate der Effektstärke identifizieren. Die differentielle Itemanalyse trägt somit zur Erklärung von geschlechtsspezifischen Unterschieden im Bereich der mathematischen Grundbildung weniger bei als zur Erklärung von Stärken und Schwächen einzelner Länderpopulationen (vgl. dazu Kap. III des ersten Bandes).

3. Geschlechtsunterschiede im voruniversitäre Mathematikunterricht

3.1 Geschlechtsspezifisches Kurswahlverhalten und Leistungsniveau

Bei der Analyse von Geschlechtsunterschieden im voruniversitären Mathematik- und Physikunterricht tritt neben dem Phänomen unterschiedlicher Selektionsraten – es gehen deutlich mehr Mädchen als Jungen in die gymnasiale Oberstufe – das Problem der geschlechtsspezifischen Kurswahlen auf. Die Abbildung IX.3 macht dies für die Mathematik deutlich. Mädchen in der Oberstufe besuchen zu 26 Prozent einen Leistungskurs, beinahe 74 Prozent belegen einen Grundkurs, der in gut 11 Prozent nicht einmal bis zum Abitur durchgehalten wird. Dagegen besuchen rund 46 Prozent der Jungen einen Leistungskurs; entsprechend sind rund 54 Prozent im Grundkurs. Diese Geschlechtsunterschiede im Kurswahlverhalten lassen sich durch den χ^2-Test auf Unabhängigkeit gegen den Zufall absichern ($\chi^2_{[2]}$ = 101.7; $p < .001$; $\varphi = .21$).

Die Graphik impliziert, dass es sich bei den Mädchen im Leistungskurs um eine deutlich stärker selegierte Gruppe als bei den Jungen handelt. Dies trifft jedoch lediglich zu, solange man als Referenzgruppe nur die Gymnasiasten und Gymnasiastinnen berücksichtigt. Betrachtet man die gesamte in TIMSS untersuchte Population, so sind es 12,5 Prozent der Mädchen und 13,0 Prozent der Jungen, die einen Leistungskurs in Mathematik besuchen. Bricht man in diesem Sinne die Leistungskursschüler in Mathematik nach dem Geschlecht auf, so ergibt sich ein Verhältnis von 45:55 zu Gunsten der Jungen, deren Gruppe im Leistungskurs demzufolge nur etwas weniger selektiv ist. Anders liegen die Verhältnisse im Grundkurs. Hier finden sich bezogen auf die in TIMSS untersuchte Gesamtpopulation 15 Prozent der Jungen und 35 Prozent der Mädchen.

In den weiteren Analysen werden nur die Schüler und Schülerinnen einbezogen, die zum Testzeitpunkt den Mathematikunterricht besuchten. Die Abbildung IX.4 zeigt die Leistungen im voruniversitären Mathematiktest, getrennt nach Kursniveau und

Abbildung IX.3: Kurswahlen in Mathematik in der gymnasialen Oberstufe nach Geschlecht

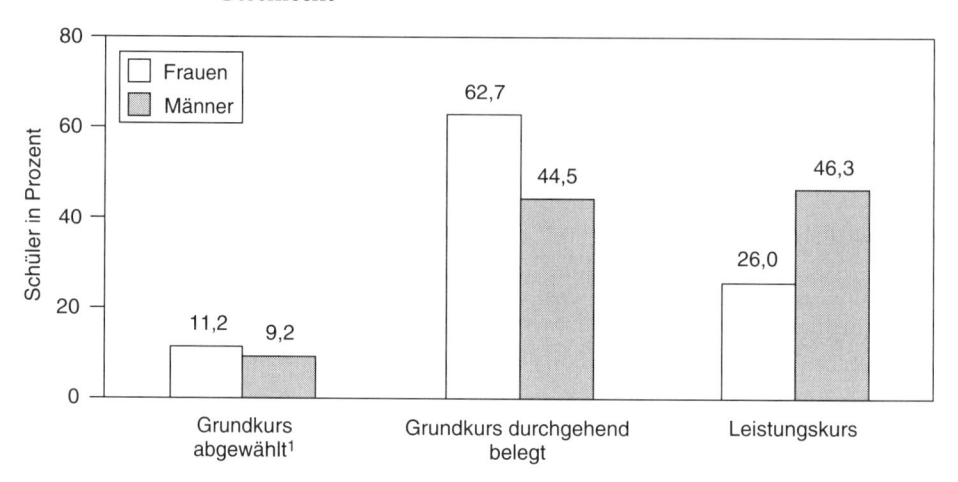

[Balkendiagramm:
- Grundkurs abgewählt[1]: Frauen 11,2; Männer 9,2
- Grundkurs durchgehend belegt: Frauen 62,7; Männer 44,5
- Leistungskurs: Frauen 26,0; Männer 46,3
Y-Achse: Schüler in Prozent]

[1] Die Abwahl in der 13. Jahrgangsstufe war zum Erhebungszeitpunkt noch möglich in: Berlin, Brandenburg, Hamburg, Hessen, Niedersachsen, Nordrhein-Westfalen und Schleswig-Holstein. Die Abwahlquoten schwanken je nach Land zwischen 7 Prozent in Brandenburg und 44 Prozent in Berlin.

IEA. Third International Mathematics and Science Study. © TIMSS/III-Germany

Geschlecht. Zusätzlich sind die 95-Prozent-Vertrauensintervalle der Mittelwerte eingezeichnet, die über *Jackknifing* ermittelt wurden. Es ergibt sich insgesamt eine Differenz zu Gunsten der Männer von etwa 30 Punkten; im Leistungskurs liegt sie bei etwa 25, im Grundkurs bei nur 5 Punkten. Der Unterschied in der Gesamtgruppe entspricht gut einer drittel Standardabweichung.

Varianzanalytische Auswertungen unter Berücksichtigung des hierarchischen Datencharakters mit WesVarPC ergeben bei einem gewählten Signifikanzniveau von 5 Prozent (einseitig) durchgängig, das heißt für alle *Plausible Values,* signifikante Haupteffekte „Geschlecht" und „Kurs". In drei von fünf Analysen wird auch der Interaktionseffekt „Geschlecht × Kurs" signifikant. Nachgeschaltete Einzelvergleiche (t-Tests, $\alpha = .025$) zeigen in diesen Fällen, dass die Geschlechtsdifferenz im Leistungskurs, nicht aber im Grundkurs signifikant ist. Auch in den beiden Fällen, in denen der Interaktionseffekt nicht signifikant wird, zeigen heuristisch durchgeführte Einzelvergleiche (t-Tests, $\alpha = .025$), dass sich der Geschlechtseffekt nur im Leistungskurs statistisch absichern lässt.

Abbildung IX.4: Leistungen in voruniversitärer Mathematik nach Geschlecht und Kursniveau. Dargestellt sind Mittelwerte sowie 95-Prozent-Vertrauensintervalle der jeweiligen Mittelwerte

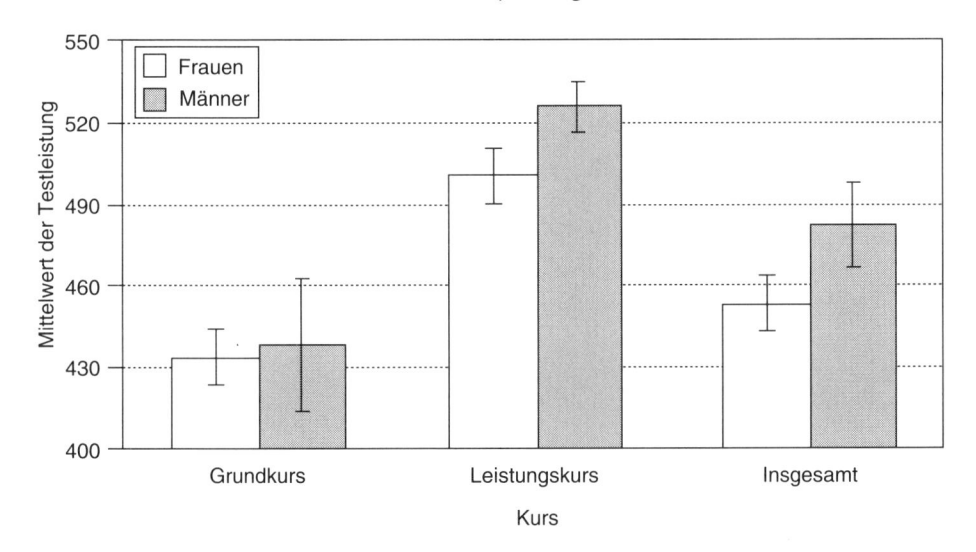

IEA. Third International Mathematics and Science Study. © TIMSS/III-Germany

3.2 Differentielle Befunde zu Sachgebieten und kognitiven Anforderungen

Der Befund fehlender Unterschiede im Grundkurs (vgl. Abb. IX.4) ist erwartungswidrig, und es stellt sich die Frage, inwieweit sich differentielle Befunde bei Aufspaltung des Gesamttests in unterschiedliche Sachgebiete und bei Berücksichtigung verschiedener kognitiver Anforderungen ergeben. Die kognitiven Anforderungen der Aufgaben werden hier auf zwei unterschiedlichen Wegen einbezogen: Zum einen greifen wir auf die im internationalen TIMSS-Design vorgegebene Klassifikation der Aufgaben nach *Performance Expectations* (Verhaltenserwartungen) zurück, die als Teildimensionen der mathematischen Kompetenz verstanden werden können, die sich hinsichtlich der Komplexität der zur Lösung erforderlichen Operationen unterscheiden (vgl. dazu Abschnitt 2.2 in Kap. II). Folgende drei Dimensionen lassen sich auf der Basis hinreichend großer Itemzahlen abgrenzen:
(1) Aufgaben, die die Beherrschung von Routineverfahren erfordern.
(2) Aufgaben, die den Einsatz komplexer Verfahren erfordern.
(3) Anwendungsaufgaben und innermathematische Probleme.

Einen zweiten Weg zur Berücksichtigung von Anforderungsmerkmalen bieten die Experteneinschätzungen, über die ebenfalls in Kapitel II ausführlich berichtet wurde, in Verbindung mit differentiellen Itemanalysen. Die itemspezifischen Parameter, die das Ausmaß des relativen Leistungsvorsprungs von Frauen oder Männern beziffern, können mit den Einschätzungen der Experten zur Bedeutung verschiedener Anforderungsmerkmale korreliert werden.

Hinsichtlich der Verhaltenserwartungen sind basierend auf der internationalen Literatur zu Geschlechtsunterschieden die größten Differenzen in der dritten Dimension zu erwarten, die kleinsten in der ersten. Ob dies für beide Kursniveaus gilt, beantwortet die Tabelle IX.4. Sie zeigt aufgebrochen nach Kursniveau die Geschlechtsdifferenzen in den verschiedenen Sachgebieten und Verhaltenserwartungen. Da für die verschiedenen kognitiven Anforderungsdimensionen keine Werte auf internationaler Metrik vorliegen, wurden von uns nationale Werte bestimmt, die auf einem Maßstab mit $M = 100$ und $SD = 30$ in der ungewichteten Stichprobe liegen.

Trotz der früher berichteten hohen Korrelationen zwischen den verschiedenen Sachgebieten und kognitiven Anforderungsdimensionen (vgl. Kap. II) ergeben sich be-

Tabelle IX.4: Leistungen in voruniversitärer Mathematik bei verschiedenen Sachgebieten und Verhaltenserwartungen nach Geschlecht und Kursniveau (Mittelwerte, Standardfehler in Klammern)

Sachgebiete/Verhaltens-erwartung	Grundkurs		Leistungskurs		Ingesamt	
	Frauen	Männer	Frauen	Männer	Frauen	Männer
Zahlen, Gleichungen und Funktionen	423.5 (4.9)	433.5 (11.1)	486.6 (4.8)	510.5 (5.1)	442.2 (4.8)	472.6 (7.3)
Analysis	421.4 (4.5)	424.7 (9.3)	489.6 (4.7)	512.0 (5.3)	441.6 (4.5)	469.0 (6.8)
Geometrie	460.2 (5.6)	461.9 (11.8)	520.2 (4.6)	525.3 (4.0)	478.0 (5.2)	495.4 (8.0)
Routineverfahren[1]	93.1 (1.7)	89.7 (3.9)	118.9 (2.2)	122.5 (1.7)	100.8 (1.9)	106.4 (2.6)
Komplexe Verfahren[1]	92.5 (1.8)	96.8 (4.3)	113.2 (1.9)	123.4 (1.3)	98.6 (1.8)	110.3 (2.6)
Anwenden/Problemlösen	93.5 (1.8)	96.2 (5.4)	114.6 (2.2)	124.3 (1.5)	99.7 (1.9)	110.5 (3.2)

[1] Nationale Metrik ($M = 100$, $SD = 30$ in der ungewichteten Stichprobe).
IEA. Third International Mathematics and Science Study. © TIMSS/III-Germany

merkenswerte Differenzen in den jeweilgen Befunden. Zwar zeigen sich Geschlechtsdifferenzen zu Gunsten der Männer in allen Sachgebieten, die Höhe der Unterschiede schwankt allerdings zwischen rund 17 Punkten in Geometrie und 30 Punkten bei Zahlen, Gleichungen und Funktionen.

Innerhalb der beiden Kursniveaus sind die Geschlechtsunterschiede in Geometrie trivial. Die entsprechenden zweifaktoriellen Varianzanalysen ergeben weder signifikante Geschlechtsunterschiede noch bedeutsame Interaktionen „Geschlecht × Kursniveau" (alle $ps(1s) > .05$). Das Fehlen der Unterschiede im Stoffgebiet Geometrie deckt sich mit den Reanalysen der TIMSS-Daten aus der Mittelstufe, wo sich allein bei Geometrieaufgaben keine Geschlechtsdifferenzen zeigten (Hosenfeld, Köller & Baumert, 1999). Ebenfalls im Einklang mit den Mittelstufenbefunden sind die vergleichsweise starken Unterschiede im Bereich Zahlen, Gleichungen und Funktionen. Im Bereich der Analysis ergeben sich auch nur bedeutsame Unterschiede in den Leistungskursen; entsprechend wird der Interaktionsterm „Geschlecht × Kursniveau" signifikant ($p(1s) < .05$). Im Bereich der Zahlen, Gleichungen und Funktionen lassen sich die Geschlechtsdifferenzen für beide Kursniveaus absichern. Der Haupteffekt Geschlecht wird für alle *Plausible Values* signifikant (alle $ps(1s) < .05$), während der Interaktionseffekt jeweils insignifikant ist.

Bezüglich der Verhaltenserwartungen ergeben sich ebenfalls differentielle Befunde. Im Einklang mit der internationalen Literatur zeigen sich in der Gesamtstichprobe bei Aufgaben, deren Lösung lediglich Routineverfahren erfordert, die kleinsten Unterschiede (5.5 Punkte) zu Gunsten der Männer, die bei Kontrolle des Kursniveaus durchgängig nicht signifikant sind (alle $ps(1s) > .05$). Ein Aufbrechen nach Kursniveau ergibt im Grundkurs sogar leichte, allerdings triviale Vorteile der Frauen, der Vorsprung der Männer im Leistungskurs ist ebenfalls ohne praktische Bedeutung. Der Interaktionseffekt „Geschlecht × Kursniveau" wird signifikant ($p < .05$), ist aber praktisch unbedeutend. Deutlichere Unterschiede von mehr als 10 Punkten zu Gunsten der Männer zeigen sich in den beiden anderen Anforderungsdimensionen, wobei ein Aufbrechen nach Kursniveau Hinweise darauf ergibt, dass die Unterschiede im Leistungskurs tendenziell größer als im Grundkurs sind, ohne dass der entsprechende Interaktionseffekt „Geschlecht × Kursniveau" zufallskritisch abgesichert werden konnte.

Dass der Leistungsvorsprung der Männer bei komplexeren Aufgaben besonders groß ist, wird auch durch die differentiellen Itemanalysen gestützt. Der Index für die Effektstärke der Interaktion zwischen Geschlecht und Bearbeitungsergebnis korreliert signifikant mit dem Schwierigkeitsparameter aus der Rasch-Analyse ($r = .32$; $p(2s) < .01$) und mit dem Merkmal „Offenheit der Fragestellung", bei dem *Multiple*

Choice-Aufgaben (codiert mit 0) von offenen Antwortformaten (codiert mit 1) unterschieden werden ($r = .31$; $p(2s) < .05$). Besonders niedrig ist der männliche Leistungsvorsprung hingegen, wenn Lerninhalte angesprochen sind, die zum Kern des Mathematikcurriculums gehören. Vertreter der Landesinstitute und die Fachleiter der an TIMSS beteiligten Schulen waren gebeten worden, zu den TIMSS-Aufgaben anzugeben, ob der entsprechende mathematische Lerninhalt im Lehrplan enthalten ist oder tatsächlich vor Ort unterrichtet wird. Je häufiger dies bejaht wurde, desto niedriger ist der Leistungsvorsprung der Männer ($r = -.31$ bzw. $r = -.35$; jeweils $p(2s) < .05$). Offenbar gelingt es den Frauen relativ gut, ihnen vertraute Aufgaben zu lösen.

Fasst man diese Zusatzanalysen zusammen, so zeigt sich, dass die Geschlechtsunterschiede in Mathematik sehr stark durch Aufgaben aus dem Gebiet Zahlen, Gleichungen und Funktionen hervorgerufen sind. Aufgaben mit komplexeren Anforderungen, Fragen zu selten behandelten Lerninhalten, Problemlöseaufgaben oder Aufgaben, die nur auf hohem Kompetenzniveau gelöst werden können, vergrößern die Geschlechtsunterschiede.

3.3 Motivationale Variablen: Mediatoren des Geschlechtseffekts in den Mathematikleistungen?

In der Einleitung wurde auf die mögliche vermittelnde Rolle von motivationalen Variablen für den Geschlechtseffekt hingewiesen. Faktoren wie höhere Prüfungsängstlichkeit, ein niedrigeres Fähigkeitsselbstkonzept und ein geringeres Interesse auf Seiten der Mädchen könnten zum Teil die geringeren Leistungen von Mädchen in Mathematik erklären (Chipman, Krantz & Silver, 1992; Wigfield & Eccles, 1992). Inwieweit dieser motivationale Vermittlungsprozess (vgl. Abb. IX.5) auf die TIMSS-Population zutrifft, sollen nachfolgende Auswertungen zeigen.

Wegen des querschnittlichen Designs von TIMSS haben diese Analysen begrenzte Aussagekraft, da der eigentliche Prozess aufgrund der simultanen Erhebung aller Merkmale nicht modelliert werden kann. Kausalhypothesen, wie sie Abbildung IX.5 impliziert, können daher nicht geprüft werden. Hierzu wären Längsschnittdesigns nötig. Dennoch sollen Regressionsanalysen als Anhaltspunkte vorgestellt werden, in denen zusätzlich zur Geschlechts- und Kursvariable die drei motivationalen Merkmale *Interesse an Mathematik*, *Selbstkonzept der Begabung in Mathematik* und *Prüfungsängstlichkeit in Mathematik* in die Analyse aufgenommen werden. Ausführliche deutschsprachige Beschreibungen dieser Konstrukte mit ihren Wirkmechanismen auf Schulleistungsvariablen findet man bei Schnabel (1998) für Leistungsangst, bei Helmke (1992b) für Fähigkeitsselbstkonzepte und bei Schiefele (1996) für Interesse.

Abbildung IX.5: Motivation als vermittelnde Variable zwischen Geschlecht und Leistung in Mathematik

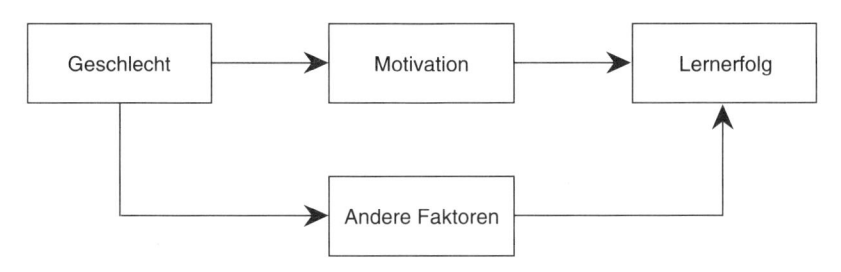

```
┌───────────┐      ┌───────────┐      ┌───────────┐
│ Geschlecht│─────▶│ Motivation│─────▶│ Lernerfolg│
└─────┬─────┘      └───────────┘      └─────▲─────┘
      │                                      │
      │            ┌───────────┐             │
      └───────────▶│Andere Faktoren├─────────┘
                   └───────────┘
```

IEA. Third International Mathematics and Science Study.   © TIMSS/III-Germany

Das Fähigkeitsselbstkonzept stellt im eigentlichen Sinne keine motivationale Variable dar, kann aber als wichtige Antezedenz leistungs- oder lernmotivierten Handels verstanden werden (Marsh, 1990; Helmke, 1992b). Itembeispiele und statistische Kennwerte der eingesetzten Instrumente zur Erfassung der drei Merkmale sind in Tabelle IX.5 gegeben. Die Items wurden anhand von fünf- (Prüfungsängstlichkeit) bzw. vierstufigen (Interesse und Selbstkonzept) Ratings bewertet. Skalenwerte ergeben sich durch Addition der Itembewertungen mit anschließender linearer Transformation, sodass die Standardabweichung jeweils bei $SD = 10$ und der theoretische Skalenmittelwert bei $M = 50$ liegen. Ein Wert von 50 auf der Interessenskala bedeutet demnach, dass ein mittelhohes Interesse bei einem Schüler bzw. einer Schülerin vorliegt.

Damit Variablen als potentielle Mediatoren überhaupt in Frage kommen, müssen sie zwei Mindestkriterien erfüllen (Pedhazur, 1982). Sie sollen (1) mit der unabhängigen Variable, das heißt in diesem Fall Geschlecht, substantiell zusammenhängen und (2) natürlich auch mit der abhängigen Variable (voruniversitäre Mathematikleistung) kovariieren. In Bezug auf das erste Kriterium zeigt die Tabelle IX.6 für die drei Variablen die Mittelwerte und deren Standardfehler, getrennt nach Geschlecht und Kursniveau. Die inferenzstatistische Absicherung der Mittelwertsunterschiede ($\alpha = .05$) erfolgte wiederum varianzanalytisch.

Keine substantiellen Geschlechtsdifferenzen ergeben sich im Interesse; hier unterscheiden sich lediglich die beiden Kursformen. Die Differenz zwischen beiden Kursniveaus von etwa 8/10 Standardabweichungen sowohl bei Männern als auch bei Frauen zeigt einen starken Effekt an. Der Interaktionseffekt „Geschlecht × Schulform" wird nicht signifikant ($p > .05$).

Tabelle IX.5: Beispielitems und interne Konsistenzen (Cronbachs α) für die Skalen zur Erfassung motivationaler Merkmale

Skala[1]	Beispielitem	Cronbachs α
Sachinteresse an Mathematik (5) (Baumert, Gruehn u.a., 1997)	Wenn ich in Mathematik etwas Neues dazulernen kann, bin ich bereit, auch Freizeit dafür zu verwenden.	.88
Fähigkeitsselbstkonzept in Mathematik (4) (Hopf, 1980; Jerusalem, 1984)	Kein Mensch kann alles. – Für Mathe habe ich einfach keine Begabung.	.92
Testangst in Mathematik (6) (Helmke, 1992b)	*Itemstamm:* Denken Sie mal bitte an die letzte Klausur in Mathematik: Was kam da bei Ihnen vor? *Item:* Meine Gedanken schweiften von den Aufgaben ab.	.74

[1] In Klammern ist die Zahl der Items pro Skala aufgeführt.
IEA. Third International Mathematics and Science Study.   © TIMSS/III-Germany

Tabelle IX.6: Mittelwerte und Standardfehler (in Klammern) für die motivationalen Skalen im Fach Mathematik (Sachinteresse, Fähigkeitsselbstkonzept, Angst) nach Geschlecht und Kursniveau

Motivationale Merkmale	Grundkurs		Leistungskurs	
	Frauen	Männer	Frauen	Männer
Sachinteresse	44.4 (.45)	43.3 (.57)	52.5 (.45)	51.6 (.50)
Selbstkonzept	50.8 (.45)	52.6 (.59)	57.4 (.42)	59.4 (.45)
Angst	37.8 (.42)	40.0 (.56)	35.0 (.63)	36.7 (.60)

IEA. Third International Mathematics and Science Study.   © TIMSS/III-Germany

Die Unterschiede in der selbst berichteten Prüfungsangst fallen insgesamt klein aus. Der signifikante Haupteffekt „Geschlecht" bei ausbleibender Interaktion „Geschlecht × Kursniveau" zeigt, dass Männer in beiden Kursformen höhere Angstwerte als Frauen haben, wobei diese Differenz in der Größenordnung von 0.2 Standardabweichungen gering ist. Die ebenfalls signifikante Differenz zwischen Grund- und Leistungskursschülern und -schülerinnen liegt in einer Größenordnung von einer drittel Standardabweichung.

Wie bei der Angst ergeben sich im mathematischen Fähigkeitsselbstkonzept signifikante Geschlechtsdifferenzen in einer Größenordnung von 0.2 Standardabweichungen, allerdings zu Gunsten der Männer. Deutlich, wie schon beim Interesse, sind die hochsignifikanten Unterschiede zwischen den Kursen, die bei etwa 0.7 Standardabweichungen liegen, was ebenfalls einem großen Effekt entspricht. Der Interaktionseffekt „Geschlecht × Kursniveau" wird wie schon beim Interesse und der Testangst nicht signifikant ($p > .05$).

Hinsichtlich der zweiten Anforderung an Mediatoren wurden Produkt-Moment-Korrelationen zwischen den drei motivationalen Merkmalen und der Gesamttestleistung in voruniversitärer Mathematik berechnet. Es ergaben sich Korrelationen von $r = -.32$ ($p < .001$) zwischen Angst und Leistung, $r = .50$ ($p < .001$) zwischen Interesse und Leistung und $r = .57$ ($p < .001$) zwischen Selbstkonzept und Leistung, die durchgängig über Befunden aus Metaanalysen liegen (vgl. Hansford & Hattie, 1982; Seipp, 1990; Schiefele, Krapp & Winteler, 1992).

Zusammenfassend sind die Befunde in zweierlei Hinsicht bemerkenswert: Erstens ergeben sich im Widerspruch zur einschlägigen Literatur (Chipman, Krantz & Silver, 1992; Wigfield & Eccles, 1992) bei Kontrolle des Kursniveaus nur kleine Unterschiede zwischen Frauen und Männern, die zudem im Falle der Angst sogar erwartungswidrig sind. Offensichtlich gelingt es dem Lehrpersonal im Mathematikunterricht der gymnasialen Oberstufe, junge Frauen gleichermaßen zu motivieren. Zweitens sind die Zusammenhänge zur voruniversitären Mathematikleistung überraschend hoch. Hier scheint die gymnasiale Oberstufe mit ihrem Kurswahlsystem bei Männern und Frauen das Bewusstsein für die eigenen Interessen und Stärken zu schärfen.

Für die folgende Mediatorenanalysen kann aufgrund der Befunde erwartet werden, dass sich bei Einbeziehung der drei motivationalen Merkmale die Geschlechtsdifferenzen kaum, die Kursniveaudifferenzen aber substantiell reduzieren. Genau dies zeigen die regressionsanalytischen Befunde in Tabelle IX.7. Dort sind für die abhängige Variable voruniversitäre Mathematikleistung unstandardisierte Regressionsgewichte für Geschlecht und Kursniveau bei (1) Ausschaltung und (2) Berücksichtigung der motivationalen Variablen dargestellt. Frauen wurden mit 0 codiert, Männer mit 1, die Kursvariable wurde ebenfalls mit 0 (Grundkurs) und 1 (Leistungskurs) codiert. Der Interaktionsterm „Geschlecht × Kursniveau" ergibt sich einfach als Produkt dieser beiden Variablen nach deren z-Standardisierung[5].

Man kann die unstandardisierten Regressionsgewichte, zum Beispiel für die Variable Geschlecht, wie folgt interpretieren: Bei Konstanthaltung von Kursniveau, Interesse, Angst und Selbstkonzept beträgt der Leistungsvorsprung der Jungen 15.4 Punkte.

---

[5] Die Standardisierung ist hierbei wiederum zur Reduzierung der Multikollinearität nötig (vgl. Cronbach, 1987).

Tabelle IX.7: Ergebnisse von Regressionsanalysen mit dem Kriterium voruniversitäre Mathematikleistung (unstandardisierte Regressionsgewichte)

Prädiktor	Regressionsgewicht bei Ausschluss der Motivationsmaße	Regressionsgewicht bei Berücksichtigung der Motivationsmaße
Geschlecht	12.6*	15.4***
Kurs	74.3***	41.5***
Geschlecht × Kurs	4.8*	2.5
Angst		–0.6**
Interesse		1.3***
Selbstkonzept		2.7***
R^2	.21	.41

* $p < .05$, ** $p < .01$, *** $p < .001$.
IEA. Third International Mathematics and Science Study.   © TIMSS/III-Germany

Werden die motivationalen Merkmale nicht berücksichtigt, beträgt die Differenz zu Gunsten der Jungen 12.6 Punkte, oder: Hält man alle übrigen Variablen konstant, so führt eine Steigerung im Selbstkonzept um eine halbe Standardabweichung (5 Punkte) zu einem Anstieg der Mathematikleistung um 13.5 Punkte. Die inferenzstatistische Absicherung der Regressionsgewichte gegen Null erfolgte erneut mit dem Programm WesVarPC, das dem hierarchischen Charakter der Daten durch Korrektur der Standardfehler Rechnung trägt.

Die Befunde in Tabelle IX.7 sind bemerkenswert: Die Geschlechtsdifferenzen werden durch die eingeführten motivationalen Variablen nicht etwa reduziert, sondern sogar leicht verstärkt. Der ehemals signifikante Interaktionseffekt „Geschlecht × Kursniveau", wonach Geschlechtsdifferenzen nur im Leistungskurs bedeutsam waren, verschwindet. Man kann diesen Effekt vorsichtig dahin gehend interpretieren, dass die fehlenden Geschlechtsunterschiede im Grundkurs durch ungünstigere motivationale Dispositionen auf Seiten der Männer bedingt sind. Bei Konstanthaltung aller motivationalen Parameter sind die Geschlechtsunterschiede im Grund- und Leistungskurs vorhanden. Wie schon oben argumentiert, gelingt es dem Mathematikunterricht der Oberstufe offenbar, fachspezifische Motivationsprobleme gerade auf Seiten der jungen Frauen zu beseitigen.

Deutlich mediierende Wirkung haben die berücksichtigten Variablen hinsichtlich des Zusammenhangs zwischen Leistung und Kursniveau. Das Regressionsgewicht des Kursniveaus halbiert sich beinahe. Bei gleichem motivationalen Status und Geschlecht liegt die Differenz zwischen Grund- und Leistungskurs nur bei

41.5 Punkten (an Stelle von 74.3 Punkten). Das größere Interesse, die geringere Angst und das höhere Fähigkeitsselbstkonzept von Leistungskursschülern verstärken ergänzend zur höheren Stundenzahl den Leistungsunterschied. Inwieweit diese Befunde bei Berücksichtigung von Vorwissensindikatoren stabil bleiben, ist eine offene Frage, die wegen des querschnittlichen Charakters der Studie hier nicht zu beantworten ist. Erste Analysen von Daten aus der Kohorten-Längsschnittstudie *Bildungsprozesse und psychosoziale Entwicklung im Jugendalter (BIJU)*, die am Max-Planck-Institut für Bildungsforschung durchgeführt wird, zeigen für Mathematik, dass wenigstens Interesse und das Fähigkeitsselbstkonzept bei Kontrolle des Vorwissens bedeutende Mediatoren sind[6].

Erwähnenswert ist schließlich, dass von den drei motivationalen Merkmalen das Selbstkonzept der Begabung (R^2_{Change} = .18) den stärksten Zusammenhang mit der Leistung aufweist, gefolgt vom Interesse (R^2_{Change} = .11) und der Angst (R^2_{Change} = .07)[7].

4. Geschlechtsunterschiede im voruniversitären Physikunterricht

4.1 Geschlechtsspezifisches Kurswahlverhalten und Leistungsniveaus

Analog zum Vorgehen bei der voruniversitären Mathematik wurde im ersten Schritt das Kurswahlverhalten der Männer und Frauen in der gymnasialen Oberstufe analysiert. Abbildung IX.6 zeigt die entsprechenden Befunde. Es ergeben sich die erwarteten dramatischen Unterschiede. Beinahe 72 Prozent der Frauen auf dem Gymnasium wählen nach Eintritt in die Oberstufe Physik gänzlich ab, rund 24 Prozent entscheiden sich für einen Grundkurs, der allerdings auch noch wieder von 9 Prozent im Laufe der Oberstufe abgewählt wird, und nur 4 Prozent entscheiden sich für einen Leistungskurs. Bei den jungen Männern sind es 39 Prozent, die Physik bereits bei Eintritt in die Oberstufe abgeben, rund 39 Prozent wählen einen Grundkurs und immerhin 22 Prozent einen Leistungskurs. Ein χ^2-Test auf Unabhängigkeit sichert diese Unterschiede zwischen Frauen und Männern im Kurswahlverhalten gegen den Zufall ab ($\chi^2_{[3]}$ = 209.2; p < .001; φ = .36).

---

[6] Ausführliche Darstellungen der Studie mit ihrer Anlage finden sich bei Köller (1998), Schnabel (1998) und Gruehn (2000).
[7] R^2_{Change} meint hier den zusätzlich erklärten Varianzanteil, wenn ergänzend zu Geschlecht, Kursniveau und deren Interaktion noch die jeweilige motivationale Variable als Prädiktor eingeführt wird.

Abbildung IX.6: Physik-Kurswahlverhalten in der gymnasialen Oberstufe nach Geschlecht

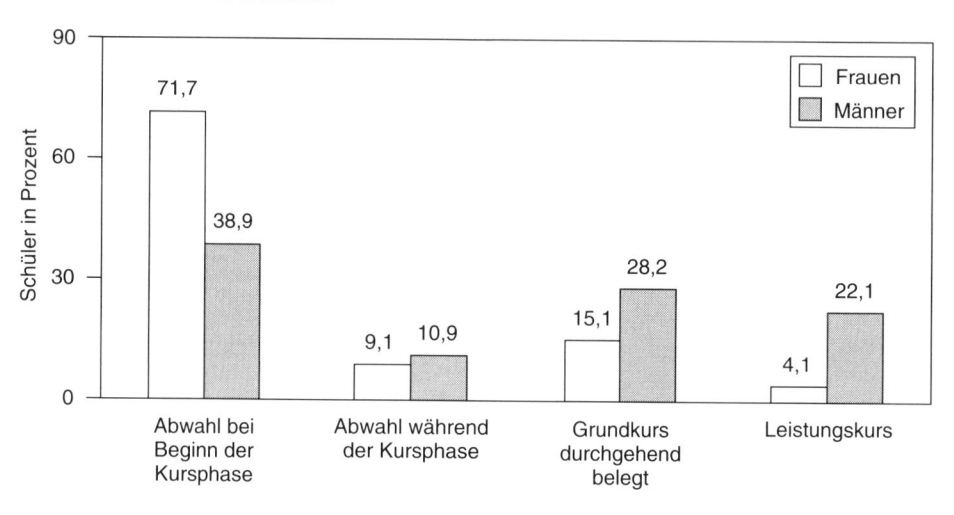

```
                                                              □ Frauen
                                                              ▨ Männer
  71,7
                                              28,2
         38,9                                                        22,1
                        9,1  10,9      15,1
                                                              4,1

Abwahl bei      Abwahl während    Grundkurs         Leistungskurs
Beginn der      der Kursphase     durchgehend
Kursphase                         belegt
```

IEA. Third International Mathematics and Science Study. © TIMSS/III-Germany

Bezogen auf die gesamte, in TIMSS untersuchte Population der Sekundarstufe II ergibt sich, dass 6,2 Prozent der Männer einen Physik-Leistungskurs zum Testzeitpunkt hatten und nur 1,9 Prozent der Frauen. Einen Grundkurs hatten noch 7,9 Prozent der Männer und 7,2 Prozent der Frauen gewählt. Insgesamt ist demnach die Stichprobe der Frauen, die Tests zur voruniversitären Physik bearbeitet haben, deutlich stärker selegiert. Eine interessante Analyse ist der Vergleich der Physikleistungen der besten Frauen und Männer am Ende der 10. Jahrgangsstufe vor dem Eintritt in die gymnasiale Oberstufe. Die bereits erwähnte BIJU-Studie erlaubt diesen Vergleich, da dort zumindest in vier Bundesländern Physikleistungen von Mädchen und Jungen am Ende der 10. Klasse erhoben wurden. Unter der Annahme, dass die Leistung am Ende von Klasse 10 eine zentrale Determinante der Leistungskurswahl ist, kann man erwarten, dass die 6,2 Prozent Jungen und 1,9 Prozent Mädchen, die einen Leistungskurs wählen, auch die Jahrgangsbesten sind. Die Leistung der Jungen beim Prozentrang 93.8, also die Physikleistung, oberhalb derer nur noch 6,2 Prozent der Jungen eines Jahrgangs liegen, entspricht in der BIJU-Studie exakt der Leistung beim Prozentrang 98.1 in der Mädchenverteilung. Dies bedeutet, dass die 6,2 Prozent Jungen im Physik-Leistungskurs auf einem vergleichbaren Leistungsniveau starten wie die 1,9 Prozent Mädchen. Sofern der Physikunterricht der gymnasialen Oberstufe junge Frauen und Männer gleichermaßen fördert, sollte man zumindest im Leistungskurs keine Geschlechtsdifferenzen erwarten.

Abbildung IX.7: Physikleistungen nach Geschlecht und Kursniveau (Mittelwerte und 95-Prozent-Vertrauensintervalle)

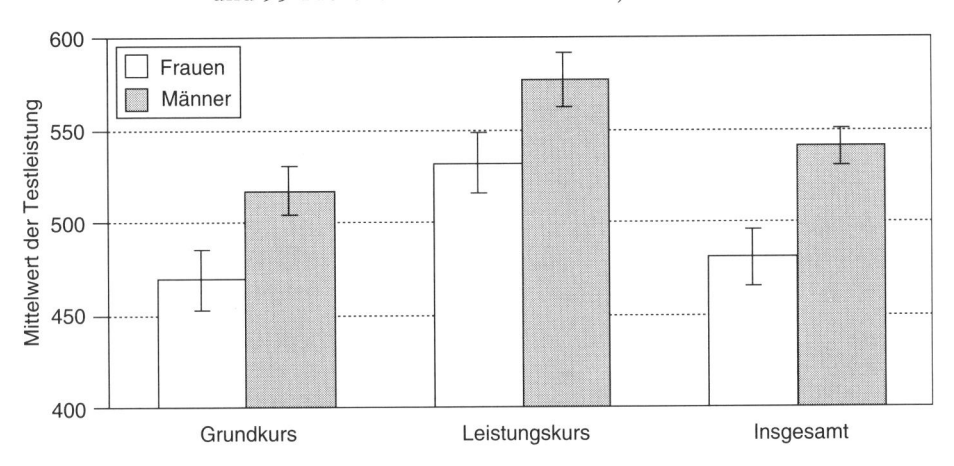

IEA. Third International Mathematics and Science Study. © TIMSS/III-Germany

Die tatsächlichen Unterschiede zwischen Frauen und Männern in den Physikleistungen am Ende der Oberstufe zeigt die Abbildung IX.7. Dort sind die mittleren Leistungen von Frauen und Männern dargestellt. Es ergibt sich insgesamt eine Differenz von knapp 60 Punkten (bei einer Standardabweichung von $SD = 85.7$) zu Gunsten der Männer. Im Grundkurs beträgt die Differenz etwa 48 Punkte, im Leistungskurs rund 45 Punkte. Dass die Unterschiede in der Gesamtgruppe größer als in den beiden Kursniveaus sind, erklärt sich durch die höhere Anzahl von Jungen im Leistungskurs. Eine zweifaktorielle Varianzanalyse ergibt für alle fünf *Plausible Values* signifikante Haupteffekte „Geschlecht" und „Kursniveau" bei durchgängig unbedeutsamen Interaktionseffekten (alle $ps > .05$). Bemerkenswert ist dabei, dass die Gruppe der Leistungskursschülerinnen im Mittel lediglich 14 Punkte mehr erreicht als die Männer, die einen Grundkurs besuchen. Diese Differenz lässt sich im paarweisen Vergleich (t-Test, $\alpha = .05$) nicht mehr gegen den Zufall absichern. Die Unterschiede zwischen Leistungskursschülerinnen und -schülern sind umso bemerkenswerter, als die oben aus der BIJU-Studie berichteten Befunde vermuten lassen, dass beide Gruppen mit einem vergleichbaren Leistungsniveau in der Oberstufe starten, sich dann aber im Laufe von rund zwei Jahren ein Unterschied von einer halben Standardabweichung entwickelt.

4.2 Differentielle Befunde zu Sachgebieten

Im nächsten Schritt wurden analog zum Vorgehen in Mathematik für die Untertests der verschiedenen Sachgebiete zusätzliche Analysen durchgeführt, deren Befunde die Tabelle IX.8 zusammenfasst[8]. Die Leistungskennwerte sind nach Geschlecht und Kursniveau aufgebrochen, und die entsprechenden Standardfehler wurden über *Jackknifing*-Verfahren ermittelt. Es ergeben sich erhebliche Schwankungen in den Differenzen. Für das Gebiet „Wellen und Schwingungen" liegt der Unterschied zu Gunsten der Männer bei 67 Punkten, im Gebiet „Elektrizität und Magnetismus" lediglich bei 34 Punkten. Aber auch dieser kleinere Unterschied lässt sich noch inferenzstatistisch bei Mitberücksichtigung des Kursniveaus gegen Null absichern ($p < .05$). Die Kursniveauvariable wird in allen fünf Gebieten signifikant; es gibt keine signifikanten Interaktionseffekte „Geschlecht × Kursniveau" (alle $ps > .05$).

Für den besonders niedrigen Unterschied im Bereich „Elektrizität und Magnetismus" lassen sich aus der Analyse von spezifischen Aufgabenmerkmalen mögliche Erklärungen nennen: Zunächst ist festzuhalten, dass sich in diesem Bereich über-

Tabelle IX.8: Leistungen in verschiedenen Sachgebieten voruniversitärer Physik nach Geschlecht und Kursniveau (Mittelwerte, Standardfehler in Klammern)

Physikalische Sachgebiete	Grundkurs		Leistungskurs		Insgesamt	
	Frauen	Männer	Frauen	Männer	Frauen	Männer
Elektrizität und Magnetismus	476.1 (7.4)	500.1 (7.0)	537.8 (8.2)	554.0 (7.6)	487.5 (6.9)	521.2 (5.1)
Wärmelehre	449.8 (9.1)	484.0 (6.5)	483.5 (6.5)	530.6 (7.6)	456.0 (8.0)	502.3 (4.8)
Mechanik	451.0 (8.2)	492.7 (5.6)	498.9 (9.3)	540.6 (6.1)	459.9 (7.4)	511.5 (4.9)
Moderne Physik	503.8 (7.3)	536.1 (6.7)	553.1 (9.4)	602.8 (8.8)	513.0 (7.2)	562.3 (5.9)
Wellen und Schwingungen	473.5 (7.9)	528.6 (6.6)	532.3 (13.2)	586.3 (6.6)	484.3 (8.1)	551.2 (5.6)

IEA. Third International Mathematics and Science Study. © TIMSS/III-Germany

---

[8] Auf die Analyse unterschiedlicher kognitiver Anforderungsdimensionen wurde verzichtet, da die international durchgeführte Klassifikation nach Anforderungen keine so eindeutige Definition von Dimensionen zulässt wie in Mathematik.

durchschnittlich viele Items mit sehr hohem Schwierigkeitsgrad zeigen. Der Median der Lokationsparameter (Testscore, bei dem die jeweilige Aufgabe mit 65-prozentiger Wahrscheinlichkeit gelöst wird) ist hier mit 713 deutlich höher als in der Gesamtheit aller Aufgaben zur voruniversitären Physik, wo der entsprechende Wert 680 beträgt; der Median der Schwierigkeitskennwerte im Bereich „Wellen und Schwingungen" ist mit 654 wesentlich niedriger. Auch die Experteneinschätzungen (vgl. hierzu Kap. II) weisen die Items dieses Bereiches als besonders komplex aus; die geschätzte Bedeutung von problemlösendem Denken wie auch die Niveaueinschätzung nach den Einheitlichen Prüfungsanforderungen (EPA) der Kultusministerkonferenz für Abituraufgaben liegen signifikant höher als bei den übrigen Physikaufgaben (t-Tests, $p < .05$).

Hinweise auf geschlechtsspezifische Stärken und Schwächen ergeben auch hier die Experteneinschätzungen zu Anforderungsmerkmalen der Aufgaben (vgl. Kap. II) in Verbindung mit differentiellen Itemanalysen. Der Leistungsvorsprung der Männer (gemessen durch die Effektstärke der Interaktion von Geschlecht und Bearbeitungserfolg) sinkt mit der Bedeutung der Kenntnis physikalischer Größen und Gesetze ($r = -.33$, $p(2s) < .05$), aber er steigt tendenziell, wenn das Verständnis für Alltagskontexte, in die physikalische Fragestellungen eingebettet sind, für die Lösung der Aufgaben relevant wird ($r = .25$, $p(2s) < .10$). Dieser Befund ist erwartungskonform, das heißt, die Stärken der Frauen liegen im Wissen um Begriffe und Gesetzmäßigkeiten, ihre Schwächen hingegen in der Übertragung auf Alltagsbezüge. Diese differentiellen Leistungsprofile könnten auch für den vergleichsweise geringen Leistungsunterschied im Themengebiet Elektrizität und Magnetismus verantwortlich sein. Verglichen mit anderen Themengebieten fallen nämlich die Aufgaben dieser Domäne in den Experteneinschätzungen besonders auf (t-Tests, $p < .001$): Sie erfordern in hohem Maße Begriffs- und Gesetzeskenntnisse, in geringem Ausmaß hingegen Verständnis für Alltagskontexte.

4.3 Eine Mediatorenanalyse zur Deutung der Geschlechtsunterschiede in Physik

Wie im Falle der voruniversitären Mathematik, soll im Folgenden ein Mediatorenmodell geprüft werden, in das wiederum motivationale Variablen (Interesse, Angst und Fähigkeitsselbstkonzept) als potentiell vermittelnde Variablen aufgenommen werden. Ergänzend bietet der TIMSS-Datensatz für Physik auch die Möglichkeit zu überprüfen, inwieweit Geschlechtsdifferenzen in den mathematischen Kenntnissen den Unterschied in Physik wenigstens zum Teil erklären (Gustan & Corazza, 1994). Hierzu existiert im TIMSS-Sample eine Substichprobe von $N = 109$ Schülern und

Schülerinnen, von denen Leistungsdaten für voruniversitäre Physik und Mathematik vorliegen. Den analytischen Gewinn zeigt das Mediatorenmodell in Abbildung IX.8, das explizit potentielle Differenzen in den Mathematikleistungen berücksichtigt.

Die Items zur Erfassung der Prüfungsangst und des Fähigkeitsselbstkonzepts sind analog zu den entsprechenden Items in Mathematik formuliert, wobei das Wort „Mathematik" durch „Physik" ersetzt wird. Die Skala für Prüfungsangst in Physik besitzt eine Reliabilität von $\alpha = .74$; für die entsprechende Selbstkonzeptskala liegt der Wert bei $\alpha = .90$. Ein Itembeispiel der Interessenskala für Physik lautet: „Wenn ich mich mit physikalischen Dingen befasse, kann ich darin richtig versunken sein" (vierstufiges Antwortformat). Die Skala erreicht mit vier Items eine interne Konsistenz von $\alpha = .89$.

Im ersten Schritt wurde wieder geprüft, ob sich die Geschlechter überhaupt bedeutsam in den angenommenen Mediatorvariablen unterscheiden und die Mediatoren substantiell mit der Physikleistung korrelieren. Da von den berücksichtigten Schülern und Schülerinnen lediglich $N = 17$ einen Leistungskurs in Physik besuchten, wurden die Analysen auf den Grundkurs beschränkt, was unproblematisch ist, da die früheren Analysen zur voruniversitären Physik zeigten, dass keine signifikanten Interaktionseffekte „Geschlecht × Kursniveau" bestehen. Die Tabelle IX.9 weist die Geschlechtsdifferenzen in den Mediatorvariablen sowie Korrelationen

Abbildung IX.8: Mediatorenmodell zur Erklärung von Geschlechtsdifferenzen in der voruniversitären Physikleistung

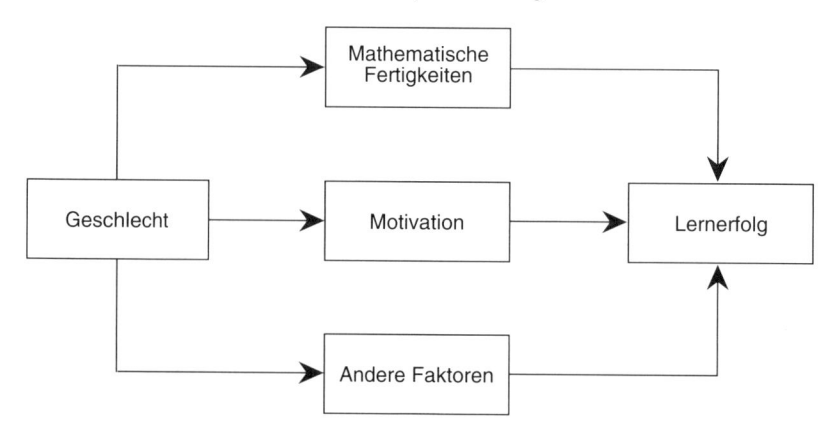

IEA. Third International Mathematics and Science Study. © TIMSS/III-Germany

Tabelle IX.9: Mittelwertsdifferenzen zwischen Männern und Frauen in angenommenen Mediatorvariablen. Zusätzlich sind Produkt-Moment-Korrelationen der Mediatoren mit der Leistung in voruniversitärer Physik aufgeführt

	Korrelation mit der Physikleistung	Frauen	Männer	t
Mathematikleistung	.51***	460.1 (14.2)	474.1 (12.2)	.75
Interesse	.42***	42.9 (1.1)	48.7 (1.3)	3.34***
Selbstkonzept	.51***	53.5 (1.5)	58.4 (1.3)	2.54**
Angst	–.06	31.4 (1.6)	36.9 (1.2)	–2.74**

[1] Cronbachs α als Maß für die interne Konsistenz.
** $p < .01$, *** $p < .001$.
In Klammern Standardfehler.
IEA. Third International Mathematics and Science Study.   © TIMSS/III-Germany

zwischen Mediatoren und Physikleistung aus. Die Metrik der Motivationsvariablen ist wiederum durch eine Standardabweichung von $SD = 10$ und einen Skalenmittelwert von 50 definiert. Die Korrelationen zwischen Interesse bzw. Selbstkonzept auf der einen und Leistung auf der anderen Seite liegen etwas niedriger als in Mathematik, aber dennoch in einem überraschend hohen Bereich. Erwartungswidrig ist die sehr schwache, nicht signifikante Korrelation zwischen Prüfungsangst und Leistung. Die Bedeutung der Mathematikleistung für das Leistungsniveau im Physikunterricht kommt in der Korrelation von $r = .51$ zum Ausdruck. Bei Frauen und Männern ergeben sich keine signifikanten Unterschiede in der Mathematikleistung. Die Prüfungsangst ist bei Männern signifikant größer als bei Frauen ($d = .55$), während Interesse und Selbstkonzept der Begabung bei Männern höher ausgeprägt sind als bei Frauen ($d = .58$ bzw. $d = .49$). Die höhere Prüfungsangst der Männer steht im Widerspruch zur einschlägigen Literatur (z.B. Wigfield & Eccles, 1992).

Nach diesen Befunden kann man für die eigentliche Mediatorenanalyse erwarten, dass die Mathematikleistungen wegen der fehlenden Geschlechtsunterschiede und die Prüfungsangst wegen des fehlenden Zusammenhangs mit den Physikleistungen keine vermittelnde Wirkung haben können. Für die beiden anderen Variablen werden dagegen vermittelnde Effekte vorhergesagt. Im folgenden Schritt werden Befunde hierarchischer Regressionsanalysen mit der Physikleistung als Kriterium berichtet. Nach dem Prädiktor Geschlecht (0 = Frauen, 1 = Männer) wird die Mathematikleistung in die Regressionsgleichung eingeführt, erst danach die drei moti-

Tabelle IX.10: Ergebnisse von Regressionsanalysen mit der voruniversitären Physikleistung als Kriterium (unstandardisierte Regressionsgewichte)[1]

Prädiktor	Regressionsgewicht bei Ausschluss der Mediatoren	Regressionsgewicht bei Berücksichtigung der Mathematikleistung	Regressionsgewicht bei zusätzlicher Berücksichtigung der Motivationsmaße
Geschlecht	41.1**	40.0**	8.2
Mathematikleistung		.38***	.36***
Angst			−0.9
Interesse			2.6**
Selbstkonzept			1.2
R^2	.07	.28	.39

[1] Berücksichtigt sind nur Physik-Grundkursschüler, die auch einen Mathematiktest bearbeitet haben ($N = 86$).
** $p < .01$, *** $p < .001$.
IEA. Third International Mathematics and Science Study.   © TIMSS/III-Germany

vationalen Merkmale. Die Befunde sind in Tabelle IX.10 aufgeführt. Deutlich erkennbar hat die Einführung der Mathematikleistung als eines weiteren Prädiktors zwar einen signifikanten Einfluss auf die Physikleistungen, der Regressionskoeffizient der Geschlechtsvariable bleibt aber praktisch unverändert. Bei gleichem mathematischen Niveau bleibt also die Geschlechtsdifferenz zu Gunsten der Männer bestehen. Erst die Einführung der motivationalen Variablen führt zu einer deutlichen Reduktion des Geschlechtskoeffizienten von $\beta = 40$ auf $\beta = 8.2$, der jetzt nicht mehr signifikant ist. Das Sachinteresse erweist sich dabei mit dem größten und allein signifikanten Regressionsgewicht als zentraler Mediator. Bei gleichem Interesse sind demnach keine Leistungsvorteile der Männer mehr nachweisbar.

Um diese Befunde zu validieren, wurde die Mediatorenanalyse noch einmal mit allen Personen wiederholt, die keinen zusätzlichen Mathematiktest bearbeitet hatten. In dieser Analyse konnte aufgrund der höheren Fallzahlen auch wieder die Kursniveauvariable (Grundkurs = 0 vs. Leistungskurs = 1) als Prädiktor berücksichtigt werden. Die Tabelle IX.11 zeigt die regressionsanalytischen Befunde. Der Interaktionsterm „Geschlecht × Kursniveau" wurde ausgeschlossen, da er sich in früheren Analysen als für die Vorhersage unbedeutend erwiesen hatte. Das Regressionsgewicht der Geschlechtsvariable nimmt nach Einführung der motivationalen Variablen erneut deutlich ab (um gut 20 Punkte), bleibt aber signifikant, sodass man aufgrund dieser Befunde lediglich schließen kann, dass ein Teil der Geschlechtsdifferenzen in voruniversitärer Physik über motivationale Unterschiede zwischen Frauen und Männern erklärt werden kann. Die bedeutendste Mediatorvariable ist wiederum das Interesse.

Tabelle IX.11: Ergebnisse von Regressionsanalysen mit der voruniversitären Physikleistung als Kriterium (unstandardisierte Regressionsgewichte)[1]

Prädiktor	Regressionsgewicht bei Ausschluss der Motivationsmaße	Regressionsgewicht bei Berücksichtigung der Motivationsmaße
Geschlecht	54.6***	33.7***
Kurs	50.2***	29.3***
Angst		–0.8
Interesse		2.6***
Selbstkonzept		1.3*
R^2	.21	.37

[1] Berücksichtigt sind nur Personen ohne fehlende Werte, die keinen zusätzlichen Test zur voruniversitären Mathematik hatten ($N = 586$).

* $p < .05$, *** $p < .001$.

IEA. Third International Mathematics and Science Study. © TIMSS/III-Germany

5. Zusammenfassung und Diskussion

Das Fazit dieses Kapitels könnte etwas verkürzt lauten: Nichts Neues in Mathematik und den Naturwissenschaften. Junge Männer erbringen höhere Leistungen in beiden Domänen. Tabelle IX.12 fasst die deskriptiven Befunde für die mathematisch-naturwissenschaftliche Grundbildung und den Mathematik- und Physikunterricht der gymnasialen Oberstufe noch einmal zusammen. Die Differenzen zwischen beiden Geschlechtern sind in Einheiten der Standardabweichung (Effektstärkenmaß d) angegeben. Von 45 ausgewiesenen Mittelwertsunterschieden ist überhaupt nur ein einziger im Fall der Routineverfahren im Grundkurs der gymnasialen Oberstufe mit $d = -.11$ negativ. Nur hier deutet sich ein leichter Vorteil der Frauen gegenüber den Männern an. Alle übrigen Effekte sind positiv, allerdings mit bemerkenswerten Schwankungen:

♦ Im Mathematikunterricht der gymnasialen Oberstufe sind im Vergleich zum Physikunterricht und zur mathematisch-naturwissenschaftlichen Grundbildung die Geschlechtsunterschiede am geringsten.
♦ Dies gilt insbesondere für die voruniversitären Mathematikleistungen im Grundkurs, in dem die Differenzen praktisch zu vernachlässigen sind.
♦ Bezogen auf die drei Sachgebiete in Mathematik zeigen sich wie schon in TIMSS-Mittelstufenanalysen (Hosenfeld, Köller & Baumert, 1999) in der Geometrie die geringsten Geschlechtsdifferenzen.

Tabelle IX.12: Leistungsunterschiede zwischen Männern und Frauen nach Bildungsbereichen, Sachgebieten und Verhaltenserwartungen (Effektstärkenmaß *d*)

Bildungsbereich/Sachgebiet/Verhaltenserwartung	Berufliches Schulwesen	Gymnasiale Oberstufe		
		Grundkurs	Leistungskurs	Insgesamt
Mathematisch-naturwissenschaftliche Grundbildung	.60[a]			.66
Naturwissenschaftliche Grundbildung	.64[a]			.63
Mathematische Grundbildung	.51[a]			.64
Voruniversitäre Mathematik		.06	.29	.33
Zahlen, Gleichungen und Funktionen		.12	.29	.37
Analysis		.04	.26	.32
Geometrie		.02	.06	.22
Routineverfahren		–.11	.11	.18
Komplexe Verfahren		.14	.32	.37
Anwenden/Problemlösen		.08	.30	.33
Voruniversitäre Physik		.56	.52	.70
Elektrizität und Magnetismus		.30	.20	.42
Wärmelehre		.36	.50	.49
Mechanik		.53	.54	.66
Moderne Physik		.61	.59	.73
Wellen und Schwingungen		.37	.56	.56

[a] Die Effektstärken in der gesamten TIMSS-Population liegen bei $d = .42$ für den Grundbildungs-Gesamtscore, $d = .38$ für mathematische Grundbildung und $d = .43$ für naturwissenschaftliche Grundbildung.

IEA. Third International Mathematics and Science Study. © TIMSS/III-Germany

- Hinsichtlich der kognitiven Anforderungsdimensionen der voruniversitären Mathematikaufgaben ergibt sich im Einklang mit der nationalen und internationalen Literatur (Hyde, Fennema & Lamon, 1990; Klieme, 1997), dass Aufgaben, die lediglich Routineverfahren zu ihrer Lösung erfordern, kleine oder keine Geschlechtsdifferenzen aufweisen.
- Innerhalb der voruniversitären Physik schwanken die Geschlechtsdifferenzen je nach Stoffgebiet beträchtlich: in der Gesamtstichprobe zwischen $d = .42$ für „Elektrizitätslehre und Magnetismus" und $d = .73$ für Gebiete der modernen Physik.

♦ Im Unterschied zur Mathematik liegen die Geschlechtsdifferenzen in den Physikleistungen in Grund- und Leistungskursen in ähnlicher Höhe.

Verblüffend sind die im Vergleich zur voruniversitären Mathematik deutlich größeren Geschlechtsdifferenzen in der mathematischen Grundbildung. Auf dem Gymnasium liegt die Effektstärke bei der Grundbildung mit $d = .64$ annähernd doppelt so hoch wie in der voruniversitären Mathematik ($d = .33$, vgl. Tab. IX.12). Im Gegensatz zu den Aufgaben zur voruniversitären Mathematik beanspruchen die Items zur Grundbildung ausdrücklich keine curriculare Validität. Vielmehr soll hier das im Laufe der Sekundarstufe I erworbene Wissen auf alltagsnahe Problemstellungen übertragen und angewandt werden. Aus der Forschung zum Wissenstransfer ist das Phänomen des „trägen Wissens" (*Inert Knowledge;* vgl. Renkl, 1996) bekannt: Personen verfügen im Prinzip über das zur Lösung notwendige Wissen, erkennen aber nicht, dass es auf die konkrete Aufgabe angewendet werden kann. Gründe für diesen nicht gelingenden Transfer berichtet Renkl (1996). Auf Seiten der jungen Frauen stärker ausgeprägtes träges Wissen könnte eine Erklärung für deren größere Nachteile im Grundbildungstest sein. Im Bereich der voruniversitären Mathematik haben unsere differentiellen Itemanalysen ebenfalls gezeigt, dass unterschiedliche Ausprägungen des trägen Wissens für die Leistungsunterschiede von Bedeutung sind: Der Vorsprung der Männer war bei ungewohnten Aufgabenstellungen größer als bei Aufgaben, die ausführlich in Grund- und Leistungskursen behandelt worden waren.

Weiterhin bemerkenswert ist der Befund, dass in der voruniversitären Mathematik signifikante Unterschiede zu Gunsten der Männer allein im Leistungskurs, nicht aber im Grundkurs auftreten. Zwei mögliche Interpretationen bieten sich an: Zum einen könnte ein Teil der Frauen im Grundkurs durchaus zu Beginn der Oberstufe das Potential für den Leistungskursbesuch gehabt haben, sich aber dennoch aus verschiedenen Gründen (fehlendes Interesse, Geschlechterstereotype und damit verbundene Berufs- oder Studienpläne eher im sprachlichen oder geisteswissenschaftlichen Bereich) für den Grundkurs entschieden haben. Dies steigert natürlich insgesamt die Leistungen der Mädchen im Grundkurs. In die gleiche Richtung geht das Argument, dass es sich bei den Jungen im Grundkurs um eine negative Auslese aus der Jahrgangsgruppe handelt.

In der Mathematik erbrachten die Aufgliederung nach Verhaltenserwartungen (Routineverfahren, komplexe Verfahren und Anwenden/Problemlösen) sowie die differentielle Itemanalyse Befunde, wie sie weitgehend der rezenten Literatur entsprechen (z.B. Hyde, Fennema & Lamon, 1990; Halpern & Wright, 1996; Klieme, 1997), das heißt, die Unterschiede verschwanden bei Aufgaben, die einfache Verfahren zu ihrer Lösung erforderten, während sie bei komplexeren Anforderungen und offenen Fragestellungen zunahmen.

In voruniversitärer Physik ließen sich die Geschlechtsdifferenzen sowohl für den Gesamtwert als auch die verschiedenen Sachgebiete inferenzstatistisch absichern.

Die insgesamt sehr großen Leistungsnachteile der Frauen trotz stärkerer Selbstselektion machen deutlich, dass es dem Physikunterricht der gymnasialen Oberstufe nicht gelingt, Voraussetzungen zu schaffen, die Frauen und Männer zu gleichen Lernerfolgen führen. Dies muss als inakzeptabel gelten, wenn man sich noch einmal die Befunde der BIJU-Studie vergegenwärtigt, nach denen wenigstens die Leistungskursschüler und -schülerinnen mit dem gleichen Vorwissen in die Oberstufe starten.

Die Mediatorenanalysen unter Berücksichtigung motivationaler Variablen und, im Falle der voruniversitären Physik, der Mathematikkenntnisse erbrachten für beide Fächer sehr unterschiedliche Befunde. In der voruniversitären Mathematik zeigten sich eher triviale Unterschiede im Interesse, dem Fähigkeitsselbstkonzept und der Prüfungsangst. Dieser Befund, zusammen mit den unbedeutenden Leistungsunterschieden in den Grundkursen, gibt in der Tat Anlass zu der Hoffnung, dass die Geschlechtsdisparitäten in Mathematik allmählich verschwinden. Ganz anders in Physik. Hier erwies sich insbesondere das Interesse am Fach als zentraler Mediator. In der Literatur zur Erklärung von Geschlechtsdifferenzen im naturwissenschaftlichen Bereich wird oft diskutiert, dass die interessengesteuerte, häufigere außerschulische Beschäftigung der Jungen mit dem Gegenstand die Unterschiede erklären kann (Gustan & Corazza, 1994). Hiermit korrespondieren unsere Befunde, die Interessenvariable scheint in der Tat die Auseinandersetzung mit den Inhalten des Faches Physik zu forcieren. Auch die in differentiellen Itemanalysen belegte Tatsache, dass der Leistungsvorsprung bei Aufgaben mit Alltagsbezügen besonders groß ist, kann als Ergebnis unterschiedlich starker Beschäftigung mit physikalischen Themen außerhalb der Schule gedeutet werden.

X. Studienfachwünsche und Berufsorientierungen in der gymnasialen Oberstufe

Kai Uwe Schnabel und Sabine Gruehn

1. Fragestellung

In diesem Kapitel wird anhand der Befragungsdaten der TIMSS-Oberstufenschüler unter Einbeziehung sowohl von Populationsstatistiken als auch von Befunden aus einer weiteren Längsschnittstudie gezeigt, inwieweit sich die Neigung, nach dem Abitur ein Studium aufzunehmen, durch Aspekte des Schulerfolgs und sozialer Hintergrundmerkmale erklären lässt. Darüber hinaus wird der Zusammenhang von Leistungskurswahlen und dem angestrebten Studienfach analysiert.

Im Unterschied zu denjenigen ihrer Altersgruppe, die mit einem Abgangs-, Haupt- oder Realschulabschluss die allgemeinbildende Schule bereits Jahre zuvor verlassen haben und sich in unterschiedlichen Phasen ihrer Berufsausbildung befinden, steht den Oberstufenschülern der Schritt aus der Vollzeitschule in einen neuen Lebensabschnitt noch bevor. Formal betrachtet eröffnet sich den zukünftigen Abiturienten das maximale Spektrum von Möglichkeiten für den weiteren Ausbildungsweg. Es ist ein im internationalen Vergleich nicht selbstverständliches Privileg, dass mit dem erfolgreichen Abschluss der gymnasialen Oberstufe nicht nur der direkte Übergang an Universitäten und Hochschulen möglich wird, sondern mit der allgemeinen Hochschulreife grundsätzlich auch alle Studiengänge offen stehen. Doch auch für die diversen Ausbildungsgänge im Berufsfachschulwesen und Ausbildungen im dualen System hat das Abitur Qualifikationsfunktion. Insbesondere für vergleichsweise prestigeträchtige Ausbildungsberufe (z.B. Bankkauffrau, Optiker) ist das Abitur wichtiger Wettbewerbsvorteil und mitunter sogar eine de facto-Voraussetzung für den Erhalt einer Lehrstelle. Seitens der Ausbildungsbetriebe wiegt der Vorzug einer erweiterten Grundbildung offensichtlich den Nachteil auf, dass Abiturienten im Durchschnitt zwei bzw. drei Jahre älter sind als Absolventen der Realschule.

Zusammen mit der notorischen Strukturkrise des deutschen Universitätswesens und der angestiegenen Arbeitslosenquote in Akademikerberufen hat diese Entwicklung der letzten 25 Jahre die früher geradezu selbstverständliche Orientierung der Abiturienten auf ein Studium hin relativiert. Während 1972 noch knapp 90 Prozent aller Abiturienten angaben, unmittelbar nach Abschluss der Schule ein Studium aufnehmen zu wollen, fiel dieser Anteil stetig bis 1985 auf einen Anteil von unter 60 Prozent und hat sich danach auf etwa 70 Prozent eingependelt (Arbeitsgruppe Bildungsbericht, 1994). Diese Zahlen geben allerdings weder die tatsächliche Übergangsquote zu den Hochschulen und Universitäten wieder, noch stellen sie eine gute Schätzung desjenigen Abiturientenanteils dar, der längerfristig – zum Beispiel nach Abschluss einer Lehre – ein Studium aufnimmt (vgl. Büchel & Helberger, 1994; Lewin, Minks & Uhde, 1996). Insbesondere im kaufmännischen Bereich ist ein Karriereweg Abitur–Lehre–Studium nicht ungewöhnlich. Man kann diese Entwicklung als einen Verdrängungswettbewerb auf dem Ausbildungsmarkt zum Nachteil der Bildungsabschlüsse unterhalb des Abiturs kritisieren, auch wenn diese Schlussfolgerung nur dann zulässig wäre, wenn der stetig gewachsene Anteil von Abiturienten bezogen auf einen Geburtsjahrgang in die Betrachtung mit einbezogen wird (vgl. Konietzka & Lempert, 1998).

Für die im Folgenden dargestellten Analysen geplanter Bildungswege von Abiturienten wird allerdings ein anderer Blickwinkel gewählt. Wir gehen von einem rationalen Handlungsmodell aus, in dem das Individuum an jeder Weichenstelle Entscheidungen über seinen Bildungsweg fällt, die durch eine mehr oder weniger klare Zielperspektive motiviert sind (vgl. Erikson & Jonsson, 1996). Nicht der erreichte Bildungsabschluss und sein genereller „Tauschwert" auf dem Ausbildungsmarkt wird damit zum Gegenstand der Betrachtung, sondern seine Funktionalität für ein bestimmtes Bildungs- und Berufsziel. Wer früher mit 16 Jahren Bankkaufmann werden wollte, machte einen guten Realschulabschluss und ging danach in die Lehre. Heute kann es für das gleiche Berufsziel sinnvoller sein, mit dem guten Realschulabschluss erst auf die Oberstufe zu wechseln und das Abitur abzulegen. So betrachtet erscheint es für das Verständnis des individuellen Handelns angemessener, von einem veränderten Bildungsweg zum Bankkaufmann zu sprechen als von der Entwertung des Realschulabschlusses.

Die Analyse von Bildungswegen lässt sich auch für die Analyse des Bildungsverlaufs der großen Mehrheit der Oberstufenschüler nutzen, die planen, unmittelbar nach dem Abitur ein Studium zu beginnen. Auch für sie lässt sich fragen, inwieweit sie im Rahmen der Freiräume, die das Kurswahlsystem hierfür bietet, zielgerichtet auf ein bestimmtes Studium hin ihre Kurse auswählen. Diese Betrachtung ist sicher vereinfacht, weil es ebenso plausibel ist anzunehmen, dass Jugendliche umgekehrt erst aufgrund der intensiven Beschäftigung mit einem Fach im Leistungskurs die Aufnahme eines korrespondierenden Fachstudiums erwägen. Genau um diese Frage, nämlich der Einschätzung der tatsächlich zu Grunde liegenden Handlungs- und Entscheidungskalküle von Oberstufenschülern, soll es im Weiteren gehen. Alle drei hier aufgezeigten Bildungswege, (a) die Nutzung der Oberstufe als Vorbereitung auf eine Berufsausbildung, (b) die Oberstufe als zielgerichtetes Propädeutikum für eine akademische Ausbildung und (c) die Oberstufe als Berufswahlorientierung, sollen anhand der TIMSS-Daten – ergänzt durch Längsschnittbefunde aus der BIJU-Studie – genauer analysiert werden.

2. Studium nach dem Abitur?

In TIMSS/III-Germany wurden die Schüler im Abschlussjahrgang gefragt, ob sie generell erwägen, nach dem Abitur irgendwann einmal zu studieren bzw. welche Alternativen sie zurzeit in Betracht ziehen. Die folgenden Analysen beziehen sich auf eine Stichprobe von $N = 3.553$ Schülern der gymnasialen Oberstufe (Gymnasium und Gesamtschule), für die detaillierte Informationen über ihre Bildungsplanung und -motive sowie die damit verknüpften Erwartungen vorliegen. Besonderer Wert wurde darauf gelegt, nicht nur Informationen über den unmittelbar nächsten Schritt nach dem Abitur zu gewinnen oder zum beruflichen Fernziel, sondern auch über mittelfristige, eventuell noch vage Etappenziele Aufschluss zu erhalten.

85 Prozent der Befragten insgesamt geben an, möglicherweise oder sicher ein Studium aufnehmen zu wollen, unabhängig davon, ob sie unmittelbar nach Abschluss der Schule zuvor etwas anderes machen wollen. Dass dies eine recht zuverlässige Schätzung für die tatsächlichen Bildungsbiographien dieser Abiturientengeneration ist, macht ein Blick in die amtliche Bildungsstatistik deutlich. Abbildung X.1 gibt pro Abschlussjahr den Anteil derjenigen Abiturienten aus den alten Bundesländern wieder, die bis zum Berichtsjahr 1997 ein Studium aufgenommen haben. Da es sich um eine zeitkumulative Betrachtung handelt, endet die Graphik bereits für den Abschlussjahrgang 1990, weil auch fünf und mehr Jahre nach dem Abitur noch eine beachtliche Anzahl (5–7 %) Spätentschlossener hinzukommen, sich die Prozentwerte daher für die jüngsten Jahrgänge notwendigerweise noch erhöhen werden. Je weiter hingegen das Abschlussjahr zurückliegt, desto „gesättigter" ist das Bild; es werden sich kaum noch Veränderungen ergeben, weil die Erstaufnahme eines Studiums zehn oder mehr Jahre nach dem Abitur extrem selten ist. Wie man erkennt, ist der rückläufige Trend in den Übergangsquoten, den man für die Abiturientenjahrgänge Anfang der 1980er Jahre erkennt, seit etwa 1985 gebrochen; der Wiederanstieg des Prozentsatzes für die jüngeren Abschlussjahrgänge ist deutlich zu erkennen, obwohl gerade hier die Daten die noch geringste Sättigung haben, die Anteile also noch etwas ansteigen werden. Unter Zuhilfenahme der Zahlen früherer Jahrgänge lässt sich in etwa abschätzen, dass die Übergangsquote für den Abiturjahrgang 1990 noch um etwa 5 Prozent auf dann 85 Prozent ansteigen dürfte, was den Quoten Anfang der 1980er Jahre recht nahe kommt. Wie die Abbildung ebenfalls deutlich macht, ergibt sich ein auf den ersten Blick vom Konjunkturverlauf unabhängiger Geschlechter-

Abbildung X.1: Entwicklung der Übergangsquote[1] von der Schule zur Hochschule (1980–1990) insgesamt und getrennt nach Geschlecht

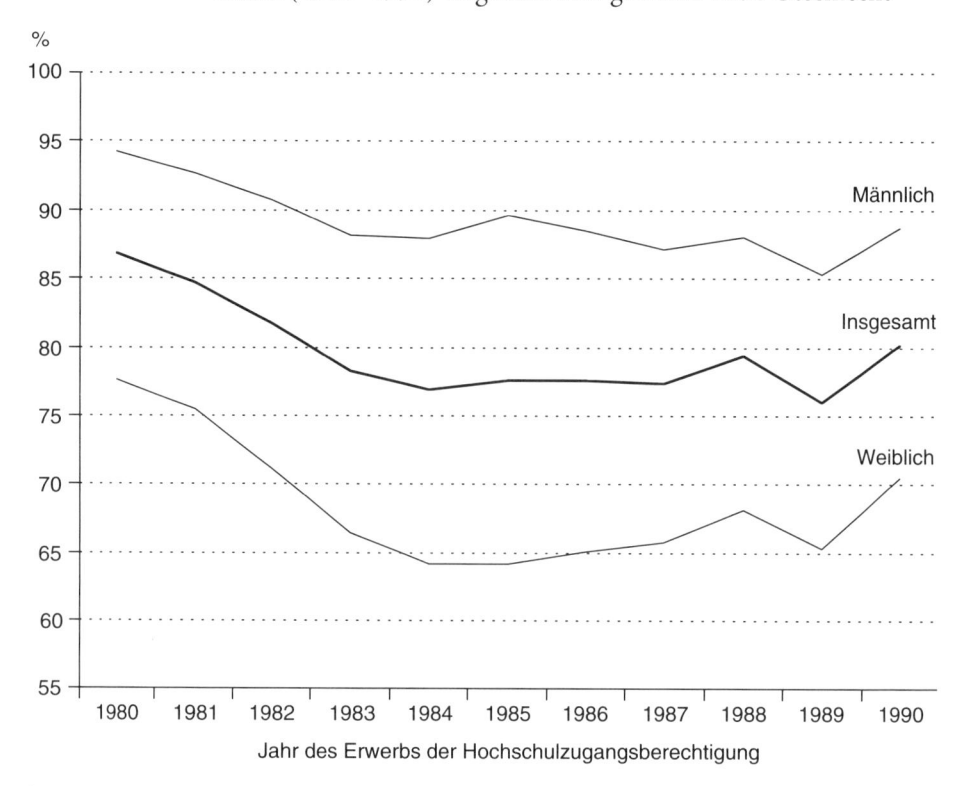

[1] Anteil der studienberechtigten Schulabgänger, der im gleichen Jahr oder später ein Studium beginnt.

Quelle: Statistisches Bundesamt; eigene Berechnungen. © MPIB

unterschied in den Studienaufnahmequoten zu Ungunsten der Frauen, der auf andere Ursachenfelder verweist, auf die wir weiter unten eingehen werden. Bei genauerem Vergleich der nach Geschlecht getrennten Verläufe wird aber zusätzlich deutlich, dass der Trendverlauf für die Frauen prononcierter ausfällt, das heißt der Rückgang Anfang der 1980er Jahre besonders die Frauen betraf, wie umgekehrt auch die Erholung der Quote Ende der 1980er Jahre stärker überproportional auf den Anstieg bei den Frauen zurückging. Die Schere zwischen Männern und Frauen in den Studierquoten ging folglich bis Mitte 1985 deutlich auf, von einem Unterschied im Prozentsatz von 16,6 im Jahre 1980 auf 25,4 im Jahre 1985. Für 1990 ergibt sich mit einem Unterschied von 18,3 Prozent annähernd wieder der Stand von 1980. Die Übergangsquoten von der Schule in die Hochschule sind folglich für Frauen offensichtlich stärker konjunktursensibel, als dies für Männer gilt.

3. Studienneigung in Ost- und Westdeutschland

Der insgesamt bestehende Trend, nach dem Abitur wieder verstärkt für die Aufnahme eines Studiums zu optieren, ist auch in den Jahren nach der Vereinigung in den alten Bundesländern ungebrochen. Um die Sättigungseffekte in der Statistik jüngerer Abiturjahrgänge zu kontrollieren, gleichzeitig aber auch die Verzögerung durch Wehr- und Zivildienst zu kompensieren, vergleichen wir nur die Zahlen für die Aufnahme eines Studiums bis maximal 2 Jahre nach Erwerb der Hochschulzugangsberechtigung. In den alten Bundesländern lag dieser Anteil 1989 bei 63,2 Prozent und 1990 bei 67,8 Prozent. Im Jahre 1994, dem Abschlussjahrgang, für den diese Statistik aktuell berechnet werden kann, ist dieser Anteil im alten Bundesgebiet (außer Berlin) weiter auf 70,3 Prozent gestiegen. Für das gesamte Bundesgebiet liegt er mit 67,4 Prozent deutlich niedriger. Dies geht auf die geringeren Übergangsquoten in den neuen Bundesländern zurück (55,9 %). Inwieweit sich dieser Unterschied lediglich als Aufschub interpretieren lässt, der durch höhere Quoten bei späten Studienanfängern (drei und mehr Jahre nach dem Abitur) kompensiert wird, kann mit der amtlichen Statistik erst in einigen Jahren sicher gesagt werden.

Alte und neue Bundesländer unterscheiden sich zudem erheblich im Geschlechterverhältnis, sowohl bei den Abiturienten als auch in den Übergangsquoten, wobei die Effekte gegenläufig sind. Der Anteil der Abiturientinnen liegt mit 59,2 Prozent in den neuen Ländern erheblich höher als in den alten, wo mit einem entsprechenden Anteil von 51,1 Prozent das Geschlechterverhältnis relativ ausgewogen ist (Zahlen für 1994). Für denselben Abgängerjahrgang liegen die Übergangsquoten der Frauen zwei Jahre nach Erwerb der Hochschulzugangsberechtigung zwar in beiden Landesteilen unter denen der Männer, die Unterschiede in den Quoten sind aber in den neuen Bundesländern weit größer (vgl. Tab. X.1).

Die drastischen Unterschiede in den Übergangsquoten von Männern und Frauen werden allerdings durch den hohen Frauenanteil unter den Abiturienten mehr als kompensiert. Damit erklärt sich das zunächst überraschende Ergebnis, dass sich an ostdeutschen Universitäten und Hochschulen, in absoluten Zahlen betrachtet, mehr Frauen als Männer neu einschreiben, während es sich in den alten Bundesländern umgekehrt verhält. Dass dieser Effekt keine passagere Erscheinung der ersten Jahre nach der Umstellung im ostdeutschen Bildungswesen ist, belegen die aktuellen Zah-

Tabelle X.1: Ersteinschreibungen an deutschen Hochschulen bis zwei Jahre nach dem Abitur für den Abschlussjahrgang 1994

	Alle Abiturienten	Nur Frauen	Nur Männer	Differenz % Männer/Frauen
Neue Bundesländer	55,9	48,7	66,2	17,5
Alte Bundesländer	70,3	67,9	72,9	5,0

Quelle: Statistisches Bundesamt; eigene Berechnungen.
IEA. Third International Mathematics and Science Study. © TIMSS/III-Germany

len für die Neueinschreibungen im Wintersemester 1998/99: In allen neuen Bundesländern (Ausnahme: Sachsen) sind es mehr Frauen als Männer, die ein Studium aufnehmen, während es in den alten Bundesländern mehr Männer sind (Ausnahme: Saarland).

Die Erklärung dieses Befundes ist schwieriger, als es zunächst erscheint, da hier zwei getrennte Entscheidungssituationen zusammenkommen. Zunächst werden viele Jugendliche (bzw. ihre Eltern) die Entscheidung, die gymnasiale Oberstufe zu besuchen, gegen mögliche Alternativen und die Möglichkeiten ihrer Realisierung abwägen. Hier könnte man zunächst vermuten, es seien vor allem die ungleich größeren Schwierigkeiten am Lehrstellenmarkt, die für die neuen Bundesländer erklären, warum der Prozentsatz von Oberstufenschülern (bezogen auf die Gruppe der Gleichaltrigen) und folglich auch der Abiturientenanteil in einer Größenordnung zwischen 4 und 5 Prozent höher ist als in den alten Bundesländern (z.B. 1996: West 26,7 %, Ost 31,5 %). Um speziell den erhöhten Frauenanteil an der Oberstufe mit dieser These zu erklären, müsste man zusätzlich annehmen, dass viele junge Frauen „eigentlich" lieber eine bestimmte Lehrausbildung gemacht hätten, für die sie aber keine Lehrstelle gefunden haben. Bevor man eine interessenferne Ausbildung beginnt, so die vermutete Logik, wählt man den Besuch der Oberstufe als kleineres Übel, deren erfolgreicher Abschluss zudem in vielen Branchen die Bewerbungschancen deutlich erhöht. Hierzu dürfte auch der Umstand beitragen, dass für viele fachschulischen Ausbildungen (insbesondere nichtärztliche Fachberufe im Gesundheitswesen wie Krankengymnastik, Physiotherapie usw.), die von jungen Frauen stärker nachgefragt werden als von Männern, mitunter ein- oder mehrjährige Wartezeiten durch einen Besuch der Oberstufe sinnvoll überbrückt werden können.

Dass sich damit die spezifische Situation in den neuen Bundesländern jedoch nicht vollständig erklären lässt, wird anhand der Daten aus der ersten und zweiten

Tabelle X.2: Weitere Bildungsabsicht am Ende der Jahrgangsstufe 10 (1993)

	Ost (Mecklenburg-Vorpommern, Sachsen-Anhalt)				West (Nordrhein-Westfalen)			
	Gymnasium		Andere (ohne Gesamtschule)		Gymnasium		Andere (ohne Gesamtschule)	
	Weiblich	Männlich	Weiblich	Männlich	Weiblich	Männlich	Weiblich	Männlich
N	(128)	(83)	(167)	(167)	(92)	(84)	(178)	(194)
Oberstufe	79,7	74,7	5,4	5,5	76,1	91,2	17,4	13,4
Fachoberschule	1,6	3,6	6,6	8,4	3,3	0,0	11,8	9,8
Lehre/Berufsfachschule u.Ä.	3,9	6,0	75,4	85,0	4,3	4,8	50,0	69,6
Noch unsicher	4,7	7,2	9,2	0,6	3,6	4,9	5,6	0,5
Anderes	10,2	8,4	3,4	0,6	12,0	0,1	6,7	7,1

© BIJU/MPIB

Kohorte der BIJU-Studie deutlich, in der repräsentativ Schüler aus einem alten und zwei neuen Bundesländern befragt wurden[1]. Beide Samples wurden in den Jahren 1993 bzw. 1995 am Ende der Pflichtschulzeit bezüglich ihrer Zukunftspläne befragt. Wenn tatsächlich der spezifische Engpass am Ausbildungsmarkt ein indirektes Motiv des Besuchs der gymnasialen Oberstufe wäre, so sollten die Übergangsquoten aus anderen Schulformen in den neuen Bundesländern höher sein als in den alten Bundesländern. Umgekehrt sollte der Prozentsatz derjenigen, die vom Gymnasium abgehen wollen, geringer sein. Wie Tabelle X.2 zeigt, ist die Situation, zumindest für die untersuchten Jahrgänge (der ältere entspricht in etwa dem Jahrgang von TIMSS-Population III), weniger eindeutig als erwartet. In der Jahrgangsstufe 10 im Jahre 1993 waren die Übergangsquoten zur gymnasialen Oberstufe von den Realschulen[2] in Nordrhein-Westfalen deutlich höher als von den nichtgymnasialen Schulformen in Mecklenburg-Vorpommern oder Sachsen-Anhalt, während sich die zu erwartenden Übergangsquoten vom Gymnasium auf die Oberstufe nicht unterschieden. Dieses Bild reproduziert sich zwei Jahre später im Hinblick auf den Übergang von anderen Schularten auf die Oberstufe, wo sich in den neuen Bundesländern niemand in der Stichprobe befindet, der direkt auf die Oberstufe überwechseln möchte (vgl. Tab. X.3). Das Ausbleiben des stärkeren Übergangseffektes in den neuen Ländern dürfte sich überwiegend dadurch erklären, dass für die hier untersuchten Schülerkohorten der Gymnasial-

---

[1] Die Daten für Berlin wurden wegen der möglicherweise abweichenden Situation für diesen Vergleich nicht einbezogen.
[2] Der Übergang von der Hauptschule ist in allen Ländern äußerst selten.

Tabelle X.3: Weitere Bildungsabsicht am Ende der Jahrgangsstufe 10 (1995)

	Ost (Mecklenburg-Vorpommern, Sachsen-Anhalt)				West (Nordrhein-Westfalen)			
	Gymnasium		Andere (ohne Gesamtschule)		Gymnasium		Andere (ohne Gesamtschule)	
	Weiblich	Männlich	Weiblich	Männlich	Weiblich	Männlich	Weiblich	Männlich
N	(155)	(170)	(155)	(95)	(280)	(260)	(164)	(152)
Oberstufe	65,8	67,7	0,0	0,0	73,3	73,0	17,4	18,9
Fachoberschule	0,0	1,1	5,8	6,4	4,1	0,7	5,7	8,1
Lehre/Berufsfachschule u.Ä.	2,6	6,3	73,2	84,2	2,8	2,7	58,4	58,7
Noch unsicher	19,5	13,9	13,2	1,2	2,8	5,4	2,1	4,6
Anderes	10,1	7,9	7,4	8,7	17,1	18,2	16,4	9,7

© BIJU/MPIB

anteil schon in der Sekundarstufe I in den neuen Bundesländern, bezogen auf die Jahrgangsstärke, erheblich höher lag als in den alten Bundesländern (z.B. lag im Schuljahr 1992/93 in Sachsen-Anhalt der Gymnasiastenanteil in der Jahrgangsstufe 7 bei 35,6 %, in Nordrhein-Westfalen dagegen bei 30,8 %). Offensichtlich hat die Verunsicherung über die weiteren Ausbildungschancen die Eltern unmittelbar nach dem Beitritt zur Bundesrepublik (also schon drei bis vier Jahre vor der Übergangsentscheidung am Ende der Sekundarstufe I) stärker als in den alten Bundesländern dazu bewogen, ihre Kinder nach Möglichkeit gleich auf ein Gymnasium zu schicken.

Auffallend ist dennoch der Rückgang desjenigen Prozentsatzes am Gymnasium in den neuen Bundesländern, der sicher auf die Oberstufe übergehen wird. Im Gegenzug ist der Anteil der noch Unsicheren deutlich höher. Dies könnte ein Hinweis darauf sein, dass sich in den neuen Bundesländern ein zunehmender Anteil der Gymnasiasten am Ende der Pflichtschulzeit in der Tat Gedanken über die Alternativen zum Abitur macht, insbesondere unter den weiblichen Befragten. Wie die Populationsdaten jedoch zeigen, gehen schließlich doch die meisten Gymnasiastinnen auf die Oberstufe über, wofür die schwierige Lage am Ausbildungsmarkt zumindest mitverantwortlich sein dürfte.

Dass in der Tat Unsicherheit bezüglich des Bildungsweges und der Berufsfindung besonders unter Gymnasiasten in den neuen Bundesländern stärker verbreitet ist, zeigt eine Analyse der Antworten auf die Frage „Macht dir die Berufsfindung Sorgen?", die in den beiden BIJU-Studien wortgleich am Ende des Schuljahres gestellt wurde (Antwortalternativen 1 = „ja sehr", 2 = „doch schon, einige", 3 = „wenige", 4 = „eigentlich nicht") (vgl. Tab. X.4).

Die statistische Prüfung ergibt für die Daten aus dem Jahre 1993 einen signifikanten Haupteffekt Geschlecht (Mädchen sind etwas besorgter als Jungen, $F_{[1, 1064]}$ = 7.76; p = .005) sowie einen signifikanten Effekt für die Schulart (Gymnasiasten sind unsicherer als Schüler anderer Schulformen, $F_{[1, 1064]}$ = 50.29; $p < .001$). Der Haupteffekt Region (Ost vs. West) wird nicht signifikant ($F_{[1, 1064]}$ = 2.12; $p < .145$), deutlich jedoch im Zusammenhang mit der Schulart, der einzig signifikanten Wechselwirkung ($F_{[1, 1064]}$ = 18.15; $p < .01$). Während der Haupteffekt Geschlecht zumindest teilweise auf geschlechtsstereotypes Antwortverhalten zurückgehen dürfte und der Effekt der Schulform mit der objektiv unklareren beruflichen Zukunft der zukünftigen Oberstufenschüler zusammenhängt, dürfte der Wechselwirkung eine substantielle Bedeutung zukommen. Ihre berufliche Zukunft macht demnach den ostdeutschen Gymnasiasten deutlich größere Sorgen als westdeutschen. Während sich dort die Berufsunsicherheit der Gymnasiasten kaum von derjenigen der Schulabgänger unterscheidet, liegen die Werte in den neuen Ländern drei Viertel einer Standardabweichung darüber. Das Muster wiederholt sich für die Daten von 1995, die (signifikante) Wechselwirkung schwächt sich allerdings etwas ab, der Unterschied zwischen Gymnasiasten und Schulabgängern geht auf knapp eine drittel Standardabweichung zurück.

Die geringe Bedeutung, die dem Wechsel von anderen Schularten auf die gymnasiale Oberstufe zukommt, wird gestützt durch die Folgeerhebung der jüngeren

Tabelle X.4: Sorgen über die Berufsfindung nach Geschlecht, Schulart und Region

	„Mir macht Berufsfindung Sorgen"					
	Frauen		Männer		Insgesamt	
	M	N	M	N	M	N
Ost						
Sonstige	2,87	165	3,17	162	3,02	328
Gymnasium	2,23	127	2,41	83	2,30	210
Ost insgesamt	2,59	292	2,91	246	2,74	538
West						
Sonstige	2,85	164	2,97	178	2,91	342
Gymnasium	2,76	92	2,73	82	2,75	174
West insgesamt	2,82	256	2,89	261	2,86	516
Insgesamt	2,70	548	2,90	506	2,80	1.054

© BIJU/MPIB

BIJU-Kohorte zum Zeitpunkt, als die Mehrzahl der Oberstufenschüler die Stufe 12 besuchten. Da in dieser Untersuchung nicht nur diejenigen befragt wurden, die an den vorherigen Untersuchungswellen teilgenommen hatten, sondern die gesamten Jahrgänge 12 und 13 der Zielschulen in die Befragung einbezogen wurden, lassen sich die rückblickenden Einschätzungen der Schüler ebenfalls zur Prüfung der Übergangsquoten heranziehen. Alle Schüler wurden gefragt: „Wollten Sie von vornherein die gymnasiale Oberstufe besuchen?" (Antwortalternativen: ja/nein). Diese Frage ist insofern besser geeignet, die Vermutung über strukturell erzwungene Gymnasialkarrieren zu prüfen, weil hier auch diejenigen mit „nein" antworten können, die zwar auf das Gymnasium gegangen sind, aber eigentlich lieber mit der mittleren Reife abgegangen wären. Die Befunde entsprechen den oben referierten Zahlen. Unabhängig von Geschlecht und Region schwankt der Prozentsatz derjenigen, die eigentlich andere Pläne hatten, zwischen 7,7 und 8,8 Prozent eines Jahrgangs. Ein spezifisch ostdeutsches Entscheidungsmuster für den Übergang auf die Oberstufe zeigt sich nicht.

Zusammenfassend ergibt sich somit, dass die erhöhte Quote – insbesondere der Schülerinnen – in der Oberstufe der neuen Bundesländer vermutlich eher indirekt durch den Engpass auf dem Lehrstellenmarkt mit verursacht wird. Nicht in den Übergangszahlen von anderen Schularten schlägt sich dies jedoch nieder, sondern in der in Ost und West gleichen Haltekraft des Gymnasiums im Übergang auf die Oberstufe bei höherem gymnasialen Schüleranteil an den Gymnasien in den neuen Ländern, vor allem unter den Mädchen (vgl. Bundesministerium für Bildung, Wissenschaft, Forschung und Technologie, 1994; Baumert, Lehmann u.a., 1997, Kap. 5). Dieser erhöhte Anteil wird weitgehend bruchlos in die Oberstufe durchgereicht. Zu berücksichtigen ist hierbei allerdings, dass sowohl die beiden BIJU-Befragungen als auch die TIMSS-Daten sich auf Schülergenerationen in der Transformationsphase beziehen. Die Schüler der BIJU-Studie besuchten im Schuljahr 1991/92, als die Bildungssysteme in den meisten neuen Bundesländern gerade auf das gegliederte Schulwesen umgestellt worden waren, die Klassenstufen 7 bzw. 10. Die Schüler, die TIMSS-Population III erfasst, dürften ebenfalls überwiegend zu diesem Zeitpunkt Klasse 7 besucht haben. Angesichts der durch die Umstellung bedingten bzw. antizipierten Unsicherheiten während der Anpassungsphase bestand seitens der Eltern dieser Schülergeneration vermutlich ein besonders starkes Motiv, ihre Kinder wenn irgend möglich auf ein Gymnasium zu schicken, da diese Schulform sich unabhängig von sonstigen politisch motivierten Strukturentscheidungen als erste klar (re-)konstituierte und fraglos den breitesten Optionshorizont bereithält (vgl. Buttler, 1993). Es ist daher sicher nicht aus der Luft gegriffen, unter den ostdeutschen Oberstufenschülern, die in TIMSS/III befragt wurden, einen – wenn auch schwer zu bestimmenden – Anteil von Schülern zu vermuten, der unter stabileren

Schulstrukturen während der Mittelstufe nicht auf das Gymnasium und in Folge auch nicht auf die Oberstufe übergegangen wäre.

4. Individuelle Zukunftsplanung

Vor diesem Hintergrund scheint es lohnend, unter Nutzung der Fragebogendaten in TIMSS, die individuelle Zukunftsplanung etwas differenzierter zu analysieren als nur unter dem Gesichtspunkt, ob ein Studium aufgenommen wird oder nicht. Aufschlussreich ist auch die Aufschlüsselung nach erkennbaren Etappen und ihrer zeitlichen Abfolge. 58 Prozent der Befragten geben an, direkt nach dem Abitur bzw. dem Wehr- oder Zivildienst auf eine Fachhochschule oder Universität überwechseln zu wollen. 15 Prozent planen, eine Lehre im dualen System oder eine berufliche Vollzeitschule zu beginnen, ohne Aspiration auf eine spätere akademische Laufbahn. Immerhin 27 Prozent der Befragten planen, zunächst eine Lehre oder eine Fachschulausbildung zu absolvieren und später eventuell oder ganz sicher ein Studium an der Fachhochschule/Universität aufzunehmen. Daraus ergibt sich, dass weit mehr als die Hälfte derjenigen, die unmittelbar nach dem Abitur eine berufliche Erstausbildung beginnen werden, potentiell in ihrem Ausbildungsberuf keinen dauerhaften Arbeitsplatz suchen. Wie sich anhand der Angaben über die Berufsfelder zeigt, für die sich die Abgänger interessieren, sind es vor allem die kaufmännischen und technischen Berufe, in denen eine berufliche Ausbildung aus der Sicht der Schüler einem späteren Studium als wertvolle Praxiserfahrung sinnvoll vorgeschaltet werden kann: Rund die Hälfte derjenigen, die einen kombinierten Karriereweg erwägen, geben „Wirtschaft" und „Ingenieurswesen" als diejenigen Fachgebiete an, auf die sie sich beruflich hinorientieren. Dies legt zumindest die Vermutung nahe, dass diesem Muster eine vergleichsweise konkrete mittelfristige Planung zu Grunde liegt, die sich von diesem Bildungsweg Vorteile für die weitere Karriere verspricht. Hierfür spricht auch, dass in dieser Gruppe die größte Erwartung besteht, im zukünftigen Beruf gute Möglichkeiten zu Aufstieg und Beförderung zu haben. Auch wenn der Nutzen dieser Doppelqualifizierung im Hinblick auf den Berufsverlauf empirisch bisher nicht eindeutig abgesichert werden konnte (Büchel & Helberger, 1994; Lewin, Minks & Uhde, 1996), widerspricht das in TIMSS für diese Gruppe ermittelte Erwartungsprofil doch in der Tendenz der von Büchel und Helberger geäußerten Vermutung, bei dieser Gruppe handele es sich verstärkt um „risikoaversive und leistungsschwächere Abiturienten" (S. 15), auch wenn die Schulleistungen für diese Gruppe in der Tat etwas schwächer ausfallen als für diejenigen, die sofort ein Studium aufnehmen wollen (siehe unten). Gerade auch im Hinblick auf den internationalen Vergleich stellt diese Strategie der geplanten Doppelqualifizierung ein außergewöhnliches Karrieremuster dar, das weitere berufssoziologische Beachtung verdient (Buechtemann, Schupp & Soloff, 1993; Drexel, 1993).

Vor dem Hintergrund der oben diskutierten Befunde sind auch die Unterschiede nicht überraschend, die sich zwischen alten und neuen Bundesländern in der Neigung der Abiturienten zeigen, ein Studium aufzunehmen. 64 Prozent Direkteinsteiger im Westen stehen 49 Prozent im Osten gegenüber. Eine Lehre mit eventuell späterem Studium steht in den neuen Ländern mit 22 Prozent ungewöhnlich hoch im Kurs (West: 13 %). Die Zahlen zu den Direkteinsteigern ins Studium stehen im Einklang mit den oben referierten Populationszahlen für den Abgangsjahrgang 1994. Fast punktgenau wird der Ost-West-Unterschied von etwa 15 Prozent reproduziert. Dass die Zahlen absolut betrachtet geringer liegen, ist dadurch bedingt, dass für die Populationsdaten die Ersteinschreibungen im Abschluss- und im Folgejahr zusammengefasst wurden. Unentschlossene und diejenigen, die im Fragebogen keine Angaben machten (7,8 %), wie auch diejenigen, die eine angestrebte Lehrstelle nicht bekommen haben oder die Ausbildung wieder abbrechen, entschließen sich zu einem großen Teil doch noch zur Aufnahme eines Studiums.

Unter dem Gesichtspunkt der politisch intendierten Öffnung höherer Bildungsgänge für breite Schichten der Bevölkerung ist es eine interessante Frage, ob sich mit der Expansion der Oberstufe auch eine Veränderung im Profil der weiteren Bildungsaspirationen ergibt. Denn es ist durchaus denkbar, dass der Zugewinn an Oberstufenschülern bezogen auf einen Schülerjahrgang durch eine niedrigere Übergangsquote an der Schnittstelle zu den Hochschulen wieder verloren geht.

Wie Abbildung X.2 anhand der TIMSS-Daten zeigt, trifft dies in der Tendenz zu. Die Schüler wurden danach gruppiert, ob sie aus einem Bundesland mit niedrigen (19–23 %), mittleren (24–30 %) oder hohen (30 %) Oberstufen-Schulbesuchsquoten kommen. Der signifikante Zusammenhang ($\chi^2_{[4]} = 54.9$; $p < .001$) besagt, dass der Anteil derjenigen, die unmittelbar studieren wollen, mit 75 Prozent in Ländern mit niedrigem Oberstufenanteil deutlich höher liegt als in Ländern mit mittlerem (65 %) und hohem Anteil (63 %). Entsprechend geben die Befragten in diesen Ländern häufiger an, eine Lehre beginnen zu wollen, wobei von diesen wiederum viele die Option eines späteren Studiums offen halten. Ob dieser Effekt im Saldo die Expansionseffekte vollständig aufzehrt oder die Nettoübergangsquoten dennoch höher sind, muss hier offen bleiben, da es sich bei den Schülerangaben zum Zeitpunkt der Befragung um Handlungsintentionen handelt, die über den tatsächlichen Verbleib nach dem Abitur nur einen näherungsweise gültigen Eindruck vermitteln. Es führt aber dennoch vor Augen, dass mit der Expansion des Gymnasiums und der Oberstufe nicht automatisch die Studentenzahlen in gleichem Umfang und insbesondere

Abbildung X.2: Ausbildungspläne nach Ländergruppen mit unterschiedlichem relativem gymnasialen Schulbesuch

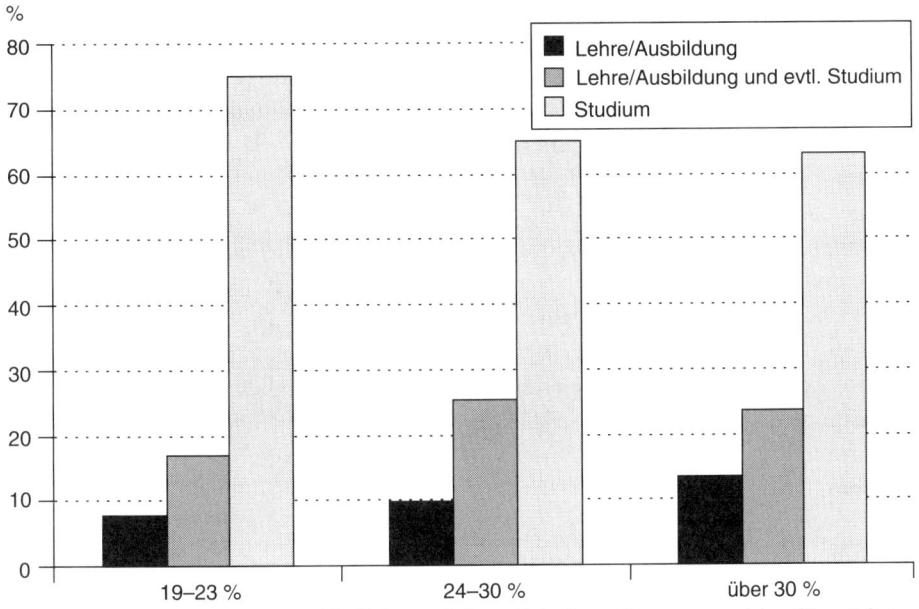

[Balkendiagramm mit folgenden Werten:

Legende: Lehre/Ausbildung (schwarz); Lehre/Ausbildung und evtl. Studium (grau); Studium (weiß)

- 19–23 %: Lehre/Ausbildung ca. 8 %, Lehre/Ausbildung und evtl. Studium ca. 17 %, Studium ca. 75 %
- 24–30 %: Lehre/Ausbildung ca. 10 %, Lehre/Ausbildung und evtl. Studium ca. 26 %, Studium ca. 66 %
- über 30 %: Lehre/Ausbildung ca. 14 %, Lehre/Ausbildung und evtl. Studium ca. 24 %, Studium ca. 64 %

Ländergruppen mit unterschiedlichem relativem Schulbesuch an gymnasialen Oberstufen]

IEA. Third International Mathematics and Science Study. © TIMSS/III-Germany

nicht im unmittelbar folgenden Zeitraum ansteigen müssen. Das Abitur hat offensichtlich für einen erheblichen Anteil der Schüler weniger die Funktion eines Schlüssels zur unmittelbar angestrebten akademischen Ausbildung als ein Garant für maximale Handlungsspielräume in der mittelfristigen Ausbildungs- und Berufsperspektive („Abitur als Generaloption", vgl. Büchel & Helberger, 1994). Der Optionswert des Abiturs steht für diese Personengruppe stärker im Vordergrund als sein Qualifizierungswert. Denn je nachdem, welche nichtakademische Ausbildung unmittelbar nach dem Abitur begonnen wird, dürfte der Bezug des in der Oberstufe Gelernten zu den Ausbildungsinhalten mitunter gering sein.

Wie bereits zuvor anhand der Populations- und TIMSS-Daten für die Studienneigung gezeigt, finden sich darüber hinaus auch für die Details der Berufswegeplanung klare Geschlechterunterschiede. Während 65 Prozent der jungen Männer – vom Wehr- und Ersatzdienst einmal abgesehen – als nächste Station ihrer Ausbildung die Hochschule vor Augen haben, ist das Bild bei den jungen Frauen differenzierter. Von ihnen wollen 54 Prozent direkt bzw. nach einem längeren Urlaub oder einem freiwilligen sozialen Jahr ein Studium aufnehmen. 46 Prozent geben an, unmittelbar eine Berufsausbildung anzustreben, wobei knapp zwei Drittel in dieser Gruppe wiederum ein späteres Studium ausdrücklich nicht ausschließt. Auch der Anteil derjenigen, die sich sicher sind, eine Berufsausbildung ohne späteres Studium zu absolvieren, liegt mit 18 Prozent bei den weiblichen Befragten deutlich höher als unter ihren männlichen Schulkameraden. Diese Unterschiede stehen mit den angegebenen Berufsfeldpräferenzen in Beziehung. So geben zukünftige Abiturientinnen häufiger an, sich für medizinische Hilfsberufe (Krankenpflege, Arzthelferin) zu interessieren, die ein späteres Studium zwar nicht ausschließen, für die ein solches Karrieremuster aber empirisch eher selten ist. Berufsfelder, die typischerweise auf ein Fachhochschulstudium hinauslaufen, wie zum Beispiel Ingenieurwissenschaften oder Informatik, finden nur bei eine Minderheit der jungen Frauen Anklang (6 %). Entsprechend dem klassischen Geschlechterstereotyp sind diese Berufe – zumindest in der Phase der Berufsorientierung in der Oberstufe – eindeutig männliche Domänen; immerhin 26 Prozent der jungen Männer streben einen Beruf in diesem Bereich an.

Wie aufgrund der referierten Populationszahlen zu erwarten, ergibt sich hinsichtlich der grundsätzlichen Bereitschaft zur Aufnahme eines Studiums in mittelfristiger Zukunft neben dem allgemeinen Ost-West-Unterschied auch eine signifikante Wechselwirkung mit dem Geschlecht ($\chi^2_{[4]} = 218.6$; $p < .001$). Der Unterschied zwischen den Geschlechtern für diesen Prozentsatz beträgt 7,9 Prozent zu Gunsten der jungen Männer (60,8 % vs. 68,7 %) in den alten und 14,1 Prozent (42,5 % vs. 56,6 %) in den neuen Ländern. Dies ist deshalb erwähnenswert, weil es die Validität der von den Befragten freiwillig gemachten Angaben unterstreicht, die mit den Populationsdaten im Einklang stehen (vgl. Tab. X.1).

5. Studienneigung und Schulleistung

Ob ein Abiturient ein Studium plant und tatsächlich aufnimmt, hängt von vielen Faktoren ab, die zudem vielfach in recht komplexer Weise miteinander verbunden sind. Aus der Sicht der Schüler handelt es sich um eine unvermeidbare Entscheidungssituation, begleitet von zahlreichen Ungewissheiten, die nur begrenzt durch gezielte Strategien der Informationsbeschaffung zu reduzieren sind, weil sich unterschiedliche und durchaus widersprüchliche Entscheidungskalküle anbieten. Denn die reine Neigungswahl eines Studienfachs kollidiert nicht selten mit Überlegungen zur Situation am Arbeitsmarkt für Absolventen dieses Fachs. Neben den fachlichen Interessen, finanziellen Erwägungen, Einflüssen von Eltern und sonstigen Personen, die dem Schüler nahestehen, dürfte den Schulleistungen in diesem Entscheidungsprozess eine zentrale Rolle zufallen. Dies zum einen durch die Abiturnote, die vor allem in den Numerus-clausus-Fächern die Latte für einen leistungsschwachen Abiturienten empfindlich höher legt, einen Studienplatz in dem zum Beispiel aus Fachinteresse angestrebten Studienfach zu erhalten. Zum anderen lädt die wissenschaftspropädeutische Anlage der Oberstufe auch dazu ein, aus dem Leistungsprofil des einzelnen Schülers seine Eignung und Erfolgsaussichten für ein bestimmtes Studienfach abzuleiten. Dies dürfte umso naheliegender sein, je offensichtlicher der Zusammenhang zwischen Schulfach und Studienfach ausfällt. Zumindest aus der Sicht von Eltern und Lehrern muss es recht kühn erscheinen, wenn ein Abiturient sich für ein Physikstudium entschließt, obwohl er in diesem Fach nur ausreichende Grundkursleistungen erzielt oder dieses Fach sogar abgewählt hat. Interessiert sich der Schüler hingegen für ein Studium in Psychologie, das – von wenigen Bundesländern abgesehen – kein Pendant im Kanon der Schulfächer hat, so dürfte die Durchschnittsnote als globales Kriterium den Entscheidungsprozess stärker bestimmen, weil sie für dieses Fach als formales Auswahlkriterium bei der ZVS (Zentralstelle für die Vergabe von Studienplätzen) fungiert. Plausibel erscheint zudem die Annahme, dass Schüler aus ihrem globalen Leistungsniveau im Vergleich zu den Mitschülern auch eine subjektive Meinung über ihre allgemeine Befähigung zu einem Studium ableiten. Ein schwacher Schüler wird sich vermutlich frühzeitiger und intensiver mit Alternativen zu einem Studium befassen, auch wenn er keinen Zweifel daran hat, das Abitur zu bestehen. Diese subjektive Einschätzung tatsächlicher Eignung kann von dem positiven Urteil durchaus abweichen, das die „allgemeine Hochschulreife" formal über einen erfolgreichen Abiturienten fällt.

Wenn diese Überlegungen zutreffend sind, so sollten die Schulleistungen derjenigen Schüler, die angeben, kein Studium aufnehmen zu wollen (Gruppe 1), insgesamt am schwächsten ausfallen, während diejenigen, die zunächst eine Lehre anstreben, später aber ein Studium aufnehmen wollen (Gruppe 2), im Durchschnitt höhere Leistungswerte zeigen sollten, die aber dennoch unter denjenigen liegen, die direkt auf die Hochschulen übergehen wollen (Gruppe 3). Zieht man die in TIMSS erfragten Punktzahlen des letzten Halbjahreszeugnisses in den beiden Leistungskursen heran, so wird diese Vorhersage bestätigt. Wie erwartet hat Gruppe 1 mit durchschnittlich 8,8 Punkten den niedrigsten Wert, Gruppe 3 erzielt mit 10,3 den höchsten Durchschnittswert, und Gruppe 2 liegt mit durchschnittlich 9,3 recht genau in der Mitte der beiden Gruppen und unterscheidet sich auch signifikant sowohl von Gruppe 1 als auch Gruppe 3. Bezieht man das Geschlecht der Befragten in die Analysen mit ein, so zeigt sich zunächst, dass die weiblichen Befragten insgesamt eine signifikant höhere Durchschnittspunktzahl erreichen, der aber in ihrer absoluten Größe kaum praktische Relevanz zukommen dürfte (9,9 vs. 9,8). Allerdings wird auch die Wechselwirkung signifikant, die zeigt, dass der Geschlechterunterschied für die drei Gruppen unterschiedlich ausfällt. Die Differenz ist mit 0,2 bzw. 0,1 Punkten für die Gruppen 2 und 3 verschwindend gering, erreicht aber in Gruppe 1 immerhin 0,7 Punkte. Schülerinnen, die auch auf längere Sicht ein Studium ausschließen, haben im Durchschnitt bessere Schulleistungen als Schüler mit derselben Zukunftsplanung. Vergleicht man die Mittelwerte über die Gruppen hinweg, so reichen die Leistungen der jungen Frauen in dieser Gruppe an diejenigen der männlichen Befragten heran, die zwar eine Lehre machen wollen, aber danach sicher oder eventuell studieren wollen.

Betrachtet man ausschließlich die Frage, ob die Befragten ein Studium erwägen oder nicht, so zeigt sich ein linearer Trend im Verhältnis zur Durchschnittspunktzahl in den Leistungskursen. Abbildung X.3 macht zudem deutlich, dass die männlichen Befragten entlang der Leistungsskala immer die höhere Bereitschaft zeigen, ein Studium aufzunehmen. Dass dieser Unterschied im Bereich der Note 1

Abbildung X.3: Studienbereitschaft nach Durchschnittsleistung in den Leistungskursen getrennt nach Geschlecht

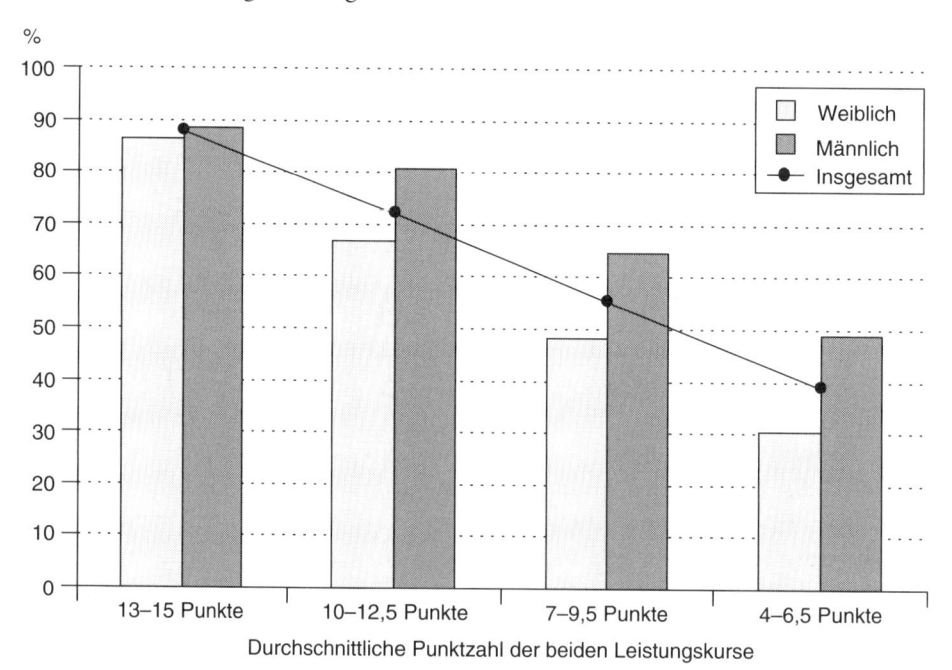

IEA. Third International Mathematics and Science Study. © TIMSS/III-Germany

nahezu verschwindet, könnte auf einen Deckeneffekt zurückgehen, da die Quote 100 Prozent nicht überschreiten kann, ließe sich aber auch inhaltlich plausibel begründen. Denn bei derart guten Schulleistungen (beide Leistungskurse mindestens eine Eins minus) dürfte die Studierfähigkeit schlichtweg über jeden Zweifel erhaben sein.

Doch auch unabhängig von der Spitzengruppe zeigt die Abbildung eine systematische Zunahme des Geschlechterunterschieds in der Studienbereitschaft, je niedriger die Punktzahl in den Leistungskursen ist. Am unteren Ende der Leistungsskala (nur ausreichende Leistungen) liegt die Quote bei den männlichen Befragten immerhin noch bei knapp 50 Prozent, während weniger als ein Drittel der Frauen auf diesem Leistungsniveau ein Studium allgemein in Betracht zieht. Männer, so könnte man vermuten, werden in ihren Überlegungen zum Hochschulübergang weniger stark von ihren tatsächlichen Schulleistungen beeinflusst als Frauen. Letztere schätzen vermutlich die Erfolgsaussichten im Studium realistischer ein als ihre männlichen Klassenkameraden, von denen in der Gruppe der Leistungsschwächsten (mit gerade einmal ausreichenden Durchschnittsleistungen in den Leistungskursen) noch fast die Hälfte die Aufnahme eines Studiums erwägt. Derselbe Sachverhalt lässt sich angesichts der deutlich niedrigeren Bereitschaft zum Studium unter den weiblichen Befragten aber auch mit einem etwas anderen Akzent interpretieren: Gute Schulleistungen ermuntern Frauen wirksamer als Männer, ein Studium zu erwägen.

Der Geschlechtereffekt ist bis hierher lediglich deskriptiv beschrieben, und es stellt sich die Frage, ob man darüber hinaus Aussagen über die psychologischen Hintergründe dieses Effekts machen kann. Häufig wird als Erklärung für dieses Phänomen auf die geschlechtsspezifische Sozialisation verwiesen und die damit verbundenen Geschlechterstereotype, die vor allem in der Pubertät internalisiert werden. Für junge Frauen hätte demnach eine akademische Karriere zumindest tendenziell unweibliche Züge, was der eigenen Geschlechtsrolle zuwiderläuft. In TIMSS wurde mit einer aus neun Items bestehenden Skala insbesondere das arbeitsteilige Geschlechtsrollenverständnis im Kontext Familie/Beruf erhoben. Der Zustimmungsgrad zeigt an, wie stark die Jugendlichen das klassische Geschlechtsrollenverständnis verinnerlicht haben. Nimmt man diese Variable neben den Variablen Geschlecht und Punktzahl im Leistungskurs zusätzlich in die logistische Regression mit Studienbereitschaft als abhängiger Variablen auf, so zeigt sich zunächst, dass die Geschlechtsrollenorientierung zwar schwach signifikant wird (OR 1,30; $p = .04$), das *Odd-Ratio* (OR) für den Geschlechtereffekt sich aber nicht verringert, sondern im Gegenteil noch verstärkt (von 1,65 auf 1,85 für männlich im Vergleich zu weiblich). Dieses Ergebnis ist ein zu erwartendes Artefakt, weil man eine Wechselwirkung zwischen Variablen Geschlecht und Stereotyp im Hinblick auf die Studienneigung erwarten konnte. Denn die Identifikation mit dem klassischen Geschlechtsrollenstereotyp sollte die Studienneigung für männliche Befragte nicht beeinflussen, während sie für weibliche Befragte eine negative Implikation haben dürfte, da für sie eine Berufskarriere ihrem (weiblichen) Stereotyp zuwiderläuft. Trennt man die Analysen nach Geschlecht auf, so wird diese Vermutung auch bestätigt: Während sich in der Gruppe der männlichen Befragten das Geschlechterstereotyp als nicht signifikant für die Vorhersage der Studienneigung erweist, ist es für die Gruppe der weiblichen Befragten ein hoch signifikanter – wie erwartet negativer – Prädiktor (OR 0,70; $p = .004$).

Der Nachteil der nach Geschlecht getrennten Analyse ist aber, dass es nicht mehr möglich ist zu prüfen, ob der Geschlechterunterschied in der Studienneigung in Teilen oder sogar vollständig auf diese psychologische Komponente zurückgeht. Mit den vorliegenden Daten lässt sich diese Frage dennoch näherungsweise klären, da es für die verwendete Skala zur Erfassung des Geschlechterstereotyps vertretbar ist, einen inhaltlich sinnvollen Nullpunkt zu definieren. Völlig frei von stereotypem Geschlechtsrollenverständnis sind demnach diejenigen, die zum Beispiel auf das Item „Männer sind im Vergleich zu Frauen die besseren Naturwissenschaftler und Ingenieure" die Antwortkategorie „trifft überhaupt nicht zu" angekreuzt haben und Items wie zum Beispiel „Frauen sollte es genauso wichtig sein wie Männern, Erfolg im Beruf zu haben" maximal zustimmen („trifft voll und ganz zu"). Eicht man die Skala dergestalt, dass der Wert 0 die konsequent nicht-stereotype Einstellung bezeichnet, so gibt die *Regressionskonstante* den Erwartungswert für genau diese Personengruppe wieder. Auch bei der getrennten Analyse nach Geschlecht sind beide Konstanten inhaltlich vergleichbar, im konkreten Fall geben sie die Wahrscheinlichkeit wieder, dass männliche bzw. weibliche Befragte ohne Stereotyp ein Studium aufnehmen wollen. Bezieht man keinen weiteren Prädiktor als das Stereotyp mit ein, so ergibt sich für die jungen Männer ein Wert der Konstanten von 0,67, der sich nur unerheblich von der Ausgangsrate (Studium: 65 %) unterscheidet. Für die weiblichen Befragten hingegen berechnet sich ein Wert von 0,61, der deutlich höher liegt als die Ausgangsquote von 53 Prozent. Gäbe es also unter den weiblichen Befragten überhaupt keine Zustimmung zu geschlechterstereotypen Aussagen, so würde sich hypothetisch die Studierquote um 8 Prozent erhöhen. Solche Regressionsbetrachtungen haben allerdings den Nachteil, dass sie die Linearität des Zusammenhangs voraussetzen. Wir sind aber in der Lage, diese Prognose illustrativ zu prüfen, denn im Sample finden sich 172 Personen, die tatsächlich den Wert 0 in der Skala erhalten haben. Mehr als 80 Prozent davon sind weiblich, was zu erwarten war, weil auch die Mittelwerte in der Skala eine stärkere Neigung zu geschlechterstereotyper Einstellung unter den jungen Männern anzeigen. Von den 136 Frauen geben 87 an, studieren zu wollen. Dies entspricht einer Quote von 64 Prozent, was dem analytisch gewonnenen Wert von 61 Prozent doch recht nahe kommt und sich noch weniger von der Quote bei den jungen Männern unterscheidet.

Der Unterschied zwischen den Geschlechtern in der Studienneigung scheint somit in der Tat zu einem großen Teil vom traditionellen Rollenverständnis herzurühren. Dieser Eindruck relativiert sich allerdings etwas, wenn man den in allen Analysen wichtigsten Prädiktor für die Aufnahme des Studiums, die Noten im Leistungskurs, in die Betrachtung mit einbezieht. Für eine Schülerin mit einer mittleren Leistung in beiden Leistungskursen errechnet sich eine Studierwahrscheinlichkeit von 58 Prozent, wenn sie keine stereotype Einstellung hat, während für einen durchschnittlich guten Schüler der entsprechende Wert mit 67 Prozent deutlich höher ist. Hintergrund für die Vergrößerung des Effekts im Vergleich zur vorherigen Analyse ist, dass die weiblichen Befragten in den Leistungskursen etwas höhere Punktzahlen erzielen als ihre männlichen Mitstreiter und man daher für sie – *ceteris paribus* – eine höhere Studienneigung erwarten würde, was nicht der Fall ist, wie oben gezeigt.

6. Studienbereitschaft in der multivariaten Betrachtung

Bisher haben wir nur Testleistungen und Geschlecht als Determinanten für die Studienneigung untersucht. Die TIMS-Studie stellt aber darüber hinaus zahlreiche Variablen bereit, mit denen sich ein differenzierteres Bild der Relevanz offensichtlicher, aber auch eher subtil wirkender Mechanismen für diese wichtige Entscheidung zeichnen lässt – auch in ihren Wechselwirkungen. Dies mit einer etwas breiter angelegten Analysestrategie zu tun, ist aus zwei Gründen von Bedeutung. Zunächst ist es unmittelbar einleuchtend, dass jedwede gezielte Intervention, zum Beispiel die Studierbereitschaft junger Frauen durch Maßnahmen in der Oberstufe zu erhöhen, ins Leere geht, wenn an einer Stelle angesetzt wird, die empirisch nicht mit der Studienneigung korreliert bzw. dann keine Erklärungskraft mehr besitzt, wenn konkurrierende Variablen kontrolliert werden. Zum anderen aber kann man begründeten Zweifel daran haben, ob eine Prädiktion dieser Entscheidung über die Schulleistung und das Geschlecht hinaus überhaupt möglich ist. Wie bildungssoziologische Untersuchungen für die Bundesrepublik klar belegen (z.B. Ditton & Krecker, 1995; Bellenberg & Klemm, 1998), wird über das institutionelle Muster der Schulbiographien deutscher Schüler sehr nachhaltig am Übergang von der Grundschule in die Sekundarstufe I entschieden. Dass bei dieser Entscheidung nicht bloß pädagogische Gesichtspunkte eine wichtige Rolle spielen, sondern darüber hinaus auch die schichtenspezifisch unterschiedlich starken Bildungsaspiration der Eltern, ist vielfach gezeigt worden (z.B. Lehmann, Peek & Gänsfuß, 1997; Rolff, 1997). Auch an der zweiten, für die Bildungsbiographie wichtigen Übergangsschwelle in die Sekundarstufe II dürften Entscheidungen durch soziale Einflussgrößen mit determiniert sein, die nicht unmittelbar mit der Schulleistung in Zusammenhang stehen. Solche Selektionsmechanismen haben notwendigerweise zur Folge, dass die Schülerinnen und Schüler auf der gymnasialen Oberstufe eine sehr homogene Population bilden, innerhalb derer Aspekte zum Beispiel der sozialen Herkunft im Vergleich zu Entscheidungssituationen in früheren Phasen der Bildungskarriere aufgrund fehlender Variabilität innerhalb dieses definierten Personenkreises keinen Erklärungswert mehr haben. Dieser Selektionseffekt ist universell, er bezieht sich nicht nur auf Aspekte der sozialen Herkunft, sondern auf alle schulleistungsrelevanten Größen. So ist zum Beispiel kaum zu erwarten, in der Oberstufe noch Schüler anzutreffen, die dem Stress von Prüfungssituationen nicht gewachsen sind oder massive Lernschwierigkeiten haben. Im Vergleich zur Mittelstufe sind auch Fehlkonzeptionen über das Zustandekommen guter Schulleistungen extrem selten, die einer positiven Lernhaltung logisch widersprechen: So lehnen zum Beispiel über 80 Prozent der Oberstufenschüler in TIMSS die Vorstellung ab, die Mathematiknote hänge in erster Linie vom Glück ab. Auf eine ähnliche Frage nach der Rolle von Glück für die Schulleistung allgemein in der repräsentativen Siebtklässlerstichprobe der BIJU-Studie hielten umgekehrt mehr als die Hälfte der Jugendlichen, die nicht auf das Gymnasium gingen, Glück für einen wichtigen oder sehr wichtigen Faktor.

Im Folgenden wird in einer mehrstufigen Regressionsanalyse geprüft, inwieweit die ökonomische Situation zu Hause, familiäres Bildungsmilieu, psychisches Belastungserleben in der Schule und berufliche Werthaltungen tatsächlich über die beiden bereits diskutierten Variablen hinaus einen Einfluss ausüben. Einführend werden die verwendeten Variablen kurz beschrieben.

Ökonomische Situation/materielle Ausstattung

Die familiären Wohlstandsverhältnisse sind in Fragebogenuntersuchungen generell schwer zu erfassen. Direkte Fragen nach Einkommen werden erfahrungsgemäß oft ausgelassen und sind zudem nur relativ auf die Haushaltsgröße informativ. Für TIMSS schied diese Art direkter Befragung schon deshalb aus, weil Schüler für die finanzielle Situation ihrer Eltern kaum zuverlässige Angaben machen können. Stattdessen lässt sich der Wohlstand indirekt anhand einer Liste von Konsumgütern abschätzen, die nicht in jedem Haushalt vorhanden sind und entweder direkt Wertgegenstände darstellen (Computer) oder auf ein begütertes Umfeld verweisen (so verfügt man z.B. über zwei oder mehr Telefone sowie einen Rasenmäher in aller Regel nur in einem Eigenheim). Als Indikator wurde ein Summenwert aus sechs Elementen dieser Liste erstellt, die vor allem um solche Konsumgüter bereinigt wurde, die in nahezu allen deutschen Haushalten vorhanden sind und damit über den relativen Wohlstand einer Familie heute keine Aussagekraft mehr haben (z.B. CD-Player oder Taschenrechner).

Sozialer Hintergrund

Nach der Theorie des Sozialen Kapitals (Bourdieu, 1982) gelingt es Eltern höherer Bildungsschichten nicht nur, die Risiken eines in seinen Berufsaussichten vielfach unsicheren Studiums finanziell besser abzufedern, sondern zudem auch, ihren Kindern stärker die – vielfach symbolisch repräsentierte – Bedeutung einer höheren Bildung für das Leben in einer von sozialen Schichten geprägten Gesellschaft zu vermitteln *(Distinction)*. Hieraus lässt sich die prüfbare Hypothese ableiten, dass die Bildungsherkunft der Eltern, die soziologisch als recht guter Indikator für deren Schichtzugehörigkeit gilt, auch im Ensemble mit anderen Variablen, einen spezifischen Erklärungsanteil an der Studierneigung von Oberstufenschülern hat. Kritisch ist hier insbesondere ein Einfluss über die fachlichen Leistungen der Jugendlichen und die ökonomische Familiensituation hinaus.

In TIMSS stehen mehrere inhaltlich verwandte Variablen zur Verfügung, die den Bildungshintergrund der Eltern anzeigen. Problematisch ist in erster Linie die Entscheidung, wie die Bildungskarrieren beider Elternteile zu verrechnen sind (so es sich nicht um einen alleinerziehenden Haushalt handelt). Zum anderen ist zu entscheiden, ob man sich auf den höchsten Bildungsabschluss der Eltern oder ihren höchsten Berufsabschluss bezieht. Für die folgenden Analysen wurde ein empirisch-pragmatischer Weg gewählt. Alle Variablen wurden zunächst in einer Diskriminanzanalyse mit der dichotomen abhängigen Variablen Studium angestrebt, ja/nein simultan als Prädiktoren einbezogen und redundante Prädiktoren sukzessive eliminiert. Durch diese Strategie verbleiben zum einen nur signifikante Variablen für die weiteren Analysen, die aber andererseits bezüglich des Kriteriums die höchstmögliche Vorhersagekraft besitzen. Es zeigt sich, dass die höchste Berufsbildung den Fragen nach der allgemeinen Schulbildung für beide Eltern überlegen ist. Keine der Wechselwirkungen zwischen diesen Variablen wird signifikant, die Effekte bezüglich des Kriteriums Studierneigung sind daher näherungsweise additiv. Um die weiteren Analysen zu vereinfachen, wurden beide Variablen zur höchsten Berufsbildung beider Eltern zusammengefasst. Die punktbiserialen Korrelationen zwischen der Variable Studium ja/nein und den Einzelindikatoren und dem Gesamtscore ergaben den schwächsten Wert für die mütterliche Berufsbildung (.17) und nahezu identische Werte für den Gesamtscore und den Score für die väterliche Ausbildung (.218 vs.

.217). Aus pragmatischen Gründen werden im Weiteren die Analysen mit dem Gesamtscore berichtet, auch wenn die Befunde bei Verwendung der väterlichen Ausbildung als Prädiktor nahezu identisch ausfallen.

Kulturelles Kapital wird allerdings durch den Bildungshintergrund alleine nur unzureichend erfasst. In TIMSS lassen sich zusätzlich die Zahl der im Haushalt verfügbaren Bücher sowie die Frage nach der Verfügbarkeit klassischer Musik als ergänzende Indikatoren heranziehen.

Psychische Belastung durch schulisches Lernen

Es ist plausibel anzunehmen, dass Schülerinnen und Schüler von einem Studium eine Kontinuität des stärker verbal-abstrakten Lernens erwarten, das auch das Lernen in der Oberstufe überwiegend charakterisiert. Auch wenn durch die Entscheidung zum Abitur und damit gegen eine psychologisch andersartige Lernumgebung (wie z.B. in einer betrieblichen Ausbildung) bereits eine positive Selektion im Hinblick auf diese soziale Lernform vorliegt, so könnte es dennoch sein, dass negative Erlebnisaspekte im schulischen Lernen die Entscheidung für oder gegen ein Studium zusätzlich beeinflussen können. In TIMSS liegen Skalen zur Prüfungsängstlichkeit in drei Fächern vor, die sich als psychologischer Prädiktor schon deshalb gut eignen, weil die Bedeutungen von schriftlichen und mündlichen Prüfungen auch objektiv an den Hochschulen zunehmen und sehr hohe Prüfungsängstlichkeit tatsächlich den Studienerfolg beeinträchtigen kann.

Berufliche Werthaltung

Nicht unbedeutsam für die Attraktivität eines akademischen Berufs dürfte die persönliche Hierarchie in der Wertschätzung bestimmter Aspekte der antizipierten Berufstätigkeit sein (vgl. Heyn, Schnabel & Roeder, 1997). Wir erwarten daher, dass eine eher auf Belastungsvermeidung und materielle Absicherung abzielende Berufsorientierung einen negativen Einfluss auf die Studierneigung ausübt. Unter Rückgriff auf eine Skala, die Berufswahlaspekte misst, wird hierfür die Zustimmung auf die Antwortvorgaben „gut verdienen", „angenehme Arbeit (keine Nacht- und Schichtarbeit)" und „nicht so leicht arbeitslos werden" im Zusammenhang mit der Frage, was die Schüler von ihrem künftigen Beruf erwarten, verwendet.

Stufenweise Regression

Der Sinn eines stufenweisen Hinzufügens von Prädiktoren in Regressionsanalysen liegt darin, dass man so erkennen kann, ob sich die Regressionsgewichte der Variablen, die bereits im Modell enthalten sind, verändern. Die Reihenfolge der Aufnahme von Variablen kann diesen Effekt beeinflussen und sollte daher sinnvoll festgelegt werden. Im ersten Schritt (Modell 1) werden die beiden bereits diskutierten Variablen Geschlecht und Punktzahlen im Leistungskurs berücksichtigt. Im zweiten Schritt (Modell 2) wird der ökonomische Hintergrund hinzugenommen, sodann als Block die Variablen zum kulturellen Kapital (Modell 3). Als Letztes werden die psychologischen Konstrukte hinzugenommen (Modell 4).

Die Prädiktorvariablen sind teilweise auf Intervallskalenniveau, andere wiederum dichotom wie die abhängige Variable. Die Analysen werden daher zunächst als logistische Regression berechnet. Die *Odd-Ratios,* die man üblicherweise zum Vergleich der Relevanz der Prädiktoren heranzieht, haben aber den Nachteil, dass sie sich bei skalengemischten Prädiktorsets nicht direkt vergleichen lassen. Da die nicht-metrischen Prädiktorvariablen aber dichotom sind, lässt sich die standardisierte Lösung, wie sie in der multiplen Regression üblich ist, sinnvoll interpretieren. Daher werden hier der Einfachheit halber die Ergebnisse der multiplen Regression berichtet. Sämtliche Signifikanzprüfungen führen in beiden Analysevarianten zu gleichen Resultaten, und auch die Schätzung der aufgeklärten Varianz des Endmodells fällt mit 13,8 Prozent (Nagelkerges Pseudo R^2) bzw. 13,7 Prozent *(adjusted R^2)* nahezu identisch aus.

Tabelle X.5 gibt die Entwicklung der standardisierten Regressionsgewichte der einzelnen Modelle wieder. In Modell 2 zeigt sich zunächst, dass die materielle Ausstattung einen, wenn auch schwachen, Effekt auf die Studienneigung in der erwarteten Richtung hat. Dieser Effekt reduziert sich jedoch bis unterhalb der statistischen Nachweisgrenze, wenn die Indikatoren des kulturellen Kapitals einbezogen werden (Modell 3). Wie man durch Weglassen einzelner Variablen zeigen kann, geht die Reduktion des Effekts interessanterweise nicht auf die Variable Berufsabschluss der Eltern zurück, sondern ist in erster Linie an die Frage nach der Anzahl der Bücher zu Hause gebunden. Auch wenn die finanzielle Absicherung zu Hause wegen der indirekten Messung vermutlich relativ unreliabel gemessen wurde, so scheint dieses Ergebnis dennoch die These zu stützen, dass Fragen materieller Absicherung durch das Elternhaus für die Studienabsicht in der hoch selektiven Population deutscher Oberstufenschüler eine untergeordnete Rolle spielen. Stärker wirkt die generelle Bildungsnähe. Eltern, die selbst eine Hochschule besucht haben, werden Unsicherheit bei ihren Kindern durch ihre Erfahrungsberichte reduzieren helfen. Der Umstand,

Tabelle X.5: Ergebnisse der logistischen Regression von Studienabsicht auf Geschlecht, Schulleistung sowie ökonomische, soziale und personale Merkmale (standardisierte Regressionskoeffizienten und Prüfstatistiken)

	β	t	p
Modell 1			
Geschlecht	.113	6.709	.000
Leistung	.280	16.651	.000
Aufgeklärte Varianz: 9 %			
Modell 2			
Geschlecht	.102	6.061	.000
Leistung	.278	16.601	.000
Materielle Ausstattung	.079	4.668	.000
Aufgeklärte Varianz: 10 %			
Modell 3			
Geschlecht	.107	6.416	.000
Leistung	.239	14.281	.000
Materielle Ausstattung	.011	.597	.551
Berufsabschluss Eltern	.127	7.241	.000
Klassische Musik	.077	4.138	.000
Anzahl Bücher	.089	4.909	.000
Aufgeklärte Varianz: 13 %			
Modell 4			
Geschlecht	.121	7.083	.000
Leistung	.234	13.646	.000
Materielle Ausstattung	.016	.867	.386
Berufsabschluss Eltern	.124	7.076	.000
Klassische Musik	.075	4.007	.000
Anzahl Bücher	.082	4.513	.000
Leistungsangst	−.005	−.305	.761
Materielle Orientierung	−.047	−2.811	.005
Aufgeklärte Varianz: 14 %			
Modell 5			
Geschlecht	.161	10.004	.000
Leistung	.143	7.949	.000
Materielle Ausstattung	−.011	−.635	.526
Berufsabschluss Eltern	.056	3.347	.001
Klassische Musik	.057	3.234	.001
Anzahl Bücher	.063	3.627	.000
Leistungsangst	−.011	−.664	.506
Materielle Orientierung	−.040	−2.543	.011
Studienerwartung Vater	.174	8.272	.000
Studienerwartung Mutter	.315	15.103	.000
Aufgeklärte Varianz: 32%			

IEA. Third International Mathematics and Science Study.   © TIMSS/III-Germany

dass traditionelle Bildungsgüter (Bücher, klassische Musik) darüber hinaus eigenständige Erklärungsbeiträge leisten, deutet darauf hin, dass ein Bildungsmilieu aber dennoch komplexer beschrieben werden muss als nur über Wohlstand und Bildung der Eltern. Unter dem soziologischen Gesichtspunkt der Reproduktion sozialer Schichtung in und durch Schule zeigen diese Ergebnisse, dass an der kritischen Schwelle von Abitur zur Hochschule erneut schichtspezifische Einflüsse wirken. Der zusätzlich aufgeklärte Varianzbeitrag scheint zwar zunächst mit 4 Prozent weniger bedeutsam, ist aber verglichen mit der insgesamt aufgeklärten Varianz von 14 Prozent bzw. den auf die Leistungskursnoten als Schulleistungsindikator zurückgehenden Anteil von 8 Prozent doch erheblich.

Wie Modell 4 zeigt, ist der Zugewinn an Erklärungskraft durch die hier berücksichtigten psychologischen Variablen eher gering, die aufgeklärte Varianz wird nur marginal erhöht (+ 0,5 %). Prüfungsangst ist für die Studienneigung in der Oberstufe keine relevante Erklärungsgröße mehr, was die Selektionshypothese stützt, wonach Oberstufenschüler in der Prüfungsangst fast ausschließlich in einem Bereich liegen, der nicht mehr verhaltensrelevant ist, das heißt zu Vermeidungshaltungen führt. Einen schwach negativen, aber dennoch signifikanten Einfluss auf die Studienbereitschaft hat, wie erwartet, eine eher an materieller Sicherheit orientierte Berufshaltung. Darin kommt indirekt zum Ausdruck, dass das Interesse der Schüler an einem Studium nicht durch die – objektiv begründbare – höhere Einkommenserwartung motiviert ist, sondern im Sinne von Inglehart (1977) offenbar eher aus einer postmaterialistischen Haltung heraus begründet wird.

Abschließend soll der Versuch gemacht werden, ausgehend von Modell 4 einen Mediationseffekt zu prüfen. In TIMSS wurden die Schüler nach der Elternerwartung bezüglich ihrer weiteren Zukunft gefragt. Diese wahrgenommene Bildungsaspiration der Eltern sollte als Bindeglied zwischen dem häuslichen Bildungsmilieu und der individuellen Studienbereitschaft funktionieren. Auf das Modell 4 bezogen folgt daraus die Erwartung, dass die drei kritischen Variablen an Bedeutung verlieren, sobald die elterlichen Erwartungen mit in die Regression aufgenommen werden (Modell 5 in Tab. X.5). Verwendung findet hier die Frage im TIMSS-Fragebogen „Was sollten Sie nach Meinung der folgenden Personen <Vater/Mutter> unmittelbar nach dem Abitur tun?", wobei die Antwortalternative „Studieren" für beide Elternteile mit allen übrigen Antwortalternativen kontrastiert wurde. Besonders auffallend beim Vergleich der Modelle 4 und 5 ist der sprunghafte Anstieg in der aufgeklärten Varianz, die sich durch das Hinzufügen der elterlichen Erwartungen mit einem Wert von 32 Prozent mehr als verdoppelt. Darin wird deutlich, dass die elterliche Bildungserwartung, insbesondere der Mutter, als Prädiktor der Studienabsicht kausallogisch nähersteht als die zuvor als besonders bedeutsam ermittelten Variablen Geschlecht und Schulleistung (unter der Annahme, dass Letztere durch die Noten in den Leistungskursen hinreichend zuverlässig erfasst wurde). In der Tat würde bei ausschließlicher Berücksichtigung der beiden Indikatoren der elterlichen Bildungserwartung bereits eine Varianzaufklärung von 25 Prozent erzielt werden. Wie der Vergleich der Regressionskoeffizienten aus Modell 4 und 5 zeigt, reduziert die Bildungserwartung der Eltern wie erwartet die Koeffizienten für den elterlichen Bildungsabschluss, besonders deutlich aber auch denjenigen für die Leistungspunktzahl. Wenn auch nicht ausschließlich, so geht die Erwartungshaltung der Eltern dennoch stark auf die gezeigten Schulleistungen ihrer Kinder zurück. Man kann vermuten, dass Eltern unterhalb eines bestimmten Leistungsniveaus, trotz grundsätzlich positiver Einstellung zum Studium, dies von den Kindern nicht mehr erwarten, weil sie durch die schwachen Leistungen Zweifel daran hegen, dass der Sohn oder die Tochter an einer Hochschule erfolgreich sein würde. Dies legt die Schlussfolgerung nahe, dass die elterliche Bildungsaspiration auf die Jugendlichen weniger als Erwartungsdruck einer „standesgemäßen" Bildungsbiographie wahrgenommen wird, sondern eher als soziale Unterstützung fungiert, bei entsprechend guten Schulleistungen die Chance einer Hochschulausbildung zu nutzen. Es ist plausibel und mit den hier vorgestellten Befunden gut vereinbar anzunehmen, dass diese psychologische Form der Steuerung des Bildungsverhaltens ihrer Kinder besser solchen Eltern gelingt, die aufgrund ihrer eigenen Ausbildung und weiteren Berufskarriere gewissermaßen als authentische Zeugen bereitstehen.

7. Leistungskurswahlen und Studienpräferenzen

Wie bereits eingangs gezeigt, ist die Aufnahme eines Studiums für die überwältigende Mehrheit der Schülerinnen und Schüler kurz- oder mittelfristiges Ziel ihrer weiteren Bildungskarriere. Wie ebenfalls gezeigt wurde, hängt diese Entscheidung neben einer Vielzahl zusätzlicher Faktoren stark von den gezeigten Schulleistungen und der Bildungsaspiration der Eltern ab. In der bisherigen Betrachtung wurde hierfür als Indikator die Angabe zu den erreichten Punktzahlen in den Leistungskursen verwendet, ohne die gewählte Fächerkombination zu berücksichtigen. Ebenso wurde auch bei der Studienabsicht zunächst nicht nach dem anvisierten Fach unterschieden. Die in diesem Abschnitt zu leistende Differenzierung der Betrachtung für die Gruppe der studierwilligen Schüler ist für eine erziehungswissenschaftlich-psychologische Betrachtung auch deshalb notwendig, weil der individuelle Prozess der Entscheidungsfindung über die weitere Zukunft wohl selten eine formal-fachunspezifische Entscheidung „Studium oder Berufsausbildung?" verlangt. Für einen Großteil der Jugendlichen in den Oberstufen dürften inhaltsbezogene Fragen des zukünftigen Tätigkeitsfeldes stärker im Vordergrund stehen. In komplexer Weise dürften hier schulische und außerschulische Interessen- und Kompetenzerwägungen ebenso eingehen wie der Abgleich mit Opportunitätsstrukturen. Eine eher unterdurchschnittliche Schülerin dürfte, ausgehend von einem vagen Interesse an Medizin, vor dem Hintergrund des Numerus clausus für medizinische Studiengänge viele andere Ausbildungsoptionen sondieren, wobei die Frage Studium/Fachschule oder Lehrausbildung eventuell zweitrangig ist. Für ihre physikbegeisterte Schulkameradin mit Mathematik- und Physikleistungskurs hingegen könnte die Entscheidung faktisch längst gefallen sein, sie wird sich vielleicht über die nachgeordnete Frage nach dem Hochschulstandort und dem Studiengang (Diplom/Lehramt) Gedanken machen.

Der letztgenannte Fall dürfte eher selten sein. Dies nicht nur deshalb, weil hier eine empirisch seltene Kombination von Geschlecht und Interessensgebiet als Beispiel gewählt wurde, sondern auch deshalb, weil die Korrespondenz zwischen dem schulischen Fächerkanon und den universitären Ausbildungsgängen nicht immer leicht herzustellen ist, wenn man von den Lehramtsstudiengängen einmal absieht. Der zukünftige Psychologiestudent wird nur in wenigen Bundesländern auch nur einen Grundkurs gleichen Namens wählen können, und auch für die zukünftige Architekturstudentin wird sich im Leistungskurs Kunst ebenso viel oder wenig Propädeutisches finden wie in Mathematik oder Physik. Kehrt man die Betrachtungsrichtung um, so macht die Rangreihe der Leistungskurse nach Wahlhäufigkeiten klar, dass die Restriktionen bei der Leistungskurswahl (Abdecken der Aufgabenfelder, Angebotsstruktur der jeweiligen Schule) eine starke Konzentration auf die Fächer des traditionellen gymnasialen Fächerkanons erzeugen (vgl. Kap. IV dieses Bandes). Dieser „Kernlehrplan" (Roeder & Gruehn, 1996) konzentriert sich deutlich auf die Hauptfächer der Mittelstufe (Mathematik, Deutsch, erste und zweite Fremdsprache) und eine oder zwei Naturwissenschaften. So sind für die weiblichen Befragten mit den ersten vier häufigsten Leistungskursfächern zwei Drittel der Fächerangaben abgedeckt, für die männlichen Befragten sind es knapp 60 Prozent. Dennoch wäre es ein falscher Umkehrschluss, im Kurswahlverhalten, insbesondere in der Leistungskurswahl, keine individuelle Schwerpunktsetzung der Schüler zu erblicken. Dagegen sprechen schon die deutlichen Geschlechterunterschiede im Kurswahlverhalten, die ja nur dann zu Stande kommen, wenn den Schülern trotz aller Einschränkungen hinreichend Freiheitsgrade gewährt werden (Tab. X.6; vgl. hierzu auch Roeder & Gruehn, 1997). Dies zeigt sich zum Beispiel an der vergleichsweise häufigeren Wahl von Deutsch und Englisch bei den Schülerinnen (35,2 % vs. 17,2 % in Deutsch bzw. 41,9 % vs. 32,0 % in Englisch), die der relativen Präferenz für Mathematik und Physik durch die Schüler gegenübersteht (44,1 % vs. 22,7 % für Mathematik, 21,6 % vs. 3,9 % für Physik).

Tabelle X.6: Leistungskurswahlen nach Geschlecht und Fach

Leistungsfach	Insgesamt		Frauen		Männer	
	Anzahl Nennung	Prozent (bezogen auf Personen)	Anzahl Nennung	Prozent (bezogen auf Personen)	Anzahl Nennung	Prozent (bezogen auf Personen)
Englisch	1.418	37,6	892	41,9	525	32,0
Mathematik	1.208	32,0	484	22,7	724	44,1
Biologie	1.067	28,3	742	34,9	325	19,8
Deutsch	1.031	27,3	749	35,2	282	17,2
Erdkunde	447	11,8	214	10,1	232	14,1
Physik	438	11,6	83	3,9	355	21,6
Geschichte	422	11,2	206	9,7	216	13,1
Französisch	237	6,3	190	8,9	47	2,8
Kunst (allgemein)	203	5,4	149	7,0	54	3,3
Sozialkunde/Politik/ Gemeinschaftskunde	194	5,2	103	4,8	91	5,6
Chemie	183	4,9	82	3,8	102	6,2
Wirtschaft/ Rechnungswesen	124	3,3	47	2,2	77	4,7
Sport	115	3,1	38	1,8	78	4,7
Latein	66	1,8	21	1,0	45	2,8
Russisch	53	1,4	41	1,9	12	0,7
Musik	54	1,4	36	1,7	18	1,1
Spanisch	32	0,9	17	0,8	15	0,9
Religion	27	0,7	20	0,9	7	0,4
Finnisch	4	0,1	2	0,1	2	0,1
Polnisch	5	0,1	0	0,0	5	0,3
Sonstiges	165	4,2	125	3,7	40	2,4
Summe Nennungen	7.493	198,6	4.241	197,0	3.252	197,9
Anzahl Personen	3.771		2.129		1.642	

IEA. Third International Mathematics and Science Study. © TIMSS/III-Germany

Diese Geschlechterunterschiede finden sich auch bei der Betrachtung von Kurskombinationen wieder. Da die Tabelle aufgrund der kombinatorischen Möglichkeiten sehr lang würde, beschränkt sich Tabelle X.7 auf die 20 in TIMSS am häufigsten genannten Kombinationen (ohne Unterscheidung in erstes oder zweites Leistungsfach), wodurch bereits fast 70 Prozent aller Fälle erfasst sind. Diese Begrenzung hat zudem den Vorzug, dass das Bild durch die länderspezifischen Leistungskurskombinationen nicht unnötig verkompliziert wird, da diejenigen Kombinatio-

Tabelle X.7: Fächerkombinationen (reihenfolgenunabhängig) in den Leistungskursen nach Geschlecht

Fächerkombination	Insgesamt		Frauen		Männer	
	N	Prozent	N	Prozent	N	Prozent
Deutsch–Englisch	293	7,9	231	10,9	62	3,9
Mathematik–Physik	273	7,3	50	2,4	223	13,9
Biologie–Englisch	256	6,9	199	9,4	57	3,5
Biologie–Deutsch	237	6,4	189	8,9	48	3,0
Mathematik–Englisch	224	6,0	115	5,4	109	6,8
Mathematik–Biologie	164	4,4	95	4,5	69	4,3
Deutsch–Geschichte	134	3,6	79	3,7	55	3,4
Englisch–Erdkunde	131	3,5	67	3,2	64	4,0
Englisch–Geschichte	114	3,1	55	2,6	59	3,7
Mathematik–Erdkunde	106	2,8	29	1,4	77	4,8
Biologie–Erdkunde	91	2,4	47	2,2	44	2,7
Mathematik–Chemie	71	1,9	26	1,2	45	2,8
Englisch–Sozialkunde	65	1,7	29	1,4	36	2,2
Geschichte–Biologie	61	1,6	30	1,4	31	1,9
Deutsch–Mathematik	58	1,6	35	1,7	23	1,4
Englisch–Französisch	57	1,5	49	2,3	8	0,5
Mathematik–Geschichte	54	1,5	17	0,8	37	2,3
Deutsch–Erdkunde	53	1,4	41	1,9	12	0,7
Englisch–Kunst	51	1,4	41	1,9	10	0,6
Englisch–Physik	46	1,2	8	0,4	38	2,4
Zwischensumme (20 häufigste Kombinationen)	2.539	68,2	1.432	67,8	1.107	68,8
Sonstige Kombinationen	1.183	31,8	681	32,2	502	31,2
Insgesamt	3.722	100,0	2.113	100,0	1.609	100,0

IEA. Third International Mathematics and Science Study.   © TIMSS/III-Germany

nen, die häufig vorkommen, in fast allen Ländern/Schulen in dieser Weise wählbar sind.

Der Zusammenhang zwischen Kurskombination und Geschlecht ist erwartungsgemäß hoch signifikant ($\chi^2_{[21]} = 467.3; p < .001$). Kombinationen von Deutsch mit einer Fremdsprache wie auch zwei Fremdsprachen als Leistungskurse werden deutlich von den weiblichen Schülern bevorzugt. Als Naturwissenschaft schafft es nur die Biologie, in Kombination mit Deutsch oder Englisch eine von Schülerinnen häufiger getroffene Wahl zu sein als für ihre männlichen Mitschüler. Nahezu exklusiv männlich sind die Kombinationsgruppen, die Physik als eines der Fächer enthalten. Zusammen mit Mathematik ist es unter den Schülern mit 13,9 Prozent sogar die am häufigsten genannte Kombination, während sie mit 2,4 Prozent bei den Schülerinnen eine Ausnahmeerscheinung darstellt.

Wendet man sich den Studienwünschen der Oberstufenschüler zu, so reduziert sich die Stichprobe auf diejenigen, die überhaupt vorhaben, ein Studium aufzunehmen, und zudem bereits eine Vorstellung davon haben, welches Studium sie eventuell beginnen werden. Neben derjenigen Gruppe, die sicher studieren möchte, haben in TIMSS auch zwei Drittel derjenigen, die angeben, möglicherweise studieren zu wollen, Angaben zu einem möglichen Studienfach gemacht. Beide Gruppen bilden die Grundgesamtheit der folgenden Analysen (N = 2.543).

Tabelle X.8 gibt den erstgenannten Studienwunsch an, klassifiziert gemäß der Einteilung des statistischen Bundesamtes (Statistisches Bundesamt, o.J.), die nochmals zu 20 Überkategorien zusammengefasst wurde, um das Bild weiter zu vereinfachen. Die Originalangaben der Schüler streuen weit über das Spektrum möglicher Studiengänge, wobei neben klassischen Universitätsstudiengängen auch viele fachhochschulspezifische Studiengänge genannt werden. In vielen Fällen lässt schon die verwendete Bezeichnung für das Studienfach erkennen, dass die Befragten eine recht genaue Kenntnis des sie interessierenden Studiengangs haben.

Auch bei den Studienwünschen setzen sich die geschlechtsspezifischen Wahlen in ähnlicher Stärke wie bei den Leistungskurskombinationen fort ($\chi^2_{[19]}$ = 449.4; $p <$ .001). Anhand der standardisierten Residuen der Häufigkeitstabelle lassen sich die „typisch" weiblichen bzw. männlichen Studienfächer ablesen: Erziehungswissenschaften, Sprach- und Kulturwissenschaften sowie Psychologie und die künstlerischen Studiengänge stehen bei den Frauen deutlich höher im Kurs (Residuum > 3), während Ingenieurwissenschaften, Mathematik/Informatik sowie Physik klare Männerfavoriten sind. Man beachte, dass die beiden am stärksten geschlechtsgebundenen Wahlen (Erziehungswissenschaften, Ingenieurwissenschaften) in den meisten Bundesländern kein direktes Fächerpendant in der Oberstufe haben.

Dieses Befundmuster anhand der Studienwünsche in TIMSS korrespondiert nahezu perfekt mit den Populationsstatistiken über die Frauenanteile an den entsprechenden Studiengängen deutscher Universitäten und Fachhochschulen. Dies stützt die Vermutung, dass im letzten Schuljahr vor dem Abitur diejenigen, die ein Studium planen, auch über die Studienrichtung schon relativ klare Vorstellungen haben. Dennoch macht ein Blick in die amtliche Statistik auch deutlich, dass die Oberstufenschüler nicht repräsentativ für die Studienanfänger insgesamt sind. An den Fach-

Tabelle X.8: Studienwünsche (Erstnennung) nach Geschlecht

Studienfach	Insgesamt		Frauen			Männer		
	N	%	N	%	Residuum	N	%	Residuum
Wirtschaftswissenschaften	392	15,2	198	13,2	–2,1	194	18,2	2,5
Human-, Tiermedizin, Pharmazie	261	10,1	182	12,1	2,4	79	7,4	–2,8
Erziehungswissenschaften	233	9,1	213	14,2	6,6	20	1,9	–7,8
Ingenieurwissenschaften	233	9,1	62	4,1	–6,4	171	16,0	7,6
Sprach- u. Kulturwissenschaften	194	7,5	153	10,2	3,7	41	3,8	–4,4
Jura	184	7,2	93	6,2	–1,4	91	8,5	1,7
Künstlerische Fächer	174	6,8	132	8,8	3,0	42	3,9	–3,6
Mathematik/Informatik	144	5,6	34	2,3	–5,5	110	10,3	6,5
Biologie	123	4,8	71	4,7	–0,1	52	4,9	0,1
Architektur	120	4,7	68	4,5	–0,3	52	4,9	0,3
Psychologie	87	3,4	74	4,9	3,2	13	1,2	–3,8
Bibliothekswesen	72	2,8	45	3,0	0,4	27	2,5	–0,5
Agrar-, Forst-, Ernährungswissenschaften	62	2,4	47	3,1	1,8	15	1,4	–2,1
Gesellschaftswissenschaften	54	2,1	30	2,0	–0,3	24	2,2	0,3
Sport	51	2,0	26	1,7	–0,7	25	2,3	0,8
Geschichte	49	1,9	22	1,5	–1,2	27	2,5	1,5
Physik	40	1,6	1	0,1	–4,6	39	3,7	5,5
Geowissenschaften	35	1,4	21	1,4	0,1	14	1,3	–0,1
Chemie	33	1,3	16	1,1	–0,8	17	1,6	0,9
Theologie/Philosophie	32	1,2	17	1,1	–0,4	15	1,4	0,5
Insgesamt	2.573	100,0	1.505	100,0		1.068	100,0	

IEA. Third International Mathematics and Science Study. © TIMSS/III-Germany

hochschulen beginnen die meisten Männer ein Studium der Fachrichtung Maschinenbau/Verfahrenstechnik, starken (männlichen) Zulauf hat auch die Elektrotechnik (Rang 3). Beide Fächer werden von den Befragten in den Oberstufen kaum genannt, was auf die starke Rekrutierung von Fachoberschulabsolventen bei diesen Studiengängen schließen lässt.

Es dürfte niemanden überraschen, dass Absolventen, die ein sprach- und kulturwissenschaftliches Studium anstreben, entsprechende Fächer eher als Leistungskurs gewählt bzw. in diesen Fächern überdurchschnittlich gute Leistungen gezeigt haben. Unter dem Gesichtspunkt der Passung lohnt es sich unter Zuhilfenahme der TIMSS-Daten am ehesten, exemplarisch solche Studienfächer genauer auf ihren

Zusammenhang mit dem schulischen Lernprofil der Schülerinnen und Schüler zu untersuchen, für die es eine hinreichend große Anzahl von Nennungen gibt.

Abbildung X.4 gibt für die fünf Studienfächer, die mehr als 100 Nennungen in TIMSS auf sich vereinigen, jeweils die sechs häufigsten Leistungskurse wieder. Würde man sich auf die jeweils drei häufigsten Leistungskurse beschränken, würde sich nur wenig Variation ergeben, denn die durch die Begrenzungen der Kombinationswahlen empirisch deutlich begünstigten Fächer Mathematik, Deutsch und Fremdsprache (in der Regel Englisch) werden nur im Falle von Biologie und Medizin vom Fach Biologie von den Spitzenpositionen verdrängt. Nur für das Studienfach Biologie scheint es angesichts von 84 Prozent Leistungskurswahlen vertretbar, von einer gewissen Bahnung des Studienwunsches auf das spätere Studienfach zu sprechen – auch wenn diese hohe Korrespondenz nicht selten logisch umgekehrt zu Stande kommt: Schüler, die ein Biologiestudium schon zu Beginn der Oberstufe in Erwägung ziehen, wählen gezielt dieses Leistungsfach. Man darf hier allerdings nicht dem Trugschluss erliegen, ein ebenso hoher Anteil derjenigen, die einen Bio-

Abbildung X.4: Die sechs am häufigsten belegten Leistungsfächer getrennt nach Studienfachwunsch

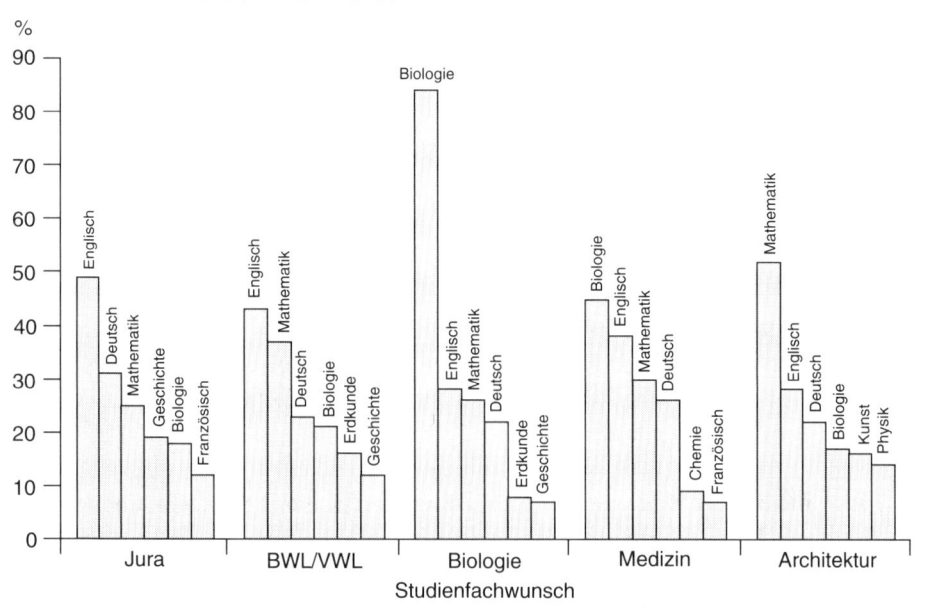

IEA. Third International Mathematics and Science Study. © TIMSS/III-Germany

logieleistungskurs belegt haben, plane die Aufnahme eines solchen Studiums. In der Tat sind es von den 492 Personen, die Biologie als erstes oder zweites Leistungsfach haben, nur 103 Personen (21 %), die ein entsprechendes Studium anvisieren. Selbst dann, wenn man den zweiten und dritten Studienwunsch mit einbezieht, erhöht sich dieser Anteil auf maximal 37 Prozent – kaum mehr als ein Drittel.

Abbildung X.4 verdeutlicht für diejenigen Studienfächer, die sich nicht eindeutig im Fächerkanon der Schule verorten lassen, Profile, die gerade in den hinteren Rangplätzen durchaus Spezifika erkennen lassen. Dass Geschichte für potentielle Juristen nach der Trias Englisch/Deutsch/Mathematik an vierter Stelle liegt, lässt eine gewisse Passung ebenso erkennen wie die nicht seltene Wahl von Kunst oder Physik für angehende Architekten. Da sich für ein Architekturstudium Schülerinnen und Schüler in etwa gleichem Anteil erwärmen (60:51), lassen sich die Präferenzen hier auch geschlechtsspezifisch analysieren. Für die ersten drei Ränge ergeben sich keine Wahlunterschiede, deutlich hingegen bei den nachrangigen Präferenzen: Während für die männlichen Befragten Physik mit 21 Prozent an vierter Stelle steht und Biologie und Kunst mit knapp 10 Prozent geringere Bedeutung haben, nimmt bei den weiblichen Befragten mit 20 Prozent Nennungen Kunst die vierte Stelle ein, gefolgt von Geschichte und Deutsch. Zumindest in der Tendenz wird hier deutlich, dass die Erwartungen an das Architekturstudium geschlechtsspezifisch akzentuiert sind und für die Männer der ingenieurwissenschaftliche Anteil einen größeren Stellenwert zu besitzen scheint als für Frauen, die dieses Fach vielleicht eher als angewandte Kunst und Ästhetik verstehen. Für die Studienoption Jura hingegen, die sich ebenfalls durch ein ausgewogenes Geschlechterverhältnis auszeichnet, sind die Rangreihen bis zur fünften Stelle identisch – Akzentunterschiede in den Erwartungen an das Fach lassen sich hier nicht nachweisen.

Um den Informationsgehalt der TIMSS-Daten bezüglich des Zusammenhangs von Studienfachwahl und Leistungskursbelegung optimal zu nutzen, das heißt auch für selten angegebene Studienfächer statistisch abzusichernde Hinweise auf ihre Assoziation mit bestimmten Leistungskursen zu bekommen, wurde in einem weiteren Schritt untersucht, wie häufig Schüler mit bestimmten Studienabsichten die unterschiedlichen Fächer als Leistungskurs belegt haben. Der prognostische Informationsgehalt dieser Angaben in Bezug auf die Wahl eines Studienfachs ergibt sich dann allerdings nur relativ zur Grundrate des betrachteten Leistungskurses. So ist der Umstand, dass 38,4 Prozent derjenigen, die ein erziehungswissenschaftliches Studium anstreben, einen Englischleistungskurs belegt haben, auf den ersten Blick bedeutsam, erweist sich aber als nicht informativ, wenn man berücksichtigt, dass in der Stichprobe insgesamt 38,8 Prozent einen Englischleistungskurs besuchen und folglich kein überzufälliger Zusammenhang besteht. Im Folgenden werden daher die standardisierten Residuen in den Einzelzellen der 25 × 20-Kreuztabelle (Leistungskurse × Studiengebiete) herangezogen, um überzufällige Zusammenhänge aufzudecken. Neben der zufallskritischen Absicherung hat diese Methode den Vorzug, dass neben positiven Beziehungen zwischen Leistungsfach und Studienwunsch auch Negativbezüge sichtbar werden, das heißt Studienfächer, die bei Vorliegen eines bestimmten Leistungskursfaches systematisch selten genannt werden, bzw. – in umgekehrter Richtung betrachtet – Vermeidung bestimmter Leistungskurse bei Vorliegen eines bestimmten Studienwunsches. In Tabelle X.9 sind für die 20 Studienrichtungen sowohl Positiv- wie Negativassoziationen wiedergegeben, wobei der kritische Wert für das Residuum statistisch konservativ auf (+/–) 3,0 festgelegt wurde. In Klammern sind die zugehörigen absoluten Prozentzahlen angegeben.

Die Tabelle macht zunächst deutlich, dass signifikant positive Assoziationen überwiegen. Dies hängt unter anderem damit zusammen, dass durch die Anforderung, zwei (bzw. drei) Fächer aus bis zu 20 Fächern auszuwählen, alle übrigen Fächer gewissermaßen „schwach negativ" gewählt sind. Oder, anders formuliert: Über die Präferenzen eines Jugendlichen bezüglich der Leistungskurse erfährt man mehr, wenn man für ein bestimmtes Fach weiß, ob der Schüler es als Leistungskurs gewählt hat, als wenn man erfährt, dass dieses spezielle Fach nicht Leistungskurs ist, denn dies würde man für ein Fach aufgrund der Basiswahrscheinlichkeit eher erwarten (wenn man vereinfachend davon ausgeht, alle Fächer würden gleich häufig positiv gewählt).

Es ist zunächst wenig überraschend, dass bei eindeutiger Fachzuordnung von Leistungskurs zu Studienfach eine positive Assoziation besteht. Hier gibt es aber dennoch interessante Unterschiede. Während für Mathematik, Physik, Biologie und Geschichte das Fach auch als eines der beiden Leistungsfächer recht sicher auftaucht (71–86 %), gilt dies nicht für Chemie und auch nicht für Sport. Der geringe Prozentsatz in Sport dürfte überwiegend auf den Umstand zurückgehen, dass dieses Fach in vielen Bundesländern nicht als Leistungsfach gewählt werden darf und auch in den übrigen Ländern, wo es rechtlich möglich ist, ein entsprechender Leistungskurs überhaupt erst zu Stande kommen muss. Für Chemie dürfte ausschließlich letzteres Problem entscheidend sein. Da es als Leistungsfach noch seltener gewählt wird als Physik, dürfte es an vielen Oberstufen keine Seltenheit sein, dass sich nicht für jeden Schülerjahrgang die notwendige Mindestanzahl von Leistungskursschülern findet. Hier ist der Vergleich mit Physik aufschlussreich, weil beide Fächer in etwa gleich häufig als Studienwunsch genannt werden. In Physik stehen 42 Befragten, die angeben, Physik studieren zu wollen, 316 Schülerinnen und Schüler gegenüber, die Physik als Leistungskurs haben. Die kaum geringere Anzahl zukünftiger Chemiestudenten (38 Personen) korrespondiert hingegen mit lediglich 120 Leistungskursschülern. Dass dieser Effekt auf strukturelle Beschränkungen in der Leis-

Tabelle X.9: Studienfächer und überzufällige Leistungskurswahlen

Studienfach/-fachgebiet	Positiv		Negativ	
Mathematik/Informatik	Mathematik	(85,6 %)	Deutsch	(3,1 %)
	Physik	(34,4 %)	Biologie	(12,5 %)
Physik	Physik	(73,8 %)	Deutsch	(2,4 %)
	Mathematik	(73,8 %)		
Chemie	Chemie	(42,1 %)		
	Mathematik	(76,3 %)		
Biologie	Biologie	(84,1 %)		
Medizin/Pharmazie	Biologie	(45,2 %)		
	Chemie	(10,5 %)		
	Latein	(3,5 %)		
Sprach- und Kulturwissenschaften	Deutsch	(47,6 %)	Mathematik	(14,4 %)
	Englisch	(61,0 %)	Physik	(2,1 %)
	Französisch	(15,0 %)		
Theologie/Philosophie	–		–	
Geschichte	Geschichte	(70,5 %)	–	
Psychologie	Englisch	(58,0 %)	Mathematik	(18,2 %)
Jura	Französisch	(12,5 %)	–	
	Geschichte	(18,8 %)		
Wirtschaftswissenschaften	Ökonomie[1]	(5,3 %)	Kunst	(1,8 %)
Erziehungswissenschaften	Deutsch	(43,6 %)	Mathematik	(18,0 %)
	Religion	(2,8 %)	Physik	(5,2 %)
Gesellschaftswissenschaften	–		–	
Geowissenschaften	Erdkunde	(48,6 %)		
Ingenieurwissenschaften	Mathematik	(68,3 %)	Deutsch	(12,3 %)
	Physik	(33,7 %)	Englisch	(26,2 %)
	Erdkunde	(17,9 %)	Biologie	(13,5 %)
Architektur	Kunst	(16,1 %)		
Künstlerische Fächer	Kunst	(25,2 %)		
	Musik	(6,5 %)		
Sport	Sport	(27,3 %)		
Bibliothekswesen	–		Mathematik	(12,9 %)
Agrarwissenschaften u.Ä.	Biologie	(51,7 %)		

[1] Geringer Prozentsatz, da nur in wenigen Bundesländern wählbar.
IEA. Third International Mathematics and Science Study. © TIMSS/III-Germany

tungskurswahl zurückgeht, lässt sich anhand der TIMSS-Daten indirekt belegen. Die Schüler wurden neben ihren Leistungskursen auch danach gefragt, ob sie „die Leistungskurse, die sie am liebsten gewählt hätten, tatsächlich wählen" konnten. Der Zusammenhang der Antwort (ja/nein) mit dem anvisierten Studienfach erreicht ein signifikantes Residuum in zwei Fächern: Sport und Chemie.

Mit Ausnahme von Biologie wird Mathematik als eines der beiden Leistungsfächer in den Naturwissenschaften und technischen Disziplinen systematisch häufiger gewählt. Für eher naturwissenschaftlich-technisch orientierte Schülerinnen und Schüler ist Mathematik gewissermaßen die Standardwahl für den Leistungskurs. Das Pendant im sprachlich-sozialwissenschaftlichen Studienfeld lässt sich im Fach Deutsch erkennen. Bezeichnenderweise tauchen beide Fächer fast immer antipodisch auf, das heißt zusammen als Positiv- und Negativwahlen. Es ist wichtig darauf hinzuweisen, dass die hier referierten Befunde nicht geschlechtsabhängig sind. Getrennte Subanalysen für weibliche und männliche Befragte ergeben nur marginale Unterschiede zu den in Tabelle X.9 dargestellten Mustern. Der Geschlechterunterschied hängt demnach ausschliesslich mit den Randverteilungen beider Variablen zusammen, nicht aber mit der Zusammenhangsstruktur. Dies sei an einem Beispiel deutlich gemacht: Der Leistungskurs Physik wird zwar von jungen Frauen deutlich seltener gewählt als von jungen Männern (4,6 % vs. 24,2 %). Unter diesen (wenigen) Schülerinnen jedoch ist der Prozentsatz, der neben Physik einen Mathematikleistungskurs belegt hat, ebenso hoch wie bei den Schülern. Gleichhoch ist auch der Anteil, der mit einem Leistungskurs Physik ein Physikstudium anstrebt. Die bei der Leistungskurswahl zum Tragen kommende Entscheidungsrationalität in der Abwägung persönlicher Interessensschwerpunkte und Beschränkungen durch die Oberstufenordnung ist demnach nicht geschlechtsspezifisch. Denselben Sachverhalt umgekehrt formuliert, ergibt sich die wichtige Schlussfolgerung, dass junge Frauen am Ende der Sekundarstufe II von einem naturwissenschaftlichen Studium nicht *zusätzlich,* das heißt hier jenseits der Leistungskurswahlen, abgeschreckt werden. Dies wiederum unterstreicht die Bedeutung solcher Ansätze, die bemüht sind, das Interesse der Mädchen an den Naturwissenschaften in der Schule systematisch zu stärken. Die hier dargestellten Befunde legen nämlich den Schluss nahe, dass ein erhöhter Frauenanteil in den Leistungskursen unmittelbar auch einen größeren Anteil von Studentinnen in diesen Fächern zur Folge hätte.

Wollte man die Zusammenhangsanalysen zwischen Studienfachwahl und Leistungskursen noch weiter verfeinern, so bietet sich an, nicht nur das Vorkommen eines bestimmten Leistungskursfaches im Verhältnis zu einem bestimmten Studienfach zu untersuchen, sondern Fächerkombinationen. Einer solchen Detailanalyse sind mit den TIMSS-Daten notwendigerweise deutliche Grenzen gesetzt, da selbst bei Ignorieren der Reihenfolge 125 verschiedene Kurskombinationen angegeben werden, wobei viele „Orchideenkombinationen" auf länder- oder schulspezifische Angebotsstrukturen zurückgehen und daher in der Repräsentativbetrachtung nicht sinnvoll berücksichtigt werden können. Pragmatisch beschränken sich die folgenden Analysen daher auf alle Kombinationen, für die mindestens 40 Fälle in der Stichprobe vorhanden sind. Dadurch reduziert sich die Anzahl der Kombinationen auf 20, die von exakt 50 Prozent der Befragten gewählt wurden. Eine Kreuztabellierung dieser 20 Fächer mit den auf ebenfalls 20 reduzierten Studiengebieten zeigt eine insgesamt geringe Korrespondenz zwischen Kombination und Studienfach. Dies besagt auch, dass die Vorhersagbarkeit der einen Variablen aus der anderen gering ist. Wollte man die Studienwahl einer befragten Person vorhersagen, so würde sich der durchschnittliche Vorhersagefehler nur um 8,3 Prozent durch die Kenntnis der Leistungskurskombination verringern (λ-Koeffizient). Allerdings bleibt bei einer globalen Analyse außer Acht, dass die Vorhersagbarkeit erheblich mit dem Studienfach/der Fächerkombination schwankt und durchaus erstaunliche „Treffsicherheit" zu erzielen ist. Trifft man zum Beispiel in der Oberstufe auf jemanden, der am liebsten Physik studieren will, so kann man sich nahezu darauf verlassen, dass er oder sie Mathematik und Physik als Leistungskurs hat (geschätzte Wahrscheinlichkeit: 75 %). Diese ungewöhnlich hohe Vorhersagesicherheit liegt in erster Linie daran, dass ein Physikleistungskurs überwiegend in der Kombination mit Mathematik gewählt wird (nicht aber umgekehrt) (vgl. Kap. IV). Dieser Umstand erklärt auch, warum diese Fächerkombination in der Liste der 125 Paarungen mit 7,3 Prozent aller Nennungen erstaunlicherweise die nach Deutsch und Englisch häufigste Einzelkombination darstellt (vgl. Tab. X.7). Trotz dieser Ausnahme bleibt der zentrale Befund, dass sich die bedeutsamen Zusammenhänge zwischen angestrebtem Studienfach und Leistungskursen durch die Analyse der Leistungskurskombinationen eher verdecken als verdeutlichen. Daher scheint eine detaillierte Wiedergabe der Befunde an dieser Stelle entbehrlich.

8. Zusammenfassung und Ausblick

Unbeschadet der anhaltenden Diskussionen über die Strukturkrise des deutschen Hochschulwesens sind mehr als drei Viertel der deutschen Schüler, die eine gymnasiale Oberstufe besuchen, in ihrer weiteren Lebensplanung auf ein Hochschulstudium eingestellt. Die TIMSS-Befragungsdaten stehen hier im Einklang mit Populationsdaten, wonach sich der Trend zum Übergang auf die Universitäten und Hochschulen in den vergangenen zehn Jahren wieder spürbar verstärkt hat. Dies gilt allerdings nur für die alten Bundesländer. Für die neuen Bundesländer belegen die TIMSS-Daten deutliche Transformationsfolgen im Bildungswesen, die zum Zeitpunkt der Erhebung dazu führten, dass die beruflichen Zukunftspläne ostdeutscher Oberstufenschüler im Durchschnitt weniger auf eine akademische Ausbildung ausgerichtet waren als in den alten Bundesländern. Wie die Zusammenstellung von Befunden aus TIMSS und der BIJU-Studie nahelegt, sind in der Phase nach der Umstellung auf ein gegliedertes Schulsystem verstärkt auch Teile der Schülerschaft auf das Gymnasium und in der Folge auf die Oberstufe gegangen, die in den westlichen Bundesländern eher Realschulklientel darstellen. Die auffallend starke Unsicherheit über ihre berufliche Zukunft unter ostdeutschen Gymnasiasten verweist auf eine im Rückblick durchaus rationale Handlungsstrategie. In Zeiten besonders unsicherer Arbeits- und Ausbildungsmärkte, wie dies zweifelsohne für die Jahre vor der TIMSS-Haupterhebung in den neuen Bundesländern zutraf, ist ein Verbleib im allgemeinbildenden Schulwesen mit dem Ziel einer Höherqualifizierung sinnvoll, weil sie nicht mit einem Optionsverlust für eine spätere nichtakademische berufliche Ausbildung verbunden ist. Die in Ostdeutschland geringere Studienneigung hängt indirekt auch mit dem dort höheren Frauenanteil zusammen. Wie gezeigt wurde, geht eine Orientierung an den traditionellen Geschlechterrollen, zu der die Jugendlichen in West wie Ost trotz unterschiedlicher Sozialisationsbedingungen gleichermaßen neigen, für die jungen Frauen mit einer geringeren Studienneigung einher – unabhängig von der gezeigten Schulleistung.

Auch das Elternhaus hat neben der gezeigten Schulleistung und dem Geschlecht einen deutlichen Einfluss darauf, ob nach dem Abitur kurz- oder mittelfristig die Aufnahme eines Studiums erwogen wird. Als wenig bedeutsam erweist sich hierbei allerdings die rein ökonomische Prosperität der Herkunftsfamilie. Kulturelles Kapital und in ganz besonderem Maße das psychologische Moment der elterlichen Erwartungshaltung, vor allem der Mutter, bilden die zentralen Einfluss- und Vermittlungsgrößen.

Anhand der TIMSS-Daten lässt sich das ungebrochen starke geschlechterstereotype akademische Wahlverhalten sowohl in der Schule bei der Wahl der Leistungskurse als auch in der Studienplanung bezüglich des angestrebten Studienfaches nachweisen. Die Strukturzusammenhänge zwischen Leistungsfächern und Fächerkombinationen einerseits und Studienpräferenzen andererseits sind hingegen nicht geschlechtsspezifisch. Dies ist ein zentraler Befund der hier gezeigten Analysen, da es den Schluss zulässt, dass die berufliche Auseinanderorientierung von Männern und Frauen bereits in der Oberstufe anhand der Leistungskurswahlen klar abzulesen ist und sich an der Übergangsschwelle zur Hochschule nicht durch antizipierte Geschlechterdiskriminierung in einzelnen Studienfächern weiter verschärft. Dies gilt zumindest für die Studienabsichten, für die man folglich die begründete Erwartung ableiten kann, dass deren starke Orientierung am traditionellen Geschlechterstereotyp durch eine Erhöhung der Frauenanteile in den eher untypischen Leistungskursfächern abgebaut würde. Inwieweit dies ohne flankierende Maßnahmen bereits in der Mittelstufe möglich ist, wird man aufgrund der Befunde für die TIMSS-Population II allerdings eher skeptisch beurteilen müssen (vgl. Baumert, Lehmann u.a., 1997).

Literatur

Abrams, E. & Wandersee, J. H. (1995). How to infuse actual scientific research practices into science classroom instruction. *International Journal of Science Education, 17/6,* 683–694.

Adams, R. J., Wilson, M. R. & Wang, W. C. (1997). The multidimensional random coefficients multinomial logit. *Applied Psychological Measurement, 21,* 1–24.

Adams, R. J., Wilson, M. R. & Wu, M. L. (1997). Multilevel item response models: An approach to errors in variables regression. *Journal of Educational and Behavioural Statistics, 22,* 46–75.

Adams, R. J., Wu, M. L. & Macaskill, G. (1997). Scaling methodology and procedures for the mathematics and science scales. In M. O. Martin & D. L. Kelly (Eds.), *Third International Mathematics and Science Study. Technical report: Vol. II. Implementation and analysis. Primary and middle school years* (Chap. 7, pp. 111–146). Chestnut Hill, MA: Boston College.

Aebli, H. (1981). *Denken, das Ordnen des Tuns: Bd. 2. Denkprozesse.* Stuttgart: Klett-Cotta.

Aebli, H. (1987). *Zwölf Grundformen des Lehrens.* Stuttgart: Klett-Cotta.

Aikenhead, G. S. & Ryan, A. G. (1992). The development of a new instrument: Views on Science-Technology-Society (VOSTS). *Science Education, 76,* 477–491.

Ajzen, I. (1988). *Attitudes, personality, and behavior.* Chicago, IL: The Dorsey Press.

Ajzen, I. & Fishbein, M. (1980). *Understanding attitudes and predicting social behavior.* Englewood Cliffs, NJ: Prentice Hall.

Akaike, H. (1973). Information theory and an extension of the maximum likelihood principle. In B. N. Petrov & B. F. Csaki (Eds.), *Second international symposium on information theory* (pp. 267–281). Budapest: Academiai Kiado.

Alexander, P. A. (1997). Mapping the multi-dimensional nature of domain learning: The interplay of cognitive, motivational, and strategic forces. In M. L. Maehr & P. R. Pintrich (Eds.), *Advances in motivation and achievement* (Vol. 10, pp. 213–250). Greenwich, CT: JAI Press.

Alexander, P. A. (2000). Toward a model of academic development: Schooling and the acquisition of knowledge. *Educational Researcher, 29* (2), 28–33 and 44.

Allalouf, A. & Sireci, S. (1998). *Detecting sources of DIF in translated verbal items.* Paper presented at the 1998 Annual Meeting of the American Educational Research Association, San Diego, CA.

Alt-Stutterheim, W. von (1980). *Die Kollegstufe im Urteil von Kollegiaten.* München: Ehrenwirth.

American Association for the Advancement of Science (AAAS). (1989). *Science for all Americans: A project 2061 report on literacy goals in science, mathematics, and technology.* Washington, DC: Author.

Anderson, J. R. (1987). Skill acquisition: Compilation of weak-method problem solutions. *Psychological Review, 94,* 192–210.

Anderson, J. R., Greeno, J. G., Reder, L. M. & Simon, H. A. (2000). Perspectives on learning, thinking, and activity. *Educational Researcher, 29* (4), 11–13.

Anderson, J. R., Reder, L. M. & Simon, H. A. (1996). Situated learning and education. *Educational Researcher, 25* (4), 5–11.

Anderson, J. R., Reder, L. M. & Simon, H. A. (1997). Situative and cognitive perspectives. Form versus substance. *Educational Researcher, 26* (1), 18–21.

Apel, H. J. (1998). Im Rückblick – zufrieden. Studierende über Leben und Lernen in der gymnasialen Oberstufe. *Pädagogisches Handeln, 2* (3), 59–70.

Arbeitsgruppe Bildungsbericht am Max-Planck-Institut für Bildungsforschung (Hrsg.). (1994). *Das Bildungswesen in der Bundesrepublik Deutschland. Strukturen und Entwicklungen im Überblick.* Reinbek: Rowohlt.

Arbuckle, J. L. (2000). Customizing longitudinal and multiple-group structural modeling procedures. In T. D. Little, K. U. Schnabel & J. Baumert (Eds.), *Modeling longitudinal and multilevel data. Practical issues, applied approaches, and specific examples* (pp. 241–248). Mahwah, NJ: Erlbaum.

Artelt, C. (1999). Lernstrategien und Lernerfolg – Eine handlungsnahe Studie. *Zeitschrift für Entwicklungspsychologie und Pädagogische Psychologie, 31* (2), 86–96.

Artelt, C. (2000). *Strategisches Lernen.* Münster: Waxmann.

Bandura, A. (1986). *Social foundations of thought and action: A social cognitive theory.* Englewood Cliffs, NJ: Prentice Hall.

Barnett, K. (1979). The study of syntax variables. In G. A. Golding & C. E. McClintock (Eds.), *Task variables in mathematical problem solving* (pp. 23–68). Philadelphia, PA: Franklin Institute Press.

Baron-Boldt, J. (1989). *Die Validität von Schulabschlußnoten für die Prognose von Ausbildungs- und Studienerfolg.* Frankfurt a.M.: Lang.

Bauer, L. (1978). *Mathematische Fähigkeiten.* Paderborn: Schöningh.

Baumert, J. (1992). Koedukation oder Geschlechtertrennung? *Zeitschrift für Pädagogik, 38* (1), 83–110.

Baumert, J. (1993). Lernstrategien, motivationale Orientierung und Selbstwirksamkeitsüberzeugungen im Kontext schulischen Lernens. *Unterrichtswissenschaft, 4,* 327–354.

Baumert, J. (1994). Bildungsvorstellungen, Schulleistungen und selbstbezogene Kognitionen in Ost- und Westdeutschland. In D. Benner & D. Lenzen (Hrsg.), *Bildung und Erziehung in Europa. Beiträge zum Kongreß der Deutschen Gesellschaft für Erziehungswissenschaft vom 14. bis 16. März 1994 in der Universität Dortmund* (S. 272–276). Weinheim: Beltz (Zeitschrift für Pädagogik, 32. Beiheft).

Baumert, J., Bos, W., Klieme, E., Lehmann, R., Lehrke, M., Hosenfeld, I., Neubrand, J. & Watermann, R. (Hrsg.). (1999). *Testaufgaben zu TIMSS/III. Mathematisch-naturwissenschaftliche Grundbildung und voruniversitäre Mathematik und Physik der Abschlußklassen der Sekundarstufe II (Population 3).* Berlin: Max-Planck-Institut für Bildungsforschung (Materialien aus der Bildungsforschung, 62).

Baumert, J., Bos, W. & Watermann, R. (1998). *TIMSS/III. Schülerleistungen in Mathematik und den Naturwissenschaften am Ende der Sekundarstufe II im internationalen Vergleich. Zusammenfassung deskriptiver Ergebnisse.* Berlin: Max-Planck-Institut für Bildungsforschung (Studien und Berichte, 64).

Baumert, J., Bos, W. & Watermann, R. (2000). *TIMSS/III: Skalenhandbuch.* Berlin: Max-Planck-Institut für Bildungsforschung.

Baumert, J., Gruehn, S., Heyn, S., Köller, O. & Schnabel, K. U. (1997). *Bildungsverläufe und psychosoziale Entwicklung im Jugendalter (BIJU). Dokumentation – Bd. 1. Skalen Längsschnitt I, Welle 1–4.* Berlin: Max-Planck-Institut für Bildungsforschung.

Baumert, J., Heyn, S. & Köller, O. (1992). *Das Kieler Lernstrategien-Inventar (KSI).* Kiel: Institut für die Pädagogik der Naturwissenschaften.

Baumert, J., Klieme, E., Lehrke, M. & Savelsbergh, E. (2000). Konzeption und Aussagekraft der TIMSS-Leistungstests. Zur Diskussion um TIMSS-Aufgaben aus der Mittelstufenphysik. *Die Deutsche Schule, 92* (1), 102–115 (Teil 1); (2), 196–217 (Teil 2).

Baumert, J. & Köller, O. (1996). Lernstrategien und schulische Leistungen. In J. Möller & O. Köller (Hrsg.), *Emotionen, Kognitionen und Schulleistung* (S. 137–154). Weinheim: Beltz.

Baumert, J. & Köller, O. (1998). Nationale und internationale Schulleistungsstudien: Was können sie leisten, wo sind ihre Grenzen? *Pädagogik, 50* (6), 12–18.

Baumert, J., Köller, O. & Schnabel, K. (2000). Schulformen als differentielle Entwicklungsmilieus – eine ungehörige Fragestellung? In Gewerkschaft Erziehung und Wissenschaft GEW (Hrsg.), *Messung sozialer Motivation. Eine Kontroverse* (S. 28–68). Frankfurt a.M.: Bildungs- und Förderungswerk der GEW (Schriftenreihe des Bildungs- und Förderungswerks der GEW, Bd. 14).

Baumert, J., Lehmann, R., Lehrke, M., Schmitz, B., Clausen, M., Hosenfeld, I., Köller, O. & Neubrand, J. (1997). *TIMSS – Mathematisch-naturwissenschaftlicher Unterricht im internationalen Vergleich. Deskriptive Befunde.* Opladen: Leske + Budrich.

Baumert, J., Roeder, P. M., Sang, F. & Schmitz, B. (1986). Leistungsentwicklung und Ausgleich von Leistungsunterschieden in Gymnasialklassen. *Zeitschrift für Pädagogik, 32* (5), 639–660.

Baumert, J., Schmitz, B., Sang, F. & Roeder, P. M. (1987). Zur Kompatibilität von Leistungsförderung und Divergenzminderung in Schulklassen. *Zeitschrift für Entwicklungspsychologie und Pädagogische Psychologie, 19* (3), 249–265.

Baumert, J., Schnabel, K. & Lehrke, M. (1998). Learning math in school: Does interest really matter? In L. Hoffmann, A. Krapp, K. A. Renninger & J. Baumert (Eds.), *Interest and learning* (pp. 327–336). Kiel: Institut für die Pädagogik der Naturwissenschaften.

Beaton, A. E. (1987). *Implementing the new design: The NAEP 1983–84 technical report.* Princeton, NJ: Educational Testing Service (Report No. 15-TR-2).

Beaton, A. E. & Allen, N. L. (1992). Interpreting scales through scale anchoring. *Journal of Educational Statistics, 17* (2), 191–204.

Becker, J. P. & Shimada, S. (1997). *The open-ended approach. A new proposal for teaching mathematics.* Reston, VA: National Council of Teachers of Mathematics.

Bellenberg, G. & Klemm, K. (1998). Von der Einschulung bis zum Abitur. Zur Rekonstruktion von Schullaufbahnen in Nordrhein-Westfalen. *Zeitschrift für Erziehungswissenschaft, 1,* 577–596.

Beller, M. & Gafni, N. (1995). The 1991 international assessment of educational progress in mathematics and sciences: The gender difference perspective. *Journal of Educational Psychology, 88,* 365–377.

Benbow, C. P. (1988). Sex differences in mathematical reasoning ability in intellectually talented preadolescents: Their nature, effects, and possible causes. *Behavioral and Brain Science, 11,* 169–183.

Benbow, C. P. & Stanley, J. C. (1980). Sex differences in mathematical reasoning ability: Fact or artifact? *Science, 210,* 1262–1264.

Benner, D. (1993). Vom Bildungssinn der Wissenschaften. In P. Gonon & J. Oelkers, *Die Zukunft der öffentlichen Bildung* (S. 23–41). Bern: Lang.

Bloom, B. S. (1956). *Taxonomy of educational objectives: The classification of educational goals: Handbook 1. Cognitive domain.* New York: Longman.

Boekaerts, M. (1992). The adaptable learning process: Initiating and maintaining behavioural change. *Applied Psychology, 41*(4), Special Issue: Educational Psychology, 377–397.

Boekaerts, M. (1997). Self-regulated learning: A new concept embraced by researchers, policy makers, educators, teachers, and students. *Learning and Instruction, 7* (2), 161–186.

Boekaerts, M. (1999). Self-regulated learning: Where we are today. *International Journal of Educational Research, 31,* 445–475.

Borkowski, J. G. & Turner, L. A. (1990). Transsituational characteristics of metacognition. In W. Schneider & F. E. Weinert (Eds.), *Interactions among aptitudes, strategies, and knowledge in cognitive performance* (pp. 159–176). New York: Springer.

Bortz, J. & Döring, N. (1995). *Forschungsmethoden und Evaluation* (2., vollst. überarb. und akt. Aufl.). Berlin: Springer.

Bourdieu, P. (1982). *Die feinen Unterschiede: Kritik der gesellschaftlichen Urteilskraft.* Frankfurt a.M.: Suhrkamp.

Bozdogan, H. (1987). Model selection and Akaike's information criterion (AIC): The general theory and its analytical extensions. *Psychometrika, 52,* 345–370.

Brick, J. M., Broene, P., James, P. & Severynse, J. (1997). *A user's guide to WesVarPC.* Rockville, MD: Westat, Inc.

Bromme, R., Seeger, F. & Steinbring, H. (1990). *Aufgaben als Anforderungen an Lehrer und Schüler.* Köln: Aulis.

Brown, A. (1994). The advancement of learning. *Educational Researcher, 23* (8), 4–12.

Brown, A. L. & Campione, J. C. (1996). Psychological theory and the design of innovative learning environments: On procedures, principles, and systems. In E. Schaubler & R. Glaser (Eds.), *Innovations and learning* (pp. 289–325). Mahwah, NJ: Erlbaum.

Brown, A. L. & Palincsar, A. S. (1989). Guided, cooperative learning and individual knowledge acquisition. In L. B. Resnick (Ed.), *Knowing, learning, and instruction. Essays in honor of Robert Glaser* (pp. 393–451). Hillsdale, NJ: Erlbaum.

Brown, G. (1995). What is involved in learning? In C. Desforges (Ed.), *An introduction to teaching: Psychological perspectives* (pp. 11–33). Oxford, UK: Blackwell.

Browne, M. W. & Cudeck, R. (1993). Alternative ways of assessing model fit. In K. A. Bollen & J. S. Long (Eds.), *Testing structural equation models* (pp. 136–162). Newbury Park, CA: Sage.

Bruder, R. (1981). Zur qualitativen Bestimmung und zum Vergleich objektiver Anforderungsstrukturen von Bestimmungsaufgaben im Mathematikunterricht. *Wissenschaftliche Zeitschrift der pädagogischen Hochschule „Karl-Liebknecht" Potsdam, 25* (1), 171–178.

Bryk, A. S. & Raudenbush, S. W. (1987). Application of hierarchical linear models to assessing change. *Psychological Bulletin, 101,* 147–158.

Bryk, A. S. & Raudenbush, S. W. (1992). *Hierarchical linear models. Applications and data analysis methods.* Newbury Park, CA: Sage.

Bryk, A. S., Raudenbush, S. W. & Congdon, R. T. (1994). *Hierarchical linear modeling with the HLM/2L and HLM/3L programs.* Chicago, IL: Scientific Software International.

Büchel, F. & Helberger, C. (1994). *Der Trend zur höherwertiger Ausbildung in der Bundesrepublik Deutschland – Chancen und Risiken.* Berlin: Technische Universität, Wirtschaftswissenschaftliche Dokumentation (Diskussionspaper 9/1994).

Buck, P. (1996). Über physikalische und chemische Zugriffsmodi. *Zeitschrift für Didaktik der Naturwissenschaften, 2* (3), 25–38.

Buck, P. (1997). *Einwurzelung und Verdichtung – Tema von cariazione über zwei Metaphern Wagenscheinscher Didaktik.* Dürnau: Verlag der Kooperative Dürnau.

Buck, P. & Mackensen, M. von (1988). *Naturphänomene erlebend verstehen.* Köln: Aulis.

Buechtemann, C., Schupp, J. & Soloff, D. (1993). Roads to work: School-to-work transition patterns in Germany and the United States. *Industrial Relations Journal, 24,* 97–110.

Bünder, W. (1998). Chancen für den fächerübergreifenden naturwissenschaftlichen Unterricht: Das Beispiel „Praxis integrierter naturwissenschaftlicher Grundbildung (PING)". In H. Behrendt (Hrsg.), *Zur Didaktik der Physik und Chemie* (S. 51–70). Alsbach: Leuchtturmverlag.

Bundesministerium für Bildung, Wissenschaft, Forschung und Technologie. (1994). *Grund- und Strukturdaten 1994/95.* Bonn: BMBWFT.

Burkam, D. T., Lee, V. L. & Smerdon, B. A. (1996). Gender and science learning early in high school: Subject matter and laboratory experiences. *American Educational Research Journal, 34,* 297–331.

Buttler, F. (1993). Woher kommt der Nachwuchs für das Duale System? Attraktivitätssicherung durch Standardisierung und Differenzierung aus der Sicht der Arbeitsmarkt- und Berufsforschung. In F. Buttler, R. Czycholl & H. Pütz (Hrsg.), *Modernisierung beruflicher Bildung vor den Ansprüchen von Vereinheitlichung und Differenzierung* (S. 80–110). Nürnberg: IAB (Beiträge aus der Arbeitsmarkt- und Berufsforschung, Bd. 177).

Byrne, B. M. (1996a). Academic self-concept: Its structure, measurement, and relation to academic achievement. In B. A. Bracken (Ed.), *Handbook of self-concept* (pp. 287–316). New York: Wiley.

Byrne, B. M. (1996b). *Measuring self-concept across the life span.* Washington DC: APA.

Byrnes, J. P. & Takahira, S. (1993). Explaining gender differences on SAT-math items. *Developmental Psychology, 29,* 805–810.

Camilli, G. & Shepard, L. A. (1994). *Methods for identifying biased test items* (Vol. 4). Thousand Oaks, CA: Sage.

Carey, S. & Smith, C. (1993). On understanding the nature of scientific knowledge. *Educational Psychologist, 28* (3), 235–251.

Chase, W. G. & Simon, H. A. (1973). Perception in chess. *Cognitive Psychology, 4,* 55–81.

Chipman, S. F., Krantz, D. H. & Silver, R. (1992). Mathematics anxiety and science careers among able college woman. *Psychological Science, 3,* 292–295.

Chipman, S. F., Marshall, S. & Scott, P. (1991). Content effects on word problem performance. A possible source of test bias? *American Educational Research Journal, 28,* 897–915.

Christiansen, B. & Walther, G. (1986). Task and activity. In B. Christiansen, A. G. Howson & M. Otte (Eds.), *Perspectives on mathematics education* (pp. 243–307). Dordrecht: Reidel.

Clausen, M. (2000). *Wahrnehmung von Unterricht: Übereinstimmung, Konstruktvalidität und Kriteriumsvalidität in der Forschung zur Unterrichtsqualität.* Unveröff. Dissertation, Freie Universität Berlin.

Cobb, P., Wood, T., Yackel, E., Nicholls, J., Wheatley, G., Trigatti, B. & Perlwitz, M. (1991). Assessment of a problem-centered second-grade mathematics project. *Journal for Research in Mathematics Education, 22,* 3–29.

Coleman, J. M. & Fults, B. A. (1985). Special class placement, level of intelligence, and the self-concept of gifted children: A social comparison perspective. *Remedial and Special Education, 6,* 7–11.

Comber, L. C. & Keeves, J. P. (1973). *Science education in nineteen countries. An empirical study.* Stockholm and New York: Almqvist & Wiksell and Wiley.

Corno, L. & Kanfer, R. (1993). The role of volition in learning and performance. *Review of Research in Education, 19,* 301–341.

Covington, M. V. (1992). *Making the grade: A self-worth perspective on motivation and school reform.* Cambridge, UK: Cambridge University Press.

Cronbach, L. J. (1987). Statistical tests for moderator variables: Flaws in analysis recently proposed. *Psychological Bulletin, 102,* 414–417.

Crow, T. J. (1994). The case for an X-Y homologous determinant of cerebral asymmetry. *Cytogenetic and Cell Genetics, 67,* 393–394.

Dansereau, D. F. (1985). Learning strategy research. In J. W. Segal, S. F. Chipman & R. Glaser (Eds.), *Thinking and learning skills: Vol. 1. Relating instruction to research* (pp. 209–239). Hillsdale, NJ: Erlbaum.

Dauenheimer, D. & Frey, D. (1996). Soziale Vergleichsprozesse in der Schule. In J. Möller & O. Köller (Hrsg.), *Emotionen, Kognitionen und Schulleistung* (S. 158–174). Weinheim: Beltz.

Davier, M. von (1996a). *Methoden zur Prüfung probabilistischer Testmodelle.* Kiel: Institut für die Pädagogik der Naturwissenschaften.

Davier, M. von (1996b). *Programm WINMIRA.* Kiel: Institut für die Pädagogik der Naturwissenschaften.

Davier, M. von & Rost, J. (1996). Die Erfassung transsituativer Copingstile durch Stimulus-Response-Inventare. *Diagnostica, 42,* 313–331.

Davis, J. A. (1966). The campus as a frog pond: An application of the theory of relative deprivation to career decisions of college men. *American Journal of Sociology, 72,* 17–31.

Davis, P. J. & Hersh, R. (1981). *The mathematical experience.* Boston, MA: Birkhäuser.

Deci, E. L., Koestner, R. & Ryan, R. M. (1999a). A meta-analytic review of experiments examining the effects of extrinsic rewards on intrinsic motivation. *Psychological Bulletin, 125,* 627–668.

Deci, E. L., Koestner, R. & Ryan, R. M. (1999b). The undermining effect is a reality after all – Extrinsic rewards, task interest, and self-determination: Reply to Eisenberger, Pierce, and Cameron (1999) and Lepper, Henderlong, and Gingras (1999). *Psychological Bulletin, 125,* 692–700.

Deci, E. L. & Ryan, R. M. (1985). *Intrinsic motivation and self-determination in human behavior.* New York: Plenum.

Deidesheimer Kreis. (1997). *Hochschulzulassung und Studieneignungstests: Studienfeldbezogene Verfahren zur Feststellung der Eignung für Numerus-clausus- und andere Studiengänge.* Göttingen: Vandenhoeck & Ruprecht.

Demmer, M. (1998). TIMSS/III. Lesehilfe. *Erziehung und Wissenschaft, 7–8,* S. 16.

Ditton, H. & Krecker, L. (1995). Qualität von Schule und Unterricht. *Zeitschrift für Pädagogik, 41* (4), 507–529.

Dörner, D. (1989). *Die Logik des Mißlingens.* Reinbek: Rowohlt.

Dreeben, R. (1980). *Was wir in der Schule lernen.* Frankfurt a.M.: Suhrkamp.

Drexel, J. (1993). *Das Ende des Facharbeiteraufstieg? Neue mittlere Bildungs- und Karrierewege in Deutschland und Frankreich – Ein Vergleich.* Frankfurt a.M.: Campus.

Driver, R., Leach, J., Millar, R. & Scott, P. (1995). *Young people's images of science.* Buckingham and Philadelphia, PA: Open University Press.

Dubs, R. (1995). Konstruktivismus: Einige Überlegungen aus der Sicht der Unterrichtsgestaltung. *Zeitschrift für Pädagogik, 41,* 889–903.

Duggan, S., Johnson, P. & Gott, R. (1996). A critical point in investigative work: Defining variables. *Journal of Research in Science Teaching, 33* (5), 461–474.

Duit, R. (1995). Zur Rolle der konstruktivistischen Sichtweise in der naturwissenschaftsdidaktischen Lehr- und Lernforschung. *Zeitschrift für Pädagogik, 41,* 905–923.

Duit, R. & Treagust, D. F. (1995). Students' conceptions and constructivist teaching approaches. In B. J. Fraser & H.-J. Walberg (Eds.), *Improving science education* (pp. 46–69). Chicago, IL: University of Chicago Press.

Dweck, C. S. (1986). Motivational processes affecting learning. *American Psychologist, 41* (19), 1040–1048.

Dweck, C. S. & Leggett, E. L. (1988). A social-cognitive approach to motivation and personality. *Psychological Review, 95,* 256–273.

Eccles, J. S. (1983). Expectancies, values, and academic choice: Origins and changes. In J. Spence (Ed.), *Achievement and achievement motivation* (pp. 87–134). San Francisco, CA: Freeman.

Eccles, J. S. (1994). Understanding women's educational and occupational choices: Applying the Eccles et al. model of achievement-related choices. *Psychology of Women Quarterly, 18,* 585–609.

Eccles, J. S., Barber, B. L., Updekraff, K. & O'Brien, K. M. (1998). An expectancy-value model of achievement choices: The role of ability self-concepts, perceived task utility and interest in predicting activity choice and course enrolment. In L. Hoffmann, A. Krapp, K. A. Renninger & J. Baumert (Eds.), *Interest and learning* (pp. 267–297). Kiel: Institut für die Pädagogik der Naturwissenschaften.

Eccles, J. S., Jacobs, J. E. & Harold, R. D. (1990). Gender role stereotypes, expectancy effects, and parents' socialization of gender differences. *Journal of Social Issues, 46,* 183–201.

Edmundson, K. M. & Novak, J. D. (1993). The interplay of scientific epistemological views, learning strategies, and attitudes of college students. *Journal of Research in Science Teaching, 30,* 547–559.

Einsiedler, W. (1981). *Lehrmethoden.* München: Urban & Schwarzenberg.

Einsiedler, W. (1997). Unterrichtsqualität und Leistungsentwicklung. Literaturüberblick. In F. E. Weinert & A. Helmke (Hrsg.), *Entwicklung im Grundschulalter* (S. 225–240). Weinheim: Psychologie Verlags Union.

Einsiedler, W. (1999). *Von Erziehungs- und Unterrichtsstilen zur Unterrichtsqualität.* Nürnberg: Universität Erlangen-Nürnberg, Institut für Grundschulforschung (Berichte und Arbeiten aus dem Institut für Grundschulforschung, 90).

Eisenberger, R., Pierce, D. & Cameron, J. (1999). Effects of reward on intrinsic motivation – Negativ, neutral, and positive: Comment on Deci, Koestner, and Ryan (1999). *Psychological Bulletin, 125* (6), 677–691.

Elliot, A. J., McGregor, H. A. & Gable, S. (1999). Achievement goals, study strategies, and exam performance: A mediational analysis. *Journal of Educational Psychology, 91* (3), 549–563.

Erikson, R. & Jonsson, J. O. (Eds.). (1996). *Can education be equalized? The Swedish case in comparative perspective.* Oxford, UK: Westview Press.

Fend, H. (1982). *Gesamtschule im Vergleich. Bilanz der Ergebnisse des Gesamtschulversuchs.* Weinheim: Beltz.

Fend, H. (1998). *Theoretical underpinning, design, and empirical testing of CCC-indicators (self-perceptions, persistence).* Discussion paper.

Fend, H. & Prester, H.-G. (Hrsg.). (1986). *Dokumentation der Skalen des Projekts „Entwicklung im Jugendalter": Bericht aus dem Projekt „Entwicklung im Jugendalter".* Konstanz: Sozialwissenschaftliche Fakultät der Universität Konstanz.

Fennema, E. & Peterson, P. L. (1987). Effective teaching for boys and girls. In D. C. Berliner & B. V. Rosenshine (Eds.), *Talks to teachers: A Festschrift for N. L. Gage* (pp. 111–125). New York: Random House.

Festinger, L. (1954). A theory of social comparison processes. *Human Relations, 7,* 117–140.
Fischer, G. H. & Molenaar, I. W. (Eds.). (1995). *Rasch models. Foundation, recent developments, and applications.* New York: Springer.
Fischer, R. & Malle, G. (1985). *Mensch und Mathematik.* Mannheim: Wissenschaftsverlag.
Formann, A. K. (1984). *Die Latent-Class-Analyse.* Weinheim: Beltz.
Freudenthal, H. (1977). *Mathematik als pädagogische Aufgabe* (Bd. 1 und 2). Stuttgart: Klett.
Freudenthal, H. (1983). *Didactical phenomenology of mathematical structures.* Dordrecht: Reidel.
Frey, D., Dauenheimer, D., Parge, O. & Haisch, J. (1993). Die Theorie sozialer Vergleichsprozesse. In D. Frey & M. Irle (Hrsg.), *Theorien der Sozialpsychologie: Bd. 1. Kognitive Theorien* (2. Aufl., S. 81–121). Bern: Huber.

Gagné, R. M. & Briggs, L. J. (1974). *Principles of instructural design.* New York: Holt, Rinehart & Winston.
Gallagher, A. M. & De Lisi, R. (1994). Gender differences in scholastic aptitude test – Mathematics problem solving among high-ability students. *Journal of Educational Psychology, 86,* 204–211.
Garden, R. A. & Orpwood, G. (1996). Development of the TIMSS achievement tests. In M. O. Martin & D. L. Kelly (Eds.), *Third International Mathematics and Science Study. Technical report: Vol. I. Design and development* (Chap. 2, pp. 1–19). Chestnut Hill, MA: Boston College.
Garrett, R. M. & Roberts, I. F. (1982). Demonstration versus small group practical work in science education. A critical review of studies since 1900. *Studies in Science Education, 9,* 109–146.
Geary, D. C. (1989). A model for representing gender differences in the pattern of cognitive abilities. *American Psychologist, 44,* 1155–1156.
Geary, D. C. (1996). Sexual selection and sex differences in mathematical ability. *Behavioral and Brain Sciences, 19,* 229–284.
Giaconia, R. M. & Hedges, L. V. (1982). Identifying features of effective open education. *Review of Educational Research, 52,* 579–602.
Giesen, H., Gold, A., Hummer, A. & Weck, M. (1992). Die Bedeutung der Koedukation für die Genese der Studienwahl. *Zeitschrift für Pädagogik, 38,* 65–81.
Gigerenzer, G. (1999). *Das Reich des Zufalls: Wissen zwischen Wahrscheinlichkeiten, Häufigkeiten und Unschärfen.* Heidelberg: Spektrum.
Gil-Pérez, D. (1996). New trends in science education. *International Journal of Science Education, 18,* 889–901.
Gjesme, T. & Nygard, R. (1970). *Achievement-related motives: Theoretical considerations and construction of a measuring instrument.* Unpublished manuscript, University of Oslo.
Glenberg, A. M & Epstein, W. (1987). Inexpert calibration of comprehension. *Memory & Cognition, 10,* 597–602.
Goethals, G. R. & Darley, J. M. (1977). Social comparison theory: An attributional approach. In J. M. Suls & R. L. Miller (Eds.), *Social comparison processes: Theoretical and empirical perspectives* (pp. 259–278). Washington, DC: Hemisphere.
Goffman, E. (1973). *Asyle. Über die soziale Situation psychiatrischer Patienten und anderer Insassen.* Frankfurt a.M.: Suhrkamp.
Goldin, G. A. & McClintock, C. E. (1979). *Task variables in mathematical problem solving.* Columbus, OH: ERIC.
Goldstein, H. (1987). *Multilevel models in educational and social research.* London: Charles Griffin & Co. Ltd.
Goldstein, H. (1992). Statistical information and the measurement of educational outcomes. *Journal of the Royal Statistical Society, Series A, 155,* 313–315.
Gonzalez, E. J. & Foy, P. (1998). Estimation of sampling and imputation variability. In M. O. Martin & D. L. Kelly (Eds.), *Third International Mathematics and Science Study. Technical report: Vol. III. Implementation and analysis: Final year of secondary school* (Chap. 5, pp. 67–80). Chestnut Hill, MA: Boston College.

Göttert, R. & Kuhl, J. (1980). *LM-Fragebogen: Deutsche Übersetzung der AMS-Scale von Gjesme und Nygard*. Bochum: Psychologisches Institut der Ruhr-Universität Bochum (unveröff. Manuskript).

Greeno, J. G. (1989). Situations, mental models, and generative knowledge. In D. Klahr & K. Kotovsky (Eds.), *Complex information processing. The impact of H. A. Simon* (pp. 285–318). Hillsdale, NJ: Erlbaum.

Greeno, J. G. (1997). On claims that answer the wrong questions. *Educational Researcher, 25* (1), 5–17.

Greeno, J. G. (1998). The situativity of knowing, learning, and research. *American Psychologist, 53* (1), 5–26.

Greeno, J. G., Smith, D. R. & Moore, J. C. (1993). Transfer of situated learning. In D. K. Detterman & R. J. Sternberg (Eds.), *Transfer on trial: Intelligence, cognition, and instruction* (pp. 83–167). Norwood, NJ: Ablex.

Grigutsch, S. (1996). *Mathematische Weltbilder von Schülern: Struktur, Entwicklung, Einflußfaktoren.* Unveröff. Dissertation, Fachbereich 11/Mathematik der Gerhard-Mercator-Universität, Gesamthochschule Duisburg.

Grigutsch, S., Raatz, U. & Törner, G. (1998). Einstellungen gegenüber Mathematik bei Mathematiklehrern. *Journal für Mathematikdidaktik, 19* (1), 3–45.

Grigutsch, S. & Törner, G. (1998). *Mathematische Weltbilder von Hochschul-Lehrenden im Fach Mathematik.* Universität Duisburg (Schriftenreihe des Fachbereichs Mathematik der Universität Duisburg).

Groeben, A. von (1999). Leistung wahrnehmen, Leistung bewerten – Rede zur Verleihung der Ehrendoktorwürde durch die Fakultät für Pädagogik der Universität Bielefeld am 21.10.1998. *Neue Sammlung, 38* (2), 269–281.

Grouws, D. A. (Ed.). (1992). *Handbook of research on mathematics, teaching and learning (NCTM).* New York: Macmillan.

Gruber, H., Mandl, H. & Renkl, A. (2000). Was lernen wir in Schule und Hochschule: Träges Wissen? In H. Mandl & J. Gerstenmaier (Hrsg.), *Die Kluft zwischen Wissen und Handeln. Empirische und theoretische Lösungsansätze* (S. 139–156). Göttingen: Hogrefe.

Gruehn, S. (1995). Vereinbarkeit kognitiver und nichtkognitiver Ziele im Unterricht. *Zeitschrift für Pädagogik, 41,* 531–553.

Gruehn, S. (2000). *Unterricht und schulisches Lernen: Schüler als Quellen der Unterrichtsbeschreibung.* Münster: Waxmann.

Gunstone, F. R. (1991). Reconstructing theory from practical experience. In B. E. Woolnough (Ed.), *Practical science.* Milton Keynes: Open University Press.

Gustan, W. C. & Corazza, L. (1994). Mathematical and verbal reasoning as predictors of science achievement. *Roeper Review, 16,* 160–162.

Hacket, G. & Campbell, N. K. (1987). Task self-efficacy and task interest as a function of performance on a gender-neutral task. *Journal of Vocational Behavior, 30,* 203–215.

Hagemeister, V. (1999). Was wurde bei TIMSS erhoben? Rückfragen an eine standardisierte Form der Leistungsmessung. *Die Deutsche Schule, 91* (2), 160–177.

Halpern, D. F. & Wright, T. M. (1996). A process-oriented model of cognitive sex differences. *Learning and Individual Differences, 8,* 3–24.

Hambleton, R. K., Swaminathan, H. & Rogers, H. J. (Eds.). (1991). *Fundamentals of item response theory.* Newbury Park, CA: Sage.

Hammer, D. (1994). Epistemological beliefs in introductory physics. *Cognition and Instruction, 12* (2), 151–183.

Hammer, D. (1995). Epistemological considerations in teaching introductory physics. *Science Education, 74* (4), 393–413.

Hanna, G. (1983). *Rigorous proof in mathematics education.* Toronto: Ontario Institute for Studies in Education.

Hannover, B. (1991). Zur Unterrepräsentanz von Mädchen in Naturwissenschaften und Technik: Psychologische Prädiktoren der Fach- und Berufswahl. *Zeitschrift für Pädagogische Psychologie, 5,* 169–186.

Hansford, B. D. & Hattie, J. A. (1982). The relationship between self and achievement/performance measures. *Review of Educational Research, 52,* 123–142.

Harlen, W. (1999). *Effective teaching of science.* Edinburgh, UK: The Scottish Council for Research in Education (SCRE).

Hatano, G. (1998). Comprehension activity in individuals and groups. In M. Sabourin, F. Craik & M. Robert (Eds.), *Advances in psychological science: Vol. 2. Biological and cognitive aspects* (pp. 399–418). Hove, UK: Psychology Press/Erlbaum.

Häußler, P. & Hoffmann, L. (1995). Physikunterricht – an den Interessen von Mädchen und Jungen orientiert. *Unterrichtswissenschaften, 23* (2), 107–126.

Heckhausen, H. (1989). *Motivation und Handeln.* Berlin: Springer.

Heckhausen, J. & Krüger, J. (1993). Developmental expectations for the self and other people: Age grading in three functions of social comparison. *Developmental Psychology, 29,* 539–548.

Hedges, L. V. & Nowell, A. (1995). Sex differences in mental test scores, variability, and number of high scoring individuals. *Science, 269,* 41–45.

Helmke, A. (1988). Leistungssteigerung und Ausgleich von Leistungsunterschieden in Schulklassen: Unvereinbare Ziele? *Zeitschrift für Entwicklungspsychologie und Pädagogische Psychologie, 10,* 45–76.

Helmke, A. (1992a). Unterrichtsqualität und Unterrichtseffekte – Ergebnisse der Münchener Studie. *Der Mathematikunterricht, 38,* 40–58.

Helmke, A. (1992b). *Selbstvertrauen und schulische Leistungen.* Göttingen: Hogrefe.

Helmke, A. (1993). Die Entwicklung der Lernfreude vom Kindergarten bis zur 5. Klassenstufe. *Zeitschrift für Pädagogische Psychologie, 7,* 77–86.

Helmke, A. & Aken, M. A. G. van (1995). The causal ordering of academic achievement and self-concept of ability during elementary school: A longitudinal study. *Journal of Educational Psychology, 87,* 624–637.

Helmke, A. & Schrader, F.-W. (1990). Zur Kompatibilität kognitiver, affektiver und motivationaler Zielkriterien des Schulunterrichts – Clusteranalytische Studien. In M. Knopf & W. Schneider (Hrsg.), *Entwicklung. Allgemeine Verläufe – Individuelle Unterschiede, Pädagogische Konsequenzen. Festschrift zum 60. Geburtstag von Franz Emanuel Weinert* (S. 181–200). Göttingen: Hogrefe.

Helmke, A. & Weinert, F. E. (1997). Bedingungsfaktoren schulischer Leistungen. In F. E. Weinert (Hrsg.), *Enzyklopädie der Psychologie. Serie Pädagogische Psychologie, Bd. 3: Psychologie des Unterrichts und der Schule* (S. 71–176). Göttingen: Hogrefe.

Hentig, H. von (1985). *Die Menschen stärken, die Sachen klären.* Stuttgart: Reclam.

Hersh, R. (1997). *What is mathematics, really?* New York: Oxford University Press.

Hestenes, D., Wells, M. & Swackhamer, G. (1992). Force concept inventory. *The Physics and Teacher, 30,* 141–158.

Heubrock, D. (1979). *Die reformierte gymnasiale Oberstufe im Schülerurteil: Hintergründe, Analysen und Folgerungen einer empirischen Erkundungsstudie.* Würzburg: Königshausen & Neumann.

Heyn, S., Schnabel, K. & Roeder, P. M. (1997). Von der Options- zur Realitätslogik: Stabilität und Wandel berufsbezogener Wertvorstellungen in der Statuspassage Schule-Beruf. In *Transformation und Tradition in Ost und West* (S. 281–305). Opladen: Leske + Budrich.

Hodapp, V. & Mißler, B. (1996). Determinanten der Wahl von Mathematik als Leistungs- bzw. Grundkurs in der 11. Jahrgangsstufe. In R. Schumann-Hengsteler & H. M. Trautner (Hrsg.), *Entwicklung im Jugendalter* (S. 143–164). Göttingen: Hogrefe.

Hodson, D. (1993). Re-thinking old ways: Towards a more critical approach to practical work in school science. *Studies in Science Education, 22,* 85–142.

Hofer, B. K. (1994, August). *Epistemological beliefs and first-year college students: Motivation and cognition in different instructional contexts.* Paper presented at the Annual Meeting of the American Psychological Association, Los Angeles, CA.

Hofer, B. K. & Pintrich, P. R. (1997). The development of epistemological theories: Beliefs about knowledge and knowing and their relation to learning. *Review of Educational Research, 67* (1), 88–140.

Höfling, O. (1992). *Physik* (Bd. 1). Bonn: Ferd. Dümmlers Verlag.

Hofstein, A. & Lunetta, V. N. (1982). The role of the laboratory in science teaching: Neglected aspects of research. *Review of Educational Research, 52* (2), 201–217.

Hogan, K. (2000). Exploring a process view of students' knowledge about the nature of science. *Science Education, 84* (1), 51–70.

Hong, S. & Roznowski, M. (1998). *The impact of retaining differentially functioning items on predictive validities: A simulation study.* Unpublished paper, Ohio State Univerity.

Hopf, D. (1980). *Mathematikunterricht: Eine empirische Untersuchung zur Didaktik und Unterrichtsmethode in der 7. Klasse des Gymnasiums.* Stuttgart: Klett-Cotta.

Hosenfeld, I., Köller O. & Baumert, J. (1999). Why sex differences in mathematics achievement disappear in German secondary schools: A reanalysis of the German TIMSS-data. *Studies in Educational Evaluation, 25,* 143–162.

Hosenfeld, I., Strauß, B. & Köller, O. (1997). Geschlechtsunterschiede bei Raumvorstellungsaufgaben: Eine Frage der Strategie? *Zeitschrift für Pädagogische Psychologie, 11,* 85–94.

Hox, J. J. & Kreft, I. G. G. (1994). Multilevel analysis methods. *Sociological Methods & Research, 22,* 283–299.

Huber, L. (1994). Nur allgemeine Studierfähigkeit oder doch allgemeine Bildung? Zur Wiederaufnahme der Diskussion über „Hochschulreife" und die Ziele der Oberstufe. *Die Deutsche Schule, 1,* 12–26.

Huber, L. (1995). Individualität zulassen und Kommunikation stiften. Vorschläge und Fragen zur Reform der gymnasialen Oberstufe. *Die Deutsche Schule, 2,* 161–182.

Huber, L. (1996). Abriß, Sanierung und Neubau? Zum Bericht der KMK-Expertenkommission „Weiterentwicklung der Prinzipien der gymnasialen Oberstufe und des Abiturs". *Die Deutsche Schule, 1,* S. 37 ff.

Huber, L. (1997). Fähigkeit zum Studieren – Bildung durch Wissenschaft. In E. Liebau, W. Mack & Ch. Scheilke (Hrsg.), *Das Gymnasium. Alltag, Reform, Geschichte, Theorie* (S. 333–351). Weinheim: Juventa.

Huber, L. (1998). Allgemeine Studierfähigkeit, basale Fähigkeiten, Grundbildung. Zur aktuellen Diskussion um die gymnasiale Oberstufe. In R. Messner, E. Wicke & D. Bosse (Hrsg.), *Die Zukunft der gymnasialen Oberstufe* (S. 150–181). Weinheim: Beltz.

Husén, T. (1967). *International study of achievement in mathematics: A comparison of twelve countries* (Vols. I and II). Stockholm and New York: Almqvist & Wiksell and Wiley.

Husén, T., Tuijnman, A. & Halls, W. D. (Eds.). (1992). *Schooling in modern European society: A report of the Academia Europaea.* Oxford, UK: Pergamon.

Hyde, J. S., Fennema, E. F. & Lamon, S. J. (1990). Gender differences in mathematics performance: A meta-analysis. *Psychological Bulletin, 107,* 139–155.

Hyde, J. S. & Linn, M. C. (1988). A meta-analysis of gender differences in verbal abilities. *Psychological Bulletin, 104,* 53–69.

Inglehart, R. (1977). *The silent revolution. Changing values and political styles among Western publics.* Princeton, NJ: Princeton University Press.

Japan Society of Mathematical Education (Ed.). (1997). *Rethinking lesson organization in school mathematics (Yearbook 3, JSME).* Tokyo: JSME.

Jerusalem, M. (1984). *Selbstbezogene Kognitionen in schulischen Bezugsgruppen: Eine Längsschnittstudie: Bd. I. Institut für Psychologie.* Berlin: Freie Universität Berlin.

Johnson, E. G. & Rust, K. F. (1992). Population references and variance estimation for NAEP data. *Journal of Educational Statistics, 17,* 175–190.

Johnson, S. (1996). The contribution of large-scale assessment programmes to research on gender differences. *Educational Research and Evaluation, 2,* 25–49.

Jöreskog, K. G. & Sörbom, D. (1993). *LISREL 8: Structural equation modeling with the SIMPLIS command language.* Chicago, IL: Scientific Software International.

Keeves, J. P. & Kotte, D. (1992). Disparities between the sexes in science education: 1970–1984. In J. P. Keeves (Ed.), *The IEA study of science III. Changes in science education and achievement: 1970–1984* (pp. 141–164). Oxford, UK: Pergamon.

Keeves, J. P. & Kotte, D. (1996). Patterns of science achievement: International comparisons. In L. H. Parker, L. J. Rennie & B. J. Fraser (Eds.), *Gender, science, and mathematics* (pp. 77–93). Dordrecht: Kluwer.

Keitel, C. (1981). Mathematik für alle – Ein Ziel; was sind die Ziele einer „Mathematik für alle"? *Zentralblatt für Didaktik der Mathematik, 17,* 177–186.

Kenny, D. A. (1996). The design and analysis of social-interaction research. *Annual Review of Psychology, 47,* 59–86.

Kimball, M. E. (1968). Understanding the nature of science: A comparison of scientists and science teachers. *Journal of Research in Science Teaching, 5,* 111–120.

King, P. M. & Kitchener, K. S. (1994). *Developing reflective judgment: Understanding and promoting intellectual growth and critical thinking in adolescents and adults.* San Francisco, CA: Jossey-Bass.

Kintsch, W. (1994). Kognitionspsychologische Modelle des Textverstehens: Literarische Texte. In K. Reusser & M. Reusser-Weyeneth (Hrsg.), *Verstehen* (S. 39–54). Bern: Huber.

Kintsch, W. (1998). *Comprehension. A paradigm for cognition.* Cambridge, UK: Cambridge University Press.

Kish, L. (1995). *Survey sampling.* New York: Wiley.

Klauer, K. J. (1999). Situated Learning: Paradigmenwechsel oder alter Wein in neuen Schläuchen? *Zeitschrift für Pädagogische Psychologie, 13* (3), 117–121.

Klauer, K. J. (2000). Doch die Verhältnisse, sie sind nicht so. Ein Nachwort. *Zeitschrift für Pädagogische Psychologie, 14* (1), 10–11.

Klemm, K. (1998). TIMSS/III. Als Munition im Schulstreit ungeeignet. *Erziehung und Wissenschaft, 7–8* (14), S. 15 und 17.

Klemm, K. (2000). Sind internationale Leistungsvergleiche nach dem Muster der TIMSS-Studien zur Qualitätsentwicklung notwendig/sinnvoll? In Bildungs- und Förderungswerk der Gewerkschaft Erziehung und Wissenschaft im DGB e.V., *Was leisten Leistungsvergleiche (nicht)?* (S. 49–51) (Schriftenreihe des Bildungs- und Förderungswerks der Gewerkschaft Erziehung und Wissenschaft im DGB e.V., Nr. 15).

Klieme, E. (1986). Bildliches Denken als Mediator für Geschlechtsunterschiede beim Lösen mathematischer Probleme. In H.-G. Steiner (Hrsg.), *Grundfragen der Entwicklung mathematischer Fähigkeiten* (S. 133–151). Köln: Aulis.

Klieme, E. (1989). *Mathematisches Problemlösen als Testleistung.* Frankfurt a.M.: Lang.

Klieme, E. (1997, August). *Gender-related differences in mathematical abilities: Effect size, spatial mediation, and item content.* Paper presented at the 7th Conference of the European Association for Research in Learning and Instruction (EARLI), Athens, Greece.

Klieme, E., Reiss, K. & Heinze, A. (in Vorbereitung). *Beweisverständnis und geometrische Kompetenz. Eine Untersuchung zu TIMSS-Aufgaben.*

Klopfer, W. (1969). The teaching of science and the history of science. *Journal of Research in Science Teaching, 6,* 87–95.

KMK. (1989). Siehe Ständige Konferenz der Kultusminister.

KMK. (1995). Siehe Sekretariat der Ständigen Konferenz der Kultusminister der Länder in der Bundesrepublik Deutschland.

Knittel, T. & Bargel, T. (1996). *Die Organisation der gymnasialen Oberstufe und Wahl der Leistungskurse in ihren Folgen für die Studienvorbereitung und Studienbewältigung.* Konstanz: Universität Konstanz (Hefte zur Bildungs- und Hochschulforschung, 21).

Köhler, H. (1990). *Neue Entwicklungen des relativen Schul- und Hochschulbesuches: Eine Analyse der Daten für 1975–1987.* Berlin: Max-Planck-Institut für Bildungsforschung (Materialien aus der Bildungsforschung, 37).

Köller, O. (1997). Evaluation of STS-approaches: A psychological perspective. In W. Gräber & C. Bolte (Eds.), *Scientific literacy: An international symposium* (pp. 331–347). Kiel: Institut für die Pädagogik der Naturwissenschaften.

Köller, O. (1998). *Zielorientierungen und schulisches Lernen.* Münster: Waxmann.

Köller, O., Baumert, J., Clausen, M. & Hosenfeld, I. (1999). Predicting mathematics achievement of eighth grade students in Germany: An application of the model of educational productivity to the TIMSS data. *Educational Research and Evaluation, 5,* 180–194.

Köller, O., Baumert, J. & Rost, J. (1998). Zielorientierungen: Ihr typologischer Charakter und ihre Entwicklung im frühen Jugendalter. *Zeitschrift für Entwicklungspsychologie und Pädagogische Psychologie, 30* (3), 128–138.

Köller, O., Baumert, J. & Schnabel, K. U. (1999). Wege zur Hochschulreife. Offenheit des Systems und Sicherung vergleichbarer Standards. Analysen am Beispiel der Mathematikleistungen von Oberstufenschülern an Integrierten Gesamtschulen und Gymnasien in Nordrhein-Westfalen. *Zeitschrift für Erziehungswissenschaft, 2* (3), 385–422.

Köller, O., Baumert, J. & Schnabel, K. (2000). Zum Zusammenspiel von schulischem Interesse und Lernen im Fach Mathematik: Längsschnittanalysen in den Sekundarstufen I und II. In U. Schiefele & K. Wild (Hrsg.), *Interesse und Lernmotivation – Untersuchungen zu Entwicklung, Förderung und Wirkung* (S. 163–181). Münster: Waxmann.

Köller, O., Daniels, Z., Schnabel, K. & Baumert, J. (2000). Kurswahlen von Mädchen und Jungen im Fach Mathematik: Zur Rolle von fachspezifischem Selbstkonzept und Interesse. *Zeitschrift für Pädagogische Psychologie, 14,* 26–37.

Köller, O., Klemmert, H., Möller, J. & Baumert, J. (1999). Eine längsschnittliche Überprüfung des Modells des Internal/External Frame of Reference (A Longitudinal Test of the Internal/External Frame of Reference Model). *Zeitschrift für Pädagogische Psychologie, 13* (3), 128–134.

Köller, O. & Möller, J. (1997). Eine typologische Analyse der deutschen Orientierungsstilskalen. *Diagnostica, 43,* 134–149.

Köller, O., Schnabel, K. & Baumert, J. (1998, April). *The impact of academic self-concepts of ability on the development of interests during adolescence.* Paper presented at the Annual Meeting of the American Educational Research Association (AERA). San Diego, CA.

Köller, O. & Trautwein, U. (in Vorbereitung). *Mehr als nur eine Momentaufnahme: Möglichkeiten, TIMSS als Basis für die Schuldiagnostik und Schulentwicklung zu nutzen.*

Kommission „Berliner Bildungsdialog" der SPD-Fraktion im Abgeordnetenhaus von Berlin. (1999). *Schule in Berlin. Systemmerkmale – Problemzonen – Handlungsbedarf.* Berlin: SPD-Fraktion des Abgeordnetenhauses von Berlin.

Konietzka, D. & Lempert, W. (1998). Mythos und Realität der Krise der beruflichen Bildung. Der Stellenwert der Berufsausbildung in den Lebensverläufen verschiedener Geburtskohorten. *Zeitschrift für Berufs- und Wirtschaftspädagogik, 94,* 321–339.

Krapp, A. (1998a). Entwicklung und Förderung von Interessen im Unterricht. *Psychologie und Erziehung im Unterricht, 44,* 185–201.

Krapp, A. (1998b). Interesse. In D. H. Rost (Hrsg.). Handwörterbuch Pädagogische Psychologie (S. 213–218). Weinheim: Beltz.

Krapp, A., Hidi, S. & Renninger, K. A. (1992). Interest, learning, and development. In K. A. Renninger, S. Hidi & A. Krapp (Eds.), *The role of interest in learning and development* (pp. 3–25). Hillsdale, NJ: Erlbaum.

Krapp, A. & Prenzel, M. (Hrsg.). (1992). *Interesse, Lernen, Leistung. Neuere Ansätze der pädagogisch-psychologischen Interessensforschung.* Münster: Aschendorff.

Kubinger, K. D. (Hrsg.). (1989). *Moderne Testtheorie.* Weinheim: Beltz.

Kuhl, J. (1983). *Motivation, Konflikt und Handlungskontrolle.* Berlin: Springer.

Kuhn, D. (1991). *The skills of argument.* Cambridge, UK: Cambridge University Press.

Labudde, P. (1998). *Konstruktivismus im Physikunterricht der Sekundarstufe SII.* Bern: Universität Bern.

Lakoff, G. & Johnson, M. (1980). *Metaphors we live by.* Chicago, IL: University of Chicago Press.

Lampert, M. (1990). When the problem is not the question and the solution is not the answer: Mathematical knowing and teaching. *American Educational Research Journal, 27,* 29–63.

Lange, J. de (1987). *Mathematics, insight and meaning.* Utrecht: Rijksuniversiteit, Vakgroup Onderzoek Wiskundeonderwijs en Onderwijscomputercentrum.

Lave, J. (1988). *Cognition in practise. Mind, mathematics, and culture in everyday life.* Cambridge, UK: Cambridge University Press.

Lazarsfeld, P. F. & Henry, N. W. (1968). *Latent structure analysis.* Boston, MA: Houghton Mifflin.

Lederman, N. G. (1992). Students' and teachers' conceptions of the nature of science: A review of the research. *Journal of Research in Science Teaching, 29,* 331–359.

Lederman, N. G. & O'Malley, M. (1990). Students' perceptions of tentativeness in science: Development, use, and sources of change. *Science Education, 74,* 225–239.

Lee, V. E. & Burkam, D. T. (1996). Gender differences in middle grade science achievement: Subject domain, ability level, and course emphasis. *Science Education, 80,* 613–650.

Lehmann, R. H., Peek, R. & Gänsfuß, R. (1997). *Aspekte der Lernausgangslage von Schülerinnen und Schülern der fünften Klassen an Hamburger Schulen.* Hamburg: Behörde für Schule, Jugend und Berufsbildung, Amt für Schule.

Lehmann, R. H., Peek, R., Pieper, I. & Stritzky, R. von (1995). *Leseverständnis und Lesegewohnheiten deutscher Schüler und Schülerinnen.* Weinheim: Beltz.

Lepper, M. R., Henderlong, J. & Gingras, I. (1999). Understanding the effects of extrinsic rewards on intrinsic motivation – Uses and abuses of meta-anlysis: Comment on Deci, Koestner, and Ryan (1999). *Psychological Bulletin, 125,* 669–676.

Lesgold, A., Lajoie, S., Logan, D. & Eggan, G. (1990). Applying cognitive task analysis and research methods to assessment. In N. Frederiksen, R. Glaser, A. Lesgold & M. G. Shafto (Eds.), *Diagnostic monitoring of skill and knowledge acquisition* (pp. 325–391). Hillsdale, NJ: Erlbaum.

Levine, J. M. & Green, S. M. (1984). Acquisition of relative performance information. The roles of intrapersonal and interpersonal comparison. *Personality and Social Psychology Bulletin, 10,* 385–393.

Lewin, K., Minks, K.-H. & Uhde, S. (1996). Abitur–Berufsausbildung–Studium. Zur Strategie der Doppelqualifizierung von Abiturienten. *Mitteilungsblatt des Instituts für Arbeitsmarkt- und Berufsforschung, 3/96,* 431–454.

Liebau, E., Mack, W. & Scheilke, C. T. (Hrsg.). (1997). *Das Gymnasium. Alltag, Reform, Geschichte, Theorie (Grundlagentexte Pädagogik).* Weinheim: Juventa.

Linn, M. C. & Hyde, J. S. (1989). Gender, mathematics, and science. *Educational Researcher, 18,* 17–27.

Little, T. D., Schnabel, K. U. & Baumert, J. (Eds.). (2000). *Modeling longitudinal and multilevel data. Practical issues, applied approaches, and specific examples.* Mahwah, NJ: Erlbaum.

Lopez, F. G., Lent, R. W., Brown, D. D. & Gore, P. A. (1997). Role of social-cognitive expectations in high school students' mathematics-related interest and performance. *Journal of Counseling Psychology, 44,* 44–52.

Lord, F. M. (1980). *Applications of item response theory to practical testing problems.* Hillsdale, NJ: Erlbaum.

Lucas, K. B. & Roth, W.-M. (1996). The nature of scientific knowledge and student learning: Two longitudinal case studies. *Research in Science Education, 26,* 103–129.

Lunetta, V. N. (1998). The school science laboratory: Historical perspectives and contexts for contemporary teaching. In B. J. Fraser & K. G. Tobin (Eds.), *International handbook of science education* (pp. 249–262). Dordrecht: Kluwer.

Maloney, D. P. (1994). Research on problem solving: Physics. In D. L. Gabel (Ed.), *Research on science teaching and learning* (pp. 327–354). New York: Macmillan.

Mandl, H. & Friedrich, H. F. (Hrsg.). (1992). *Lern- und Denkstrategien.* Göttingen: Hogrefe.

Mandl, H. & Gerstenmaier, J. (Hrsg.). (2000). *Die Kluft zwischen Wissen und Handeln. Empirische und theoretische Lösungsansätze.* Göttingen: Hogrefe.

Markman, E. M. (1985). Comprehension monitoring: Development and educational issues. In S. F. Chipman, J. W. Segal & R. Glaser (Eds.), *Thinking and learning skills: Vol. 2. Research and open questions* (pp. 275–291). Hillsdale, NJ: Erlbaum.

Marsh, H. W. (1986). Verbal and math self-concepts: An internal/external frame of reference model. *American Educational Research Journal, 23,* 129–149.

Marsh, H. W. (1987). The big-fish-little-pond effect on academic self-concept. *Journal of Educational Psychology, 79,* 280–295.

Marsh, H. W. (1990). A multidimensional hierarchical self-concept: Theoretical and empirical justification. *Educational Psychology Review, 2,* 77–171.

Marsh, H. W. (1991). The failure of high-ability high schools to deliver academic benefits: The importance of academic self-concept and educational aspirations. *American Educational Research Journal, 28,* 445–480.

Marsh, H. W., Chessor, D., Craven, R. & Roche, L. (1995). The effects of gifted and talented program on academic self-concept: The big fish strikes again. *American Education Research Journal, 32,* 285–319.

Marsh, H. W. & Craven, R. (1997). Academic self-concept. Beyond the dustbowl. In G. D. Phye (Ed.), *Handbook of classroom assessment* (pp. 131–198). San Diego, CA: Academic Press.

Marsh, H. W., Craven, R. & Debus, R. L. (in press). Separation of competency and affect components of multiple dimensions of academic self-concept: A developmental perspective. *Merrill-Palmer Quarterly.*

Marsh, H. W. & Köller, O. (2000). *Reunification of East and West German school systems: Longitudinal multigroup study of academic self-concept, achievement, and multiple frames of reference.* Submitted for publication.

Marsh, H. W., Köller, O. & Baumert, J. (in press). Reunification of East and West German school systems: Longitudinal multilevel modeling study of the big fish little pond effect on academic self-concept. *American Educational Research Journal.*

Marsh, H. W. & Parker, J. (1984). Determinants of student self-concept: Is it better to be a relatively large fish in a small pond even if you don't learn to swim as well? *Journal of Personality and Social Psychology, 47,* 213–231.

Marsh, H. W. & Rowe, K. J. (1996). The negative effects of school-average ability on academic self-concept – An application of multilevel modeling. *Australian Journal of Education, 40,* 65–87.

Marsh, H. W. & Yeung, A. S. (1997a). Causal effects of academic self-concept on academic achievement: Structural equation models of longitudinal data. *Journal of Educational Psychology, 89,* 41–54.

Marsh, H. W. & Yeung, A. S. (1997b). Coursework selection: Relations to academic self-concept and achievement. *American Educational Research Journal, 34,* 691–720.

Maxwell, J. A. (1996). *Qualitative research design. An interactive approach.* Thousand Oaks, CA: Sage.

McDonald, R. P. & Marsh, H. W. (1990). Choosing a multivariate model: Noncentrality and goodness of fit. *Psychological Bulletin, 107,* 247–255.

McFarland, C. & Buehler, R. (1995). Collective self-esteem as a moderator of the frog-pond effect in reactions to performance feedback. *Journal of Personality and Social Psychology, 68,* 1055–1070.

Meece, J. L., Wigfield, A. & Eccles, J. S. (1990). Predictors of math anxiety and its influence on young adolescents' course enrollment intentions and performance in mathematics. *Journal of Educational Psychology, 82,* 60–70.

Meichtry, Y. J. (1992). Influencing student understanding of the nature of science: Data from a case of curriculum development. *Journal of Research in Science Teaching, 28* (4), 389–407.

Meichtry, Y. J. (1993). The impact of science curricula on student views about the nature of science. *Journal of Research in Science Teaching, 30* (5), 429–443.

Messner, R., Wicke, E. & Bosse, D. (Hrsg.). (1998). *Die Zukunft der gymnasialen Oberstufe. Beiträge zu ihrer Weiterentwicklung.* Weinheim: Beltz.

Meyer, H. (1987). *Unterrichtsmethoden: Bd. 1. Theorieband; Bd. 2. Praxisband.* Frankfurt a.M.: Cornelsen.

Meyer, H. (1997). *Schulpädagogik: Bd. II. Für Fortgeschrittene.* Berlin: Cornelsen.

Miller, D. & Linn, R. (1985). *Cross-national achievement with differential retention rates.* Unpublished paper prepared for the Center for Statistics, U.S. Department of Education.

Mills, C. J., Ablard, K. E. & Stumpf, H. (1993). Gender differences in academically talented young students' mathematical reasoning: Patterns across age and subskills. *Journal of Educational Psychology, 85,* 340–346.

Minssen, M. (1998/99). Der fliehende Hund – über Phänomenologie und das Leiden am chemischen Unterricht. *Scheidewege, 28,* 175–204.

Mislevy, R. J. (1991). *A framework for studying differences between multiple-choice and free-response test items* (No. 34). Princeton, NJ: Educational Testing Service.

Mislevy, R. J., Beaton, A. E., Kaplan, B. & Sheehan, K. M. (1992). Estimating population characteristics from sparse matrix samples of item responses. *Journal of Educational Measurement, 29* (2), 133–161.

Mislevy, R. J., Johnson, E. G. & Musaki, E. (1992). Scaling procedures in NAEP. *Journal of Educational Statistics, 17* (2), 131–154.

Mislevy, R. J. & Sheehan, K. M. (1987). Marginal estimation procedures. In A. E. Beaton, *The NAEP 1983/84 technical report* (pp. 293–360). Princeton, NJ: Educational Testing Service (NAEP Report 15-TR-20).

Mitter, W. (Hrsg.). (1996). *Wege zur Hochschulbildung: Vergleichsstudie zum Verhältnis von Sekundarabschluß und Hochschulzugang in Frankreich, England und Wales, Schweden und Deutschland.* Köln: Böhlau.

Möller, J. & Köller, O. (1998). Dimensionale und soziale Vergleiche nach schulischen Leistungen. *Zeitschrift für Entwicklungspsychologie und Pädagogische Psychologie, 30,* 118–127.

Moschner, B. (1998). Selbstkonzept. In D. H. Rost (Hrsg.), *Handwörterbuch Pädagogische Psychologie* (S. 460–464). Weinheim: Psychologie Verlags Union.

Moser, U., Ramseier, E., Keller, C. & Huber, M. (1997). *Schule auf dem Prüfstand. Eine Evaluation der Sekundarstufe 1 auf der Grundlage der „Third International Mathematics and Science Study".* Zürich: Rüegger.

Muckenfuß, H. (1995). *Lernen im sinnstiftenden Kontext. Entwurf einer zeitgemäßen Didaktik des Physikunterrichts.* Berlin: Cornelsen.

Mullis, I. V. S., Martin, M. O., Beaton, A. E., Gonzalez, E. J., Kelly, D. L. & Smith, T. A. (1998). *Mathematics and science achievement in the final year of secondary school. IEA's Third International Mathematics and Science Study.* Chestnut Hill, MA: Boston College.

National Council of Teachers of Mathematics (NCTM). (1989). *Curriculum and evaluation standards for school mathematics.* Reston, VA: NCTM.

Neale, M. C. (2000). Individual fit, heterogeneity, and missing data in multigroup structural equation modeling. In T. D. Little, K. U. Schnabel & J. Baumert (Eds.), *Modeling longitudinal and multilevel data. Practical issues, applied approaches, and specific examples* (pp. 249–267). Mahwah, NJ: Erlbaum.

Nicholls, J. G., Cobb, P., Wood, T., Yackel, E. & Patashnick, M. (1990). Assessing students' theories of success in mathematics: Individual and classroom differences. *Journal for Research in Mathematics Education, 21,* 109–122.

Nicholls, J. G., Cobb, P., Yackel, E., Wood, T. & Wheatley, G. (1990). Students' theories about mathematics and their knowledge: Multiple dimensions of assessment. In G. Kulm (Ed.), *Assessing higher order thinking in mathematics* (pp. 137–154). Washington, DC: American Association for the Advancement of Science.

Nicholls, J. G., Patashnick, M. & Nolen, S. B. (1985). Adolescents' theories of education. *Journal for Educational Psychology, 77,* 683–692.

Nuhn, H.-E. (2000). Die Sozialformen des Unterrichts. *Pädagogik, 52* (2), 10–13.

Organisation for Economic Co-Operation and Development (OECD). (2000). *Education at a glance. OECD Indicators.* Paris: OECD.

Orpwood, G. & Garden, R. A. (1998). *Assessing mathematics and science literacy.* Vancouver: Pacific Educational Press (TIMSS Monograph No. 4).

Oser, F. & Patry, J.-L. (1990). *Choreographien unterrichtlichen Lernens: Basismodelle des Unterrichts.* Freiburg (Schweiz): Pädagogisches Institut der Universität Freiburg (Berichte zur Erziehungswissenschaft, 89).

Parker, L. H., Rennie, L. J. & Fraser, B. J. (Eds.). (1996). *Gender, science, and mathematics.* Dordrecht: Kluwer.

Pedhazur, E. J. (1982). *Multiple regression in behavioral research: Explanation and prediction.* Hinsdale, IL: Dryden Press.

Perkins, D. N. & Simmons, R. (1988). Patterns of misunderstandings: An integrative model of science, math, and programming. *Review of Educational Research, 58,* 303–326.

Perry, W. G. (1970). *Forms of intellectual and ethical development in the college years: A scheme.* New York: Holt, Rinehart & Winston.

Peterson, P. L. (1979). Direct instruction reconsidered. In P. L. Peterson & H. J. Walberg (Eds.), *Research on teaching. Concepts, findings and implications* (pp. 57–69). Berkeley, CA: McCutchan.

Pfundt, H. & Duit, R. (1994). *Bibliography: Students' alternative frameworks and science education* (4th ed.). Kiel: Institut für die Pädagogik der Naturwissenschaften.

PISA-Konsortium (Hrsg.). (1999). *Schülerleistungen im internationalen Vergleich. Eine neue Rahmenkonzeption für die Erfassung von Wissen und Fähigkeiten.* Berlin: Max-Planck-Institut für Bildungsforschung.

Pomeroy, D. (1993). Implications of teacher's beliefs about the nature of science: Comparison of the beliefs of scientists, secondary science teachers, and elementary teachers. *Science Education, 77* (3), 261–278.

Postlethwaite, T. N. & Wiley, D. E. (1992). *The IEA study of science II: Science achievement in twenty-three countries.* Oxford, UK: Pergamon (International studies in educational achievement, Vol. 9).

Prenzel, M. (1988). *Die Wirkungsweise von Interesse.* Opladen: Westdeutscher Verlag.

Prenzel, M., Krapp, A. & Schiefele, H. (1986). Grundzüge einer pädagogischen Interessentheorie. *Zeitschrift für Pädagogik, 32,* 163–173.

Price, L. R. & Oshima, T. C. (1998). *Differential item functioning and language translation: A cross-national study with a test developed for certification.* Paper presented at the 1998 Annual Meeting of the American Educational Research Association, San Diego, CA.

Ramseier, E., Keller, C. & Moser, U. (1999). *Bilanz Bildung. Eine Evaluation am Ende der Sekundarstufe II auf der Grundlage der Third International Mathematics and Science Study.* Zürich: Rüegger.

Reimann, P. & Chi, M. T. H. (1989). Human expertise. In K. J. Gilhooly et al. (Eds.), *Human and machine problem solving* (pp. 161–191). New York: Plenum.

Reinhold, P. (1993). *Offenes Experimentieren und Physiklernen.* Habilitationsschrift, Institut für die Pädagogik der Naturwissenschaften, Kiel.

Reinhold, P. (1997). Offenes Experimentieren als Lernform. In H. Behrendt (Hrsg.), *Zur Didaktik der Physik und Chemie (Tagung der GDCP 1996 in Bremen)* (S. 41–55). Alsbach: Leuchtturm.

Renkl, A. (1996). Vorwissen und Schulleistung. In J. Möller & O. Köller (Hrsg.), *Emotionen, Kognitionen und Schulleistung* (S. 175–190). Weinheim: Beltz.

Renkl, A. (1998). Träges Wissen. In D. H. Rost (Hrsg.), *Handwörterbuch Pädagogische Psychologie* (S. 514–516). Weinheim: Psychologie Verlags Union.

Renkl, A. (2000). Weder Paradigmenwechsel noch alter Wein! Eine Antwort auf Klauers „Situated Learning: Paradigmenwechsel oder alter Wein in neuen Schläuchen?" *Zeitschrift für Pädagogische Psychologie, 14* (1), 5–7.

Renkl, A. & Helmke, A. (1992). Discriminant effects of performance-oriented and structure-oriented mathematics tasks on achievement growth. *Contemporary Educational Psychology, 17,* 47–55.

Resnick, L. B. (Ed.). (1976). *The nature of intelligence.* Hillsdale, NJ: Erlbaum.

Resnick, L. B. (1987). Learning in school and out. *Educational Researcher, 16,* 13–20.

Resnick, L. B. & Ford, W. W. (1981). *The psychology of mathematics for instruction.* Hillsdale, NJ: Erlbaum.

Resnick, L. B., Nolan, K. J. & Resnick, D. P. (1995). Benchmarking education standards. *Educational Evaluation & Policy Analysis, 17* (4), 438–461.

Reuman, D. A. (1989). How social comparison mediates the relation between ability grouping practises and students' achievement expectancies in mathematics. *Journal of Educational Psychology, 81,* 178–189.

Reusser, K. & Reusser-Weyeneth, M. (Hrsg.). (1994). *Verstehen. Psychologischer Prozess und didaktische Aufgabe.* Bern: Huber.

Reynolds, D., Sammons, P., Stoll, L., Barber, M. & Hillman, J. (1996). School effectiveness and school improvement in the United Kingdom. *School Effectiveness and School Improvement, 7* (2), 133–158.

Rheinberg, F. (1980). *Leistungsbewertung und Lernmotivation.* Göttingen: Hogrefe.

Rheinberg, F. (1998). Bezugsnormorientierung. In D. H. Rost (Hrsg.), *Handwörterbuch Pädagogische Psychologie* (S. 39–43). Weinheim: Beltz.

Rheinberg, F. & Krug, S. (Hrsg.). (1999). *Motivationsförderung im Schulalltag* (2. Aufl.). Göttingen: Hogrefe.

Richer, S. (1976). Reference-group theory and ability grouping: A convergence of sociological theory and educational research. *Sociology of Education, 49,* 65–71.

Robitaille, D. F. & Garden, R. A. (Eds.). (1989). *The IEA study of mathematics II: Contexts and outcomes of school mathematics.* Oxford, UK: Pergamon (International studies in educational achievement, Vol. 2).

Robitaille, D. F. & Garden, R. A. (Eds.). (1996). *Research questions & study design.* Vancouver: Pacific Educational Press (TIMSS Monograph No. 2).

Robitaille, D. F., Schmidt, W. H., Raizen, S. A., McKnight, C., Britton, E. & Nicol, C. (1993). *Curriculum frameworks for mathematics and science.* Vancouver: Pacific Educational Press (TIMSS Monograph No. 1).

Roeder, P. M. (1989). Bildungsreform und Bildungsforschung: Das Beispiel der gymnasialen Oberstufe. *Empirische Pädagogik, 3,* 119–142.

Roeder, P. M. & Gruehn, S. (1996). Kurswahlen in der Gymnasialen Oberstufe. *Zeitschrift für Pädagogik, 42,* 497–518.

Roeder, P. M. & Gruehn, S. (1997). Geschlecht und Kurswahlen. *Zeitschrift für Pädagogik, 43,* 877–894.

Rolff, H.-G. (1997). *Sozialisation und Auslese durch die Schule.* Weinheim: Juventa.

Rosenshine, B. & Stevens, R. (1986). Teaching functions. In M. C. Wittrock (Ed.), *Handbook of research on teaching* (pp. 376–391). New York: Macmillan.

Rost, J. (1988). *Quantitative und qualitative Testtheorie.* Bern: Huber.

Rost, J. (1990). Rasch-models in latent classes. An integration of two approaches to item analysis. *Applied Psychological Measurement, 14,* 271–282.

Rost, J. (1991). A logistic mixture distribution model for polytomous item responses. *British Journal of Mathematical and Statistical Psychology, 44,* 75–92.

Rost, J. (1996). *Lehrbuch Testtheorie, Testkonstruktion.* Bern: Huber.

Roth, W.-M. & Lucas, K. B. (1997). From „Truth" to „Invented Reality": A discourse analysis of high school physics students' talk about scientific knowledge. *Journal of Research in Science Teaching, 34/2,* 145–179.

Roth, W.-M. & Roychoudhury, A. (1994). Physics students' epistemologies and views about knowing and learning. *Journal of Research in Science Teching, 31* (1), 5–30.

Roth, W.-M., McRobbie, C., Lucas, K. B. & Boutonné, S. (1997). The local production of order in traditional science laboratories. A phenomenological analysis. *Learning and Instruction, 7,* 107–136.

Rubba, P. & Anderson, H. (1978). Development of an instrument to assess secondary students' understanding of the nature of scientific knowledge. *Science Education, 62* (4), 449–458.

Rubin, D. B. (1987). *Multiple imputation for nonresponse in surveys.* New York: Wiley.

Rubin, D. B. (1996). Multiple imputation after 18 years. *Journal of the American Statistical Association, 91,* 473–489.

Ryan, M. P. (1984). Monitoring text comprehension: Individual differences in epistemological standards. *Journal of Educational Psychology, 76,* 248–258.

Ryder, J., Leach, J. & Driver, R. (1999). Undergraduate science students' images of science. *Journal of Research in Science Teaching, 36* (2), 201–219.

Sammons, P., Hillman, J. & Mortimore, P. (1995). *Key characteristics of effective schools: A review of school effectiveness research.* London: OFSTED.

Schafer, J. L. (1997). *Analysis of incomplete multivariate data.* London: Chapman & Hall.

Schecker, H. & Gerdes, J. (1999). Messung von Konzeptualisierungsfähigkeit in der Mechanik – Zur Aussagekraft des Force Concept Inventory. *Zeitschrift für Didaktik der Naturwissenschaften, 5* (1), 75–89.

Schecker, H. & Klieme, E. (2000). Erfassung physikalischer Kompetenz durch Concept Mapping-Verfahren. In H. Fischler & J. Peuckert (Hrsg.), *Concept Mapping in fachdidaktischen Forschungsprojekten der Physik und Chemie* (S. 23–55). Berlin: Logos Verlag.

Scheerens, J. & Bosker, R. J. (1997). *The foundations of educational effectiveness.* Oxford, UK: Pergamon.

Schiefele, H. (1978). *Lernmotivation und Motivlernen* (2. Aufl.). München: Ehrenwirth.

Schiefele, U. (1992). Topic interest and levels of text comprehension. In K. A. Renninger, S. Hidi & A. Krapp (Eds.), *The role of interest in learning and development* (pp. 151–182). Hillsdale, NJ: Erlbaum.

Schiefele, U. (1996). *Motivation und Lernen mit Texten.* Göttingen: Hogrefe.

Schiefele, U. (1998). Individual interest and learning – What we know and what we don't know. In L. Hoffmann, A. Krapp, K. A. Renninger & J. Baumert (Eds.), ˆ (pp. 91–104). Kiel: Institut für die Pädagogik der Naturwissenschaften.

Schiefele, U., Krapp, A. & Winteler, A. (1992). Interest as predictor of academic achievement: A meta-analysis of research. In K. A. Renninger, S. Hidi & A. Krapp (Eds.), *The role of interest in learning and development* (pp. 183–212). Hillsdale, NJ: Erlbaum.

Schiefele, U. & Schreyer, I. (1994). Intrinsische Lernmotivation und Lernen. *Zeitschrift für Pädagogische Psychologie, 8,* 1–13.

Schlangen, B. & Stiensmeier-Pelster, J. (1997). Implizite Theorien über die Veränderbarkeit von Intelligenz als Determinanten von Leistungsmotivation. *Zeitschrift für Pädagogische Psychologie, 11* (3/4), 167–176.

Schlömerkemper, J. (1998). Bildung bleibt wichtiger als Leistung! TIMSS darf die Bildungsreform nicht in Frage stellen. *Die Deutsche Schule, 90* (3), 262–265.

Schmied, D. (1982). Fächerwahl, Fachwahlmotive und Schulleistungen in der reformierten gymnasialen Oberstufe. *Zeitschrift für Pädagogik, 28,* 11–30.

Schnabel, K. U. (1998). *Prüfungsangst und Lernen. Empirische Analysen zum Einfluß fachspezifischer Leistungsängstlichkeit auf schulischen Lernfortschritt.* Münster: Waxmann.

Schoenfeld, A. H. (1983). Beyond the purely cognitive: Belief systems, social cognitions, and metacognitions as driving forces in intellectual performances. *Cognitive Science, 7,* 329–363.

Schoenfeld, A. H. (1985). *Mathematical problem solving.* San Diego, CA: Academic Press.

Schoenfeld, A. H. (1988). When good teaching leads to bad results. The disasters of „well-taught" mathematics courses. *Educational Psychologist, 23,* 145–166.

Schoenfeld, A. H. (1992). Learning to think mathematically: Problem solving, metacognition, and sense making in mathematics. In D. A. Grouws (Ed.), *Handbook of research on mathematics, teaching and learning (NCTM)* (pp. 334–370). New York: Macmillan.

Scholz, R. W. (1987). *Cognitive strategies in stochastic thinking.* Dordrecht: Reidel.

Schommer, M. (1990). Effects of beliefs about the nature of knowledge on comprehension. *Journal of Educational Psychology, 82,* 498–504.

Schommer, M. (1993). Epistemological development and academic performance among secondary students. *Journal of Educational Psychology, 85,* 406–411.

Schommer, M., Calvert, C., Gariglietti, G. & Bajaj, A. (1997). The development of epistemological beliefs among secondary students: A longitudinal study. *Journal of Educational Psychology, 89,* 37–40.

Schommer, M., Crouse, A. & Rhodes, N. (1992). Epistemological beliefs and mathematical text comprehension: Believing it is simple does not make it so. *Journal of Educational Psychology, 84,* 435–443.

Schommer, M. & Walker, K. (1995). Are epistemological beliefs similar across domains? *Journal of Educational Psychology, 87* (3), 424–432.

Schrader, F.-W., Helmke, A. & Dotzler, H. (1997). Zielkonflikte in der Grundschule: Ergebnisse aus dem SCHOLASTIK-Projekt. In F. E. Weinert & A. Helmke (Hrsg.), *Entwicklung im Grundschulalter* (S. 299–315). Weinheim: Beltz.

Schrepp, M. & Korossy, K. (1998). Fehlkonzepte und Fehlkonzeptanwendung bei elementaren Aufgaben zum Vereinfachen von Bruchtermen. *Zeitschrift für Psychologie, 206,* 47–73.

Schultze, W. (1974). *Die Leistungen im naturwissenschaftlichen Unterricht in der Bundesrepublik im internationalen Vergleich.* Frankfurt a.M.: Deutsches Institut für Internationale Pädagogische Forschung.

Schultze, W. & Riemenschneider, L. (1967). *Eine vergleichende Studie über die Ergebnisse des Mathematikunterrichts in zwölf Ländern.* Frankfurt a.M.: Deutsches Institut für Internationale Pädagogische Forschung.

Schunk, D. H. (1989). Social cognitive theory and self-regulated learning. In B. J. Zimmerman & D. H. Schunk (Eds.), *Self-regulated learning and academic achievement. Theory, research, and practice* (pp. 83–110). New York: Springer.

Schwarz, G. (1978). Estimating the dimension of a model. *Annals of Statistics, 6,* 461–464.

Schwarzer, R. & Jerusalem, M. (1982). Soziale Vergleichsprozesse im Bildungswesen. In F. Rheinberg (Hrsg.), *Bezugsnormen zur Schulleistungsbewertung: Analyse und Intervention* (S. 39–63). Düsseldorf: Schwann.

Schweitzer, J. (1997). Neue Chancen. Die KMK-Vereinbarung zur Gymnasialen Oberstufe. In E. Liebau, W. Mack & C. Scheilke (Hrsg.), *Das Gymnasium. Alltag, Reform, Geschichte, Theorie* (S. 263–280). Weinheim: Juventa.

Sedikides, C. & Strube, M. J. (1997). Self-evaluation: To thine own self be good, to thine own self be sure, and to thine own self be better. *Advances in Experimental Social Psychology, 29,* 209–269.

Seipp, B. (1990). *Angst und Leistung in Schule und Hochschule. Eine Meta-Analyse.* Frankfurt a.M.: Lang.

Sekretariat der Ständigen Konferenz der Kultusminister der Länder in der Bundesrepublik Deutschland (Hrsg.). (1995). *Weiterentwicklung der Prinzipien der gymnasialen Oberstufe und des Abiturs. Abschlußbericht der von der Kultusministerkonferenz eingesetzten Expertenkommission.* Kiel: Schmidt & Klaunig.

Shavelson, R. J., Hubner, J. J. & Stanton, G. C. (1976). Self-concept: Validation of construct interpretations. *Review of Educational Research, 46,* 407–444.

Shavelson, R. J. & Webb, N. M. (1991). *Generalizability theory: A primer.* Newbury Park, CA: Sage.

Shuell, T. (1996). Teaching and learning in the classroom context. In D. C. Berliner & R. C. Calfee (Eds.), *Handbook of educational psychology* (pp. 726–764). New York: Macmillan.

Shulman, L. S. (1982). Educational psychology returns to school. In A. G. Kraut (Ed.), *The G. Stanley Hall Lecture Series* (Vol. 2, pp. 77–117). Washington, DC: American Psychological Association.

Sjoeberg, L. (1985). Interest, effort, achievement, and vocational preference. *British Journal of Educational Psychology, 54,* 189–205.

Sjoberg, S. (1988). Gender and the image of science. *Scandinavian Journal of Education Research, 32,* 49–60.

Skaalvik, E. M. & Rankin, R. J. (1995). A test of the internal/external frame of reference model at different levels of math and verbal self-perception. *American Educational Research Journal, 35,* 161–184.

Slavin, R. E. (1995). *Cooperative learning. Theory, research, and practice.* Boston, MA: Allyn and Bacon.

Slavin, R. E. (1996). *Education for all.* Lisse: Swets & Zeitlinger.

Solomon, J., Scott, L. & Duveen, J. (1996). Large-scale exploration of pupils' understanding of the nature of science. *Science Education, 80* (5), 493–508.

Songer, N. B. & Linn, M. C. (1991). How do students' views of science influence knowledge integration? In M. C. Linn, N. B. Songer & E. L. Lewis (Eds.), Students' models and epistemologies of science. *Journal of Research in Science Teaching, 28* (9), 761–784 (Special Issue).

Spada, H. & Wichmann, S. (1996). Kognitive Determinanten der Lernleistung. In F. E. Weinert (Hrsg.), *Enzyklopädie der Psychologie. Pädagogische Psychologie. Bd 2: Psychologie des Lernens und der Instruktion* (S. 119–152). Göttingen: Hogrefe.

Ständige Konferenz der Kultusminister. (1989). *Einheitliche Prüfungsanforderungen in der Abiturprüfung Mathematik/Physik. Beschluß der KMK vom 1.12.1989.* Luchterhand: Neuwied.

Statistisches Bundesamt. (o.J.). *Fachserie 11, Universitäten 1994/95.* Stuttgart: Statistisches Bundesamt.

Stein, M. K., Grover, B. W. & Henningsen, M. (1996). Building student capacity for mathematical thinking and reasoning: An analysis of mathematical tasks used in reform classrooms. *American Educational Research Journal, 32* (2), 455–488.

Steiner, G. (1996). Lernverhalten, Lernleistung und Instruktionsmethoden. In F. E. Weinert (Hrsg.), *Enzyklopädie der Psychologie. Pädagogische Psychologie. Bd 2: Psychologie des Lernens und der Instruktion* (S. 279–317). Göttingen: Hogrefe.

Stern, E. (1997, August). *Female high achievers in elementary school mathematics: Rate, longitudinal development, and supporting conditions.* Paper presented at the 7th Conference of the European Association for Research in Learning and Instruction (EARLI), Athens, Greece.

Stern, E. (1998). *Die Entwicklung des mathematischen Verständnisses im Kindesalter.* Lengerich: Pabst.

Stewart, J. & Hafner, R. (1994). Research on problem solving: Genetics. In D. L. Gabel (Ed.), *Handbook of research on science teaching and learning* (pp. 284–300). New York: Macmillan.

Stigler, J. W., Gonzales, P., Kawanaka, T., Knoll, S. & Serrano, A. (1996). *The TIMSS videotape classroom study: Methods and preliminary findings.* Prepared for the National Center for Education Statistics, U.S. Department of Education, Los Angeles, CA.

Strauß, B., Köller, O. & Möller, J. (1996). Geschlechtsrollentypologien – Eine empirische Überprüfung des additiven und des balancierten Modells. *Zeitschrift für Differentielle und Diagnostische Psychologie, 17,* 67–83.

Tajfel, H. (1982). Social psychology of intergroup relations. *Annual Review of Psychology, 33,* 1–39.

Tajfel, H. & Turner, J. C. (1986). The social identity theory of intergroup behavior. In S. Worchel & W. Austin (Eds.), *Psychology of intergroup relations* (2nd ed., pp. 7–24). Chicago, IL: Nelson-Hall.

Tamir, P. (1994). Israeli students' conceptions of science and views about the scientific enterprise. *Research in Science & Technological Education, 12,* 99–116.

Tendt, L. (1998). Zensuren. In D. H. Rost (Hrsg.), *Handwörterbuch Pädagogisches Psychologie* (S. 580–584). Weinheim: Psychologie Verlags Union.

Terhart, E. (1997). *Lehr-Lern-Methoden. Eine Einführung in Probleme der methodischen Organisation von Lehren und Lernen.* Weinheim: Juventa.

Terhart, E. (2000). Dimensionen des Methodenproblems im Unterricht. *Pädagogik, 52* (2), 32–34.

Thurn, S. (2000). PISA nützt Medien und Politik, nicht der Schule. Die Vergleichsstudie stärkt das Sortieren und Aussortieren in der Schule. *taz,* 1.2.2000.

Tobin, K. & Fraser, B. J. (Eds.). (1987). *Exemplary practice in science and mathematics education.* Perth: Western Australia Institute of Technology.

Törner, G. & Grigutsch, S. (1994). „Mathematische Weltbilder" bei Studienanfängern – Eine Erhebung. *Journal für Mathematik-Didaktik, 15* (3/4), 211–251.

Travers, K. J. & Westbury, I. (1989). *The IEA study of mathematics I: Analysis of mathematics curricula.* Oxford, UK: Pergamon (International studies in educational achievement, Vol. 1).

Treiber, B. & Weinert, F. (1985). *Gute Schulleistungen für alle? Psychologische Studien zu einer pädagogischen Hoffnung.* Münster: Aschendorff.

Treinies, G. & Einsiedler, W. (1996). Zur Vereinbarkeit von Steigerung des Lernleistungsniveaus und Verringerung von Leistungsunterschieden in Grundschulklassen. *Unterrichtswissenschaft, 24,* 290–311.

Trost, G., Klieme, E. & Nauels, H.-U. (1998). The relationship between different criteria for admission to medical school and student success. *Assessment in Education, 5,* 247–254.

Tsai, C.-C. (1998). An analysis of scientific epistemological beliefs and learning orientations of Taiwanese eighth graders. *Science Education, 82* (4), 473–489.

Tsai, C.-C. (1999). „Laboratory exercises help me memorize the scientific truths": A study of eight graders' scientific epistemological views and learning on laboratory activities. *Science Education, 83* (6), 654–674.

Tucker, L. R. & Lewis, C. (1973). A realiability coefficient for maximum likelihood factor analysis. *Psychometrika, 38,* 1–10.

U.S. Department of Education. (1993). *Education in states and nations: Indicators comparing U.S. states with the OECD countries in 1988.* Washington, DC: U.S. Government Printing Office (National Center for Education Statistics No. 93/237).

Vijver, F. van de & Hambleton, R. K. (1996). Translating tests: Some practical guidelines. *European Psychologist, 1* (2), 89–99.

Voyer, D. (1996). The relation between mathematical achievement and gender differences in spatial abilities: A suppression effect. *Journal of Educational Psychology, 88,* 563–571.

Voyer, D. (1998). Mathematics, gender, spatial performance, and cerebral organization: A suppression effect in talented students. *Roeper Review, 20,* 251–258.

Wagner, J. W. L. (1990). Soziale Vergleiche bei Kindern. Ein Literaturüberblick. In M. Pritzel & R. van Quekelberghe (Hrsg.), *Landauer Studien zur Psychologie: Von der Grundlagenforschung zur Anwendung* (S. 175–214). Heidelberg: Asanger.

Wagner, J. W. L. (1999). *Soziale Vergleiche und Selbsteinschätzungen.* Münster: Waxmann.

Walberg, H. J. (1988). *Productive teaching and instruction: Assessing the knowledge base.* Chicago, IL: University of Chicago, School of Education.

Wandersee, J. H., Mintzes, J. J. & Novak, J. B. (1994). Research on alternative conceptions in science. In D. Gabel (Ed.), *Handbook of research on science teaching and learning* (pp. 177–210). New York: Macmillan.

Webb, N. M. (1979). Content and context variables in problem tasks. In G. A. Goldin & C. E. McClintock (Eds.), *Task variables in mathematical problem solving* (pp. 69–102). Columbus, OH: ERIC.

Weinert, F. E. (1996). Lerntheorien und Instruktionsmodelle. In F. E. Weinert (Hrsg.), *Enzyklopädie der Psychologie. Pädagogische Psychologie. Bd 2: Psychologie des Lernens und der Instruktion* (S. 1–48). Göttingen: Hogrefe.

Weinert, F. E. (1998). Neue Unterrichtskonzepte zwischen gesellschaftlichen Notwendigkeiten, pädagogischen Visionen und psychologischen Möglichkeiten. In Bayerisches Staatsministerium für Unterricht, Kultus, Wissenschaft und Kunst (Hrsg.), *Wissen und Werte für die Welt von morgen. Dokumentation des Bildungskongresses 29./30. April 1998*. München: Bayerisches Staatsministerium.

Weinert, F. E. & Helmke, A. (1987). Schulleistungen. Leistungen der Schule oder der Kinder? *Bild der Wissenschaft, 24* (1), 62–73.

Weinert, F. E. & Helmke, A. (Hrsg.). (1997). *Entwicklung im Grundschulalter*. Weinheim: Beltz.

Weinert, F. E., Schrader, F. W. & Helmke, A. (1989). Quality of instruction and achievement outcomes. *International Journal of Educational Research, 13,* 895–914.

Weinstein, C. E. & Mayer, R. E. (1986). The teaching of learning strategies. In M. C. Wittrock (Ed.), *Handbook of research on teaching* (3rd ed., pp. 315–327). New York: Macmillan.

Weinstein, C., Palmer, D. R. & Schulte, A. C. (1987). *Learning and study strategies inventory*. Clearwater, FL: H & H.

Wigfield, A. & Eccles, J. S. (1992). The development of achievement task values: A theoretical analysis. *Developmental Review, 12,* 265–310.

Wigfield, A. & Eccles, J. S. (2000). Expectancy-value theory of achievement motivation. *Contemporary Educational Psychology, 25,* 68–81.

Wigfield, A., Eccles, J. S., Yoon, K. S., Harold, R. D., Arbreton, A., Freedman-Doan, K. & Blumenfeld, P. C. (1997). Changes in children's competence beliefs and subjective task values across the elementary school years: A three-year study. *Journal of Educational Psychology, 89,* 451–469.

Wilder, G. Z. & Powell, K. (1989). *Sex differences in test performance. A survey of the literature*. Princeton, NJ: Educational Testing Service (College Board Report No. 89-3).

Wilkinson, W. K. & Schwartz, N. H. (1987). The epistemological orientation of gifted adolescents: An empirical test of Perry's model. *Psychological Reports, 61,* 976–978.

Williams, G. & Clark, D. (1997). Mathematical task complexity and task selection. In D. M. Clarke et al. (Eds.), *Mathematics. Imagine the possibilities* (pp. 406–415). Brunswick, Victoria: Mathematics Association of Victoria.

Wilson, J. W. (1971). Evaluation of learning in secondary school mathematics. In B. S. Bloom, J. T. Hasing & G. F. Madaus (Eds.), *Handbook on formative and summative evaluation of student learning* (pp. 643–696). New York: McGraw-Hill.

Winter, H. (1989). *Entdeckendes Lernen im Mathematikunterricht: Einblicke in die Ideengeschichte und ihre Bedeutung für die Pädagogik*. Braunschweig: Vieweg.

Wittmann, E. C. (1981). *Grundfragen des Mathematikunterrichts*. Braunschweig: Vieweg.

Wittmann, E. C. (1989). The mathematical training of teachers from the point of view of education. *Journal für Mathematik-Didaktik, 10,* 291–308.

Wolter, K. M. (1985). *Introduction to variance estimation*. New York: Springer.

Wood, J. V. (1989). Theory and research concerning social comparisons of personal attributes. *Psychological Bulletin, 106,* 231–248.

Wu, M. L., Adams, R. J. & Wilson, M. (1998). *Acer ConQuest: Generalised item response modelling software*. Melbourne, Australia: Acer.

Yager, R. E. & Tamir, P. (1993). STS approach: Reasons, intentions, accomplishments and outcomes. *Science Education, 77,* 637–658.

Zimmerman, B. J. (1989). Models of self-regulated learning and academic achievement. In B. J. Zimmerman & D. H. Schunk (Eds.), *Self-regulated learning and academic achievement. Theory, research and practice* (pp. 1–25). New York: Springer.